Prof. em. Dr. Walter Kargl

Strafrecht

Einführung in die Grundlagen von
Gesetz und Gesetzlichkeit

Nomos

Die Deutsche Nationalbibliothek verzeichnet diese Publikation in
der Deutschen Nationalbibliografie; detaillierte bibliografische
Daten sind im Internet über http://dnb.d-nb.de abrufbar.

ISBN 978-3-8487-5162-4 (Print)
ISBN 978-3-8452-9358-5 (ePDF)

1. Auflage 2019

Vorwort

„Was uns zerspaltet, ist die Wirklichkeit und was uns einigt, das sind Worte." Ob Anselm von Feuerbach diese Sentenz Goethes kannte, ist nicht überliefert. Aber sicher dürfte sein, dass Feuerbach ebenso wie Goethe vom Zutrauen zur Einigungskraft des Wortes beseelt war, als er die berühmte Formel schuf: Kein Verbrechen, keine Strafe ohne Gesetz (Nullum crimen, nulla poena sine lege). Auf dem Fundament des (geschriebenen) Wortes sollte ein Strafgesetzbuch errichtet werden, das wie eine Trutzburg die Anfechtungen der zerspaltenden Wirklichkeit abzuwehren vermag. Zu diesem Zweck durften keine Interpretationen und keine Kommentierungen den klaren Wortlaut der strafrechtlichen Gebote und Verbote trüben. Auch wenn heute kaum noch jemand dem Lockruf begrifflicher Eindeutigkeit erliegen dürfte, die Asche des Feuerbachschen Satzes glüht noch immer: Sie begegnet uns in der Fassung des § 1 StGB, im identischen Wortlaut des Art. 103 Abs. 2 GG sowie – bei allen Unterschieden in der sprachlichen Ausformulierung und inhaltlichen Akzentuierung – in der nahezu weltweiten Anerkennung des Gesetzlichkeitsprinzips.

So einleuchtend die Feuerbachsche Formel ist, so schwierig ist sie zu begründen und umzusetzen. Zwar ist die Bindung der staatlichen Gewalt an Gesetz und Recht bereits in Art. 20 Abs. 3 GG verbürgt und unschwer aus dem Rechtsstaatsprinzip ableitbar, aber dieser einfache Gesetzesvorbehalt würde nicht die Heranziehung von Gewohnheitsrecht sowie von Rechts- und Gesetzesanalogie – eine Selbstverständlichkeit für Zivilrichter – verhindern. Erst die Verfassung stattet den nullum crimen-Satz in Art. 103 Abs. 2 GG mit einem eigenen grundrechtsgleichen Recht aus und unterwirft damit die Gesetzlichkeit im Strafrecht einem verschärften, unbedingt geltenden Regime. Diese über das Rechtsstaatsprinzip hinausreichende Grundlegung der Gesetzlichkeit hat mit der Besonderheit des Strafrechts als der schärfsten Waffe des Rechtsstaats zu tun. Der Einsatz dieser Waffe verlangt zum Schutz des Bürgers präzise und klare Bestimmungen, die das staatliche Strafen an die Kette legen.

Nicht wenige Autoren halten jedoch das Prinzip der strafrechtlichen Gesetzlichkeit für unrealisierbar und bezeichnen es deshalb als ein unerfüllbares Versprechen. Sie bieten schwere Geschütze auf: Neben einer verbreiteten skeptischen Grundhaltung, die ganz allgemein auf sprachbedingte Probleme wie die Mehrdeutigkeit von Begriffen und den semantischen Spielraum von Gesetzestexten verweist, sind es zunehmend erkenntnistheoretische Konzepte, die das Erkennen der Wirklichkeit in Zweifel ziehen. Eine solche Position muss ein Strafverfahren, das den Anspruch erhebt, das dem Angeklagten vorgeworfene Geschehen wirklich feststellen zu können, ins Herz treffen. Kann dieser vom Prinzip der materiellen Wahrheit geforderte Anspruch grundsätzlich nicht eingelöst werden, dann ist dem Verbrechensbegriff, den Kriterien der Strafrechtsdogmatik und nicht zuletzt den erhofften Wirkungen der Strafe von vornherein der Boden entzogen. Da wir alle im Schatten des Unwissens und des Zweifels argumentieren und die erkenntnistheoretische Skepsis somit nicht mit leeren Händen dasteht, gehört es zu den schwierigsten Aufgaben der Kriminalwissenschaft auf diesen Frontalangriff eine passende Antwort zu finden.

Keine geringere Gefahr droht von der altehrwürdigen Frage nach der Freiheit des Willens, die von der Rechtsprechung und von zahlreichen Strafrechtswissenschaftlern noch immer mit dem Schuldbegriff verknüpft wird. Die Vorstellung der moralischen Verantwortung sowie der Schuld im strafrechtlichen Sinn gründet hiernach auf dem indeterministischen Gedanken, der Täter hätte auch anders handeln können. Doch die Gleichung, dass Freiheit die notwendige Bedingung der Schuld und damit auch die notwendige Bedingung eines aufgeklärten, liberalen Strafrechts sei, ist von Anfang an von theoretischen Annahmen begleitet worden, die das Axiom der Freiheitsgleichung bezweifeln. Nach den gegenläufigen Konzepten wird Freiheit durch den Determinismus widerlegt, eine Behauptung, die ihrerseits unwiderlegbar scheint.

In dieser Situation lohnt sich der Versuch, das Strafrecht auf ein Fundament zu stellen, das trotz der als erwiesen unterstellten Bedingungen durchgehender Kausalität und trotz der beschränkten menschlichen Erkenntnismöglichkeiten die staatliche Strafe zu legitimieren vermag. Diesem Versuch ist nach zwei einleitenden Kapiteln (Positivierung und Begriff der strafrechtlichen Gesetzlichkeit) das Zentrum der Arbeit gewidmet, das in drei Kapiteln (3., 4., 5. Kapitel) den Möglichkeiten einer verfassungsrechtlichen, genuin strafrechtlichen und rechtsphilosophischen Begründung des Gesetzlichkeitsprinzips nachgeht. Von dieser Basis getragen richtet sich der Blick auf die einzelnen Ausformungen der strafrechtlichen Gesetzlichkeit (Bestimmtheitsgebot, Rückwirkungsverbot, Verbot des Gewohnheitsrechts und der Analogiebildung). Das folgende Kapitel lotet die Reichweite der Strafgesetzlichkeit anhand ausgewählter Probleme aus, die sich vor allem im Allgemeinen Teil des Strafgesetzbuchs und im Verfahrensrecht stellen. Den Schluss bilden die von der Strafrechtsdogmatik und der Rechtsprechung entwickelten Sicherungen der Gesetzlichkeit. Hier werden die Auslegungslehren auf den Prüfstand gestellt und dabei vor allem an der Frage gemessen, ob Goethes Vertrauen auf die Einigungskraft von Worten einer Illusion aufsitzt oder ob es im Strafrecht ebenso wie im Alltag eine praktische Wirksamkeit entfaltet, die Kommunikation und Verständigung ermöglicht.

Frankfurt am Main, im August 2018   *Walter Kargl*

Inhaltsübersicht

Inhalt

Literaturverzeichnis

(Auswahl)

Achter, Die Geburt der Strafe, 1951

Adrian, Grundprobleme einer juristischen (gemeinschaftsrechtlichen) Methodenlehre, 2009

Albrecht, P.A., Die vergessene Freiheit, 3. Aufl., 2011

Alexy, Begriff und Geltung des Rechts, 4. Aufl., 2005

Ambos, Internationales Strafrecht, 5. Aufl., 2018

Androulakis, Studien zur Problematik der unechten Unterlassungsdelikte, 1963

Anweiler, Die Auslegungsmethoden des Gerichtshofs der Europäischen Gemeinschaften, 1996

Appel, Verfassung und Strafe, 1998

Bahlmann, Rechts- und kriminalpolitische Argumente innerhalb der Strafgesetzauslegung und -anwendung, 1999

Barco, G. M., Rückwirkung und die Entwicklung der internationalen Verbrechen, 2018

Beaukamp/Treder, Methodik und Technik der Rechtsanwendung, 3. Aufl., 2015

Beccaria, Über Verbrechen und Strafen, Alff (Hrsg.), 1998

Bettermann, Die verfassungskonforme Auslegung, 1986

Binding, Die Normen und ihre Übertretung, 4. Aufl., 1922

Birkenstock, Die Bestimmtheit von Straftatbeständen mit unbestimmten Gesetzesbegriffen, 2004

Bock (Hrsg.), Gesetz und Gesetzlichkeit in den Wissenschaften, 2006

Böhm, Strafrechtliche Gesetzlichkeit als Prinzip?, 2013

Bohnert, Paul Johann Anselm Feuerbach und der Bestimmtheitsgrundsatz im Strafrecht, 1982

Bopp, Die Entwicklung des Gesetzesbegriffs im Sinne des Grundrechts „nulla poena, nullum crimen sine lege", 1966

Braum, Europäische Strafgesetzlichkeit, 2003

Braun, Einführung in die Rechtsphilosophie, 2006

Breckmann, Die richtlinienkonforme Auslegung, 1994

Bung, Subsumtion und Interpretation, 2004

Busse, Juristische Semantik – Grundfragen der juristischen Interpretationstheorie in sprachwissenschaftlicher Sicht, 1993

Bydlinski, Juristische Methodenlehre und Rechtsbegriff, 2. Aufl., 1991

Canaris, Die Feststellung von Lücken im Gesetz, 2. Aufl., 1983

Canaris/Larenz, Methodenlehre der Rechtswissenschaft, 4. Aufl., 2014

Christensen, Was heißt Gesetzesbindung, 1989

Ciacchi, Fahrlässigkeit und Tatbestandsbestimmtheit, 2003

Coing, Grundzüge der Rechtsphilosophie, 5. Aufl., 1993

Colombi, Fahrlässigkeit und Tatbestandsbestimmtheit – Deutschland und Italien im Vergleich, 2005

Danckert, Die Grenze zwischen der extensiven Auslegung und der Analogie im Strafrecht, 1967

Dannecker, Das intertemporale Strafrecht, 1993

Deckert, Folgenorientierung in der Rechtsanwendung, 1995

Deiters, Legalitätsprinzip und Normgeltung, 2006

Depenheuer, Der Wortlaut als Grenze, 1996

Dopslaff, Wortbedeutung und Normzweck als maßgebliche Kriterien für die Auslegung von Strafrechtsnormen, 1985

Dreier, Recht – Staat – Vernunft, 1991

Duttge, Zur Bestimmtheit des Handlungsunrechts von Fahrlässigkeitsdelikten, 2001

Ehret, Franz von Liszt und das Gesetzlichkeitsprinzip, 1996

Eisele, Die Regelbeispielstechnik, 2004

Enders, Die Menschenwürde in der Verfassungsordnung: zur Dogmatik des Art. 1 GG, 1997

Engisch, Einführung in das juristische Denken, 11. Aufl., 2010
Engländer, Grund und Grenzen der Nothilfe, 2008
Esser, Vorverständnis und Methodenwahl in der Rechtsfindung, 2. Aufl., 1972

Feuerbach, Über Philosophie und Empirie in ihrem Verhältnis zur positiven Rechtswissenschaft, Nachdruck 1969
Fikentscher, Methoden des Rechts, 5 Bände, 1975-1977
Fincke, Das Verhältnis des Allgemeinen zum Besonderen Teil des Strafrechts, 1975
Först, Die Pflicht zur rahmenbeschlusskonformen Auslegung, 2012
Frisch, Tatbestandsmäßiges Verhalten und Zurechnung des Erfolgs, 1988
Frommel, Präventionsmodelle in der deutschen Strafzweck-Diskussion, 1987

Gaebel, „Das Grundrecht auf Methodengleichheit", 2008
Gephart, Strafe und Verbrechen, 1990
Greco, Lebendiges und Totes in Feuerbachs Straftheorie, 2010
Großmann, Der Grundgedanke eines Strafgesetzes im Sinne des § 2 StGB n.F. und seine Bedeutung für die strafbegründende Analogie, 1941
Gruschke, Vagheit im Recht, 2014

Haaß, „Nulla poena sine lege" im nationalen und internationalen Recht, 1955
Haffke, Das Rückwirkungsverbot des Art. 103 Abs. 2 GG bei Änderung der Rechtsprechung zum materiellen Recht, 1970
Hammer-Strnad, Das Bestimmtheitsgebot als allgemeiner Rechtsgrundsatz des Europäischen Gemeinschaftsrechts, 1999
Hassemer, W., Tatbestand und Typus, 1968
– Einführung in die Grundlagen des Strafrechts, 2. Aufl., 1990
– (Hrsg.), Strafen im Rechtsstaat, 2000
Hassemer/Neumann/Saliger (Hrsg.), Einführung in Rechtsphilosophie und Rechtstheorie der Gegenwart, 9. Aufl., 2016
Hegel, Grundlinien der Philosophie des Rechts, Werkausgabe des Suhrkamp-Verlags, Bd. 7
Hegenbarth, Juristische Hermeneutik und linguistische Pragmatik, 1982
Heller, Logik und Axiologie der analogen Rechtsanwendung, 1961
Henkel, Die Unabhängigkeit des Richters in ihrem neuen Sinngehalt, 1934
Herdegen, Völkerrecht, 17. Aufl., 2018
Herzberg, Die Unterlassung im Strafrecht und das Garantenprinzip, 1972
Hilgendorf (Hrsg.), Das Gesetzlichkeitsprinzip im Strafrecht, 2013
Hilgendorf/Joerden (Hrsg.), Handbuch Rechtsphilosophie, 2017
Hillenkamp, Vorsatztat und Opferverhalten, 1981
Hobbes, Leviathan, Nachdruck 2005
Höffe, Politische Gerechtigkeit, 1987
– Kategorische Rechtsprinzipien, 1990
Höpfner, die systemkonforme Auslegung, 2008
Hoerster, Was ist Recht? Grundfragen der Rechtsphilosophie, 2006
Horn, Einführung in die Rechtswissenschaft und Rechtsphilosophie, 6. Aufl., 2016

v. Jhering, Der Zweck im Recht, Bd. 1, 3. Aufl., 1893
Jakobs, Norm, Person, Gesellschaft. Vorüberlegungen zu einer Rechtsphilosophie, 3. Aufl., 2008
– System der strafrechtlichen Zurechnung, 2012
Jescheck, Aufbau und Behandlung des Fahrlässigkeitsdelikts im modernen Strafrecht, 1965
Joerden, Logik im Recht, 2. Aufl., 2010
Jung, Das Züchtigungsrecht des Lehrers, 1977

Kant, Kritik der reinen Vernunft, Akademieausgabe, Bd. III
– Grundlegung der Metaphysik der Sitten, Akademieausgabe, Bd. VI
Kaspers, Philosophie – Hermeneutik – Jurisprudenz, 2014
Kaufmann, Arthur, Analogie und „Natur der Sache", 2. Aufl., 1982
Kaufmann/Hassemer/Neumann (Hrsg.), Einführung in Rechtsphilosophie und Rechtstheorie der
     Gegenwart, 7. Aufl., 2007
Kersting, Die politische Philosophie des Gesellschaftsvertrags, 1994
Kindhäuser, Gefährdung als Straftat – Rechtstheoretische Untersuchungen zur Dogmatik der ab-
     strakten und konkreten Gefährdungsdelikte, 1989
Kirchhof, Die Bestimmtheit und Offenheit der Rechtssprache, 1987
Kirsch, F. A., Zur Geltung des Gesetzlichkeitsprinzip im Allgemeinen Teil des Strafgesetzbuchs,
     2014
Kirsch, S., Der Begehungszusammung der Verbrechen gegen die Menschlichkeit, 2009
– (Hrsg.), Internationale Strafgerichtshöfe, 2008
Klatt, Theorie der Wortlautgrenze – Semantische Normativität in der juristischen Argumentation,
     2004
Klug, Juristische Logik, 4. Aufl., 1983
Kotsoglou, Forensische Erkenntnistheorie, 2015
Krahl, Die Rechtsprechung des Bundesverfassungsgerichts und des Bundesgerichtshofs zum Be-
     stimmtheitsgrundsatz im Strafrecht, 1986
Kramer, Juristische Methodenlehre, 5. Aufl., 2016
Krämer, Die Analogie im Strafrecht nach bisherigem und neuem Recht, 1936
Kratzsch, Grenzen der Strafbarkeit im Notwehrrecht, 1968
Krey, Studien zum Gesetzesvorbehalt im Strafrecht, 1977
– Keine Strafe ohne Gesetz, 1983
Kriele, Grundprobleme der Rechtsphilosophie, 2. Aufl., 2004
Kubiciel, Die Wissenschaft vom Besonderen Teil des Strafrechts, 2013
Kühne, Bürgerfreiheit und Verbrecherfreiheit, 2004
Kudlich/Montiel/Schuhr (Hrsg.), Gesetzlichkeit und Strafrecht, 2012
Kuhlen, Die Objektivität von Rechtsnormen, 1978
– Die verfassungskonforme Auslegung von Strafgesetzen, 2006

Lampe, Juristische Semantik, 1970
Langenbucher, Die Entwicklung und Auslegung von Richterrecht, 1996
Larenz/Canaris, Methodenlehre des Rechts, 3. Aufl., 1995
Lemmel, Unbestimmte Strafbarkeitsvoraussetzungen im Besonderen Teil des Strafrechts und der
     Grundsatz nullum crimen sine lege, 1970
v. Liszt, Strafrechtliche Aufsätze und Vorträge, Bd. 1, 1905
Löschper, Bausteine für eine psychologische Theorie richterlichen Urteilens, 1999
Looschelders/Roth, Juristische Methodik im Prozess der Rechtsanwendung, 1996
Lüderssen, Der Staat geht unter – das Unrecht bleibt?, 1992
Luhmann, Grundrechte als Institution, 1965
– Gesellschaftsstruktur und Semantik, 1981
– Rechtssoziologie, 2. Aufl., 1989
– Das Recht der Gesellschaft, 1993

Mahlmann, Rechtsphilosophie und Rechtstheorie, 4. Aufl., 2016
Maier, H. Chr., Die Garantiefunktion des Gesetzes im Strafprozess, 1991
Maihofer, Die Bindung des Richters an Gesetz und Recht (Art. 20 Abs. 3 GG), 1960
Marcic, Vom Gesetzesstaat zum Richterstaat, 1957
Marxen, Der Kampf gegen das liberale Strafrecht, 1975
– Die sozialethischen Grenzen der Notwehr, 1979
Mastronardi, Juristisches Denken, 2001
Möllers, Juristische Methodenlehre, 2017

Moll, Europäisches Strafrecht durch nationale Blankettstrafgesetzgebung?, 1998
Montesquieu, Vom Geist der Gesetze, Forsthoff (Hrsg.), 1951
Montiel, Grundlagen und Grenzen der Analogie in bonam partem im Strafrecht, 2014
Müller, Fr., Strukturierende Rechtslehre, 2. Aufl., 1994
Müller/Christensen, Juristische Methodik, Bd. I, 11. Aufl., 2013
Müller-Dietz, Grundfragen des strafrechtlichen Sanktionensystems, 1979
Müssig, Mord und Totschlag, 2005
Murmann (Hrsg.), Recht ohne Regeln?, 2011

Naucke, Über Generalklauseln und Rechtsanwendung im Strafrecht, 1973
– (Hrsg.), Über die Zerbrechlichkeit des rechtsstaatlichen Strafrechts, 2000
Naucke/Harzer, Rechtsphilosophische Grundbegriffe, 6. Aufl., 2018
Neumann, Rechtsontologie und juristische Argumentation, 1979
Neumann/Schroth, Neuere Theorien von Kriminalität und Strafe, 1980
Neuner, Die Rechtsfindung contra legem, 2. Aufl., 2005
Nickel, Die Problematik der unechten Unterlassungsdelikte im Hinblick auf den Grundsatz „nullum crimen sine lege", 1972
Noll, Gesetzgebungslehre, 1973
– Die ethische Begründung der Strafe, 1962

Ogorek, Richterkönig oder Subsumtionsautomat?, 1986
Ossenbühl, Richterrecht im demokratischen Rechtsstaat, 1988
Otto, Generalprävention und externe Verhaltenskontrolle, 1982

Pauli, Die Rechtsprechung des Reichsgerichts in Strafsachen zwischen 1933 und 1945 und ihre Fortwirkung in der Rechtsprechung des Bundesgerichtshofs, 1992
Pawlik, Person, Subjekt, Bürger. Zur Legitimation von Strafe, 2004
Pawlowski, Einführung in die Juristische Methodenlehre, 2. Aufl., 2000
Perelmann, Juristische Logik als Argumentationslehre, 1979
Puppe, Kleine Schule des juristischen Denkens, 3. Aufl., 2014

Raabe, Der Bestimmtheitsgrundsatz bei Blankettstrafgesetzen am Beispiel der unzulässigen Marktmanipulation, 2007
Radbruch, Rechtsphilosophie, hrsg. v. Dreier/Paulsen, 2. Aufl., 2003
Raisch, Vom Nutzen der überkommenen Auslegungskanones für die praktische Rechtsanwendung, 1988
Ransiek, Gesetz und Lebenswirklichkeit – Das strafrechtliche Bestimmtheitsgebot, 1989
Rawls, Eine Theorie der Gerechtigkeit, 1975
Reimer, Juristische Methodenlehre, 2016
Riesenhuber (Hrsg.), Europäische Methodenlehre, 3. Aufl., 2015
Röhl/Röhl, Allgemeine Rechtslehre, 4. Aufl., 2018
Rousseau, Vom Gesellschaftsvertrag, 1986
Rudolphi, Unrechtsbewusstsein, Verbotsirrtum und Vermeidbarkeit des Verbotsirrtums, 1969
Rüthers, Die unbegrenzte Auslegung, 7. Aufl., 2012
Rüthers/Fischer/Birk, Rechtstheorie mit Juristischer Methodenlehre, 10. Aufl., 2018

Safferling, Internationales Strafrecht, 2011
Safferling/Kirsch (Hrsg.), Völkerstrafrechtspolitik, 2014
Saliger, Radbruchsche Formel und Rechtsstaat, 1995
Satzger, Die Europäisierung des Strafrechts, 2001
Sauer, Wortlautgrenze der verfassungskonformen Auslegung? 2006
Savigny, Juristische Methodenlehre, 1951
Sax, Das strafrechtliche Analogieverbot, 1953
Scheffler, Strafgesetzgebungstechnik in Deutschland und Europa, 2006
Scherenberg, Die sozialethischen Einschränkungen der Notwehr, 2009

Schiemann, Unbestimmte Schuldfähigkeitsfeststellungen – Verstoß der §§ 20, 21 StGB gegen den Bestimmtheitsgrundsatz nach Art. 103 II GG, 2012

Schier, Die Bestimmtheit strafrechtlicher Rechtsfolgen, 2012

Schmalz, Methodenlehre für das juristische Studium, 4. Aufl., 1998

Schmidhäuser, Vom Sinn der Strafe, 2. Aufl., 1971

Schnapp, Logik für Juristen, 7. Aufl., 2016

Schöne, Was Vagheit ist, 2011

Schottländer, Die geschichtliche Entwicklung des Satzes: Nulla poena sine lege, 1911

Schreiber, Gesetz und Richter – Zur geschichtlichen Entwicklung des Satzes nullum crimen, nulla poena sine lege, 1976

Schröder, F.C., Beiträge zur Gesetzgebungslehre und zur Strafrechtsdogmatik, 2001

Schröder, Th., Zum Begriff der Gesetzesumgehung im materiellen Strafrecht und seiner Bedeutung für die praktische Anwendung des Rechts, 2013

Schroth, Theorie und Praxis subjektiver Auslegung im Strafrecht, 1983

Schünemann, B., Nulla poena sine lege? – Rechtstheoretische und verfassungsrechtliche Implikationen der Rechtsgewinnung im Strafrecht, 1978

Schürmann, Unterlassungsstrafbarkeit und Gesetzlichkeitsgrundsatz, 1986

Seel, Unbestimmte und normative Tatbestandsmerkmale im Strafrecht und der Grundsatz nullum crimen sine lege, 1965

Seelmann/Demko, Rechtsphilosophie, 6. Aufl., 2014

Simon, E., Gesetzesauslegung im Strafrecht, 2005

Sinner, Der Vertragsgedanke im Strafprozeßrecht, 1999

Stächelin, Strafgesetzgebung im Verfassungsstaat, 1998

Stratenwerth, Freiheit und Gleichheit. Ein Kapitel Rechtsphilosophie, 2007

Stübinger, Das „idealisierte" Strafrecht: über Freiheit und Wahrheit in der Straftheorie und Strafprozesslehre, 2008

Tetens, Philosophisches Argumentieren, 2004

Teubner, Standards und Direktiven in Generalklauseln, 1971

Thomma, Die Grenzen des Tatsachenbegriffs, insbesondere bei der betrügerischen Täuschungshandlung, 2003

Tiedemann, Tatbestandsfunktionen im Nebenstrafrecht, 1969

Treder, Methoden und Technik der Rechtsanwendung, 1998

Übelacker, Die genetische Auslegung in der jüngeren Rechtsprechung des Bundesverfassungsgerichts, 1993

Vogel, Juristische Methodik, 1998

Wank, Die Auslegung von Gesetzen, 6. Aufl., 2015

Welzel, Naturrecht und materiale Gerechtigkeit, 4. Aufl., 1980

Wenzel, Die Bindung des Richters an Gesetz und Recht, 2008

Werber, Analogie- und Rückwirkungsverbot im Dritten Reich unter Berücksichtigung der Kontinuitätsfrage zur Weimarer Zeit, 1998

Wiedemeyer, Theoretische Begründung und praktische Durchführung des strafrechtlichen Analogieverbots, 1969

Wittgenstein, Logisch-philosophische Abhandlungen, Tractatus Logico-Philosophicus, 2. Aufl., 1989

Yi, Wortlautgrenze, Intersubjektivität und Kontexteinbettung, 1992

Zippelius, Juristische Methodenlehre, 11. Aufl., 2012

Abkürzungsverzeichnis

aaO	am angegebenen Ort
abl	ablehnend
Abs	Absatz
abw	abweichend
AE	Alternativ-Entwurf eines Strafgesetzbuches
aF	alte Fassung
AG	Amtsgericht
AktG	Aktiengesetz v. 16.7.1998
allgM	allgemeine Meinung
aM	anderer Meinung
AMG	Arzneimittelgesetz idF v. 12.12.2005
Anh	Anhang
Anm	Anmerkung
AnwBl	Anwaltsblatt
AO	Abgabenordnung idF v. 1.10.2002
ArchKrim	Archiv für Kriminologie
ARSP	Archiv für Rechts- und Sozialphilosophie
Art	Artikel
ArztR	Arztrecht
AT	Allgemeiner Teil
Aufl	Auflage
ausschl	ausschließlich
AWG	Außenwirtschaftsgesetz idF v. 27.5.2009
BA	Blutalkohol
BAG	Bundesarbeitsgericht
BAK	Blutalkoholkonzentration
Bay	Bayerisches Oberstes Landesgericht
BB	Betriebsberater
BBG	Bundesbeamtengesetz
Bd	Band
BDSG	Bundesdatenschutzgesetz v. 14.1.2003
Beck-RS	Beck-Rechtsprechung
Begr	Begründung
Bespr	Besprechung
BGB	Bürgerliches Gesetzbuch
BGBBl	Bundesgesetzblatt
BGH	Bundesgerichtshof
BGHSt	Entscheidungen des Bundesgerichtshofs in Strafsachen
BGHR	BGH-Rechtssprechung in Strafsachen
BKA	Bundeskriminalamt
BMJ	Bundesministerium der Justiz
BRAO	Bundesrechtsanwaltsordnung v. 1.8.1959
BRat	Bundesrat
BR-Drs	Drucksache des Bundesrats
BReg	Bundesregierung
BRRG	Beamtenrechtsrahmengesetz idf v. 31.3.1999
BSG	Bundessozialgericht
BT	Besonderer Teil
BTag	Deutscher Bundestag
BT-Drs	Drucksache des Deutschen Bundestags

BtMG	Gesetz über den Verkehr mit Betäubungsmitteln
BVerfG	Bundesverfassungsgericht
BVerfGE	Entscheidungen des Bundesverfassungsgerichts
bzgl	bezüglich
BZRG	Bundeszentralregistergesetz
bzw	beziehungsweise
CCZ	Corporate Compliance Zeitschrift
CR	Computer und Recht
DÄBl	Deutsches Ärzteblatt
DAV	Deutscher Anwaltverein
ders	derselbe
dies	dieselbe oder dieselben
dh	das heißt
diff	differenzierend
Diss	Dissertation
DJ	Deutsche Justiz
DJT	Deutscher Juristentag
DRiG	Deutsches Richtergesetz idF v. 19.4.1972
DRiZ	Deutsche Richterzeitung
DuD	Datenschutz und Datensicherheit
DuR	Demokratie und Recht
DWiR	Deutsche Zeitschrift für Wirtschaftsrecht
E	Entwurf
E 1962	Entwurf eines Strafgesetzbuches
EDV	Elektronische Datenverarbeitung
EG	Einführungsgesetz oder Europäische Gemeinschaft
EGMR	Europäischer Gerichtshof für Menschenrechte
Einl	Einleitung
einschl	einschließlich
einschr	einschränkend
EKMR	Europäische Kommission für Menschenrechte
entspr	entsprechend
Erg	Ergebnis
EU	Europäische Union
EuR	Europarecht
expl	exemplarisch
FamRZ	Ehe und Familie im privaten und öffentlichen Recht
FAZ	Frankfurter Allgemeine Zeitung
ff	folgende
Fn	Fußnote
FPPK	Forensische Psychiatrie, Psychologie und Kriminologie
FS	Festschrift
FuR	Familie und Recht
G	Gesetz
GA	Goldtammers Archiv für Strafrecht
GBA	Generalbundesanwalt beim Bundesgerichtshof
GBl	Gesetzblatt
GedS	Gedächtnisschrift
GesE	Gesetzentwurf

GG	Grundgesetz
ggf	gegebenenfalls
GmbH	Gesellschaft mit beschränkter Haftung
GS	Großer Senat
GStA	Generalstaatsanwalt
GVG	Gerichtsverfassungsgesetz idF v. 9.5.1975
GWB	Gesetz gegen Wettbewerbsbeschränkungen idF v. 15.7.2005
HGB	Handelsgesetzbuch
hM	herrschende Meinung
Hrsg	Herausgeber
HRRS	Höchstrichterliche Rechtsprechung zum Strafrecht
HS	Halbsatz
idF	in der Fassung
idR	in der Regel
ie	im einzelnen
iErg	im Ergebnis
ieS	im engeren Sinn
insb	insbesondere
iS	im Sinne
iSv	im Sinne von
iU	im Unterschied
iVm	in Verbindung mit
iwS	im weiteren Sinne
JA	Juristische Arbeitsblätter
JBl	Juristische Blätter
JGG	Jugendgerichtsgesetz
JK	Jura-Rechtsprechungskartei
JM	Justizminister, Justizministerium
JMBl	Justizministerialblatt
JR	Juristische Rundschau
Jura	Juristische Ausbildung
JuS	Juristische Schulung
JVA	Justizvollzugsanstalt
JW	Juristische Wochenschrift
JZ	Juristenzeitung
Kap	Kapitel
KJ	Kritische Justiz
KR	Kriminalistik
KrimJ	Kriminologisches Journal
krit	kritisch
KritV	krit. Vierteljahreszeitschrift für die Gesetzgebung und Rechtswissenschaft
LG	Landgericht
Lit	Literatur
LS	Leitsatz
LuftVG	Luftverkehrsgesetz idF v. 10.5.2007
MDR	Monatsschrift für deutsches Recht
MedR	Medizinrecht

MiStra	Anordnung über Mitteilungen in Strafsachen
MMR	MultiMedia und Recht
MRK	Menschenrechtskonvention v. 4.11.1950
MSchrKrim	Monatsschrift für Kriminologie und Strafrechtsreform
mwN	mit weiteren Nachweisen
nF	neue Fassung
NJ	Neue Justiz
NJW	Neue Juristische Wochenschrift
NJW-RR	NJW-Rechtsprechungsreport
NK	Nomos Kommentar zum Strafgesetzbuch
Nr	Nummer
NStZ	Neue Zeitschrift für Strafrecht
NStZ-RR	NStZ-Rechtsprechungsreport
NuR	Natur und Recht
NW	Nachweise
OLG	Oberlandesgericht
OLGSt	Entscheidungen der OLG in Strafsachen
OWiG	Gesetz über Ordnungswidrigkeiten v. 19.2.1987
Parteiengesetz	Gesetz über die politischen Parteien idF v. 31.1.1994
PolG	Polizeigesetz
probl	problematisch
RdM	Recht der Medizin
Rechtstheorie	Zeitschrift für Logik, Methodenlehre, Kybernetik und Soziologie des Rechts
RefE	Referentenentwurf
RegBl	Regierungsblatt
RegE	Regierungsentwurf
RG	Reichsgericht
RGBl	Reichsgesetzblatt
RGSt	Entscheidungen des Reichsgerichts in Strafsachen
Rn	Randnummer
Rspr	Rechtsprechung
RuP	Recht und Politik
R&P	Recht und Psychiatrie
RW	Zeitschrift für rechtswissenschaftliche Forschung
s	siehe
S	Seite oder Satz
SchwZStr	Schweizerische Juristenzeitung
SJZ	Süddeutsche Juristenzeitung
SK	Systematischer Kommentar zum Strafrecht
sog	sogenannt
S/S/W	Satzger/Schmitt/Widmaier, StGB-Kommentar
StA	Staatsanwalt oder Staatsanwaltschaft
StÄG	Strafrechtsänderungsgesetz
StGB	Strafgesetzbuch
StPO	Strafprozessordnung idF v. 7.4.1987
str	streitig
StraFo	Strafverteidiger Forum
StrG	Gesetz zur Reform des Strafrechts

StrK	Strafkammer
StRR	StrafRechtsReport
stRspr	ständige Rechtsprechung
StV	Strafverteidiger
StVG	Straßenverkehrsgesetz idF v. 5.3.2003
StVO	Straßenverkehrsordnung idF v. 16.11.1970
StVollzG	Strafvollzugsgesetz idF v. 28.8.1998
SVR	Straßenverkehrsrecht
TKG	Telekommunikationsgesetz v. 22.6.2004
TMG	Telemediengesetz v. 26.2.2007
TOA	Täter-Opfer-Ausgleich
TPG	Transplantationsgesetz
ua	unter anderem
usw	und so weiter
uU	unter Umständen
UWG	Gesetz gegen den unlauteren Wettbewerb v. 10.3.1961
VG	Verwaltungsgericht
VGH	Verwaltungsgerichtshof
vgl	vergleiche
VO	Verordnung
VRS	Verkehrsrechtssammlung
VStGB	Völkerstrafgesetzbuch v. 26.6.2002
VwGO	Verwaltungsgerichtsordnung v. 19.3.1991
wistra	Zeitschrift für Wirtschafts- und Steuerstrafrecht
WRV	Weimarer Reichsverfassung
WStG	Wehrstrafgesetz idF v. 24.5.1974
WuW	Wirtschaft und Wettbewerb
zB	zum Beispiel
ZfStrVo	Zeitschrift für Strafvollzug und Straffälligenhilfe
ZIP	Zeitschrift für Wirtschaftsrecht und Insolvenzpraxis
ZIS	Zeitschrift für internationale Strafrechtsdogmatik
ZJS	Zeitschrift für das Juristische Studium
ZPO	Zivilprozessordnung idF v. 5.2.2005
ZRP	Zeitschrift für Rechtspolitik
ZStW	Zeitschrift für die gesamte Strafrechtswissenschaft
ZUM	Zeitschrift für Urheber- und Medienrecht
zusf	zusammenfassend
zust	zustimmend
zT	zum Teil
zutr	zutreffend
zw	zweifelhaft
ZVR	Zeitschrift für Verkehrsrecht
ZWH	Zeitschrift für Wirtschaftsstrafrecht
zZ	zur Zeit

1. Kapitel. Verankerung der Strafgesetzlichkeit im deutschen und internationalen positiven Recht

A. Nationale Rechtsquellen

Die aktuelle Fassung des Satzes „Keine Strafe ohne Gesetz" (nullum crimen, nulla poena sine lege) ist dem Strafgesetzbuch als § 1 vorangestellt und lautet: „Eine Tat kann nur dann bestraft werden, wenn die Strafbarkeit gesetzlich bestimmt war, bevor die Tat begangen wurde." Durch die Aufnahme des identischen Wortlauts in Art. 103 Abs. 2 GG hat das Gebot der strafrechtlichen Gesetzlichkeit für das deutsche Recht Verfassungsrang erhalten. Seine Verletzung kann mit der Verfassungsbeschwerde gerügt werden (Art. 93 Abs. 1 Nr. 4 a GG).[1] Damit soll der überragenden Bedeutung, die der Festlegung der Grenzen eines Strafgesetzes beigemessen wird, Rechnung getragen werden. Um zu vermeiden, dass der Staat seine Machtposition missbraucht, dürfen strafende Eingriffe nicht rechtswidrig und willkürlich erfolgen. Die Bindung an das Gesetz soll den Staat daran hindern, Handlungen zu bestrafen, die nicht zum Zeitpunkt ihrer Vornahme mit Strafe belegt waren. Aus der Tatsache der grundgesetzlichen Verankerung wird vielfach versucht, die Begründung für die strafrechtliche Gesetzlichkeit aus einer Reihe verfassungsrechtlicher Prinzipien abzuleiten. Überwiegend wird dabei auf die Rechtsstaatlichkeit (Rn. 43), die Gewaltenteilung (Rn. 41) und das Demokratieprinzip (Rn. 38) abgestellt. Eine beträchtliche Anzahl von Autoren sieht hingegen den Gesetzlichkeitsgedanken im originär strafrechtlichen Kontext – etwa im Schuldprinzip oder in straftheoretischen Ansätzen – verankert (Rn. 54). Andere Autoren diskutieren das strafrechtliche Gesetzlichkeitsprinzip in einem philosophischen Kontext (Rn. 197). Die Frage, ob verfassungsrechtliche, strafrechtliche oder rechtsphilosophische Argumente je für sich oder in einer Bündelung den Gesetzlichkeitsgedanken erschöpfend begründen, ist Gegenstand der Erörterung in den Kapiteln 3, 4 und 5.

B. Europäische Rechtsquellen

Ein Blick auf das internationale Recht zeigt, dass der Satz „Keine Strafe ohne Gesetz" trotz seiner formellen, weltweiten Durchsetzung[2] ganz unterschiedliche Ausformungen und Zwecksetzungen erfahren hat. Dies hängt mit den jeweils verschiedenen Verständnissen von Recht und Gesetz, mit der Bestimmung der Staatsziele und mit der grundsätzlichen Gewährleistung individueller Freiheit zusammen. In den Rechtssystemen des europäischen Raums können diese Differenzen anschaulich anhand der verschiedenen Arten, das Gebot der strafrechtlichen Gesetzlichkeit historisch herzuleiten und zu begründen, festgestellt werden. Die Auswahl der Länder erfolgt nicht zuletzt im Hinblick auf den Beitrag, den das jeweilige Land zur Entwicklung der freiheitlichen Staatsidee geleistet hat.[3]

1

2

---

[1] Schmidt-Aßmann, in: Maunz/Dürig, GG, 76. Aufl. (2015), Art. 103 Abs. 2 Rn. 163; Sachs/Degenhart, GG, 8. Aufl. (2017), Art. 103 Rn. 53; Jarass/Pieroth/Pieroth, GG, 14. Aufl. (2016), Art. 103 Rn. 43; Stern/Becker/Brüning, GG, 2. Aufl. (2015), Art. 103 Rn. 137.

[2] Jescheck, in: Miyazawa-FS (1995), S. 363; eine Zusammenstellung der einzelnen nationalen Verfassungsvorschriften und Strafgesetze findet sich bei Gallant, in: Kudlich/Montiel/Schuhr (Hrsg.), Gesetzlichkeit und Strafrecht (2012), S. 286 ff.

[3] Hierzu und zum Folgenden die Übersichten und Belege bei Kirsch, Zur Geltung des Gesetzlichkeitsprinzips im Allgemeinen Teil des Strafgesetzbuchs (2014), S. 69 ff.; Böhm, Strafrechtliche Gesetzlichkeit als Prinzip? (2013), S. 78 ff.

I. Frankreich

3   In Art. 111-3 des französischen Gesetzbuches vom 1. 3. 1994 (nouveau Code Penal) heißt es: „Niemand kann wegen eines Verbrechens oder wegen eines Vergehens bestraft werden, dessen Merkmale nicht durch das Gesetz bestimmt sind. [...] Niemandem kann eine Strafe auferlegt werden, die im Fall eines Verbrechens oder Vergehens im Gesetz oder im Fall einer Übertretung in der Verordnung nicht vorgesehen ist." Diese Bestimmung atmet den Geist der französischen Erklärung der Menschen- und Bürgerrechte vom 26.8.1789, in der erstmals der Grundgedanke „nulla poena sine lege" schriftlich fixiert wurde. Art. 4 besagte, dass nur das Gesetz die Grenzen der Freiheit festlegen könne, die darin bestünden, alles tun zu dürfen, was einem anderen nicht schade. Art. 5 und 6 unterstrichen die Gesetzesherrschaft: „Alles was nicht vom Gesetz verboten ist, kann nicht verhindert werden, und niemand kann gezwungen werden zu tun, was es nicht gebietet" (Art. 5); „Das Gesetz soll nur strikt und evident nötige Strafen bestimmen und niemand kann, außer auf der Grundlage eines vor der Tatbegehung ausgefertigten und verkündeten, rechtmäßig angewandten Gesetzes, bestraft werden" (Art. 6).[4]

4   Der hier bereits deutlich ausformulierte Gesetzlichkeitsgedanke ist stark durch das Staatsmodell Montesquieus (1689-1755) geprägt, das sich seinerseits an das englische Vorbild der von John Locke entwickelten Staatsform einer parlamentarischen Monarchie anlehnte. Zentral für dieses Modell ist die Forderung einer Trennung zwischen Legislative, Exekutive und der von Montesquieu hinzugefügten Judikative. Diese Trennung der Gewalten sollte die Möglichkeit des Missbrauchs staatlicher Befugnisse in einer Person verhindern und zugleich der gegenseitigen Kontrolle dienen.[5] Zur Erreichung dieses Ziels wurde ein schriftlich fixiertes, allgemein gültiges Gesetz gefordert, das sich die Gesellschaft selbst gegeben hatte und den Gemeinschaftswillen ausdrückte. Es sollte derart verfasst sein, dass jede Person wissen konnte, welche Sanktion ihr drohe, wenn sie dieses Gesetz verletzen würde. Um die Berechenbarkeit des Gesetzeswillens nicht zu verwässern, musste eine enge Bindung der Judikative an das Gesetz statuiert werden. Nach der Vorstellung Montesquieus sollte die Rechtsprechung die gesetzlichen Vorgaben lediglich wertfrei umsetzen: „Der Richter ist nur der Mund, der die Worte des Gesetzes ausspricht."[6] Damit ist in reiner Form der strafrechtliche Gesetzesvorbehalt postuliert. Allerdings sei schon an dieser Stelle darauf hingewiesen, dass mit der Ausrichtung des Gesetzes auf den Gemeinschaftswillen und auf das Gemeinschaftswohl dem Gesetzgeber ein zweischneidiges Schwert in die Hand gegeben wird. Einerseits herrscht formal das Prinzip der Gesetzlichkeit, andererseits eröffnen die Zwecke des Allgemeinwohls und des Glücks (Rousseau)[7] die Möglichkeit des stets wandelbaren, relativen Rechts. Vor diesem Hintergrund ist die strafrechtliche Gesetzlichkeit ein Mittel zur Durchsetzung von Interessen, die dem erklärten Willen zur Schaffung von etwas Festem gerade entgegengesetzt sind oder jedenfalls sein können.

---

4   Zitat der Deklaration nach Franz, Staatsverfassungen, 2. Aufl. (1965), S. 302 ff.
5   Krey, Keine Strafe ohne Gesetz: Einführung in die Dogmengeschichte des Satzes „nullum crimen, nulla poena sine lege" (1983), Rn. 13.
6   Montesquieu, Vom Geist der Gesetze (De l`esprit des loix), hrsg. von Forsthoff (1952), S. 214.
7   Rousseau, Vom Gesellschaftsvertrag (1986), S. 56.

II. Italien

Im italienischen Strafgesetzbuch (codice penale, c.p.) lautet die entsprechende Vor-   5
schrift: „Niemand kann wegen einer Tat, deren Strafbarkeit nicht ausdrücklich durch
das Gesetz bestimmt ist, bestraft oder mit Strafe belegt werden, die nicht vom Gesetz
festgesetzt sind" (Art. 1 c.p.). Wie in Deutschland wurde diese Norm in der italienischen Verfassung verankert: „Niemand darf seinem ordentlichen, durch Gesetz vorbe-
stimmtem Richter entzogen werden. Niemand darf bestraft werden, außer kraft eines
Gesetzes, das vor der Ausführung der Tat in Kraft getreten ist" (Art. 25 Cost.).[8] Diese
Regelungen entsprechen den Vorgaben Cesare Beccarias (1738-1794), der in seinem
Hauptwerk „Dei delitti e delle pene" (1764) den Grundsatz „nullum crimen et nulla
poena sine lege" als einzige Basis für die Befugnis des Staates zu strafen sah.[9] Durch
den fiktiven Gesellschaftsvertrag, der das staatliche Gewaltmonopol legitimiert, werde
der Gesetzgeber aber auch in seinen Sanktionsmöglichkeiten beschränkt: „Die von den
Individuen erteilte Einwilligung in die Ausübung staatlicher Strafgewalt beziehe sich
jedenfalls nur auf solche Taten, die gesetzlich mit Strafe bedroht sind."[10] Damit trug
Beccaria wesentlich dazu bei, das Strafrecht in Europa von seinen unberechenbaren
und grausamen Zügen zu befreien. Durch Aufklärung und Vernunftrecht sollte die
Strafrechtsidee säkularisiert und rationalisiert werden. Dazu zählte vor allem die Forderung, der richterlichen Willkür durch klare Gesetzesbestimmungen entgegenzutreten.[11] Aus der Forderung nach inhaltlicher Bestimmung und Begrenzung des Strafrechts lässt sich des Weiteren der liberale Ansatz ableiten, dass das Strafrecht nicht beliebig zur Sozialsteuerung benutzt werden darf. Beccaria war dezidiert der Auffassung,
dass der Zweckgedanke dem Strafrecht fremd sei. Die Angebote des Staates, kriminelles Verhalten mittels Prävention zu begrenzen, sollten dem Strafrecht vorgelagert und
nicht sein integraler Bestandteil sein.[12] So triftig dieser Ansatz eines absolut geltenden
Prinzips der strafrechtlichen Gesetzlichkeit auch sein mag, so fraglich bleibt es, ob die
mit dem Gesellschaftsvertrag (contrat social) legitimierte Befugnis zu strafen, die Unbedingtheit eines „Prinzips" zu tragen vermag (dazu Rn. 600).

III. Österreich

Der seit 1975 unverändert geltende § 1 Abs. 1 des österreichischen Strafgesetzbuchs   6
(öStGB) normiert ebenfalls die strafrechtliche Gesetzlichkeit: „Eine Strafe oder eine
vorbeugende Maßnahme darf nur wegen einer Tat verhängt werden, die unter eine
ausdrückliche gesetzliche Strafdrohung fällt und schon zur Zeit ihrer Begehung mit
Strafe bedroht war." Obwohl die Gesetzlichkeit nur einfachgesetzlich kodifiziert ist,
kommt ihr in Österreich als notwendige Konsequenz des Rechtsstaatsprinzips und zudem über Art. 7 EMRK verfassungsrechtlicher Rang zu.[13] Die heutige Fassung geht
auf das Allgemeine Strafgesetzbuch Kaiser Joseph II. (Josephina) aus dem Jahre 1787
zurück, das in Teil I § 1 einen strafrechtlichen Gesetzesvorbehalt enthielt: „Nicht jede
gesetzwidrige Handlung ist ein Criminalverbrechen oder sogenanntes Halsverbrechen;

---

8   Zit. nach Böhm, Strafrechtliche Gesetzlichkeit als Prinzip? (2013), S. 88.
9   Dazu näher Nagler, Die Strafe (1918), S. 369; Hattenhauer, Europäische Rechtsgeschichte, 3. Aufl. (1999),
    Rn. 1548.
10 Hoke, Österreichische und Deutsche Rechtsgeschichte (1992), S. 431.
11 Naucke, Gesetzlichkeit und Kriminalpolitik (1999), S. 228.
12 Krey, Keine Strafe ohne Gesetz (1983), S. 14.
13 Zerbes, in: Sieber/Cornils (Hrsg.), Nationales Strafrecht in rechtsvergleichender Darstellung AT (2008),
    S. 81.

und sind als Criminalverbrechen nur diejenigen gesetzwidrigen Handlungen anzusehen und zu behandeln, welche durch gegenwärtiges Strafgesetz als solche erklärt werden."[14] Durch die Bindung der Justiz an das Gesetz sollte (vordergründig) die Freiheit der Bürger garantiert und damit der Lehre der Aufklärung entsprochen werden. Der aufgeklärte Absolutismus verfolgte jedoch primär das Ziel, die Position des Monarchen als Gesetzgeber, der sowohl den Inhalt der Strafbarkeitsvoraussetzungen als auch die Art der Sanktionen allein bestimmt, zu stärken.[15] So blieb der Geist der Aufklärung zwar vorerst auf dem „Gesetzespapier gebannt" (Böhm)[16], aber er hinterließ Spuren, die nicht mehr zum Schweigen zu bringen waren.

IV. Russland

7   Erst nach Stalins Regierungszeit (1928-1953) setzen rechtsstaatliche Tendenzen ein, die eine Bindung der staatlichen Gewalten an Gesetze sowohl in der Verfassung von 1957 als auch in neuen Strafrechtsentwürfen vorsahen.[17] In Art. 3 des Strafgesetzbuchs wurde der Nullum-crimen-Satz zumindest inhaltlich erwähnt: „Der strafrechtlichen Verantwortlichkeit und der Strafe unterliegt nur eine Person, die der Begehung einer Straftat schuldig ist, d.h. vorsätzlich oder fahrlässig eine im Strafgesetz vorgesehene sozialgefährliche Handlung begangen hat."[18] Mit der Umschreibung der Straftat nach dem Maßstab der Sozialgefährlichkeit knüpft Art. 3 an den ersten Versuch der Positivierung eines Allgemeinen Teils des Strafgesetzbuchs aus dem Jahr 1919 an, der die Aufgabe des Strafrechts darin sah, „mittels Repressionen das System der gesellschaftlichen Beziehungen zu schützen, das den Interessen der als herrschenden Klasse organisierten Werktätigen in der Übergangsperiode vom Kapitalismus zum Kommunismus (der Diktatur des Proletariats) entspricht" (Art. 3).[19] Da diese Sicht die Instrumentalisierung der Strafgesetze zur Durchsetzung politischer Ziele in den Vordergrund rückt, war es folgerichtig, auf die Anordnung strafrechtlicher Gesetzlichkeit zu verzichten und stattdessen die völlig unbestimmte Strafbarkeitsbedingung der „Gesellschaftsgefährlichkeit", die jederzeit die Tatbestände des Besonderen Teils aushebeln konnte, zu verwenden.[20] Ebenso konsequent war es, die Reaktion auf sozialschädliches Verhalten nicht mehr als staatliche Strafe, die mit Schuld und Vergeltung assoziiert wurde, sondern als „Maßnahme" zu begreifen, die allein am Gesichtspunkt der Zweckmäßigkeit ausgerichtet war. Solange die Straftat das System nicht gefährdete, bestand kein Bedürfnis, sie zu verfolgen. Die dementsprechend ganz dem Opportunitätsprinzip verpflichtete Regelung fand 1926 ihren klaren gesetzlichen Ausdruck: „Eine Handlung, die formal die Merkmale eines Tatbestands des Besonderen Teils dieses Gesetzbuches erfüllt, jedoch infolge ihrer offensichtlichen Unbedeutendheit und des Fehlens schwerer Folgen nicht die Eigenschaft der Sozialgefährlichkeit aufweist, ist kein Verbrechen" (Art. 6 Abs. 2). Eine solche Formulierung gibt der Justiz zwar freie Hand in der Beurteilung, ob ein sozialschädliches Verhalten vorliegt, aber sie enthält den Pferdefuß, dass durch

---

14   Zit. nach Conrad, in: Weber-FS (1963), S. 55.
15   Schreiber, Gesetz und Richter (1976), S. 76 ff.; Krey, Studien zum Gesetzesvorbehalt im Strafrecht (1977), S. 208.
16   Böhm, Strafrechtliche Gesetzlichkeit als Prinzip? (2013), S. 89.
17   Zur Entwicklung des normativen Aufbaus des Rechtsstaats in Russland vgl. Horrer, Richterliche Unabhängigkeit in der Russischen Föderation (2017), S. 105 ff.
18   Schittenhelm, Strafe und Sanktionssystem im sowjetischen Recht (1994), S. 203.
19   Übersetzt von Heinrich Freund, Strafgesetzbuch, Gerichtsverfassungsgesetz und Strafprozessordnung Sowjetrusslands (1925), S. 91.
20   Filar/Weigend ZStW 98 (1986), S. 235, 242.

willkürliches Handeln der Richterschaft die Staatsideologie unterlaufen werden kann. Die damalige Sowjetunion sah sich daher schrittweise gezwungen, den totalitären Staatswillen mit dem positiven Gesetz zu vereinheitlichen.[21] Auch wenn in der Folgezeit der Strafzweck immer noch eng an der Bekämpfung der Sozialschädlichkeit und somit an der Erhaltung des geltenden Systems gekoppelt blieb, entfaltete die Anordnung der präzisen Positivierung (siehe Art. 3) doch eine formale Wirkung, die den instrumentellen Charakter der staatlichen Strafe zurückdrängte und den Boden bereitete für eine neue Verfassung, in der die Gewaltenteilung, die Unabhängigkeit des Richters, die Gesetzesbindung und das Gebot der Gesetzlichkeit ausdrücklich gewährleistet sind. [22]

V. Großbritannien

Aufgrund des Human Rights Act 1998, der die Regelung des Art. 7 EMRK wörtlich übernommen hat, gilt die strafrechtliche Gesetzlichkeit auch im englischen Recht.[23] Inzwischen sind zwar das materielle Strafrecht und das Sanktionensystem überwiegend legislativ verankert (statutory law), aber die allgemeinen Rechtsgrundsätze werden weiterhin dem common law entnommen, so dass die positive Bestimmung staatlicher Strafgewalt in erheblichem Ausmaß der Richterschaft überantwortet bleibt.[24] Dieses Richterrecht (case law) widerspricht nach englischer Auffassung nicht dem Gebot der Gesetzlichkeit, da Art. 7 EMRK die Strafbarkeit einer Tat an inländisches oder internationales „Recht" (law) bindet und der Begriff Recht nicht nur formelle Gesetze, sondern auch ungeschriebenes Gewohnheitsrecht umfasst.[25] Dadurch eröffnet sich ein breites Spektrum der richterlichen Rechtsfortbildung, deren positive Grundlage bis auf die Magna Charta aus dem Jahr 1215 zurückgeht. Das dem König Johann von den Fürsten abgerungene Vertragswerk enthielt in Artikel 39 eine der strafrechtlichen Gesetzlichkeit annähernd vergleichbare Regelung: „Kein freier Mensch soll ergriffen, gefangengelegt, von seinem Besitz vertrieben, heimatlos gemacht, geächtet oder auf andere Weise zugrunde gerichtet werden, und Wir werden über ihn nicht gehen noch über ihn schicken – nisi per legale iudicum parium suorum vel per legem terrae."[26] Es handelt sich bei dieser Zusicherung des Schutzes der Person und des Eigentums gegenüber der Gewalt des Königs wohl kaum um ein konstitutionell erlassenes Gesetz oder gar um ein allgemeines Menschenrecht im Sinne der amerikanischen declaration of rights, aber sie legte zum ersten Mal das Erfordernis eines irdischen Gesetzes (per legem terrae) für ein strafbares Verhalten seitens des Monarchen fest.[27] Art. 39 der Magna Charta kann daher mit gutem Grund als eine der frühesten Quellen des Satzes „keine Strafe ohne Gesetz" verstanden werden, wobei der Begriff „Gesetz" allerdings das gesamte, noch nicht an Präjudizien eng gebundene case law enthielt.

Die weitere Entwicklung des Gesetzlichkeitsgedankens ist eng mit dem Namen Thomas Hobbes verbunden. Als moderner Vertreter der Vertragstheorie hielt er Gesetze für notwendig, um den Krieg aller gegen alle („Naturzustand") zu überwinden, und

8

9

---

21 Schittenhelm, Strafe und Sanktionssystem im sowjetischen Recht (1994), S. 160.
22 Westen, Rechtsreform nach dem Tode Stalins (1964), S. 16.
23 Forster, in: Sieber/Cornils (Hrsg.), Nationales Strafrecht in rechtsvergleichender Darstellung (2008), S. 29.
24 v. Bernstorff, Einführung in das englische Recht, 2. Aufl. (2000), S. 246.
25 Braun-Friderici, Das Prinzip nulla poena sine lege im englischen Recht (1954), S. 70.
26 Zit. nach Böhm, Strafrechtliche Gesetzlichkeit als Prinzip? (2013), S. 96.
27 Schottlaender, Die geschichtliche Entwicklung des Satzes: Nulla poena sine lege (1911), S. 28 f.

aus purem Selbsterhaltungstrieb heraus eine Gesellschaft des Rechts auszubilden.[28] Im Unterschied zum Gesetzesverständnis der Aufklärung sah Hobbes das Gesetz als Befehl des Souveräns, das die natürliche Freiheit des Einzelnen einschränken durfte, um ein friedliches Miteinander zu gewährleisten.[29] Der selbst nicht gebundene Souverän hatte für die Einhaltung des Gesellschaftsvertrags zu sorgen, indem er Gesetze festsetzte und dem Volk bekannt machte. Der hierin aufkeimende Gedanke der Gesetzlichkeit geht Hand in Hand mit der Straftheorie von Hobbes, die auf die Vermeidung künftiger Straftaten abzielte. Schon die Bekanntgabe der gesetzlichen Vorschriften sollte die Bürger von schweren Straftaten abhalten.[30] Diese frühe generalpräventive Überlegung zeichnet das Bild eines determinierten und durch Gesetze lenkbaren Menschen. Gleichwohl ist die Staatstheorie von Hobbes nicht rein positivistisch begründet, da er zwischen Naturgesetzen, die absolut gelten und insofern keiner positiven Umsetzung bedürfen, und von Menschen geschaffenen, in der Gesellschaft erst durch ihre Proklamation zu befolgenden Gesetzen unterschied. Insofern enthält Hobbes Staatstheorie sowohl Züge moderner, zweckhafter und bedingter Rechtsbegründung als auch Züge metaphysischer und absoluter Grundlagen der staatlichen Existenz.

C. Außereuropäische Rechtsquellen

I. Vereinigte Staaten von Amerika

10   Nach dem Vorbild des englischen Rechtssystems lag auch in den Vereinigten Staaten das Strafrecht lange Zeit in den Händen der Gerichte. Erst in der zweiten Hälfte des 20. Jahrhunderts kann mit dem im Jahr 1962 verfassten Model Penal Code (MPC), einer Art Musterstrafgesetzbuch, von einem Ansatz der Positivierung des amerikanischen Strafrechts gesprochen werden.[31] Dieses statutary law erstreckt seine Wirksamkeit allerdings (noch) nicht auf die legal systems der 51 einzelnen Staaten von Amerika, die nach wie vor ein je eigenes Strafrecht sowie ein selbständiges common law ausbilden. Das MPC gilt nur auf Bundesebene und sieht u.a. vor, dass kein Strafdelikt durch Gewohnheitsrecht bestimmt werden darf.[32] Seitdem ist das common law durch gesetztes Strafrecht fast vollkommen verdrängt worden. Diese Entwicklung spiegelt sich auch im amerikanischen Verfassungsrecht, aus dem gefolgert wird, dass eine Strafe ohne Normierung, d.h. ohne gesetzliche Fixierung der Straftatbestände und der Strafen nicht rechtmäßig ist. Die Verfassung enthält zwar nicht ausdrücklich den Nullum-Crimen-Satz, wohl aber das Rückwirkungsverbot („ex post facto clauses"), aus dem mit Recht abgeleitet werden kann, dass es eine vor der Verhängung der Strafe erlassene Strafnorm verlangt.[33] Der bislang weite Begriff „Law" soll hiernach auf normiertes Strafrecht begrenzt werden. Davon gehen inzwischen auch die „case-books" aus, in denen klar formuliert ist, dass „nulla poena sine lege" der erste und wichtigste Grundsatz des amerikanischen Richterrechts sei. Bemerkenswerterweise geht hier der Grundsatz an die Adresse der Judikative.[34]

---

28 Harzer, Der Naturzustand als Denkfigur moderner praktischer Vernunft (1994), S. 42.
29 Hobbes, Leviathan (2005), Kap. 26, Abschn. 4.
30 Schreiber, Gesetz und Richter (1976), S. 40.
31 Ambos KritV 2003, 31.
32 Eser ZStW 17 (1967), S. 193.
33 Courakis GA 1981, 551.
34 Boot, Genocide, crimes against humanity, war crimes: Nullum crimen sine lege and the Subject Matter Jurisdiction of the International Criminal Court (2003), S. 117; zit. bei Böhm, Strafrechtliche Gesetzlichkeit als Prinzip? (2013), S. 108.

Die Aufnahme des Gesetzlichkeitsprinzips in den USA erfolgte im 18. Jahrhundert hauptsächlich durch die Einflüsse der Naturrechtstheorien von Pufendorf, Locke, Montesquieu sowie Blackstone.[35] Der Mensch besaß hiernach von Geburt an ein unantastbares Recht auf Freiheit, das den Einzelstaaten in der amerikanischen Bundesverfassung vom 17.8.1787 folgende Schranke auferlegte: „No State shall... pass any bill of attainder or ex post facto Law" (Art. 1, Abschnitt 10 § 1).[36] Diese Formulierung lehnt sich stark an Art. 39 der Magna Charta und somit an die Beschränkung staatlicher Strafkompetenzen durch das Rückwirkungsverbot an. Allerdings blieb – wie im englischen common law – einzelstaatlich das Gewohnheitsrecht als Quelle strafrechtlicher Begründung erhalten. Somit bestand trotz der Verankerung des Rückwirkungsverbots in der amerikanischen Bundesverfassung und trotz zahlreicher niedergeschriebener freiheitsverbürgender Rechte keine formale Anerkennung des Grundsatzes „nulla poena sine lege."[37]

11

II. Brasilien

Brasiliens Strafrecht wurzelt im kontinentaleuropäischen Raum und ist infolgedessen maßgeblich von Denkern wie Kant, Hobbes, Montesquieu, Beccaria und Feuerbach geprägt.[38] Der brasilianische Wissenschaftler Rui Barbosa schrieb das Gebot der strafrechtlichen Gesetzlichkeit schon 1891 in der Verfassung der Vereinigten Staaten von Brasilien nieder (Art. 72). Die Charta aus dem Jahr 1988 erklärte die Achtung der Grund- und Menschenrechte auch für das Strafrecht für verbindlich, wodurch die Strafgewalt auf allen Ebenen der Strafverfolgung an klar umschriebene Gesetze gebunden werden sollte.[39] Da es zudem das proklamierte Ziel war, den Beschuldigten nicht zum Objekt eines Strafverfahrens zu degradieren, floss darüber hinaus ein umfangreicher Katalog von eigenständigen Normierungen in die Grundrechtsverfassung ein: Menschenwürde, Rechtsstaat und Gewaltenteilung (Art. 1 und 2); Gleichheit vor dem Gesetz (Art. 5); Freiheitsbeschränkung nur durch Gesetz (Art. 5 Abs. 2); gerichtlicher Rechtsschutz (Art. 5 Abs. 25); Gesetzesbestimmtheit (Art. 5 Abs. 39); Rückwirkungsverbot (Art. 5 Abs. 40); Verbot von Ausnahmegerichten (Art. 5 Abs. 37) sowie Verbot der Todesstrafe und der lebenslangen Freiheitsstrafe (Art. 5 Abs. 46). Der umfassenden gesetzlichen Regelung nach gehört Brasilien sicherlich zum Kreis jener Länder, die das Gedankengut der Aufklärung am präzisesten auf das Papier gebracht haben. Dies unterstreicht insbesondere die in den positivgesetzlichen Formulierungen zu Tage tretende Zwecksetzung der strafrechtlichen Gesetzlichkeit: Sie soll primär der Wahrung der Menschenwürde und nicht staatlichen Interessen dienen.

12

III. Volksrepublik China

Das heute geltende chinesische Strafgesetzbuch regelt die strafrechtliche Gesetzlichkeit in § 3: „...Ist (eine Handlung) durch Gesetze ausdrücklich als strafbare Handlung bestimmt, wird sie entsprechend der gesetzlichen Festlegung als Straftat mit (der dafür vorgesehenen) Strafe geahndet; liegt eine ausdrückliche Bestimmung als strafbare Handlung durch Gesetz nicht vor, ist eine Festlegung (der Handlung) als Straftat und

13

---

35 Jellinek, Die Erklärung der Menschen- und Bürgerrechte, 3. Aufl. (1919), S. 31 ff.
36 Franz, Staatsverfassungen, 2. Aufl. (1964), S. 24.
37 Schreiber, Gesetz und Richter (1976), S. 66.
38 Paul, Strafrecht in Brasilien, in: Institut für Kriminalwissenschaften und Rechtsphilosophie Frankfurt a.M. (Hrsg.), Jenseits des rechtsstaatlichen Strafrechts (2007), S. 205 f.
39 aaO Paul, S. 209.

Verhängung von Strafe nicht statthaft."[40] Diese an Art. 103 Abs. 2 GG erinnernde Fassung der Gesetzlichkeit von 1997 ist umso erstaunlicher als bis dahin § 79 des Strafgesetzbuches von 1978 galt, der ausdrücklich die analoge Anwendung staatlichen Strafrechts erlaubte.[41] Die radikale Neuorientierung verdankt sich allerdings nicht einer intensiven Auseinandersetzung innerhalb der Legislative, sondern zum Teil kritischen Stimmen chinesischer Strafrechtswissenschaftler, denen § 79 bei ihrem Bemühen, das Strafgesetzbuch zu modernisieren, als großes „Manko" im Wege stand.[42] Von mindestens ebenso großem Gewicht für das Nachgeben der chinesischen Regierung dürfte jedoch das starke Drängen westlicher Menschenrechtsorganisationen gewesen sein. Insofern muss offen bleiben, ob es sich bei der Festlegung auf die strafrechtliche Gesetzlichkeit eher um eine Fassade als um ein inhaltliches Bekenntnis handelt. Für beide Alternativen könnte sprechen, dass die Angleichung von Gesetz und Staatswillen autoritären Systemen – wie oben in der kommunistischen Ära Russlands gezeigt (Rn. 7) – nicht fremd ist. Ganz in diesem Sinne heißt es in Art. 5 Abs. 1 nach der Verfassungsänderung von 1999, dass die Volksrepublik vom Prinzip der Herrschaft des Rechts geleitet werden soll.[43] Über den Inhalt des Rechts ist damit nichts gesagt.

D. Transnationale Rechtsquellen

I. Vereinte Nationen (UN)

14   In der am 10.12.1948 durch die Generalversammlung der Vereinten Nationen verkündeten allgemeinen Erklärung der Menschenrechte (AEMR) ist in Art. 11 Abs. 2 das Gebot der strafrechtlichen Gesetzlichkeit festgelegt: „Niemand darf wegen eines Verbrechens auf Grund einer Handlung oder Unterlassung verurteilt werden, die im Zeitpunkt ihrer Begehung nach inner- oder zwischenstaatlichem Recht nicht strafbar war. Auch soll keine schwerere Bestrafung eintreten als die, die bei der Begehung der strafbaren Handlung angedroht war."[44] Entsprechend der Präambel, in der u.a. als Ziel der Menschenrechtserklärung die Schaffung und Wahrung der Freiheit steht, soll die Gesetzlichkeit vor allem dem Schutz der Menschenwürde dienen. Diese Fundierung des Satzes „nullum crimen sine lege" in der unbedingten Geltung der Menschenwürde ist nicht zuletzt auf die Problematik der „Nürnberger Prozesse" zurückzuführen, die das Elend der Rechtsvergessenheit vor aller Augen offenbarte.[45] Obwohl die Menschenrechtserklärung keinen formell rechtsverbindlichen Charakter hat, verband sich doch mit ihr die Hoffnung, dass das Bekenntnis zur strafrechtlichen Gesetzlichkeit auch innerhalb der Staaten Anerkennung und Anwendung findet. Wie sich in der Folge zeigte, hat die AEMR ihre symbolische Wirkung nicht verfehlt.

---

40 Zit. nach Strupp, Das neue Strafgesetzbuch der VR China (1998), S. 105.
41 Zhao/Richter, in: Sieber/Cornils (Hrsg.), Nationales Strafrecht in rechtsvergleichender Darstellung (2008), S. 3.
42 Strupp, Das neue Strafgesetzbuch der VR China (1998), S. 20.
43 Zhao/Richter, in: Sieber/Cornils (Hrsg.), Nationales Strafrecht in rechtsvergleichender Darstellung (2008), S. 5.
44 Zit. bei Haaß, „Nulla poena sine lege" im nationalen und internationalen Recht (1955), S. 44.
45 Mokhtar, Nullum crimen, nulla poena sine lege: aspects and prospects (2005), S. 5; zit. bei Böhm, Strafrechtliche Gesetzlichkeit als Prinzip? (2013), S. 111.

II. Europäische Menschenrechtskonvention (EMRK)

Wenige Jahre nach der Menschenrechtserklärung der Vereinten Nationen trat am 3.9.1953 die Menschenrechtskonvention des Europarates (EMRK) in Kraft. Sie bekennt sich in der Präambel ebenfalls zu dem Ziel der Wahrung und Fortentwicklung der Menschenrechte und Grundfreiheiten.[46] Als eines der Mittel zur Erreichung dieses Ziels normiert der schon mehrfach erwähnte Art. 7 Abs. 1 EMRK die strafrechtliche Gesetzlichkeit: „Niemand darf wegen einer Handlung oder Unterlassung verurteilt werden, die zur Zeit ihrer Begehung nach innerstaatlichem oder internationalem Recht nicht strafbar war. Es darf auch keine schwerere als die zur Zeit der Begehung angedrohte Strafe verhängt werden." Diese Vorschrift ist für alle Mitgliedstaaten des Europarates verbindlich; auf welche Weise sie im nationalen Recht wirkt, bleibt allerdings den einzelnen Staaten überlassen. So steht die EMRK in den Niederlanden, Belgien, Luxemburg und der Schweiz über der Verfassung, während sie in Italien, Griechenland und Deutschland Gesetzesrang besitzt. Frankreich und Österreich ordnet sie zwischen Verfassung und einfachem Gesetz ein. Da das BVerfG inzwischen das Grundgesetz gemäß der EMRK auslegt[47], kann davon ausgegangen werden, dass sich der deutsche Gesetzgeber völkerrechtskonform verhalten wird und die EMRK infolgedessen verfassungsähnlichen Charakter hat.

15

E. Zusammenfassung

Die strafrechtliche Gesetzlichkeit hat sich – zumindest auf dem Papier – weltweit durchgesetzt. Unterschiede können in der sprachlichen Ausformung und in der Art und Weise, in der man den Akzent eher auf das Rückwirkungsverbot, auf den Bestimmtheitsgrundsatz oder das Analogieverbot legt, festgestellt werden. Diese je verschiedene Umsetzung des Prinzips „nulla poena sine lege" reflektiert Differenzen, die in der jeweiligen Begründung zu Tage treten. Überwiegend werden für die Legitimation verfassungsrechtliche Grundlagen wie Rechtsstaat, Demokratie und Gewaltenteilung genannt. Aber das anglo-amerikanische Rechtssystem enthält nach wie vor einen beträchtlichen gewohnheitsrechtlichen Anteil, der Zweifel daran aufkommen lässt, ob die Berufung auf die Gewaltenteilung als alleinige Begründung für die strafrechtliche Gesetzlichkeit ausreichen kann (Rn. 42). In Russland und China dürften die Sicherung des Rechtssystems und die Wahrung des Demokratieprinzips nicht zu den tragenden Säulen der Rechtfertigung des Gesetzlichkeitsgrundsatzes gehören. Auch autoritäre Systeme haben ab einem gewissen Entwicklungsstand ein Interesse an der Angleichung von Gesetz und Staatswillen, so dass ihnen die richterliche Gesetzesbindung durchaus in die Hände spielt.[48] Es bedarf also einer tiefer gelegten Grundlage für die Begründung von Abwehrrechten gegenüber dem Staat. In den nächsten Kapiteln sollen die wichtigsten verfassungsrechtlichen und strafrechtlichen Begründungsansätze des Gesetzlichkeitsprinzips diskutiert und in ihrer Relevanz beleuchtet werden (Rn. 38 ff., 54 ff.). Vorangestellt ist eine kurze Erörterung der sprachlichen Bedeutung des Begriffskomplexes „strafrechtliches Gesetzlichkeitsprinzip". Sie dient der Abgrenzung gegenüber anderen Begriffselementen und damit der Einzäunung des gesamten Themenkomplexes.

16

---

46 Geiger, Grundgesetz und Völkerrecht, die Bezüge des Staatsrechts zum Völkerrecht und Europarecht, 7. Aufl. (2018), S. 404 ff.
47 BVerfGE 74, 370; 82, 115.
48 Horrer, Richterliche Unabhängigkeit in der Russischen Föderation (2017), S. 103 f.

2. Kapitel. Begriffliche Vorüberlegungen

A. Begriff des Gesetzes

I. Definitionsprobleme

17   Nach Art. 20 Abs. 3 GG sind die vollziehende Gewalt und die Rechtsprechung an „Gesetz und Recht" gebunden. Will man dem Parlamentarischen Rat nicht die Formulierung von synonymen Begriffen unterstellen, dann unterscheidet die Verfassung inhaltlich zwischen „Gesetz" und „Recht". Dass der Gesetzgeber keine Tautologie gemeint hat, stellt auch das BVerfG fest: Die Formel halte „das Bewusstsein aufrecht, dass sich Gesetz und Recht zwar faktisch im Allgemeinen, aber nicht notwendig und immer decken" (BVerfGE 34, 286). In der Trennung zwischen Gesetz und Recht ist die Erinnerung an die NS-Zeit aufbewahrt, die unmenschliche Gesetze kannte und den Gehorsam des Richters gegenüber ungerechten Gesetzen gleichwohl einforderte.[1] Auf welchen genauen Inhalt sich die Verfassung mit der Bezeichnung „Recht" bezieht, ist unklar, da es an einem einheitlichen, von der gesamten Rechtswissenschaft geteilten Rechtsbegriff fehlt.[2] Insofern hat der Befund Immanuel Kants (1724-1804) seine Aktualität nicht eingebüsst: „Noch suchen die Juristen eine Definition zu ihrem Begriffe vom Recht."[3] Während z.B. Hans Kelsen[4] das Zwangsmoment als das entscheidende Kriterium gegenüber anderen Gesellschaftsordnungen hervorhob, umschreibt eine moderne Definition das Recht als die „Bezeichnung für die Gesamtheit von institutionell kontrollierten Bestimmungen zur Regelung des gesellschaftlichen Zusammenlebens, die von der akzeptierten, normgebenden Instanz legitimiert werden."[5] Recht ist demzufolge das, was die nach der Verfassung zuständigen Organe als Recht gesetzt haben. Andere halten die Suche der Juristen nach einem eigenen Rechtsbegriff für verfehlt. Dieser müsse vielmehr von der Philosophie her „überkommen".[6] Für diesen Part standen lange die Naturrechtslehren zur Verfügung, aus deren Sicht das Recht unmittelbar aus der Natur, der Vernunft oder dem „Wesen" des Menschen folge.[7] Danach wird zumindest der Kernbereich „oberster Grundsätze" dem Zugriff des Gesetzgebers entzogen.

18   Die Diskussion der Frage, ob das staatliche Recht (Gesetz) an „höherrangigem" Recht zu überprüfen und gegebenenfalls zu verwerfen ist, soll hier noch nicht ausgetragen, sondern erst in dem Abschnitt erörtert werden, in dem es um die Möglichkeit der philosophischen Begründung des (Straf-) Rechts geht (Rn. 197). Für den Zweck der begrifflichen Annäherung an den Gesetzlichkeitsbegriff genügt vorerst eine (pragmatische) Definition, die der Wortbedeutung und der historischen Herkunft des Begriffs

---

1   Herzog, in: Maunz/Dürig, GG, 76. Aufl. (2015), Art. 20 VI Rn. 53.
2   Zur vielschichtigen Debatte um den Rechtsbegriff vgl. Arthur Kaufmann, in: Hassemer/Neumann/Saliger (Hrsg), Einführung in die Rechtsphilosophie und Rechtstheorie der Gegenwart, 9. Aufl. (2016), S. 81 ff.; N. Horn, Einführung in die Rechtswissenschaft und Rechtsphilosophie, 6. Aufl. (2016), Rn. 359 ff.; Seelmann/ Demko, Rechtsphilosophie, 6. Aufl. (2014), Rn. 13 ff.
3   Kant, Kritik der reinen Vernunft, Akademieausgabe, Bd. III, B 759 Anmerkung.
4   Kelsen, Reine Rechtslehre, 2. Aufl. (1960), Nachdruck 1992, S. 34 ff.
5   Gräfrath, in: Mittelstraß (Hrsg.), Enzyklopädie Philosophie und Wissenschaftstheorie (1995), Stichwort Recht.
6   Puchta, Cursus der Institutionen, 10. Aufl. (1893), Bd. 1, S. 55.
7   Näher zur Idee der Unverfügbarkeit von Recht als gemeinsames Kriterium des Naturrechtsdenkens Ellscheid, in: Hassemer/Neumann/Saliger, Einführung in die Rechtsphilosophie und Rechtstheorie der Gegenwart, 6. Aufl. (2016), S. 143; Naucke/Harzer, Rechtsphilosophische Grundbegriffe, 6. Aufl. (2011), Rn. 138 ff.

„Gesetz" entspricht. Die zunächst vom umfassenderen Begriff des „Rechts" abstrahierende Definition des geschriebenen Gesetzes (positivistischer Rechtsbegriff) erscheint auch deshalb angebracht, weil nach Art. 97 Abs. 1 GG die Richter unabhängig und „nur dem Gesetz" unterworfen sind. Auch vor diesem Hintergrund sollten Juristen wissen, worin der genaue Inhalt der Bindung von Exekutive und Rechtsprechung an die Rechtsordnung besteht.

II. Wortgeschichte

Das antike Griechenland kannte zwei verschiedene Wörter für den Begriff Gesetz, „Themis" und „Nomos", die beide den Willen der Götter wiedergaben.[8] Ab dem späten fünften Jahrhundert entstand das Begriffspaar „Physis" und „Nomos". Physis stand für die Gesetze der Natur, die zwar unabhängig von einem Festsetzungsakt existieren, aber gleichwohl als Regeln oder Axiome zur Beschreibung und Handhabung von Vorgängen in der Natur durch den Menschen formuliert werden. Mit Nomos ist das veränderliche, von Menschen gemachte Gesetz gemeint.[9] Auch dieses Gesetz bleibt in der Antike und lange Zeit im europäischen Raum substantiell an das Göttliche gebunden. — 19

Die Differenzierung in Physis und Nomos bestätigt die etymologische Untersuchung des Begriffs Gesetz. Es stammt aus dem Mittelhochdeutschen und bezeichnet das „Festgesetzte", das „Gesatzte", also auf die Tätigkeit des Setzens: etwas ist hin-gesetzt, bestimmt oder angeordnet.[10] Eine Reihe von Verben, die auf das althochdeutsche „sezzen" (gotisch: satjan; engl: to set) zurückgeht, bewahrt ebenfalls noch den Bedeutungsgehalt von fest-setzen: sitzen, sitzen machen, aufstellen, pflanzen oder stiften. Gemeinsam ist diesen Begriffen, dass sie auf eine Quelle verweisen, die das Festzusetzende positiv bestimmt, sowie auf eine Materie, die festzulegen ist. Der Inhalt der Materie ist in diesem ersten begrifflichen Zugriff noch unbestimmt. Dem Wort Gesetz ist demnach weder die Art des Inhalts noch die Art der Bindungswirkung an diesen Inhalt zu entnehmen. Die Art der Quelle kann demgegenüber näher bestimmt werden. Denn jeder Inhalt einer Festsetzung – mag es sich um die Erdanziehungskraft oder um einen rechtlichen Regelungsinhalt handeln – bedarf einer natürlichen „Person" oder einer Personengesamtheit, die das Festgelegte „erkannt", „gefunden" oder „erfunden" hat und sodann sprachlich formuliert.[11] Über die Qualität der festsetzenden Person kann rein begriffstechnisch gesagt werden, dass sie die Fähigkeit und Befugnis besitzen muss, den betreffenden Inhalt zu erfassen, im formalisierten Sinne zu erlassen und eine allgemeine Bindung an das Festgesetzte zu erzeugen.[12] Dabei ist erneut nicht entschieden, ob die Verbindlichkeit des Gesetzten vom Urheber oder vom Gegenstand bzw. von der behandelten Materie abhängt. Mit Blick auf den im deutschen Rechtssystem verwendeten Begriff des Gesetzes kann – vorerst für den praktischen Gebrauch – entsprechend der etymologischen Betrachtung festgehalten werden, dass der Gesetzesbegriff durch die Kriterien der Setzung und der allgemeinen Anerkennung definiert wird. — 20

---

8 Latte, in: Berneker (Hrsg.), Zur griechischen Rechtsgeschichte (1968), S. 77.
9 Wismann, in: Bock (Hrsg.), Gesetz und Gesetzlichkeit in den Wissenschaften (2006), S. 1 ff.
10 Kluge/Seebold, Etymologisches Wörterbuch, 25. Aufl. (2011), Stichwort Gesetz.
11 Bock, in: Bock (Hrsg.), Gesetz und Gesetzlichkeit in den Wissenschaften (2006), S. 199, 204.
12 Näher zu Übereinstimmungen und Unterschieden des Rechtsbegriffs in vorstaatlichen und staatlichen Gesellschaften Kargl, Handlung und Ordnung im Strafrecht (1991), S. 405, 430.

III. Konkretisierung

1. Gesetz als staatliche Setzung und Anerkennung

21   Im neuzeitlichen kontinentaleuropäischen Raum ist das Rechtssystem – vor allem unter dem Einfluss Montesquieus[13] – in Gesetzen verkörpert.[14] Diese werden in einem staatlich geregelten Verfahren erlassen, in dem bestimmte Staatsorgane (z.B. Bundes- oder Landesparlamente) zusammenwirken (Art. 70 ff., 76-80 GG). Rechtsnormen, die auf staatlicher Setzung gründen, beanspruchen für sich den Vorrang (sog. Vorrang des Gesetzes). Neben dieser Art der Rechtsetzung gibt es Rechtsmaterien bestimmter Institutionen, die interne Angelegenheiten zwar selbständig innerhalb der Schranken des für alle geltenden Gesetzes regeln können, aber gleichwohl der staatlichen Anerkennung bedürfen. Das ist der Fall beim Kirchenrecht (Art. 140 GG) sowie beim Arbeitsrecht, das die Tarifparteien und die Betriebsparteien durch das Tarifvertragsgesetz und das Betriebsverfassungsgesetz ermächtigt, für ihre Mitglieder verbindliche Rechtsnormen zu setzen. Das Erfordernis der staatlichen Setzung und der staatlichen Anerkennung unterscheidet Rechtsnormen von bloßen Sitten, Gebräuchen und Spielregeln sowie vom Verhaltenskodex einer Räuberbande.[15] Bislang ist damit nicht viel mehr als ein formales Kriterium für den Gesetzesbegriff gewonnen.

2. Gesetz als richterliche Entscheidung

22   Auf die Frage nach dem Gegenstand seiner Disziplin antwortete der amerikanische Richter Oliver Wendell Holmes (1841-1935): „Die zutreffende Voraussage dessen, was die Gerichte wirklich entscheiden, das verstehe ich unter Recht."[16] Diese Sicht ist zumindest für den juristischen Teilbereich des Strafrechts nicht ohne Weiteres akzeptabel. Sie steht nicht nur im Widerspruch zum Prinzip der strafrechtlichen Gesetzlichkeit im Ganzen, sondern auch zu jeder seiner vier Ausformungen: dem Rückwirkungsverbot (Rn. 386), dem Gebot der Bestimmtheit (Rn. 344) und den Verboten von Analogie (Rn. 459) und Gewohnheitsrecht (Rn. 449). Das Gesetzlichkeitsprinzip benötigt als Voraussetzung seiner Geltung die Existenz eines geschriebenen, Orientierung gebenden Rechtssystems oder doch ein an Präjudizien eng gebundenes case law.[17] Eine je spontane sich ihrer Tradition nicht vergewissernde Entscheidungspraxis wird das Rückwirkungsverbot gar nicht registrieren können; sie kann weder als Richtschnur für künftiges Verhalten dienen, noch vor willkürlicher Bestrafung schützen.[18] Insofern hat § 1 StGB hinsichtlich der Verhaltensnorm einen harten, fast übergeschichtlichen Kern.[19] Und dennoch: die Rechtsordnung ist nicht – wie das kontinental-europäische Rechtsdenken lange glaubte – allein ein Produkt des Gesetzgebers. Sie ist auch ein Produkt der Auslegungspraxis der Gerichte, die dem Gesetzestext erst seine reale Wirksamkeit

---

13 Montesquieu, Vom Geist der Gesetze (1748).

14 Nachweise zum Folgenden bei Rüthers/Fischer/Birk, Rechtstheorie, 10. Aufl. (2018), Rn. 53 ff.

15 Zur Unterscheidung zwischen Recht und den Regeln einer Räuberbande bereits Augustinus, Vom Gottesstaat, Buch 4, Kap. 4.

16 Zit. nach Rüthers/Fischer/Birk, Rechtstheorie, 10. Aufl. (2018), Rn. 48.

17 Welzel, Strafrecht, 11. Aufl. (1969), § 5 I 2; Rüthers NJW 2011, 435; Safferling, Internationales Strafrecht (2011), § 4 Rn. 83; Frister, Strafrecht AT, 7. Aufl. (2015), 4. Kap. Rn. 3.

18 Ähnlich Schreiber, Gesetz und Richter (1976), S. 18; Krey, Keine Strafe ohne Gesetz (1983), Rn. 52; vgl. auch BVerfGE 23, 283; 92, 12; BGHSt 37, 230.

19 Stratenwerth/Kuhlen, Strafrecht AT, 6. Aufl. (2011), § 3 Rn. 3; zur Bedeutung des Gesetzlichkeitsprinzips in der Vorgeschichte des RGStGB 1871 vgl. Pollähne, Commentare über das Reichsstrafgesetzbuch, in: Wabel/Weichenhan (Hrsg.), Kommentare (2011), S. 145.

verschafft (Rn. 366, 608). Die richterliche Umsetzungstätigkeit entfaltet freilich ihre volle Berechtigung bei jenen konkreten Streitfällen, bei denen es um die Klärung von zivilrechtlichen Ansprüchen geht oder bei denen die Rechtsordnung hinter den Anforderungen der sich schnell wandelnden Gesellschaft nachhinkt. Im Strafrecht legt jedoch das Gesetzlichkeitsprinzip der richterlichen Rechtsfortbildung enge Grenzen auf (Rn. 620, 657). Aus diesem Grunde ist es besonders im Strafrecht notwendig, der Methodenlehre, die Hilfe bei der Verwirklichung des Gesetzlichkeitsprinzips verspricht und den Richter an die Kette des Gesetzes binden soll, erhöhte Aufmerksamkeit zu widmen (Rn. 607 ff.).

3. Gesetz als staatlicher Zwang

Neben der staatlichen Setzung und Anerkennung zeichnet Rechtsnormen aus, dass sie **23** mittels staatlich organisierten Zwangs gegen den Willen des Betroffenen durchgesetzt werden können. Durch eine umfangreiche Gerichtsbarkeit sichert der Staat den Geltungsanspruch der Norm, hält also der Staat gegen den öffentlich bekundeten Ungehorsam (Luhmann: kontrafaktisch[20]) an der Norm fest („Justizstaat"). Dahinter steht der Gedanke, dass Verstöße gegen Rechtsnormen, welche auf Dauer sanktionslos bleiben, die Rechtsqualität der Norm und damit auch die Glaubwürdigkeit des Rechtsstaats in Frage stellen. In diesem Sinne schreibt Kant[21] lapidar: „Das Recht ist mit der Befugnis zu zwingen verbunden." Rudolf von Jhering[22] hat an dem Anspruch der Rechtsordnung auf Gültigkeit und Befolgung ebenfalls keine Zweifel gelassen, als er bildhaft formulierte: „Der vom Staat in Vollzug gesetzte Zwang bildet das absolute Kriterium des Rechts, ein Rechtssatz ohne Zwang ist ein Widerspruch in sich selbst, ein Feuer, das nicht brennt, ein Licht, das nicht leuchtet." Mit Blick auf das Strafrecht ist hier einschränkend anzumerken, dass die Befugnis zu staatlichem Zwang noch nicht darüber entscheidet, wie Zwang und Zwangsverfahren konkret ausgestaltet sein müssen, um die Behauptung der Norm zu gewährleisten (Rn. 54 ff.). Für die Frage, ob die Vorschrift erst mittels Strafen und Maßnahmen oder schon mittels einer Missbilligung zu „leuchten" beginnt, gibt der Begriff des Zwangs zu wenig her.

IV. Zusammenfassung

Vorstehend ist das Gesetz als das Ergebnis staatlicher Setzung und öffentlicher Anerkennung definiert worden. Es umfasst alle Arten von staatlichen Normen, die vom Gesetzgeber erlassen und von den Gerichten angewendet werden. Dieser an das etymologische Verständnis angelehnten „positivistischen" Definition des Gesetzesbegriffs ist weder die Art des Inhalts noch die Reichweite der Bindungswirkung („Akzeptanz") zu entnehmen. Ungeklärt bleibt dabei insbesondere die globale Frage „Was ist richtiges („ewiges") Recht?" („quid est ius?"). Für den hier verfolgten Zweck einer sprachlichen Annäherung genügt es, das Wort „Gesetz" auf den Bereich des geltenden, real in einer konkreten Ordnung angewandten Rechts zu beschränken[23], also in Anlehnung an Kant[24] festzustellen, was an einem bestimmten Ort zu einer bestimmten Zeit Recht sein soll („quid sit iuris").

24

---

20 Luhmann, Rechtssoziologie, 2. Aufl. (1989), S. 41; dazu Zielcke, Die symbolische Natur des Rechts (1988), S. 51 ff.
21 Kant, Metaphysik der Sitten, Akademieausgabe, Bd. VI, S. 232.
22 v. Jhering, Der Zweck im Recht, Bd. 1, 3. Aufl. (1893), Nachdruck 1970, S. 322.
23 Rüthers/Fischer/Birk, Rechtstheorie, 10 Aufl. (2018), Rn. 53.
24 Kant, Metaphysik der Sitten, Akademieausgabe, Bd. VI, B Einleitung in die Rechtslehre.

B. Begriff des Prinzips

I. Bedeutung in unterschiedlichen Kontexten

25 Das Wort „Prinzip" wurde im 18. Jahrhundert aus dem lateinischen „principium" entlehnt und bezeichnet substantivisch einen Anfang, Ursprung, die erste Stelle in der Rangfolge einnehmend (princeps, Fürst).[25] Seit dem 19. Jahrhundert hat sich das in Frankreich aus dem lateinischen „principialis" übernommene Adjektiv „prinzipiell" eingebürgert und bedeutet „grundsätzlich", „aus Prinzip" oder „anfänglich". In der letzteren Bedeutung handelt es sich bei einem „Prinzip" umgangssprachlich zumeist um einen „Grundsatz", um eine feste Regel, an die sich Personen halten können.[26] Wenn sich jemand an einer festen Richtschnur orientiert, spricht man positiv von einem Menschen, der Prinzipien hat. Dagegen gibt es auch die Zusammensetzung „Prinzipienreiter" als abschätzige Bezeichnung für einen Menschen, der Grundsätze zu Tode hetzt. Diese negative Umschreibung eines Menschen, der die Regel allzu ernst nimmt, deutet darauf hin, dass es sich im gesellschaftlichen Verständnis bei einem Prinzip nicht um ein zwingend zu befolgendes Gesetz handelt.[27] Umgangssprachlich ist ein Prinzip danach eine Maxime oder eine Voraussetzung, die einer gesetzlichen Fixierung bedarf, um einen zwingenden Charakter zu entfalten. In der Frage der Verbindlichkeit unterscheiden sich die Naturwissenschaften von der alltagspraktischen Relativierung des Prinzipbegriffs (dazu näher Rn. 249 ff.). Ihrem empirischen Verständnis zufolge beanspruchen Prinzipien wie das kopernikanische Prinzip oder das Relativitätsprinzip unbedingte Anerkennung, da sie auf (vermeintlich) objektiven Beobachtungen und daraus gezogenen verbindlichen Schlüssen beruhen. Prinzip und Gesetz werden in dieser Sicht identisch gebraucht.

II. Bedeutung im rechtlichen Kontext

26 In den Rechtswissenschaften ist von Prinzipien die Rede, wenn bei der Interpretation von Gesetzen auf Grundsätze verwiesen wird, mit denen der Rechtsanwender den als ungenügend empfundenen Wortlaut sowie den als unzeitgemäß angesehenen ursprünglichen Zweck der jeweiligen Vorschrift „überspielen" kann.[28] Das „klassische" Anwendungsfeld von allgemeinen Rechtsgrundsätzen und Prinzipien ist die „systematische Auslegung", bei der Rechtssätze nicht isoliert betrachtet, sondern als Teil eines widerspruchsfreien Gesamtkonzepts interpretiert werden (Rn. 616). Mit Hilfe der systematischen Methode lassen sich somit Kriterien entwickeln, welche die einzelnen Normen in ein System von Wertentscheidungen integrieren.[29] Die dabei vor allem diskutierte Frage ist, woraus die Einheit stiftenden Prinzipien gewonnen werden und wodurch sie sich von normalen gesetzlichen „Regeln" unterscheiden. Die Antworten hängen maßgeblich von dem rechtlichen Kontext ab, in dem der Begriff „Prinzip" verwendet wird.

---

25 Duden, Das Herkunftswörterbuch, 5. Aufl. (2014), Stichwort Prinzip.
26 Engisch, Einführung in das juristische Denken, 11. Aufl. (2010), S. 203.
27 Böhm, Strafrechtliche Gesetzlichkeit als Prinzip? (2013), S. 16.
28 Larenz/Canaris, Methodenlehre des Rechts, 3. Aufl. (1995), S. 302.
29 Rüthers/Fischer/Birk, Rechtstheorie, 10 Aufl. (2018), Rn. 756 ff.; vgl. auch Alexy, Theorie der Grundrechte (1986), S. 75 ff.

1. Perspektive des Gesamtzusammenhangs

Eine Möglichkeit, Prinzipien abzuleiten, besteht darin, aus Vorschriften des positiven Rechts gemeinsame Grundgedanken zu identifizieren.[30] So wurde z.b. aus den §§ 554 a, 626 BGB a.F. gefolgert, dass alle „unzumutbaren" Dauerrechtsverhältnisse fristlos beendet werden können. Der richterrechtliche Grundsatz der „Zumutbarkeit" half, die bislang geltende gesetzgeberische Interessenbewertung zu modifizieren, und gilt seither außerhalb des BGB etwa auch im Verwaltungsrecht. Ob das Prinzip der strafrechtlichen Gesetzlichkeit ebenfalls aus der „Tiefenstruktur" des Rechts – z.b. aus einer Zusammenschau von Verfassungsnormen oder aus den in zahlreichen Straftatbeständen nicht genannten Rechtsgütern (vgl. „Eigentum") – abgeleitet werden kann, wird im 3. und 4. Kapitel (Rn. 38, 54) näher zu erörtern sein.

27

2. Perspektive oberster Rechtsideen

Nach einer anderen Auffassung entscheiden inhaltliche Kriterien über die Qualifizierung zu Rechtsprinzipien. Das Augenmerk richtet sich dabei auf die Verbindung einer Norm zu einem obersten Rechtsgrundsatz, zur Rechtsethik oder zu moralischen Wertungen.[31] Häufig werden diese sog. rechtsethischen Prinzipien auf Verfassungsgrundsätze zurückgeführt, so etwa auf den Gedanken des Vertrauensschutzes, auf das Gebot der rechtlichen Gleichbehandlung gleichliegender Sachverhalte oder auf den Verhältnismäßigkeitsgrundsatz.[32] Im materiellen Strafrecht wäre nach Ansicht der meisten Autoren als oberste Begründungs- und Begrenzungselemente der Straftatbestände an das Schuldprinzip (Rn. 197 ff.) und den Rechtsgüterschutz (Rn. 144 ff.), im Verfahrensrecht an das Leitprinzip der Wahrheitserforschung (Rn. 246 ff) zu denken. Zur Begründung von Entscheidungen, die ein tatbestandsmäßiges Verhalten für straflos erklären, werden nicht selten Wertungsgehalte herangezogen, die sich auf Begriffe wie Angemessenheit, Geringfügigkeit, sozialverträgliches Verhalten oder gewohnheitsrechtlich abgesicherte Rechtfertigung beziehen (Rn. 215, 224). Sachverhalte, bei denen immer wieder versucht wurde, gesetzlich bestimmte Strafbarkeit zu derogieren, finden sich in Konstellationen wie den Ladendiebstahl, den Gebrauch „weicher" Drogen, Straßenverkehrsgefährdungen, Umweltverschmutzungen, Steuerhinterziehungen, Doping und die elterliche Züchtigung. Gerade diese Beispiele zeigen, dass stets kritisch hinterfragt werden muss, ob sich die Berufung auf rechtsethische Prinzipien noch im Rahmen gesetzlicher Wertungen hält oder ob es sich nicht vielmehr um rechtspolitische Scheinbegründungen handelt, die der bewussten Abkehr vom Gesetz dienen.

28

3. Perspektive der Sprachanalyse

Ein weiteres Erkenntniskriterium für die Ermittlung von Rechtsprinzipien hat die analytische Rechtstheorie in der Normstruktur der Rechtssätze zu finden versucht.[33] Ihr Ansatz stützt sich auf den heute allgemein anerkannten Umstand, dass die Rechtssprache wegen ihrer notwendigen Verankerung in der Lebenspraxis nicht selten mehrdeutig ist und damit semantische Spielräume enthält, welche die Forderung nach einem Gesetz, über dessen Anwendbarkeit in jedem Fall zu entscheiden wäre, als unrealistisch erscheinen lassen (Rn. 351 ff.). Bei Generalklauseln und wertausfüllungsbedürfti-

29

---

30 Röhl/Röhl, Allgemeine Rechtslehre, 4. Aufl. (2018), § 33 I.
31 Larenz, Methodenlehre der Rechtswissenschaft, 6. Aufl. (1991), S. 302 ff.
32 Rüthers/Fischer/Birk, Rechtstheorie, 10. Aufl. (2018), Rn. 756 c.
33 Dworkin, Bürgerrechte ernst genommen (1984), S. 54.

gen Rechtsbegriffen (Rn. 358) springt der Konflikt mit dem Gesetzlichkeitsanspruch ins Auge. Die Richter können daher in diesen Fällen bei der Rechtsanwendung den Sachverhalt nicht einfach unter vorhandene Vorschriften subsumieren; sie benötigen vielmehr ein bestimmtes Verfahren, das sie in die Lage versetzt, die Vorschriften in anwendbare Regeln umzuwandeln. Die Prinzipien, die einem solchen Abwägungsvorgang zugrunde liegen, werden als Argumentationsregeln, prima-facie-Normen, Rechtfertigungsgründe oder Optimierungsgebote bezeichnet.[34] Um zu verhindern, dass die Anwendung von Prinzipien in das freie Ermessen der Richter gestellt ist, kommt es darauf an, rationale Strukturen für das Verfahren zu entwickeln (Rn. 609). Dies ist besonders bedeutsam, wenn es im konkreten Fall um die Abwägung zweier Prinzipien geht.

4. Die Prinzipientheorie von Alexy

30 Als Prinzipien gelten nach R. Alexy[35] alle Normen, die „gebieten, dass etwas in einem relativ auf die rechtlichen und tatsächlichen Möglichkeiten möglichst hohem Maße realisiert wird". Prinzipien sind folglich zunächst nur „Optimierungsgebote", die zu ihrer Anwendung zusätzlicher Grundsätze bedürfen. Alexy nennt drei weitere Prinzipien: das Kollisionsgesetz, das Abwägungsgesetz und den prima-facie-Vorrang der grundrechtlichen Freiheitsrechte. Das Kollisionsgesetz führt bei der Abwägung zweier Prinzipien eine Vorrangregelung ein, die besagt, dass die Rechtsfolge dem Prinzip entnommen wird, die im konkreten Fall den Vorzug erhalten hat. Das Abwägungsgesetz entspricht dem Verhältnismäßigkeitsgrundsatz, der zwischen der Beeinträchtigung eines Prinzips und der Wichtigkeit der Erfüllung des kollidierenden Prinzips eine Korrelation herstellt. Der prima-facie-Vorrang der Freiheitsrechte besagt, dass derjenige, der vorrangige Prinzipien einschränkt, die Verhältnismäßigkeit der Einschränkung zu beweisen hat.[36] Gelingt dies nicht in überzeugender Weise, geht die grundrechtlich verbürgte Freiheit vor. Dieser Grundsatz stellt somit eine Beweis- und Argumentationsregel auf.

III. Zusammenfassung

31 Am Beispiel des zuvor kursorisch dargestellten Abwägungsmodells lassen sich die Chancen und Gefahren jeder Prinzipientheorie demonstrieren. Wenn Alexy im Kollisionsfall für den Vorrang der Freiheitsrechte plädiert, dann knüpft sein Modell zweifellos an oberste Rechtsideen wie Freiheit, Gerechtigkeit und Menschenwürde an. Auf der Basis der Anerkennung dieser Grundwerte hat Alexy[37] im Anschluss an J. Rawls[38] ein Modell der Rechtsordnung entwickelt, in dem er drei Stufen unterscheidet: (1) Gerechtigkeitsgrundsätze (praktische Argumentation), (2) Prinzipien (Verfassung), (3) Gesetze und politische Programme (Regeln). Rawls hatte noch die 4. Stufe der Rechtsanwendung durch Gerichte und Verwaltung hinzugefügt. Aus der aufgestellten Rangfolge wird deutlich, dass die ersten beiden Stufen der nachfolgenden die Richtung vorgeben, dass sie als Leitlinien gedacht sind, die den gesetzlichen Konkretisierungen eine feste moralische Grundlage schaffen. In dieser Funktion sind Prinzipien unverzichtbar.

---

34 Diese Grundsätze zählen Larenz/Canaris (Methodenlehre der Rechtswissenschaft, S. 302) zum „inneren System" der Rechtsordnung.
35 Alexy, Theorie der Grundrechte, 3. Aufl. (1996), S. 75 ff.
36 Alexy, Rechtssystem und praktische Vernunft, Rechtstheorie 18 (1987), S. 415.
37 Alexy, Rechtssystem und praktische Vernunft, Rechtstheorie 18 (1987), S. 405.
38 Rawls, Eine Theorie der Gerechtigkeit (1979), S. 223 ff.

Das Modell von Alexy legt aber auch das Gefahrenpotential der Umsetzung von Prinzipien offen. Denn Prinzipien stellen ein Verfahren auf, das einen weiten Entscheidungsspielraum (siehe „Abwägungsgesetz") eröffnet und nicht zu eindeutigen Ergebnissen führt. Dies liegt daran, dass sich die Inhalte eines Prinzips nicht aus dem Begriff selbst heraus erklären lassen. In dieser Hinsicht existiert – wie oben ausgeführt (Rn. 29) – eine Übereinstimmung mit der rein sprachlichen Bedeutung des Gesetzesbegriffs. Den Unterschied markiert vor allem das Kriterium des Zwangs: Während das Gesetz untrennbar mit der Befugnis zu zwingen verbunden ist (vgl. Kant, Rn. 23), müssen Prinzipien im alltagssprachlichen Verständnis nicht unbedingt eingehalten werden. Bei Prinzipien handelt es sich also lediglich um „lose Formen, die ihrer faktischen Existenz nie gewiss sein können"[39]. Die strikte Durchsetzung eines Prinzips verlangt daher wiederum ein Gesetz, das aus den losen Formen von Leitlinien und lockeren Verpflichtungen eine zwingende Anordnung formt. Sowohl Gesetz als auch Prinzip sind zwangsläufig auf eine „Materie", auf einen rechtlichen Kontext angewiesen, in dem sie verwendet werden. Diese „Materie" ist im vorliegenden Kontext das Strafrecht. 32

C. Begriff des Strafrechts

Durch das Strafrecht werden mittels eines Gesetzgebungsaktes die kriminalpolitischen Entscheidungen über die Strafwürdigkeit menschlichen Verhaltens in die Rechtsordnung transferiert. Mit anderen Worten ist danach das Strafrecht die Form, in der kriminalpolitische Zielsetzungen in den Modus des rechtlichen Geltens überführt werden. Luhmanns[40] Sicht stimmt darin überein, dass der Gesetzgeber das politisch gewollte Zweckprogramm formuliert, das er dann in einem Konditionalprogramm von Wenn-Dann-Sätzen (näher Rn. 68) operationalisiert: „Wenn die Merkmale (...) vorliegen, dann ist das Verhalten eine Straftat und strafrechtlich zu ahnden." Sofern hieraus geschlossen wird, dass der Richter das Gesetz schlicht in die Fallentscheidung verlängern kann, würde diese Auffassung wegen der bereits oben erwähnten Mehrdeutigkeiten der Gesetzessprache zu kurz greifen (Rn. 22). Für die begriffliche Annäherung reicht es aber vorerst hin, das Strafrecht durch den rechtlichen Kontext zu bestimmen. In diesem Sinne versteht Roxin[41] unter Strafrecht die „Summe aller Vorschriften, die Voraussetzungen oder Folgen eines mit Strafe oder einer Maßregel der Besserung und Sicherung bedrohten Verhaltens regeln." Auch nach Eser/Hecker[42] enthält das StGB „den Kernbereich des sog. materiellen Strafrechts (...), die Gesamtheit der Normen, durch die der Vorgang staatlichen Strafens geregelt wird" und bei Hassemer/Neumann[43] heißt es knapp und bündig: „Gegenstand des Strafrechts ist die Kriminalität". Diese Begriffsbestimmungen des Strafrechts füllen das leere Gefäß des Gesetzesbegriffs insofern mit Inhalt, als sie im Einzelnen die Straftatvoraussetzungen und die Rechtsfolgen umschreiben. Mehr als dass durch das Strafrecht die staatliche Institution der Strafe geschaffen und ausgestaltet wird, ist damit nicht gesagt. 33

---

39 Böhm, Strafrechtliche Gesetzlichkeit als Prinzip? (2013), S. 18.
40 Luhmann, Das Recht der Gesellschaft (1993), S. 151.
41 Roxin, Strafrecht AT I, 4. Aufl. (2006), § 1 Rn. 1; vgl. auch BVerfGE 109, 212.
42 S/S-Eser/Hecker, Strafgesetzbuch, 29. Aufl. (2014), vor § 1 Rn. 1; ähnl. LK-StGB-Jescheck, 11. Aufl. (1992-2004), Einl. Rn. 1.
43 NK-StGB-Hassemer/Neumann, Strafgesetzbuch, 5. Aufl. (2017), vor § 1 Rn. 1.

34   Im Rahmen der etymologischen Annäherung bleibt insbesondere das Problem der Begrenzung des Strafrechts und somit der Begrenzung der Möglichkeit der Bestrafung des Täters ausgespart. Die Frage nach der Begrenzung des Strafrechts thematisiert zugleich die sie fundierende Frage nach dem „Sinn" der Institution der Strafe (Rn. 54 ff., 109, 113 ff.). Es geht dabei um die Klärung der Frage nach dem Grund des staatlichen Strafens und den Bedingungen der Möglichkeit eines Strafens aufgrund richtigen Rechts. Beide Fragen sind miteinander verschlungen: Die Antwort auf das „warum" bestimmt auch die Konstitution des richtigen Rechts. Dieser Untersuchungskomplex steht außerhalb der Reichweite einer begrifflichen Analyse und soll deshalb gesondert in den nachfolgenden Kapiteln unter verfassungsrechtlichem, strafrechtlichem und philosophischem Blickwinkel näher beleuchtet werden (Rn. 38, 54, 197).

D. Aussagekraft der Begriffskombination

35   Der bisherige Zugriff auf die Worte „Gesetz", „Prinzip" und „Strafrecht" hat Kriterien erbracht, die es erlauben, diese Begriffe sowohl voneinander zu trennen als auch von anderen sozialen Ordnungsmustern wie Moral, Ethik und Sitte zu unterscheiden. Noch fehlt jedoch die Klärung des eigentlich springenden Punktes, der Frage nämlich, ob der Zusammenfügung der einzelnen Begriffe eine eigenständige Bedeutung zukommt, die über eine bloße Addition der Begriffsbestandteile hinausgeht.[44] Die Lösung der Frage ist deshalb erschwert, weil zwischen dem Element „Gesetz", das notwendig befolgt werden muss, und dem Element „Prinzip", dessen Befolgung zwar angestrebt, aber nicht ausdrücklich verlangt wird, eine unüberbrückbare Kluft zu bestehen scheint.

36   Hilfe verspricht die Rückbesinnung auf den Inhalt des Begriffs der „Gesetzlich-keit", der – aus dem Adjektiv „gesetzlich" abgeleitet – eine neues Wort herstellt und für einen Zustand steht, der vorhandenen, mittels Zwang durchsetzbaren Gesetzen entspricht (Rn. 310).[45] Dieser Zustand verweist zunächst nur auf die abstrakte Möglichkeit der Existenz von Gesetzen, nicht aber darauf, dass der Gesetzlichkeitszustand auch tatsächlich besteht. Sobald es jedoch Gesetze gibt, ist es definitorisch notwendig, dass sie anerkannt und befolgt werden. Ein Prinzip, das sich auf die Gesetzlichkeit bezieht, macht eben diesen Status zu seinem Inhalt: Es verlangt zwingend das Bestehen und Befolgen von Gesetzen. Auf diese Weise verliert das Prinzip seinen Charakter als abdingbare Empfehlung und kann selbst nur noch als absolut zwingend gedacht werden. Dies wiederum führt zur gesteigerten Festigung des Verständnisses von Gesetzlichkeit. Begreift man das Prinzip in seiner Bedeutung als Ursprung oder Maxime, so wird die Gesetzlichkeit in Verbindung mit dem Begriff Prinzip selbst zu einem leitenden Grundsatz, der unbedingt zu befolgen ist. Auf das Strafrecht übertragen heißt dies, dass ein Gesetz als Ursprung des Strafens bestehen muss.

E. Zusammenfassung und Überleitung

37   Die allgemeinsprachliche Erkundung des Untersuchungsgegenstands „Prinzip der strafrechtlichen Gesetzlichkeit" ist an enge Grenzen gestoßen: Das Gesetz verlangt einen Gesetzgeber und die Befolgung seines Inhalts; die Gesetzlichkeit bezeichnet einen Zu-

---

44 Hierzu Böhm, Strafrechtliche Gesetzlichkeit als Prinzip? (2013), S. 21.
45 Zum empirischen Bereich der Rechtsbegründung bei Kant vgl. Naucke/Harzer, Rechtsphilosophische Grundbegriffe, 6. Aufl. (2011), Rn. 147.

stand, der den formalen Kriterien des Gesetzes entspricht und das Prinzip „adelt" die Gesetzlichkeit, indem es diese zu einer leitenden Maxime erhebt. Bei alldem bleibt verschlossen, was die Qualität des Gesetzgebers und des Inhalts der Gesetze ausmacht. Um hierauf eine Antwort zu geben, wird üblicherweise nach der Begründung strafrechtlicher Gesetzlichkeit gefragt. Die wissenschaftliche Diskussion und die höchstrichterliche Rechtsprechung umfassen ganz unterschiedliche Ansätze, den Nullum- crimen – Satz abzuleiten und mit Inhalt zu füllen. In einer groben Einteilung können zwei Konzepte auseinander gehalten werden: Auf der einen Seite stehen jene Autoren, die ihre Erkenntnisse aus dem bestehenden Rechtssystem gewinnen, auf der anderen Seite diejenigen Autoren, die das Prinzip vor jeder positiven Kodifikation begründet sehen und dabei philosophische Ansätze heranziehen.[46] Der Gang des nächsten Kapitels ist damit vorgezeichnet: Auf die Auseinandersetzung mit verfassungsrechtlichen und strafrechtlichen Begründungsansätzen folgt eine Analyse jener Denkschulen, die den Wurzeln des Grundsatzes im erkenntnistheoretischen und anthropologischen Bereich nachgehen.

---

46 Eingehend zu den widerstreitenden Positionen Mahlmann, Rechtsphilosophie und Rechtstheorie, 2. Aufl. (2012), § 20; Horn, Einführung in die Rechtswissenschaft und Rechtsphilosophie, 6. Aufl. (2016), Rn. 359 ff.; Seelmann/Demko, Rechtsphilosophie, 6. Aufl. (2014), § 2 Rn. 13 ff.

3. Kapitel. Verfassungsrechtliche Begründung der Strafgesetzlichkeit

A. Demokratieprinzip

I. Inhalt und Herleitung

38 Die Leerstelle, die der Begriff Gesetz hinsichtlich des Gesetzgebers hinterlassen hat, beantwortet das Demokratieprinzip: „Alle staatliche Gewalt geht vom Volke aus" (Art. 20 Abs. 1 S. 1 GG). Zwar liegt die vorrangige Zuständigkeit für die Setzung von Rechtsnormen bei den Gesetzgebungsorganen (Bundestag, Bundesrat), aber diese müssen durch Wahlen demokratisch legitimiert sein. Die vom Parlament verabschiedeten Gesetze bedürfen daher zumindest der indirekten Zustimmung des Volkes und spiegeln folglich die normativ verbindliche Entscheidung der Mehrheit, die im politischen Meinungskampf erfolgreich war.[1] Exekutive und Judikative haben den Willen des souveränen Staatsvolks „dienend" zu verwirklichen (Art. 20 Abs. 3 GG). Der mit dem Repräsentativsystem verbundene Verzicht der Bürger auf einen Teil ihrer natürlichen Freiheit ermöglicht den Rechtsstaat oder – wie es Thomas Hobbes ausdrückte – die Flucht aus dem „Krieg aller gegen alle". Der „Preis" für die Sicherung der gewonnenen Freiheit besteht in der Übertragung der Gewalt auf den Staat, dem sich die Bürger unter einer gemeinsamen Rechtsordnung beugen.

39 Für das Strafrecht wird das Demokratieprinzip gem. Art. 74 Abs. Nr. 1 GG dahingehend konkretisiert, dass die Gesetzgebungsbefugnis grundsätzlich beim Bund liegt und jedes Strafgesetz in diesem Sinn vom zuständigen Organ sowie in einem formell geregelten Verfahren erlassen wird (BVerfGE 33, 219). Anders als in den USA kann es daher keine Splitterstrafgesetze einzelner Länder mit demselben Regelungsinhalt geben.[2] In Verbindung mit Art. 103 Abs. 2 GG ist klar gestellt, dass der Gesetzesvorbehalt und alle Strafnormen für das gesamte Bundesgebiet gelten.

II. Gefährdungen des Demokratieprinzips

40 Schält man das Demokratieelement aus dem Gesetzlichkeitsgrundsatz heraus, so erhalten wir den Befund, dass sich das Volk mittelbar das Strafrecht selbst gibt. Ob die strafrechtliche Gesetzlichkeit zwingend aus der Idee der Selbstgesetzgebung durch das Volk abgeleitet werden kann, erscheint jedoch u.a. angesichts der Erfahrungen, die Deutschland im 20. Jahrhundert mit diesem Grundsatz gemacht hat, eher zweifelhaft.[3] Im Vorgriff auf den Abschnitt, der von den Negationen des Gesetzlichkeitsprinzips handelt (Rn. 396, 580), sei hier an die Strafrechtsnovelle vom 28.6.1935 erinnert, deren neuer § 2 StGB lautete: „Bestraft wird, wer eine Tat begeht, die das Gesetz für strafbar erklärt oder die nach dem Grundgedanken eines Strafgesetzes und nach dem gesunden Volksempfinden Bestrafung verdient." Faktisch ist damit per Gesetz das Gesetzlichkeitsprinzip preisgegeben und an den Führerwillen abgetreten worden. Die Dia-

---

1 Grundlegend Grünwald ZStW 76 (1964), S. 13; Androulakis, Studien zur Problematik der unechten Unterlassungsdelikte (1963), S. 163: „Doch den Mut und die Verantwortung, Strafwürdigkeit authentisch als Strafbarkeit auszusprechen, kann im Rahmen des Rechtsstaats nur der Gesetzgeber tragen"; vgl. auch Dannecker, in: Roxin-FS II (2011), Bd. 1, S. 287; Fischer, StGB, 65. Aufl. (2018), § 1 Rn. 1; Neumann ZStW 103 (1991), S. 345.
2 Dreier, Grundgesetz, 3. Aufl. (2015), Bd. II, Art. 74 Rn. 21.
3 Rüping, Nullum crimen sine poena lege – Zur Diskussion um das Analogieverbot im Nationalsozialismus, in: Oehler-FS (1985), S. 27; Vogel, Einflüsse des Nationalsozialismus auf das Strafrecht, ZStW 105 (2003), S. 638; Eb. Schmidt, Einführung in die Geschichte der deutschen Strafrechtspflege, 3. Aufl. (1965), S. 435.

gnose der Gegenwart fällt selbstredend günstiger aus, aber dennoch, wer wollte für das „ewige" Bestehen der strafrechtlichen Gesetzlichkeit die Hand ins Feuer legen?[4] Dies umso weniger, als die aktuelle Erscheinung des Art. 103 Abs. 2 GG nicht ausdrücklich von der Ewigkeitsklausel des Art. 79 Abs. 3 GG erfasst ist. Demnach könnte eine demokratische Entscheidung zur Abschaffung dieser Norm führen, wodurch die Begründung der strafrechtlichen Gesetzlichkeit aus dem Demokratieprinzip in Frage gestellt wäre.

B. Gewaltenteilung

I. Sinn und Zweck

Mit dem Demokratieprinzip korrespondiert der Grundsatz der Gewaltenteilung, der die Einhaltung einer Distanz zwischen Legislative, Judikative und Exekutive befiehlt. Um das Machtmonopol und die gegenseitige Kontrolle bei der Wahrnehmung hoheitlicher Aufgaben zu sichern, ist allein der Gesetzgeber befugt, unabhängig vom Einzelfall eine Strafnorm aufzustellen, die dann der Richter methodengerecht auf den konkreten Sachverhalt anwendet (BVerfGE 1, 59).[5] Überträge die Legislative ihre Kompetenz auf die Justiz – etwa durch die Erlaubnis der analogen Anwendung von Normen – wäre das Demokratieprinzip, das die Gesetze durch den Volkswillen legitimiert, gröblich verletzt. Zugleich stünde zu befürchten, dass der Richter, der unter dem Eindruck des Augenblicks Recht setzt, dem Objektivitätsanspruch des Gesetzes nicht gerecht wird.[6] Vor dem Hintergrund dieser Annahmen ist leicht einsichtig, dass sich das Gebot der Gewaltentrennung schon früh mit der strikten Bindung der Judikative an das erlassene Gesetz verband.[7] Der Richter sollte von nun an laut Montesquieu[8] „nur der Mund (sein), der die Worte des Gesetzes ausspricht." Demokratie und Machtverteilung einigt hiernach die gemeinsame Aufgabe, die autarke Funktionsfähigkeit der Gewalten zu gewährleisten und im Rahmen des Strafrechts die willkürliche und somit unrechtmäßige Handhabung von Strafgesetzen auszuschließen.

41

II. Einwände

Schon wegen der engen Verzahnung mit dem Demokratieprinzip ist die Gewaltenteilung als Quelle des Gesetzlichkeitsprinzips ebenfalls nicht unumstritten. Zunächst enthält die Forderung einer Trennung der Gewalten an sich keine Aussage über einen Gesetzesvorbehalt. Eine Korrelation ergibt sich lediglich insofern, als Gesetzlichkeit und Gewaltenteilung staatliche Machtbefugnisse begrenzen.[9] Einleuchtend ist auch der Einwand, dass die Gewaltenteilung das Rückwirkungsverbot (Rn. 386) nicht zu erklären vermag, da gerade der demokratisch legitimierte Gesetzgeber bei rückwirkend erlasse-

42

---

4 Marxen GA 1985, 533, 546.
5 Hesse, Grundzüge des Verfassungsrechts der Bundesrepublik Deutschland, 20. Aufl. (1999), Art. 79 Rn. 41.
6 Lemmel, Unbestimmte Strafbarkeitsvoraussetzungen im Besonderen Teil des Strafrechts und der Grundsatz nullum crimen sine lege (1970), S. 158.
7 Hassemer, in: Hassemer/Neumann/Saliger (Hrsg.), Einführung in die Rechtsphilosophie und Rechtstheorie der Gegenwart, 10. Aufl. (2016), S. 227 ff.
8 Montesquieu, Vom Geist des Gesetzes (1951), S. 214.
9 Böhm, Strafrechtliche Gesetzlichkeit als Prinzip? (2013), S. 30.

nen Strafnormen entscheide.[10] Grundsätzlicher ist die Erwägung von Marxen[11]: Es sei nicht ersichtlich, warum das Formulieren und Anwenden von Recht derart scharf auf die beiden Gewalten verteilt werden müsse. Als Folge sei zu befürchten, dass aufgrund der randscharfen Abgrenzung die Gewalten nicht geteilt würden, sondern die Judikative sogar subordiniert, also auf die bloße Wiedergabe des Rechts reduziert werden könnte. Auch wenn in dieser Hinsicht gegenwärtig der strafrechtlichen Gesetzlichkeit eher Gefahren von Seiten der Rechtsanwender drohen, ist die Ansicht von Marxen nicht von der Hand zu weisen, dass die aktuelle Art der Gewaltenteilung nicht absolut zwingend ist. Durchaus denkbar wäre eine vertikale Aufgabenteilung, in der die Gewalten auf verschiedene Gebiete begrenzt werden.

C. Rechtsstaatlichkeit

I. Wurzeln in der Aufklärung

43 Nach überwiegender Meinung fußt die strafrechtliche Gesetzlichkeit auf dem Rechtsstaatsprinzip.[12] Als Beleg werden vor allem die Entstehungsgeschichte des Prinzips und seine Wurzeln in der politischen Philosophie der Aufklärung und ihrer Lehre vom Gesellschaftsvertrag (Rn. 5, 9, 600) angeführt.[13] Da die Gesetze nach Maßgabe der „aufgeklärten" Intention für die Mehrheit der Bürger nicht mehr naturrechtlich abgeleitet werden können[14], müssen sie politisch von denen vereinbart werden, die vergesellschaftet miteinander zu leben haben.[15] In diesem „contrat social" verzichten die Bürger auf den Teil ihrer Freiheit, der die gemeinsame Ordnung aller Interessen vernichten würde: Sie unterwerfen sich dem „volksbeschlossenen", formellen Gesetzen und stimmen der Errichtung von staatlichen Institutionen zu, welche die abstrakt-generellen Gesetze zu vollziehen haben.[16] In dieser Staatstheorie ist die Gesetzlichkeit der Strafrechtspflege zwingend und fundamental; der – sozialvertraglich eingerichtete und legitimierte – strafende Staat hat in der Gesetzgebung die Normen, die ihrer Verletzung zukommenden Sanktionen und die Grenzen seines Verfahrens öffentlich, schriftlich, vorgängig und präzise anzukündigen und er muss sich in der Gesetzesanwendung genau an diese Ankündigung halten.[17] Der Begriff „Rechtsstaatlichkeit" steht demnach für einen Zustand, in dem die staatliche Gewalt an Gesetz und Recht gebunden ist und in dem die Rechtsvorschriften und ihre Handhabung Erfordernisse erfüllen müssen, die der Bedeutung des Regelcharakters des Rechts gerecht werden.[18] Bei diesen Vor-

---

10 Jakobs, Strafrecht AT, 2. Aufl. (1993), Abschn. 4 Rn. 5: Rückwirkungsverbot und Bestimmtheit von Strafgesetzen seien nicht demokratiespezifisch; SK-Rudolphi, 2. Aufl. (1977), § 1 Rn. 2; Schroth, Präzision im Strafrecht, in: Grewendorf (Hrsg.), Zur forensischen Funktion der Sprachanalyse (1992), S. 94.
11 Marxen GA 1985, 546.
12 Radbruch, Einführung in die Rechtswissenschaft, 11. Aufl. (1964), S. 39; S/S-Eser/Hecker, StGB, 29. Aufl. (2014), § 1 Rn. 1; Lackner/Kühl/Heger, StGB, 29. Aufl. (2018), § 1 Rn. 1; Ransiek, Gesetz und Lebenswirklichkeit: das strafrechtliche Bestimmtheitsgebot (1989), S. 9.
13 Dazu Jescheck/Weigend, Strafrecht AT, 5. Aufl. (1996), § 15 II 2, 10 VI; Paeffgen StraFo 2007, 446; Hilgendorf, Gesetzlichkeit als Instrument der Freiheitssicherung, in: Kudlich/Montiel/Schuhr (Hrsg.), Gesetzlichkeit und Strafrecht (2012), S. 17.
14 Rüthers/Fischer/Birk, Rechtstheorie, 10. Aufl. (2018), Rn. 444.
15 S. auch Satzger Jura 2006, 429.
16 Kersting, Die politische Philosophie des Gesellschaftsvertrags (1994), S. 190; Kargl, Kritische Anmerkungen zum Vertragsgedanken im Strafprozess, in: Jahrbuch für Rechts- und Kriminalsoziologie 1999, S. 104.
17 NK-StGB-Hassemer/Kargl, 5. Aufl. (2017), § 1 Rn. 10; Rüthers NJW 2011, 435.
18 Wie hier Naucke, Der Begriff des politischen Wirtschaftsstraftat (2012), S. 53; Eschelbach/Krehl, Art. 103 Abs. 2 GG und Rechtsanwendung, in: Kargl-FS (2015), S. 82.

aussetzungen handelt es sich in der Terminologie des deutschen Verfassungsrechts um unverzichtbare „Elemente" des Rechtsstaatsgrundsatzes.

Dazu zählen u.a. folgende Erfordernisse:

- Rechtsnormen sind abstrakt formulierte, generelle Regeln.
- Jeder wird von staatlichen Stellen nach diesen Regeln gleich behandelt.
- Die Regeln sind öffentlich bekannt.
- Die Regeln sind zeitlich stabil.
- Das Regelwerk ist der Idee nach als in sich konsistent gewollt.

In diesen rechtsstaatlichen Konkretisierungen hat man die „innere Moralität des Rechts"[19] erblickt. Im Strafrecht werden diese „Elemente" der Rechtsstaatlichkeit unter den Stichworten „Bestimmtheitsgebot", „Rückwirkungsverbot, „Analogieverbot" und „Verbot des Gewohnheitsrechts" (Rn. 335 ff.) ausbuchstabiert. Daran knüpft das Ziel des Schutzes der individuellen Freiheit vor staatlicher Willkür an. Insofern soll Rechtsstaatlichkeit aber nicht nur vor richterlichen Einzelfallentscheidungen schützen, sondern weitergehend auch das Vertrauen der Bürger in die Berechenbarkeit der strafrechtlichen Bewertung stabilisieren.   44

II. Rechtstatsächliche Bedenken

Einige Kritiker setzen am Gedanken des Vertrauensschutzes an, indem sie infrage stellen, dass das Vertrauen des „Rechtsuntreuen" über die Voraussetzungen des Schuldvorwurfs hinaus schützenswert sei.[20] Vor allem jenen Autoren, die das Gesetzlichkeitsprinzip in vollem Umfang auf die objektive Festsetzung von Grenzen der Strafgewalt stützen, erscheint es fern liegend den Blick des individuellen Täters auf die Rechtsordnung als Grundlage für den Nulla-poena-Rechtssatz zu akzeptieren. Es komme nicht auf das Vertrauen des Einzelnen, sondern auf das der Rechtsgemeinschaft in eine abstrakt vorhandene Berechenbarkeit des Strafrechts an.[21] Dem objektivierten Verständnis des Vertrauensschutzaspekts ist zuzustimmen, da jede andere Deutung den Gesetzgeber überfordern und seine Tätigkeit zum Scheitern verurteilen würde.[22] Andere Autoren gehen weiter und erachten den Vertrauensgedanken als grundsätzlich „nicht realisierbar", da die ständige Modifizierung der Rechtsordnung durch die Rechtsprechung eine stabile Orientierung an Normen nicht ermögliche. Das Gesetzlichkeitsprinzip beruhe daher insgesamt auf einer überlebten dogmatischen Auffassung. Hierzu sei an dieser Stelle nur soviel gesagt: (1) Die Kritik richtet sich an die falsche Adresse, wenn sie das Prinzip selbst und nicht die aktuellen Verhältnisse im Strafrecht für den Vertrauensverlust angreift; (2) Machtbeschränkung und Kontrolle der Strafgewalt sind nach wie vor im Sinne der Aussage v. Liszts zu verstehen, wonach das Strafgesetz die   45

---

19 Der Begriff stammt von dem amerikanischen Juristen Lon Fuller; zit. nach Rüthers/Fischer/Birk, Rechtstheorie (2018), Rn. 654.

20 Grünwald, Die Entwicklung der Rechtsprechung zum Gesetzlichkeitsprinzip, in: Arthur Kaufmann-FS (1993), S. 436; Neumann ZStW 103 (1991), S. 348; Krüger NStZ 2011, 371.

21 Erb ZStW 108 (1996), S. 275; Neumann ZStW 103 (1991), S. 331; Jung, in: Wassermann-FS (1985), S. 884; ähnl. LK-StGB-Dannecker, 12. Aufl. (2006 ff.), § 1 Rn. 179.

22 Kirsch, Zur Geltung des Gesetzlichkeitsprinzips im Allgemeinen Teil des Strafgesetzbuchs (2014), S. 64; Schreiber, Gesetz und Richter (1976), S. 216; für Dannecker, in Otto-FS (2007), S. 25, 40 ist entscheidend, dass der Maßstab strafrechtlicher Entscheidung von Anfang an festgelegt ist, da man nur unter dieser Bedingung verantwortliches Subjekt sei.

„Magna Charta des Verbrechers" sei, eine Aussage, die den Blick des Täters sehr wohl ernst nimmt.

III. Strafrechtliche Bedenken

46 Schwerer als rechtstatsächliche Erwägungen wiegt das Bedenken gegen die rechtsstaatliche Stützung der strafrechtlichen Gesetzlichkeit, das auf den Unterschied zwischen dem einfachen staatlichen Gesetzesvorbehalt (Art. 20 Abs. 3 GG) und dem besonderen, auf das Strafrecht zugeschnittenen Gesetzesvorbehalt des Art. 103 Abs. 2 GG aufmerksam macht.[23] Der von speziellen Rechtsgebieten abstrahierende Gesetzesvorbehalt erfasst generell das staatliche Handeln gegenüber den Rechtsunterworfenen und stellt ein quantitativ umfangreiches Arsenal an Eingriffsmöglichkeiten zur Verfügung, das u.a. sogar die Rückwirkung von Rechtsfolgen erlaubt.[24] Demgegenüber reicht die strafrechtliche Gesetzlichkeit, die die Bedingungen für den schwerst-möglichen staatlichen Eingriff in das Freiheitsrecht aufstellt, wesentlich weniger weit. Sie verlangt vor allem schärfere, d.h. präzise und klare Bestimmungen, die das staatliche Strafen an die Kette legen. Solche Bedingungen sind nicht zwingend aus dem Gesetzesvorbehalt des Art. 20 Abs. 3 GG abzuleiten und folglich auch nicht (allein) auf den abstrakten Grundsatz der Rechtsstaatlichkeit zurückzuführen.

D. Allgemeinheitsgrundsatz

47 Ein weiterer Ansatz bringt die strafrechtliche Gesetzlichkeit mit dem Allgemeinheitsprinzip in Zusammenhang, das für die Gesetzgebung ausdrücklich in Art. 19 Abs. 1 GG normiert ist. Der Grundsatz der Allgemeinheit verlangt, dass die Rechtsnormen Vorschriften enthalten, die für eine Vielzahl von Fällen und für eine unbestimmte Zahl von Personen gelten (BVerfGE 25, 371; 85, 360). Danach erschöpfe sich der Nullumcrimen-Satz nicht darin, die Legislative auf die Möglichkeit der Gesetzgebung zu beschränken. Hinzukomme vielmehr die Voraussetzung eines allgemeinen Gesetzesbegriffs, der konkret-individuelle Einzelfallentscheidungen durch Gerichte und Verwaltungsbehörden ausschließe.[25] Dieser Gedanke weist große Schnittmengen mit der rechtsstaatlichen Fundierung der Gesetzlichkeit auf[26] und ist deshalb in demselben Maße angreifbar: Er gibt keine Auskunft über die engeren Bedingungen der Strafgesetzlichkeit (Rn. 40, 42). Dennoch ist die explizite Forderung nach der Allgemeinheit des Gesetzes der Hervorhebung wert, da sie auf spezifische Gefährdungen, denen das Gesetzlichkeitsprinzip ausgesetzt ist, aufmerksam macht. So gerät die Allgemeinheit der Gesetze etwa durch Güterabwägungen der Gerichte, die auf der Grundlage von Generalklauseln und unbestimmten Rechtsbegriffen vorgenommen werden, in Gefahr. Aber auch bestimmter gefasste Gesetze können durch die freie Wahl der Auslegungsmethoden in eine erwünschte – manchmal Einzelgruppen privilegierende – Richtung gelenkt werden. Methodenfragen haben daher immer auch eine rechtspolitische Funktion: Sie begrenzen oder erweitern die Regelungsmacht, die mit jeder Rechtsanwen-

---

23 Bopp, Die Entwicklung des Gesetzesbegriffs im Sinne des Grundrechtes „Nulla poena, nullum crimen sine lege" (1966), S. 184; Krey, Studien zum Gesetzesvorbehalt im Strafrecht (1977), S. 206; Lemmel, Unbestimmte Strafbarkeitsvoraussetzungen im Besonderen Teil des Strafrechts und der Grundsatz nullum crimen sine lege (1970), S. 164.
24 Dreier, Grundgesetz, 3. Aufl. (2015), Art. 20 Rn. 140.
25 Rüthers/Fischer/Birk, Rechtstheorie, 10. Aufl. (2018), Rn. 219.
26 Grünwald, in: Arthur Kaufmann-FS (1993), S. 436.

dung verbunden ist (Rn. 607 ff.). Eine der institutionellen Vorkehrungen, Einzelfallent-scheidungen und Sondervorteile bestimmter Gruppen in Grenzen zu halten, ist das Er-fordernis der Allgemeinheit der Normen; eine rechtliche Bremse, die allerdings nicht überschätzt werden sollte. Und schließlich stellt die Verallgemeinerungsfähigkeit von Regelungen, die in der modernen Philosophie unter dem Stichwort „Universalisierung" diskutiert wird, ein wichtiges Kriterium der Gerechtigkeit dar. Dieser Gedanke hat sei-ne berühmteste Ausprägung in Kants kategorischem Imperativ gefunden: „Handle nur nach derjenigen Maxime, durch die du zugleich wollen kannst, dass sie ein allgemeines Gesetz werde".[27]

E. Menschenwürde

I. Ratio des Art. 1 Abs. 1 GG

Eine eher „moderne" Deutung vertritt die Ansicht, dass die Begründung der strafrecht-lichen Gesetzlichkeit in der Forderung des Schutzes der menschlichen Würde liegt und beruft sich damit unmittelbar auf Art. 1 Abs. 1 GG, der die Unantastbarkeit der Wür-de des Menschen garantiert.[28] Dieser Ansatz entspringt der Enttäuschung über die Umsetzung der rechtsstaatlichen Idee der Vorhersehbarkeit der Rechtsnormen und der klaren Abgrenzung zwischen legislativen und judikativen Aufgaben in der Rechtswirk-lichkeit. Sax[29] spricht in seinem Kommentar davon, dass „der Gesetzesinhalt... zu einem Problem richterlicher Entscheidung degradiert" worden sei, und Kielwein[30] schreibt über Art. 103 Abs. 2 GG, dass die Norm lediglich ein „politisches Bekennt-nis", nicht jedoch eine „strenge Bindung ... für die Gesetzgebung" enthalte. Als Be-gründung des Gesetzlichkeitsprinzips müsse vielmehr auf das „Richtmaß aller staatli-chen Machtentfaltung" zurückgegriffen werden, den Wesensgehalt des Art. 1 Abs. 1 S. 1 GG.[31] Diese Ansicht gibt zutreffend den Grundgedanken des Strafgesetzbuches bei dessen Einführung im Jahr 1871 wieder.[32] Seit diesem Zeitpunkt und seit der Einfüh-rung des Grundgesetzes 1949 ist das Strafrecht (auch) als Mittel zur Wahrung der Menschenwürde anerkannt.[33]

48

Zur zwingenden Forderung der Würde des Menschen zählt, dass jede einzelne Person als Subjekt und nicht bloß als Objekt staatlicher Handlungen zu verstehen und dem-entsprechend zu behandeln ist (näher Rn. 283 ff.). Die menschliche Würde meint somit insbesondere die Möglichkeit des Individuums, ein autonomes, von staatlicher Instru-mentalisierung freies Leben führen zu können. Auf das Strafrecht übertragen verlangt die Selbstbestimmungsmöglichkeit des Individuums zunächst, vor unrechtmäßiger staatlicher Willkür geschützt zu werden. Aber die Würde des Menschen verlangt nicht nur nach einem strafrechtlichen Gesetzesvorbehalt, sondern auch die Begrenzung der strafrechtlichen Regelungsmaterie in dem Sinn, dass sie sich auf das „Wesentliche" be-schränkt: u.a. auf den Schutz der Rechtsgüter Leben, Leib, Eigentum und Willensfrei-

49

---

27 Kant, Grundlegung zur Metaphysik der Sitten, Akademieausgabe, Bd. IV, S. 421.
28 Aus der staatsrechtlichen Literatur: Schmidt-Aßmann, in: Maunz/Dürig, GG, 76. Aufl. (2015), Art. 103 Abs. 2 Rn. 165; Epping, in: Der Staat 34 (1995), S. 260; Ipsen, Staatsrecht II, 20. Aufl. (2017), Rn. 920.
29 Sax, in: Bettermann (Hrsg.), Die Grundrechte (1959) , Bd. 3, S. 998.
30 Kielwein, in: Universität Saarbrücken (Hrsg.), Annales Universitatis Saraviensis, Bd. 8 (1960), S. 136.
31 Sax, in: Bettermann (Hrsg.), Die Grundrechte (1959), S. 909; s. auch Heydebreck, Die gesetzliche Verlänge-rung von Strafverfolgungsfristen früher begangener Delikte nach dem Grundgesetz (1965), S. 20, 23.
32 LK-StGB-Jescheck, 11. Aufl. (1992 ff.), vor § 1 Rn. 32.
33 P.A. Albrecht, Die vergessene Freiheit (2003), S. 47 ff.; Naucke, Über die Zerbrechlichkeit des rechtsstaatli-chen Strafrechts (2000), S. 239 f.; Stächelin, Strafgesetzgebung im Verfassungsstaat (1998), S. 319 ff.

heit (Rn. 112 ff.). Anderenfalls würde der Kern der Menschenwürde, das Recht auf Freiheit und individueller Selbstentfaltung, verletzt. Die Menschenwürde begründet mithin auch das Gebot des fragmentarischen Charakters des Strafrechts (Rn. 119).

II. Reichweite der Grundnorm

50 Die kritische Funktion der Ableitung der strafrechtlichen Gesetzlichkeit aus dem Geist der Menschenwürde wird deutlich, wenn die geschichtlichen Erfahrungen mit dem Gesetzlichkeitsprinzip im Wechsel der Rechtsordnungen und der politischen Systeme einbezogen werden.[34] Das genaue Studium der Abkehr von den ursprünglichen Zielen der Strafgesetzgebung konfrontiert Wissenschaftler und Rechtsanwender unvermeidbar mit der Umwertung des Rechts, die mit der vorbehaltlosen Vorherrschaft des jeweils etablierten Zeitgeistes und der subjektiven Überzeugungen der Interpreten verbunden ist. Wer vom Ausgangspunkt des Art. 1 GG abweicht, sieht dann, dass er neue Maßstäbe zur Geltung bringt, und muss begründen, warum er den feststellbaren Normzweck der Verfassung verlässt und eine neue Richtung – z.B. hin zu einem reinen Präventionsstrafrecht (Rn. 68, 74) – einschlägt.

51 Gegen diesen „modernen" Weg errichtet das Gebot der Wahrung der Menschenwürde eine hohe Barriere. Es stellt den Fixpunkt zur Verfügung, um den rechtspolitischen Standort, um Kurs und Ziel zu bestimmen. Das Recht der Menschenwürde ähnelt damit einem Leuchtturm, der dem Navigator durch den Nebel hindurch den Weg weist. Aber es bedarf darüber hinaus eines seetüchtigen Schiffes, ausgezeichneter Messinstrumente und Rechnergeräte, um im Schein des Leuchtturms die Klippen zu meistern. Diese „Werkzeuge" des Seemannes sind – auf unser Thema angewandt – die konkreten Ausgestaltungen und Inhalte der strafrechtlichen Gesetzlichkeit (Rn. 335 ff.). Die Garantie der Unantastbarkeit der Würde des Menschen bedarf für das Strafrecht also der weiteren Konkretisierung der gesetzlichen Schranken, die das staatliche Bestrafungsmonopol begrenzen. Insofern vermag Art. 1 Abs. 1 GG allein das Gesetzlichkeitsprinzip in all seinen Ausprägungen nicht zu begründen.

F. „Ewigkeitsklausel"

52 Die Ewigkeitsgarantie in einem Rechtssystem sieht vor, dass bestimmte Normen und deren Inhalte als ein unumstößliches Prinzip gelten und somit für „immer" festgesetzt sind. Eine Ewigkeitsklausel in das Grundgesetz aufzunehmen, enthält eine bewusste Selbstschränkung des Staates und unterstreicht den Ausnahmecharakter und die Bedeutung von Normen, die der künftigen Gesetzgebungskompetenz entzogen sein sollen.[35] Die Frage, ob die strafrechtliche Gesetzlichkeit von der Ewigkeitsgarantie des Art. 79 Abs. 3 GG erfasst wird, ist schwierig zu beantworten, weil Art. 103 Abs. 2 GG im Unterschied zu Art. 1 GG und Art. 20 GG nicht ausdrücklich genannt und das Problem in den gängigen Kommentaren in der Regel auch nicht angesprochen wird.[36] Geht man davon aus, dass es sich bei Art. 103 Abs. 2 GG um ein „grundrechtsgleiches

---

34 Ausf. zu den Rechtslehren im Nationalsozialismus Rüthers/Fischer/Birk, Rechtstheorie, 10. Aufl. (2018), Rn. 338 ff.; Kirsch, Zur Geltung des Gesetzlichkeitsprinzips im Allgemeinen Teil des Strafgesetzbuchs (2014), S. 52 ff.

35 Zum Fehlen vergleichbarer Regelungen in anderen Verfassungen vgl. Böhm, Strafrechtliche Gesetzlichkeit als Prinzip? (2013), S. 34.

36 Hain, in: Bonner Grundgesetz, 188. Aktualisierung (2017), Art. 79 Abs. 3 Rn. 38; Dreier, Grundgesetz, 3. Aufl. (2015), Art. 79 Abs. 3 Rn. 22.

Recht" handelt, das auf der Menschenwürde basiert (Rn. 48), dann spricht viel für eine Auslegung des Art. 79 Abs. 3 GG, wonach die strafrechtliche Gesetzlichkeit der Ewigkeitsgarantie unterliegt. Hier soll der Streit vorerst aus zwei Gründen beiseite gelassen werden: Zum einen bedarf die Rückführung der Gesetzlichkeit auf die Menschenwürde – wie eben gesagt – der genaueren Analyse der aktuellen Erscheinung der strafrechtlichen Gesetzlichkeit (Unterprinzipien); zum anderen verweist die Ewigkeitsklausel zwar auf den hohen Rang der erfassten Normen, aber sie selbst begründet nicht das Erfordernis der Gesetzlichkeit.

G. Zusammenfassung

Über die Begründung der strafrechtlichen Gesetzlichkeit im verfassungsrechtlichen   53
Kontext gehen bis heute die Meinungen auseinander. Die wohl umfassendste und am meisten akzeptierte Auffassung bietet das Rechtsstaatsprinzip. Dieser Grundlegung folgt auch das BVerfG, wenn es neben der Bedeutung der Vorhersehbarkeit der Rechtsnormen immer wieder die Notwendigkeit der Machtbegrenzung und Kontrolle des Staates hervorhebt. Das Demokratieprinzip und die Gewaltenteilung haben in der vorgegebenen Aufgabenstellung die Funktion, das Volk als oberste Legitimationsquelle auszuweisen und staatliche Willkür mittels der klaren Abgrenzung zwischen Legislative und Judikative möglichst auszuschließen. Zwischen diesen Prinzipien besteht eine enge Wechselwirkung. Wird eines der Prinzipien angegriffen oder relativiert, beeinträchtigt dies alle anderen und eröffnet zugleich die Möglichkeit der Verletzung der Würde des Menschen, so etwa im Falle der Verhängung einer willkürlichen Strafe. Das Rechtsstaatsprinzip und das von ihm abgeleitete Prinzip der strafrechtlichen Gesetzlichkeit enthalten mithin im Kern die Gewährleistung der Unantastbarkeit der Menschenwürde. Aber Art. 1 Abs. 1 GG kann nicht allein die Last der Begründung der konkreten Erscheinungsformen des Art. 103 Abs. 2 GG tragen. Im folgenden Abschnitt soll untersucht werden, ob ein originär strafrechtlicher Ansatz allein oder in Verbindung mit den verfassungsrechtlichen Grundsätzen und ihren inhaltlichen Maßgaben die Begründungslast zu tragen vermag.

4. Kapitel. Strafrechtliche Begründung der Strafgesetzlichkeit

A. Konzept der Straftheorien

I. Methodische Vorüberlegungen

1. Fragestellung

54 Seit Anselm von Feuerbach (1775-1833)[1] existiert neben der rechtsstaatlich-demokratischen Ableitung des Gesetzlichkeitsprinzips auch ein strafrechtlicher Ansatz, der die Frage nach dem Sinn und Zweck der staatlichen Strafe mit der Notwendigkeit der Gesetzlichkeit in Verbindung bringt. So stützt z.B. Schünemann[2] das nulla poena-Prinzip auf den Gedanken der Generalprävention. Danach soll durch die Bestrafung desjenigen, der „eine bekannte Strafandrohung missachtet habe", der Geltungsanspruch der Rechtsordnung gefestigt werden. In der Konsequenz folge daraus „der allgemeine Satz, dass eine Strafe nur dann verhängt werden kann, wenn wenigstens die Möglichkeit bestand, dass der Täter durch die Strafandrohung zu rechtstreuem Verhalten motiviert werden konnte." Roxin[3] spricht in ähnlicher Weise von einem sozialpädagogisch motivierten Lerneffekt, der „Einübung der Rechtstreue" (Rn. 91). Fehlt es an einer entsprechenden gesetzlichen Strafdrohung, kann nach diesem Verständnis keine Strafe verhängt werden, da es dann an der Möglichkeit mangelt, aus den Gesetzen eine eigene Erwartungshaltung zu bilden. Widersprechende Konzeptionen halten diese Ableitung für angreifbar, weil sie dem Strafrecht andere Zwecke wie Abschreckung (Rn. 79), Vergeltung (Rn. 70), oder Unrechtsausgleich (Rn. 96) zumessen. Bei diesem Vorgehen geht es darum, die einzelnen Straftheorien daraufhin durchzumustern, ob sie mit dem nullum crimen-Satz kompatibel sind. Die Abstimmung mit dem Gesetzlichkeitsgrundsatz entscheidet hiernach über das Schicksal der unterschiedlichen Zweckkonzeptionen. Es kann aber auch so sein, dass die Festlegung auf eine bestimmte Straftheorie zur Relativierung oder gar Aufgabe des Gesetzlichkeitsprinzips führt. In dieser Situation zählt es zu den am wenigsten glücklichen Einstiegsmöglichkeiten in das Thema, unvermittelt mit der Erörterung der sog. Strafzwecke zu beginnen.[4]

2. Naturaler und intentionaler Zweckbegriff

55 Methodisch ist die voraussetzungslose Gegenüberstellung von Zweckgesichtspunkten und dem Prinzip der Gesetzlichkeit solange unbefriedigend, als nicht geklärt ist, auf welchen Gegenstand sich die Zwecke beziehen.[5] Die Antwort auf diese Frage war auf der Linie eines Strafverständnisses, das sich auf Gott oder die Natur bezog, relativ klar vorgezeichnet: Es ging beim Strafen um das Ziel der Wiederherstellung eines Perfektionszustandes, sei es um die Geltendmachung einer heiligen Ordnung, um die Versöhnung des Täters mit einer Transzendenz oder um die Versöhnung des Täters mit sich

---

1 Feuerbach, Lehrbuch des gemeinen in Deutschland gültigen peinlichen Rechts, 14. Aufl. (1847), S. 38.
2 Schünemann, Nulla poena sine lege? Rechtstheoretische und verfassungsrechtliche Implikationen der Rechtsgewinnung im Strafrecht (1978), S. 13.
3 Roxin, Strafrecht AT I, 4. Aufl. (2006), § 3 Rn. 27.
4 Zum Folgenden näher Kargl, Friede durch Vergeltung. Über den Zusammenhang von Sache und Zweck im Strafbegriff, GA 1998, 53 ff.
5 Ausführlich zur Geschichte der Diskussion der auf Aristoteles zurückgehenden Zweckkonzeption, wonach sich die Zwecke (tele) in Endzuständen vollenden: Stegmüller, Erklärung, Begründung, Kausalität, Bd. 1, 2. Aufl. (1983), S. 639 ff.

selbst.[6] Seit sich mit der Säkularisierung der religiösen Weltsetzung der Zweckgedanke aus der Einheit von Kosmologie und Religion löste, ging auch der einzig „richtige" Bezugspunkt für die staatliche Strafe verloren. Von nun an drängt sich das Subjekt als Autor von Zwecken in den Vordergrund. Seine Intention bestimmt jetzt die Richtung des Handelns und bringt dadurch die Vorstellung hervor, dass zukünftige Zustände als wählbar und deshalb auch als änderbar erscheinen.[7] Die Zwecke sind nunmehr der Kontingenz, d.h. der Beliebigkeit der subjektiven Intention freigegeben. Das zieht die Zweckmäßigkeit der Zwecke in Zweifel und lässt die Debatte in der Forderung nach endloser Substitution der Zwecke erstarren. Für den Bereich des Rechtssystems heißt dies, dass der Zweck seine Funktion als natürliche Barriere des Staatshandelns verliert. Er ist durch das erlaubt, was er bekämpft: durch die Willkür intentionaler Zwecke. Löst sich also die Einheit der Welt, der Gesellschaft, des Rechtssystems in eine Vielheit von Zweckdiskursen auf oder gibt es doch limitierende Bedingungen für Zwecksetzungen, die nicht von der Natur oder von Gott vorgegeben sind? Von der Antwort auf diese Frage hängt es für die Straftheorie ab, ob Vergeltung, Abschreckung, Besserung, Normstabilisierung oder Herrschaftsbefestigung als gleichwertige und beliebig austauschbare oder als hierarchisierte Zwecke zu begreifen sind.

3. Gegenstandsbezogener Zweckbegriff

Eine Theorie, die Aussagen zum Zweck des staatlichen Strafens macht, muss sich in einem ersten Schritt, ihres Gegenstandsbereichs vergewissern, um ihn von anderen sozialen Bereichen unterscheiden zu können.[8] Allerdings versteht sich der Gegenstand „staatliches Strafsystem" nicht von selbst. Über sein „Wesen" zu streiten hat sich als unergiebig erwiesen.[9] Ebenso problematisch ist die „analytische" Bestimmung, da man sich zuletzt dort wiederfindet, wo man nicht hin wollte: bei der Subjektivität des Beobachters. Will man also weiterkommen, muss das Beobachtungsobjekt selbst sagen, was zu seiner Eigenart gehört. Dadurch entfällt noch nicht die Feststellung, dass auch die Selbstbeschreibung des Objekts vom Beobachter interpretiert und in eine Theorie gebracht werden muss. Aber der Gegenstandsbezug wird nun so hergestellt, dass zu fragen ist, auf welche Weise das Recht selbst bestimmt, was seine Grenzen sind. Die Meinungsverschiedenheiten setzen also nicht mehr bei der Frage nach dem „Was" des Rechts, sondern bei der Frage an, „wie" das Recht seine Grenzziehung bewerkstelligt.[10]

56

Wird das Tun des Strafsystems als Information für mögliche Strafwecke genutzt, so geht es zunächst darum, empirisch adäquat zu beschreiben, was im Akt des Strafens geschieht und welche normativen Reflexionen Juristen unstrittig mit ihm verbinden. Auf dieser Linie soll einerseits die Autonomie des Strafsystems respektiert und andererseits die Spekulation über den Verwendungszweck des Strafinstruments auf den Gegenstand hin orientiert werden. Erst wenn die Intention auf das Objekt geicht ist, kann sinnvollerweise von systembezogenem, sachangebundenem oder strafinternem Zweck gesprochen werden. Diese Methode sucht eine Antwort auf die Frage, was

57

---

6 Zur Kritik an Zweckordnungen, die ihren Ausgangspunkt nicht in menschlichen (intentionalen) Handlungen nehmen: v. Fritz, Grundprobleme der Geschichte der antiken Wissenschaft (1971), S. 279 ff.; zum christozentrischen Bild der Weltordnung vgl. Kantorowicz, Die zwei Körper des Königs (1990), S. 106.

7 Luhmann, Gesellschaftsstruktur und Semantik, Bd. 2 (1981), S. 15 ff.

8 Ebenso Schmidhäuser, Vom Sinn der Strafe, 2. Aufl. (1971), S. 34.

9 Roxin, Strafrecht AT I, 4. Aufl. (2006), S. 55.

10 Zur grenzziehenden Selbstbeschreibung des Rechts Luhmann, Das Recht der Gesellschaft (1993), S. 15 ff.

kann man überhaupt wollen. Ob das Resultat auch erlaubt ist oder ob man es wollen soll, führt auf das normative Feld der Zweckrichtigkeit, der Legitimation staatlichen Strafens. Überspringt man den ersten Schritt, vernachlässigt also das Korrespondenzverhältnis von Sache und Zweck, so ist die Gefahr groß, dass man Verbindlichkeit für Unbezweckbares einfordert.[11] Die Geschichte der Straftheorien ist die Geschichte dieser Gefahr.

II. Beschreibung der Strafe

1. Handlungsaspekte

a) Strafe als Handlungstyp

58 Überlegt man sich, was beim Strafen die Sache ist, steht ein Aspekt im Vordergrund, der in seiner Allgemeinheit kaum bestritten werden kann. Es ist der Zwangscharakter der Strafe. Dem Bestraften wird die Freiheit entzogen oder eine finanzielle Einbuße auferlegt. Strafe kann man danach als Zwang ausübende Handlung beschreiben. Diese Definition ist ersichtlich unvollständig, aber sie isoliert in erster Annäherung das relevante Vorkommnis und benennt das mit Strafe gemeinte Ereignis als eine Handlung. Damit wird zunächst der empirische Charakter der Definition des Strafbegriffs herausgestellt und die Strafe als spezialisierter Handlungstyp bezeichnet, der die deskriptiven Merkmale jeder Handlung teilt.

59 Gewonnen ist mit dieser Feststellung zweierlei: Die Begriffbestimmung wird (weitgehend) von der Zumutung freigehalten, die Zwangsbefugnis begründen zu müssen, und sie vermag eine Brücke zu jenem intensiv bearbeiteten Gebiet der praktischen Philosophie zu schlagen, das sich mit den empirischen Handlungswissenschaften befasst. Vor allem in der analytischen Handlungstheorie sind aussichtsreiche Theoriegrundlagen für die These entstanden, dass es eine ziemlich eindeutige Teilmenge von Ereignissen gibt, die Handlungen sind.[12] Es geht dabei um die Bestimmung derjenigen semantischen Komponenten, die benötigt werden, um eine Handlung angemessen zu beschreiben.

b) Katalog der Handlungselemente

60 Um klarzustellen, was unter Strafe im empirisch-technischen Sinn zu verstehen ist, soll im Folgenden Bezug auf einen Katalog von Komponenten genommen werden, der die Theoriebeiträge der Handlungswissenschaften zur Geltung bringt und überdies Nähe zur philosophischen Tradition hält.[13] Wegen der klaren Unterscheidung in den Grundbegriffen eignet sich die nachstehende Tabelle besonders gut für die Überprüfung von Straftheorien, die traditionell eher nachlässig mit den wissenschaftstheoretisch bedeutsamen Differenzierungen wie Erklären und Verstehen, Gründen und Ursachen umgehen.[14] Die deskriptiven Handlungselemente sind:

- Handlungssubjekt (wer hat es getan?)
- Akt-Typ (was hat er getan?)

---

11 Ähnlich Höffe, in: Eckenberger/Gähde (Hrsg.), Ethische Norm und empirische Hypothese (1993), S. 21.
12 Vgl. die Auswahl repräsentativer Texte bei Meggle/Bettermann (Hrsg.), Analytische Handlungstheorie, Bd. 1 und 2 (1985).
13 In etwas abgewandelter Form finden sich die Handlungsaspekte bei Rescher, in: Meggle/Beckermann (Hrsg.), Analytische Handlungstheorie (1985), S. 1 ff.
14 Hierzu auch Schild, in: Gitter-FS (1985), S. 831.

- Modalität der Handlung (wie hat er es getan?)
- Gründe und Ursachen der Handlung (warum hat er es getan?)
- Kausalität (was war die Ursache dafür, dass er es getan hat?)
- Finalität (mit welchem Ziel hat er es getan?)

Jedes dieser Elemente soll mit Blick auf die staatliche Strafe kurz diskutiert werden, wobei das Schwergewicht auf den Fragen nach dem „was" und des „warum" liegt. Das Ziel ist, aus der Eigenart des „Was" und des „Warum" einen begründungsfähigen Strafbegriff zu gewinnen.

2. Handlungssubjekt

a) Öffentliche Gewalt

Schon mit dem ersten Prädikat beginnt die Reihe der Elemente, durch die sich der strafrechtliche Begriff „Strafe" erheblich verengt. Strafe im Sinne des Strafrechts zählt traditionell zum Kernbereich der Staatsgewalt. Es ist uns deshalb vertraut, den Staat als das maßgebliche Handlungssubjekt bei der Verhängung von Strafe zu sehen. Seit der frühen Neuzeit trifft die Allianz von Staat und Strafe auch unbestritten zu. Für das Mittelalter den heute geläufigen Staatsbegriff zu verwenden, ist jedoch problematisch, da Souveränität und umfassende Staatsgewalt nur rudimentär ausgebildet waren. Dennoch zweifelt ernstlich niemand daran, dass es bereits im 14. Jahrhundert Strafe im modernen Sinn gegeben hat, ja dass sie mit großer Wahrscheinlichkeit schon Jahrhunderte zuvor „entstanden" ist.[15] Um den Schwierigkeiten mit der Staatsdefinition aus dem Wege zu gehen, empfiehlt es sich, Elmar Wadle[16] zu folgen und auf das Attribut „staatlich" zu verzichten. Stattdessen soll der Begriff „öffentlich" verwendet werden. Anders als „staatlich" impliziert „öffentlich" kein genaueres Vorverständnis von Inhalt und Struktur dieser Gewalt.

b) Abgrenzung zum Bereich privater Reaktionsmuster

Es ist also zumindest eine öffentliche Gewalt, die das einschneidende Mittel der Kriminalstrafe einsetzt. Der Terminus „öffentlich" ist aber unerlässlich, weil er auf eine Größe verweist, die das „Private" übersteigt. Mag es sich bei der „Größe" um Träger von Herrschaftsrechten innerhalb eines Volkes, eines Stammes oder eines kleineren Personenverbandes handeln, sie zieht bereits in der Frühgeschichte der öffentlichen Strafe eine klare Grenze zur Sphäre des einzelnen Individuums. Mittels dieser Grenzziehung wird der Bereich des Strafrechts vom Bereich der Fehde und der Rache getrennt.[17] Das Merkmal „öffentlich" erlaubt somit die begriffliche Unterscheidung zwischen Strafe und Selbsthilfe. Während die Rache – ob individuell oder kollektiv organisiert – eine Form der Selbst-Hilfe darstellt, gebührt die Kriminalstrafe einem öffentlichen Amt. Diese feste Struktur weist schon das Bild vom Strafrecht der Germanenzeit auf.[18] Einem Bereich des privaten Reaktionsmusters, der einerseits durch Rache und andererseits durch Bußleistung gekennzeichnet ist, steht das Strafrecht der Rechtsgemeinschaft als ganzer gegenüber, das vor allem dem Schutz besonders wichtiger Güter dient und

61

62

---

15 Instruktiv, wenngleich in vielen Aspekten spekulativ Achter, Die Geburt der Strafe (1951).
16 Wadle, in: Jung/Müller-Dietz/Neumann (Hrsg.), Perspektiven der Strafrechtsentwicklung (1996), S. 11.
17 Conrad, Deutsche Rechtsgeschichte, Bd. 1: Frühzeit und Mittelalter, 2. Aufl. (1962), S. 46.
18 Brunner, Deutsche Rechtsgeschichte, Bd. 1, 2. Aufl. (1906), S. 211; ders., Grundzüge der deutschen Rechtsgeschichte, 4. Aufl. (1912), S. 18.

sich durch die Strafe an Leib und Leben auszeichnet. Das jeweilige Gewicht dieser Sphären wechselt noch über das gesamte Mittelalter hinweg, aber ihre Konturen bleiben erhalten. Erst der Neuzeit gelang es unter dem Einfluss der Aufklärung, die Reste des alten Rachewesens zurückzudrängen und im sich festigenden Gewaltmonopol des Staates zu integrieren. Längst zuvor war jedoch das öffentliche Strafrecht mit dem Siegeszug der peinlichen Strafe fest etabliert.[19]

3. Handlungstyp und Handlungsmodalität

a) Übelszufügung durch Freiheits- und Geldstrafe

63 Was den Handlungsaspekt der Strafe angeht, besteht weitgehend Übereinstimmung darüber, dass die Strafe ein Moment der Übelszufügung enthält. Das war eingangs gemeint, als unter Strafen vorläufig ein auf Menschen Zwang ausübendes Verhalten verstanden wurde. Kant sprach in diesem Zusammenhang sogar vom „Belegen mit Schmerzen", das zu objektiv-notwendigem Verhalten nötige.[20] Zwar hat Kant hiermit primär die indirekte Wirksamkeit der Zufügung von Schmerzen im Hinblick auf das äußere Handlungsmotiv der Zwangsvermeidung herausstellen wollen und damit – wenn auch untergeordnet – das strittige Abschreckungsmoment eingeführt, aber der direkte Zwang, der in der Strafe wirkt, ist jeder Diskussion enthoben: Die Geldstrafe nötigt strikt zum Opfer einer materiellen Einbuße und die Gefängnisstrafe zum Verzicht auf Freiheit. Auf den Anlass und die Zielsetzung der Sanktionsverhängung, die in die Definitionskriterien der Strafe einzubeziehen sind, wird in den Abschnitten „Realgrund" und „Finalgrund" der Handlung näher eingegangen (Rn. 66, 74). Deshalb kann an dieser Stelle über den Unterschied einer medizinisch indizierten Amputation und der Verhängung einer Freiheitsstrafe, die beide als Übel erfahren werden, noch nicht eingegangen werden.

b) Übelszufügung durch Missbilligung

64 Eine andere Frage aber lässt sich ohne nähere Kenntnis der Intention der Übelszufügung bereits jetzt beantworten: die Frage nämlich, ob der Begriff der Übelszufügung auch dann noch greift, wenn das Schuldurteil – ohne expliziten Strafausspruch – lediglich die Missbilligung des Verhaltens ausdrückt. Ein „Nein" ließe an die Möglichkeit einer Bestrafung ohne Übelszufügung denken.[21] Das klingt verlockend und scheint den Würgegriff des ewigen Legitimationsthemas zu lockern. Bei der Geldstrafe und bei der zur Bewährung ausgesetzten Freiheitsstrafe ist der Schuldspruch gewiss von erheblicher Bedeutung. Bezieht man die Einstellung der Verfahren gegen eine Geldbuße (§ 153 a StPO) und die Auflage einer Wiedergutmachung (§ 59 StPO) mit ein, so steht bei mehr als 90 % der verhängten Strafrechtsfolgen der „Tadel" im Vordergrund. Gleichwohl würde das kommunikative Element des Übelscharakters auch im Bereich der Sanktionen für leichtere und mittlere Kriminalität verkannt, wenn man darauf vertrauen sollte, mit dem Faktum der Missbilligung das Stigma der Strafe loszuwerden.[22] Abgesehen davon, dass die Freiheitsstrafe in dem anvisierten Konzept einer staatlichen Reaktion als Missbilligung nicht aufginge, gilt es, den Inhalt des strafrechtlichen

---

19 Wadle, in: Fried (Hrsg.), Träger und Instrumentarien des Friedens im hohen und späten Mittelalter (1996).
20 Kant, Metaphysik der Sitten, Akademieausgabe, Bd. VI, S. 331.
21 So Noll, Die ethische Begründung der Strafe (1962), S. 19.
22 Mit zahlreichen Argumenten Neumann/Schroth, Neuere Theorien von Kriminalität und Strafe (1980), S. 6 ff.

Schuldspruchs klar zu erkennen: Du hast gegen eine Rechtsnorm verstoßen. Diese Feststellung ist nicht wertneutral. Je tiefer die verletzte Strafnorm im kollektiven Bewusstsein verankert ist, desto gravierender fällt die Missbilligung als Übelszufügung auf den Täter zurück.[23] Deshalb hat die Vermutung vieles für sich, dass mit der Verlagerung der Sanktionen von der Freiheitsstrafe zur Geldstrafe die Missbilligung gleichsam mitwandert und Funktionen übernimmt, die zuvor den „härteren" Rechtsfolgen überlassen waren.

Zum Handlungsaspekt ist festzuhalten: Strafen heißt, Übles zufügen. Davon macht auch die Missbilligung der Handlung keine Ausnahme, da – in den Worten Durkheims[24] – „der Tadel der Tat den Tadel des Täters beinhaltet." In diesen Feststellungen tritt erstmals der Täter aus dem Schatten der Strafe. Die Übelszufügung der Strafe hat mit der Übelszufügung der Tat zu tun. Ohne dieses Korrespondenzverhältnis würde grundlos gestraft.   65

III. Beschreibung der Handlungsgründe

1. Realgrund (Ursache)

a) Zur Unterscheidung von Ursache und Ziel

Die Phänomen- und Strukturanalyse jeder Handlung – eingeschlossen die öffentliche Übelszufügung – weist zwei Arten von „Gründen" aus, die nicht miteinander vermengt werden dürfen. Auf der einen Seite geht es um Gründe, die auf die Frage nach der Ursache der Handlung antworten, auf der anderen Seite um Gründe, die den Aspekt der Finalität ins Spiel bringen.[25] Erst beide Gründe zusammen charakterisieren ein beliebiges Geschehen als von handelnden Personen bewirkt.   66

Zur Verdeutlichung ein Beispiel: Angenommen, der Y schlägt mit der Faust auf den Tisch. Diese Tatsache könnte man damit erklären, dass Y betrunken war oder aus Wut gehandelt hat. Bei diesen Charakterisierungen handelt es sich insofern um partielle Antworten, als sie der Frage nach dem „warum" lediglich im Modus der Kausalität begegnen. Diese Erklärungen rekurrieren auf das Wirken unpersönlicher „Kräfte". Sie ignorieren, dass der betreffende Handlungsakt aus einer bewussten Entscheidung des X resultiert. Wenn dagegen angegeben wird, der X wollte den Y zum Schweigen bringen, dann ist die Zielsetzung genannt, die X vor Augen hatte. In diesem Erklärungsansatz wird das Handeln des X nicht einfach als Folge einer Ursache beschrieben, sondern auf Überlegungen, Motive und Entscheidungen des handelnden Subjekts zurückgeführt.[26] Wer diese gegenüber dem Realgrund komplexere Erklärungsebene in der straftheoretischen Debatte vernachlässigt, liefert das strafende Tun der Verhärtung einer außengeleiteten Finalität (Gott, Natur) aus. Wer dagegen die „Ursache" der Strafhandlung außer Acht lässt, ist in Gefahr, Sache und Zweck nicht auseinender zu halten.   67

---

23 Kargl, in: Kriminalsoziologische Bibliographie, Heft 66/67 (1990), S. 112.
24 Durkheim, Erziehung, Moral und Gesellschaft (1973), S. 215; s. auch Gephart, Strafe und Verbrechen (1990), S. 35.
25 Grundlegend Wright, Erklären und Verstehen (1974), S. 116.
26 Schwemmer, Handlung und Struktur (1987), S. 48, 196.

b) Zur Unterscheidung der Strafe von der Prävention

68 Sucht man nach einer die Ursache des Strafens fixierenden Erklärung, genügt bereits ein flüchtiger Blick auf die Form einer Strafrechtsnorm, um zu sehen, dass die Sanktion auf etwas Geschehenes re-agiert. „Wer x tut, wird mit y bestraft". Das Übel allein macht also noch nicht die Strafe aus. Vielmehr wird in der Strafe ein Übel zugefügt als Antwort auf eine Übeltat.[27] Dieser Reaktionscharakter, der in einem neutralen Sinn nur ein anspruchsloses Danach bedeutet, unterscheidet das Strafen von präventiven Handlungen, wie beispielsweise Quarantäne-Maßnahmen. Den Pockenverdächtigen hält man deshalb fest, damit nicht andere erkranken. Im Vergleich hierzu wird dem Bestraften ein Übel zugefügt, weil er etwas getan hat, was er nicht hätte tun dürfen oder weil er nicht getan hat, was er hätte tun sollen. Die Strafe wartet also mit ihrem Eingreifen, bis eine Rechtsverletzung tatsächlich stattgefunden hat. Sie ist insofern auch verschieden von manipulativen Techniken einer „schönen neuen Welt" oder von Selektionsmaßnahmen gegenüber unbequemen, störenden, „asozialen" Menschen.[28] Hiergegen setzt die Strafe als zentrale limitierende Bedingung ihren retrospektiven Charakter: „Weil du getötet hast, wirst du bestraft".

c) Zur Unterscheidung der Strafe vom biblischen Talionsprinzip

69 Die Strafrechtsnorm reflektiert also in ihrer formalen Struktur den alten Grundsatz „Wie du mir, so ich dir".[29] Als handelnde Reaktion auf ein Verhalten ist Strafe notwendig „Ver-geltung". Das klingt anstößig und ist es auch, wenn man das strukturelle Moment des Vergeltens allein mit der Bilderkraft des Alten Testaments auflädt und das Talionsprinzip auf „Auge um Auge, Zahn um Zahn" verengt. Nichts hat den Vergeltungsgedanken stärker verdunkelt, als ihn auf das „Heimzahlen" eines Übels, das drakonische Entgelten des „Gleichen mit Gleichem" festzulegen. Dabei geht die primäre Bedeutung des Vergeltungsgedankens, das bis heute ein unstrittiges Prinzip der Sozialmoral bildet, verloren: die Idee der Wechselseitigkeit, nämlich der Sprung vom „weil" zum „damit", vom Freiheitsverzicht zum Freiheitsgewinn.[30] Etymologisch hat der Ausdruck „Geld" dieselbe Wurzel wie Vergeltung und verweist auf Tausch und Reziprozität als Grundformen menschlichen Verkehrs. Im Falle positiver Dienste besteht die Gegenleistung in einem „Entgelt" und nur im Falle negativer Dienste in einem „Heimzahlen" oder Strafen. Der sinnvolle Kern des Vergeltungsgedankens steckt demnach in der alten römischen Regel „do ut des" ebenso wie in der Gerechtigkeitsformel des Thomas von Aquin: „Suum cuique tribuere", eine Formel, die ihrerseits auf Platon und Cicero zurückgeht.[31]

---

27 Roxin JuS 1966, 377; Coing, Grundzüge der Rechtsphilosophie, 4. Aufl. (1985), S. 246; Montenbruck, „Wie Du mir, so ich Dir" – als Begründung für die Strafe? (1995).

28 Höffe, Kategorische Rechtsprinzipien (1990), S. 222.

29 Über Kants Bearbeitung der goldenen Regel umfassend Hruschka, in: Arthur Kaufmann-FS (1993), S. 129; vgl. auch Spendel, in: v. Hippel-FS (1967), S. 491; zum Verrhältnis von Talion und Vergeltung Ebert, in: Jung/Müller-Dietz/Neumann (Hrsg.), Recht und Moral (1991), S. 205.

30 Zum Prinzip des gegenseitigen Freiheitsverzichts s. Kelsen, Was ist Gerechtigkeit?, 2. Aufl. (1975), S. 45; Höffe, Politische Gerechtigkeit (1987), S. 328; Hruschka JZ 1987, 941.

31 Den Grundsatz der Kooperation diskutieren Axelrod, Die Evolution der Kooperation (1987), S. 99; Gründel, in: Schöch (Hrsg.), Strafe: Tor zur Versöhnung (1988), S. 21; Kindhäuser, Gefährdung als Straftat (1989), S. 154.

d) Zur Unterscheidung der Vergeltungsstruktur der Strafe von Zwecksetzungen

Die Pointe der Analyse des Handlungstyps und der Handlungsursache rückt eine für   70
die Strafrechtsdiskussion unbequeme Erkenntnis ins Zentrum: Über das neutrale Moment der Wechselseitigkeit von Strafe und Straftat kann nicht frei disponiert werden. Die Aufhebung der Vergeltungsstruktur des Strafens würde die Form des Strafgesetzes brechen. Solange man am Strafen festhalten will – was allein auf der Begründungsebene thematisch ist – solange ist die Vergeltung im Sinne der Reziprozität gar nicht intendierbar.[32] Jedenfalls laufen Zweckaussagen, die lediglich die Prädikate der Gegenstandsbeschreibung wiederholen, zum Ausgangspunkt zurück. So wäre der Satz „ich strafe, weil ich vergelten will" nicht minder tautologisch wie der Satz „ich fahre, weil ich fahren will". Zu den typischen Unbezweckbarkeiten gehören die internen Operationen, die das System zum System machen.[33] Man kann aber sehr wohl das ganze System in dem Sinne instrumentalisieren, dass man es in den Dienst anderer Systeme stellt. Genau an dieser Stelle bricht der diskussionswürdige Kern des Streits zwischen den sog. absoluten und relativen Straftheorien auf.[34]

e) Zur Unterscheidung der internen von der externen Zwecksetzung

Die absoluten Theorien gehen davon aus, dass Querinstrumentalisierungen die Autonomie des unverbrüchlichen Strafgesetzes korrumpieren würden. Deswegen wollen sie   71
die Strafe keinen externen Zwecken aussetzen (Rn. 96). Die „Vergeltung" soll frei bleiben von Zielen, die mit ihr verfolgt werden könnten. Doch die Alternative der absoluten Theorien – nämlich auf soziale Folgenüberlegungen zu verzichten – führt zur Aporie des naturalen Zweckbegriffs (Rn. 55) zurück.[35] „Strafen" müsste als Akt der Vollstreckung eines außermenschlichen „Willens" (Gott, Natur, transzendentale Vernunft etc.) verstanden werden. Solcherart extrinsische Notwendigkeit würde das Moment der Freiheit potenziell eliminieren und im Begriff der Strafe eine Totalität erzeugen, in der die Vereinheitlichung von Natur und Ethik, von Gott und Recht wiederkehrt. Andererseits würde die Vereinheitlichung von Strafe und Politik, die ihre Zwecke aus dem Tagesbedarf formt, ebenfalls nicht den Gefahren der Totalität entgehen.[36]

f) Zur Vereinheitlichung von interner und externer Zwecksetzung

Mit dem Befund der Vergeltungsstruktur der Strafe verschiebt sich das bisherige Zentrum der straftheoretischen Problemstellung. Es steht jetzt nicht mehr an, die Vergel-   72
tung als dominanten Strafzweck zu bestimmen oder abzulehnen. Vielmehr gilt es herauszufinden, welches Ziel mit dem vorgefundenen Faktum der Vergeltung verwirklicht werden kann. Das Problem lautet: Welcher Zweck ist mit dem Vergeltungselement kompatibel? Erst auf der Höhe dieser Fragestellung können Bedingungen der Möglichkeit von Strafzwecken formuliert werden, die sich als menschliche Entscheidungen ausweisen, ohne dabei das Substrat der Strafe – die Reziprozität – zu zerbrechen.

---

32 Schmidhäuser, Einführung in das Strafrecht (1972), S. 53.
33 Luhmann, Gesellschaftsstruktur und Semantik, Bd. 2 (1981), S. 39.
34 Überblick bei Hassemer, in: Hassemer/Lüderssen/Naucke, Fortschritte im Strafrecht durch die Sozialwissenschaften (1983), S. 43.
35 Im Ergebnis wohl ebenso Jakobs, Strafrecht AT, 2. Aufl. (1993), 1. Abschn. Rn. 17 ff.
36 Naucke, in: Archivum Juridicum Cracoviense (1996), S. 67 ff.

g) Fazit

73 Die begriffliche Untersuchung der Strafe ist zu der Feststellung vorangetrieben, dass die Übeltat in der Strafe mit einem Übel „vergolten" wird. Weder ist damit zum materiellen Gehalt der Übeltat noch zur inhaltlichen Ausgestaltung der Strafe Stellung bezogen. Was zunächst gefunden wurde, beschränkt sich auf die formale Struktur der Vergeltung, auf ihren retrospektiven Charakter. Ohne die Feststellung der Strafe als Übelszufügung und als Post-Reaktion würde der Strafbegriff ins Unbestimmte ausfließen. Er brächte keine Differenz zur Konditionierung und Propaganda, zur Erziehung und Therapie zustande. In die systemtheoretische Sprache übersetzt, ist mit öffentlicher Vergeltung jene Operation beschrieben, die im Strafsystem autonom reproduziert wird und die das Strafsystem folglich gegenüber anderen Sozialsystemen abschließt. Von Strafen zu sprechen, heißt, von Vergelten im Sinne des Zurückgebens auf der Basis von Wechselseitigkeit zu sprechen. Diese Definitionselemente fungieren in den nachfolgenden Analysen der Finalgründe (externen Zwecksetzungen) als interne Barrieren, als systemimmanente Selbstbindungen, die nur um den Preis der Auflösung des Strafbegriffs zerschlagen werden können.

2. Finalgrund (Ziel) der relativen Straftheorien

a) Gemeinsames Ziel: Verbrechensvorbeugung

74 Der Ansatzpunkt der relativen Straftheorien (general- und spezialpräventive Theorien) geht von der Annahme aus, dass die Strafe zweckgebunden sein muss. Der Zweck bestehe in der Verhinderung künftiger Delikte und diene mithin der Verhinderung der Kriminalität. Die Relativität staatlichen Strafens ergibt sich somit aus dem zukunftsorientierten Zweck der Verbrechensvorbeugung. Die Strafe ist hiernach nicht Selbstzweck, sondern ordnet sich ein in das Ensemble der staatlichen Instrumente der effektiven Gefahrenabwehr und entspricht damit einer funktionalen Betrachtungsweise im Strafrecht.[37] Diese Betrachtungsweise soll, über Grotius und Seneca tradiert, schon von Protagoras auf die Formel gebracht worden sein: Nemo prudens punit quia peccatum est sed ne peccetur" („Kein vernünftiger Mensch straft wegen der vergangenen Sünden, sondern zwecks Verhinderung der zukünftigen").[38] Diese „modern" anmutende Programmatik erwartet von der Strafe die Besserung des Rechtsbrechers (Resozialisierung, Individualprävention) oder die Abschreckung verbrechensgeneigter anderer (negative oder Abschreckungs-Prävention). Diese Zielsetzungen waren in der straftheoretischen Debatte lange vorherrschend; erst in jüngerer Zeit ist deren Vormachtstellung unter dem Einfluss der sog. positiven Generalprävention (Integrationsprävention) ins Wanken geraten.

---

37 NK-StGB-Hassemer/Neumann, 5. Aufl. (2017), vor § 1 Rn. 274; Hassemer, in: ders., Strafen im Rechtsstaat (2000), S. 199; ders., in: Lüderssen-FS (2002), S. 221; zum modernen Paradigma des Präventionsstrafrechts s. auch P. A. Albrecht ZStW 97 (1985), S. 831; Steffen, in: Kerner/Kury/Sessar (Hrsg.), Kriminalitätsentstehung, Teilbd. 2 (1983), S. 823; Frommel, Präventionsmodelle in der deutschen Strafzweck-Diskussion (1987); Otto, Generalprävention und externe Verhaltenskontrolle (1982), S. 21, 166; zum Streitstand unter erkenntnistheoretischen Aspekten krit. Kotsoglou, in: Bock/Harrendorf/Ladiges (Hrsg.), Strafrecht als interdisziplinäre Wissenschaft (2015), S. 13.

38 Vgl. v. Hippel, Deutsches Strafrecht I (1925), S. 461.

b) Besserung (Spezialprävention)

aa) Konzeption

Die auf Resozialisierung bedachte Auffassung der Spezialprävention zielt auf Besserung des Täters, „um ihn der Gemeinschaft wieder zu gewinnen und ihn gegen neue Versuchungen innerlich widerstandsfähiger zu machen" (BVerfGE 36, 188; 45, 239).[39] Die Aufgabe der Strafe besteht danach primär darin, den Täter von künftigen Straftaten abzuhalten. Dieses Konzept lebt von der sozialstaatlich begründeten und durch die Rechtsprechung in Verfassungsrang erhobenen Verpflichtung von Staat und Gesellschaft, dem Straftäter bei den Problemen Hilfe zu gewähren, an denen er gescheitert ist.[40] Diese Verpflichtung kann nicht in Frage gestellt werden und hat bei den Bemühungen um ihre Verwirklichung auch Früchte gezeigt, indem sie aufmerksam gemacht hat auf die desozialisierenden Wirkungen des Vollzugs der Freiheitsstrafe, auf die Entwicklung differenzierter Programme für unterschiedliche Typen von Menschen, welche auch die Würde des Betroffenen bewahren (emanzipierende Sozialtherapie)[41] und schließlich hat sie allgemein die Hoffnungen auf das allmähliche Absterben der Freiheitsstrafe neu belebt.[42]

75

bb) Probleme

Dennoch ist die Lehre von der Resozialisierung in die Krise geraten.[43] Sie stand immer vor dem Problem, den Nachweis präventiver Erfolge nicht erbringen zu können.[44] Zwar ist auch das Gegenteil nicht erwiesen, weil der positive oder negative Nachweis die (wohl kaum gelingende) Beherrschung zahlreicher Variablen in aufwendigen Langzeituntersuchungen voraussetzen würde.[45] Aber selbst der eindeutige Nachweis der versprochenen Wirkungen gegenüber den im Strafvollzug behandelten Personen würde nichts an den Problemen ändern, die durch die immanente Logik der eingesetzten Steuerungstechnik aufgeworfen werden. Es ist deshalb in anderer Richtung zu fragen, ob die zu Ende gedachten Konsequenzen dieser Logik mit den Vorüberlegungen zum Realgrund der Strafe, also mit dem Vergeltungsmoment der Strafe vereinbar sind. Wollte man nämlich die auf den Täter ausgerichtete Konzeption der Verbrechensverhütung kompromisslos verfolgen, müsste man sich mit zwei Konsequenzen abfinden, die in extreme Gegenpositionen zur Tatvergeltung ausschlagen: Straflosigkeit bei schwersten Straftaten und lang andauernden Freiheitsentzug bei bloßer Kriminalitätsneigung.

76

---

39 Zur Individualprävention Schmidhäuser, in: E.A.Wolff-FS (1998), S. 443; Hassemer, Einführung in die Grundlagen des Strafrechts, 2. Aufl. (1990), S. 22; zusammenfassende Darstellung bei Hörnle, Straftheorien (2011), S. 20 ff.
40 BVerfGE 98, 200; dazu Bemmann, in: Prittwitz/Manoledakis (Hrsg.), Strafrecht und Menschenwürde (1995), S. 125; Noll, Die ethische Begründung der Strafe (1962), S. 16, 25; Stratenwerth, in: Bockelmann-FS (1979), S. 921; AK-StVollzG/Lindemann, 7. Aufl. (2017), vor § 2 Rn. 3.
41 Haffke, in: Lüderssen/Sack, Abweichendes Verhalten III (1977), S. 291; Müller-Dietz, Grundfragen des strafrechtlichen Sanktionensystems (1979), S. 124.
42 Dazu Lüderssen, in: Hassemer (Hrsg.), Strafrechtspolitik (1987), S. 87; ders. KJ 1997, 179; Steinert, in: Lüderssen/Sack, Abweichendes Verhalten IV (1980), S. 302; zur positiven Einschätzung der Spezialprävention als Strafzweck auch Dölling, in: Lampe-FS (2003), S. 597; Katoh, in: Schünemann-FS (2014), S. 131.
43 Über die Entwicklung in den USA Weigend ZStW 90 (1978), S. 1116; ders. ZStW 94 (1982), S. 801.
44 Feest JA 1990, 225.
45 Zu den methodischen Problemen und Wirkungen vgl. bspw. Dünkel, Legalbewährung nach sozialtherapeutischer Behandlung (1980); Ortmann, Resozialisierung im Strafvollzug (1987); Kury (Hrsg.), Prognose und Behandlung bei jungen Rechtsbrechern (1986).

77 Solange das Ziel der Resozialisierung nicht erreicht ist, müsste der Verurteilte festgehalten werden. Das hätte die Einführung einer Verurteilung mit unbestimmter Strafdauer zur Folge.[46] Da es überdies keinen Sinn machen würde, den Täter wegen seiner Therapiebedürftigkeit zu tadeln, wäre das im „Handlungstyp" beschriebene Kernmoment des Strafbegriffs – die Missbilligung von Tat und Täter – ausgehebelt. Dies würde wiederum einschließen, alle Hemmungen gegenüber der Verhängung eines langjährigen Freiheitsentzugs auch bei geringfügigen Delikten fallen zu lassen, wenn die Symptomatik des Täters dies erfordert. Ist dieser Weg beschritten, ließ sich auch die Rationalität eines Arguments nicht erschüttern, das den Eingriff von der Begehung einer Straftat abkoppeln möchte. Vom Standpunkt eines präventiven Gesellschaftsschutzes aus ist nicht einzusehen, weshalb die Rechtsgutsverletzung erst abgewartet werden sollte, ehe der Staat vorbeugend eingreift.

78 Die im Begriff der Tatvergeltung mitgemeinte Idee der Wechselseitigkeit würde schließlich aufs gröbste verletzt, wenn ein weiteres Ergebnis zum Tragen käme, das in der Logik der Spezialprävention liegt: die völlige Straffreiheit derer, die keiner Resozialisierung bedürfen.[47] Natürlich lassen sich in der empirischen Welt zumeist Zusammenhänge zwischen Straftaten und psychosozialen Defekten herstellen, aber zumindest bei jener Tätergruppe, bei der eine einmalige historische Situation die Rechtsbrüche begünstigte (Stichwort: Unrechtsstaat), ist von keiner Wiederholungsgefahr auszugehen. Auf viele Fahrlässigkeitstäter oder auf Straffällige, die aus einer einmaligen Konfliktsituation heraus gehandelt haben, dürfte eine Resozialisierungsbedürftigkeit ebenfalls nicht zutreffen. Das ganz auf die Besserung der Täter abgestellte Strafmodell weiß also mit einer beträchtlichen Anzahl von Rechtsbrechern nichts anzufangen. Dieses Ergebnis ist aus dem Vergleich mit dem unverzichtbaren Begriffskriterium der Strafe – der vergeltenden Übelszufügung – gewonnen und kann deshalb auf die (widerlegbare) Hypothese verzichten, „dass sich trotz aller Bemühungen im In- und Ausland ein auf breiter Grundlage erfolgreiches Konzept für die Sozialisierung Straffälliger bis heute nicht hat entwickeln können".[48]

c) Abschreckung (negative Generalprävention)

aa) Konzeption

79 Nach der Lehre von der Generalprävention ist es Aufgabe des Strafrechts, Straftaten durch Einwirkungen auf die Gesellschaft zu verhindern. Durch die Verhängung der staatlichen Strafe soll die Allgemeinheit von der Begehung strafbarer Handlungen abgehalten werden. Dies erfolgt konkret dadurch, dass die Bevölkerung über den Inhalt der verbotenen Verhaltensweisen sowie über die Strafdrohungen und die staatliche Möglichkeit der Strafverhängung in Kenntnis gesetzt wird.[49] Durch Abschreckung soll danach der Kriminalität vorgebeugt werden.

---

46 Jescheck/Weigend, Lehrbuch des Strafrechts AT, 5. Aufl. (1996), § 8 V 4, 5.
47 Bockelmann/Volk, Strafrecht AT, 4. Aufl. (1987), § 2 1.
48 Roxin, Strafrecht AT I, 4. Aufl. (2006), § 3 Rn. 11 ff.
49 v. Liszt, Strafrechtliche Aufsätze und Vorträge, Bd. 1 (1905), S. 163; Radbruch, Einführung in die Rechtswissenschaft, 7. Aufl. (1929), S. 115; ders., Rechtsphilosophie, 4. Aufl. (1950), S. 269; Hoerster GA 1970, 272; Vanberg, Verbrechen, Strafe und Abschreckung (1982), S. 22.

bb) Übereinstimmungen mit der vergeltungsbestimmten Strafe

Bringt man den Abschreckungsgedanken mit den Elementen, die mit dem Begriff der Strafe gesetzt sind, in Zusammenhang, ergeben sich einige Schnittmengen, die gegenüber dem Besserungsziel ein etwas vorteilhafteres Bild zu zeichnen scheinen.[50] Im Einklang mit der vergeltungsbestimmten Strafe sondert die Abschreckungsorientierung die Täter mit fehlender Wiederholungsgefahr nicht aus der Klasse der Strafwürdigen aus. Die negative Prävention ist gegenüber einer Allgemeinheit gedacht, die man sich als kriminalitätsgeneigt vorstellt und die aus der für sie rätselhaften Nichtbestrafung herausfiltern würde, dass die Sanktionierung im Einzelfall Glückssache ist. Um diesem Eindruck entgegenzuwirken, reicht es nicht aus, durch die Existenz der Strafdrohung eine Gegenmotivation gegen latente Versuchungen zu schaffen. Für die Lehre von der Abschreckung ist vielmehr unverzichtbar, den Ernst der Strafdrohung durch Strafausspruch oder Strafvollzug zu bekräftigen. In dieser Funktion gibt es auch bei der generalpräventiven Theorie Anselm von Feuerbachs, der das Schwergewicht der Abschreckung auf den psychischen Zwang der Strafandrohung legte (Rn. 87), kein soziales Äquivalent für die Ausführung der Strafe.[51] Die Ausführung der Strafe ist hiernach die notwendige Erfüllungsbedingung des Strafgesetzes und behält somit ihr Recht auch gegenüber jenem Täterkreis, der nicht resozialisierungsbedürftig ist.

80

Im Ergebnis geht die Abschreckungsdoktrin ebenfalls mit der vergeltungstheoretischen Ablehnung unbestimmbarer Gesetze und prädeliktischer Maßnahmen konform. Es liegt nicht in der Logik der Generalprävention, klare Tatbestandsbeschreibungen durch undeutliche und subjektivierende Klauseln zu verwässern oder durch bloße Gefährlichkeitsprognosen zu ersetzen. Abschreckung lebt im Gegenteil von der sozialtechnologischen Überzeugung, dass die Bürger motiviert werden können, von einem bestimmten Verhalten Abstand zu nehmen. Ohne genaue Fixierung des Gegenstands des Verbots müssten sich die Motivationsbemühungen auf allgemein wünschenswertes Verhalten erstrecken. Solche Weiterungen charakterisieren den am Besserungsziel orientierten Weg der Menschenbildung. Für die Abschreckungstheorie ist hingegen die – historisch gründlich untersuchte[52] – innere Wahlverwandtschaft von Tatbestandsbestimmtheit und Strafe kennzeichnend.

81

cc) Empirische Probleme

Hinsichtlich der Wirkung der Abschreckungsprävention sollte man sich keine allzu großen Illusionen machen.[53] Allenfalls bei einem überschaubaren Täterkreis, der aufmerksam seine Chancen und Risiken einschätzt, – etwa bei der organisierten Kriminalität, bei bestimmten Formen von Wirtschaftsdelinquenz oder im Nebenstrafrecht (z.B. Straßenverkehrsrecht[54]) – darf man auf Abschreckung hoffen. Bei diesem Täterkreis ist es bis zu einem gewissen Grad berechtigt, auf das Bild eines „homo oeconomicus" zu verweisen, der sich zwar von egoistischen Zielen leiten lässt, aber seinen Interessen in geordneter Weise Raum gibt und sich im Rahmen dieser Interessenvorgaben rational

82

---

50 Hoerster ARSP 1972, 555; Küpper, in: Schopenhauer-Jahrbuch (1990), S. 207.
51 Zu Feuerbachs Lehre ausf. Naucke, Kant und die psychologische Zwangstheorie Feuerbachs (1962).
52 Ehret, Franz von Liszt und das Gesetzlichkeitsprinzip (1996), S. 25.
53 Hassemer, in: Hassemer/Lüderssen/Naucke, Hauptprobleme der Generalprävention (1979), S. 21; Stratenwerth/Kuhlen, Strafrecht AT, 6. Aufl. (2011), § 1 Rn. 24; Müller-Dietz, in: Jescheck/Triffterer (Hrsg.), Ist die lebenslange Freiheitsstrafe verfassungswidrig? (1978), S. 91; Bock JuS 1994, 95.
54 Hassemer/Hart-Hönig, Generalprävention im Straßenverkehr, in: Hassemer (Hrsg.), Sozialwissenschaften im Strafrecht (1994), S. 230.

an wechselnde Umstände anpasst. Es ist also die Rationalität, die das Verhalten des „Homo oeconomicus" berechenbar und durch das Strafrecht beeinflussbar macht.[55]

83 Soll die Kosten-Nutzen-Rechnung, auf die mittels der Strafe gesetzt wird, aufgehen, sind jedoch zwei Voraussetzungen erforderlich: Die Normadressaten müssen von der Strafdrohung und deren Vollziehung wissen, und sie müssen sich gerade dadurch zu rechtstreuem Verhalten motivieren lassen. Beim überwiegenden Teil der Bevölkerung kann davon kaum die Rede sein. „Stattdessen haben" – wie Hassemer und Neumann[56] die empirischen Probleme der Abschreckungstheorie zusammenfassen – „die Leute vom Strafrecht eher verzerrte Vorstellungen, sie leben nach sozialen Normen, die mit den strafrechtlichen nicht deckungsgleich sind, sie werden von einer Vielzahl von Faktoren motiviert, die mit staatlicher Strafe und Strafrecht nichts zu tun haben, sie rechnen damit, beim bösen Tun nicht erwischt zu werden, und sie leben und handeln keineswegs als die kaltblütigen Kosten-Nutzen-Rechner, als welche die Theorie der negativen Generalprävention sie sieht."

dd) Normative Probleme

84 Auf die bis heute ungelösten normativen Probleme haben schon Kant und Hegel in ihrem Kampf gegen zeitgenössische relative Strafzielbestimmungen aufmerksam gemacht (Rn. 96 ff.). Aus der Sicht Hegels[57] fassen die Präventionstheorien den verurteilten Menschen nicht nach Ehre und Freiheit, sondern wie einen Hund an, gegen den man den Stock erhebt, und Kant[58] kreidet an, dass der bestrafte Mensch „bloß als Mittel zu den Absichten eines anderen gehandhabt und unter die Gegenstände des Sachenrechts gemengt" werde, wenn die Strafe zu seiner oder der anderen Besserung verhängt wird. Es wird im Rahmen der Darstellung der sog. „absoluten Straftheorien" zu zeigen sein, dass die von Kant und Hegel formulierten Texte, hinter der die Sorge um die Menschenwürde steht, ihre Rigorosität und ihren Absolutheitscharakter einbüssen, wenn man sie nicht auf den Ausgleich begangenen Unrechts beschränkt, sondern gesellschaftlichen Zweckbestimmungen wie der Verwirklichung der Gerechtigkeit und der Beförderung der allgemeinen Achtung vor dem Gesetz öffnet (Rn. 99).[59]

85 Die Bedenken, dass der Täter in der Abschreckungsdoktrin für die Zwecke anderer funktionalisiert und zum Instrument der Förderung des allgemeinen Wohls gemacht wird, bestätigt die Analyse des Strafbegriffs. Solange Abschreckung lediglich bedeutet, klare Tatbeschreibungen zu befürworten und mit Strafe auch bei fehlender Wiederholungsgefahr zu reagieren, würde dem Vergeltungsmoment des Strafbegriffs nichts Neues hinzugefügt; der Begriff bliebe also noch ganz bei sich. Der Satz, dass die Vergeltungsstrafe zum Zweck der Abschreckung eingesetzt werden soll, erschlösse unter dieser Perspektive keinen greifbaren Sinn.[60] Will die Abschreckung demgegenüber eine eigenständige Zwecksetzung behaupten, muss sie das Verhältnis zwischen Abschreckung

---

55 Mc Kenzie/Tullock, Homo oeconomicus (1984); Schüler-Springorum, in: Müller/Philipps (Hrsg.), Das Menschenbild im weltweiten Wandel der Grundrechte (2002), S. 3; zum Rationalitätsaxiom der ökonomischen Theorie vgl. Kargl, Handlung und Ordnung im Strafrecht (1991), S. 290 ff.

56 NK-StGB-Hassemer/Neumann, 5. Aufl. (2017), vor § 1 Rn. 283; dazu auch Smaus, Das Strafrecht und die Kriminalität in der Alltagssprache der deutschen Bevölkerung (1985), S. 39, 140; Dölling ZStW 102 (1990), S. 1; Köberer MschrKrim 65 (1982), S. 200.

57 Hegel, Grundlinien der Philosophie des Rechts, Werke in 20 Bänden (1970), § 97.

58 Kant, Metaphysik der Sitten, Akademieausgabe, Bd. IV, Allg. Anmerkung E zu §§ 43-49.

59 Zur Neubewertung der absoluten Theorien vgl. Pawlik, Person, Subjekt, Bürger. Zur Legitimation von Strafe (2004), S. 45 ff.

60 Kargl GA 1998, S. 67.

und Vergeltung umkehren: Das Leitprinzip wird jetzt von der Abschreckung formuliert, die sich der staatlichen Strafe um eigener Interessen willen bedient. Das Eigeninteresse besteht in der Schaffung der psychischen Disposition zu gesetzmäßigem Verhalten, und dieses ist als vergeltungsexterner Gesichtspunkt nicht mehr in das Prinzip der Reziprozität integrierbar. Dadurch schwebt die Generalprävention stets in der Gefahr, die Schrankenfunktion des Tatausgleichs dem sozialpsychologischen Instrumentalisierungsinteresse zu opfern. Weil der Abschreckungsgedanke theoretisch anders gebaut ist als der Vergeltungsbegriff, vermag er der Tendenz zu „maßlosem" Strafen keinen inneren Widerstand entgegenzusetzen.[61]

Dem Einwand der Schrankenlosigkeit begegnen die Anhänger der Generalprävention vorwiegend mit dem empirischen Argument, dass nur maßvolles Strafen abschreckungswirksam sei.[62] Doch wie immer es um die sozialpsychologischen Annahmen der Abschreckung bestellt sein mag, das Werk maßgerechten Strafens steht nicht mehr unter dem Primat der Generalprävention. Überlegungen zum Maßstab der Strafbegrenzung gehören in das Paradigma der vergeltenden Reaktion und können von der Abschreckungskonzeption nur um den Preis ihrer Aufhebung adaptiert werden. Der eigentümliche Sinn abschreckender Zwecksetzung, sozusagen der gegenüber der Vergeltungskonzeption erwirtschaftete Mehrwert liegt in ihrem Überschuss an Repression. Deshalb lautet das Fazit: Wenn Gewalt dominiert, ist der Grundsatz der Gegenseitigkeit verletzt, wenn Gewalt begrifflich in Reziprozität überführbar ist, hat die Abschreckungslehre ihr selbständiges Profil preisgegeben. Abschreckung ist mit Tatvergeltung nicht vereinbar. Dies Ergebnis gilt unbeschadet der Frage nach der faktischen Wirksamkeit und der moralischen Rechtfertigung der Abschreckung.

ee) Feuerbachs Theorie des psychologischen Zwangs

Anselm von Feuerbach (1775 – 1833) gilt als entscheidender Mitbegründer der Theorie der negativen Generalprävention und als Vorreiter der modernen Strafrechtstheorien für das deutsche Strafrecht. Sein Ansatz war in Abkehr von der bis dahin geltenden absoluten Straftheorie insofern „modern", als das staatliche Strafen einen Zweck erhalten sollte, der in die Gesellschaft hineinwirkt.[63] Diesen Zweck sah er in der Vorbeugung mittels Abschreckung, wodurch ein wichtiger Beitrag zum Schutz der Rechte und Freiheiten der Bürger geleistet werden sollte.[64] Dazu waren ganz im Sinne der Staatslehren der westeuropäischen Aufklärung klare und deutliche Strafgesetze erforderlich. Ebenso notwendig war seiner Ansicht nach, dass die Strafe tatsächlich durch den Staat verhängt werden konnte.[65] Denn erst diese Möglichkeit und die Kenntnis der Gesellschaft von dieser staatlichen Befugnis führten zu der bezweckten Abschreckung der Bürger.

Die anthropologische Grundlage für dieses Verständnis der Funktion staatlicher Strafe war die „Theorie des psychologischen Zwangs". Feuerbach stellte sich die Psyche des Täters als einen Kampf der widerstreitenden Interessen zwischen dem Drang zur Straf-

86

87

88

---

61 Hieraus erklären sich verfassungsrechtliche Bedenken, vgl. Köhler, Über den Zusammenhang von Strafrechtsbegründung und Strafzumessung (1983); ders., Strafrecht AT (1997), S. 44.
62 Hierzu Schöch, in: Frank/Harrer, Der Sachverständige im Strafrecht (1990), S. 95; Dölling ZStW 102 (1990), S. 1.
63 Feuerbach, Revision der Grundsätze und Grundbegriffe des positiven peinlichen Rechts, Teil 1 (1799), S. 48.
64 Feuerbach, Lehrbuch des gemeinen in Deutschland gültigen peinlichen Rechts, 14. Aufl. (1847), S. 704 ff.; Braum, Europäische Strafgesetzlichkeit (2003), S. 292.
65 Feuerbach, Anti-Hobbes (1797), Nachdruck 1967, S. 210.

tatbegehung und dem Unterlassen dieser Handlung vor. In dem Strafsystem sah er ein Mittel, das in der menschlichen Psyche Unlustgefühle erzeugt und als Motivation zur Nichtbegehung der Tat wirkt.[66] Zur Bekämpfung der Verbrechen[67] in einem Staat hielt er diese psychisch wirkende Barriere für zwingend notwendig. Gleichzeitig war sich Feuerbach aber auch der von Kant und Hegel vorgebrachten Einwände gegen die objektivierenden Wirkungen der Präventionsstrafe bewusst. Um zu verhindern, dass die bestraften Personen zum Objekt staatlicher Willkür degradiert würden, legte Feuerbach das Schwergewicht des psychologischen Zwangs nicht auf die konkrete Strafzufügung, sondern auf die Strafandrohung.[68] Auf diese Weise könne der Staat Rechtsverletzungen vorbeugen, ohne zugleich in die Freiheiten der Bürger einzugreifen. Die konkrete Strafverhängung sei zwar zur Bekräftigung der Strafandrohung nicht zu vermeiden, aber sie würde durch die gesetzlich festgelegten Bedingungen ihre Willkür und ihre Grausamkeit verlieren.[69] Nach Maßgabe dieser Vorannahmen meinte Feuerbach, dass die Strafe in erster Linie den Mitgliedern der Gesellschaft und deren Schutz vor weiterer Kriminalität dienen müsse und nicht dem Staat und etwaigen politischen Interessen.

ff) Zusammenfassung

89   Das Ziel Feuerbachs, den Staat selbst durch unwandelbare Gesetze zu binden und dadurch die Rechte des Täters als Person zu achten, muss solange scheitern, als der Täter zum Zwecke der Vorbeugung weiterer Straftaten benutzt wird. Auch in der Version Feuerbachs, die primär auf die abschreckende Wirkung der Strafandrohung setzt, erfolgt die als notwendig erachtete Verhängung der Strafe allein aufgrund der Vorbeugung weiterer Kriminalität.[70] Die staatliche Strafe findet ihre Rechtfertigung somit weder in der begangenen Tat noch in der Person des Täters. Liegt die Legitimation der Strafe außerhalb der Verantwortungssphäre des Täters, indem sie sich in der Abschreckung vor gesetzwidrigem Verhalten erschöpft, liegt nach verbreitetem Verständnis, dem sich das Bundesverfassungsgericht angeschlossen hat, ein Verstoß gegen die Menschenwürde vor (BVerfGE 20, 166; 87, 228). Entsprechend der sog. „Objektformel" dürfe der Mensch nicht zum Nutzen und Interesse des Staates gebraucht werden (Rn. 49, 288). Der reine Abschreckungsgedanke widerspricht auch – wie oben dargelegt (Rn. 85) – der formalen Vergeltungsstruktur des Strafgesetzes, welche an die in der Vergangenheit liegende Tat anknüpft und bereits vom Begriff her strafbegründend gegen die Straftat des Täters gerichtet ist.

90   In der weiteren Konsequenz des derart zweckgebundenen Strafrechts liegt ein tendenziell negativ gefärbtes Menschenbild, das sich schwerlich mit der Unantastbarkeit der Menschenwürde (Art. 1 Abs. 1 GG) und der im Schuldgrundsatz unterstellten Fähigkeit zur Selbstbestimmung verträgt. Die psychologische Zwangstheorie geht davon aus, dass in der Bevölkerung ein Trieb zur Begehung einer Straftat besteht, der Mensch

---

66 Feuerbach, Lehrbuch des gemeinen in Deutschland gültigen peinlichen Rechts, 14. Aufl. (1847), S. 38.
67 Vgl. Naucke, Zu Feuerbachs Straftatbegriff, in: Wissenschaft. Zeitschrift der Friedrich-Schiller-Universität Jena (1984), S. 479; Maier-Weigt, Der materielle Rechts- und Verbrechensbegriff von der französischen Aufklärung bis zur Restauration (1987), S. 83.
68 Feuerbach, Anti-Hobbes (1797), Nachdruck 1967, S. 210.
69 Feuerbach, Revision der Grundsätze und Grundbegriffe des positiven peinlichen Rechts, Teil 2 (1800), S. 307; vgl. Naucke, Kant und die psychologische Zwangstheorie Feuerbachs (1962), S. 41; Roxin, Strafrecht AT I, 4. Aufl. (2006), § 3 Rn. 23.
70 Feuerbach, Lehrbuch des gemeinen in Deutschland gültigen peinlichen Rechts, 14. Aufl. (1847), S. 18.

also einen Hang zum Bösen habe.[71] Wenn aber andererseits in demselben Staate der Würde und Freiheit des Einzelnen oberste Priorität eingeräumt wird, dann wäre es widersprüchlich, der Bevölkerung gleichzeitig eine Neigung zum Bösen zu unterstellen. Unter der Voraussetzung, dass jede Person zur Selbstbestimmung fähig ist, muss man ihr auch zutrauen, sich ohne eine äußere, auf Angst gegründete Motivation für oder gegen die Einhaltung strafgesetzlicher Normen entscheiden zu können. Ein Strafverständnis, das primär auf die Wirksamkeit der Angst setzt, ist zugleich Ausdruck eines Staatsverständnisses, das dem Bürger und seinen Freiheitsrechten prinzipiell misstraut. Ein solches Staatsverständnis vermag überdies keine gültige Antwort darauf zu geben, welchen Inhalt und welche Grenzen das Strafrecht haben müsse.

d) Normstabilisierung (positive Generalprävention)

aa) Konzeption

Die Theorie der positiven Generalprävention definiert den Zweck der Strafe umfassender, als dies die Zielbestimmungen der Besserung und der Abschreckung konnten. Ebenso wie bei der Spezialprävention und der negativen Generalprävention wird der Verhängung der Strafe eine vorbeugende Funktion zugeschrieben, aber der Unterschied liegt darin, dass nicht der einzelne Straftäter sozialisiert und die Allgemeinheit vor der Begehung weiterer Straftaten abgeschreckt, sondern dass durch die Bestrafung des Täters die „Rechtstreue der Bevölkerung" gestärkt werden soll.[72] Die Strafe hat danach die Aufgabe, die betreffenden Normbefehle zu festigen, das Rechtsbewusstsein und die sittlichen Anschauungen in der Bevölkerung zu stabilisieren und freiwilligen Rechtsgehorsam hervorzurufen.[73] Bei Hans Welzel[74] heißt es hierzu: Das Strafrecht „formt das sozialethische Urteil der Bürger und stärkt ihre bleibende rechtstreue Gesinnung." Dies steht im Zusammenhang mit der wissenschaftlichen Kritik am zu engen Korsett der relativen Straftheorien: Nicht Zwangserziehung und Abschreckung, sondern „Orientierung und Appell an die Einsicht und die Fähigkeit zur autonomen Selbstbestimmung" sei das Banner der staatlichen Strafe. Durch den Zweck der Normstabilisierung (Normverdeutlichung, Sozialintegration) erhalten dieser Auffassung zufolge die bislang getrennt gedachten Aufgaben der Individual- und Generalprävention einen positiven Sinn: Die tatsächlich verhängte Strafe bestätige die Geltung der durch den Normbruch in Frage gestellten Strafnorm sowie die Geltung des durch die Strafe geschützten Rechtsguts.[75]

91

bb) Erwartungssicherung versus Verhaltenssteuerung

In der Sache ähnlich sagt Luhmann über Rechtsnormen, dass diese zwar nicht normgemäßes Verhalten versprechen, wohl aber den schützen, der dies erwartet. Dem liegt die sozialwissenschaftlich bedeutsame Differenzierung zwischen kognitiven und normati-

92

---

71 Krit. Mushoff, Strafe – Maßregel – Sicherungsverwahrung (2008), S. 118; Böhm, Strafrechtliche Gesetzlichkeit als Prinzip? (2013), S. 49.
72 Zu den unterschiedlichen Modellen vgl. Baumann/Weber/Mitsch/Eisele, Strafrecht AT, 12. Aufl. (2016), § 3 Rn. 30 ff.; Kindhäuser, LPK-StGB, 7. Aufl. (2017), vor § 1 Rn. 26; Kalous, Positive Generalprävention durch Vergeltung (2000), S. 249; Müller-Tuckfeld, Integrationsprävention (1998), S. 45 ff.; Neumann, in: Schünemann/v. Hirsch/Jareburg (Hrsg.), Positive Generalprävention (1998), S. 147.
73 Roxin, Strafrecht AT I, 4. Aufl. (2006), § 3 Rn. 27: „Einübung in Rechtstreue".
74 Welzel, Das Deutsche Strafrecht, 11. Aufl. (1969), S. 106.
75 Müller-Dietz, in: Jescheck-FS , Bd. 2 (1985), S. 64.

ven Erwartungen zugrunde.[76] Bei kognitiven Erwartungen lernt man aus Enttäuschungen, passt die widerlegten Erwartungen der Wirklichkeit an und ändert die Einstellungen. Dagegen werden Erwartungen als normativ fixiert, wenn man nicht bereit ist, aus Enttäuschungen zu lernen. Mit Normativität wird festgelegt, dass bestimmte Erwartungen auch dann aufrechterhalten werden können, wenn ihnen nicht entsprochen wird. Luhmann fasst daher Normen als ein Symbolsystem auf, das gegen die stets enttäuschende Wirklichkeit ein Durchhalten, eine Entschlossenheit, eine kontrafaktische Verhärtung konkreter Erwartungen signalisiert.[77] Auf diese Weise soll nicht nur dem Täter, sondern insbesondere der Gesellschaft deutlich gemacht werden, wer im Konfliktfall lernen muss und wer nicht. Da es wesentlich darauf ankommt, dass die Allgemeinheit auf die unbedingte Geltung der Norm vertrauen darf, besteht die Hauptaufgabe der Durchsetzung der Norm nicht mehr in der Verhaltenssteuerung, sondern in der Erwartungssteuerung.[78]

cc) Rechtstatsächliches Problem

93 Die Umjustierung des Strafziels auf den Schutz von Erwartungshaltungen verdankt sich der sozialwissenschaftlichen Betrachtungsweise, die das Strafrecht als einen Teil der sozialen Kontrolle bestimmt. Das Strafsystem reiht sich damit in die Funktion jeglicher Sozialkontrolle (Familie, Schule, Arbeitswelt, Freundeskreis etc.) ein, in der es darum geht, die für die jeweilige Sozietät wichtigen Normen zu behaupten und so ein vergesellschaftetes Leben überhaupt erst zu ermöglichen. Diese Aufgabenzuteilung ist in ihrer Allgemeinheit sicher zutreffend, aber sie bezeichnet nicht das Besondere der Strafrechtpflege, weder ihren reaktiven Charakter noch die von ihr zum Einsatz gebrachten spezifischen Instrumente. Das Spezifische ist in dem Diktum von der ultima ratio des Strafrechts enthalten und besagt, dass andere soziale Systeme mit dem Strafrecht bei der Aufgabe der Normverdeutlichung konkurrieren.[79] Erziehung, Therapie, Religion, Kultur, Medien, nicht zuletzt Politik und Wirtschaft arbeiten ebenfalls an der Bekräftigung des kollektiven Regelwerks mit. Außer Streit dürfte überdies stehen, dass alle genannten Institutionen einschließlich des Zivilrechts ungleich erfolgreicher auf das kollektive Gedächtnis auch bezüglich der Unterscheidung von Gut und böse einwirken als das staatliche Strafsystem. Unter anderem ist das darauf zurückzuführen, dass ein gewünschtes Verhalten in weitem Umfang durch positive Anreize erreicht werden kann.[80] Macht- und sanktionsgedeckte Sicherstellung des vorgeschriebenen Handelns oder Unterlassens hat es demgegenüber eher mit dem eigenen Nichtfunktionieren zu tun und sieht sich daher gezwungen, beständig „nachzulegen". Die Steuerung des Verhaltens und der Erwartungen teilt das Strafrecht mit anderen Funktionssystemen, und es verrichtet in dieser Hinsicht seine Aufgabe ungewisser als soziale Institutionen, die neben der Sanktion das Steuerungsmittel der Belohnung einsetzen. Die Spezifität des Strafrechts ist also nicht hinreichend erfasst, wenn es wichtigere funktionale Äquivalente für den propagierten Zweck gibt.

---

76 Luhmann, Rechtssoziologie I (1972), S. 31 ff.

77 Luhmann, Die soziologische Beobachtung des Rechts (1986), S. 22.

78 Luhmann, Das Recht der Gesellschaft (1993), S. 151: „Die Ordnungsfunktion des Rechts hat ihre Eigenständigkeit darin, dass es wichtig ist zu wissen, was man berechtigterweise von anderen (und von sich selbst!) erwarten kann."

79 Zur Bedeutung des „ultima-ratio-Prinzips" Lüderssen, in: Lüderssen/Nestler-Tremel/Weigend (Hrsg.), Modernes Strafrecht und das ultima-ratio-Prinzip (1990), S. 11; Prittwitz, in: Institut für Kriminalwissenschaften Frankfurt a.M. (Hrsg.), Vom unmöglichen Zustand des Strafrechts (1995), S. 391.

80 Kargl GA 1998, 71.

dd) Strafbegriffliches Problem

Unterstellt, dass das Strafrecht auf dem Gebiet der Erwartungssicherung einen bedeutenden Beitrag zu leisten vermag, bleibt immer noch das Problem der Abgrenzung zwischen dem reaktiven Moment der Strafe und dem sozialpädagogischen Einfluss anderer Sozialsysteme. Oben ist dem Besserungsgedanken vorgehalten worden, dass er mit dem Begriffselement der vergeltenden Übelszufügung letztlich inkompatibel ist (Rn. 78). Das trifft in verstärktem Maße auch auf die positive Generalprävention zu. Soweit sich der Gegenstand der Erziehungsbemühungen auf die Rechtsgemeinschaft ausdehnt, hat sich der Kreis der strafexternen Rücksichtnahme sogar erheblich erweitert. Jetzt müsste das Ob und Wie des Strafens mit der historisch wechselnden kollektiven Erziehungsbedürftigkeit abgeglichen werden. Dem Strafrecht würde auf diese Weise ein Kampagnencharakter eigen sein, der eher mit politisch-moralischen Feldzügen als mit gerechter Reziprozität zu tun hätte.[81] Als primäres Strafziel überschreitet die positive Generalprävention notwendig die Demarkationslinie, die mit dem Strafbegriff der vergeltenden Sanktionierung gezogen wird.[82]

94

ee) Normatives Problem

Nach dem Vorgesagten unterläge die strafrechtliche Gesetzlichkeit wiederum dem dominanten Strafzweck der kollektiven Fremdsteuerung. Sie wäre – wie beim Besserungsgedanken – ein Instrument der staatlichen Kriminalpolitik und würde ohne inhaltliche Maßbestimmung lediglich formale Strafgesetze fordern. Das richtige Recht wäre anhand dieser Anordnung stets das geltende Recht und würde sich damit in der Funktion erschöpfen, flexibles staatliches Handeln zu ermöglichen. Eine Rechtfertigung dafür, warum der Täter als Mittel zum Zweck der Verhaltenssteuerung anderer und zum Zweck der Festigung der bestehenden Rechtsordnung fungieren soll, schafft die Theorie der positiven Generalprävention nicht.[83] Da der Täter für die schwankende Rechtstreue der Bevölkerung nicht zur Verantwortung gezogen werden kann, muss die Begründung der Strafe an Umstände anknüpfen, die außerhalb von Tat und Täter liegen. Erneut steht das staatliche Bedürfnis der Kriminalitätsvorbeugung im Zentrum der Strafbegründung. Die konkrete Bestrafung des Täters hängt nunmehr von dem relativen Kriterium der Wiederherstellung des Vertrauens der Gesellschaft in den Normenkatalog ab. Damit aber ist die Lehre von der positiven Generalprävention außerstande, einen inhaltlichen Maßstab zur Begrenzung des Strafrechts sowie zur Bestimmung der konkreten Strafhöhe zu liefern. Eine Begründung der strafrechtlichen Gesetzlichkeit unter dem Gesichtspunkt der Festigung der geltenden Rechtsordnung ist daher nicht schlüssig.

95

---

81 P. A. Albrecht NJ 1994, 196; Naucke, in: Institut für Kriminalwissenschaften Frankfurt a. M. (Hrsg.), Vom unmöglichen Zustand des Strafrechts (1995), S. 483.
82 Siehe auch E. A. Wolff ZStW 97 (1985), S. 786; Badura JZ 1964, 337.
83 Roxin, Strafrecht AT, 4. Aufl. (2006), § 3 Rn. 31; De Albuquerque ZStW 110 (1998), S. 650.

3. Finalgrund der absoluten Straftheorien

a) Kant und Hegel

96 An prominenter Stelle werden Kant und Hegel zitiert, wenn es darum geht, die absolute Straftheorie in ihrer besonders klaren und radikalen Form vorzustellen. Von Kant[84] stammt das berühmt-berüchtigte „Insel-Beispiel": „Selbst, wenn sich die bürgerliche Gesellschaft mit aller Glieder Einstimmung auflösete (zB das eine Insel bewohnende Volk beschlösse, auseinander zu gehen, und sich in alle Welt zu zerstreuen), müsste der letzte im Gefängnis befindliche Mörder vorher hingerichtet werden, damit jedermann das widerfahre, was seine Taten wert sind, und die Blutschuld nicht auf dem Volke hafte, das auf diese Bestrafung nicht gedrungen hat; weil es als Teilnehmer an dieser öffentlichen Verletzung der Gerechtigkeit betrachtet werden kann." In der Forderung nach Gerechtigkeit sah Kant[85] das Wesensmerkmal der Existenz des Menschen im Staat: „Denn wenn die Gerechtigkeit untergeht, so hat es keinen Wert mehr, dass Menschen auf Erden leben." Die Verwirklichung der Gerechtigkeit sollte durch die Möglichkeit der Verhängung der staatlichen Strafe in Form der Vergeltung erfolgen.

97 Hegel[86] erblickte in der Straftat die Negation des Rechts und in der Strafe die „Negation der Negation des Rechts", so dass in ihr der „besondere Wille" des Rechtsbrechers, der mit dem Rechtsbruch den „allgemeinen Willen" der Rechtsordnung negiert, „aufgehoben" werde. Eine solche Rechtfertigung geht konform mit dem Prinzip der strafrechtlichen Gesetzlichkeit, da sie fordert, dass eine Strafe nur aufgrund eines vorher erlassenen Strafgesetzes verhängt werden dürfe. Inhaltlich müsse das Strafgesetz aus einem am Täter orientierten Gerechtigkeitsgedanken heraus gebildet sein. Dies erfordert, dass jeder potenzielle Täter sich über die Grenzen strafbaren Verhaltens bewusst sein und durch die Vorhersehbarkeit der Strafe das Verhalten eigenverantwortlich ausrichten könne. Die Möglichkeit der Eigenverantwortlichkeit ist somit die Basis für die notwendige Feststellung der Tatschuld beim Täter.[87] Denn nur im Zustand der selbstbestimmten Entscheidung für das Unrecht und im Wissen um das strafbare Verhalten könne dem Täter eine gerechte Strafe auferlegt werden. Mit der Hervorhebung der Selbstbestimmung und der Mündigkeit des Menschen hat insbesondere Kant den Vergeltungsgedanken mit der Aufklärung verbunden, die er als den „Ausgang des Menschen aus seiner selbst verschuldeten Unmündigkeit" bezeichnete.[88] Über die vergeltende Strafe hinaus soll jedoch kein weiterer gesellschaftlicher Nutzen gezogen werden. Die Strafe sei ihr eigener Zweck.[89]

---

84 Kant, Metaphysik der Sitten, Akademieausgabe, Bd. IV, Abschn. E 455; zu Kant: Bastelberger, Die Legitimität des Strafrechts und der moralische Staat (2006), S. 61; Hruschka ZStW 122 (2010), S. 493; ders. ZStW 124 (2012), S. 232; Höffe, in: ders. (Hrsg.), Immanuel Kant, metaphysische Anfangsgründe der Rechtslehre (1999), S. 213; Zaczyk, Staat und Strafe, in: Landwehr (Hrsg.), Freiheit, Gleichheit, Selbständigkeit (1999), S. 73.

85 Kant, Metaphysik der Sitten, Akademieausgabe, Bd. IV, Abschn. E zu §§ 43-49.

86 Hegel, Grundlinien der Philosophie des Rechts, Werke in 20 Bänden, Bd. 7 (1970), Zusatz zu § 97 von Hegels Schüler Gans; vgl. zu Hegel: v. Hirsch/Neumann/Seelmann (Hrsg.), Strafe – Warum? Gegenwärtige Strafbegründung im Lichte von Hegels Straftheorie (2011); Jakobs, Staatliche Strafe: Bedeutung und Zweck (2004), S. 24; ders., in: Androulakis-FS (2003), S. 251; Schild, in: Puppe-FS (2011), S. 77; ders., in: v. Hirsch/Neumann/Seelmann (Hrsg.), Strafe – Warum? (2011), S. 97; Stübinger, Das „idealisierte" Strafrecht (2008), S. 61 ff.

87 E. A. Wolff ZStW 97 (1985), S. 786, 819.

88 Kriele, Grundprobleme der Rechtsphilosophie, 2. Aufl. (2004), S. 128.

89 Mittelstraß, in: Recki/Meyer/Ahl (Hrsg.), Kant lebt (2006), S. 33, 39; zit. bei Böhm, Strafrechtliche Gesetzlichkeit als Prinzip? (2013), S. 65.

b) Kritik

Die Vorstellung, dass das staatliche Strafen von einer Zweckverfolgung losgelöst („absolut") und auf den Ausgleich begangenen Unrechts beschränkt sei, ist von Seiten der Vertreter der relativen Theorie mit dem Vorwurf der Inhumanität bedacht worden. Den Sinn der Strafe in einer nicht näher bestimmbaren Verwirklichung der Gerechtigkeit zu sehen, sei nicht nur realitätsfern, sondern auch menschenverachtend.[90] Da die staatliche Zufügung von Leid nicht über die Interessen der Menschen (des Bestraften, des Opfers oder der mitbetroffenen Gesellschaft) begründet werde, erscheine sie nicht praxisnah, ja sogar als kriminalpolitisch nutzlos.[91] Diese Vorwürfe knüpfen vielfach an die von Kant gemachten Angaben über die Bestimmung des konkreten Maßes der Strafe an: Ein gerechtes Maß sei die Todesstrafe für den Mörder sowie die Kastration für den Sexualtäter.[92] Nach heutigem Verständnis der absoluten Strafphilosophie können jedoch die Todesstrafe und auch eine körperliche Misshandlung als Strafe niemals gerecht sein.[93] Schon hieran lässt sich erkennen, dass eine ausschließlich an die Tat gebundene Strafe nicht hinreicht, um eine grundsätzliche Bestimmung des konkreten Maßes der Strafe zu ermöglichen. Vielmehr ist das Strafmaß nicht nur am begangenen Unrecht zu messen, sondern auch in Verhältnis zu anderen Rechtsgutsverletzungen, zu rechtsstaatlichen Prinzipien (Rn. 43) und schließlich zur Menschenwürde (Rn. 48, 283) zu setzen. Der Gerechtigkeitsgedanke der absoluten Theorie kann also bei der Bestimmung und Begründung der Strafe nicht alleine den Ausschlag geben.

98

c) Neubewertung der absoluten Theorien

Bei der Erörterung der normativen Probleme der Abschreckungstheorie ist bereits darauf hingewiesen worden, dass Kant und Hegel nicht von einem menschenverachtenden Rigorismus geleitet waren, sondern im Gegenteil aus Sorge um die Menschenwürde des Verurteilten gegen die zeitgenössischen relativen Straftheorien Stellung bezogen haben (Rn. 84). Vor diesem Hintergrund verwundert es nicht, dass in neueren Theorien die „Weisheit absoluter Strafbegründung" wiederentdeckt wurde.[94] Vor allem der Gedanke, dass die Zwangserziehung der straffälligen Person für ein „rechtschaffenes" Leben die Selbstverantwortung des Täters missachte, hat jedenfalls seit dem 20. Jahrhundert zunehmend auch bei jenen Positionen Anklang gefunden, die nicht primär auf die Negation des Unrechts und die Verwirklichung der Gerechtigkeit setzen. Die neueren systemfunktionalen, auf die kommunikative Leistung der Strafe bedachten Deutungsmuster betonen in gewisser Nähe zur absoluten Position, dass sich die staatliche Strafe nicht allein als Ausdruck der Solidarität mit dem Opfer oder als Werkzeug der Normstabilisierung begreifen und begründen lässt. Auch für diese Lehren gilt, dass die Strafe nur im Rückgriff auf retributive Erwägungen, also unter dem Gesichtspunkt der Tatangemessenheit gerechtfertigt werden kann.[95] Da sie aber gleichwohl die Verwirk-

99

---

90 Vgl. Klug, Abschied von Kant und Hegel, in: ders., Skeptische Rechtsphilosophie 2 (1981), S. 154; ebenfalls, wenn auch abwägend Jescheck/Weigend, Strafrecht AT, 5. Aufl. (1996), § 8 III 4.
91 NK-StGB-Hassemer/Neumann, 5. Aufl. (2017), vor § 1 Rn. 270: Die Theorie „wirke papieren und arrogant".
92 Kant, Metaphysik der Sitten, Akademieausgabe, Bd. IV, 332/333.
93 Köhler, Der Begriff der Strafe (1986), S. 74; Schild, in: E. A. Wolff-FS (1998), S. 434.
94 Begriff bei Hassemer, Einführung in die Grundlagen des Strafrechts, 2. Aufl. (1990), S. 323; aufgenommen bei Kahlo, in: Hassemer-FS (2010), S. 383; zum Ganzen NK-StGB-Hassemer/Neumann, 5. Aufl. (2017), vor § 1 Rn. 107.
95 Diskussion und Nachweise bei Herzog, Prävention des Unrechts oder Manifestation des Rechts (1987), S. 89, 137; Köhler, Strafrecht AT (1997), S. 37; Pawlik, Person, Subjekt, Bürger (2004); P. A. Albrecht, Die ver-

lichung der Gerechtigkeit gesellschaftlichen Zwecken wie der Förderung der Achtung vor dem Gesetz oder der Vertiefung der sittlichen Anschauungen in der Gesellschaft unterlegen, ermöglichen sie trotz der Bindung der Strafe an die in einem Gesetz genau beschriebene Tat reichlich Spielraum für zweckorientiertes staatliches Willkürverhalten. Hierbei stellt sich die Frage, wie viel von der Negation des Unrechts – und damit von der Absolutheit der Theorie – übrig bleibt, wenn die Verwirklichung der Gerechtigkeit im Sinne der relativen Theorien funktionalisiert wird. Auf diese Frage suchen „Vereinigungslehren" eine Antwort zu geben, indem sie die Partikel der unterschiedlichen Lehren zusammensetzen, keinen Strafzweck ausschließen, aber auch keinem bedingungslos folgen.

4. Finalgründe der sog. Vereinigungslehren

a) Konzeption

100   Vor allem die Rechtsprechung des Reichsgerichts[96] vertrat die sog. „vergeltende Vereinigungstheorie", in der Vergeltung, Spezial- und Generalprävention als Strafzwecke gleichwertig nebeneinander stehen. Dabei sollten die einzelnen Gesichtspunkte auf verschiedene Aspekte der Strafe verteilt werden: Während der Vergeltungsgedanke den Rahmen der Strafe absteckt, „bewegen" sich die präventiven Konzepte in diesem Rahmen und erfüllen ihre Aufgabe dadurch, dass sie den konkreten Strafausspruch am Einzelfall und an den Bedürfnissen der Gemeinschaft orientieren.[97] Ähnlich formulierte es im 19. Jahrhundert bereits Hälschner[98], als er das Wesen der Strafe in der Tilgung des Unrechts und das Maß der Strafe in der Rücksichtnahme auf Zweckmäßigkeit sah. In einer aktuelleren Entscheidung hat sich auch das BVerfG[99] auf keinen Strafzweck festgelegt, sondern allgemein hervorgehoben, dass es Aufgabe des Strafrechts sei, die elementaren Werte des Gemeinschaftslebens zu schützen. In diesem Rahmen können folglich vergeltende und präventive Aufgaben des Strafrechts je nach Gestaltung des einzelnen Sachverhalts und der kriminalpolitischen Großwetterlage unterschiedlich stark betont werden. Der BGH[100] argumentiert ebenfalls auf dieser Linie, wenn er klar stellt, dass keine Strafe exakt bestimmt ausgesprochen werden könne. Vielmehr läge es am Richter, diese unter Berücksichtigung der Schuld des Täters und der je nach Bedarf akzentuierten Aufgabe des Strafrechts zu bestimmen.

b) Problem

101   Die Vereinigungslehren suchen einen pragmatischen Ausgleich zwischen den prinzipiell unvereinbaren Begründungen der absoluten und der relativen Theorien. In der Kombination der Straftheorien spiegelt sich die uralte Sehnsucht nach einem strikten Prinzip, das eine bestimmte und enge Strafmöglichkeit fordert, sowie das Bedürfnis nach dem Schutz der Gesellschaft durch das Strafrecht, eine politische Vorgabe, die zur Expansi-

---

gessene Freiheit, 3. Aufl. (2011), S. 77; Jakobs, Staatliche Strafe: Bedeutung und Zweck (2004); Seelmann ARSP 79 (1993), S. 228; Kalous, Positive Generalprävention durch Vergeltung (2000).

96 RGSt 58, 109.

97 Maurach/Zipf, Strafrecht AT, 7. Aufl. (1987), § 6 I Rn. 8; zusammenfassende Darstellung bei Schmidhäuser, Vom Sinn der Strafe, 2. Aufl. (1971), S. 28; Lackner/Kühl/Heger, 29. Aufl. (2018), § 46 Rn. 2; Baumann/Weber/Mitsch/Eisele, Strafrecht AT, 12. Aufl. (2016), § 2 Rn. 53 ff.

98 Hälschner, Das gemeine deutsche Strafrecht (1881), S. 558; ähnl. v. Hippel, Deutsches Strafrecht I (1925), S. 491.

99 BVerfGE 45, 253.

100 BGH NJW 1976, 2355.

on der Rechtsgüter und zur relativen Unbestimmtheit der konkreten Strafe tendiert. Dass die Vereinigungslehre außerstande ist, diesen Widerspruch „aufzuheben", zeigt sich sofort bei der Strafzielproblematik, also bei der Frage, welcher Straftheorie im Falle der „Antinomie der Strafzwecke" der Vorzug einzuräumen ist.[101] Hier kann die Kombination der Straftheorien allenfalls eine unverbindliche Empfehlung, nicht jedoch dem Ziel der staatlichen Strafe eine Richtung und eine konsistente Begründung geben. In der Rolle des Dieners zweier Herren kann sie es keinem recht machen: Die absolute Theorie weicht sie durch präventive Strafzwecke auf und die relative Theorie will sie in ein Korsett zwängen, das nicht zu ihrer Figur passt. So bricht die Vereinigungstheorie zwar beiden Lehren „die Spitze ab", aber in der praktischen Welt der Justiz erleiden die absoluten Theorien letztlich doch die größeren Verluste: „…sie haben ihre Strafbegründungsfunktion eingebüßt und rangieren nur noch als Strafbegrenzungskriterium; damit ist ihre eigentliche Botschaft – die Begründung der Notwendigkeit der Strafe – untergegangen."

5. Zusammenfassung

a) Vereinigungslehren

Die von der Rechtsprechung und großen Teilen der Literatur favorisierte Vereinigungslehre entspricht der Intention, die Probleme des Strafrechtsalltags bewältigen zu können. In dieser praktischen Ausrichtung spielt das Interesse, die Aufgabe des Strafrechts „aus einem Guss" zu begründen, eine untergeordnete Rolle. Aus Sicht der Praxis hat das positive Recht zu funktionieren und hierzu genüge es, dass der Gesetzgeber die strafbare Handlung sowie den Strafrahmen beschreibt. Die konkretere Bestimmung der Norm wird dabei – etwa durch Anwendung des § 46 Abs. 1 StGB (Strafzumessung) – den Gerichten überlassen. Indem die Richter im Rahmen der Hauptverhandlung die Bedeutung eines Tatbestandsmerkmals auslegen und die angeklagte Person umfassend würdigen, könnten die relativen Zwecke der Strafe ausreichend Berücksichtigung finden. Die strafrechtliche Gesetzlichkeit ist in dieser Konzeption nicht mehr als Prinzip verankert. Art. 103 Abs. 2 GG enthält hiernach nur noch den demokratisch legitimierten strafgesetzlichen Parlamentsvorbehalt, der nichts weiter als die Möglichkeit der Vorhersehbarkeit des strafbaren Verhaltens durch vorhandene Gesetze verlangt.

102

b) Relative Theorien

Diese eint der Gedanke der Verbrechensvorbeugung. Sie verstehen das Strafrecht als ein Instrument, auf den Straftäter und auf Personen allgemein einwirken zu können, um diese in ihrem künftigen Verhalten im Hinblick auf ein straffreies Leben zu beeinflussen. Die Möglichkeit der Einflussnahme durch Verhängung der staatlichen Strafe mag häufig bestehen und soll in ihrer positiven Wirkung nicht in Zweifel gezogen werden. Aber die Theorien der denkbaren Fremdsteuerung beantworten nicht die Frage, warum der einzelne Straftäter „gebessert", warum die Gemeinschaft sowie der nicht gefestigte Bürger durch Strafe „abgeschreckt" und die kollektive Rechtstreue durch

103

---

101 NK-StGB-Hassemer/Neumann, 5. Aufl. (2017), vor § 1 Rn. 287; Hassemer, in: Hassemer/Lüderssen/Naucke, Fortschritte im Strafrecht durch die Sozialwissenschaften? (1983), S. 41; krit. auch Stratenwerth/Kuhlen, Strafrecht AT, 6. Aufl. (2011), § 1 Rn. 35; Frister, Strafrecht AT, 7. Aufl. (2015), 2. Kap. Rn. 20.

Strafe „stabilisiert" werden soll.[102] Außer dass der Zweck der Verhaltenssteuerung formale Gesetze benötigt, werden keine Bedingungen genannt, die den gewaltsamen Eingriff in die Freiheit des Einzelnen „absolut" – d.h. auf einem Prinzip beruhend – begründen. Insbesondere fehlt eine Rechtfertigung, die explizit Bezug auf die Tat und den Täter nimmt, und damit mangelt es an der entscheidenden Bedingung dafür, warum der Straftäter überhaupt zur Verantwortung gezogen werden darf (Rn. 197 ff.). Die Antwort, dem Verurteilten werde Leid zugefügt, um ihn selbst oder die Gemeinschaft auf den rechten Weg zu bringen, entbehrt der inhaltlichen Maßbestimmung. Damit wird das zentrale, Schranken setzende Begriffselement, der retrospektive Charakter der Strafe, ausgehebelt und das Strafsystem für „externe" Zwecke eingespannt (Rn. 68). Ein Prinzip, das der strafrechtlichen Gesetzlichkeit Unbedingtheit verleiht, kann hier nicht gefunden werden.

c) Absolute Theorien

104 Kant dagegen sieht die Strafe ganz frei von Zwecken, die mit ihr verfolgt werden könnten, nur auf den Ausgleich begangenen Unrechts beschränkt und nur in dem Gebot der Gerechtigkeit begründet.[103] In dem Teil der deutschen Strafrechtslehre, der sich geistesgeschichtlich auf Kant beruft, ist denn auch die Strafe auf den Gedanken der Wieder-Vergeltung (jus talionis) zurückgeführt worden. Danach habe die Strafe den „Zweck der Vergeltung". Aber wie sich bei der Klärung des Begriffs der Strafe gezeigt hat, führen die Ausdrücke „Vergeltungstheorie" oder „Vergeltungsstrafe" nicht weiter, weil Strafe schon dem Begriff nach Vergeltung ist (Rn. 69). Es kann also vernünftig nur danach gefragt werden, wozu oder mit welchem Sinn in der Strafe Übles mit Üblem vergolten wird. Kant hat hierauf geantwortet, dass wir um der Gerechtigkeit willen strafen, und Hegel ging es darum, die Negation zu negieren und die Unverbrüchlichkeit der Ordnung wieder in ihr Recht zu setzen. Genau genommen müsste also bei der absoluten Theorie von einer „Gerechtigkeitstheorie" oder „Unrechtsausgleichstheorie" gesprochen werden.

105 Wenn also der Strafe der Sinn gegeben wird, „dass jedermann widerfahre, was seine Taten wert sind", ist dann die Strafe nicht doch wieder im Geist der relativen Theorien „zweckhaft" konstruiert und damit der Anspruch der Absolutheit angreifbar? Diese Frage kann mit gewisser Berechtigung verneinen, wer in der Gerechtigkeit einen unmittelbar verpflichtenden, („absoluten") sittlichen Wert sieht. Denn aus dem Wertaspekt der Gerechtigkeit wird nicht dadurch etwas („relativ") Zweckhaftes, dass man sich um der Gerechtigkeit willen zum Handeln entschließt. Nicht anders ist es mit dem sittlichen Wert der Barmherzigkeit, die ihre Zweckfreiheit nicht einbüsst, wenn wir über die Fürsorge für die Armen sagen, sie geschehe um der Barmherzigkeit willen. Beide Begriffe bezeichnen somit Werte, die unabhängig von einem außerhalb ihrer selbst liegenden Zweck gerechtfertigt sind. Unter diesem Wertungs-Gesichtspunkt ist es nicht verkehrt, die Gerechtigkeitstheorie als „absolute" Theorie zu bezeichnen. Sie ist deshalb auch die einzige unter den Straftheorien, welche die strafrechtliche Gesetzlichkeit als Prinzip zu begründen vermag.

---

102 Krit. auch Arthur Kaufmann, Das Schuldprinzip, 2. Aufl. (1976), S. 201; SK-StGB-Horn, 8. Aufl. (2006), § 46 Rn. 23, 44; Kotsoglou, in: Bock/Harrendorf/Ladiges, Strafrecht als interdisziplinäre Wissenschaft (2015), S. 25.

103 Vgl. auch Dürig, Der Grundrechtssatz von der Menschenwürde, AöR 81 (1956), S. 127; Seelmann/Demko, Rechtsphilosophie, 6. Aufl. (2014), § 12 Rn. 4; Mahlmann, Rechtsphilosophie, 4. Aufl. (2016), § 3 Rn. 25.

d) Vorgriff: Komplementarität der Theorien

Die Worte „absolut" und „relativ" stehen in einem Ausschließlichkeitsverhältnis und scheinen die Straftheoretiker vor das Dilemma zu stellen, zwischen ihnen eine Entscheidung treffen zu müssen. Eine unbefangene Betrachtung der Phänomene des staatlichen Strafens macht allem Anschein nach die Wahl nicht allzu schwer. So drückt sich bereits in der erschreckend hohen Dunkelziffer eine grandiose Ungerechtigkeit aus, deretwegen schon von einem „Lotteriespiel der Strafausteilung" gesprochen wurde. Mag dieses Phänomen auch auf der Unzulänglichkeit menschlicher Erkenntnis beruhen und deshalb nicht im Widerspruch zur Forderung der absoluten Straftheorie stehen, so sieht dies bei zahlreichen, den Widerspruch bewusst in Kauf nehmenden Regeln des geltenden Strafrechts anders aus: Die Bestrafung des Versuchs und der Fahrlässigkeit bei Delikten, die nach Maßgabe der Zweckmäßigkeit ausgesucht wurden, lässt sich schwerlich mit Gerechtigkeitserwägungen rechtfertigen; die Abhängigkeit der Bestrafung vom Strafantrag bei manchen Delikten hat mit Gründen zu tun, die ganz offensichtlich Ungerechtigkeit sehenden Auges hinnehmen; das Rechtsinstitut der Verjährung von Strafverfolgung und Strafvollstreckung widerspricht der Forderung, dass jedem auf Erden widerfährt, was seine Taten wert sind; schließlich werden zahlreiche „Untaten" (seelische Zermürbung, Treulosigkeit und Unwahrhaftigkeit unter Freunden, Gehässigkeit, Ungerechtigkeit von Prüfern etc) zwar mit guten Gründen gar nicht mit Strafe bedroht, aber es sind nicht Gründe, die auf die Herstellung von Gerechtigkeit in der Welt abzielen.[104] Im Strafprozessrecht gibt es eine ganze Reihe von Bestimmungen, nach denen ein Strafverfahren aus Gründen der Prozessökonomie, der Staatsräson oder der Abstimmung zwischen den Beteiligten („Deal") eingestellt werden kann (Rn. 577 ff.). Alle diese (längst nicht vollständig aufgezählten) Beispiele belegen, dass wir in der Wirklichkeit des Strafens Phänomenen begegnen, die jeder Gerechtigkeitstheorie als absoluter Strafauffassung widersprechen. Gleichwohl hat die absolute Straftheorie – nunmehr im Bündnis mit der positiven Generalprävention – ein zählebiges Dasein in der deutschen Strafrechtslehre.

106

Warum dies so ist, mag ein Wort von Goethe[105] illustrieren: „Gerechtigkeit: Eigenschaft und Phantom der Deutschen." Mit dem Ausdruck „Phantom" spielt Goethe wohl auf die besondere Neigung zum idealisierenden Pathos an, das Begriffe wie Gerechtigkeit, Wahrheit, Menschenwürde und Schuld oft in eine vom praktischen Handeln enthobene Realitätsferne rückt. Wie sich bei der Explikation der Bezeichnung „Prinzip" ergeben hat, ist das Prinzip ebenfalls nicht auf so festem Boden verankert, dass aus ihm eindeutige Ergebnisse in Form exakter gesetzlicher Konkretisierungen zu gewinnen wären (Rn. 25). Bei einem „Prinzip" handelt es sich umgangssprachlich um einen Grundsatz, um eine feste Richtschnur, an die sich Personen halten können, und im juristischen Kontext um eine oberste Rechtsidee, die vom Gesetzgeber und dem Rechtsanwender fordert, dass Normen in ihren rechtlichen und tatsächlichen Möglichkeiten auf höchstem Niveau realisiert werden. Als „Prinzip" wäre hiernach die absolute Theorie eine Leitlinie, an deren Gerechtigkeitsidee sich jegliches staatliche Strafen messen lassen muss. Um aus einem Richtpunkt (Idee, Grundwert, Wegweiser) eine zwingende Anordnung zu formen, bedarf es einer rechtlichen Materie, in dem das Prinzip zur Anwendung kommt.

107

---

104 Kargl, Zur Strafbarkeit staatlich gelenkter Angriffe auf die Psyche, NJ 2017, 94 ff.
105 Goethe, Maximen und Reflexionen, in: Hecker (Hrsg.), Aus dem Nachlass (1907).

108   Im vorliegenden Kontext heißt diese Materie „staatliches Strafen". Mit dem Strafrecht betritt man zwangsläufig – wie die Betrachtung des Phänomenbereichs gezeigt hat (Rn. 33, 54) – den Boden der irdischen Gerechtigkeit, der niemals von einer als absolut gedachten Gerechtigkeit eingeholt werden kann. Sobald man die (unbedingte) Gerechtigkeitsforderung als eine Leitidee begreift, die zwar in die reale Welt hineingreift und dort eine Begrenzungsfunktion erfüllt, aber ihrer Verwirklichung stets hinterher läuft, wird deutlich, dass sie auf der Ebene von Handlungszusammenhängen (hier: staatliches Strafen) um die Dimension einer gemeinsamen Lebenswelt ergänzt werden muss, in der weltliche Zwecksetzungen als objektiv erfahrbare Referenzpunkte vorausgesetzt sind.[106] Akzeptiert man diese Erwägung, dann handelt es sich bei der absoluten und der relativen Straftheorie um zwei verschiedene Blickweisen: Zum einen um eine ideelle und zum anderen um eine reale Beschreibung der „Wirklichkeit" des Strafphänomens. Diese Blickweisen mögen auf der Begründungsebene unvereinbar sein, aber sie schließen sich auf der Ebene der praktischen Bedürfnisse nicht aus, wenn man sie als sich ergänzende, komplementäre Denkschienen sieht, deren Trennung die Vollständigkeit und Einheit der Strafidee zerstören würde. Auf den Komplementaritätsgedanken[107] wird im Rahmen der erkenntnistheoretischen und philosophischen Begründung des Gesetzlichkeitsprinzips, wo die Begriffe Schuld, Wahrheit und Gerechtigkeit auf dem Prüfstand stehen, näher einzugehen sein (Rn. 282). Hier ist festzuhalten: Vorausgesetzt man teilt das Diktum von Hegel, dass der Straftäter nicht wie ein Hund behandelt werden darf, ist weder die absolute noch die relative Sichtweise imstande, das Phänomen der staatlichen Strafe in exklusiver Art und Weise begründen zu können. Von einander getrennt und je auf sich gestellt, laufen beide in die Fallstricke der Totalität: Die absoluten Theorien tendieren zu selbstgerechter Härte und die relativen Theorien zu tat- und tätervergessenem Strafen.

B. Konzept des strafwürdigen Verhaltens

I. Begriff

109   Das Strafrecht ist nicht die einzige Institution sozialer Kontrolle, die auf Normverletzungen reagiert. Sie ist umgeben von anderen Einflussinstanzen, welche (keineswegs immer) mit tauglicheren und milderen Maßnahmen auf „abweichendes" Verhalten einwirken (Rn. 93). Das Strafsystem reiht sich damit in die Funktion jeglicher Sozialkontrolle (Familie, Schule, Arbeitswelt, Freundeskreis etc.) ein, in der es darum geht, die für die jeweilige Sozietät wichtigen Normen zu behaupten und ein vergesellschaftetes Leben überhaupt erst zu ermöglichen.[108] Somit ist klar, dass nicht jede Normwidrigkeit der Strafe bedarf. Die hier interessierende Frage lautet daher, welches Handeln zum Gegenstand der Kriminalpolitik gemacht werden darf. Das zentrale Kriterium der Antwort auf diese Frage ist die „Strafwürdigkeit" menschlichen Verhaltens: Mit Strafe

---

106 Zum praxisrelevanten Teil von Gerechtigkeit und Wahrheit vgl. Stübinger, Das „idealisierte" Strafrecht (2008), S. 107 ff., 296 ff., 431.

107 Hierzu Niels Bohr, Atomphysik und menschliche Erkenntnis II (1966), S. 7; Hans Jonas, Macht oder Ohnmacht der Subjektivität (1981), S. 99; Sibylle Tönnies, Der Dimorphismus der Wahrheit (1992), S. 171; zur komplementären Struktur von Freiheit und Notwendigkeit Kargl GA 2017, 330.

108 Zum Strafrecht als Teilbereich sozialer Kontrolle P. A. Albrecht, Kriminologie, 4. Aufl. (2010), § 11; vgl. die Beiträge in: Frehsee/Löschpert/Schumann (Hrsg.), Strafrecht, soziale Kontrolle, Disziplinierung (1993); v. Trotha, Recht und Kriminalität (1982); Popitz, Die normative Konstruktion von Gesellschaft (1980).

bedrohen darf der Gesetzgeber ein Verhalten nur, wenn dieses strafwürdig ist.[109] Diese Antwort gibt sich ersichtlich nicht mit dem Verweis auf den tatsächlichen Bestand an Strafrechtsnormen zufrieden, sondern hinterfragt kritisch, ob Vorhandenes und Geplantes der hohen Messlatte der Strafwürdigkeit Stand halten.[110]

II. Inhalt und Funktion

Mit dem Begriff der Strafwürdigkeit wird hiernach eine normative Eigenschaft des Verhaltens bezeichnet. Diese Eigenschaft besteht zunächst nur darin, dass ein bestimmtes Verhalten mit einem strafrechtlichen oder einem vorstrafrechtlichen Verhaltensgebot unvereinbar ist. Dabei fließen in die Beurteilung der Unvereinbarkeit Kriterien ein, die primär Bezug nehmen auf die Gerechtigkeit (Rn. 112) – etwa auf die Frage nach dem „Verdienen" von Strafe – sowie auf die Zweckmäßigkeit (Rn. 125), die im Falle des Vorhandenseins erfolgreicher anderer Sozialkontrollen nach der „Strafbedürftigkeit" des Verhaltens fragt.[111] Damit erweist sich der Begriff der Strafwürdigkeit als eine materiale Kategorie, die inhaltliche Anweisungen an den Gesetzgeber enthält und insofern maßgebend an der Legitimation der Kriminalpolitik und an der Bestimmung richtigen Strafrechts beteiligt ist. „Strafwürdigkeit" ist in den Worten von Hassemer und Neumann[112] „kein formaler, sondern ein genereller, ein Allgemeinbegriff, der eine Vielzahl inhaltlicher Grundsätze unter seinen beiden Komponenten der Gerechtigkeit und Zweckmäßigkeit vereinigt."

Wie bei der Dichotomie zwischen absoluten und relativen Straftheorien, die zwei verschiedene, sich jedoch ergänzende Blickweisen auf die Strafziele beschreiben (Rn. 106), kennzeichnet auch das Konzept der Strafwürdigkeit menschlichen Verhaltens zwei Kriterien, zwischen denen zwar ein Spannungsverhältnis herrscht, die aber nicht unverbunden nebeneinander stehen, sondern sich wechselseitig voraussetzen, befruchten und begrenzen.[113] Die unaufhebbare Verbundenheit von Gerechtigkeit und Zweckmäßigkeit wird an den rechtsstaatlich unannehmbaren Folgen sichtbar, wenn ein Kriterium ohne Rücksicht auf das andere zum Einsatz kommt. So wäre eine Strafwürdigkeitskonzeption inakzeptabel, die ein richtiges Ziel (Gerechtigkeit) mit faktisch untauglichen Instrumenten verfolgt, ein Argument, das beispielsweise in den Auseinandersetzungen um ein wirksames Umweltstrafrecht diskutiert wurde.[114] Eine gerechte, aber unzweckmäßige Konzeption kann auch darin liegen, dass eine Bestrafung zu erheblichen unerwünschten Nebenfolgen führt, so etwa eine materiell-strafrechtlich konsequente Kriminalisierung von Taten zwischen Familienmitgliedern, die für die jeweiligen Opfer deutlich größeren Schaden als Nutzen brächte.[115] Auf der anderen Seite ist ein zweckmäßiger, aber ungerechter Begriff des kriminellen Verhaltens noch weniger

110

111

---

109 Dazu und zum Folgenden NK-StGB-Hassemer/Neumann, 5. Aufl. (2017), vor § 1 Rn. 49 ff.; Hassemer, in: ders. (Hrsg.), Strafrechtspolitik (1987), S. 9; Altpeter, Strafwürdigkeit und Straftatsystem (1990); Hamm, Was gehört eigentlich alles zum Strafrecht?, in: Kargl-FS (2015), S. 165.

110 Hassemer, Theorie und Soziologie des Verbrechens (1973), S. 20, 27.

111 Zur Differenzierung in Strafwürdigkeit und Strafbedürftigkeit vgl. Schmidhäuser, Strafrecht AT, 2. Aufl. (1984), Kap. 1 Rn. 18.

112 NK-StGB-Hassemer/Neumann, 5. Aufl. (2017), vor § 1 Rn. 58; Roxin, Strafrecht AT I, 4. Aufl. (2006), § 23 Rn. 34 (zur Strafwürdigkeit), § 23 Rn. 37 (zur Strafbedürftigkeit).

113 Radbruch, Rechtsphilosophie, in: Arthur Kaufmann (Hrsg.), Gustav Radbruch Gesamtausgabe, Bd. III (1990), §§ 4, 9.

114 Vgl. Protokoll des Rechtsausschusses des Bundestags (8/73) über die öffentliche Anhörung zum Entwurf eines 16. Strafrechtsänderungsgesetzes zur Bekämpfung der Umweltkriminalität; zit. bei NK-StGB-Hassemer/Neumann, 5. Aufl. (2017), vor § 1 Fn. 109.

115 Dazu Kargl, Das Strafunrecht der elterlichen Züchtigung (§ 223 StGB), NJ 2003, 57 ff.

diskutabel. Die gem. § 11 VO gegen Volksschädlinge vom 5.9.1939 (RGBl. I, 1679) vorgesehene Todesstrafe für Plünderei oder ein terrorisierendes Gesinnungsstrafrecht mögen die Bevölkerung einschüchtern und insofern zweckmäßig erscheinen, aber sind in unserer Rechtskultur normativ unannehmbar.[116] Nicht selten wird in diesen Fällen schon der Gesichtspunkt der Zweckmäßigkeit bezweifelt, da auf längere Sicht und im Gesamtergebnis eine ungerechte Kriminalisierung mehr Schaden als Nutzen stiftet.[117] Dieses Argument sollte allerdings nicht dazu verführen, den Unterschied zwischen gerecht und zweckmäßig abzuschleifen.

III. Kriterien der Strafwürdigkeit

1. Gerechtigkeit

a) Begründendes Element: Rechtsgüterschutz

112   Nach heutigem Verständnis sind strafrechtliche Verbote und Gebote nur gerechtfertigt, wenn sie ein menschliches oder gesellschaftliches Interesse schützen, das die Qualität eines strafrechtlichen Rechtsguts hat (ausführlich Rn. 143 ff.). Die Verletzung oder Gefährdung eines Rechtsguts ist somit das zentrale Kriterium einer gerechten Strafwürdigkeitsbestimmung. Der dahinter stehende Gedanke stimmt voll mit dem Anliegen des Gesetzlichkeitsprinzips überein: Das Rechtsgutkonzept will ein freies Schalten und Walten des Gesetzgebers bei der Auswahl der strafbewerten Normen verhindern und hat damit eine „systemkritische" Aufgabe. Da die zentralen Interessen in den Grundrechten formuliert sind, stehen sie bei der Bestimmung der Rechtsgüter im Vordergrund: Leben, körperliche Unversehrtheit, Freiheit, Eigentum bis hin zum Schutz des persönlichen Lebensbereichs.[118] Allerdings ist die grundrechtliche Qualität eines Interesses nicht das einzige Kriterium der Strafwürdigkeit. Ein gewichtiges Merkmal im komplexen Geflecht der Strafwürdigkeitsbestimmung spielt die soziale Wirklichkeit, die einer kompletten Übernahme der Grundrechte in den Katalog der Rechtsgüter – einem „Kriminalisierungsgebot"[119] – im Wege steht. Jenseits jeder normativen Begründbarkeit müssen vom Gesetzgeber zusätzlich empirische Kriterien Beachtung finden. Zum Rechtsgut kann danach nur werden, (1) woran ein gesteigerter gesellschaftlicher Bedarf besteht, (2) was mit einer gewissen Häufigkeit gefährdet oder verletzt wird und (3) dessen Verletzung reale Bedrohungsgefühle hervorruft. Aber auch die Beachtung dieses empirischen Substrats des Rechtsgutkonzepts reicht nicht aus, um sicher zu stellen, dass die Strafwürdigkeitsbestimmung den besonderen Bedingungen der Strafrechtspflege in Theorie und Praxis gerecht wird. Hinzukommen weitere Kriterien strafwürdigen Verhaltens, deren Funktion darin besteht, den Rechtsgüterschutz normativ zu beschränken.

---

116   Marxen, Der Kampf gegen das liberale Strafrecht (1975), S. 182 ff.
117   Lüderssen, in: Hassemer/Lüderssen/Naucke, Generalprävention (1979), S. 49; Köhler, Über den Zusammenhang von Strafrechtsbegründung und Strafzumessung (1983), S. 42.
118   Amelung, Rechtsgüterschutz und Schutz der Gesellschaft (1972); ders., in: Hefendehl/v. Hirsch/Wohlers (Hrsg.), Die Rechtsgutstheorie (2003), S. 162 f.; Lagodny, Strafrecht vor den Schranken der Grundrechte (1986); Appel, Verfassung und Strafe (1998).
119   Vgl. das Urteil des BVerfG zum Schwangerschaftsabbruch (BVerfGE 39, 46), dazu MüKo-StGB/Joecks, 2. Aufl. (2011), Einl. Rn. 19 mwN.

b) Begrenzendes Element: Formalisierung der Strafrechtspflege

aa) Wertprinzipien im Kontext der absoluten Straftheorie

Zu den limitierenden Kriterien zählen jene Grundsätze, die im Konzept der Formalisie-rung des Strafrechts repräsentiert sind und die das Freiheitsrecht der am Strafrechts-konflikt Beteiligten in einer Weise schützen, wie dies im Bereich anderer Kontrollinsti-tutionen i.d.R. nicht gewährleistet ist.[120] Dies bedeutet neben Transparenz und Über-prüfbarkeit des strafrechtlichen Vorgehens eine Anbindung des Systems an „Wertprin-zipien", die zu einer „Mäßigung strafrechtlicher Verbrechenskontrolle" führen sollen. Mit dem Bestehen auf Wertprinzipien, namentlich dem „limitierenden Konzept der Tatvergeltung" soll zugleich die Verbindung zur absoluten Straftheorie (Rn. 96) herge-stellt werden.[121] Die Aufzählung dieser teilweise auch verfassungsrechtlich abgesicher-ten Postulate der Strafrechtsbegrenzung folgt weitgehend der bei Hassemer und Neu-mann[122] aufgestellten Liste:

113

bb) Sozialschädlichkeit (transsubjektives Interesse)

Gemeint ist damit, dass ein rechtsgutsverletzendes Verhalten nur dann als strafwürdig gelten kann, wenn es von Bedeutung für „uns alle" ist.[123] Das Konzept der Sozial-schädlichkeit stützt sich dabei auf einen Begriff des Interesses, der nicht personenbezo-gen und rein subjektiv die Faktizität der Wünsche des jeweils ins Spiel kommenden In-dividuums in Rechnung stellt, sondern der allein die Werte berücksichtigt, die vom Standpunkt eines „objektiven" Betrachters aus als eine Art gemeinsamer Nenner für alle Lebenspläne („Entwicklungsinteressen") beschrieben werden können und deshalb vor Schaden gerettet werden müssen.[124] Solche „wohlverstandenen" Interessen mar-kieren eine Grenze zwischen Strafrecht und Moral, zwischen Freiheit und Paternalis-mus, zwischen strafwürdigem und ausschließlich selbstschädigendem Verhalten.[125] Es ist klar, dass ein an „objektive" Interessen gebundener Begriff der Strafwürdigkeit eher den Grundsatz nullum crimen, nulla poena sine lege begünstigt als ein subjektives In-teresse, das seine Verbindlichkeit allein aus der unüberblickbaren Vielfalt faktischer Wünsche schöpfen könnte.

114

cc) Tatstrafrecht

Als strafwürdig gelten nur geschehene und beobachtbare Rechtsverletzungen, die an eine tatbestandlich umschriebene Handlung (oder mehrere Handlungen) anknüpfen,

115

---

120 Hassemer, Einführung in die Grundlagen des Strafrechts, 2. Aufl. (1990), S. 320 ff.; P. A. Albrecht, Krimino-logie, 4. Aufl. (2010), § 11; HK-GS/Rössner, 4. Aufl. (2017), vor § 1 Rn. 29; Jung, in: Hassemer-FS (2010), S. 73.

121 Hassemer, in: ders./Lüderssen/Naucke, Fortschritte im Strafrecht durch die Sozialwissenschaften (1983), S. 65; Herzog, Prävention des Unrechts oder Manifestation des Rechts (1987), S. 65; Kargl, Die Funktion des Strafrechts in rechtstheoretischer Sicht. Schlussfolgerungen aus dem Milgram-Experiment (1995), S. 21.

122 NK-StGB-Hassemer/Neumann, 5. Aufl. (2017), vor § 1 Rn. 70-76.

123 Neumann, in: Hassemer (Hrsg.), Strafrechtspolitik (1987), S. 230; Neumann/Schroth, Neuere Theorien von Kriminalität und Strafe (1980), S. 40 ff.

124 Zur Normativität der Interessen vgl. Mittelstraß, Über Interessen, in: ders., Methodologische Probleme einer nomativ-kritischen Gesellschaftstheorie (1975), S. 126; Patzig, Der Unterschied zwischen subjekti-ven und objektiven Interessen und seine Bedeutung für die Ethik (1975), S. 16; Kargl, Friedenssicherung durch Strafrecht, ARSP (1996), S. 494.

125 Zum Paternalismus mit Blick auf § 216 StGB: v. Hirsch/Neumann GA 2007, 671; Kirste JZ 2011, 810; zu-sammenfassend Schünemann in: Herzberg-FS (2008), S. 47 ff.

und die Sanktion sich auch als Antwort auf die Einzeltat und nicht auf die gesamte Lebensführung des Täters oder auf bloß erwartete Handlungen des Täters darstellt (vgl. zur Reziprozität Rn. 68 ff.). [126] Demgegenüber handelt es sich um ein „Täterstrafrecht", wo die Strafe an die Persönlichkeit des Täters anknüpft und deren „Gefährlichkeit", deren „dauerndes kriminogenes Merkmal" oder deren „menschliches So-Sein" über das Ausmaß der Sanktion entscheidet. Ein solches Strafrecht favorisiert spezialpräventive Strömungen, die mit dem Gesetzlichkeitsgrundsatz eher lasch umgehen, weil die Einwirkung auf den Delinquenten mehr von seiner Persönlichkeit als von der Einzeltat abhängt. Das Tatstrafrecht dagegen verweigert sich einer vollständigen Auslieferung des Strafrechtssystems an präventive Ziele, wenn es menschliches Verhalten erst aufgrund konkreter, äußerlicher und vorweg definierter Manifestationen für strafwürdig erklärt. Eine freiheitliche Rechtsordnung wird immer zur Entwicklung eines Tatstrafrechts neigen und deshalb dem Gesetzlichkeitsprinzip wohl gesonnen sein.

dd) Subsidiarität (ultima ratio-Prinzip)

116   Mit der Hochrangigkeit eines Rechtsguts ist noch nicht darüber entschieden, ob der Staat das scharfe – nach Ulrich Weber[127] „oft zu scharfe und zu viel zerstörende" – Werkzeug des Strafrechts einsetzen darf, um soziales Verhalten zu erzwingen. Vor dem Einsatz der besonders einschneidenden Rechtsfolgen muss vielmehr sorgfältig erwogen werden, ob die Rechtsgüter nicht durch andere Mittel (z.B. des Zivilrechts, Verwaltungsrechts oder Sozialhilferechts) wirksam geschützt werden können.[128] Mit diesem Grundsatz (ultima ratio-Prinzip) erkennt das Strafrecht an, dass ein Verhalten nur dann als strafwürdig behandelt werden darf, wenn nichts sonst mehr hilft.[129] Insofern handelt es sich beim Subsidiaritätsprinzip um eine „Kompetenzverteilungsregel", die in der Zusammenfassung von Prittwitz[130] „positiv postuliert, dass die größere Einheit verpflichtet ist, der kleineren Einheit zu helfen. Und negativ wird klargestellt, dass Hilfe nicht geleistet werden darf, wenn es ihrer nicht bedarf." Diese Nachrangigkeit (Subsidiarität) des Strafrechts lässt sich auch aus den Grundrechten der Verfassung herleiten, die dem Staat nur dort Beschränkungen der allgemeinen Handlungsfreiheit erlauben, wo das zur Aufrechterhaltung der Sozialordnung unbedingt erforderlich ist (BVerfGE 57, 270; 75, 253; 88, 20). Dass ein Verzicht auf den Subsidiaritätsgedanken das Gesetzlichkeitsprinzip schwächen würde, liegt wegen der dann möglichen Expansion von „weichen" Rechtsgütern, deren Verletzbarkeit kaum nachweisbar ist, auf der Hand. Allerdings kann der Grundsatz der Subsidiarität die Frage, warum die strafrechtliche Intervention das für das Wohl des Menschen besser geeignete Mittel ist oder nicht, selbst nicht beantworten.

---

126 Näher zu Tat- und Täterstrafrecht Roxin, Strafrecht AT, 4. Aufl. (2006), § 6 Rn. 4; Jescheck/Weigend, Strafrecht AT, 5. Aufl. (1996), § 7 III; Stratenwerth/Kuhlen, Strafrecht AT, 6. Aufl. (2011), § 2 Rn. 24.

127 Baumann/Weber/Mitsch/Eisele, Strafrecht AT, 12. Aufl. (2016), § 3 Rn. 80.

128 Grundlegend Arthur Kaufmann, in: ders., Strafrecht zwischen Gestern und Morgen (1983), S. 93; Roxin, Strafrechtliche Grundlagenprobleme (1973), S. 13; Ostendorf, Wieviel Strafe braucht die Gesellschaft ? (2000).

129 Hesse, Grundzüge des Verfassungsrechts der Bundesrepublik Deutschland, 20. Aufl. (1999), Rn. 318; zu den Wurzeln vgl. Arthur Kaufmann, in: Henkel-FS (1974), S. 89; skeptisch gegenüber der praktischen Leistungsfähigkeit Gärditz JZ 2016, 641.

130 Prittwitz, in: Institut für Kriminalwissenschaften Frankfurt a.M. (Hrsg.), Vom unmöglichen Zustand des Strafrechts (1995), S. 390.

ee) Verhältnismäßigkeit (Übermaßverbot)

Der Grundsatz der Verhältnismäßigkeit der Mittel steht in enger Beziehung zum Subsidiaritätsprinzip. Er soll sicherstellen, dass der Einsatz strafrechtlicher Mittel weder im Allgemeinen noch im konkreten Fall über das Ziel hinausschießt („Verbot, mit Kanonen auf Spatzen zu schießen").[131] Als strafwürdig darf ein Verhalten hiernach nur gelten, wenn (1) der Eingriff in die Grundrechte der Bürger zur Erreichung des mit dem Eingriff verfolgten Zwecks geeignet ist (Grundsatz der Geeignetheit), wenn (2) kein milderes Mittel zur Verfügung steht, das zum gleichen Erfolg führt (Prinzip der Erforderlichkeit) und wenn (3) die Belastung des Betroffenen durch den Eingriff auch proportional zu dem angestrebten Nutzen ist (Grundsatz der Angemessenheit).[132] An den Grundsatz der Verhältnismäßigkeit hat sich auch der Gesetzgeber zu halten; daher sind Gesetze, die gegen das Übermaßverbot verstoßen, verfassungswidrig.[133] Geht man davon aus, dass der Gesetzgeber das Überwiegen des Sicherheitsinteresses der Allgemeinheit gegenüber dem Freiheitsinteresse des Betroffenen bzgl. der in Rede stehen Norm zutreffend festgestellt hat, dann verbleibt für die Prüfung der Strafwürdigkeit des einzelnen Verhaltens durch den Richter nur noch Spielraum im Bereich der Strafzumessung. In jedem Fall ist die Beachtung des Übermaßverbots – insbesondere wenn man es als „Gerechtigkeitspostulat" begreift[134] – für die Begründung des Gesetzlichkeitsprinzips bedeutsam.

117

ff) Freiheit (in dubio pro libertate)

Bestehen Zweifel über die Strafwürdigkeit eines Verhaltens, hat der Gesetzgeber entsprechend der Freiheitsmaxime Straflosigkeit oder Entkriminalisierung zu wählen.[135] Auch dieser Grundsatz will – wie die Subsidiarität und die Verhältnismäßigkeit – das Strafrecht nur als ultima ratio gelten lassen. Der Grundsatz ist jedoch nicht unproblematisch. Dies liegt nicht nur daran, dass der Begriff der Freiheit – wie Engisch[136] und Geerds[137] betonen – wenig gesichert ist, sondern vor allem daran, dass offen bleibt, worauf sich die „Zweifel" (in dubio pro libertate) beziehen müssen. Sind es Zweifel an der empirischen Wirksamkeit des Strafrechts[138] oder – gemessen an einem straftheoretischen Programm – Zweifel am materiellen Unrechtsgehalt der Handlung? Offen bleibt damit, ob dieses Prinzip von der inhaltlichen Begründung des Strafrechts abgeleitet wird oder ob es selbst integraler Bestandteil einer solchermaßen begrenzten Strafrechtsbegründung ist. Die Entscheidung zwischen diesen Alternativen wird nicht oder zumindest nicht allein auf dem Hoheitsgebiet der Freiheitsidee getroffen.[139] Dennoch nimmt der Appell „in dubio pro libertate" – anders als die bisher betrachteten Grund-

118

---

131 Umf. Kaspar, Verhältnismäßigkeit und Grundrechtsschutz im Präventionsstrafrecht (2014); Bae, Der Grundsatz der Verhältnismäßigkeit im Maßregelrecht des StGB (1985); Hassemer, in: v. Hirsch/Seelmann/Wohlers (Hrsg.), Mediating Principles. Begrenzungsprinzipien bei der Strafbegründung (2006), S. 121; Hefendehl, Kollektive Rechtsgüter im Strafrecht (2002), S. 83 ff.; Hörnle, Grob anstößiges Verhalten: Strafrechtlicher Schutz von Moral, Gefühlen und Tabus (2005).

132 Krey/Esser, Deutsches Strafrecht AT, 6. Aufl. (2016), § 1 Rn. 16; BVerfGE 19, 349; 26, 280.

133 Nach BVerfGE 90, 172 (Cannabis) mit weitem Beurteilungsspielraum für den Gesetzgeber.

134 Paulduro, Die Verfassungsmäßigkeit von Strafrechtsnormen (1992), S. 108, 112.

135 Allgemein zu dieser Formel Schneider, in: FS zum hundertjährigen Bestehen des Deutschen Juristentages (1960), S. 263; vgl. auch Vormbaum ZStW 107 (1995), S. 746; Hassemer, Strafrechtsdogmatik und Kriminalpolitik (1974), S. 134; krit. Stuckenberg GA 2011, 653.

136 Engisch, Einführung in das juristische Denken, 8. Aufl. (1983), S. 104.

137 Geerds, in: Engisch-FS (1969), S. 419.

138 So wohl Jäger, in: Klug-FS (1983), S. 93.

139 NK-StGB-Hassemer, 1. Aufl., vor § 1 Rn. 85 ff.

sätze – „den möglichen bzw. wahrscheinlichen Zweifel über die Wirksamkeit des Strafrechts zur Kenntnis und trifft hinsichtlich der Beweislast eine – freilich noch begründungspflichtige – Entscheidung".[140]

gg) Fragmentarischer Charakter des Strafrechts

119   Die Rede vom fragmentarischen Charakter des Strafrechts fügt den genannten strafrechtsbegrenzenden Grundsätzen nichts wesentlich Neues hinzu, fasst diese jedoch in einem prägnanten Begriff zusammen.[141] Bei Jescheck und Weigend[142] bedeutet der fragmentarische Charakter des Strafrechts die Beschränkung des Rechtsgüterschutzes auf einzelne nach dem Kriterium der Strafwürdigkeit ausgewählte Schwerpunkte, mithin die Begrenzung des Strafrechts auf Handlungen, die nach ihrer Gefährlichkeit und Verwerflichkeit im Interesse des Gesellschaftsschutzes eindeutig den Tadel der öffentlichen Strafe erfordern und verdienen. Nach Naucke[143] soll der Ausdruck klarmachen, „dass auf dem großen Gebiet der Handlungen, die man für strafwürdig halten kann oder möchte, nur Teile, eben Fragmente, durch Gesetz für strafbar erklärt worden sind ". Inhaltlich wird das Postulat Art. 103 Abs. 2 GG zugeordnet und neben den oben beschriebenen Funktionen als Verpflichtung zu einer dem Gesetzlichkeitsprinzip folgenden „Haltung" betrachtet. Warum das Strafrecht ein fragmentarisches sein soll, ist wiederum unklar. So hat Binding, der Erfinder der Rede vom fragmentarischen Charakter, mit ihr eine Klage geführt: Es sei „ein großer Mangel des StGB", dass der Gesetzgeber nicht in der Lage sei, alle Handlungen, die dem Unwertgehalt gleich seien, in das Strafgesetzbuch aufzunehmen.[144] Hier wird – im Kontrast zur modernen Deutung – das Fragmentarische mit einem unsystematischen Vorgehen, mit Ungerechtigkeit und Ungleichbehandlung in Verbindung gebracht. An dieser ursprünglichen Deutung des Grundsatzes, die in Bezug auf hochrangige Rechtsgüter geradezu ein Pönalisierungsgebot formuliert, lässt sich ablesen, dass die heutige Interpretation als prinzipiell limitierendes Prinzip, als Kennzeichen des freiheitlichen Rechtsstaats nicht selbstverständlich ist. Der Maßstab dafür, warum das Strafrecht streng eingehegt werden soll, muss außerhalb des Begriffs des Fragmentarischen – im Bereich der Strafrechtstheorie – gesucht werden.

hh) Bestimmtheit

120   Die Strafwürdigkeitsbestimmung der Bestimmtheit der strafrechtlichen Tatbestände ist der Obersatz der in Art. 103 Abs. 2 GG enthaltenen Gebote und Verbote (näher Rn. 344 ff.). Ohne die präzise Umschreibung des inkriminierten Verhaltens, können Rückwirkungsprobleme nicht auftreten und spielt das Analogieverbot keine Rolle, weil eine völlig vage Regelung von vornherein alle denkbaren Fälle erfasst.[145] Lautet etwa eine Vorschrift „Wer gegen die öffentliche Ordnung verstößt" (BayVGH 4, II,

---

140   So treffend Marijon Kayßer, Abtreibung und die Grenzen des Strafrechts (1997), S. 98.
141   Der Begriff stammt von Binding, Lehrbuch des gemeinen deutschen Strafrechts BT I, 2. Aufl. (1902), S. 20 ff.
142   Jescheck/Weigend, Strafrecht AT, 5. Aufl. (1996), § 7 II 1.
143   Naucke, Strafrecht, 10. Aufl. (2002), § 2 Rn. 13.
144   Binding, Lehrbuch des gemeinen deutschen Strafrechts BT, Bd. 1, 2. Aufl. (1902), S. 20; vgl. dazu auch Maiwald, in: Maurach-FS (1972), S. 22; Arthur Kaufmann, in: Henkel-FS (1974), S. 103.
145   Aus der Rspr. BVerfGE 92, 1; 126, 170; BGH NJW 2004, 2990; aus der Lit. etwa Jakobs, Strafrecht AT, 2. Aufl. (1993), 4. Abschn. Rn. 13 ff.; Staechelin, Strafgesetzgebung im Verfassungsstaat (1998), S. 207; Paeffgen StraFo 2007, 442; Saliger NJW 2010, 3195; Neumann, in: Beulke-FS (2015), S. 197; Eschelbach/Krehl, in: Kargl-FS (2015), S. 84.

194) oder „Wer gegen die Interessen der alliierten Streitkräfte handelt", gibt dem Richter grünes Licht bei der Subsumtion aller von ihm für strafwürdig gehaltenen Verhaltensweisen unter die von ihm gewählte „Norm". Eine solche Strafvorschrift ist wegen Verstoßes gegen den Gesetzlichkeitsgrundsatz schlechthin nichtig.

c) Wert der Formalisierung (Verrechtlichung)

Für jene Konzeptionen, die das Strafrecht in den gesellschaftlichen Prozess der Enkulturation und Sozialisation eingebettet sehen, besteht die Gemeinsamkeit nicht nur darin, der menschlichen Handlungsfreiheit Grenzen zu setzen, sondern auch in dem gemeinsamen Interesse, auf die regelmäßig schwierige, emotionalisierte und ungewohnte Konfliktsituation mäßigend einzuwirken.[146] Auch in Alltagssituationen (z.B. bei einem unvorsätzlichen Anrempeln in der Straßenbahn) ist die sanktionierende Reaktion auf Verletzungen an Regeln gebunden, die von Festigkeit und Folgerichtigkeit bis zu Höflichkeit, Rücksichtnahme und Verzeihen reichen. Solche durch Wahrnehmung und Imitation erlernten „informellen Programme" sind wertvoll und hilfreich, weil sie für die am Konflikt Beteiligten die Handlungsmöglichkeiten strukturieren, weil sie durch den Puffer der Handlungsregulierung Distanz zwischen „Täter" und „Opfer" schaffen, weil sie unabhängig von sozialer Macht den Schwächeren durch die Typisierung des Konflikts schützen, und weil sie die Chance eröffnen, den Konflikt endgültig beizulegen.[147]

Für das Strafrecht ergibt sich wegen der Schwere der Rechtsgutsverletzungen eine besonders dringliche Verpflichtung, formalisierende Vorkehrungen in Form von Distanzierung, Zurückhaltung, Schutz und Hilfe zu treffen. „Rechtsgüterschutz" (Rn. 144) meint also nicht nur den Schutz menschlicher Interessen vor Verletzung durch den Normbrecher, sondern meint auch den Schutz menschlicher Interessen in der Bewältigung und Verarbeitung des Konflikts, der durch den Normbruch entstanden ist.[148] Diese zweifache Schutzrichtung hat in den (nicht vollständig aufgezählten) Postulaten der Strafrechtsbegrenzung ihre Ausformung erhalten. Dass diese Postulate in besonderem Maße den Sinn der strafrechtlichen Gesetzlichkeit ausmachen, ist offenkundig: Nur wenn die Voraussetzungen strafrechtlichen Handelns vorgreifend, bestimmt, nachprüfbar, öffentlich und korrigierbar sind, können sie gewährleisten, dass die Betroffenen nicht überrascht und getäuscht werden.

d) Problem der Formalisierung

Der Blick auf die Strafbegrenzungspostulate hat Schwächen aufgewiesen, die den Wert der Formalisierung mindern können. So stellte sich bei den Grundsätzen der Subsidiarität und der Verhältnismäßigkeit die Frage, „wozu" eine bestimmte Norm geeignet sein soll (Rn. 116); beim Grundsatz „In dubio pro libertate" blieb offen, welche Art von Zweifel über die Richtigkeit der strafrechtlichen Reaktion den Ausschlag geben soll (Rn. 118), und schließlich wird das Konzept des fragmentarischen Strafrechts zur

121

122

123

---

146 Zum Konzept der Formalisierung vgl. P. A. Albrecht, Kriminologie, 4. Aufl. (2010), § 11; HK-GS/Rössner, 4. Aufl. (2017), vor § 1 Rn. 29; Popitz, Die normative Konstruktion von Gesellschaft (1980), S. 28, 48, 86; Goffman, Das Individuum im öffentlichen Austausch (1974), S. 138, 255.

147 NK-StGB-Hassemer/Neumann, 5. Aufl. (2017), vor § 1 Rn. 161-166.

148 K. Günther, Die Person der personalen Rechtsgutslehre, in: Neumann/Prittwitz (Hrsg.), „Personale Rechtsgutslehre" und „Opferorientierung im Strafrecht" (2007), S. 15; ders., Schuld und kommunikative Freiheit (2005).

leichten Beute aller straftheoretischen Richtungen, solange ungewiss bleibt, wohin die Reise geht (Rn. 119).

124 Ein anschauliches Exempel für das Fehlen eines richtungweisenden Kompasses, findet sich in der ersten Entscheidung des Bundesverfassungsgerichts zur Abtreibung[149], in der es heißt: „Das Gesetz sei nicht nur Instrument zur Steuerung gesellschaftlicher Prozesse nach soziologischen Erkenntnissen und Prognosen", sondern „auch bleibender Ausdruck sozialethischer und – ihr folgend – rechtlicher Bewertung menschlicher Handlungen; es soll sagen, was für den Einzelnen Recht und Unrecht ist."[150] Der Senat (genauer gesagt die Senatsmehrheit) verbindet das funktionale Schutzkonzept im Sinne einer effektiven Verhinderung des Schwangerschaftsabbruchs mit der Wirkung der Strafdrohung, und macht dabei darauf aufmerksam, dass die „generalpräventive Funktion der Strafdrohung" unterschätzt werde, da schon die „bloße Existenz einer solchen Strafdrohung (...) Einfluss auf die Wertvorstellungen und die Verhaltensweisen der Bevölkerung" habe.[151] Das Konzept des Senats ermöglicht so die Kriminalisierung eines Verhaltens, über deren Effektivität keine Kenntnisse vorliegen. In dem Dilemma zwischen Strafdrohung und Beratung zieht sich das BVerfG auf die symbolische Funktion des Strafrechts zurück. Wird die Frage der Wirksamkeit anderer Schutzmittel und des Strafrechts selbst zugunsten der Vermittlung von Wertvorstellungen nie wirklich erörtert – wie die Richter Rupp-v. Brüneck und Simon kritisieren[152] –, so sind das ultima ratio-Prinzip und der Grundsatz der Verhältnismäßigkeit achtungslos beiseite gestellt. Nunmehr lautet der Grundsatz: „Im Zweifel für das Strafrecht".[153] Man könnte auch sagen, der Mehrheitssenat kann sich eine Fernwirkung der Normen ohne deren Nahwirkung vorstellen.[154]

2. Zweckmäßigkeit

a) Gerechtigkeit und Zweckmäßigkeit

125 In der Diskussion um die Strafbarkeit des Schwangerschaftsabbruchs ist einer weitgehenden Pönalisierung entgegengehalten worden, diese treibe die Frauen zu Selbstabtreibungen oder Kurpfuschern und gefährde sie damit an Leib und Leben.[155] Ebenso ist gegen ein strafrechtliches Vorgehen gegen Aids-Erkrankungen eingewendet worden, dass diese Kontrolle die notwendige Kooperationsbereitschaft der Erkrankten beseitige.[156] Derartige Einwände zielen auf die Zweckmäßigkeit einer strafrechtlichen Kontrolle. Sie trägt der Gedanke, dass eine Strafwürdigkeitskonzeption – wenn diese auch für sich genommen gerecht erscheint – unzweckmäßig ist, wenn sie mehr negative als positive Folgen erwarten lässt („fiat justitia, pereat mundus"). Das Zitat des BVerfG (Rn. 124) zeigt indes, dass Zweckmäßigkeitsüberlegungen nicht Stand halten können, wenn das Strafrecht primär als Vermittler von Wertvorstellungen begriffen wird. Versteht man dagegen das Strafrecht und die Kriminalpolitik als praktisches Handeln, dann muss der Begriff der Strafwürdigkeit nicht nur den Voraussetzungen der Gerech-

---

149 Ausf. diskutiert und kritisiert bei Kayßer, Abtreibung und Grenzen des Strafrechts (1997), S. 79 ff.
150 BVerfGE 39, I, 59.
151 BVerfGE 39, I, 57.
152 BVerfGE 39, I, 68 ff.
153 Kayßer, Abtreibung und Grenzen des Strafrechts (1997), S. 81.
154 Kargl, Instrumentalität und Symbolik der positiven Generalprävention, in: Kriminalsoziologische Bibliographie (1990), S. 107.
155 Denninger/Hassemer KritV 1993, 114 ff.
156 Herzog/Nestler-Tremel StV 1987, 362 f.

tigkeit genügen, er muss auch praktischen Sinn machen. Vor dem Hintergrund der Verankerung des Strafrechts im Gesamtsystem der sozialen Kontrolle resümieren Hassemer und Neumann[157] folgerichtig: „Die Gerechtigkeit ist eine notwendige, aber keine hinreichende Bedingung der Strafwürdigkeitsbestimmung, sie bedarf der Ergänzung durch die kritische Prüfung, ob, inwieweit und mit welchen Nebenfolgen die praktische Strafrechtspflege die kriminalpolitische Entscheidung zur Strafwürdigkeit übernehmen und ausführen kann" (auch Rn. 110).

b) Verfahrensrecht und Zweckmäßigkeit

Für eine zweckmäßige Strafwürdigkeitsbestimmung ist ein enges Verhältnis von materiellem Strafrecht und Strafverfahrensrecht bedeutungsvoll.[158] Denn eine Strafwürdigkeitsbestimmung ohne Rücksicht auf die realen Bedingungen, unter denen Strafverfahren stattfinden, wäre allemal unzweckmäßig. Zu diesen Bedingungen gehört etwa die Angewiesenheit des Beweisverfahrens auf die naturwissenschaftliche Methodologie der Beobachtung, die notwendigerweise ihre Grenzen findet, wenn es um die Feststellung der inneren Tatseite geht (Rn. 231, 272). Deshalb sollte die Strafwürdigkeitsbestimmung möglichst auf subjektive Merkmale als Kern der Unrechtsbeschreibung verzichten. Ein Argument, das auch das Prinzip des Tatstrafrechts stützt.   126

Zu den Realien der Strafrechtspflege gehört auch die Zeitlichkeit des Strafverfahrens, insbesondere das in Art. 20 Abs. 3 GG und Art. 6 Abs. 1 EMRK verankerte Gebot der Beschleunigung.[159] Daraus folgt beispielsweise für die Strafwürdigkeitsbestimmung des Zentralproblems der Schuld, dass diese in den §§ 17, 20, 33, 35 StGB nur durch die Abwesenheit von Schuldausschluss- oder Entschuldigungsgründen bestimmt wird.[160] Sollte der Nachweis einer individuellen Schuld im Sinne eines Anders-Handeln-Könnens – etwa durch den Einsatz hirnphysiologischer, psychologischer oder psychoanalytischer Verfahren – überhaupt möglich sein, so wäre ein solcher Einsatz schon wegen der zeitlichen Dimension, die er beanspruchen würde, für ein Strafverfahren nicht hinnehmbar. Er würde auch dem Gesetzlichkeitsprinzip keinen Dienst erweisen, weil seine Ergebnisse nicht vorhersehbar wären.   127

C. Konzept des strafbaren Verhaltens

I. Der Sinn des strafrechtlichen Verbrechensbegriffs

Ist von den Voraussetzungen der Strafbarkeit die Rede, fällt der Blick zuerst auf den Besonderen Teil des Strafgesetzbuchs, in dem die einzelnen Straftatbestände wie Mord, Diebstahl, Brandstiftung, Meineid, Bestechung geregelt sind. Bei der Beurteilung der Strafbarkeit einer konkreten Handlung läge es also nahe, unmittelbar bei den verschiedenen Deliktstypen und ihren Bestandteilen anzusetzen. Aber wie z.B. die Fallgruppen der Notwehr (Rn. 526 ff.) oder des Notstands zeigen, bliebe dann die Lösung dieser Konstellationen von der mehr oder weniger gefühlsmäßigen Bewertung des Rechtsan-   128

---

157 NK-StGB-Hassemer/Neumann, 5. Aufl. (2017), vor § 1 Rn. 77.
158 Dazu Marxen, Straftatsystem und Strafprozess (1984), S. 342 ff.; K. Peters, Die strafrechtsgestaltende Kraft des Strafprozesses (1963), S. 8, 43; Neumann ZStW 101 (1989), S. 52; Volk, Prozessvoraussetzungen im Strafrecht (1978).
159 Beulke, Strafprozessrecht, 13. Aufl. (2016), Rn. 26; Roxin/Schünemann, Strafverfahrensrecht, 29. Aufl. (2017), § 16 Rn. 3; Kindhäuser, Strafprozessrecht, 4. Aufl. (2015), § 18 Rn. 6 ff. (jeweils mit Nachweisen).
160 Stratenwerth/Kuhlen, Strafrecht AT, 6. Aufl. (2011), § 7 Rn. 27.

wenders abhängig.[161] Denn die Merkmale der Straftatbestände enthalten nicht jene Normen, unter denen die Tat gerechtfertigt oder entschuldigt sein könnte. Es bedarf also weiterer Kategorien, welche die strafbare Handlung als Ganzes erfassen, um eine rationale, sachgebundene und gleichmäßige Rechtsprechung zu ermöglichen.[162] Diese allgemeinen Merkmale des Verbrechensbegriffs sind den Deliktsbeschreibungen des Besonderen Teils vorgelagert und ergeben in Verbindung mit den einzelnen Straftatbeständen einen gegliederten Verbrechensbegriff, dessen Elemente aufeinander aufbauen und in der Summe das Unwerturteil der Rechtsordnung über die Tat erfassen. Der Sinn des Verbrechensbegriffs, der ihm Stabilität und Einfluss auf die Rechtsprechung verleiht, liegt somit darin, zur Gewährleistung des Gesetzlichkeitsprinzips und im Ergebnis zur Rechtssicherheit beizutragen.[163]

II. Das Stufenmodell des Verbrechensbegriffs (Verbrechensaufbau)

129   Bei den Bestandteilen des Verbrechensbegriffs, die allen Straftaten gemeinsam sind und die trotz unterschiedlicher Lehrmeinungen zur Zielsetzung der Strafe weitgehend Zustimmung finden, handelt es sich um die Kategorien der Tatbestandsmäßigkeit, der Rechtswidrigkeit und der Schuld.[164] Diese Kategorien sind Stufen der Zurechnung; prüfen also die Frage, ob ein negativ bewertetes Ereignis oder Verhalten einer Person zugerechnet werden darf.[165] Jede dieser Stufen muss nacheinander abgeschritten werden. Darin spiegelt sich nicht nur eine technische, sondern auch eine normative Hierarchie: Auf jeder späteren Stufe wird die Last der Anschuldigung schwerer. Aus diesem Grunde hat der Beschuldigte ein Interesse daran, auf der frühest möglichen Stufe entlastet zu werden.[166] Die nachfolgende Einteilung hat der Gesetzgeber im geltenden Allgemeinen Teil des Strafgesetzbuchs an vielen Stellen übernommen (vgl. §§ 11 Nr. 5, 16, 17, 25, 26 StGB usw.) und ist mit den Mitteln des Strafrechts abgestimmt.[167] Des Näheren gilt:

---

161 Jescheck/Weigend, Strafrecht AT, 5. Aufl. (1996), § 21 I 2; Maurach/Zipf, Strafrecht AT , 7. Aufl. (1987), § 14 II Rn. 16.

162 Engisch, Sinn und Tragweite juristischer Systematik (1957), S. 173 ff.; Schmidhäuser, Zur Systematik der Verbrechenslehre, in: Radbruch-GS (1968), S. 268 ff.; Schild, Die „Merkmale" der Straftat und ihres Begriffs (1979), S. 104 ff.; Schünemann, Einführung in das strafrechtliche Systemdenken, in: ders. (Hrsg.), Grundfragen des modernen Strafrechtssystems (1984), S. 1.

163 Vgl. Naucke, Grundlinien einer rechtsstaatlich-praktischen allgemeinen Straftatlehre (1979), S. 12 ff. ; ders. GA 1998, 263; Hassemer, Einführung in die Grundlagen des Strafrechts, 2. Aufl. (1990), § 15.

164 Der „Verbrechensaufbau" in seiner heutigen Gestalt stammt von Franz v. Liszt, Das Deutsche Reichsstrafrecht (1881) sowie von Ernst Beling, Die Lehre vom Verbrechen (1906), S. 23: „Die Typizität oder Tatbestandsmäßigkeit als Eigenschaft der Handlung ist damit zum begrifflichen Merkmal des Verbrechens geworden"; zu den Vorstufen der neueren Verbrechenslehre vgl. Jescheck/Weigend, Strafrecht AT, 5. Aufl. (1996), § 22 I.

165 Neumann, Zurechnung und „Vorverschulden" (1985), S. 13; Kuhlen/Stratenwerth, Strafrecht AT, 6. Aufl. (2011), § 7 Rn. 1; Frister, Strafrecht AT, 7. Aufl. (2015), 7. Kap. Rn. 1 ff.

166 NK-StGB-Hassemer/Neumann, 5. Aufl. (2017), vor § 1 Rn. 95; Hassemer, Einführung in die Grundlagen des Strafrechts, 2. Aufl. (1990), S. 247.

167 Zur Dreistufigkeit des Verbrechensbegriffs vgl. Roxin, Strafrecht AT I, 5. Aufl. (2006), § 10 Rn. 16 ff.; Wessels/Beulke/Satzger, Strafrecht AT, 47. Aufl. (2017), Rn. 115 ff.; S/S-Eisele, StGB, 29. Aufl. (2014), vor § 13 Rn. 12; Kühl, Strafrecht AT, 8. Aufl. (2017), § 1 Rn. 22; Jakobs, Strafrecht AT, 2. Aufl. (1993), 6. Abschn. Rn. 46; LK-Rönnau, 12. Aufl. (2006), vor § 32 Rn. 9 ff.; Hillenkamp, in: Kirchhof-FS (2013), S. 1349; krit. zu den überkommenen Wertungsstufen Pawlik, Das Unrecht des Bürgers. Grundlagen der Allgemeinen Verbrechenslehre (2012).

1. Tatbestandsmäßigkeit

a) Ordnungselement

Auf der Ebene der Tatbestandmäßigkeit sind sämtliche in den Straftatbeständen vorgesehenen Merkmale einer Straftat angesiedelt. Dazu zählen die Deliktsbeschreibungen der objektiven Tatbestände, in denen das Tatsubjekt („Wer", Amtsträger), das angegriffene Tatobjekt (körperliche Unversehrtheit, Eigentum etc.), die Tathandlung (töten, misshandeln etc.) und ggf. der Taterfolg (z.B. Vermögensschaden beim Betrug) benannt sind. Des Weiteren gehört zur Prüfung der Tatbestandsmäßigkeit die subjektive Tatseite, die aus dem Vorsatz und der Fahrlässigkeit besteht. Im Unterschied zur Bestimmung des strafwürdigen Verhaltens mittels der Prinzipien Gerechtigkeit und Zweckmäßigkeit (Rn. 109 ff.) geht es bei der Bestimmung des strafbaren Verhaltens um System und Ordnung.[168] Diese Aufgabenstellung macht die Tatbestandsmäßigkeit zum zentralen Garanten des Gesetzlichkeitsprinzips: Sie schränkt mittels eines Programms formaler Art („Verbrechensaufbau") die Freiheit nicht nur ein, sondern schützt auch Freiheit, indem sie den tatbestandsmäßigen Verbrechensbegriff aus dem Gesetz ableitet oder doch mit ihm zu vereinbaren sucht.

130

b) Handlungselement

Verschiedene Normen des Allgemeinen Teils (z.B. § 16 Abs. 1, § 17, § 18: „Bei Begehung der Tat") stellen in Verbindung mit den Deliktsbeschreibungen des Besonderen Teils die Weichen für einen Tatbegriff, der klar erkennen lässt, dass nicht etwa eine abweichende Lebensführung des Täters, sein Charakter oder seine Pläne unter Strafe gestellt werden, sondern dass Gegenstand der strafrechtlichen Regelung immer nur seine Taten (evtl. auch seine Unterlassungen) sind. „Daraus folgt, dass die Lehre vom Verbrechen auf die Handlung und nicht auf die Täterpersönlichkeit zu gründen ist."[169] Der Bezug zur menschlichen Handlung verdeutlicht ein Weiteres: Das Strafrecht verarbeitet nicht Probleme, die durch Unglück oder Katastrophen verursacht werden, sondern Verletzungen, für die Menschen als Urheber dieser Verletzungen infrage kommen. Die Frage, was die Urheberschaft ausmacht – ob kausale Wirkung in der Außenwelt ausreicht oder ob eine „Willensverwirklichung" (Intention) hinzukommen muss oder ob sie ein soziales Phänomen ist[170] – deutet die Schwierigkeiten einer strafrechtlichen Handlungslehre an, die gegenüber der Schuldlehre eine eigenständige Bedeutung behaupten will. Für die Zumessung auf der Ebene der Tatbestandsmäßigkeit wird überwiegend für ausreichend gehalten, dass die Tathandlung – anders als bei bloß körperlichen Reflexen – von einer Willensentscheidung gesteuert wird.[171] Ob die Entscheidung „frei" sein muss (Stichwort „Willensfreiheit"), um die staatliche Strafe zu legitimieren, ist eine Frage, die sich allenfalls erst auf der dritten Stufe des Verbrechensaufbaus stellen kann (dazu näher Rn. 133 ff., 197 ff.).

131

---

168 NK-StGB-Hassemer/Neumann, 5. Aufl. (2017), vor § 1 Rn. 94.
169 Jescheck/Weigend, Strafrecht AT, 5. Aufl. (1996), § 21 II 1.
170 Überblick zu den verschiedenen Lehren des Verbrechensbegriffs bei Naucke, Grundlinien einer rechtsstaatlich-praktischen allgemeinen Straftatlehre (1979), S. 17; Maurach/Zipf, Strafrecht AT 1, 7. Aufl. (1987), § 16 Rn. 28; Ambos JA 2007, 1; Lampe, in: Roxin-FS (2001), S. 45; Spendel, in: Küper-FS (2007), S. 597.
171 Vgl. zum Meinungsstand G. Merkel ZStW 119 (2007), S. 214 ff.

2. Rechtswidrigkeit

132 Nach der Definition des § 11 Nr. 5 StGB handelt nur rechtswidrig, wer den Tatbestand eines Strafgesetzes verwirklicht. In der Regel genügt die gutachtliche Stellungnahme, dass eine Handlung die tatbestandlich beschriebenen Eigenschaften besitzt, um ihre Rechtswidrigkeit festzustellen. [172] Ausnahmsweise werden aber jene Handlungen aus dem Strafrechtssystem ausgeschieden, die wegen ihrer besonderen Berechtigung kein strafrechtliches Unrecht sind. Durch Rechtfertigungsgründe wie Notwehr (§ 32 StGB), den rechtfertigenden Notstand (§ 34 StGB) und das Festnahmerecht (§ 127 StPO) kann also die Rechtswidrigkeit der tatbestandsmäßigen Handlung ausgeschlossen sein.[173] Das Erfordernis der Rechtswidrigkeit als dem zweiten Grundelement des Verbrechensbegriffs folgt aus der in der Sanktion kommunizierten Missbilligung der Tat (Rn. 64). Insofern liegt in der Rechtswidrigkeit das Unwerturteil der Rechtsordnung über die Tat, während das Unwerturteil über den Täter der dritten Stufe des Verbrechensbegriffs vorbehalten ist.[174]

3. Schuld

a) Gesetzliche Vorgaben

133 Das Strafrecht behandelt die Schuldfrage eher nüchtern und zurückhaltend, indem es lediglich die Umstände beschreibt, unter denen Schuld ausgeschlossen sein soll. Demgemäß erfolgt die Prüfung der Schuld im Deliktsaufbau in einem negativen Verfahren: Eine tatbestandsmäßige und rechtswidrige Tat ist schuldhaft, wenn kein Schuldausschließungsgrund vorliegt.[175] Das Strafgesetzbuch enthält drei Normen, mit denen bei der Beurteilung der Schuldfähigkeit kognitiven, psychologischen oder psychiatrischen Defiziten des Täters Rechnung getragen wird: (1) Die Schuldunfähigkeit von Kindern (§ 19 StGB), deren Strafmündigkeit erst mit 14 Jahren beginnt; (2) Die Schuldunfähigkeit wegen seelischer Störungen (§ 20 StGB), zu deren Voraussetzungen die Unfähigkeit des Täters gehört, „das Unrecht der Tat einzusehen oder nach dieser Einsicht zu handeln" sowie das Erfordernis, dass die Unfähigkeit auf einem der in § 20 StGB abschließend aufgezählten Defekten („krankhafte seelische Störung", „tiefgreifende Bewusstseinsstörung", „Schwachsinn" oder andere „schwere seelische Abartigkeit") beruht; (3) Der unvermeidbare Verbotsirrtum (§ 17 StGB), der vorliegt, wenn dem Täter bei Begehung der Tat die Einsicht fehlt, Unrecht zu tun.[176] Bei einer weiteren Gruppe von Straftätern fehlt zwar nicht die „Schuldfähigkeit", aber dennoch soll hier der Täter aufgrund einer außergewöhnlichen Motivations- und Konfliktlage „ohne Schuld handeln" (Entschuldigender Notstand, § 35 StGB).[177] In diesem Fall geht es um Entschuldigungsgründe, die einer Notstandslage Rechnung tragen: Der gegenwärtigen Gefahr für Leben, Leib oder Freiheit, die dem Täter, einem seiner Angehörigen oder einer anderen ihm nahe stehenden Person drohen. Die Rechtsordnung missbilligt zwar die

---

172 Lackner/Kühl/Heger, StGB, 29. Aufl. (2018), vor § 13 Rn. 6.
173 Zu den pflichtbegrenzenden Tatbeständen Otto, Grundkurs Strafrecht, 7. Aufl. (2004), § 8; Baumann/ Weber/Mitsch/Eisele, Strafrecht AT, 12. Aufl. (2016), § 12 Rn. 11; Stratenwerth/Kuhlen, Strafrecht AT, 6. Aufl. (2011), § 7 Rn. 17.
174 Jescheck/Weigend, Strafrecht AT, 5. Aufl. (1996), § 31 I 2.
175 S/S-Eisele, StGB, 29. Aufl. (2014), vor § 13 Rn. 12, 103; Wessels/Beulke/Satzger, Strafrecht AT, 47. Aufl. (2017), Rn. 400; Krey/Esser, Strafrecht AT, 6. Aufl. (2016), Rn. 263.
176 Kühl, Strafrecht AT, 8. Aufl. (2017), § 12 Rn. 10.
177 Zu den Erfordernissen „Schuldfähigkeit", „Verbotskenntnis" und „Zumutbarkeit rechtmäßigen Verhaltens", die zur Schuld gehören vgl. Stratenwerth/Kuhlen, Strafrecht AT, 6. Aufl. (2011), § 7 Rn. 27.

Tat, doch sie verzichtet wegen der Zwangslage des Täters auf einen individuellen Schuldvorwurf.

b) Der normative Schuldbegriff

Liegen keine Schuldausschließungs- und Entschuldigungsgründe vor, geht das deutsche Strafrecht von der unwiderlegbaren Vermutung aus, dass dem individuellen Täter die Tat persönlich zum Vorwurf gemacht werden kann, dass er den „sozial-ethischen Tadel" gegen ihn „verdient" (Rn. 64).[178] Mit dieser Feststellung wird beim erwachsenen Straftäter normalerweise vorausgesetzt, dass er über Eigenschaften und Fähigkeiten verfügt, die ihm selbstbestimmtes Entscheiden ermöglichen. Zumindest dem Normalbürger (dem „maßgerechten" Menschen)[179] wird dabei unterstellt, dass er in kognitiver, emotionaler und motivationaler Hinsicht die durchschnittliche Fähigkeit besitzt, sich den normativen Erwartungen entsprechend zu verhalten.[180] Zu den Kriterien, die den Menschen als eigenverantwortlich handelnde Person ausweisen, zählen nach vorherrschender Meinung zum einen die Einsichtsfähigkeit in das eigene Tun, also in die strafbare Handlung, und zum anderen die Möglichkeit zu einem alternativen und rechtmäßigem Verhalten. Hierzu hat der Große Senat des BGH[181] sehr früh klargestellt: „Strafe setzt Schuld voraus. Schuld ist Vorwerfbarkeit. Mit dem Unwerturteil der Schuld wird dem Täter vorgeworfen, dass er sich nicht rechtmäßig verhalten (…) hat, obwohl er sich rechtmäßig verhalten, sich für das Recht hätte entscheiden können. Der innere Grund des Schuldvorwurfs liegt darin, dass der Mensch auf freie, verantwortliche, sittliche Selbstbestimmung angelegt und deshalb befähigt ist, sich für das Recht und gegen das Unrecht zu entscheiden…"[182] Übereinstimmend mit dem BGH hat das BVerfG[183] in einer Reihe von Entscheidungen den Grundsatz „nulla poena sine culpa" (Schuldprinzip) ebenfalls mit den Kriterien der Einsicht in das Unrecht und der Fähigkeit zur Entscheidung für das Recht in Verbindung gebracht und ihm durch die Ableitung aus der in Art. 1 GG geschützten Würde des Menschen sowie aus dem Rechtsstaatsprinzip Verfassungsrang verliehen.[184] Das Erfordernis der Schuld ist zudem notwendig in das oben dargestellte Konzept des strafwürdigen Verhaltens einge-

134

---

178 Zum Schuldgrundsatz als maßgebende subjektive Voraussetzung der strafrechtlichen Verantwortlichkeit vgl. Arthur Kaufmann, Das Schuldprinzip, 2. Aufl. (1976), S. 115: „eigentliche und tiefste Rechtfertigung des Strafrechts absoluter Natur"; Welzel, Das Deutsche Strafrecht, 11. Aufl. (1969), S. 139 ff.; zur begründenden Funktion des Schuldprinzip auch Jescheck/Weigend, Strafrecht AT. 5. Aufl. (1996), § 37 I 1; anders Roxin JuS 1966, 384; ders., in: Bockelmann-FS (1979), S. 297 (begrenzende Funktion); Schünemann, Die Funktion des Schuldprinzips im Präventionsstrafrecht, in: ders. (Hrsg.), Grundfragen des modernen Strafrechtssystems (1984), S. 153; SK-Rudolphi, Vorbem. 1 vor § 19; abl. Kargl, Kritik des Schuldprinzips (1982), S. 246 (Schuld als Fiktion).

179 Vgl. zu dem sozial-vergleichenden Schuldurteil Graf zu Dohna, Willensfreiheit und Verantwortlichkeit (1907), S. 17; Bockelmann/Volk, Strafrecht AT, 4. Aufl. (1987), § 16 A II; Krümpelmann ZStW 88 (1976), S. 12; zw. Jescheck/Weigend, Strafrecht AT, 5. Aufl. (1996), § 37 I 2 b, S. 411; Mangakis ZStW 75 (1963), S. 499; Krauß, in: Jung-FS (2003), S. 427; hiergegen auch Hassemer, Einführung in die Grundlagen des Strafrechts, 2. Aufl. (1990), S. 232: „holzschnittartige Denkfigur".

180 Jescheck/Weigend, Strafrecht AT, 5. Aufl. (1996), § 37 I 2 b mwN.

181 BGHSt 2, 200.

182 Nach Roxin (AT 1, § 19 Rn. 20) scheitert diese Lehre – auch bei unterstellter Entscheidungsfreiheit – daran, dass „ein Andershandelnkönnen des individuellen Täters im Tatzeitpunkt wissenschaftlicher Feststellung nicht zugänglich ist."

183 BVerfGE 20, 331; 23, 132; 50, 133; 50, 214; 123, 267; dazu Dreher, Die Willensfreiheit (1987), S. 17; Spilgies ZIS 2007, 155.

184 Über den Zusammenhang von Schuldgrundsatz und Menschenwürde vgl. Otto GA 1981, 486.

bettet, das mit dem Kriterium der Gerechtigkeit auch auf das individuelle „Verdienen", auf das „Dafür-Können" von Strafe abstellt (Rn. 110).

c) Schuld und Gesetzlichkeit

aa) Positivierung klassischer Rechtsgüter

135   Aus dem Kriterium der „Fähigkeit zur Einsicht in das Unrecht" ergibt sich die enge Verbindung der Schuld zum Prinzip der strafrechtlichen Gesetzlichkeit. Die geforderte „Einsicht" setzt die Fähigkeit zur Selbstwahrnehmung und zur Wahrnehmung der Außenwelt voraus, was dem Täter die Möglichkeit der Kenntnis der mit Strafe bedrohten Verhaltensnormen eröffnet. Diese Kenntnismöglichkeit ist aber nur gegeben, wenn der Staat die Festsetzung von Unrecht der Bevölkerung mittels vorher bestimmter und positivrechtlich erlassener Strafgesetze bekannt macht (Rn. 320, 348). Die Betrachtung dieser Funktion erklärt die wechselseitige Bedingtheit strafrechtlicher Gesetzlichkeit und Schuld.

136   Die Verknüpfung von Schuld und Strafgesetz ist gelegentlich bestritten worden.[185] Dahinter steht das Problem, ob der Täter die Kenntnis des konkreten Tatbestands sowie dessen konkreter Bedeutung haben muss oder ob er nur vage die Umrisse des Unrechts kennen muss, das sich „hinter" der Strafnorm befindet.[186] Für das sogenannte „Kernstrafrecht", das im Wesentlichen im Strafgesetzbuch enthalten ist und die wichtigsten Rechtsgüter wie Leben, Leib, Freiheit und Eigentum betrifft, scheint die Kontroverse wenig Bedeutung zu haben. Diese Rechtsgüter sind bekannt, ihre Bedeutung für das Zusammenleben und das gegenseitige Anerkennungsverhältnis von Person zu Person ist unangefochten, und jeder weiß, dass die Verletzung dieser Rechte und Tatobjekte eine strafbare Handlung darstellt. Demnach fehlt es in diesem Bereich weder an der (ungefähren) Kenntnis der Norm noch an der Kenntnis der Verletzungsbedeutung. Daraus den Schluss zu ziehen, dass die positive Norm im Kernstrafrecht überflüssig sei, weil hier das Unrecht ganz überwiegend nicht über das Gesetz kommuniziert werde, wäre voreilig. Die Gesetzlichkeit hat nicht nur die Funktion der Vorhersehbarkeit strafbaren Unrechts, sondern auch die freiheitsverbürgende Funktion der Begrenzung staatlicher Macht (Rn. 38, 41, 43). In dieser Hinsicht kommt der Festsetzung der jeweiligen Angriffshandlung und des Angriffsobjekts, deren Qualität nicht jedermann offenkundig ist, eine wichtige Rolle zu. So bleibt auch im Bereich des sog. Kernstrafrechts die Frage bedeutsam, ob der Täter lediglich das Unrecht seiner Tat einsehen oder ob er – wie es die herrschende Meinung vorgibt[187] – den strafrechtlichen Tatbestand in all seinen Details kennen muss.

---

185   Über den Streitstand referieren Kirsch, Zur Geltung des Gesetzlichkeitsprinzips im Allgemeinen Teil des Strafgesetzbuchs (2014), S. 57 und Fitting, Analogieverbot und Kontinuität (2016), S. 22; dazu auch Marxen GA 1985, 546.

186   Für Kenntnis des Straftatbestands etwa Bopp, Die Entwicklung des Gesetzesbegriffs im Sinne des Grundrechts „Nulla poena, nullum crimen sine lege" (1966), S. 145; Epping, Der Staat 34 (1995), S. 243; Ipsen, Staatsrecht II, 20. Aufl. (2017), Rn. 920; Schmidt-Aßmann, in: Maunz/Dürig, GG, 76. Aufl. (2015), Art. 103 II Rn. 165.

187   Schreiber, Gesetz und Richter (1976), S. 212; Grünwald ZStW 76 (1964), S. 12; für die Erkennbarkeit (Möglichkeit der Kenntnis) des Unrechts vgl. BGHSt 45, 100; BGH NJW 2009, 3176; 2011, 1239; Fischer, StGB, 65. Aufl. (2018), § 17 Rn. 3; Roxin, Strafrecht AT 1, 4. Aufl. (2006), § 21 Rn. 12; Krüger NStZ 2011, 371.

bb) Positivierung neuer, nicht lebensnotwendiger Rechtsgüter

Daneben gibt es einen umfangreichen rechtlichen Bereich, in dem es den Bürgern kaum möglich ist, das dort normierte Unrecht, geschweige denn die dort konkret festgesetzten Straftatbestände zu kennen. Allenfalls sind undeutliche Reflexe dieser gesellschaftlichen Ordnung durch das mediale Echo bekannt gemachter Prozesse wahrnehmbar. Dieser Bereich ist besonders im Nebenstrafrecht[188] ausgeprägt, er befindet sich aber auch im Strafgesetzbuch – z.b. durch die Vermehrung kollektiver Rechtsgüter (Rn. 180) – in stetigem Wachstum. Kennzeichnend für diese Entwicklung sind gesellschaftliche Prozesse, die durch neue Technologien und Kommunikationsformen ausgelöst werden, und die Möglichkeit neuer Verhaltensweisen schaffen. Personen, die in dieser neuartigen Welt aufeinander treffen, verlangen zum Schutz finanzieller Interessen oder zur Sicherung der Befolgung von Regeln, die sie selbst aufgestellt haben, nach der Strafandrohung regelwidrigen Verhaltens.[189] Dieser Einsatz des Strafrechts als scheinbar einfachstes Mittel der Systemerhaltung drängt nicht nur zur Erweiterung des strafrechtlichen Instrumentariums (z.b. besonders im Bereich der Wirtschaftkriminalität), sondern steigert notgedrungen bei der Bevölkerung auch die Unkenntnis über die Einzelheiten des Regelwerks. Bei Personen, die sich bewusst auf einen solchen Gesellschaftsbereich und dessen „Spielregeln" einlassen, wird man erwarten dürfen, dass sie sich informieren und dass ihnen die Konsequenzen aus regelwidrigem Verhalten bekannt sind.[190] Anders ist die Situation bei jenen zu beurteilen, die nichts mit dieser Materie zu tun haben, und deshalb für sie auch kein Anlass besteht, sich beraten zu lassen. Für diese Personengruppe sollte – gleichsam als retardierendes Moment des Normierungsbooms – das Instrumentarium des (unvermeidbaren) Verbotsirrtums (§ 17 StGB), das Straffreiheit zusichert, in weit größerem Maße genutzt werden, als dies in der Praxis geschieht. 137

Als Fazit ist festzuhalten, dass in weiten Bereichen die Gesellschaft selbst die Menge neuartiger, nicht lebensnotwendiger Rechtsgüter („üppige Bedürfnisse") festlegt und damit verstärkt die Notwendigkeit entsteht, dass das bisher unbekannte Unrecht über die positive Norm kommuniziert wird. Das Erfordernis des Gesetzlichkeitsprinzips ist hier evident; es verliert aber nicht dadurch seine Berechtigung, dass Normen zum klassischen Bestand des Strafrechts gehören. Seine Funktion im Bereich des Kernstrafrechts ergibt sich vielmehr aus der freiheitsverbürgenden, limitierenden Bestimmung der einzelnen Tathandlungen (z.b. „Wegnahme" beim Diebstahl) und der Tatobjekte (z.b. „fremde bewegliche Sache" beim Diebstahl). Das Schuldprinzip stellt somit für beide Bereiche der Kriminalisierung die Forderung nach einem strafrechtlichen Gesetzesvorbehalt. Und für beide Bereiche gilt gleichermaßen, dass der Handelnde (jedenfalls potenziell) Kenntnis von der verletzten Norm haben muss. 138

---

188 Zur Abgrenzung des Kriminalunrechts vom umfangreichen Nebenstrafrecht vgl. NK-StGB- Hassemer/Neumann, 5. Aufl. (2017), vor § 1 Rn. 230 ff.; vgl. die Sammlungen von Erbs/Kohlhaas, Strafrechtliche Nebengesetze, 4 Ordner, 217. Aufl. (2017); Saliger/v. Saucken (Hrsg.), Wirtschaftsstrafrecht (2013).
189 Zur Geschichtlichkeit und zum sozialen Wandel, dem das Strafrecht unterworfen ist, vgl. Frisch, in: Jung-FS (2007), S. 189; ders., in: Eser-FS (2005), S. 1355.
190 Vgl. zu den Branchen-Empfehlungen und Compliance-Programmen zur präventiven Selbstregulation NK-StGB-Dannecker/Schröder, 5. Aufl. (2017), § 299 a Rn. 138; SSW-Rosenau, 3. Aufl. (2017), § 299 a Rn. 34; Kruse, Compliance und Rechtsstaat (2014); Wissing/Cierniak NZWiSt 2016, 48.

d) Offene Fragen

aa) Indeterministische Positionen (Inkompatibilismus)

139 Mit dem zweiten Element des Schuldbegriffs – dem Anders-Handeln-Können – hat die Rechtsprechung (Rn. 134) das Tor zum ewigen Rätsel der (Willens-) Freiheit aufgestoßen. Diese Sicht gibt sich nicht mit der Vorwerfbarkeit im Sinne des Tadels, einen falschen Weg eingeschlagen zu haben, zufrieden. Sie geht vielmehr davon aus, dass zunächst festgestellt werden muss, ob überhaupt eine Schuld des Täters vorliegt, bevor dem Täter in einem Werturteil das rechtswidrige Handeln vorgeworfen werden darf. Die Schuld sieht die Rpr. in dem obigen Zitat darin, dass der Täter die Freiheit gehabt hätte, sich für das Recht zu entscheiden (BGHSt 2, 200). Die Vorstellung der moralischen Verantwortung gründet hiernach auf dem indeterministischen Gedanken, der Täter hätte auch anders handeln können (starker Freiheitsbegriff).[191] Diese Vorstellung verbindet sich in einem zweiten Schritt mit dem Diktum, dass moralische und strafrechtliche Verantwortung mit dem deterministischen Verständnis einer durchgehenden Kausalität des Handelns unvereinbar ist (Inkompatibilismus).[192]

140 In der Strafrechtswissenschaft hat die indeterministische Betrachtungsweise der Verantwortung noch immer eine ausgedehnte Anhängerschaft, die an dem berühmten Wort von Eduard Kohlrausch[193] festhält, dass ein erwiesener Determinismus das „Todesurteil des Strafrechts" sei. Hillenkamp[194] sieht das Strafrecht auf einer Lüge aufgebaut, falls der Determinismus zuträfe, und Schünemann[195] befindet: Wer die Willensfreiheit leugne, müsse konsequenterweise für ein Maßnahmerecht eintreten. Jeweils mit unterschiedlichen Nuancen lassen sich zahlreiche weitere Quellen aufweisen, die den indeterministischen Standpunkt vertreten, dass die Rechtsordnung erwachsenen Menschen die Fähigkeit zuerkennt, die Rechtsnormen in freier Entscheidung zu befolgen.[196] Auf dieser Linie attestieren auch Stratenwerth und Kuhlen in ihrem Lehrbuch[197] der Schuld eine „unauflösbare Verknüpfung" mit dem „freien Willensentschluss". Es ist also keineswegs so, als ob sich das Freiheitsproblem im Strafrecht – wie oft verkündet – erledigt habe.

bb) Deterministische Positionen (Kompatibilismus)

141 Zweifel an der Legitimation des Postulats kontrakausaler Willensfreiheit wurden schon früh durch Aussagen führender forensischer Gutachter genährt. Vor allem Kurt

---

191 Keil, Willensfreiheit und Determinismus (2009), S. 97; Danner, Repressives Strafrecht oder präventives Maßnahmerecht, in: Mergen (Hrsg.), Aktuelle Kriminologie (1969), S. 192: „So oder anders wollen können"; Herzberg ZStW 124 (2012), S. 12: Fähigkeit des „Vermeidenkönnens"; zur CDO-Bedingung (could have done otherwise) und Principle of Alternative Possibilities (PAP) vgl. Merkel, Willensfreiheit und rechtliche Schuld (2008), S. 33; Lohmar, Moralische Verantwortlichkeit ohne Willensfreiheit (2005), S. 110.
192 Dazu Bröckers, Strafrechtliche Verantwortung ohne Willensfreiheit (2015), S. 104 mwN.
193 Kohlrausch, Sollen und Können als Grundlagen der strafrechtlichen Zurechnung, in: Güterbock-FS (1910), S. 10; krit. Baltzer, in: Kargl-FS (2015), S. 29.
194 Hillenkamp JZ 2005, 320.
195 Schünemann, Zum gegenwärtigen Stand der Lehre von der Strafrechtsschuld, in: Lampe-FS (2003), S. 537.
196 Kudlich HRRS 2005, 51; Dölling, Forensische Psychiatrie, Psychologie, Kriminologie (2007), S. 61; Renzikowski NJW 1990, 2907; Koch ARDSP 2006, 235; Krey/Esser, Strafrecht AT, 6. Aufl. (2016), Rn. 689; Otto, Grundkurs AT, 8. Aufl. (2015), S. 209; diff. Wessels/Beulke/Satzger, Strafrecht AT, 47. Aufl. (2017), Rn. 397.
197 Stratenwerth/Kuhlen, Strafrecht AT, 6. Aufl. (2011), § 1 Rn. 6.

Schneider[198] betonte nachdrücklich, dass die Existenz der Willensfreiheit empirisch weder zu verifizieren noch zu falsifizieren sei. Dieser Ansicht schloss sich eine Vielzahl von Juristen an, die als Agnostiker bezeichnet werden. Karl Engisch[199] zufolge scheidet eine empirische Rekonstruktion der Willensfreiheit aus, da es sich experimentell nicht nachweisen lasse, ob der Täter in der damaligen Situation anders handeln konnte, da er nicht mehr „derselbe Mensch in der gleichen Situation" sei. Wie aber löst man strafrechtliche Schuld von der empirischen Realität der Willensfreiheit?

Der wohl populärste Versuch bestand darin, das individuelle Anders-Handeln-Können durch ein durchschnittliches, generelles Anders-Handeln-Können zu ersetzen (Rn. 134). Erfüllt der wirkliche Täter den Abgleich mit der holzschnittartigen „Denkfigur", dann liegen die Voraussetzungen der Schuldfähigkeit vor: Er konnte anders handeln, weil er die durchschnittlichen Fähigkeiten eines Normalbürgers erfüllt, der sich für das Recht und gegen das Unrecht entscheiden kann. Dieser Perspektivenwechsel hat jedoch eine entscheidende Schwäche: Durch das Abstellen auf den „Homunculus normalis" wird die Schuld entpersonalisiert und standardisiert.[200] Aus dem real-individuellen Vorwurf wird ein rein normativer Vorwurf.[201] Warum sollte aber das Nicht-Einhalten einer erwartbaren Durchschnittsleistung einen Tadel rechtfertigen, obwohl die Tat gerade nicht für den konkreten Täter vermeidbar war? Oder anders gefragt: Weshalb kann man es einem Täter vorwerfen, nicht wie ein „maßgerechter Mensch" die Tat unterlassen zu haben? 142

Die Antworten auf diese Frage haben über die Jahrhunderte hinweg eine kaum überschaubare Literatur hervorgebracht, an der eine Vielzahl von Disziplinen und Autoren beteiligt ist.[202] Da die Bemühungen um eine Vereinbarkeit von Determinismus und Schuld (Kompatibilismus) weitgehend außerhalb des Strafrechts stattfinden und dabei die Philosophie und die Erkenntnistheorie die Hauptrolle spielen, sollen diese erst im 5. Kapitel (Begründung der Gesetzlichkeit im philosophischen Kontext) zu Wort kommen (Rn. 197 ff.). An dieser Stelle muss daher offen bleiben, ob das Schuldprinzip die Forderung nach strafrechtlicher Gesetzlichkeit zu begründen vermag. Aber soviel hat sich aus dem bisher Gesagten ergeben: In einem rein zweckorientierten, instrumentell aufgefassten Strafrecht ist weder der indeterministische noch der deterministische Standpunkt in der Lage, ein konsequentes Prinzip strafrechtlicher Gesetzlichkeit zu begründen. Wandelt sich die Sicht auf die Funktion des Strafrechts, so verändert sich auch die Funktion der Gesetzlichkeit als eines zentralen Mittels der Begrenzung staatlicher Macht und der Berechenbarkeit des staatlichen Instrumentariums. 143

---

198 Schneider, Die Beurteilung der Zurechnungsfähigkeit, 2. Aufl. (1953); Leferenz ZStW 88 (1976), S. 40; zum Dialog zwischen Kriminalpsychiatrie und Strafrecht vgl. Kargl, Krankheit, Charakter und Schuld, NJW 1975, 558.
199 Engisch, Die Lehre von der Willensfreiheit in der strafrechtsphilosophischen Doktrin der Gegenwart, 2. Aufl. (1965), S. 23.
200 Maurach/Zipf, Strafrecht AT, 7. Aufl. (1987), § 30 II Rn. 26; Roxin, Strafrecht AT, 4. Aufl. (2006), § 12 Rn. 22.
201 Lesch JA 2002, 604.
202 Zum Schulenstreit über die Willensfreiheits-Debatte siehe Bohnert, Zu Straftheorie und Staatsverständnis im Schulenstreit der Jahrhundertwende (1992), S. 12; Frommel, Soziale und normative Konstrukte von Schuld und Gefährlichkeit – ein Rückblick und Ausblick, in: Kargl-FS (2015), S. 129; Naucke, „Schulenstreit"?, in: Hassemer-FS (2010), S. 559; Crespo GA 2013, 25.

D. Konzept des Rechtsgüterschutzes

I. Normgeltung oder Rechtsgüterschutz?

144 Als zentrales Kriterium für die Beantwortung der Frage, welches Handeln zum Gegenstand der Kriminalpolitik gemacht werden darf, ist oben die „Strafwürdigkeit" menschlichen Verhaltens bezeichnet worden (Rn. 109). Des Weiteren wurde zu den Elementen strafwürdigen Verhaltens, deren Funktion u.a. darin besteht, die staatliche Strafmacht zu begrenzen, das Konzept der „Sozialschädlichkeit" gezählt (Rn. 114). Derart allgemein formuliert kann diese Begrenzung zumindest unter jenen Straftheoretikern, die eine gesellschaftsimmanente (relative) Rechtfertigung der Strafe vertreten, nicht umstritten sein. Keine Einigkeit besteht dagegen in der Frage, was konkret unter Sozialschaden zu verstehen ist: die Gefährdung der Normgeltung durch die Straftat[203] oder die Verletzung bzw. Gefährdung von Rechtsgütern[204]. Konsequent auf dem Boden der ersten Alternative formuliert Jakobs[205]: „Strafrecht garantiert keine Gütersicherheit, sondern Normgeltung." Gegen die Auffassung von Jakobs werden empirische Einwände wenig Aussicht auf Erfolg haben. Entscheidender ist der Einwand, dass der Aspekt der Normgeltung weder einen Beitrag zur Formalisierung der Strafrechtspflege noch zur kritischen Prüfung der Schutzwürdigkeit von Interessen zu leisten vermag.[206] Der Sozialschaden der Normgeltung besteht immer in der Einbuße an Achtung, die der je existierenden Rechtsordnung durch den Rechtsbruch zugefügt wird. Insofern wird durch die Gefährdung der Normgeltung kein Primärschaden identifiziert, der ein konkretes Schutzinteresse beträfe, sondern bezeichnet einen (möglichen) Strafzweck, dem bereits unabhängig von sich abzeichnenden Freiheitsverletzungen ein handfester gesellschaftlicher Zweck zugeschrieben wird.[207] Dies bringt es mit sich, dass die konkret in ihren Interessen betroffene Person stets hinter das eigentliche Opfer, den Staat, zurücktritt. Deshalb spricht viel dafür, mit der überwiegenden Ansicht die Aufgabe des Strafrechts im Schutz von Rechtsgütern vor Verletzung oder Gefährdung zu sehen.

II. Rechtsgüterschutz und Gesetzlichkeit

145 Die Ziele der Lehren vom Rechtsgut sind schon bei den Ausführungen zum Konzept der Strafwürdigkeit erörtert worden (Rn. 110-124). Sie stimmen darin überein, die Aufgabe des Strafrechts möglichst an eine äußerlich wahrnehmbare Eigenschaft des strafwürdigen Verhaltens zu binden, nämlich an die Verletzung eines Rechtsguts, dessen Einbuße sichtbar und für die praktischen Belange des Strafverfahrens beweisbar ist. Das Kriterium sollte greifbar und jedem zugänglich sein und so verhindern, dass

---

203 Vgl. etwa Luhmann, Vertrauen, 4. Aufl. (1999), S. 23, der in soziologischer Perspektive zwischen „Erwartungssicherheit" und „Erwartungsenttäuschung" unterscheidet; krit. dazu Kargl, Vertrauen als Rechtsgutsbestandteil, in: Neumann/Prittwitz (Hrsg.), „Personale Rechtsgutslehre" und „Opferorientierung im Strafrecht" (2007), S. 60 ff.

204 Bauman/Weber/Mitsch/Eisele, Strafrecht AT, 12. Aufl. (2016), § 2 Rn. 7 ff.; Wessels/Beulke/Satzger, Strafrecht AT, 47. Aufl. (2017), Rn. 9 ff.; Rengier, Strafrecht AT, 9. Aufl. (2017), § 3 Rn. 1; Maurach/Zipf, Strafrecht AT, 7. Aufl. (1987), § 19 Rn. 4 ff.; Kindhäuser, Strafrecht AT, 8. Aufl. (2017), § 2 Rn. 6; SK-Rudolphi/Jäger, 144. Lfg. (2014), vor § 1 Rn. 2; MüKo-StGB- Joecks, 3. Aufl. (2017), Einl. Rn. 35; Lackner/Kühl/Heger, StGB, 29. Aufl. (2018), vor § 13 Rn. 4; Kudlich ZStW 127 (2015), S. 635.

205 Jakobs, Strafrecht AT, 2. Aufl. (1993), 2. Abschn. Rn. 2 ff.

206 Vgl. Wittig, Das tatbestandsmäßige Verhalten beim Betrug (2005), S. 93; Hörnle, Grob anstößiges Verhalten (2005), S. 102.

207 Zutr. Schroeder, in: Lackner-FS (1987), S. 671; Kindhäuser JR 1990, 522.

der Gesetzgeber alles und jedes unter Strafschutz stellt.[208] Zu diesem Zweck müssen Tathandlung und Rechtsgut in einer Weise verknüpft sein, die eine plausible Schätzung der Gefahrenwirkung erlaubt (Herbert Jäger: „reale Verletzungskausalität"). Erst durch die Konzipierung des Rechtsguts als eines Gegenstandes, der verletzbar ist, erlangt das Prinzip des Rechtsgüterschutzes seine kritische limitierende Potenz.[209]

Dem Rechtsgutskonzept kommt es deshalb darauf, den Gesetzgeber an vorgegebene empirische Substrate zu binden, auf welche die Handlungspflichten zurückzuführen sind. In diesem Konzept hat die Ansicht, das Verbrechen sei eine reine Pflichtverletzung, keinen Platz.[210] Es streitet auch gegen die Vorstellung, das Strafrecht habe das „ethische Minimum" zu schützen.[211] Solange die „Verletzbarkeit" eines Rechtsguts zum Kern der Strafwürdigkeitsbestimmung gehört, ist – zumindest tendenziell – eine Barriere gegen ein allzu moralisierendes, primär Gefühle schützendes Strafrecht errichtet. Die Abschichtung nach Rechtsgütern gibt dem Strafgesetzgeber überdies eine Richtschnur zur Hand, mit deren Hilfe er den Schutzumfang und die Schutztechnik gerecht abstufen kann.[212] So verlangt z.B. die Strafbarkeit der abstrakten Gefährdung eine besonders hohe Qualität des geschützten Rechtsguts sowie eine besonders hohe Schutzbedürftigkeit gegenüber Verletzungen.[213] Es ist kaum zu bestreiten, dass das Rechtsgutskonzept im Großen und Ganzen ein plausibles und verwendungsfähiges Mittel rationaler Kriminalpolitik ist und insofern der strafrechtlichen Gesetzlichkeit einen wertvollen Dienst erweist.

146

III. Kritikpunkte

1. Enge des Rechtsgutsbegriffs

a) Allgemeine Kritik

Gegen eine Rechtsgutslehre, die primär auf den Schutz der im Kernstrafrecht repräsentierten Personalität des Individuums abstellt, wird eingewendet, dass sie die Existenz der kollektiven Rechtsgüter (Universalrechtsgüter) nicht konsistent begründen könne. Ihr wird teilweise eine „anthropozentrische" Betrachtungsweise vorgeworfen, die es verwehre, Mit-Lebewesen, die Natur oder die Lebensgrundlagen künftiger Generationen mit einem eigenen Recht auf Schutz (z.B. im Bereich der Tierquälerei oder der Umweltdelikte) zu legitimieren.[214] Andere Autoren lasten einer auf Substanzverletzungen fixierten Rechtsgutslehre an, dass sie Angriffe auf die emotionale und mentale Seite der Person, also Verletzungen der Gefühle und der Psyche unberechtigterweise dem straf-

147

---

208 So Jäger, in: Klug-FS (1983), S. 83; ders., Strafgesetzgebung und Rechtsgüterschutz bei Sittlichkeitsdelikten (1957), S. 17.

209 Zust. Wohlers, Deliktstypen des Präventionsstrafrechts (2000), S. 225; Krüger, Die Entmaterialisierung von Rechtsgütern (2000), S. 62, 81, 94; Rainer Keller ZStW 107 (1995), S. 457 ff.

210 Zum Verbrechen als Pflichtverletzung vgl. Schaffstein DStR 1935, 105; ders., in: Larenz (Hrsg.), Grundfragen der neuen Rechtswissenschaft (1935), S. 126; krit. zu den antiliberalen Tendenzen der Pflichtverletzungslehre Marxen, Der Kampf gegen das liberale Strafrecht (1972), S. 182; Amelung, Rechtsgüterschutz und der Schutz der Gesellschaft (1972), S. 259.

211 Abl. auch NK-StGB-Hassemer/Neumann, 5. Aufl. (2017), vor § 1 Rn. 112; Stratenwerth/Kuhlen, Strafrecht AT, 6. Aufl. (2011), § 2 Rn. 2; krit. hinsichtl. des Schutzes moralischer Empfindungen Martins ZStW 125 (2013), S. 239, Heinrich, in: Roxin-FS (2011), S. 132.

212 Hassemer, Theorie und Soziologie des Verbrechens (1973), S. 203; SK-Rudolphi/Jäger, 144. Lfg. (2014), vor § 1 Rn. 3 ff.

213 NK-StGB-Kargl, 5. Aufl. (2017), vor §§ 306 Rn. 24 ff.; zu den im Wirtschafts- und Umweltstrafrecht verbreiteten abstrakten Gefährdungsdelikten Wohlers, Deliktstypen im Präventionsstrafrecht (2000).

214 Diskussion bei L. Schulz, in: Lüderssen, Aufgeklärte Kriminalpolitik (1998), Bd. 1, S. 208.

rechtlichen Regelungsbereich entziehe.[215] Aus dieser Kritik heraus ist dafür geworben worden, das Rechtsgutskonzept um die Anerkennung von sog. „Verhaltensdelikten", die nicht die Verursachung von Sozialschäden, sondern einen Verstoß gegen in der Gesellschaft verwurzelte Wert- und Verhaltensvorstellungen poenalisieren, zu ergänzen oder gänzlich zu ersetzen.[216] Die Früchte dieser Erwägungen finden sich bereits im geltenden Recht, etwa (mit Einschränkungen) beim neueren Tatbestand der Nachstellung (§ 238 StGB) und bei den sog. „Besitzdelikten", die schon den bloßen Besitz von Doping im Sport (AntiDopG v. 10.12.2015, BGBl. I, 2210) oder den Besitz von Kinderpornographie (§ 184 b Abs. 4 S. 2 StGB) unter Strafe stellen (Rn. 149, 159, 163). Dass die referierte Kritik nicht ins Schwarze trifft, sondern zu einer beachtlichen Vermehrung von Rechtsgütern führt, sei am Beispiel von Straftaten demonstriert, die den Schutz von Gefühlen, den Schutz des Sports und den Schutz der sexuellen Selbstbestimmung bezwecken.

b) Kritik am Beispiel des Gefühlsschutzes

148   Es gibt im deutschen Strafrecht eine Reihe von Vorschriften, zu deren Schutzgütern auch die psychische Entwicklung von Schutzbefohlenen (§§ 171, 225 StGB)[217] und von Minderjährigen (§§ 182, 235 StGB)[218] gezählt wird. Gleichwohl bestehen erhebliche Bedenken die „Psyche" selbst als eigenständiges schutzwürdiges Rechtsgut zu begreifen.[219] Die Bedenken wurzeln in der Weite des Begriffs „Psyche" und der daraus resultierenden Weite der Angriffsfläche. Weder im Strafrecht noch in der Psychologie oder in der Philosophie existiert ein allgemein anerkannter Begriff „Psyche". In der Strafrechtwissenschaft war früh vom „Verbrechen wider die Geisteskräfte" oder vom „Verbrechen am Seelenleben"[220] die Rede; neuere Beiträge verwenden Begriffe wie „seelische Unversehrtheit" oder „psychische Integrität", wenn sie das Schutzgut der inneren Vorgänge bezeichnen.[221] Legt man die Definition von Brockhaus zugrunde, ist unter „Psyche" die „Gesamtheit bewusster und unbewusster seelischer Vorgänge und geistiger bzw. intellektueller Funktionen" zu verstehen.[222] Der Begriff umfasst danach das gesamte emotionale und kognitive Erleben, also nicht weniger als die „innere Konstitutionsbedingung personaler Entfaltung".[223] Die Schwierigkeit dieser Definition besteht weniger in der Frage, ob Gefühle überhaupt legitimer Gegenstand strafrechtlichen Schutzes sein können, sondern in dem Problem, dass es unzählige Möglichkeiten

---

215 Wohlers, in: Hefendehl/v. Hirsch/Wohlers (Hrsg.), Die Rechtsgutstheorie (2003), S. 283; Greco, in: Amelung-FS (2009), S. 6.

216 Hefendehl, Kollektive Rechtsgüter im Strafrecht (2002), S. 12 ff.; einschr. ders. GA 2007, 7; Stratenwerth, in: Hefendehl/v. Hirsch/Wohlers (Hrsg.), Die Rechtsgutstheorie (2003), S. 237; krit. dazu Kim ZStW 124 (2012), S. 391; Martins ZStW 125 (2013), S. 256; Sternberg-Lieben, in: Paeffgen-FS (2015), S. 34.

217 NK-StGB-Frommel, 5. Aufl. (2017), § 171 Rn. 5; Fischer, StGB, 65. Aufl. (2018) § 171 Rn. 2.

218 SK-StGB-Wolters, 9. Aufl. (2016), § 225 Rn. 2; LK-StGB-Hirsch, 12. Aufl. (2006), § 225 Rn. 1; NK-StGB-Sonnen, 5. Aufl. (2017), § 235 Rn. 23; MüKo-StGB/Wieck-Noodt, 2. Aufl. (2012), § 235 Rn. 79.

219 Diskussion und weitere Nachweise bei Kargl, Zur Strafbarkeit staatlich gelenkter Angriffe auf die Psyche, NJ 2017, 97 ff.

220 Feuerbach, Kaspar Hauser – Beispiel eines Verbrechens am Seelenleben des Menschen (1832), Nachdruck 1983.

221 Forkel, in: Krause-FS (1990), S. 311; Bloy, in: Eser-FS (2005), S. 233.

222 Brockhaus, 19. Aufl. (1992), Bd. 17, S. 587; ähnl. BGH NStZ 1997, 123; NStZ-RR 2000, 106; umf. zum Thema Knauer, Der Schutz der Psyche im Strafrecht (2013), S. 4, 80.

223 Bloy, in: Eser-FS (2005), S. 247.

des Angriffs auf die emotionale und mentale Seite der Person gibt.[224] Die Palette denkbarer Tathandlungen reicht von Ungehörigkeiten und Respektlosigkeiten bis zu permanentem Mobbing und psychischer Folter. In diesem Spektrum einzelne Handlungen zu isolieren, die den Kriterien der Strafwürdigkeit (Rn. 112-127) genügen, scheint wenig aussichtsreich.[225]

c) Zum Rechtsgut der Nachstellung (§ 238 StGB)

Beim neueren Tatbestand der Nachstellung (Stalking) gem. § 238 StGB ist der Versuch   149
unternommen worden, die psychische Schädigung in einer Reihe von Regelbeispielen zu konkretisieren und als „Erfolg" des tatbestandsmäßigen Verhaltens eine schwerwiegende Beeinträchtigung der Lebensgestaltung des Opfers zu fordern. Da der Gesetzgeber auf eine nähere Bezeichnung des tatsächlich angegriffenen Interesses verzichtet, folgert die Rspr. und ein Teil der Lehre, dass mit dem Begriff der Lebensgestaltung sowohl das Tatobjekt als auch das Rechtsgut gemeint ist. Dementsprechend soll nach Ansicht des BGH § 238 StGB dem Schutz der eigenen Lebensführung vor gezielten und schwerwiegenden Belästigungen der Lebensgestaltung dienen (BGHSt 54, 193; BT-Drucks. 16/575, S. 6). In der Literatur wird häufig ebenfalls auf das Schutzgut „individueller Lebensbereich" abgestellt[226]; von anderen Autoren werden als Rechtsgüter „Freiheit"[227], „individueller Rechtsfriede"[228], „Handlungs- und Entschließungsfreiheit"[229] oder „Freisein von Furcht"[230] genannt. An der Vielfalt der Rechtsgutsbestimmungen lässt sich ablesen, dass es trotz der gesetzgeberischen Konkretisierungsbemühungen im Bereich der Angriffe auf die Psyche nicht zu gelingen scheint, ein Rechtsgut zu bestimmen, das sich nicht „ins Großflächige" (Jakobs) zerdehnen lässt. Ein kurzer Überblick soll zu den Schwächen der genannten Rechtsgutsbestimmungen Stellung nehmen:

aa) Rechtsfriede

Häufig wird in Kommentaren und Lehrbüchern als Schutzgut des § 238 StGB (auch   150
des § 241 StGB) der individuelle Rechtsfriede angeführt. Eine Erklärung für den Begriff erfolgt nur selten. Der innere Rechtsfriede soll deshalb gestört sein, weil er das Vertrauen des Einzelnen auf seine durch das Recht gewährleistete Sicherheit schützen soll.[231] Hierbei bleibt jedoch offen, welches Rechtsgut durch eine Nachstellung oder Bedrohung verletzt werden könnte. Denn die Ratio der Vorschrift würde hiernach lauten: Angriffe werden verboten, damit man darauf vertrauen kann, nicht angegriffen zu

---

224   So Herzog, Gesellschaftliche Unsicherheit und strafrechtliche Daseinsvorsorge (1991), S. 117; Zaczyk, in: Lüderssen/Nestler-Tremel/Weigend (Hrsg.), Modernes Strafrecht und ultima-ratio-Prinzip (1990), S. 113; Roxin, in: Gallas-FS (1973), S. 256.

225   Jakobs ZStW 107 (1995), S. 856: „Zerdehnung ins Großflächige".

226   Lackner/Kühl/Heger, StGB, 29. Aufl. (2018), § 238 Rn. 1; Fischer, StGB, 65. Aufl. (2018), § 238 Rn. 2; zur Gesetzgebungsgeschichte Fünfsinn/Sander, in: Kargl-FS (2015), S. 144.

227   v. Heintschel-Heinegg/Valerius, StGB, 2. Aufl. (2015), § 238 Rn. 1; HK-GS/ Rössner/Krupna, 4. Aufl. (2017), § 238 Rn. 1.

228   Mitsch NJW 2007, 1237; SSW-StGB/Schluckebier, 3. Aufl. (2017), § 238 Rn. 2; zur Definition des Rechtsfriedens vgl. Kargl Jura 2001, 179.

229   Gössel/Dölling, StGB, BT 1, 2. Aufl. (2004), § 18 Rn. 65.

230   Gazeas JR 2007, 498; v. Pechstaedt, Stalking (1999), S. 152; Spendel, in: Schmitt-FS (1992), S. 207.

231   S/S-Eser/Eisele, StGB, 29. Aufl. (2014), § 241 Rn. 2; ferner BGHSt 46, 216; zum Rechtsfrieden im Tatbestand des § 130 StGB Kargl Jura 2001, 179; aus dem älteren Schrifttum Bayrhammer, Das Delikt der Bedrohung (1899), S. 483; Berner, Lehrbuch des deutschen Strafrechts, 3. Aufl. (1866), § 168; Goehrs, Die Delikte der Androhung und der Bedrohung (1899).

werden. Eine solche Umschreibung entbehrt auch deshalb einer plausiblen Begründung, weil sie empirisch haltlos ist. Die Rechtsordnung kann nicht garantieren, dass niemand in seiner Freiheit verletzt wird. Sie kann jedoch die Erwartung bestärken, dass der Staat Rechtsverletzungen nicht tatenlos hinnimmt. In diesem Sinne versteht Jakobs unter „Rechtsfrieden" die Erwartungssicherheit der faktischen Normgeltung.[232] Aber tatsächlich kann die faktische Normgeltung nicht verletzt werden, weil die Garantie zu keinem Zeitpunkt preisgegeben wurde. Das weiß auch der Bedrohte. Was ihn vom Opfer nicht angekündigter Normbrüche unterscheidet, ist die Verletzung des (relativen) Vertrauens darauf, dass er nicht Opfer einer Straftat wird. Somit kann Schutzgut des § 238 StGB nicht das Vertrauen auf die Normgeltung, sondern allenfalls das Vertrauen des Einzelnen darauf sein, dass seine Rechtsgüter nicht verletzt werden. Ein Primärschaden, der ein konkretes Schutzinteresse beträfe, wird aber auch bei einem so verstandenen Begriff des Rechtsfriedens nicht identifiziert.[233] Offensichtlich ist diese Form der Vertrauensverletzung die Folge jeglichen Normbruchs, so dass der Aspekt des Vertrauens außerhalb der in Rede stehenden Tatbestände steht.[234] Wie man es auch nimmt, der individuelle Rechtsfriede beschreibt eine (mögliche) Aufgabe des Strafrechts, die sog. positive Generalprävention (Rn. 91-95), aber kein greifbares Rechtsgut, das ein eigenständiges Gebiet des Strafrechts bestimmen könnte.

bb) Freiheit

151 Bei der Nachstellung führt das Täterverhalten zumeist dazu, dass sich das Opfer genötigt sieht, auf die Gefahr zu reagieren und sein Verhalten darauf einzustellen. Bereits im älteren Schrifttum wurde daher mit Blick auf den Bedrohungstatbestand die Meinung vertreten, dass als Schutzgut nur die persönliche Freiheit bzw. Willensentschließungsfreiheit in Betracht komme.[235] Zwar würde die unmittelbare Wirkung der Bedrohung im Hervorrufen von Furcht und Besorgnis bestehen, aber die Verursachung dieser Gefühle sei noch keine strafbare Rechtsverletzung, so dass Schutzgut nicht bereits das Empfindungsleben sein könne, sondern erst die durch die Störung der Gefühle ausgelöste Beeinträchtigung der Freiheit des Denkens und Handelns. In der neueren Literatur finden sich nicht wenige Stimmen, die zum geschützten Rechtsgut ebenfalls die „Freiheit" zählen, sei es in der näheren Umschreibung als „Handlungs- und Entschließungsfreiheit" oder als „Freiheit der Lebensgestaltung".[236]

152 Wie noch zu zeigen sein wird, ist ein Rechtsgut ein „Interesse", das der freien Entfaltung der Persönlichkeit dient (Rn. 179 ff.).[237] Mit dieser Kennzeichnung gibt der Rechtsgutsbegriff die allgemeine Aufgabe des Rechtsstaats wieder, die Freiheit des Einzelnen zu schützen. Damit ist jedoch nicht gesagt, dass „Freiheit" per se als selbständiges Schutzgut in Betracht kommt. Im Strafrecht werden regelmäßig die Vorbedingungen der Freiheit, nicht jedoch die Freiheit selbst geschützt (unrühmliche Ausnahme: die

---

232 Jakobs ZStW 97 (1985), S. 774.
233 Vgl. Teuber, Die Bedrohung – § 241 I StGB (2001), S. 54; Junge, Zum Schutzgut des § 130 StGB (2000), S. 30; Schroeder, in: Lackner-FS (1987), S. 670.
234 Krit. zum Vertrauen als Rechtsgutsbestandteil Kargl, in: Neumann/Prittwitz (Hrsg.), „Personale Rechtsgutslehre" und „Opferorientierung im Strafrecht" (2007), S. 41.
235 Hälschner, Das gemeine deutsche Strafrecht II (1884), § 39; Kleineberg, Die Drohung als Mittel zur Begehung strafbarer Handlungen (1907), S. 27.
236 Vgl. Joecks/Jäger, Strafgesetzbuch, 12. Aufl. (2017), § 241 Rn. 1; Smischek, Stalking (2006), S. 255; Spendel, in: Geppert-FS (1992), S. 207; s. auch BVerfG NJW 1995, 2777.
237 Liszt, Der Begriff des Rechtsguts im Strafrecht ZStW 8 (1888), S. 141; Kindhäuser, Gefährdung als Straftat (1989), S. 144; Marx, Zur Definition des Begriffs „Rechtsgut" (1972), S. 62; Kargl ARSP 1996, S. 491 ff.

Nötigung gem. § 240 StGB). Ihre Beeinträchtigung ist zumeist die notwendige weitere Folge der primären Rechtsgutsverletzung. So hemmt jede schwere Körperverletzung die Freiheit der körperlichen Bewegung. Würde die Willensfreiheit selbst zum Schutzgut hoch gestuft werden, wäre schwerlich einzusehen, weshalb nur gegen bestimmte Täter, zugunsten bestimmter Opfergruppen oder gegen bestimmte Angriffsformen geschützt werden soll. Da andere Menschen auf vielfältige Weise in ihrer Willensentschließungs- und Willenbetätigungsfreiheit beeinträchtigt werden können, müsste konsequenterweise auch ein Verhalten unter Strafe gestellt werden, das durch die allgemeine Handlungsfreiheit gedeckt ist. Dies erklärt, warum Rechtsgüter keinen „absoluten" Schutz genießen und das Strafrecht aus gutem Grund „fragmentarisch" bleiben muss (Rn. 119).[238]

cc) Freisein von Angst und Schrecken

Berücksichtigt man, dass beim Stalking-Phänomen die Verbindung zwischen der Handlung und der Verletzung von Rechtsgütern wie die körperliche Unversehrtheit und das Leben in aller Regel so stark gelockert ist, dass selbst der Vorwurf der generellen Gefährlichkeit nicht durchgehend behauptet werden kann, überrascht es nicht, wenn einige Autoren als Rechtsgüter nicht „Körper", „Leben", „Freiheit" etc, sondern die Empfindungswelt der Bedrohten ins Visier nehmen. Selbst die Befürworter der Schutzgüter „Rechtsfrieden" und „Willensfreiheit" haben die Drohung stets als ein Verhalten zum Zwecke der Furchterregung beschrieben. [239] In der Sache ist nicht zu bestreiten, dass sich als Folge einer erheblichen und andauernden Nachstellung ein Bewusstseinszustand einstellen kann, der von Angst und Schrecken beherrscht wird. Es ist auch nachvollziehbar, dass erst das Freisein von einem heftigen, das ganze Gemüt und Denken ergreifenden peinvollen Gemütszustand die freie Entfaltung der Persönlichkeit ermöglicht und dass deshalb dieser Zustand als Rechtsgut in Betracht kommt.[240]

Dennoch überwiegen die Einwände. Diese sind teilweise bereits von Julius Friedrich Abegg vorgebracht worden, als er sich gegen die „Lehre von den sogenannten Verbrechen gegen die Geisteskräfte" wandte.[241] Unter anderem weist er auf die Zurechnungsprobleme zwischen Handlung und Erfolg hin, wenn der Verletzungserfolg in einer „Entwicklungsstörung" liegt. Mit besonderem Nachdruck macht er auf die Gefahr einer tatbestandlichen Ausdehnung auf bloße Moralwidrigkeiten aufmerksam, da der „Erfolg" in vielen Fällen auch von dem eigenverantwortlichen Handeln des Opfers abhinge. So mag es liegen, wenn der Zustand psychischer Qual durch die Nichtaufnahme oder Beendigung einer partnerschaftlichen Beziehung oder allgemein durch die Enttäuschung von Erwartungen im privaten oder geschäftlichen Leben oder durch grobe Ungehörigkeiten hervorgerufen wird. Selbst wenn man hier eine Rechtsgutsverletzung annehmen wollte, wären die meisten dieser Fälle durch die allgemeine Handlungsfreiheit gedeckt, so dass die Interessen an der Vornahme der Handlung die Interessen an dem Schutz des Gutes (Freisein von seelischer Qual) überwiegen. Solche Handlungen ließen

153

154

---

238 Statt vieler Jakobs, Strafrecht AT, 2. Aufl. (1991), 2. Abschn. Rn. 23.

239 Bayrhammer, Das Delikt der Bedrohung (1899), S. 6; Hug von Schlieren, Die Drohung im Strafrecht (1924), S. 25.

240 Stephan Meyer, in: 48. Assistententag Öffentliches Recht (Hrsg.), Freiheit – Sicherheit – Öffentlichkeit (2008), S. 116; Teuber, Die Bedrohung (2001), S. 64; vgl. auch Stübinger, in: Kargl-FS (2015), S. 582.

241 Abegg, Beiträge zur Kritik der Lehre von den sog. Verbrechen gegen die Geisteskräfte, in: ders., Untersuchungen aus dem Gebiete der Strafrechtswissenschaft (1830), S. 403 ff.

sich (evtl.) nur unter dem Gesichtspunkt des Verstoßes gegen gesellschaftliche Wertvorstellungen (als „Verhaltensdelikte") unter Strafe stellen (Rn. 147). Dann aber müsste dem Kriterium der Rechtsgutsverletzung auch das der „Belästigung" („Offence Principle") an die Seite gestellt werden.[242]

d) Zum Rechtsgut der Störung der Totenruhe (§ 168 StGB)

155   Im Fall des „Kannibalen von Rotenburg" war der Täter wegen Mordes zu einer lebenslangen Freiheitsstrafe verurteilt worden, weil er zur Befriedigung des Geschlechtstriebs und zur Ermöglichung einer Straftat (§ 211 StGB) getötet habe. Da dem Täter das „Schlachten" und „Ausnehmen" des Opfers vorgeworfen wurde, war die weitere Frage zu beantworten, ob sich der Täter zusätzlich einer Störung der Totenruhe (§ 168 Abs. 1 StGB) schuldig gemacht hat. Das strafrechtsdogmatische Problem dabei war, dass dem Opfer genau das widerfuhr, was zuvor zwischen den Beteiligten vereinbart wurde. Das Landgericht[243] hat das in § 168 Abs. 1 StGB vorausgesetzte Merkmal des „beschimpfenden Unfugs" wegen der Einwilligung des Opfers verneint, der Bundesgerichtshof[244] den Tatbestand dagegen bejaht. Die divergierenden Entscheidungen resultieren aus der unterschiedlichen Bestimmung des Schutzguts.

aa) Postmortaler Achtungsanspruch

156   Das Landgericht hatte in Übereinstimmung mit der überwiegenden Literaturmeinung seine Entscheidung mit dem postmortalen Achtungsanspruch begründet und auf dieser Linie konsequent eine Missachtung des Andenkens ausgeschlossen, wenn der Verstorbene mit dem „beschimpfenden Unfug" einverstanden ist. Diese Rechtsgutsbestimmung knüpft an die überdauernde Menschenwürde des Verstorbenen, mithin an den Achtungsanspruch der individuellen Person an und ermöglicht dadurch dem Rechtsgutsträger, über das Schutzinteresse disponieren zu können.[245]

bb) Pietätsgefühl der Allgemeinheit

157   Gegen die Personalisierung des Rechtsguts wendet der BGH ein, dass die Vorschrift auch das Pietätsgefühl der Allgemeinheit schütze.[246] Die Verwandlung eines individuellen in ein kollektives Rechtsgut begründet der BGH aus dem Umfeld der Menschenwürde, deren Qualität nicht vom Achtungsanspruch der individuellen Person, sondern vom Menschen als Gattungswesen hergeleitet wird. Dementsprechend komme es bei der Handlungsmodalität des „beschimpfenden Unfugs" darauf an, „ob der Täter dem Menschen seine Verachtung bezeigen bzw. die Menschenwürde als Rechtsgut an sich missachten will."[247] Diese kollektivorientierte Fundierung erweitert das strafrechtliche

---

242   Zur Forderung der Einführung einer allgemeinen Vorschrift mit der Bezeichnung „Psychische Verletzung" vgl. Steinberg JZ 2009, 1060; Bublitz RW 2011, 59; krit. Krüger, in: ders. (Hrsg.), Stalking als Straftatbestand (2007), S. 311.

243   LG Kassel vom 30.1.2004; vgl. 2 StR 310/04, S. 14 f.

244   BGH NJW 2005, 1876 ff.

245   So bereits Gareis, in: Schirmer-FS (1900), S. 61; Merkel, Der Leichenraub (1904), S. 18; Blume AcP 112 (1914), S. 379; aus der neueren Lit.: NK-StGB-Stübinger, 5. Aufl. (2017), § 168 Rn. 2; MüKo-StGB-Hörnle, § 168 Rn. 2; Sternberg-Lieben, in: Hefendehl/v. Hirsch/Wohlers, Die Rechtsgutstheorie (2003), S. 70 Fn. 13; Roxin, Strafrecht AT I, 4. Aufl. (2006), § 2 Rn. 31.

246   BGH NJW 2005, 1879; auch OLG München NJW 1976, 1806; Czerner ZStW 115 (2003), S. 97; eingehend zum Pietätsgefühl Hönings/Spranger, in: Preuß u.a. (Hrsg.), Facetten der Pietät (2015), S. 337 ff.

247   BGH NJW 2005, 1878; vgl. auch BVerfG NStZ 1983, 75 („Gattungswesen"); BVerfG NJW 2001, 2959.

Handlungsrepertoire in zwei Richtungen. Einerseits bestimmt sich die Reichweite der Strafnorm nicht mehr danach, ob und in welchem Umfang der Verstorbene oder die Hinterbliebenen im postmortalen Bereich geschützt werden wollen. Andererseits bedingt die ins Universelle ausgreifende Bestimmung des Rechtsguts eine deutliche Einschränkung der Verteidigungsmöglichkeiten des Täters. Bewertet nämlich der Angeklagte sein Verhalten nur unter dem Gesichtspunkt der Verletzung des postmortalen Achtungsanspruchs, stellt dies – worauf der BGH[248] ausdrücklich hinweist – nur einen unbeachtlichen Subsumtionsirrtum dar.

Die Schutzbestimmung „Pietätsgefühl der Allgemeinheit" unterstellt, dass es ein psychisches Massenphänomen gibt, das den Namen „Pietätsgefühl" verdient. Aber Realität kann Empfinden und Fühlen immer nur in einzelnen Personen gewinnen. Im Falle des § 168 StGB wäre in erster Linie an diejenigen zu denken, deren Gefühle durch die Störung der Totenruhe verletzt werden.[249] Soweit dabei an den vorrangigen Schutz der Angehörigen gedacht wird, versagt diese Begründung bei Verstorbenen, die keine Angehörigen hinterlassen oder in Fällen, in denen die Angehörigen die Tat selbst begehen. Käme es entscheidend auf das Pietätsgefühl der Angehörigen an, hätte der Gesetzgeber überdies wohl schwerlich auf das Erfordernis eines Strafantrags verzichtet. Sofern jedoch die Fiktion eines kollektiven Pietätsgefühls aufrecht erhalten bleibt, läuft der Umgang mit den Toten auf den unmittelbaren Schutz unklarer sozialethischer Verhaltensanforderungen hinaus.[250]

158

e) Zum Rechtsgut des Antidopinggesetzes

Das Gesetz zur Bekämpfung von Doping im Sport bedroht den bloßen Besitz eines Dopingmittels mit Freiheitsstrafe bis zu 2 Jahren, sofern der Besitzer die Absicht hat, dieses Mittel ohne medizinische Indikation anzuwenden, um sich dadurch in einem Wettbewerb des organisierten Sports einen Vorteil zu verschaffen.[251] Dieser Schritt markiert eine tiefgreifende Abkehr von bislang vertretenen Positionen zur Bekämpfung des Dopings. Vor dem Inkrafttreten des „Besitzverbots" war u.a. in einem Gesetzentwurf des Bundesinnenministeriums geplant, lediglich den banden- und gewerbsmäßigen Handel mit verbotenen Mitteln zu verbieten. Ausdrücklich wurde darin betont, dass sich die Offensive nicht gegen den einzelnen Athleten richte, sondern „gegen die dunklen Machenschaften der Hintermänner des Dopings".[252] Der sich selbst dopende oder mit der Verabreichung von Doping einverstandene Sportler werde hinreichend unter dem Aspekt der Körperverletzungsdelikte und der organisierte Handel unter dem Aspekt der Vermögensdelikte erfasst. Demgegenüber vertritt nunmehr die Neuregelung die Auffassung, dass der Schutz der klassischen Rechtsgüter „Leben", „Gesundheit" oder „Ver-

159

---

248 BGH NJW 2005, 1878; dazu teilweise krit. Heldrich, Lange-FS (1970), S. 170; Hunger, Das Rechtsgut des § 189 StGB (1996), S. 53; Kretschmer, Der Grab- und Leichenfrevel als strafwürdige Missetat (2002), S. 275; Stellpflug, Der strafrechtliche Schutz des menschlichen Leichnams (1996), S. 35.
249 Kargl, in: Neumann/Prittwitz (Hrsg.), „Personale Rechtsgutslehre" und „Opferorientierung im Strafrecht" (2007), S. 52.
250 Rüping GA 1977, 302; vgl. auch zum postmortalen Achtungsanspruch Kunig, in: v. Münch/Kunig, Grundgesetz Kommentar, Bd. 1, 6. Aufl. (2012), Art. 1 Rn. 15; Stentenbach, Der strafrechtliche Schutz der Leiche (1992), S. 59; Müller, Postmortaler Rechtsschutz (1996), S. 87.
251 Sedes materiäe waren seit 1998 die §§ 6 a, 95 Abs. 1 Nr. 2 a ArzneimittelG. Zur Vorgeschichte NK-StGB-Paeffgen/Zabel, 5. Aufl. (2017), § 228 Rn. 111; Kargl, Begründungsprobleme des Dopingstrafrechts, NStZ 2007, 489 ff.; eingehend zum Ganzen Schild, in: Kauerhof u.a. (Hrsg.), Doping und Gewaltprävention (2008), S. 35; ders., in: Kargl-FS (2015), S. 507; Rössner, in: Mehle-FS (2009), S. 567.
252 So der Präsident des Deutschen Olympischen Sportbundes Thomas Bach; FAZ 10. 12. 2006.

mögen" nicht ausreiche, um die Interessen der Gesamtbevölkerung zu berücksichtigen. Um diese Kehrtwende zu verstehen, seien einige Eckpunkte der Argumentation bzgl. der Rechtsgutsfrage herausgegriffen.

aa) Körperintegrität gem. §§ 223 ff. StGB

160 Mit der Verabreichung nahezu aller Dopingsubstanzen ist eine ernstzunehmende Gesundheitsschädigung verbunden.[253] Es liegt daher nahe, das dopingtypische Verhalten unter die Körperverletzungstatbestände (§§ 223, 224, 226 StGB) zu subsumieren.[254] Wie sich jedoch aus der Gesetzesformulierung, die auf die Schädigung einer „anderen" Person abstellt, ergibt, bleiben nach deutschem Recht Selbstschädigungen oder Selbstgefährdungen straflos. Die Begründung fußt auf dem freiheitsbezogenen Verständnis des Strafrechts, das Selbstschädigungen nur unter der Voraussetzung als Unrecht qualifiziert, dass sie unmittelbare Auswirkungen auf die Freiheitssphären anderer Personen aufweisen.[255] Solange also jemandem durch eigene Hand geschieht, was er selbst will, ist strafwürdiges Unrecht ausgeschlossen.[256] Von der rechtfertigenden Kraft der Einwilligung in die Beeinträchtigung der Körperintegrität macht § 228 StGB eine Ausnahme, wenn die Körperverletzung gegen die „guten Sitten" verstößt. Die herrschende Meinung hält – unbeeindruckt von der Frage der Gesetzesbestimmtheit und dem Problem der Moralisierung des Strafrechts[257] – an dem Werturteil fest, dass Doping moralisch anstößig ist. Sie kann sich dabei auf den Standpunkt der Sportvereine, unabhängigen Doping-Kommissionen, die sportpolitischen Debatten in der Öffentlichkeit sowie der zahlreichen Umfragen stützen.[258] Hiernach stünde einer Bestrafung des Dopingunwesens mittels des vorhandenen, am Individualrechtsgüterschutz orientierten Instrumentariums der Körperverletzungsdelikte (auch der Vermögens- und Wettbewerbsdelikte) nichts im Wege.[259] Wenn jetzt der bloße Besitz von Dopingmitteln pönalisiert werden soll, muss das Schutzinteresse auf ein Ziel gerichtet sein, das weit über die Verletzung von Gesundheit und Vermögenswerten hinausgeht.

bb) Erhaltung der Integrität des Sports

161 In der Begründung für das Sonderstrafrecht des „Besitzverbots" wird auf die Bedeutung des Sports für die Allgemeinheit verwiesen.[260] Als Alltagswirklichkeit von Millio-

---

253 Vgl. nur zu den Nebenwirkungen der verbotenen Mittel Clasing, Doping – verbotene Arzneimittel im Sport (1992), S. 30-111; Donike/Rauth, Dopingkontrollen, 2. Aufl. (1996), S. 2 ff.

254 Evtl. kommt fahrlässige Tötung (§ 222 StGB) in Betracht; ebenso Otto SpuRt 1994, 11; Schild, in: ders. (Hrsg.), Rechtliche Fragen des Dopings (1986), S. 20 ff.

255 Ausf. hierzu Mosbacher, Strafrecht und Selbstschädigung (2001), S. 2 f.; Zaczyk, Strafrechtliches Unrecht und die Selbstverantwortung des Verletzten (1993), S. 40; Niedermair, Körperverletzung mit Einwilligung und die Guten Sitten (1999), S. 125; Kargl JZ 2002, 306.

256 Küpper, in: Schopenhauer-Jahrbuch 74 (1993), S. 103; E. A. Wolff, in: Hassemer (Hrsg.), Strafrechtspolitik (1987), S. 152.

257 Zum Streitstand vgl. Rain, Die Einwilligung des Sportlers beim Doping (1998), S. 124; Mestwerdt, Doping-Sittenwidrigkeit und staatliches Sanktionsbedürfnis? (1997), S. 114; Soyez, Die Verhältnismäßigkeit des Doping-Kontroll-Systems (2002), S. 155.

258 Zur unterschiedlichen moralischen Beurteilung des Dopings und der Fouls im Sport vgl. Bette/Schimank, Die Dopingfalle (2006), S. 32 ff.

259 aA NK-StGB-Paeffgen/Zabel, § 228 Rn. 110; SK-StGB-Horn/Wolters, 7. Aufl. (2003), § 228 Rn. 23; Kargl JZ 2002, 389; zur hypothetischen Einwilligung vgl. Schöch GA 2016, 294.

260 Vgl. Grupe/Mieth, Lexikon der Ethik im Sport (1998), S. 149; Steiner NJW 1991, 2733; zur Forderung, den Sport als Staatsziel im GG zu verankern, vgl. den Antrag der FDP, FAZ v. 27. 2. 2006; zum Dopingsonderstrafrecht vgl. Momsen/Pflanz, Die sportethische und strafrechtliche Bedeutung des Dopings (2005), S. 239 ff. mwN.

nen Menschen leiste der Sport einen bedeutenden Beitrag für den Zusammenhalt der Gesellschaft. Dies finde seinen Ausdruck in der Integration von Migranten, in der Sozialisation von Kindern und Jugendlichen, in der Gesundheitsprävention, in der Identitätsbildung. Für den Zusammenhang mit der Rechtsgutsfrage ist besonders der Bezug zu den Werten bedeutsam, für die der Sport stehe und aus denen er seine kommunikative und integrative Kraft speise. An erster Stelle müsse dabei der Begriff der Fairness genannt werden, der eine Grundhaltung repräsentiere und die moralische Intention enthalte, im Interesse der Chancengleichheit weder unangemessene Vorteile entgegenzunehmen noch unangemessene Nachteile des Gegners auszunutzen.[261] Mit dem Angriff auf die Dopingregeln sei dieses Sportethos verletzt, da die Anstrengungen regelgerecht handelnder Athleten entwertet und das elementare Prinzip der Glaubwürdigkeit des Sports untergraben würden.

cc) Kritik

An alldem wäre wenig auszusetzen, wenn plausibel gemacht werden könnte, dass der Besitz von Dopingmitteln das Sportethos – gedacht als Zustand der Chancengleichheit und des Fairplay – verletzen oder gefährden kann. Eine solche Verletzungskausalität (Rn. 145)[262] lässt sich schon bei der Einnahme verbotener Substanzen schwerlich nachweisen, beim bloßen Dopingmittelbesitz ist das Band zwischen Tathandlung und Erfolg aber so lose, dass es nicht annähernd den Kriterien strafwürdigen Verhaltens entspricht. In diesem Fall setzt der Sportler noch nicht einmal dazu an, die Wettbewerbsbedingungen zu verletzen oder zu gefährden, gleichwohl – so heißt es – erweckt der Athlet den Anschein, als ob er dies tun werde. Damit tangiere er das Vertrauen der Öffentlichkeit in die Einhaltung der sportethischen Werte.[263] In dieser Form entspricht das Besitzverbot strukturell dem Tatbestand der Vorteilsannahme (§ 331 StGB), der die Entgegennahme von Vorteilen auch dann sanktioniert, wenn keine Dienstpflichtverletzung vorliegt.[264] Wie im Dopingsonderstrafrecht fungiert schon der Anschein einer Verletzung sozialethischer Werte („Reinheit der Amtsführung", „Lauterkeit des öffentlichen Dienstes") als Ratio der Bestrafung. Genaugenommen soll hier nicht das Sportethos bzw. das Amtsethos selbst geschützt werden, sondern das Vertrauen der Öffentlichkeit in die Einhaltung moralisch legitimierter Verkehrs- und Spielregeln. Wieder geht es nicht um die Verursachung von Sozialschäden, die dem Rechtsgutkonzept zugrunde liegt, sondern um die Anerkennung von „Verhaltensdelikten" (Rn 147).

f) Zum Rechtsgut des Besitzes von Kinderpornographie (§ 184 b Abs. 4 S. 1, 2 StGB)

Die Ausweitung des Straftatbestands der Verbreitung pornographischer Schriften (§ 184 Abs. 3 StGB a.F.) auf den Erwerb und darüber hinaus auf den bloßen Besitz kinderpornographischer Schriften wurde mit dem Argument begründet, ein bestimmtes Verhalten müsse bestraft werden, weil es dazu beitrage, einen Markt für eine Ware zu schaffen, deren Herstellung oder deren Angebot mit der Verletzung strafrechtlich

162

163

---

261 Zur Begründung der Befürworter eines Staatsziels Sport vgl. ausf. Klaus Stern FAZ v. 30. 1. 2007.
262 Der Begriff wurde von H. Jäger, in: Klug-FS (1983), S. 87 geprägt.
263 BGH NJW 2004, 3571 im Anschluss an BGHSt 15, 357; Dölling ZStW 112 (2000), S. 334.
264 BGHSt 15, 96; 31, 280; 47, 25; aus der Lit.: S/S-Heine/Eisele, 29. Aufl. (2014), § 331 Rn. 9; krit. dazu Kargl ZStW 114 (2002), S. 782; ders., Vertrauen als Rechtsgutsbestandteil, in: Neumann/Prittwitz (Hrsg.), „Personale Rechtsgutslehre" und „Opferorientierung im Strafrecht" (2007), S. 41 ff.

geschützter Rechtsgüter verbunden sei.[265] Entsprechend der Logik der Marktwirtschaft lautet demnach die Begründung für die Strafbarkeit: Ohne Nachfrage kein Markt, ohne Markt kein Angebot.[266] Neben dem Markt-Argument wird das Karriere-Argument angeführt: Die Besitzer von Kinderpornographie sollen davon abgehalten werden, das Gesehene in die Tat umzusetzen. Beide Argumente sind spekulativ und ignorieren entgegenstehende Faktoren. So ist eine Gefährdung durch den Konsum von Bildern nicht verallgemeinerbar, da der Konsum im Gegenteil der Verwirklichung pädophiler Neigungen vorbeugen kann. Wichtiger aber ist der Einwand gegen eine strafrechtliche Kontrolle des schlichten Besitzes, dass eine effektive Kontrolle der Anbieter besser geeignet und verhältnismäßiger ist als die der Konsumenten und dass der Schutz der in Frage kommenden Rechtsgüter bereits durch andere Straftatbestände gewährleistet wird.[267] Die Pönalisierung des Besitzes würde demzufolge gegen das die Strafwürdigkeit begrenzende Element des Übermaßverbots (Rn. 117) verstoßen. Diese Art exzessiver Gesetzgebung entzieht sich in aller Regel der Mühe, das betreffende Rechtsgut näher zu bestimmen.

aa) Kinderschutz bzgl. der Herstellung und Verbreitung kinderpornographischer Schriften (§ 184 b Abs. 1 StGB).

164   Wenn gesagt wird, der Besitz entsprechender Schriften fördere die Entstehung eines Pornomarktes, stellt sich die Frage, welche strafrechtlich geschützten Rechtsgüter durch die Herstellung und Verbreitung der Bilder/Texte verletzt werden. Die Antwort geht in zwei Richtungen: Zum einen sollen kindliche Darsteller vor Beeinträchtigungen ihrer psychischen Entwicklung (sexuelle Selbstbestimmung), aber auch vor der das Persönlichkeitsrecht verletzenden diskriminierenden Wirkung der Darstellung sexuellen Inhalts geschützt werden (Darstellerschutz).[268] Zum anderen sollen Kinder allgemein vor einer unerwünschten Konfrontation mit der Pornographie bewahrt bleiben. Die abträgliche Wirkung auf Einstellungen und Verhalten wird dabei auf die bei Kindern regelmäßig fehlende Fähigkeit zurückgeführt, sexuelles Empfinden als Teil einer „reifen" Gesamtpersönlichkeit zu verstehen. Durch die Einbeziehung des Posings seit dem 49. StÄG 2015 umfasst das Verbot der Darstellung von sexuellen Handlungen nicht mehr nur den individuellen Schutz der dargestellten Personen, sondern auch das gesellschaftliche Interesse an den Grenzen des öffentlich Darstellbaren (Darstellungsverbot). Damit kommt auch im Bereich der Kinder- und Jugendpornographie ein wie auch immer begründeter Gefühlsschutz zum Tragen, also ein überindividuelles Interesse an Ästhetik (Rn 170).

---

265 BT-Drucks. 12/3001, S. 5; BT-Drucks. 12/4883, S. 8; ausf. dazu Schroeder NJW 1993, 2581; zum Folgenden insb. Neumann, Die Strafbarkeit des „Marktteilnehmers" – zur Diffusion von Verantwortungsstrukturen im Präventionsstrafrecht, in: Kargl-FS (2015), S. 347 ff.; zum Thema auch mit Blick auf § 201 a Abs. 1 StGB Jahn/Ziemann, Bilderstreit 2.0 – Die rechtspolitische Diskussion über die Kriminalisierung des Umgangs mit Nackbildern von Minderjährigen, in: Kargl-FS (2015), S. 227 ff.

266 Engelkamp/Sell, Einführung in die Volkswirtschaftslehre, 7. Aufl. (2017), S. 12 ff.; zum strukturell identischen Argument für die Kriminalisierung der Kunden von Prostituierten vgl. die Resolution des Europäischen Parlaments vom 26. 2. 2014.

267 Näher dazu Neumann, in: Kargl-FS (2015), S. 353, 354.

268 Zur Differenzierung zwischen persönlichkeitsstrafrechtlichen und pornographierechtlichen Regelungsmodellen vgl. Jahn/Ziemann, in: Kargl-FS (2015), S. 232.

bb) Kinderschutz bzgl. des Besitzes kinderpornographischer Schriften

Die Verletzung der (als legitim unterstellten) Rechtsgüter (Rn. 164) ist mit der Ferti- **165**
gung der inkriminierten Bildwerke abgeschlossen. Durch das Verhalten des Konsumenten (Erwerber, Besitzer) hat sich das Risiko für den Darsteller, Opfer eines Kindesmiss-
brauchs zu werden, in keiner Weise erhöht: „Die Rechtsgutverletzung ist zum Zeitpunkt der Nachfrage bereits abgeschlossen. Es fehlt damit an der elementaren Voraussetzung einer strafrechtlichen Verantwortlichkeit für den „Erfolg" einer Handlung."[269]
Folglich kann der spätere Besitzer für die zeitlich zurückliegende Herstellung der Pornographie auch nicht zur Verantwortung gezogen werden. Überwiegend wird deshalb
die Verantwortlichkeit des Konsumenten auf den zukünftigen (!) Missbrauch bei der
zukünftigen (!) Herstellung von kinderpornographischen Aufnahmen bezogen. Nach
Schroeder geht es „nicht um die Verantwortung für die bereits begangenen Taten, sondern um die Veranlassung weiterer kinderschädigender Taten".[270] Aber diese Konstruktion steht empirisch und normativ auf tönernen Füssen.

Selbst die Verteidiger des Gesetzes räumen ein, dass die Kausalität des Erwerbs und **166**
des Besitzes eines einzelnen Produkts für die künftige Herstellung „bei den üblichen
pornographischen Massenprodukten minimal" sei.[271] Im Unterschied zur singulären
Nachfrage lässt sich jedoch die Kausalität der kollektiven Nachfrage für die Rechtsgutsverletzungen kaum bestreiten. Um in einem solchen Fall dem Einzelnen einen „Erfolg" zurechnen zu können, hat man – z.B. im Umweltstrafrecht – den Gedanken der
Kumulation eingeführt. Danach soll die Verunreinigung eines Gewässers (§ 324 StGB)
einem Einzelnen auch dann zuzurechnen sein, wenn das Verhalten des Täters erst
durch eine Vielzahl paralleler, nicht koordinierter Handlungen anderer zu einer Verunreinigung führt.[272] Die Konstruktion von „Kumulationsdelikten" ist rechtsstaatlich
hochproblematisch, weil sie eine Haftung für das Verhalten anderer einschließt und
das inkriminierte Verhalten tief in das Vorbereitungsstadium zurückschiebt.[273] Im Fall
des Besitzes kinderpornographischer Darstellungen ist diese Konstruktion grundsätzlich ungerechtfertigt. Bei diesem Tatbestand geht es – anders als sonst bei abstrakten
Gefährdungsdelikten – nicht um den vorbeugenden Schutz vor konkreten Gefährdungen oder Verletzungen, sondern um die Diskriminierung von Verhaltensweisen, die gesellschaftlich geächtet werden sollen (s. Fall Edathy[274]). Es geht damit um sehr weit gefasste normative Appelle, die eine liberale Rechtsguts-Doktrin hinter sich lassen.

2. Weite des Rechtsgutsbegriffs

a) Kritik

Gegenläufig zum ersten Kritikpunkt (Rn. 147) wird dem Rechtsgutkonzept vorgehal- **167**
ten, dass es den Regelungsbereich des Strafrechts zu weit ausdehne und damit seinem

---

269 Neumann, in: Kargl-FS (2015), S. 351 zit. H. Jäger, in: Schüler-Springorum-FS (1993), S. 233, der von einer
„Art rückwirkender Anstiftung" spricht; ebenso Duttke/Hörnle/Renzikowski NJW 2004, 1070.
270 Schroeder ZIS 2007, 447.
271 Schroeder NJW 1993, 2582.
272 Zur sog. Kumulationslehre vgl. Schünemann JA 1975, 787; Wohlers GA 2002, 17; v. Hirsch/Wohlers, in: He-
fendehl/v. Hirsch/Wohlers (Hrsg.), Die Rechtsgutstheorie (2003), S. 198.
273 Vgl. zum Topos Vorfeldschutz Hassemer ZRP 1992, 381; ders., Produktverantwortung im modernen Strafrecht, 2. Aufl., S. 11; Heine, in: Eser-FS (1995), S. 51.
274 Zum Fall Edathy und die Folgen vgl. Jahn/Ziemann, in: Kargl-FS (2015), S. 227.

Anspruch auf Systemkritik und Begrenzung nicht einzulösen vermag.[275] Insbesondere begünstige die Berufung auf Rechtsgüter eine Vorverlagerung des strafrechtlichen Schutzes, weil sich auch die Kriminalisierung von Gefährdungshandlungen, die der Tatbestandsverwirklichung weit voraus liegen, auf das Prinzip des Rechtsgüterschutzes berufen könne.[276] Auf die tendenzielle Ausweitung der Strafbarkeit durch die Besinnung auf den Rechtsgüterschutz ist im Rahmen der Tatbestandsauslegung früh hingewiesen worden. Besonders nachdrücklich hat Schaffstein den Rechtsgutsgedanken als einen Steinbruch der politisch-ideologischen Überzeugungen des Normanwenders beschrieben und vor der Gefahr eines Zirkelschlusses gewarnt: Dem jeweiligen Merkmal wird eine kriminalpolitische Wertung entnommen, die sodann als vermeintlich gesetzgeberischer Wille das Ergebnis präjudiziere.[277] Die Kritik an dieser Redundanz ziel- und zweckgebundener (teleologischer) Vorverständnisse ist sehr ernst zu nehmen.[278] Die nachfolgenden Beispiele belegen nicht nur die Berechtigung der Kritik, sondern deuten auch die Richtung an, die einer extensiven rechtsgutsorientierten Auslegung der Straftatbestände Einhalt gebieten kann.

b)   Das Rechtsgut der Sachbeschädigung (§ 303 StGB)

aa)   Eigentumsinteresse (Personalisierung des Rechtsguts)

168   Allgemein konsentiert ist der Ausgangspunkt, dass die Sanktionierung der Sachbeschädigung dem Schutz des Eigentums dient.[279] Entfaltet man die inhaltliche Rechtsmacht des Eigentümers aus dem Geist der personalen Autonomie und der Selbstbestimmung heraus, ist es der Zweck des Eigentums, den Menschen eine äußere Sphäre einzuräumen, in der allein ihr Wille zur Selbstverwirklichung maßgebend ist. Nach Gössel[280] ergibt sich dieser Freiheitsraum beim Eigentum aus dem Inhalt des § 903 BGB: Es ist die Freiheit, „soweit nicht das Gesetz oder Rechte Dritter entgegenstehen, mit der Sache nach Belieben zu verfahren und andere von jeder Einwirkung auszuschließen". Mit der Programmierung des Eigentums als „geronnene Freiheit"[281] wird die Weiche für eine subjektive Auslegung des Beschädigungsbegriffs gestellt. Entscheidend ist nunmehr darauf abzustellen, ob durch die Tathandlung in die persönliche Entscheidung des Eigentümers über die Verwendung des Objekts eingegriffen wurde. In Konkretisierung dieses Standpunkts auf die Verunstaltungsfälle gelangt man folgerichtig dazu, auch die vom Eigentümer gewählte Gestalt und Farbe seiner Gegenstände zu deren schützenswerten Funktionen zu zählen.[282] Der Rechtsgüterschutzgedanke wirkt also insofern auf die Tatbestandauslegung des § 303 StGB ein, als er nicht mehr nur die Beeinträchtigung des Sachkörpers (Substanzverletzung), sondern auch und primär die

---

275 Dazu H. Jäger, Strafgesetzgebung und Rechtsgüterschutz bei Sittlichkeitsdelikten (1957); Frisch, in: Stree-FS (1993), S. 91; Wohlers, in: Hefendehl/v. Hirsch/Wohlers (Hrsg.), Die Rechtsgutstheorie (2003), S. 281.

276 Hiergegen NK-StGB-Hassemer/Neumann, 5. Aufl. (2017), vor § 1 Rn. 118 ff.; Neumann, in: ders./Prittwitz (Hrsg.), „Personale Rechtsgutslehre" und „Opferorientierung im Strafrecht" (2007), S. 85 ff.

277 Schaffstein, in: R. Schmid-FS (1936), S. 56; siehe auch H. L. Günther, Strafrechtswidrigkeit und Unrechtsausschluß (1983), S. 199.

278 Für eine inhaltliche Präzisierung aus der Verfassung vgl. Roxin, Strafrecht AT I, 4. Aufl. (2006), § 1 Rn. 5.

279 NK-StGB-Zaczyk, 5. Aufl. (2017), § 303 Rn. 1; Lackner/Kühl/Heger, StGB, 29. Aufl. (2018), § 303 Rn. 1; Fischer, StGB, 65. Aufl. (2018), § 303 Rn. 1; S/S-Stree/Hecker, StGB, 29. Aufl. (2014), § 303 Rn. 1; Wessels/Hillenkamp, Strafrecht BT 2, 41. Aufl. (2017), Rn. 16.

280 Gössel JR 1980, 185; so bereits Maiwald, Der Zueignungsbegriff im System der Eigentumsdelikte (1970), S. 89; Rudolphi GA 1965, 38.

281 Arzt/Weber, Strafrecht BT 3, 2. Aufl. (1986), Rn. 36.

282 Maiwald, Der Zueignungsbegriff im System der Eigentumsdelikte (1970), S. 258.

Verletzung des Eigentümerinteresses in den Blick nimmt und es damit der individuellen Zweckbestimmung überlässt, ob eine Rechtsgutsverletzung vorliegt oder nicht. Insofern hat Gössel[283] recht: eine externe Bestimmung des Gestaltungswillens „nimmt gerade den wesentlichen Teil des Rechtsguts vom Strafrechtsschutz aus."

bb) Strafeinschränkungsinteressen

Gegen eine allein ausdehnende rechtsgutsbezogene Interpretation der Tatbestandsmerkmale, die im Fall der Sachbeschädigung den Eigentümerwille zum Schutzgut aufstuft, empfiehlt Schaffstein, den Straftatbestand „als Resultante eines Interessenkonflikts" zu begreifen, deren Pole zwischen dem Rechtsgüterschutz und der Forderung nach Rechtssicherheit pendeln.[284] Es gelte, die Extreme zu vermeiden und die rechtspolitische Wertentscheidung des Gesetzgebers zur Lückenhaftigkeit und Unvollständigkeit des Strafrechts (Rn. 119) zu respektieren. Aus dieser Sicht werden Güterschutz und Bestimmtheitsgebot als gleichwertige Gegenspieler unter dem gemeinsamen Dach des Auslegungskanons behandelt.[285] Diese Sicht entspricht den Postulaten strafwürdigen Verhaltens, zu deren begrenzenden Kriterien maßgebend das Gebot der Tatbestandsbestimmtheit zählt (Rn. 120). Ohne die präzise (möglichst objektive) Umschreibung und Auslegung des inkriminierten Verhaltens wären das Rückwirkungs- und das Analogieverbot sinnlos, der Grundsatz der Gesetzlichkeit schlechthin zum Scheitern verurteilt. Nach jahrzehntelangem Ringen um eine Auslegung des § 303 StGB, der die tatbestandsfremde Einbeziehung der Veränderung des Erscheinungsbilds einer fremden Sache ermöglichen sollte, hatte der Gesetzgeber 2005 endlich ein Einsehen, indem er eine eigene Vorschrift zur Graffitibekämpfung schuf (§ 303 Abs. 2 StGB).[286] Die Folgen für eine liberale Rechtsgutkonzeption sind nicht abschätzbar.

169

cc) Strafausdehnungsinteressen (Universalisierung des Rechtsguts)

(1) Ästhetikgefühl

Mit Blick auf das Schutzgut des § 303 StGB heißt es im Entwurf des Gesetzes zur Graffitibekämpfung: Eigentum sei mit Ästhetik verbunden und „Ästhetik schafft Lebensgefühl, das auch strafrechtlich schutzwürdig ist".[287] Dem Kontext der Begründung lässt sich entnehmen, dass die „Ästhetik des Lebensgefühls" in der Absicht bemüht wird, das Schutzgut aus der individuellen Sphäre der Eigentümerbefugnisse herauszuholen und auf die Ebene des Allgemeininteresses zu transformieren. Da sich die Graffitis durch ihre Sichtbarkeit auszeichnen und daher jedermann vor Augen treten, sei auch die Gesellschaft in ihrer täglichen Lebenswelt betroffen. Technisch gesehen wird in dieser Perspektive das Individuum als Träger des Rechtsguts „Eigentum"

170

---

283 Gössel JR 1980, 188.
284 Schaffstein, in: R. Schmid-FS (1936), S. 60.
285 Skeptisch zum „Rechtsgut" als Auslegungsfaktor insb. Naucke, Strafrecht, 10. Aufl. (2002), § 6 Rn. 81. Werden Güterschutz und Bestimmtheitsgebot als gleichwertige Auslegungsfaktoren behandelt, bleibt in der Tat offen, nach welchen Kriterien zwischen ihnen entschieden werden soll; dazu Kargl, Sachbeschädigung und Strafgesetzlichkeit, JZ 1997, 286.
286 39. StÄG vom 1. 9. 2005; BGBl. I, 2674; zu den Materialien BT-Drucks. 15/5313; zum Beratungsgang näher Kühl, in: Weber-FS (2004), S. 413.
287 Vgl. zu den gleichlautenden früheren Gesetzesentwürfen BT-Drucks. 14/569; 14/872; BR-Drucks. 765/01.

durch das Kollektivgebilde „ästhetisches Lebensgefühl" ersetzt.[288] Damit ist der Zenit der Abstraktion noch nicht erreicht.

(2) Gemeinschaftsgefühl

171 Komplettiert man die Kollektivierung des Opfers mit dem kriminologischen Erklärungsansatz der „broken-windows-Hypothese"[289], dann verweisen „zerbrochene Scheiben" oder eben Graffitis nicht bloß auf ein belästigendes Verhalten, sie stehen vielmehr als Zeichen und Vorboten einer flächendeckenden Normlosigkeit, die im Betrachter den Eindruck erweckt, als ob der Staat an dieser Situation keinen Anstoß nähme. Daraus entstünden – so in den vorangegangenen Gesetzentwürfen[290] – eine Erosion des Gemeinschaftsgefühls sowie eine verbreitete Furcht vor Verbrechen, die letztlich zu einem Vertrauensverlust gegenüber dem Staat führe. Als Konsequenz aus dieser Erkenntnis wird seit langem an einem „strafrechtlichen Belästigungsverbot"[291] gefeilt, das angeblich dem allgemeinen Vertrauen darauf Rechnung trägt, dass Vandalismus, Pietätlosigkeit und Verwahrlosung nicht hingenommen werden. So sollen die Graffiti-Sprayereien, die nach einem treffenden Ausdruck Hassemers als „symbolische Wunden"[292] begreifbar sind, mit Hilfe einer Norm bekämpft werden, in der es nicht mehr um die Beschädigung körperlicher Gegenstände geht, also weder um Substanzverletzung noch um den Gestaltungswillen des Eigentümers[293], sondern um die Verletzung eines Gemeinschaftsgefühls, das emotionale Belästigungen mit dem Angriff auf das öffentliche Leben gleichsetzt.[294] Die vermeintliche Enge des Eigentumsschutzes führt so geradewegs ins normtheoretische Nirwana.

c) Das Tatobjekt (Rechtsgut?) der Rechtsbeugung (§ 339 StGB)

aa) Positives Recht

172 Den objektiven Tatbestand verwirklicht, wer sich einer „Beugung des Rechts" schuldig macht. Beim Tatobjekt der Rechtsbeugung geht es somit um die Klärung der Frage, was alles unter „Recht" fällt, über welche Norm sich der Richter hinwegsetzen und dadurch entweder die Rechtsgüter des Bürgers oder die Befugnisse des Gesetzgebers verletzen kann. Im Prinzip steht fest, dass jede Norm des formellen oder materiellen Gesetzesrechts als Gegenstand einer Rechtsbeugung in Betracht kommt.[295] Die Beschränkung auf die positivierte Norm kann z.B. darauf verweisen, dass die Verfassung

---

288 Ausführlicher hierzu Braum KJ 2000, 43; Kühl, in: Weber-FS (2004), S. 422; Hefendehl NJ 2002, 460; Appel KritV 1999, 298; Kühne DRiZ 2002, 21: „Nicht mehr der Täter und das Opfer, sondern nur der Anschlag auf die bürgerliche Ordnung steht im Mittelpunkt der rechtspolitischen Betrachtung."

289 Wilson/Kelling KrimJ 1996, 121; Hess KrimJ 1996, 184; Streng, in: Kaiser-FS (1998), S. 923; I. Wolf, Graffiti als kriminologisches und strafrechtsdogmatisches Problem (2004), S. 90; Schnurr, Graffiti als Sachbeschädigung – Strafbarkeit, Strafwürdigkeit und Strafbedürftigkeit eines gesellschaftlichen Phänomens (2006), S. 12.

290 BT-Drucks. 14/872; 14/546; 15/404; s. auch Weber, in: Meurer-FS (2002), S. 284.

291 Vgl. den Überblick bei v. Hirsch, in: Eser-FS (2005), S. 189; Heger StV 2003, 350.

292 Hassemer NStZ 1989, 555; vgl. auch R. Hamm KritV 2000, 56.; allg. zum „symbolischen Strafrecht" vgl. P.A. Albrecht StV 1994, 267; Kargl, Kriminalsoziologische Bibliographie 1990, 105 ff.

293 Zur Dogmengeschichte des Beschädigungsbegriffs Otto JK 2000, § 303/3; Scheffler NStZ 2001, 291; NK-StGB-Zaczyk, 5. Aufl. (2017), § 303 Rn. 12; Kargl JZ 1997, 283.

294 Instruktiv Legge, in: Dreher/Feltes (Hrsg.), New York: Kriminalprävention durch „Zero Tolerance"? (1997), S. 108 ff.

295 Fischer, StGB, 65. Aufl. (2018), § 339 Rn. 10 f.; zum Gewohnheitsrecht und Völkerrecht vgl. Seebode, Das Verbrechen der Rechtsbeugung (1969), S. 26; Käsewieter, Der Begriff der Rechtsbeugung im deutschen Strafrecht (1999), S. 31.

dem Richter keine eigene Verwerfungskompetenz zugestanden hat.[296] Demnach wäre die Formulierung in Art. 20 Abs. 3 GG, der von „Gesetz und Recht" spricht, als ein Hinweis darauf zu verstehen, dass es Sache des vom Volk gewählten Gesetzgebers ist, das übergesetzliche Recht zu beachten. Ein weiterer wunder Punkt, den die Einfügung des überpositiven Rechts in den Tatbestand der Rechtsbeugung bereitet, ergibt sich aus dem Umstand, dass die naturrechtlichen Grundsätze als objektive Tatbestandsmerkmale aufzufassen wären. Dies hätte wegen des normativen Charakters der obersten Rechtsprinzipien zur Folge, dass für die Annahme des Tatvorsatzes nicht allein die Kenntnis der den Begriff erfüllenden Tatsachen genügt, sondern vom Täter auch der rechtlich-soziale Bedeutungsgehalt des Tatbestands erfasst und richtig gewürdigt werde müsste.[297] Im Falle des „Überzeugungstäters"[298] dürfte es um den Nachweis der Kenntnis des Geltungsanspruchs und des moralischen Inhalts bestimmter Rechtsprinzipien nicht gut bestellt sein.[299] Er hätte unter diesen Umständen leichtes Spiel.

bb) Überpositives Recht

Unter dem Einfluss der heute als „Radbruchsche Formel" apostrophierten Konzeption von Gustav Radbruch hat die Rechtsprechung des BVerfG (NJW 1997, 931; 1998, 2585) und des BGH (NStZ 1996, 386) die grundsätzliche Möglichkeit einer Rechtsbeugung durch Verstoß gegen übergesetzliches Recht anerkannt. Danach soll im Konflikt zwischen dem formalen Kriterium der Rechtssicherheit und dem materialen Kern der Gerechtigkeit denjenigen Gesetzen eine Rechtsgeltung versagt bleiben, welche ein gewisses Minimum an Gerechtigkeit unterschreiten. Wann exakt das geschriebene Unrecht den Mindestanforderungen an eine rechtliche Regelung nicht genügt, löste Radbruch mittels seiner Unerträglichkeitsthese: Dem positiven Recht soll in der Regel der Vorzug gegeben werden, „es sei denn, dass der Widerspruch des positiven Gesetzes zur Gerechtigkeit ein (...) unerträgliches Maß erreicht".[300] Die ganz überwiegende Lehre hält ebenfalls daran fest, dass Recht i.S. des § 339 StGB auch das „übergesetzliche" ist, das durch die Befolgung „gesetzlichen Unrechts" gebeugt werden kann.[301] Der Maßstab für das Überpositive wird – neben der kommentarlosen Übernahme naturrechtlicher Gedankengänge[302] – hauptsächlich Rechtsprinzipien wie dem Gleichheitssatz, dem Grundsatz der Verhältnismäßigkeit und der Goldenen Regel entnommen.[303] Angenommen wird dabei, dass sich die „Allgemeingültigkeit" dieser vorstaatlichen Prinzipien durch die Vernunft aufdecken lasse.[304] Diese Gerechtigkeits-Prinzipien über-

173

---

296 NK-StGB-Kuhlen, 5. Aufl. (2017), § 339 Rn. 40; Schlösser NJW 1960, 943; Quasten, Die Judikatur des Bundesgerichtshofs zur Rechtsbeugung im NS-Staat und in der DDR (2005), S. 160; Burian ZStW 112 (2000), S. 125; Lüderssen ZStW 104 (1992), S. 741; ders., Der Staat geht unter, das Unrecht bleibt (1992), S. 12; Grünwald StV 1991, 36.

297 Dazu grds. Kuhlen, Die Unterscheidung zwischen vorsatzausschließendem und nicht vorsatzausschließendem Irrtum (1987).

298 Hierzu Werle, Justiz-Strafrecht und polizeiliche Verbrechensbekämpfung im Dritten Reich (1989), S. 13; Jäger, Verbrechen und totalitäre Herrschaft (1982), S. 166; Vormbaum, Der strafrechtliche Schutz des Strafurteils (1987), S. 369.

299 Jähnke ZRP 1994, 443; Scholderer, Rechtsbeugung im demokratischen Rechtsstaat (1993), S. 448; Freudiger, Die juristische Aufarbeitung von NS-Verbrechen (2002), S. 406.

300 Radbruch SJZ 1946, 107.

301 Lackner/Kühl/Heger, StGB, 29. Aufl. (2018), § 339 Rn. 5; S/S-Heine/Hecker, StGB, 29. Aufl. (2014), § 339 Rn. 8; SK-StGB-Rudolphi/Stein, 8. Aufl. (2012), § 339 Rn. 10; Fischer, StGB, 65. Aufl. (2018), § 339 Rn. 13.

302 Lange DRiZ 1947, 201; Wimmer SJZ 1947, 127.

303 LK-StGB-Spendel, 11. Aufl. (1992 ff.), § 339 Rn. 49 mwN.

304 Spendel, in: v. Hippel-FS (1967), S. 504; ders., in: Radbruch-GS (1968), S. 83 ff.

schneiden sich mit den oben skizzierten begrenzenden Elementen der Strafwürdigkeit (Rn. 112-127).

cc) Kritik

174   Die Ausdehnung des Schutzinteresses vom positiven auf das überpositive Recht führt zu Konsequenzen, die selbst von den Anhängern der Naturrechtslehren nicht geleugnet werden. So ist resignierend festgestellt worden, dass der Rückgriff auf das Naturrecht „keinen festen Halt biete"[305], dass sich das Naturrecht oft in „unverbindlicher Deklamation" erschöpfe[306]; es ist von der „faktischen Blässe" die Rede, die mit dem unbestimmten („kontingenten") Inhalt der Naturrechtslehren in Verbindung gebracht wird. Diese Einschätzungen führen nicht nur das überschießende, in gesetzlicher Form schwer bezähmbare Moment des „Überpositiven" vor Augen, sie beschreiben auch anschaulich das allgemeine Problem der strafrechtlichen Schutzgüter: Ihr übergewichtiger Inhalt hat in sich selbst keine Barriere; er zielt auf umfassenden Schutz und ist deshalb tendenziell totalitär. So tendiert etwa die Weite des Rechtsguts „Vermögen" dazu, den halbwegs festen Boden des wirtschaftlich messbaren Schadens (ökonomischer Schadensbegriff) zugunsten der Verwendungsabsichten des Vermögensinhabers („individueller Schadenseinschlag", „Zweckverfehlung") zu verlassen[307]; der im Tatbestand des Hausfriedensbruchs (§ 123 StGB) geschützte „Hausfrieden" ist von einem übergewichtigen Umfang, der es erlaubt, seinen Sinn im Schutz der öffentlichen Ordnung, der Hausehre, der persönlichen Freiheit oder des Besitzes zu sehen[308]; das Rechtsgut der „körperlichen Unversehrtheit" in § 223 StGB umfasst über Substanzeinbußen hinaus die Zufügung von Schmerzen, Verunstaltungen und menschenunwürdige Einwirkungen auf den Körper, womit die Möglichkeit einer Umwandlung des Bezugsobjekts „Körper" in Psyche, Wille oder Freiheit eröffnet wird. [309]

175   Wohin es führt, wenn das umfängliche Eigentümerinteresse, wenn die mit dem Vermögen verknüpfte Gestaltungs- und Entscheidungsfreiheit oder das ganze Gewicht des Hausfriedens in den Tatbestand aufgenommen werden, zeigt sich an dem Wandel, den die Richtung des Tadels erfährt: Es geht nicht mehr um den Vorwurf: „Du hast eine Sache beschädigt", „Du hast einen Vermögensschaden verursacht", „Du bist widerrechtlich in eine Wohnung eingedrungen", sondern um den sehr viel weiter ausgreifenden Vorwurf: „Du hast den Willen des anderen zur Selbstverwirklichung" verletzt. Im Falle der Rechtsbeugungsvorschrift müsste die Aufnahme des überpositiven Rechts in den Tatbestand dazu führen, dass dem Richter vorgehalten wird, „Du hast das richtige, das wahre, das gerechte Recht gebeugt". Um zu verhindern, dass mit Berufung auf das Schutzgut das Strafrecht seinen Einzugsbereich beliebig offen hält, ist es unerlässlich, das Angriffsobjekt, die Angriffshandlung und den Angriffserfolg auf ein Maß zu begrenzen, das einerseits nur die besonders sozial schädlichen und gefährlichen Verhaltensweisen ins Visier nimmt und das sich andererseits zur Bestimmbarkeit der Tatbe-

---

305   Seebode, Das Verbrechen der Rechtsbeugung (1999), S. 34; Welzel, Vom irrenden Gewissen, Recht und Staat, Heft 145 (1949), S. 29.
306   LK-StGB-Spendel, 11. Aufl. (1992), § 339 Rn. 51.
307   Zur Rechtsgutsverlagerung bei den Vermögensdelikten Kargl wistra 2008, 127 mwN.
308   Kargl JZ 1999, 933 ff.
309   Kargl, Körperverletzung durch Heilbehandlung, GA 2001, 550, ders., Zur Strafbarkeit staatlich gelenkter Angriffe auf die Psyche, NJ 2017, 96.

standsmerkmale eignet.[310] Dass die Gleichsetzung von Tatobjekt und Rechtsgut für den Ausgleich zwischen Rechtssicherheit und Schutzinteresse eine denkbar schlechte Voraussetzung ist, soll nachfolgend kurz beleuchtet werden.

d) Zum Rechtsgut der geschäftsmäßigen Förderung der Selbsttötung (§ 217 StGB)

Die Vorschrift der vorsätzlichen vollendeten geschäftsmäßigen Förderung der Selbsttötung wurde mit Gesetz vom 3. 12. 2015 (BGBl. I, 2177) in das StGB (§ 217 anstelle der Privilegierung für Kindstötung) eingefügt und bezweckt, organisierte Freitodhilfe durch Sterbehilfsorganisationen, regelmäßige Freitodhilfe durch einzelne Ärzte und die Werbung für organisierte Freitodhilfe zu unterbinden.[311] Damit soll sichergestellt werden, dass die vom Gesetzgeber wahrgenommene Zunahme der Freitodhilfe zu einem Dienstleistungsangebot bei der gesundheitlichen Versorgung ein Riegel vorgeschoben wird.[312] Der Gesetzgeber nimmt an, dass die Suizidwilligen in einer Situation prekärer Selbstbestimmung durch die entsprechenden Angebote beeinflusst würden. Deshalb könne „nicht angenommen werden, auf die technische Durchführung des Suizids konzentrierte Anstrengungen bauten auf einem sicher feststehenden Selbsttötungswunsch auf."[313] Daraus resultiere ein doppelter Rechtgüterschutz: Einerseits Schutz des menschlichen Lebens, andererseits Schutz der Autonomie des Individuums vor der Gefahr der Ausnutzung der Notlage eines tödlich kranken Menschen.[314]

175a

Beide Rechtsgutsbestimmungen sind nicht geeignet, strafwürdiges Unrecht zu begründen und haben daher zu Recht heftige Kritik auf sich gezogen. Zunächst sollte klar sein, dass geschütztes Rechtsgut einer solchen Norm nicht das „Leben" sein kann: Das Interesse am „Leben" ist nicht gegen eigenverantwortliche Selbsttötungen und auch nicht gegen Handlungen zu deren Unterstützung geschützt. Davon geht auch der Gesetzgeber aus, wenn er die Straflosigkeit der Freitodhilfe, die im Einzelfall in einer schwierigen Konfliktsituation oder aus rein altruistischen Motiven gewährt wird, nicht antasten will.[315] Es ist daher unerfindlich, „wie aus der bloßen Wiederholung oder Organisation einer straflosen Handlung strafrechtliches Unrecht entsteht".[316] Was die „Ausnutzung einer Notlage" anbetrifft, sollte ebenso klar sein, dass diese als Rechtsgut nicht in Betracht kommt.[317] Sofern auf die „Selbstbestimmung" abgestellt wird, ist festzuhalten, dass die Unterscheidung in strafloser Freitodhilfe im Einzelfall und strafbarer geschäftsmäßiger Freitodhilfe nicht überzeugt. Die Behauptung, dass die Suizidhilfe etwa in der Familie lebens- und autonomiewahrend, während die geschäftsmäßi-

175b

---

310 Für die Eingrenzung der Rechtsbeugungsvorschrift ist die Bestimmung dessen, was unter der Tathandlung der „Beugung" zu verstehen ist, von entscheidender Bedeutung; dazu ausf. Kargl, Gesetzesrecht oder Richterrecht?, in: Hassemer-FS (2010), S. 856 ff.

311 Zu den verschiedenen Initiativen s. Gottwald, Die rechtliche Regulierung von Sterbehilfegesellschaften (2011); Gavela, Ärztlich assistierter Suizid und organisierte Sterbehilfe (2013); Neumann, in: ders./Prittwitz (Hrsg.), „Personale Rechtsgutslehre" und „Opferorientierung im Strafrecht" (2007), S. 95; ders. medstra 2015, 16.

312 BT-Drucks. 18/5373, 2; zum Ganzen näher NK-StGB-Saliger, 5. Aufl. (2017), § 217 Rn. 1 ff.

313 BT-Drucks. 18/5373, 11; vgl. auch Schöch/Verrel GA 2005, 582.

314 BT-Drucks. 18/5373, 12.

315 BT-Drucks. 18/5373, 3, 14.

316 NK-StGB-Saliger, 5. Aufl. (2017), § 217 Rn. 3; abl. ebenfalls Schroth GA 2006, 570; Saliger ZRP 2008, 199; ders., Selbstbestimmung bis zuletzt. Rechtsgutachten zum Verbot der organisierten Sterbehilfe (2015), S. 159; Neumann/Saliger HRRS 2006, 280; F. Neumann, Die Mitwirkung am Suizid als Straftat (2015), S. 121; Eidam medstra 2016, 19; Hoven ZIS 2016, 7; Duttge NJW 2016, 122; Roxin NStZ 2016, 186, 188.

317 Neumann, in: ders./Prittwitz (Hrsg.), „Personale Rechtsgutslehre" und „Opferorientierung im Strafrecht" (2007), S. 96; and. Schöch/Verrel GA 2005, 582.

ge Freitodhilfe stets eigeninteressiert und autonomiegefährdend sei, ist nicht belegbar. Im Gegenteil ist anzunehmen, dass die Rechtsgüter Leben und Selbstbestimmung infolge Überforderung und Eigeninteressen der Angehörigen eher in der Familie als im Umfeld der geschulten und an ethischen Grundsätzen orientierten Sterbehelfer gefährdet sind. Insoweit besteht durchaus Anlass zu der Befürchtung, dass das Gesetz den angestrebten Rechtsgüterschutz in sein Gegenteil verkehrt.[318] So bleibt als nachvollziehbarer Grund nur die sozialethische Verwerflichkeit der Handlung und die mit ihr verbundene moralische Brandmarkung einer Freitodkultur als gesellschaftspolitisch unerwünschtem Zustand.[319] Die strafrechtliche Sanktionierung sozialethisch verwerflichen Verhaltens ist jedoch weder mit der seit der Aufklärung für das rechtsstaatliche Strafrecht konstitutiven Trennung von Strafrecht und Moral noch mit der Rechtsgutstheorie vereinbar.

IV. Rechtsgut und Handlungsobjekt

1. Die Entmaterialisierungstendenz des Rechtsgutsbegriffs

176 Die aufgezeigte Weite des Inhalts hat dem Rechtsgutsbegriff nicht zu Unrecht die Charakterisierung eingebracht, dass er zur Verflüssigung, zur Vergeistigung neige.[320] Um dieser Tendenz entgegenzuwirken und dem Verbrechensbegriff eine festere Kontur zu verleihen, versuchte die Lehre vom Rechtsgut schon früh, begrifflich streng zwischen Rechtsgut und Tat- oder Handlungsobjekt (Angriffsobjekt) zu unterscheiden, z.B. das Eigentum von der fremden Sache (§§ 242, 303 StGB), die Sicherheit und Zuverlässigkeit des Geldverkehrs vom gefälschten Geldschein (§ 146 StGB), die Verlässlichkeit und Verfügbarkeit im Rechtsverkehr von der Urkunde (§§ 267 ff. StGB), die körperliche Unversehrtheit vom menschlichen Körper (§ 223 StGB).[321] Obwohl es im Strafrecht nicht auf den Schutz der „Sache", des „Geldscheins" oder der „Wohnung" als solche ankommt, sondern um das menschliche Interesse, das hinter den empirischen Substraten steht[322], bedarf es einer pragmatischen Strategie, die das Schutzgut (das immaterielle Interesse) zum Zweck der Rechtssicherheit und Tatbestandsbestimmtheit in eine materiell fassbare Form gießt. Dies gelingt allerdings bei jenen Rechtsgütern mehr schlecht als recht, die mit keinerlei materiellen Substraten in Verbindung gebracht werden können, wie etwa die Beispiele der ungestörten sexuellen Entwicklung des Kindes (Rn. 163) oder auch die Freiheit der Willensbildung (§ 240 StGB) zeigen. Hier ist die Definition des Rechtsguts vom geschützten realen Zustand weitgehend abgelöst und fast vollständig auf den „abstrakten" oder „ideellen" Wert bezogen. So sah sich bereits Birnbaum, der den Rechtsgutsbegriff auf „Personen" und „Sachen" zu konzentrieren versuchte, am Ende dazu veranlasst, auch „rechtlich zustehende" Güter sowie die sitt-

---

318 Kubiciel ZIS 2016, 401; Weigend/Hoven ZIS 2016, 687; Freund/Timm GA 2012, 492.

319 Vgl. Roxin NStZ 2016, 186; BeckOK-StGB/Oglakcioglu, § 217 Rn. 1; SSW-StGB/Momsen, 3. Aufl. (2017), § 217 Rn. 1.

320 Hierzu Krüger, Die Entmaterialisierung beim Rechtsgutsbegriff (2000), S. 62, 81, 94; Amelung, Rechtsgüterschutz und Schutz der Gesellschaft (1972), S. 91; ders., in: Hefendehl/v. Hirsch/Wohlers (Hrsg.), Die Rechtsgutstheorie (2003), S. 173; An, Vorfeldkriminalisierung in der Risikogesellschaft (2016), S. 59.

321 Allg. anerkannt; vgl. Baumann/Weber/Mitsch/Eisele, Strafrecht AT, 12. Aufl. (2016), § 2 Rn. 10; Stratenwerth/Kuhlen, Strafrecht AT, 6. Aufl. (2011), § 9 Rn. 12; Jescheck/Weigend, Strafrecht AT, 5. Aufl. (1996), § 26 I; Maurach/Zipf, Strafrecht AT 1, 7. Aufl. (1987), § 19 Rn. 14; Roxin, Strafrecht AT 1, 4. Aufl. (2006), § 2 Rn. 65 ff.

322 Vgl. zur Interessenverletzung Papageorgiou, Schaden und Strafe (1994), S. 106; Kargl ARSP 1996, 489 ff.

lichen Vorstellungen einer Gesellschaft in seinen Rechtsgutsbegriff aufzunehmen.[323] Entsprechende Verwirrung stiften diese Tatbestände, wenn es um die Auslegung von Tatbestandsmerkmalen geht.

2. Rechtsgut als Auslegungsfaktor

Die vorstehenden Beispiele sollten verdeutlicht haben, dass die Rolle des Rechtsgutsfaktors bei der Auslegung von Tatbestandsmerkmalen nicht überschätzt werden darf. Werden Tathandlungen und Tatobjekte unbesehen in den Dienst der Rechtsgutsbestimmung gestellt, dann verblassen unter dem Druck ideeller Vorgaben die tatbestandlichen Merkmale, denen üblicherweise der allgemeine Sprachgebrauch Grenzen setzt. Versteht man z.B. hinter dem Tatobjekt „Körper" einen ideellen leistungs- und gemeinschaftsbezogenen Wert, dann bedeutet „Leiblichkeit" in erster Linie Tauglichkeit zur Erfüllung sozialer Pflichten und zur Schaffung allgemeiner Werte.[324] Der Körper verdient in dieser Sicht Schutz als Träger einer sozialen Funktionstüchtigkeit, über die das Gemeinwohl wacht. Selbst Substanzverletzungen, die dem sozialen Ganzen und der Leistungsfähigkeit nutzen, müssten folglich den Anwendungsbereich der Körperverletzungsdelikte sprengen. Vor einseitigen Vereinnahmungen – etwa im Wege einer ärztlichen Zwangsbehandlung[325] – wäre dann der „menschliche Körper" nicht gefeit.[326] Der Begriff „Körper" enthält selbst keine Barriere gegenüber antiquierten Gemeinschaftsideologien. Vor allem gibt er keine Auskunft über das Wozu und das Warum der strafrechtlichen Bewährung. Dass diese Frage nicht identisch mit der Frage nach dem „Was" und „Wie" der Tatbestandsbeschreibung ist, macht die Notwendigkeit der Differenzierung zwischen Tatobjekt und Rechtsgut aus. Gleiches gilt für das Rechtsgut „Leben". Je nachdem, ob man bei den Tötungsdelikten (§§ 212 ff. StGB) nur fremdes Leben geschützt sehen will oder ob man einen umfassenden Lebensschutz anstrebt, fällt das Urteil über die Strafwürdigkeit des (versuchten) Suizids verschieden aus: Die individualbezogene Wertung des Lebens wird die Tatbestandslosigkeit befürworten, während aus der gemeinschaftsbezogenen Wertung die prinzipielle Rechtswidrigkeit abgeleitet wird (s. auch Rn. 175 a, b). Reduziert man nach dieser Methode die Bedeutung des Rechtsguts im Strafrecht auf ihre Funktion als Auslegungsfaktor, dann lässt sich das Tatobjekt umstandslos in den Dienst des Rechtsguts stellen und von vornherein ideellen Vorgaben unterordnen. Für die Körperverletzungs- und Tötungsdelikte käme dann eine Umwandlung der Bezugsobjekte „Körper" und „Leben" in Psyche, Wille, Freiheit oder Gemeinschaftsgut in Betracht.

3. Rechtsgut im Kontext der Regelung

Um zu verhindern, dass der Hinweis auf den „materialen" Unwert einer Straftat die Auslegungsschranke des Wortsinns überspielt, ist sorgfältig darauf zu achten, woraus die Rechtsgutsbestimmung abgeleitet wird. Hält sich die Interpretation an eine Präambel, an einleitende Vorschriften (z.B. § 1 BauGB) oder an Abschnittsüberschriften (z.B.

177

178

---

323 Birnbaum ArchCrimR NF 1 (1834), S. 178, 183; zit. bei NK-StGB-Hassemer/Neumann, 5. Aufl. (2017), vor § 1 Rn. 123.

324 LK-StGB-Nagler/Schäfer, 6./7. Aufl. (1951), vor § 223 Anm. 11; Sauer, System des Strafrechts, BT (1954), S. 278.

325 Hierzu mit zahlreichen Nachweisen Kargl GA 2001, 538, 546 ff.

326 Zur Einebnung der Verschiedenheit von Körperverletzungsdelikten und Freiheitsdelikten, wenn Tatobjekt und Rechtsgut nicht auseinander gehalten werden, vgl. Hirsch, in: Welzel-FS (1974), S. 782; ders., in: Zipf-GS (1999), S. 353, 363.

der 15. Abschn., der auf Persönlichkeits- und nicht auf Vermögensschutz abhebt), dann ist die Zwecksetzung unmittelbar im Regelungskomplex verankert (Rn. 616). Normstrukturell weniger abgesichert ist die Bestimmung von Rechtsgütern, die sich aus historischen Kontexten ergeben (Rn. 622). So reicht offenkundig beim Tatbestand der Beleidigung (§ 185 StGB) die Berücksichtigung eines Zwecks bzw. Rechtsguts allein nicht aus, um die Vorschrift zu konkretisieren.[327] Die geringste Bedeutung sollten teleologische (auf Zwecke abstellende) Argumente haben, die ihre Stütze allein aus allgemeinen oder rechtspolitischen Überlegungen herleiten (Rn. 631). Da es sich hierbei um Entscheidungskriterien handelt, über deren Inhalt lediglich der Interpret befindet, vermag die insoweit mit der objektiv-teleologischen Methodik verschmolzene schutzgutorientierte Auslegung weder Zuverlässigkeit noch Vorhersehbarkeit der Rechtsanwendung zu vermitteln. Letztlich entscheidend für die Ableitung der Rechtsgutsbestimmung ist aber nicht deren Bezogenheit auf einen bestimmten Tatbestand, sondern die Antwort auf die Frage, warum bestimmte Zustände, Dinge, Handlungen und Ereignisse positiv bewertet werden. Diese Frage lenkt die Schutzrichtung auf personale Interessen, um derentwillen bestimmte Güter als schutzwürdig ausgezeichnet werden (Rn. 186).

V. Individuelle und überindividuelle Rechtsgüter

1. Individualrechtsgüter

179 Bei der positiven Bewertung bestimmter Zustände und Handlungen spielt die Unterscheidung zwischen zwei Typen von Rechtsgütern eine erhebliche Rolle. Auf der einen Seite kennt das Strafrecht Rechtsgüter des einzelnen (Individualrechtsgüter), deren Unverzichtbarkeit für eine menschenwürdige Existenz wohl kaum einem Zweifel unterliegen und daher strafrechtlichen Schutz verdienen. Diese Güter können zum Teil aus den an die Spitze der Verfassung gestellten Grundrechten (Art. 1 ff. GG) abgeleitet werden. Dementsprechend sind z.B. die in Art. 2 Abs. 2 S. 1 GG garantierten Güter Leben und körperliche Unversehrtheit in §§ 211 ff. und 223 ff. StGB, die Fortbewegungsfreiheit (Art. 2 Abs. 2 S. 2 GG) und die allgemeine Entfaltungsfreiheit (Art. 2 Abs. 1 GG) in den Vorschriften der §§ 239 und 240 StGB sowie das Eigentum (Art. 14 GG) in den Normen §§ 242, 246, 303 StGB mit strafrechtlichem Schutz versehen. Weitere Beispiele bilden Vorschriften, welche Angriffe auf die Ehre (§ 185 StGB), das Hausrecht (§ 123 StGB) und den persönlichen Lebens- und Geheimbereich (§§ 201 ff. StGB) unter Strafe stellen.

2. Universalrechtsgüter

180 Auf der anderen Seite schützt das Strafrecht auch wichtige Belange der Allgemeinheit, die überindividuellen Rechtsgüter oder sog. Universalrechtsgüter. Zu ihnen gehören namentlich das friedliche Zusammenleben der Völker (§§ 80 f. StGB), der Bestand der Bundesrepublik Deutschland (§§ 81 StGB), der verfassungsmäßigen Ordnung (§§ 84 ff. StGB) und einzelner Staatsgewalten (§§ 105, 113 StGB). Andere überindividuelle Rechtsgüter sind etwa der Rechtsverkehr mit Urkunden, der in § 267 StGB gegen Fälschungen schützt, die Sicherheit des Straßenverkehrs (§§ 315 b, 315 c StGB), ökologische Güter, deren Schutz dem Wasser, der Luft und dem Boden gilt (§§ 324 ff. StGB)

---

327 Zur Modifizierung der Beleidigungsdelikte im Sinne von Äußerungsdelikten vgl. NK-StGB-Zaczyk, 5. Aufl. (2017), vor § 185 ff. Rn. 16; Kargl, in: Wolff-FS (1998), S. 189 ff.

oder der familienrechtliche Status, der in den Normen der Personenstandsfälschung (§ 169 StGB) und dem Verbot der Doppelehe (§ 172 StGB) geschützt wird. Über die Schutzwürdigkeit der betreffenden Rechtsgüter besteht weitgehend Einhelligkeit:[328] Es sei Aufgabe des Staates sowohl die Rechte eines anderen, als auch Institutionen, soziale Einheiten oder Funktionen zu schützen.[329] Diese Ausdehnung der Aufgabenstellung ist zweifellos unter dem Gesichtspunkt einsichtig, dass der Mensch ein vergesellschaftetes Wesen ist, das seine Interessen und Güter nur in Gemeinschaft mit anderen, und das heißt in gesellschaftlichen und staatlichen Institutionen (Wirtschaft, Beamtenschaft, Rechtspflege, Schulen, Familie usw.) wahren und verwirklichen kann.[330]

3. Disponibilität der Rechtsgüter

Die Aufspaltung in individuelle und kollektive Rechtsgüter ist unerlässlich für die Beantwortung der Frage, ob eine Person in die Verletzung eines Rechtsguts rechtswirksam einwilligen kann und wer sich gegen einen Angriff auf „sein" Rechtsgut verteidigen darf.[331] Die rechtfertigende Wirkung entfaltet eine Einwilligung aber nur, wenn das jeweils betroffene Rechtsgut in der Disposition desjenigen steht, der einwilligt und verteidigt, wenn also der verwirklichte Tatbestand dem Schutz eines verzichtbaren (disponiblen) Individualrechtsguts dient.[332] Über Rechtsgüter der Allgemeinheit (z.B. Sicherheit des Straßenverkehrs) kann dagegen der Einzelne nicht wirksam verfügen. Im Falle des höchstpersönlichen Rechtsguts „Leben" hält das geltende Recht wegen der mitberührten fundamentalen öffentlichen Interessen ebenfalls daran fest, dass der Einzelne nicht per Einwilligung über sein Leben verfügen darf (§ 216 StGB).[333] Die aktive Tötung eines Schwerstkranken oder Sterbenden (aktive Sterbehilfe) ist also nach deutschem Recht selbst dann strafbar, wenn sie auf ausdrücklichem Wunsch des Betroffenen erfolgt, um diesem unerträgliches Leid zu ersparen (Rn. 175 a).[334]

181

4. Problem der doppelten Schutzrichtung

Die Frage der Disponibilität des Rechtsguts bereitet Schwierigkeiten, wenn der Tatbestand sowohl dem Schutz des Einzelnen als auch der Allgemeinheit dienen soll. Einer in dieser Hinsicht praktisch wichtigen Tatbestände ist § 315 c StGB (Straßenverkehrsgefährdung), der nach h.M nicht nur Leib und Leben des einzelnen Verkehrsteilnehmers, sondern auch die Sicherung des Straßenverkehrs und damit der Allgemeinheit bezwecke.[335] Im Falle des Beifahrers, der sich zu einem angetrunkenen Autofahrer in den Wagen setzt und bei einem anschließenden Unfall verletzt wird, hält der BGH die Einwilligung für bedeutungslos: Der Gefährdete könne „über das Rechtsgut der Ver-

181a

328 Jescheck/Weigend, Strafrecht AT, 5. Aufl. (1996), S. 259; Maurach/Zipf, Strafrecht AT, 7. Aufl. (1987), § 19 Rn. 10; Otto, Grundkurs Strafrecht, 7. Aufl. (2004), § 1 Rn. 33; Wessels/Beulke/Satzger, Strafrecht AT, 47. Aufl. (2017), § 1 Rn. 7; diff. Stratenwerth/Kuhlen, Strafrecht AT, 6. Aufl. (2011), § 2 Rn. 7 ff.

329 Umf. zu den Universalrechtsgütern Hefendehl, Kollektive Rechtsgüter im Strafrecht (2002); Anastasopoulou, Delikttypen zum Schutz kollektiver Rechtsgüter (2005).

330 NK-StGB-Hassemer/Neumann, 5. Aufl. (2017), vor § 1 Rn. 138.

331 Näher Roxin, Strafrecht AT I, 4. Aufl. (2006), § 13 Rn. 33.

332 S/S-Lenckner/Sternberg-Lieben, StGB, 29. Aufl. (2014), vor §§ 32 ff. Rn. 36; Weigend ZStW 98 (1986), S. 48.

333 Kargl, Aktive Sterbehilfe im Zugriff der volkspädagogischen Deutung des § 216 StGB, in: Institut für Kriminalwissenschaften und Rechtsphilosophie Frankfurt a.M. (Hrsg.), Jenseits des rechtstaatlichen Strafrechts (2007), S. 379.

334 Diskussion der Legitimation des § 216 StGB und weitere Nachweise bei NK-StGB-Neumann/Saliger, 5. Aufl. (2017), § 216 Rn. 1 ff.

335 Fischer, StGB, 65. Aufl. (2018), § 315 b Rn. 2; Lackner/Kühl/Heger, StGB, 29. Aufl. (2018), § 315 c Rn. 1; Paul, Zusammengesetztes Delikt und Einwilligung (1998), S. 75.

kehrssicherheit nicht verfügen. Seine Einwilligung hat grundsätzlich nur dort rechtliche Bedeutung, wo er alleiniger Träger des geschützten Rechtsguts ist und dieses seiner Disposition unterliegt" (BGHSt 23, 263). Diese Entscheidung ist mit Recht diskussionswürdig, da sich die schwierige Frage stellt, welchem der Rechtsgüter der Vorzug gebührt.[336]

181b   Die Frage stellt sich freilich von vornherein nicht, wenn sich die Ausweitung der Schutzrichtung auf Kollektivrechtsgüter vermeiden lässt. Ein instruktives Beispiel liefert die Rechtsgutsbestimmung der §§ 201 – 206 StGB (Verletzung des persönlichen Lebens- und Geheimbereichs). Nach verbreiteter Ansicht fundiert die Legitimation dieser Vorschriften in der Erkenntnis, dass ohne die Freiheit der Bestimmung darüber, welche Informationen in welche Sektoren der gesellschaftlichen Umwelt gelangen, eine individuelle Identität nicht ausgebildet werden kann.[337] Rechtsgut der §§ 201 ff. StGB ist danach die individuelle Eigensphäre in ihrer speziellen Ausformung als informationelle Dispositionsbefugnis.[338] Ungeachtet dieser Grundausrichtung gehen zahlreiche Autoren[339] davon aus, dass die Tatbestände der §§ 201 ff. StGB teilweise auch dem Schutz von Kollektivrechtsgütern diene, so etwa § 206 StGB, der auch dem Vertrauen der Allgemeinheit in das ordnungsgemäße Funktionieren des Post- und Fernmeldeverkehrs diene.[340] Dem ist entgegen zu halten, dass mit der Privatisierung dieser Dienstleistungen im Dezember 1997 der Angriff auf das informationelle Verfügungsrecht als Amtsdelikt beseitigt wurde.[341] Infolgedessen kann die Geheimhaltungspflicht nicht mehr mit der besonderen Vertrauenswürdigkeit derjenigen Personen erklärt werden, welche die betreffenden Berufe ausüben. In der Sache geht es bei § 206 StGB ebenfalls darum, den Angriffsobjekten (Briefen etc.) deshalb strafrechtlichen Schutz zu gewähren, weil die potentiell Geschädigten in ihren Abwehrmöglichkeiten eingeschränkt sind. Es ist also nicht die besondere Zuverlässigkeit bestimmter Berufsgruppen, die Menschen veranlasst, die eigene Privatsphäre zu lockern, sondern die schiere Angewiesenheit auf deren Dienstleistungen. Unter diesem Aspekt behält das Interesse am Schutz der individuellen Verfügung über eigene Informationen die Oberhand gegenüber Allgemeininteressen, deren Ausdehnungspotential in Richtung abstrakter Gefährdungstatbestände, in Richtung der Vernachlässigung des Verletzungszusammenhangs von Handlung und Rechtsgut (Rn. 145, 162) kaum zu bändigen ist. Es besteht somit aller Anlass, die Vorschriften näher daraufhin zu untersuchen, ob es sich bei den festgestellten Gemeinschaftsgütern in Wahrheit nicht um den Reflex des Schutzes von Individualinteressen handelt.

---

336   Gegen die Entscheidung des BGH Roxin, Strafrecht AT, 4. Aufl. (2006), § 23 Rn. 35: § 315 c verlange ausdrücklich neben der gefährlichen Fahrweise eine konkrete Individualgefährdung. Wenn diese durch Einwilligung gedeckt sei, bleibe nur eine abstrakte Gefährdung übrig, die aber für die Tatbestandserfüllung nicht mehr ausreiche.

337   AK-Podlech, GG, 2. Aufl. (2001), Art. 1 Rn. 39; vgl. zum „schwer zu bestimmenden" Begriff des allgemeinen Persönlichkeitsrechts Kühl, in: Bosch/Bung/Klippel (Hrsg.), Geistiges Eigentum und Strafrecht (2011), S. 116, 136.

338   NK-StGB-Kargl, 5. Aufl. (2017), vor §§ 201 ff. Rn. 5; ähnl. SK-StGB-Hoyer, 8. Aufl. (2012), vor §§ 201 ff. Rn. 1-3; LK-StGB-Schünemann, 11. Aufl. (1992 ff.), vor §§ 201 ff. Rn. 4; Weidner-Braun, Der Schutz der Privatsphäre und des Rechts auf informationelle Selbstbestimmung (2012).

339   S/S-Lenckner/Eisele, StGB, 29. Aufl. (2014), vor §§ 201 ff. Rn. 2; Lackner/Kühl/Heger, StGB, 29. Aufl. (2018), vor §§ 201 ff. Rn. 1.

340   BGH NJW 1968, 2290; Eser ZStW 97 (1985), S. 41; Fischer, StGB, 65. Aufl. (2018), § 206 Rn. 1; LPK-StGB/Kindhäuser, 7. Aufl. (2017), § 206 Rn. 1; krit. zum Vertrauen als Rechtsgut Kargl, in: Neumann/Prittwitz (Hrsg.), „Personale Rechtsgutstheorie" und „Opferorientierung im Strafrecht" (2007), S. 41; ders. NJ 2017, 53.

341   A/W/H-Hilgendorf, Strafrecht BT, 2. Aufl. (2009), § 8 Rn. 28.

5. Die dualistische Position

Bis heute in der Diskussion ist die Frage, ob die zwei Typen von Rechtsgütern unverbunden nebeneinander existieren oder ob sie in einer Wechselwirkung stehen, wobei dann zu klären ist, welche der beiden Rechtsgutstypen den Ton angibt.[342] Die dualistische Lehre will es bei der Unterscheidung belassen und die beiden Säulen je nach Herkunft und Folgen eigenständig behandeln. Diese Auffassung kann für sich beanspruchen, dass sie infolge der klaren Trennung zwischen den Sphären des Individuellen und des Überindividuellen imstande ist, einen jeweils unvermischten und vergleichsweise präzisen Begriff des Rechtsguts zu entwickeln. Die Eindeutigkeit geht aber auf Kosten der praktischen Wirkung. Da ein gemeinsamer Oberbegriff – „der begriffliche Schlussstein über den beiden Säulen"[343] – fehlt, ist die dualistische Abspaltung von Universal- und Individualrechtsgütern der Anstrengung enthoben, einen konsistenten Begriff des Rechtsguts zu entwickeln, der die Aufgabe des Strafrechts einheitlich bestimmt.[344] Solange hinsichtlich des Gegenstands der Schutzaufgabe – Individuum oder Staat – nicht eindeutig Farbe bekannt wird, bleibt der Rechtsgutsbegriff letztlich vage und deshalb kriminalpolitisch folgenlos.

182

6. Monistische Positionen

a) Monistisch überindividuelle Rechtsgüter

aa) Vergemeinschaftung der Interessen

Für den „Monisten" eröffnen sich zwei Wege: Er kann die Rechtsgüter entweder vom Staat her oder von der Person her konzipieren. Die Funktionalisierung der Rechtsgüter von den Interessen der Allgemeinheit her war vom Beginn der Neuzeit an vorherrschend und wurde erst mit der Aufklärung durch personale Konzeptionen abgelöst.[345] Ihre Attraktivität für Bestrebungen, den Staat als eigenständiges, über die Menschen nicht vermitteltes Rechtsgut anzuerkennen, ist aber nie ganz erloschen und erfährt in Zeiten einer sich verdichtenden und dadurch gegenüber Schädigungen anfälliger gewordenen Vergesellschaftung, in Zeiten eines wachsenden Steuerungsbedürfnisses des Massenverkehrs und der Informationsverarbeitung, in Zeiten einer zunehmenden Belastung der Umwelt etc. den steten Anreiz, Institutionen und soziale Funktionen dem Einzelnen überzuordnen (Rn. 181 b).

183

Wer individuelle Interessen ganz im Dienst von Gütern der Gesellschaft und des Staates sieht, erkennt als strafrechtlich schutzwürdig zwangsläufig nur Universalrechtsgüter an. In dieser Sicht sind dann auch klassische Individualrechtsgüter wie „Leben" und „Körper" nur als Rechtsgüter legitimiert, sofern sie zur Erfüllung sozialer Pflichten taugen (Rn. 177)[346]; ebenso kann aus dieser Perspektive der individuell Verfügungsberechtigte als Träger des Rechtsguts „Eigentum" durch das Interesse der Gesellschaft an Ästhetik und Gemeinschaftsgefühl ergänzt oder ganz abgelöst werden (Rn. 170, 171); beim Besitzverbot des Dopings geht es nicht mehr um den Schutz der

184

---

342 Dazu bereits Hassemer, Theorie und Soziologie des Verbrechens (1973), S. 68 ff.
343 NK-StGB-Hassemer/Neumann, 5. Aufl. (2017), vor § 1 Rn. 128 sowie nachfolgende Belege.
344 Tiedemann, Tatbestandsfunktionen im Nebenstrafrecht (1969), S. 119.
345 Vgl. Honig, Die Geschichte des Einwilligungsproblems und die Methodenfrage (1919), S. 115; Oetker ZStW 17 (1897), S. 508; Hegler ZStW 36 (1915), S. 28; wohl auch Weigend ZStW 98 (1986), S. 44; Jescheck/Weigend, Strafrecht AT, 5. Aufl. (1996), § 26 I 4.
346 Krit. zum Rechtsgut der „Volksgesundheit" im Betäubungsmittelstrafrecht Köhler ZStW 104 (1992), S. 27; Böllinger KJ 1991, 393; Haffke ZStW 107 (1995), S. 761.

Gesundheit des Sportlers, sondern um die Integrität des Sports (Rn. 161); beim Besitzverbot kinderpornographischer Schriften steht nicht mehr die Entwicklung des Kindes im Fokus, sondern der Schutz der sittlichen Vorstellung, dass man „so etwas nicht tut" (Rn. 165).

bb) Antiliberale Staatskonzeption

185   Gegen eine solche „Vergemeinschaftung" individueller Rechtsgüter ist ersichtlich auch ein rechtsstaatliches Gemeinwesen nicht gefeit, in totalitären Systemen ist sie Staatsdoktrin (Rn. 396). Der nationalsozialistische Staat, der das selbstbestimmte Individuum vollständig seiner Ideologie der Volksgemeinschaft und dem Führerprinzip untergeordnet hat, ging den weitesten Schritt zur Zersetzung eines liberalen und limitierenden Rechtsgutskonzepts.[347] Die Verordnung gegen Volksschädlinge vom 5.9.1939 ordnete u.a. die Todesstrafe gegen Personen an, die eine besonders verwerfliche Straftat gegen das gesunde Volksempfinden begangen haben. Damit erstreckt sich der Anwendungsbereich des Strafrechts nicht mehr nur auf die Verletzung einzelner bestimmbarer Rechtsgüter, sondern auf die Verletzung eines einzigen zentralen Straftatbestands. Nach Freisler, der die Novelle vorbereitet hat, hätte sich die Strafwürdigkeit danach zu richten, „ob die Willensrichtung des vor dem Richter Stehenden schuldhaft dem entgegengesetzt war, und dem sich entgegengesetzt betätigt hat, was die Volksgemeinschaft von einem ordentlichen Volksgenossen verlangt."[348] In dasselbe Horn bläst die Denkschrift des preußischen Justizministers (1933), S. 7: „Und so erscheint auch uns Nationalsozialisten das Unrecht nicht äußerlich als Zuwiderhandlung gegen einen Gesetzesbefehl; das Unrecht ist uns der Angriff auf die Volksgemeinschaft, der Verstoß gegen die Grundlagen des völkischen Lebens." Der Richter sollte hiernach auf einer höheren und die Politik eigentlich interessierenden Ebene feststellen, ob ein Verstoß gegen die völkische Sittlichkeit vorliegt.[349] Soweit Rechtsgüterschutz und strafrechtliche Gesetzlichkeit daneben weiterhin noch existierten, dienten sie primär der Kontrolle der Richterschaft; ansonsten gewährleisteten sie eine flexible und der jeweiligen Situation angepasste Strafmöglichkeit.

b) Monistisch individuelle Rechtsgüter

aa) Personenbezogene „Interessen"

186   Die Alternative zur sozial konzipierten Rechtsgutlehre bezieht die Schutzrichtung auf Personen, um derentwillen bestimmte Zustände, Handlungen und Ereignisse positiv bewertet werden („personale Rechtsgutlehre").[350] Die Personenabhängigkeit von Rechtsgütern ist trotz allem Schillern des Begriffs Rechtsgut immer noch am besten durch das Wort „Interesse" bezeichnet. Nur Personen können Interessen haben, da nur sie über Selbstbewusstsein verfügen und ihre Wirklichkeit gemeinsam mit anderen durch das Medium der Sprache aufbauen, sich Ziele setzen und demgemäß auch han-

---

347   Exemplarisch Schinnerer ZStW 55 (1936), S. 775, der hier die „Überwindung" der individuellen Freiheitssphäre und formellen Rechtssicherheit als Errungenschaft der NS-Zeit preist; ebenso Dahm JW 1934, 1176; Henkel, Strafrichter und Gesetz (1934), S. 23 ff.; Wilke, Die Bedeutung des § 2 (1938), S. 4.

348   Freisler, in: Denkschrift des Zentralausschusses (1934), S. 10, f.; ders., Deutsches Strafrecht I (1935), S. 4 ff.; siehe zum Ganzen Rüping GA 1984, 297.

349   Ausführlich zum historischen Ablauf und den damaligen Streitpunkten Epping, Der Staat 34 (1995), S. 245 ff.

350   Das Konzept der personalen Rechtsgutlehre ist maßgeblich von W. Hassemer entwickelt worden; vgl. in: ders., Strafen im Rechtsstaat (2000), S. 160 ff.; NK-StGB-Hassemer, 1. Aufl. (1994), vor § 1 Rn. 274 ff.

deln können.[351] Interessen-Haben ist somit eine Funktion dieser Eigenschaften. Die Bedeutung für bestimmte Personen stattet die Interessenhypothese zudem mit guten Argumenten gegen die oft beklagte Idealisierung (Vergeistigung, Abstraktion) des Rechtsguts aus (Rn. 146). Würde man z.b. das Interesse am „Leben" als ein „spirituell Allgemeines", als das „Menschenleben überhaupt" auffassen, das sich in bestimmten Personen bloß verkörpert, so hätte man ein Abstraktum „Interesse" oder die „Menschengattung als solche" zum Gegenstand des Schutzes erhoben.[352] Nach dieser Maßgabe wäre die Einwirkung auf Leib und Leben für die eigenen Interessen irrelevant. Richtigerweise ist jedoch das „Menschenleben überhaupt", wie Amelung[353] mehrfach betont, „nichts anderes als die Klasse aller individuellen Menschenleben" und diese Einzelindividuen haben ein begründbares Interesse daran, dass die Basis der personalen Entwicklung nicht grundsätzlich in Frage gestellt wird. Gleiches gilt für das Interesse an körperlicher Unversehrtheit und körperlicher Unberührtheit. Müsste man jederzeit mit einer Missachtung der Unantastbarkeit des Körpers rechnen, wäre die Grundvoraussetzung der Lebensplanung zerstört. Im Kontext der Rechtsgüterbestimmung übernimmt der Interessenbegriff daher die Funktion der begründenden Basis moralischer sowie rechtlicher Ansprüche und Verpflichtungen.[354] Mit der Berufung auf ein wohlbegründetes Interesse kann man darlegen, warum man überhaupt ein Recht hat, warum dem Körper, der Wohnung, der Freiheit, dem Eigentum etc. ein Wert zukommen soll, der einen Anspruch auf Achtung legitimiert und warum ein grundlegendes Interesse daran besteht, selbst darüber befinden zu können, unter welchen Umständen die Rechtsgüter angetastet werden.[355]

bb) Über Personen vermittelte Allgemeininteressen

Aufgrund der vorausgesetzten Personenabhängigkeit der Rechtsgüter werden auch die Güter der Gesellschaft und des Staates zu den Gütern des Individuums in eine Ableitungsbeziehung gesetzt: Gemeinschaftsgüter sind nur insoweit als strafrechtlich schutzwürdig anerkannt, als sie vom Menschen her konzipiert sind.[356] Umweltdelikte sind hiernach im strengen Sinn keine Verletzungsdelikte, die das Rechtsgut „saubere Umwelt" tangieren[357], sondern Gefährdungsdelikte hinsichtlich Gesundheit und Leben.[358] Der Tatbestand der Volksverhetzung (§ 130 StGB) schützt aus Sicht der personalen Rechtsgutlehre nicht den „öffentlichen Frieden" um seiner selbst willen, sondern die einzelnen Individuen, die vom Staat erwarten dürfen, dass der soziale Konflikt von der Ebene brutaler Gewalt auf die Stufe der geläuterten Gewalt des Staates gehoben

187

---

351 Zum rechtsphilosophischen Begriff der Person vgl. Radbruch, Rechtsphilosophie, 8. Aufl. (1973), S. 225; Arthur Kaufmann, in: ders., Rechtsphilosophie im Wandel, 2. Aufl. (1984), S. 203.

352 Die Ablehnung von Euthanasie und Suizid gründet häufig auf der Überzeugung, dass das menschliche Leben nicht Eigentum des Menschen sei, der es lebt, sondern Eigentum Gottes, womit Selbstmord eine Art Unterschlagung darstelle; näher dazu Dworkin, Die Grenzen des Lebens (1994), S. 295 ff.

353 Amelung, Rechtsgüterschutz und Schutz der Gesellschaft (1972), S. 175.

354 Papageorgiou, Schaden und Strafe (1994), S. 106; Kargl ARSP 1996, 489; ders. GA 2001, 552.

355 S. auch Alexy, in: Internationales Jahrbuch für Rechtsphilosophie und Gesetzgebung (1989), S. 59.

356 So entschieden Marx, Zur Definition des Begriffs „Rechtsgut" (1972), S. 79; ähnl. Otto, in: Müller-Dietz (Hrsg.), Strafrechtsdogmatik und Kriminalpolitik (1971), S. 5; Roxin, Strafrecht AT 1, 4. Aufl. (2006), § 2 Rn. 11.

357 So aber Triffterer, Umweltstrafrecht (1980), S. 34, 70; Schünemann, in: Triffterer-FS (1996), S. 452; ders. GA 1995, 205; hiergegen auch MüKo-StGB-Joecks, 2. Aufl. (2011), Einl. 37; ausf. zur Diskussion NK-StGB-Ransiek, 5. Aufl. (2017), vor § 324 Rn. 7 ff.

358 NK-StGB-Hassemer/Neumann, 5. Aufl. (2017), vor § 1 Rn. 137.

wird.[359] Nur wenn Gemeinschaftsgüter auf ein personales Interesse zurückführbar sind, kann einsichtig gemacht werden, warum sie geschützt werden müssen; zugleich fordern sie als bloße Gefährdungen von Individualinteressen den Gesetzgeber dazu auf, die entsprechenden Tathandlungen und den Taterfolg – wenn überhaupt – mit gebotener Zurückhaltung zu formulieren. Eine allzu großzügige Handhabung von (abstrakten) Gefährdungsdelikten und sog. Eignungsdelikten – wie dies z.B. im Bereich des Abusus von Betäubungsmitteln geschieht (Stichwort: „Volksgesundheit"; Rn. 184) – ist also unter dem Leitgesichtspunkt der personalen Lehre vom Rechtsgut nicht angezeigt. Eine soziale oder etatistische Lehre setzt dagegen andere Prioritäten hinsichtlich der Rangfolge von Rechtsgütern und der Konsequenzen für deren strafrechtlichen Schutz.

VI. Folgerungen für die strafrechtliche Gesetzlichkeit

188   Versteht man – wie hier – unter einem Rechtsgut das strafrechtlich schutzbedürftige menschliche Interesse, so ist damit noch kein Begriff gewonnen, aus dem deduktiv sämtliche Anwendungsfälle und sämtliche Vernunftgründe (rationes legis) für den Gesetzgeber abgeleitet werden könnten. Rechtsgüter werden nicht einfach entdeckt; es „gibt" sie nicht, so wie man in der Alltagskommunikation Dinge oder Zustände für wirklich hält; sie kommen wie etwa die Institutionen des Eigentums, der Ehre und der Gesundheit durch gesellschaftliche Verständigung zustande, sie sind historisch und geographisch relativ.[360] Es hat sich gezeigt, dass Rechtsgutsbestimmungen als zu eng (Rn. 147) und als zu weit (Rn. 167) kritisiert werden können. Wegen der offenkundigen Relativität seiner Eigenschaften lassen sich aus dem Rechtsgutsbegriff keine eindeutigen Handlungsanweisungen an die Kriminalpolitik und das Strafrecht ableiten; der Topos Rechtsgut zwingt weder zu einer bestimmten Entscheidung noch zu einer bestimmten Normanwendung. Dennoch ist die Hervorhebung der Verletzung eines bestimmten Rechtsguts außerordentlich wertvoll, weil sie über die argumentative Potenz verfügt, eine am Menschen orientierte, nachprüfbare und durchsichtige Kriminalpolitik und Strafrechtsanwendung zu stützen. „Mehr kann man" – so das nüchterne Fazit von Hassemer und Neumann[361] – „von rechtlichen Fundamentalprinzipien nicht erwarten".

E. Zusammenfassung

I. Rechtsgüterschutz

189   Die Berufung auf die Schutzbedürftigkeit des fraglichen Rechtsguts ist noch keine hinreichende (wohl aber eine notwendige) Bedingung für die Kriminalisierung eines bestimmten Verhaltens ist. Um den Kriterien der Strafwürdigkeit zu genügen, bedarf das Rechtsgutsargument der Ergänzung durch die begrenzenden Elemente, die sich in dem Grundsatz „in dubio pro libertate" (Rn. 118), im ultima ratio-Prinzip (Rn. 116), im Übermaßverbot (Rn. 117) oder im Postulat des Tatstrafrechts (Rn. 115) materialisie-

---

359 Dazu Kargl, Rechtsextremistische Parolen als Volksverhetzung, Jura 2001, 176 ff.

360 Vgl. Müssig, Schutz abstrakter Rechtsgüter und abstrakter Rechtsgüterschutz (1994); zur Geschichtlichkeit von Rechtsgütern auch Tenckhoff, Die Bedeutung des Ehrbegriffs für die Systematik der Beleidigungstatbestände (1974), S. 16, 35; Schroeder, Der Schutz von Staat und Verfassung im Strafrecht (1970), S. 293 ff.

361 NK-StGB-Hassemer/Neumann, 5. Aufl. (2017), vor § 1 Rn. 146; vgl. auch SK-StGB-Rudolphi/Jäger, 144. Lfg. (2014), vor § 1 Rn. 11; Amelung, Rechtsgüterschutz und Schutz der Gesellschaft (1972), S. 344.

ren. Komplettiert wird das die Freiheit sichernde kriminalpolitische Programm der Lehre vom Rechtsgut durch die Anerkennung der Unterscheidung zwischen Rechtsgut und Handlungsobjekt (Rn. 176-178), der Abgrenzung der Individual- von den Universalrechtsgütern (Rn. 179-187) und durch das Votum für einen personalen Rechtsgutsbegriff, der die Allgemeingüter auf menschliche Interessen zurückführt. All dies zusammen schnürt ein Paket, das dem Idealbild der strafrechtlichen Gesetzlichkeit nahe kommt. Es beschreibt die Aufgabe des Strafrechts (Rechtsgüterschutz) und präzisiert den Einsatz der für tauglich gehaltenen Instrumente (Elemente der Strafwürdigkeit), aber Zweck und Mittel entgehen auch im Rechtsgutskonzept nicht dem Faktum der Kontingenz, nicht der Bedingtheit durch gesellschaftlichen Wandel. Die Suche nach dem Absolutheitsanspruch, den das Prinzip der strafrechtlichen Gesetzlichkeit erhebt, ist mit der Lehre vom Rechtsgut nicht an ihr Ziel gelangt.

II. Straftheorien

1. Relative Straftheorien

Spezial- und die Generalprävention sehen den Sinn der Strafe in der Verbrechensvorbeugung (Rn. 74-95). Die Einwirkung auf den Täter und auf die Tatgeneigten mit dem Ziel, diese in ihrem künftigen Verhalten im Hinblick auf ein straffreies Leben zu beeinflussen, beantwortet die Frage nach der Legitimation der Strafe allein unter dem Blickwinkel der gesellschaftlichen Nützlichkeit. Sie gibt aber keine Antwort darauf, welche Gründe in der Person des Straftäters liegen, die es rechtfertigen, ihn überhaupt zur Verantwortung ziehen zu dürfen. Insbesondere fehlt eine Rechtfertigung, die explizit Bezug auf die Tat und den Täter, also auf den retrospektiven Charakter der Strafe nimmt (Rn. 62). Damit entbehrt die Übelszufügung einer inhaltlichen Maßbestimmung sowohl für die staatliche Strafe als auch für die strafrechtliche Gesetzlichkeit. Außer dass der („externe") Zweck der Verhaltenssteuerung formale Gesetze benötigt, werden keine Bedingungen genannt, die den gewaltsamen Eingriff in die Freiheit des Einzelnen „absolut" – d.h. auf einem Prinzip beruhend (Rn. 25) – begründen.

190

2. Absolute Straftheorien

Diese sehen – sofern sie sich auf Kant berufen – den Sinn der Strafe allein im Gebot der Gerechtigkeit begründet. Den Anspruch der „Absolutheit" erhebt diese Theorie, weil sie in der Gerechtigkeit einen unmittelbar verpflichtenden („absoluten") Wert erblickt, der unabhängig von einem außerhalb ihrer selbst liegenden (gesellschaftlichen) Zweck gerechtfertigt ist. Unter dem Gerechtigkeitsaspekt, „dass jedermann widerfahre, was seine Taten wert sind", ist die absolute Theorie die einzige unter den Straftheorien, welche die strafrechtliche Gesetzlichkeit als Prinzip zu begründen vermag. Gleichwohl belehrt eine unbefangene Betrachtung der Phänomene des staatlichen Strafens, dass in der praktischen Umsetzung die Verwirklichung der Gerechtigkeit in weite Ferne gerückt ist (Rn. 106). Damit teilt die Gerechtigkeit das Schicksal aller Prinzipien: Aus ihnen lassen sich keine exakten gesetzlichen Konkretisierungen ableiten, aber sie formulieren einen Richtpunkt (Idee, Grundwert, Wegweiser), an dem sich das menschliche Handeln messen lassen muss (Rn. 107). Akzeptiert man, dass die Gerechtigkeitsforderung eine Leitidee ist, die um die Dimension weltlicher Zwecksetzungen ergänzt werden muss, dann handelt es sich bei der absoluten und der relativen Straftheorie um zwei verschiedene Blickweisen: Zum einen um eine ideelle und zum anderen um eine reale Beschreibung der „Wirklichkeit" des Strafphänomens (Rn. 108). Diese Blickwei-

191

sen schließen sich auf der Ebene der praktischen Bedürfnisse nicht aus, wenn man sie als sich ergänzende, komplementäre Denkschienen begreift, deren Trennung die Vollständigkeit und Einheit der Strafidee zerstören würde.

III. Strafwürdigkeit

1. Gerechtigkeit

192 Wie bei der Dichotomie zwischen absoluten und relativen Straftheorien kennzeichnet auch das Konzept der Strafwürdigkeit menschlichen Verhaltens zwei Kriterien, zwischen denen zwar ein Spannungsverhältnis herrscht, die aber nicht unverbunden nebeneinander stehen, sondern sich wechselseitig voraussetzen und begrenzen. Die beiden Pole, die der Begriff der Strafwürdigkeit in sich vereint, sind die Prinzipien der Gerechtigkeit und der Zweckmäßigkeit. Unter dem normativen Aspekt der Gerechtigkeit gelten nach heutigem Verständnis Handlungen nur dann als strafwürdig, wenn sie ein menschliches oder gesellschaftliches Interesse verletzen oder gefährden, das die Qualität eines strafrechtlichen Rechtsguts hat (Rn. 144 ff.). Nicht alles, was in diesem Sinn normwidrig ist, bedarf jedoch der strafrechtlichen Kontrolle. Dies liegt in dem Umstand begründet, dass eine Strafwürdigkeitskonzeption – mag diese für sich genommen gerecht erscheinen – unzweckmäßig ist, wenn sie mehr negative als positive Folgen erwarten lässt (Rn. 125).

2. Zweckmäßigkeit

193 Das Kriterium der Zweckmäßigkeit begreift demzufolge das Strafrecht und die Kriminalpolitik vor allem als praktisches Handeln, das eines Instrumentariums zur kritischen Prüfung der Frage bedarf, ob, inwieweit und mit welchen Nebenfolgen die Strafrechtspflege die Entscheidungen zur Strafwürdigkeit übernehmen und ausführen kann (Rn 110). Diesem Zweck dienen zahlreiche Kriterien, die das Strafrecht formalisieren und begrenzen (Rn. 113-120). Es ist offenkundig, dass die formalisierenden Vorkehrungen (Bestimmtheit, fragmentarischer Charakter, in dubio pro libertate etc.) dem Sinn der strafrechtlichen Gesetzlichkeit unterliegen: Nur wenn die Voraussetzungen strafrechtlichen Handelns bestimmt, öffentlich und nachprüfbar sind, können sie die Betroffenen vor eine Wahl stellen und vor Willkür schützen. Andererseits wandelt sich mit der Sicht auf die Funktion des Strafrechts auch die Funktion der Gesetzlichkeit als eines zentralen Mittels der Begrenzung staatlicher Macht und der Berechenbarkeit des staatlichen Instrumentariums. So ist das Konzept der Strafwürdigkeit menschlichen Verhaltens zwar eine notwendige, aber wegen der Relativität seiner Kriterien (siehe die Verbundenheit und wechselseitige Durchdringung von Gerechtigkeit und Zweckmäßigkeit) keine hinreichende Bedingung der strafrechtlichen Gesetzlichkeit.

IV. Strafbarkeit

1. Tatbestand und Rechtswidrigkeit

194 Die „Tatbestandsmäßigkeit" ist die zentrale Garantie für die Sicherung des Gesetzlichkeitsprinzips. Sie benennt alle Merkmale, die der Gesetzgeber zur Beschreibung der Straftat vorgesehen hat und entfernt aus der strafrechtlichen Prüfung alle Phänomene, die nicht diesen Verhaltenseigenschaften entsprechen (strafrechtlicher Verbrechensbegriff). Die Deliktsbeschreibungen der objektiven Tatbestände enthalten das Tatsubjekt (evtl. Amtsträger), das angegriffene Tatobjekt, die Tathandlung und ggf. den Taterfolg.

Die subjektive Tatseite besteht aus dem Vorsatz und der Fahrlässigkeit. Dieses Programm (Verbrechensaufbau) ist auf System und Ordnung angelegt; es vereinheitlicht und erleichtert die Rechtsanwendung; es schränkt Freiheit nicht nur ein, sondern schützt auch Freiheit, indem es den Verbrechensbegriff aus dem Gesetz und nicht aus richterlichem Gutdünken ableitet. Auf der Rechtswidrigkeitsebene werden ausnahmsweise jene Handlungen aus dem Strafrechtssystem ausgeschieden, die wegen ihrer besonderen Berechtigung (Notwehr etc.) kein strafrechtliches Unrecht sind. Die Rechtswidrigkeitsstufe kommuniziert das Unwerturteil der Rechtsordnung über die Tat.

2. Schuld

Im dritten Grundelement des Verbrechensbegriffs, der Schuld, fällt die Rechtsordnung das Unwerturteil über den Täter. Liegen keine Schuldausschließungs- und Entschuldigungsgründe vor, geht das Strafrecht von der unwiderlegbaren Vermutung aus, dass dem individuellen Täter die Tat persönlich zum Vorwurf gemacht werden kann (Rn. 133). Nach Rechtsprechung und Teilen der Literatur gründet der Vorwurf („sozial-ethischer Tadel") auf der Fähigkeit des Menschen „zur Einsicht in das Unrecht" sowie auf der weiteren Fähigkeit, sich entsprechend dieser Einsicht gegen das Unrecht entscheiden zu können. Das Kriterium der „Einsichtsfähigkeit" bindet den Schuldgedanken eng an das Prinzip der strafrechtlichen Gesetzlichkeit. Ohne die Festsetzung von Unrecht mittels vorher bestimmter und positivrechtlich erlassener Strafgesetze wäre die Möglichkeit der Kenntnis der mit Strafe bedrohten Verhaltensweisen unmöglich oder zumindest erheblich erschwert. Diese Funktion der Gesetzlichkeit ist im Begriff der Schuld vorausgesetzt. 195

Mit dem zweiten Kriterium des Schuldbegriffs wird dem Täter vorgeworfen, dass er die Freiheit gehabt hätte, sich für das Recht zu entscheiden. Hiernach gründet die Vorstellung der strafrechtlichen Verantwortung auf dem indeterministischen Gedanken, der Täter hätte auch anders handeln können. Wer dagegen von einer durchgehenden Kausalität des Handelns ausgeht und dementsprechend „Willensfreiheit" leugnet, stehe nicht mehr auf dem Boden des Strafrechts, sondern müsse konsequenterweise für ein reines Maßnahmerecht eintreten. Der Standpunkt der Unvereinbarkeit von Determinismus und strafrechtlicher Schuld (Inkompatibilismus) wird heute von der Mehrheit der Strafrechtswissenschaftler nicht mehr geteilt. Da die Bemühungen, die personale Verantwortung mit dem kausalen Weltbild zu vereinen (Kompatibilismus), weit über den engeren Kreis der Rechtswissenschaft hinausgehen und vor allem in der Philosophie und Erkenntnistheorie wertvolle Ansätze erarbeitet wurden, sollen diese erst im nächsten Kapitel vorgestellt werden. Ob das kompatibilistisch geläuterte Schuldprinzip die Forderung nach strafrechtlicher Gesetzlichkeit zu begründen vermag, muss sich noch erweisen. 196

5. Kapitel. Philosophische Begründung der Strafgesetzlichkeit

A. Freiheit und Verantwortung

I. Determinismus in der Philosophie

1. Vorüberlegungen: Bezug zur Gesetzlichkeit

197   Wie dargelegt, halten Rechtsprechung und gewichtige Stimmen in der Literatur noch immer an dem zweigliedrigen Schuldbegriff fest (Rn. 134). Danach verwirklicht der Täter strafrechtliches Unrecht, wenn er zum einen die Einsichtsfähigkeit in seine Handlung, also in die strafbare Tat hatte und zum anderen, wenn er die Möglichkeit zu einem alternativen und rechtmäßigen Verhalten besaß. Das erste Element – die Fähigkeit der Einsicht in das Unrecht – ist eng an die strafrechtliche Gesetzlichkeit gekoppelt, da die Kenntnismöglichkeit eine Kommunikation des Staates mit der Bevölkerung mittels eines vorher bestimmten und positivrechtlich erlassenen Strafgesetzes voraussetzt (Rn. 135). Das zweite Element behauptet, dass der Täter die Freiheit gehabt hätte, sich für das Recht zu entscheiden und sich entsprechend zu verhalten.[1] Die Vorstellung der moralischen Verantwortung sowie der Schuld im strafrechtlichen Sinn gründet hiernach auf dem indeterministischen Gedanken, der Täter hätte auch anders handeln können.[2] Verknüpft man den Schuldbegriff derart unauflösbar mit dem „freien Willensentschluss", dann ist strafrechtliche Verantwortung mit dem deterministischen Verständnis einer durchgehenden Kausalität des Handelns unvereinbar (Inkompatibilismus).[3] In der weiteren Folge würde der (erwiesene) Determinismus nicht nur dem Strafrecht, sondern auch dem Prinzip der Gesetzlichkeit den Boden entziehen: Ohne Freiheit auch kein gesetzlich bestimmtes Strafrecht. Die folgenden Ausführungen gehen der Frage nach, ob diese Schlussfolgerung zwingend ist. Es gilt das Problem zu lösen, ob sich eine Tatschuld begründen lässt, die mit dem Determinismus und mit dem Prinzip der strafrechtlichen Gesetzlichkeit vereinbar ist.[4]

2. Die Freiheit des Willens (starker Freiheitsbegriff)

a) Position des Inkompatibilisten

198   Die Lösungsvorschläge, die von der Philosophie zur Legitimation der Vereinbarkeit von Verantwortung und Determinismus (Kompatibilismus) entwickelt wurden, nehmen in aller Regel ihren Ausgangspunkt bei der Angriffsfläche, die ein „ultimativer" Freiheitsbegriff bietet. Diesem Begriff genügt die bloße Abwesenheit von äußerem Zwang (Handlungsfreiheit) nicht, um eine Person verantwortlich machen zu können. So kann aufgrund des fixierten Weltverlaufs eine zwangsfreie Person zwar tun, was sie will, aber sie kann nie anders wollen, als sie will. Zur Handlungsfreiheit müsse das zusätzliche und stärkere Freiheitselement hinzukommen, dass eine Person auch ihr „Wollen" kontrollieren kann. Denn wer seinen Willen nicht verändern könne, der könne

---

1   BGHSt 2, 200; BVerfGE 123, 267.
2   Vgl. Arthur Kaufmann, Das Schuldprinzip, 2. Aufl. (1976), S. 115; Dreher, Die Willensfreiheit (1987), S. 17; Jescheck/Weigend, Strafrecht AT, 5. Aufl. (1996), § 37 I 2 b.
3   Philosophiegeschichtliche Überblicke geben Pothast, Einleitung, in: ders. (Hrsg.), Seminar: Freies Handeln und Determinismus (1978), S. 7-32; ders., Die Unzulänglichkeit der Freiheitsbeweise (1987), S. 65; Schnädelbach, Vernunft, in: Mertens/Schnädelbach (Hrsg.), Philosophie (1986), S. 77-115; Pieper, Das Gute (1986), S. 277; Zillmer, Wille, in: Grubitzsch/Rexilius (Hrsg.), Psychologische Grundbegriffe (1987), S. 1223 ff.
4   Umf. hierzu Bröckers, Strafrechtliche Verantwortung ohne Willensfreiheit (2015); Besprechung bei Kargl GA 2017, 339.

auch seine Handlungen nicht verändern und sei folglich auch für seine Handlungen nicht verantwortlich. Nach Auffassung der Inkompatibilisten muss eine Person die Fähigkeit zum „So-oder-anders-wollen-Können" besitzen, eine Fähigkeit, ohne die die Möglichkeit eines Anders-Handeln-Könnens ausgeschlossen wäre.[5] Somit leugnen die Inkompatibilisten nicht, dass die Handlungsfreiheit mit dem Determinismus vereinbar ist, sie bestreiten vielmehr, dass eine „Freiheit im Handeln" zur Begründung von moralischer Verantwortung genügt und halten stattdessen eine stärkere „Freiheit im Willen" für erforderlich. In der angelsächsischen Diskussion wird dieses stärkere Freiheitselement als die CDO-Bedingung (could have done otherwise) genannt und die Basis dieser Bedingung als Principle of Alternative Possibilities (PAP) bezeichnet.[6] Das PAP enthält als Teilelement die Forderung, dass der Akteur unter den gleichen Ausgangsbedingungen anders handeln (bzw. wollen) können muss, als er handelte (bzw. wollte). Kann er dies nicht, so handelt es sich nach Meinung der Inkompatibilisten um eine Scheinfreiheit, um – wie Kant sagte – die „Freiheit eines Bratenwenders".

b) Replik der Kompatibilisten

Gegen die im starken Freiheitsbegriff enthaltene Konstruktion der „ultimativen" Verantwortung[7] wenden die Kontrahenten insbesondere das „Zufallsargument" ein.[8] Dem Angriff, die Freiheit auf den Spielraum des „Bratenwenders" zu verkürzen, begegnen sie mit dem entgegengesetzten Vorwurf, dass eine Entscheidung, die sich nicht auf Ursächliches, nicht auf Kausales zurückführen lässt, irrational und zufällig ist.[9] Denn worauf sollte ein indeterminiertes Ereignis (Handlung, Entschluss) beruhen, das unter den gleichen kausalen Ausgangsbedingungen auch hätte anders ausfallen können? Ein Ereignis, dessen Ursache prinzipiell für unerklärlich gehalten wird, muss dem Beobachter in der Tat obskur und launisch erscheinen. Um Handlungen erklären zu können, benötigen Menschen offenbar das Ursache-Wirkung-Schema des Kausalgesetzes. Dieses unerlässliche Phänomen der Welterfassung hat bereits oben dazu beigetragen, die Handlungsgründe für staatliches Strafen (Straftat als Realgrund) beschreiben zu können (Rn. 66-73).

199

Dass unser Verstand nicht mitspielt, wenn das Kausalgesetz außer Kraft gesetzt wird, ist von Schopenhauer[10] in einem plastischen Bild ausgedrückt worden: „Zu erwarten, daß ein Mensch, bei gleichem Anlaß, einmal so, ein andermal ganz anders handeln werde, wäre wie wenn man erwarten wollte, daß derselbe Baum, der diesen Sommer Kirschen trug, im nächsten Birnen tragen werde." Was geschieht, wenn aus Kirschen plötzlich Birnen werden, hat auch Hume[11] erkannt, als er registrierte, dass „ohne eine regelmäßige Verbindung der Dinge untereinander" der Verstand die Geschehnisse nicht begreifen könne. Verstünde man „Freiheit als Gegensatz der Nothwendigkeit",

200

---

5   Keil, Willensfreiheit und Determinismus (2009), S. 97; Danner, Repressives Strafrecht oder präventives Maßnahmerecht, in: Mergen (Hrsg.), Aktuelle Kriminologie (1969), S. 191; Herzberg ZStW 124 (2012), S. 12: Fähigkeit des „Vermeidenkönnens".

6   Merkel, Willensfreiheit und rechtliche Schuld (2008), S. 33; Lohmar, Moralische Verantwortlichkeit ohne Willensfreiheit (2005), S. 110.

7   Mele, Ultimately responsibility and dumb luck, in: Social Philosophie and Policy 16 (1999), S. 275.

8   Z.B. Walde, Willensfreiheit und Hirnforschung (2006), S. 66; Groos, Willensfreiheit oder Schicksal (1939), S. 229.

9   Wright, Erklären und Verstehen, 4. Aufl. (2000), S. 42; Stegmüller, Historische, psychologische und rationale Erklärung. Kausalitätsprobleme, Determinismus und Indeterminismus (1969), S. 452.

10   Schopenhauer, Preisschrift über die Freiheit des Willens, 2. Aufl. (1860).

11   Hume, Untersuchung über den menschlichen Verstand (1793), Nachdruck 1998, S. 89.

dann sei Freiheit „dasselbe wie Zufall". Diese Feststellung muss die Verantwortungs-lehre des Indeterminismus in Bedrängnis bringen: Kann man nicht erklären, warum eine Handlung zum Erfolg geführt hat, dann gibt es auch keinen Urheber, den man für Außenwelterfolge verantwortlich machen kann. Ist der Erfolg aber nicht „das Werk des Täters", dann gilt dies auch für die „Entschlüsse" des Täters, denn auch sie waren nicht „sein Werk", wenn sie zufällig zustande gekommen sind. Das Zufallsargument versetzt damit dem intuitiv so plausiblen starken Freiheitsbegriff einen schwer zu pa-rierenden Schlag.[12]

3. Die Freiheit des Handelns (schwacher Freiheitsbegriff)

a) Position des Kompatibilismus

201   Der Beweisführung über das Zufallsargument sucht ein abgeschwächter, „relativer" Freiheitsbegriff („weicher" Determinismus) zu entkommen, der die Freiheit des Wol-lens in eine Freiheit des Handelns umdeutet.[13] Nach dem englischen Empiristen David Hume, der als Urvater eines schwachen Freiheitsbegriffs gilt, ist eine Person immer dann frei, wenn sie so handeln kann, wie sie handeln will.[14] Ähnlich sieht dies Thomas Hobbes[15], der den Begriff der Freiheit ebenfalls auf den Akteur und nicht auf den Wil-len des Akteurs bezog: „Freier Wille (…) bedeutet nicht die Freiheit des Willens, son-dern des Wollenden." Diese Freiheit ist vor allem durch die Abwesenheit von äußerem Zwang gekennzeichnet. Allerdings hat schon John Locke[16] das klassische Element der Ungezwungenheit um das Moment der Selbstreflexion erweitert: „Denn ehe der Wille bestimmt und die Handlung ausgeführt wird, giebt uns dieser Aufschub Zeit und Gele-genheit, die gute und böse Seite von dem, was wir thun wollen, zu prüfen und mit Ue-berlegung den letzten Entschluss zu fassen." Ernst Tugendhat[17] fügt dem Hobbes'schen Freiheitsbegriff ebenfalls das Element des Innehaltens hinzu: Eine Per-son ist frei, wenn sie a) die Fähigkeit hat, zu überlegen und b) die Fähigkeit hat, das Ergebnis ihrer Überlegungen handlungswirksam werden zu lassen. Dieser Überle-gungsprozess darf wiederum nicht durch einen inneren Zwang (Krankheit oder Sucht) beeinträchtigt worden sein. Nach diesem erweiterten Verständnis von Handlungsfrei-heit muss somit die Person auch das wollen, was sie selbst will.

202   Der Akzent liegt nunmehr auf dem selbstgeformten Willen. In ähnlicher Weise will Mi-chael Pauen[18] mit dem Begriff der Urheberschaft eine freie Handlung von einer rein zufälligen Handlung abgrenzen. Das Prinzip der Urheberschaft meint die Selbstdeter-minierung durch persönliche Präferenzen wie Überlegungen, Wünsche und Hoffnun-gen. Der Mensch handelt danach nicht als „unbewegter Beweger", der aus dem Nichts Dinge verursacht, sondern als ein Wesen, das nach einem rationalen Entscheidungsmo-dus operiert. Das Ziel dieser „weicheren" Form der Freiheit (sog. „relativer Indetermi-nismus") ist es, innerhalb eines durch das Kausalgesetz bestimmten Verlaufs einen

---

12 Vgl. Bröckers, Strafrechtliche Verantwortung ohne Willensfreiheit (2015), S. 207 Fn. 750.
13 Näher dazu Kargl, Handlung und Ordnung im Strafrecht (1991), S. 178.
14 Hume, Untersuchung über den menschlichen Verstand (1793), S. 125; dagegen Kant, Kritik der praktischen Vernunft. Grundlegung zur Metaphysik der Sitten, Akademieausgabe, Bd. VII, S. 221: „Wortklauberei".
15 Thomas Hobbes, Leviathan (1651), Nachdruck 2012, S. 188.
16 John Locke, Versuch über den menschlichen Verstand (1797), § 47, S. 55.
17 Tugendhat, Der Begriff der Willensfreiheit, in: ders., Philosophische Aufsätze (1992), S. 346; dazu Baltzer, Noch einmal: Die Willensfreiheit – eine Schimäre?, in: Kargl-FS (2015), S. 25.
18 Pauen, in: ders./Roth, Freiheit, Schuld und Verantwortung (2008), S. 32; ähnl. Weischedel, Das Wesen der Verantwortung, 2. Aufl. (1958), S. 18.

Spielraum für indeterminierte Ereignisse aufzuspüren und damit Determinismus und Indeterminismus zu vereinen. Die Pointe ist: Moralische Verantwortung setzt den Determinismus (Kausalität der Gründe) geradezu voraus: Ohne Ursache (Grund) greift die Suche nach Verantwortung ins Leere, verschwindet moralische Zurechnung im Ungewissen.

b) Der relative Freiheitsbegriff bei Karl Binding

Als Anhänger der traditionellen Strafrechtsschule suchte Binding den Freiheitsgedanken zu retten, indem er den menschlichen Entschluss als „unbedingte Ursache", als einzigen Faktor begriff, der der Herrschaft der Notwendigkeit spotte. Alles andere stehe unter der Botmäßigkeit des Kausalgesetzes. Allerdings ist Bindings Position schwankend, an einigen Stellen schlägt er unter Berufung auf Schopenhauer einen deutlich deterministischen Ton an, an anderen Stellen wiederum kämpft er an der Seite von Kant für einen indeterministischen Kurs. So zitiert Binding in seinem Werk „Die Normen und ihre Übertretungen" die bekannte Stelle aus der Kritik der reinen Vernunft, in der Kant Freiheit als das Vermögen bezeichnet, „(...) einen Zustand von selbst anzufangen, dessen Causalität also nicht nach dem Naturgesetze wiederum unter einer andern Ursache steht, welche sie der Zeit nach bestimme."[19] Binding applaudiert im Anschluss an dieses Zitat: „(...) das ist genau das, was ich unter der Freiheit als der Fähigkeit menschlicher Selbstbestimmung verstehe." Aber wenig später distanziert sich Binding von Kants „grandioser Lehre" und erklärt die Interpretation von Freiheit als Ursachenlosigkeit als „überwundenen Irrtum".[20] Schließlich gelangt Binding zum Zufallsargument der Kompatibilisten: „Indem der Zusammenhang zwischen der Tat und ihrer Geburtsstätte, dem menschlichen Wesen, vom Indeterminismus zerrissen wird, fällt die Tat als Zufall ins Freie, aber nicht auf ihren Urheber zurück."[21] Binding stellt zwar fest, dass die Entstehung des Motivs und die Handlung selbst vollkommen dem Kausalgesetz unterliegen, aber andererseits spricht er dem Charakter des Täters eine „unbedingte Ursache" zu.[22] Der innere Prozess der Entschlussfassung ist Binding zufolge kein rein mechanisch verlaufender, sondern ein individueller schöpferischer Prozess des Seelenlebens: „Der Mensch bestimmt sich", und „(...) mit dem Individuum als Urheber dieses Entschlusses bricht der Kausalzusammenhang nach rückwärts ab."[23] Anzumerken bleibt, dass eine Erläuterung, wie Freiheit und Kausalität bei der Entschlussfassung zusammenwirken, nicht gegeben wird. Auf den Punkt gebracht: Der Mensch ist determiniert, aber irgendwie auch frei.

c) Der relative Freiheitsbegriff bei Dreher, Kaufmann und Jescheck/Weigend

Die Konzeption des relativen Indeterminismus, wonach Neigungen, Motive und äußerliche Umstände den Willen zwar beeinflussen, aber nicht nötigen[24], findet sich in der jüngeren Vergangenheit auch bei Eduard Dreher. In der Monographie „Die Willens-

203

204

---

19 Binding, Die Normen und ihre Übertretungen II, 2. Aufl. (1914), S. 17; Kant, Kritik der reinen Vernunft II, Akademieausgabe, Bd. IV (1968), A 533/B561, S. 488.
20 Binding, Die Normen und ihre Übertretungen II, 2. Aufl. (1914), S. 38; zu diesem „Zickzack-Kurs" (Bröckers, S. 138) auch Holzhauer, Willensfreiheit und Strafe (1970), S. 140.
21 Binding, Die Normen und ihre Übertretungen II, 2. Aufl. (1914), S. 18.
22 Binding, Die Normen und ihre Übertretungen II, 2. Aufl. (1914), S. 35.
23 Binding, Die Normen und ihre Übertretungen II, 2. Aufl. (1914), S. 37.
24 Diese Formulierung findet sich in einem Brief von Leibniz an Coste; zit. bei Bröckers, Strafrechtliche Verantwortung ohne Willensfreiheit (2015), S. 143.

freiheit" kommt er zu dem Ergebnis, dass dem Menschen trotz der Leitung durch zahlreiche Einflussfaktoren in einer Alternativsituation stets ein Spielraum seines Entscheidens bleibt.[25] Er beruft sich dabei auf die menschliche Empfindung, in den eigenen Entschlüssen frei zu sein. Daneben sieht er einen Verbündeten in der modernen Physik, deren Erkenntnisse über die Mikrowelt das deterministische Weltbild erschüttert habe.[26] Näheres zur Logik einer Koexistenz zwischen Freiheit und Determinismus erfährt man auch bei Dreher nicht.

205   Arthur Kaufmann ersetzt den Begriff der Determination durch den Begriff der Überdetermination.[27] Gemeint ist damit eine Erweiterung der kausalen Determination durch eine besondere Art von Determination, die nicht aus dem Kausalgefüge der Welt stammt, sondern aus ihrem Sinngefüge. Wie Nicolai Hartmann[28] ist auch Kaufmann der Auffassung, dass die Annahme einer Überdetermination nicht mit dem Kausalgesetz in Konflikt stünde, da Kausalverläufe zwar ein Minus an Determination nicht zuließen, einem Plus an Determination aber nicht widersprechen würden.[29] Wenn aber der Überdetermination die Eigenschaft einer akausalen Ursache zugesprochen wird, dann verstößt die Explikation von Kaufmann in gleicher Weise gegen die Determinierungsthese wie der Indeterminismus. Auch bei ihm erscheint der Mensch trotz Geltung des Kausalgesetzes als Erstauslöser von Ereignissen.

206   Was Arthur Kaufmann mit Überdetermination zum Ausdruck bringt, nämlich die Beeinflussung, nicht aber die Nötigung des Willens durch Motive, hat in der Strafrechtswissenschaft eine breite Zustimmung gefunden. Unterschiede ergeben sich lediglich in der Frage, was neben den Motiven als Einflussfaktoren anerkannt wird. Jescheck und Weigend nennen als „echte Kausalfaktoren", die den Spielraum der Möglichkeiten einengen: „Lebensalter, Geschlecht, Herkunft, Erlebnisse, Krankheit, Temperament, Stimmung, Ermüdung, Erregung, Affekte bis hin zur Volksmentalität und den Einflüssen der Landschaft und des Wetters."[30] Diese auf die Willensbildung einwirkenden Momente werden häufig in Typologien wie Umwelteinflüsse, Triebe, psychologische oder organische, „biologische" oder „soziale" Merkmale gefasst, wobei wiederum die Gewichtung variiert, die den einzelnen Faktoren beigemessen wird. Einig sind sich die Autoren in der Anerkennung des Kausalgesetzes, halten aber die Summe aller Einflussfaktoren nicht für die hinreichende Erklärung der menschlichen Entscheidung.[31] Das bei der Entscheidung mitwirkende „Etwas", das mit den Begriffen Freiheitsspielraum oder die Fähigkeit der Überdetermination umschrieben wird, bleibt so ungewiss wie die Vorstellung, dass Freiheit und Unfreiheit gleichzeitig wirksam sind.

d) Widersprüchliches aus dem Kosmos der Hirnforschung

207   Bis vor kurzem zählte zum Credo der Hirnforscher, dass der freie Wille entgegen aller Intuition eine Einbildung sei. Die Versuche des amerikanischen Hirnphysiologen Ben-

---

25 Dreher, Die Willensfreiheit (1987), S. 396; siehe auch Henkel, in: Larenz-FS (1983), S. 3; R. Lange, in: Frey (Hrsg.), Schuld, Verantwortung, Strafe (1964), S. 277; Grasnick, Über Schuld, Strafe und Sprache (1987), S. 47.
26 Dreher, Die Willensfreiheit (1987), S. 207 ff.
27 Kaufmann, Unzeitgemäße Betrachtungen zum Schuldgrundsatz im Strafrecht, Jura 1986, 226.
28 Hartmann, Ethik, 3. Aufl. (1949), S. 621.
29 Kaufmann Jura 1986, 226.
30 Jescheck/Weigend, Strafrecht AT, 5. Aufl. (1996), § 37 I 3.
31 Hiergegen Tietmeyer ZStW 105 (1993), S. 489: „Wer also das Wirken determinierender Faktoren „weitgehend" akzeptiert, erkennt nicht etwa den Determinismus weitgehend an, sondern widerspricht der Grundlage des Determinismus vollkommen."

jamin Libet[32] hatten gezeigt, dass gut eine Sekunde, bevor die Probanden sich bewusst entschlossen, ihre Hand zu bewegen, in den Hirnstromkurven bereits das „Bereitschaftspotenzial" zum Handeln zu finden sei. Diese vermeintliche Widerlegung der Willensfreiheit hatte Philosophie, Sozialwissenschaften und natürlich insbesondere das auf dem Schuldgrundsatz basierende Strafrecht in Verlegenheit gebracht. Nunmehr scheint sich das Blatt zu wenden. John-Dylon Haynes, der am Berliner Bernstein Center for Computational Neuroscience der Charite arbeitet, behauptet nunmehr: „Die Libet-Experimente sind obsolet."[33] Seine Studien hätten keinen Beweis für die These erbracht, das Gehirn würde dem Menschen seine Entscheidungen diktieren. Haynes leugnet nicht die Existenz der „vorbereitenden Hirnwellen", aber er bestreitet, dass die in bestimmten Hirnarealen nachweisbare elektrische Spur die Entscheidung des bewussten Ichs durchgehend determiniert. Die Versuchsteilnehmer waren offensichtlich in der Lage, das „Bereitschaftspotenzial" quasi zu überstimmen, die vermeintlich vorherbestimmte Handlung also noch willentlich und aktiv zu stoppen. Für Haynes steht damit fest: Die Freiheit menschlicher Willensentscheidungen ist wesentlich weniger eingeschränkt als gedacht.[34] Hier deutet sich wiederum – mit naturwissenschaftlichem Segen – eine Spielart des relativen Indeterminismus an, der keinen Gegensatz zwischen einer determinierten Welt und einer moralisch-rechtlich begründeten Verantwortung für Handeln (Kompatibilismus) sieht. Im Strafrecht und in der Philosophie hat die sog. „Vereinbarkeitsthese" einen festen Standort. Diese kann im Unterschied zum Neuro-Enthusiasmus der hirnbiologischen Anhängerschaft nicht erkennen, dass mit der Niederlage des Indeterminismus ein Scheitern abendländischer Moralvorstellungen verbunden wäre.[35] Viele Philosophen und Juristen sprechen von einer Scheindiskussion, da die strafrechtlichen Grundbegriffe längst nicht mehr mit der Annahme von Willensfreiheit verknüpft seien.[36] Andere sprechen von einem unlösbaren Ewigkeitsproblem, das in eine „non-liquet"-Situation geführt habe, so dass als einzig sinnvolle Frage, die nach der Beweislast bliebe, die überwiegend den Deterministen aufgebürdet wird.[37]

e) Kritik

aa) Verstoß gegen den Satz des Widerspruchs

Gegen die Annahme der Koexistenz von Freiheit und Notwendigkeit wird seit langem ein Einwand vorgebracht, der bereits die Logik der These in Zweifel zieht.[38] Nach dem von Aristoteles begründeten Satz des Widerspruchs liegt ein solcher vor, wenn dasselbe demselben in derselben Beziehung zugleich zukomme und nicht zukomme. Dies trifft hier zu: Zwei sich ausschließende Aussagen – Determinismus und Indeterminismus –

208

---

32 Libet, Mind Time. Wie das Gehirn Bewusstsein produziert (2007), S. 422; Rösler, in: Lampe/Pauen/Roth (Hrsg.), Willensfreiheit und rechtliche Ordnung (2008), S. 144.
33 Zit. bei Müller-Jung, in: FAZ v. 27. 1. 2016.
34 Zu unterschiedlichen Interpretationen des Libet-Experiments Roth, Fühlen, Denken, Handeln (2003), S. 520; Prinz, in: Lukas (Hrsg.), Wie frei ist unser Wille? (2006), S. 99; Detlefsen, Grenzen der Freiheit (2005), S. 306.
35 Möllers, Willensfreiheit durch Verfassungsrecht, in: Lampe/Pauen/Roth (Hrsg.), Willensfreiheit und rechtliche Ordnung (2008), S. 250; Heun JZ 2005, 853.
36 Zum Schulenstreit über die Willensfreiheits-Debatte vgl. Bohnert, Zu Straftheorie und Staatsverständnis im Schulenstreit der Jahrhundertwende (1992), S. 12; Frommel, Präventionsmodelle in der deutschen Strafzweck-Diskussion (1987), S. 16; dies., in: Kargl-FS (2015), S. 129; Naucke, „Schulenstreit"?, in: Hassemer-FS (2010), S. 559.
37 Neufelder GA 1974, 289; Crespo GA 2013, 25.
38 Hierzu Danner, Gibt es einen freien Willen?, 4. Aufl. (1977), S. 162: „Die nicht absolute Freiheit müsste eine dritte Kraft sein."

werden in einen unlogischen Zusammenhang gerückt, wenn angenommen wird, ein Ereignis könne vollständig auf empirischen Ursachen und zugleich auf nicht-empirischen Ursachen beruhen.[39] Dass Freiheit und Unfreiheit Zustände sein sollen, die nach Graden abstufbar sind, hat schon Feuerbach für logisch unhaltbar gehalten. Er fragte sich, wie sich die Indeterministen „ein Absolutum" in verminderter Form denken könnten und kommt zu dem Ergebnis: „(…) dass eine Freiheit, die dem Grade nach geschwächt, vermindert ist, ein gerader Widerspruch, ein viereckiger Zirkel, oder ein rundes Viereck ist."[40] Zu der gleichen Erkenntnis gelangte Ferri: „Logisch und denkbar ist nur eine Alternative: absoluter freier Wille oder absoluter Determinismus."[41] Und Radbruch stellte fest: „(…) die Freiheit wie die Unfreiheit sind Negationen, jene die Negation der Verursachtheit, diese die Negation der Ursachlosigkeit, und als solche einer Graduation unfähig (…)."[42] Auch der Physiker Max Planck lehnte die Vorstellung eines halben Determinismus kategorisch ab: „Denn ein Vorgang, in welchem auch nur eine Spur von Indeterminismus hineinspielt, ist als Ganzes indeterminiert."[43]

bb) Zufall

209 Die Erklärung von Max Planck führt wieder auf den Pfad des Zufallsarguments zurück. Geht man davon aus, dass der Mensch durch die Fähigkeit zur Überdetermination Freiheitsspielräume gewinnt (Rn. 205), verlieren die Einflussfaktoren ihren Erklärungswert, weil ihnen dadurch die Eigenschaft abgesprochen wird, ein Ereignis verursachen zu können.[44] Geht der Erklärungszusammenhang verloren, so befindet sich der Täter – und zwar unabhängig davon, welchen Prozentsatz an Freiheit man zuspricht – in der gleichen Situation wie der Handelnde im Indeterminismus. Man weiß nicht, welche Entscheidung er als nächstes treffen wird. Würde etwa ein Meteorologe annehmen, dass das Wetter keiner (oder nur teilweisen) kausalen Gesetzmäßigkeit unterliegt und somit absolut unbestimmt ist, dann wäre eine Wettervorhersage a priori sinnlos. Ähnlich wie die Vorhersage des Meteorologen würde auch die Prognose eines Kriminologen, der keine kriminogenen Merkmale ausfindig machen könnte, gänzlich im Trüben fischen.[45] Streng genommen bezeichnen also Begriffe wie „halbierter Determinismus" oder „relativer Indeterminismus" keinen kohärenten Mittelweg: „Zwischen Etwas und Nichts gibt es kein Mittleres."[46] Der Vergeblichkeit des Bemühens, Lücken im Kausalgesetz aufspüren zu wollen, entkommt auch das Modell der Lebensführungsschuld nicht, das als Bezugspunkt der Verantwortlichkeit das „So-Sein" der Person wählt.[47] Denn die Verantwortlichkeit für die eigene Persönlichkeit setzt voraus, dass

---

39 Gerlach, Wie ist Freiheit möglich? Eine Untersuchung über das Lösungspotential zum Determinismusproblem in Kants Kritik der reinen Vernunft (2010), S. 15: Nach Kant verstoße eine ontologische Koexistenz von Freiheit und Notwendigkeit gegen den Satz vom Widerspruch.
40 Feuerbach, Revision der Grundsätze und Grundbegriffe des positiven peinlichen Rechts (1800), S. 289.
41 Ferri, Das Verbrechen als sociale Erscheinung (1896), S. 237.
42 Radbruch, Rechtsphilosophie II (1993), S. 76.
43 Planck, Determinismus oder Indeterminismus? (1938), S. 20; in diesem Sinne bereits Cicero, Vom Wesen der Götter (Nachdruck 1996), 1. Buch Rn. 79 in einer Auseinandersetzung mit einer These Epikurs zur Atomwelt.
44 Bröckers, Strafrechtliche Verantwortung ohne Willensfreiheit (2015), S. 154.
45 Zur Widersprüchlichkeit von kriminologischer Forschung und dem Postulat der Willensfreiheit etwa Welzel, Das deutsche Strafrecht, 11. Aufl. (1969), S. 148.
46 Chr. Wolff, Erste Philosophie oder Ontologie (2005), §§ 53, 60; ebenso bereits Schopenhauer, Preisschrift über die Freiheit des Willens, 2. Aufl. (1860).
47 Zu den Charakterschuldlehren vgl. Arthur Kaufmann, Das Schuldprinzip, 2. Aufl. (1976), S. 203; Roxin, Strafrecht AT 1, 4. Aufl.. (2006), § 19 Rn. 27; Engisch, Die Lehre von der Willensfreiheit in der strafrechtsphilosophischen Doktrin der Gegenwart, 2. Aufl. (1965), S. 48.

der Akteur für die einzelnen den Charakter prägenden Schritte verantwortlich war.[48] Dafür existieren keine Beweise, so dass man zwar die Geschichte, nicht jedoch die Person haftbar machen könnte.

4. Die Freiheit im epistemischen Sinn

a) Freiheitsbewusstsein der handelnden Subjekte

Einen tief greifenden Perspektivenwechsel ermöglicht eine Position, die Freiheit ausschließlich als eine erkenntnistheoretische Kategorie begreift.[49] Für die Vertreter dieses gewöhnlich als „epistemischer Indeterminismus" bezeichneten Ansatzes ist es ohne Bedeutung, ob der Mensch tatsächlich in einem ontologischen Sinn frei ist oder ob er sich nur für frei hält. Entscheidend ist die reale Selbsterfahrung der handelnden Person.[50] Der Perspektivenwechsel besteht also darin, dass die Freiheit eines Akteurs nicht objektiv aus Sicht eines Beobachters, sondern subjektiv aus der Innenperspektive des handelnden Selbst beurteilt wird. Andererseits bezweifelt der epistemische Indeterminismus nicht die (mögliche) Wahrheit eines (ontologischen) Determinismus, aber er verlangt, dass die vom Subjekt wahrgenommene Freiheit genauso als Teil der Lebensrealität anerkannt wird. Die Komplementarität von Freiheit und Notwendigkeit wurde von Max Planck deutlich hervorgehoben: „Von außen betrachtet ist der Wille kausal determiniert, von innen betrachtet ist der Wille frei. Mit der Feststellung dieses Sachverhalts erledigt sich das Problem der Willensfreiheit. Es ist dadurch entstanden, dass man nicht darauf geachtet hat, den Standpunkt der Betrachtung ausdrücklich festzulegen und einzuhalten."[51]

Den Kern der Innenbetrachtung bildet das Freiheitserlebnis des Akteurs, der sich im Entscheidungsvorgang frei fühlt. Dies beruht im Wesentlichen auf dem (epistemischen) Faktor der Ungewissheit: Der Akteur weiß schlichtweg nicht, wie sich die Zukunft entwickeln wird; er kann seine Entscheidungen nicht exakt voraussehen.[52] Da aus der Innenperspektive die Zukunft immer offen ist, spielt es auch keine Rolle, ob der Handelnde ein überzeugter Determinist ist oder nicht. Im Angesicht mehrerer Alternativen kann sich der Handelnde nur abstrakt sagen: Ich werde, was immer ich tue, determiniert tun. In Bezug auf eine konkrete Handlung kann er jedoch niemals sagen: Ich kann nur diese Handlung tun, weil ich determiniert bin. Denn die Prognose der Zukunft verändert ihrerseits als kausaler Faktor die Zukunft, so dass eine treffsichere Voraussicht überhaupt nicht möglich ist.[53] In die modernere Form des Neurodeterminismus gebracht, beruht die Logik der Unvorhersehbarkeit darauf, dass jede Information unweigerlich den „Tanz der Neuronen" beeinflusst und somit eine ständige Veränderung des Gehirns erzeugt, die zu keinem Zeitpunkt eine Sicherheit darüber erlaubt,

210

211

---

48 Zust. Schroth, in: Roxin-FS (2011), S. 713; Merkel, in: Roxin-FS (2011), S. 747; Kargl, Handlung und Ordnung im Strafrecht (1991), S. 483.
49 Pothast, Die Unzulänglichkeit der Freiheitsbeweise (1987), S. 178; Walde, Willensfreiheit und Hirnforschung (2006), S. 169; Walter, Neurophilosophie der Willensfreiheit (1999), S. 39; ausf. Kargl, Handlung und Ordnung im Strafrecht (1991), S. 191.
50 Burkhardt, in: Maiwald-FS (2010), S. 95; Hirsch ZIS 2010, 66.
51 Planck, Scheinprobleme der Wissenschaft (1947), S. 360.
52 Wittgenstein, Tractatus logico-philosophicus (1922), S. 149; Wandschneider, Psychotherapie Forum 2010, S. 102: „wissensbezogenes Nicht-Festgelegt-Sein"; aus konstruktivistischer Sicht Maturana/Varela, Der Baum der Erkenntnis (1987), S. 135; v. Foerster, Sicht und Einsicht (1965), S. 179; Stratenwerth, Über die Freiheit des Willens (2012), S. 149.
53 Planck, Vom Wesen der Willensfreiheit, 5. Aufl. (1948), S. 10, 16.

143

welche Entscheidung der Akteur treffen wird.[54] Es ist also dieser Schleier des Nichtwissens, der den Entscheider in einem epistemischen Sinn frei macht und ihm das Gefühl alternativer Handlungsmöglichkeiten vermittelt. Der Vorteil der Lehre vom epistemischen Indeterminismus ist, dass sie die Prämisse des Determinismus unberührt lässt und insofern auch keine Lücken im Kausalverlauf behaupten muss. Auf diese Weise stößt sie weder auf einen logischen Widerspruch, noch setzt sie sich dem Zufallseinwand aus.

b) Erlebte Freiheit und strafrechtliche Gesetzlichkeit

212 Geht man davon aus, dass es keinen signifikanten Unterschied zwischen ontologischer Freiheit und wirklichem Freiheitserleben gibt, so kann die Konzeption des epistemischen Indeterminismus bezüglich der Verantwortungsfrage nichts Neues beisteuern. Es bleibt dann bei dem für den Indeterminismus charakteristischen Vorwurf des Andershandeln-Könnens. Dennoch haben einige Strafrechtswissenschaftler den Versuch unternommen, dem Verantwortungsbegriff auf der Basis der epistemischen Willensfreiheit einen neuen Akzent abzugewinnen. So schreibt etwa Burkhardt[55], dass man bei demjenigen, der eine rechtswidrige Tat im Bewusstsein des Anderskönnens begeht, das Manko an Rechtstreue erkennen könne und nimmt dabei ausdrücklich Bezug auf die generalpräventive Strafbegründung. Hirsch[56] meint, dass sich die sozialen Normen an dem subjektiven Weltbild ihrer Adressaten orientieren müssten, so dass nicht die wahre Existenz der Freiheit, sondern das allgemein gelebte Empfinden der Willensfreiheit die Grundlage menschlichen Handelns bildet. Hieraus folgert er, dass nur eine Schuld, die sich am faktischen Gefühl der Freiheit der Akteure ausrichtet, wirksame „Appelle ex ante durch die Strafdrohung und ex post durch die Bestrafung" setzen kann. Neu an dieser These ist, dass das Abstellen auf die Erste-Person-Perspektive ein geeigneter Indikator für die Feststellung gesellschaftlicher Präventionsbedürfnisse ist.[57] Darüber hinaus zeigt der Hinweis auf das Erfordernis der strafrechtlichen „Appelle", dass sich der epistemische Indeterminismus durchaus mit der Position des Determinismus verträgt und daher enger mit dem Prinzip der strafrechtlichen Gesetzlichkeit verknüpft ist als der radikale Indeterminismus. Während der starke, auf Kausalität verzichtende Freiheitsbegriff keiner gesetzlichen Bestimmung bedarf, weil das Handeln ohnehin nicht vorhergesehen werden kann, scheint der auf Selbsterfahrung basierende Freiheitsbegriff für eine Orientierung des menschlichen Handelns an sozialen Normen empfänglich zu sein. Das Gefühl, eine freie Wahl zwischen Alternativen zu haben, setzt das Vorhandensein von in Normen repräsentierten Alternativen voraus.

c) Kritik

213 Bei aller Anerkennung der Selbstzuschreibung von Freiheit ist die Frage nicht aus der Welt geschafft, warum man für eine Handlung, die sich frei anfühlt, moralisch verantwortlich sein soll. Zunächst ändert das Freiheitserleben nichts an der faktischen Un-

---

54 MacKay, in: Pothast (Hrsg.), Seminar: Freies Handeln und Determinismus (1978), S. 311; ausf. hierzu Kargl, Handlung und Ordnung im Strafrecht (1991), S. 187 ff.
55 Burkhardt, Gedanken zu einem individual- und sozialpsychologisch fundierten Schuldbegriff, in: Maiwald-FS (2010), S. 89.
56 Hirsch, Zur gegenwärtigen deutschen Diskussion über Willensfreiheit und Strafrecht, ZIS 2010, 65, 66.
57 Bröckers, Strafrechtliche Verantwortung ohne Willensfreiheit (2015), S. 187.

freiheit, die sich aus den Beobachtungen der Dritten-Person-Perspektive aufdrängt.[58] Der klassische Einwand des Inkompatibilismus, dass Personen nur dann verantwortlich sind, wenn sie de facto anders handeln konnten, bleibt auch dann bestehen, wenn die Akteure meinen, ihr Verhalten kontrollieren zu können. Darüber hinaus macht Ulrich Pothast darauf aufmerksam, dass sich aus dem Freiheitserleben keine validen Merkmale für die Feststellung von Zurechnungsfähigkeit oder verminderter Zurechnungsfähigkeit ableiten lassen.[59] Das Freiheitsgefühl kommt zudem zu normativ schwer nachvollziehbaren Ergebnissen, wenn der Täter Voraussagen für sein künftiges Verhalten treffen soll. So wäre gerade der Täter „unfreier", der sich und seine Gewohnheiten gut kennt und z.B. trotz des Wissens um seine alkoholbedingte Aggressivität Gewalttaten begeht. Dagegen hätte in einem epistemischen Sinn derjenige besonders „frei" gehandelt und müsste daher härter zur Rechenschaft gezogen werden, der beim ersten Konsum von Alkohol eine völlig unvorhersehbare Gewalttat begeht.

d) Überleitung zur Zuschreibungspraxis

Festzuhalten bleibt, dass sich der Täter aus Sicht des epistemischen Indeterminismus sagt: Ich hätte auch anders handeln können. Diese Eigenwahrnehmung stimmt mit dem im strafrechtlichen Schuldvorwurf enthaltenen Tadel überein: „Du hättest deine Tat vermeiden können" (Rn. 133 ff.). Diese Parallelität von Eigen- und Fremdzuschreibung gibt der Feststellung Raum, dass vom erkenntnistheoretischen Standpunkt aus das Strafrecht und der Täter einen vergleichbaren Freiheitsbegriff teilen. Diese Deutung von Freiheit geht weit über den strafrechtlichen Anwendungsbereich hinaus. Wir alle schließen von unserer Selbsterfahrung von Freiheit auf die unserer Mitmenschen. Durch diese Generalisierung der eigenen epistemischen Ausgangsbedingungen wird Willensfreiheit – weit entfernt, bloß eine Illusion zu sein – zu einer sozialen Erfahrung.[60] Mit dieser Feststellung schlägt der epistemische Freiheitsbegriff eine wertvolle Brücke zu der im Alltag praktizierten Zurechnung von Verantwortung.

214

II. Alltagspraxis der Verantwortungszuschreibung

1. Die Deskription der moralischen Praxis (reactive-attitudes-Ansatz)

a) Wahl der neuen Perspektive

Wendet sich der Blick von der Höhe der Philosophie hin zur Praxis der moralischen Verantwortung, kommt man nicht um die Erkenntnis herum, dass Menschen andere Menschen für ihre Taten verantwortlich machen, gegenüber dem Täter ihre moralische Missbilligung zum Ausdruck bringen und für das Opfer Partei ergreifen. Diese Praxis scheint ubiquitär zu sein, sie ist im Alltagsleben und Alltagsempfinden jedes Menschen verankert und erfährt bei dem weitaus überwiegenden Teil der Menschen eine hohe Akzeptanz. Der Wertschätzung dieser moralischen Praxis scheinen überdies die intellektuellen bzw. metaphysischen Überlegungen, denen wir im vorangegangenen Kapitel begegnet sind, keinen Abbruch zu tun. Insbesondere fällt auf, dass in der alltäglichen Lebenspraxis Personen von anderen Personen Verantwortung auch dann zugeschrie-

215

---

58 Pothast, Die Unzulänglichkeit der Freiheitsbeweise (1987), S. 189; vgl. auch Hörnle, Kriminalstrafe ohne Schuldvorwurf (2013), S. 38.
59 Pothast, Die Unzulänglichkeit der Freiheitsbeweise (1987), S. 186.
60 Zur kognitiven Lernfähigkeit als Anknüpfungspunkt für objektive Verantwortlichkeit Kargl, Handlung und Ordnung im Strafrecht (1991), S. 204; Engel, Kognitive Fähigkeiten als Bedingung moralischer Verantwortung (2011).

ben wird, wenn die Teilnehmer von der These des Determinismus überzeugt sind.[61] In dieser Sicht sind offensichtlich „verantwortlich sein" (persönliches Verdienen) und „verantwortlich gemacht werden dürfen" (zurechnende soziale Reaktion) nicht an die gleichen Voraussetzungen geknüpft.[62] Eindeutig steht damit die Praxis der Verantwortungszuschreibung im Widerspruch zum Verantwortungsbegriff der Inkompatibilisten, der jede moralische Praxis für illegitim halten muss, die nicht auf der richtigen ethischen Theorie (Willensfreiheit) basiert.

b) Peter Strawsons Perspektive

216   In dem Aufsatz „Freedom and Resentment" (1962) läutete der englische Philosoph Peter Strawson eine neue Ära der Vereinbarkeitsdiskussion (Kompatibilismusdebatte) ein, indem er von der Prämisse ausging, dass das Determinismusproblem allein vom theoretischen Standpunkt aus nicht lösbar sei.[63] Er lenkte damit den Blick von einer – wie er meinte – „überintellektualisierten" (praxisfernen-metaphysischen) Sichtweise hin zu einer zwischenmenschlichen Betrachtung, die den Gründen nachgeht, warum Menschen sich in alltäglichen Beziehungen Verantwortung zuschreiben. Strawson zufolge existiert im interpersonellen Kontakt ein komplexes Geflecht von reaktiven affektiven Haltungen, mit denen Menschen anderen gegenüber ihren Groll, ihre Missbilligung, aber auch Dankbarkeit und Liebe zum Ausdruck bringen (reactive-attitudes-Ansatz).[64] Mit diesen reaktiven Einstellungen drücken Menschen aus, ob die innerhalb sozialer Beziehungen bestehenden Forderungen nach Rücksichtnahme und Wohlwollen (moralische Erwartungen) erfüllt oder enttäuscht werden. Ein solcher Ausdruck von Gefühlen äußere sich in jeder Art von Beziehungen zu anderen Menschen, sowohl innerhalb der beiläufigsten als auch der intimsten Beziehungen. Dabei würden nicht ausschließlich zweckrationale Beeinflussungen von Mitmenschen (konsequentialistische Rechtfertigung) verfolgt, sondern auch Gefühle zum Ausdruck gebracht, die in moralischen Haltungen gründen.[65]

217   Bei der Wahl der affektiven Haltung – ob also mit Dankbarkeit oder Empörung reagiert wird – misst Strawson den Absichten, welche der andere Interaktionspartner mit seinem Verhalten verfolgt, eine große Bedeutung bei.[66] Dementsprechend kann die für den Normalfall geltende affektive Haltung in den Fällen abgemildert oder ganz gedrosselt werden, in denen die Handlungen mit Ausdrücken wie „Er wollte nicht", „Er hatte nicht bemerkt", „Er konnte nicht anders", „Er musste es tun" verbalisiert werden. Neben dieser Gruppe der Entschuldigungen, die die Handlungen betreffen, entwirft Strawson eine zweite Gruppe, deren Exkulpationspotential in der Person des Handelnden liegt, z.B. wenn gesagt werden kann: „Er handelte unter Hypnose", „Er war nicht

---

61   Pothast, in: Hermanni/Koslowski (Hrsg.), Der freie und der unfreie Wille (2004), S. 123; zur Einbettung des „Handelns" in den gesellschaftlichen Zusammenhang vgl. Stegmaier, in: Reichertz/Zaboura (Hrsg.), Akteur Gehirn – oder das vermeintliche Ende des handelnden Subjekts (2006), S. 114; Nachweis bei Bröckers, Strafrechtliche Verantwortung ohne Willensfreiheit (2015), S. 264 Fn. 901.

62   Lotter, Scham, Schuld, Verantwortung. Über die kulturellen Grundlagen der Moral (2012), S. 128; zur Unterscheidung des Verantwortlichkeitsbegriffs in den subjektiven Aspekt des „persönlichen Verdienens" und den objektiven Aspekt der „sozialen Zurechnung" Kargl, Handlung und Ordnung im Strafrecht (1991), S. 199.

63   Strawson, Freiheit und Übelnehmen, in: Pothast (Hrsg.), Seminar: Freies Handeln und Determinismus (1978), S. 201; dazu weitere Autoren: Schlick, in: Pothast aaO, S. 157; White, in: Pothast aaO, S. 234.

64   Strawson, in: Pothast (Hrsg.), Seminar: Freies Handeln und Determinismus (1978), S. 208.

65   Strawson, in: Pothast (Hrsg.), Seminar: Freies Handeln und Determinismus (1978), S. 232.

66   Strawson, in: Pothast (Hrsg.), Seminar: Freies Handeln und Determinismus (1978), S. 208.

er selbst", „Er war sehr angespannt". Bei einer weiteren Unterklasse, bei der es um Kinder oder Geisteskranke geht, würden wir in der Regel auf die Erfüllung moralischer Erwartungen ganz verzichten und demzufolge von einer affektiven, nicht-distanzierten Haltung in eine objektive Haltung wechseln.[67] Mit Einnahme einer solchen objektiven Haltung seien daher reaktive Gefühle wie Übelnehmen, Dankbarkeit, Vergebung und Zorn eher ausgeschlossen. In diesen Fällen würden wir den Interaktionspartner auf Grund seiner Unreife oder seiner Abnormalität nicht als angemessenen Adressaten für die Forderung nach Wohlwollen und Rücksicht betrachten können, die wir in unseren gewöhnlichen reaktiven Haltungen zum Ausdruck brächten.[68]

c) Zur Inkohärenz universeller Entschuldigungsgründe

Strawson teilt mit David Hume und Adam Smith die Auffassung, dass nicht „die Vernunft (…) Quelle unserer Begriffe des moralisch Guten oder des moralisch Bösen" sei, sondern ein ethisches Gefühl die Richtschnur für gutes und schlechtes Handeln bilde.[69] Da Strawson diese affektive Grundhaltung tief in der menschlichen Natur verankert sah, war er der Meinung, dass eine allgemeine theoretische Überzeugung die moralischen Gefühle nicht erschüttern könnten. Diese „Unverwüstlichkeitsthese" untermauert er mit dem Argument, dass sich Entschuldigungen, die Groll oder Empörung zurückdrängen, stets nur auf Einzelfälle beziehen würden, während die inkompatibilistische These, die (trotz des Wissens um kausale Befunde) Unfreiheit und Verantwortung für unvereinbar erklärt, die Existenz eines universellen Entschuldigungsgrunds impliziere.[70] Den Standpunkt, dass der „unfreie" Mensch nicht verantwortlich handeln und moralisch auch nicht zur Verantwortung gezogen werden kann, hält Strawson für widersprüchlich: Es könne nicht die Konsequenz irgendeiner These sein, dass mit ihr die Ausnahme, die „Abnormalität" zur allgemeinen Beschaffenheit erklärt werde. Er ist daher der Ansicht, dass die Determiniertheit eines Akteurs niemals eine Entschuldigung darstellen könne, soweit man Determiniertheit ebenso verstehe wie die Inkompatibilisten den Determinismus und zwar in dem Sinne, dass alles menschliche Verhalten streng determiniert sei. Nach Strawson lässt sich der Inkompatibilismus somit nicht in eine bestehende moralische Praxis integrieren; die Existenz einer Universalentschuldigung läuft den Gegebenheiten der robusten Praxis zuwider.

Boris Bröckers[71] macht in diesem Zusammenhang darauf aufmerksam, dass schon das Wort „entschuldigen" sprachlich veranschaulicht, dass es sich um Einzelfälle handeln muss. Wer sich „ent-schuldigt" räumt ein, etwas getan zu haben, für das er ohne entschuldigende Gründe zur Verantwortung gezogen würde.[72] Demnach markiert die moralische Praxis ein Regel-Ausnahme-Verhältnis (Default-Challenge-Modell), gegen das Universalentschuldigungen verstoßen. Eine neuronale Determination, die alle Menschen betrifft, wäre hiernach kein Umstand, der normativ in einem exkulpierenden

218

219

---

67 Strawson, in: Pothast (Hrsg.), Seminar: Freies Handeln und Determinismus (1978), S. 210.
68 Nach Klaus Günther wird hiernach der andere „als Natur statt als Person" behandelt, in: Flocke/Schonewill (Hrsg.), Differenz und Dialog (2011), S. 172.
69 Hume, Über Moral, herausgegeben von Pauer-Studer (1998), S. 17; Smith, Theorie der ethischen Gefühle (2010), S. 13; zit. bei Bröckers, Strafrechtliche Verantwortlichkeit ohne Willensfreiheit (2015), S. 276.
70 Strawson, in: Pothast (Hrsg.), Seminar: Freies Handeln und Determinismus (1978), S. 214.
71 Bröckers, Strafrechtliche Verantwortlichkeit ohne Willensfreiheit (2015), S. 278.
72 Matt, Verantwortung und (Fehl-)Verhalten (2002), S. 137: Genau genommen kann sich der Täter nicht selbst „ent-schuldigen"; dies steht allein dem Betroffenen zu; vgl. auch Fritsche, Entschuldigen, Rechtfertigen und die Verletzung sozialer Normen (2003), S. 1 ff.

Sinn signifikant ist. Ohne eine Differenz zu den durchschnittlichen Umständen wird niemand geneigt sein, genau diesen Täter für seine konkrete Tat zu entschuldigen.

d) Kritik

aa) Empirischer Einwand gegen die Unverwüstlichkeitsthese

220   Der erste Einwand greift die empirische Behauptung an, dass die affektiven Reaktionsformen im zwischenmenschlichen Zusammenleben unverwüstlich seien.[73] Für diesen Einwand spricht prima facie die Geschichte der Menschheit, die aus einer Abfolge kultureller, politischer und gesellschaftlicher Veränderungen besteht. So können zivilisatorische Errungenschaften wie die Abschaffung der Sklaverei, der Hexenverbrennungen, der Todesstrafe und die Deklaration der Menschenrechte und Demokratie als Belege dafür angeführt werden, dass Gesellschaften in der Lage sind, affektive Reaktionen zu mäßigen und eine rationale Sichtweise in den Vordergrund zu stellen. Allerdings kann hiergegen wiederum geltend gemacht werden, dass trotz der sukzessiven Objektivierung des Strafverfahrens und der Strafpraktiken die Einnahme von reaktiven Haltungen in dem viel größeren Teil der gesamtgesellschaftlichen Verantwortungszuschreibung nicht verschwunden ist. Im Übrigen trägt auch der im Strafverfahren verbalisierte Schuldspruch den moralischen Affekten der Bevölkerung Rechnung (Rn. 231 ff.), so dass der Einwand der empirischen Unbelegbarkeit der Unverwüstlichkeitsthese insgesamt kaum ins Gewicht fällt.[74]

bb) Einwand der Verwechslung von Ursache und Wirkung

221   Strawson geht von einem bestimmten Verhältnis zwischen der Einnahme einer affektiven Haltung und der Unterstellung eines Anders-Handeln-Könnens aus. Er meint, dass die Zuschreibung der kontrakausalen Freiheit nur eine Art Reflex der affektiven Haltungen sei.[75] Hiergegen wird argumentiert, dass nicht der moralische Affekt die Ursache dafür ist, dass wir im interpersonellen Kontakt eine Person für ihre Handlungen verantwortlich machen, sondern dass es umgekehrt das Wissen darüber ist, dass der Akteur die schädigende Handlung auch hätte unterlassen können.[76] Die Antithese zu Strawson würde demnach lauten: Wir machen unsere Mitmenschen nur solange für ihre Taten verantwortlich, wie wir Grund zu der Annahme haben, dass sie anders hätten handeln können.

222   Die Gegenüberstellung der Thesen dürfte allerdings an Schärfe verlieren, wenn man sich darauf besinnt, welcher Art von Anders-Handeln-Können in der Alltagswirklichkeit tatsächlich unterstellt werden kann. Dennett[77] weist darauf hin, dass einiges gegen die Annahme spricht, wir würden uns gegenseitig ein Anders-Handeln-Können im metaphysischen Sinn zuschreiben. Nach metaphysischer Lesart müssten wir dann stets danach fragen, ob die Person unter exakt den gleichen empirischen Ausgangsbedin-

---

73 Guckes, Ist Freiheit eine Illusion? (2003), S. 233; Nagel, Der Blick von nirgendwo (2012), S. 214; Pothast, Freiheit und Verantwortung (2011), S. 189.

74 Zur Stützung der Unverwüstlichkeitsthese auch Hassemer ZStW 121 (2009), S. 850: „Wir schreiben dem anderen …die Verantwortlichkeit zu, die wir an uns selbst erfahren und die wir für uns in Anspruch nehmen – nicht weil dies humanwissenschaftlich bestätigt oder widerlegt wäre, sondern weil wir ohne diesen wechselseitigen Kredit nicht miteinander leben könnten."

75 Strawson, Skeptizismus und Naturalismus (1987), S. 41.

76 Nachweise bei Bröckers, Strafrechtliche Verantwortung ohne Willensfreiheit (2015), S. 294.

77 Dennett, Ellbogenfreiheit, S. 173; zit. bei Bröckers, Strafrechtliche Verantwortung ohne Willensfreiheit (2015), S. 205.

gungen anders handeln konnte. Da beim heutigen Stand der Wissenschaft eine Antwort auf diese Frage unmöglich sei, würden wir uns nur „scheinbar darum kümmern, ob eine Person in diesem Sinn auch anders handeln konnte". Was schon im Rahmen der aufwendigen forensischen Begutachtung der Zurechnungsfähigkeit nicht gelinge, wäre erst recht innerhalb der Alltagsbewertung nicht festzustellen. Vielmehr scheint die Unterstellung eines Anders-Handeln-Könnens lediglich eine Aussage darüber zu treffen, ob unser Interaktionspartner prinzipiell eine Person ist, die über hinreichende kognitive Fähigkeiten verfügt und ihre Handlungen kontrollieren kann.[78] Im Ergebnis ist Dennett daher der Meinung, dass wir uns in Alltagssituationen nur auf erkennbare Faktoren beziehen müssen, dagegen unerkennbare ausblenden. Dies erkläre, weshalb kein Interesse an kontrakausaler Freiheit besteht. Zumindest für die Alltagswirklichkeit und Lebenspraxis ist hiernach die Suche nach dem universellen Prinzip der moralischen Verantwortung ohne Bedeutung. Wenig überzeugend ist dann auch der Einwand, dass das Anders-Handeln-Können genauso konstitutiv ist wie die affektiven Reaktionen.

cc) Einwand des fehlenden rational-normativen Elements

Die eigentliche Achillesferse des reactive-attitudes-Ansatzes zeigt sich weniger bei den Schwächen des empirischen Nachweises, als vielmehr bei der Frage, warum es gerecht ist, einem determinierten Täter mit einer affektiven Haltung gegenüberzutreten. Das von Strawson beschriebene Muster von emotionalen Reaktionsweisen liefert eine Erklärung für die in die moralische Praxis eingeflochtene Ausnahme-Regel-Struktur, mithin für die praktisch erfüllbaren „Spielregeln" der Teilnehmer, aber das Muster selbst erklärt nicht, warum die moralische Praxis legitim sein soll.[79] Dazu Boris Bröckers, der mit kritischer Sympathie den Ansatz von Strawson untersuchte: „Wann das Verantwortlichmachen eines Akteurs innerhalb der moralischen Praxis richtig und wann es falsch ist, wann es also gerechtfertigt ist, dass die Verletzung eines moralischen Gefühls zu einer Missbilligung einer anderen Person führen darf, beantwortet Strawson nicht."[80] Die Position Strawsons ist somit dem Einwand ausgesetzt, dass mit ihr nur etwas über den Bestand der moralischen Praxis ausgesagt wird und deshalb tendenziell die Gefahr besteht, die jeweils vorhandene moralische Praxis zu legitimieren. Da die Disposition zur reaktiven Haltung nicht rational hinterfragt und stattdessen allein auf die moralische Empfindsamkeit der Praxisteilnehmer abgestellt wird, immunisiert sich die gegebene Praxis gegenüber rationaler Kritik.[81] Will man mit Strawson daran festhalten, dass die moralische Praxis in emotionalen Reaktionsweisen[82] eingebettet ist, muss die deskriptive Argumentation mit einer normativen verbunden werden. Es muss kritisch dargelegt werden, unter welchen Bedingungen es angemessen ist, eine Person moralisch verantwortlich zu machen, obwohl ihre Tat schon vor der Geburt feststand.

223

---

78 Siehe auch Engel, Kognitive Fähigkeiten als Bedingung moralischer Verantwortung (2011).
79 Dazu Baltzer, Das Problem der moralischen Verantwortlichkeit (2005), S. 151; ders., in: Kargl-FS (2015), S. 25 ff.
80 Bröckers, Strafrechtliche Verantwortung ohne Willensfreiheit (2015), S. 299.
81 Zu dieser nonkognitivistischen Sichtweise vgl. Hepfer, Philosophische Ethik (2008), S. 75; Halbig, Praktische Gründe und die Realität der Moral (2007), S. 196.
82 Wallace, Responsibility and the moral sentiments (1994), S. 12 ff.; ders, in: Philosophy and Phenomenological Research (PPR), 2002, S. 707.

2. Die Rechtfertigung der moralischen Praxis

a) Normative Sichtweise des Reaktionsmodells (Jay Wallace)

224   In dem Bemühen, nicht nur den Bestand, sondern auch die Legitimation der moralischen Praxis zu sichern, hat Jay Wallace den Versuch unternommen, den naturalistischen Blick Strawsons durch eine rationale Rechtfertigung der Spielregeln zu ersetzen. Folgt man Wallace, bilden die affektiven Dispositionen nur den Rahmen der normativ zu beantwortenden Frage, unter welchen Bedingungen es legitim ist, eine Person verantwortlich zu machen. Seiner Auffassung zufolge weisen reaktive Gefühle wie Groll, Schuldgefühle und Empörung einen propositionalen Gehalt auf. Sie beinhalten zugleich das Urteil, dass die Person diese als Kritik oder als Tadel zu verstehende Empörung auch verdient hat.[83] Wer sich über etwas empört, prüfe normativ ab, ob die zur Entrüstung disponierenden Faktoren auch einen angemessenen Anlass dazu geben, die Entrüstung zu äußern. Damit implementiert Wallace ein regulatives Element, das die Gefühle einer normativen Kontrolle iS eines Denk- und Bewertungsprozesses unterwirft. Der Unverwüstlichkeitstheorie stellt Wallace somit die rationale Kritikfähigkeit der moralischen Gefühle zur Seite.[84] Genau besehen führt dies dazu, dass die Annahme, moralische Gefühle seien gegenüber einer normativen Kontrolle immun (unverwüstlich), aufgegeben werden muss. Entweder ist die in Emotionen eingebettete moralische Praxis nur stabil oder aber nach Maßgabe rationaler Kritik auch veränderbar, so dass in einem konkreten Fall die Entrüstung der Praxisteilnehmer unangemessen sein kann. Da sich Wallace für die Kritikfähigkeit entscheidet, existiert für ihn kein geschlossener, durch die Affekte vorgegebener Bezugsrahmen.

b) Das Prinzip der Fairness (Wallace)

225   Im Ergebnis hält es Wallace also für möglich, dass rationale Argumente die reaktiven Gefühle steuern können. Diese Modifikation des Ansatzes von Strawson gründet bei Wallace insofern auf einer internen Perspektive, als sie die Zuschreibungsregeln nicht aus einem allgemeingültigen unwiderruflichen (externen) Prinzip (z.B. der Willensfreiheit), sondern aus den kulturellen, religiösen, politischen und rechtlichen Gegebenheiten der moralischen Praxis selbst herleitet.[85] Integraler Bestandteil der Zuschreibungs- und Entschuldigungspraxis sei das Urteil der Teilnehmer, dass es fair sei, wenn man den Akteur durch den Ausdruck von Empörung verantwortlich macht.[86] Dieses Prinzip der Fairness besteht nach Wallace unabhängig von der Unterstellung eines Anders-Handeln-Könnens. Damit bürdet die Methode der internen Rechtfertigung den Inkompatibilisten neben dem Beweis dafür, dass die Existenz von Willensfreiheit eine notwendige Bedingung von moralischer Verantwortung auch die weitere Darlegungslast auf, dass alle als fair erachteten Zuschreibungsregeln durch den Determinismus ihr Fundament verlieren und daher eine an den bisherigen Kriterien festhaltende Praxis schlichtweg unfair ist. Der Indeterminist müsste demnach darlegen können, dass sämtliche in der Zuschreibungspraxis anerkannten Entschuldigungen und Ausnahmen auf

---

83   Wallace, Responsibility and the moral sentiments (1994), S. 71, 91.

84   Wallace, Responsibility and the moral sentiments (1994), S. 95.

85   Die interne Perspektive wählt auch Hassemer ZStW 121 (2009), S. 853: „In den Schuldausschließungsgründen formuliert sich die jeweilige Kultur der Zuschreibung von Verantwortlichkeit im Strafrecht, die, wie hier immer wieder betont worden ist, auf der Zuschreibung von Verantwortlichkeit im Alltag aufruht." In dieser Richtung auch die „internalistische Deutung" von Quante, Einführung in die allgemeine Ethik, 3. Aufl. (2008), S. 175.

86   Wallace, Responsibility and the moral sentiments (1994), S. 88.

dem Prinzip alternativer Handlungsmöglichkeiten beruhen. Kann er dies nicht und lassen sich die typischen Entschuldigungsfälle plausibler durch das praxisinterne Prinzip der Fairness erklären, dann verfolgt der Indeterminist eine falsche „generalisation strategy".[87]

c) Die Entschuldigungspraxis

aa) Situationsbezogene Entschuldigungen

Wallace verdeutlicht seinen Standpunkt anhand einer Typologie von Ausnahmen und Entschuldigungen, die nicht dem Prinzip alternativer Handlungsmöglichkeiten zugrunde liegen, sondern sich ausschließlich mit Wissens- und Willenselementen erklären lassen. So wirke in den Fällen etwa einer Nachlässigkeit (inadvertence), einer Fehleinschätzung (mistake) oder eines Unfalls (accident) nicht die (Un-)Fähigkeit des Anders-Handeln-Könnens exkulpierend, sondern die fehlende Qualität des Willens bzw. der mangelnden Intentionalität (Absicht, Vorsatz).[88] Es mache einen elementaren Unterschied, ob jemand einem anderen unbeabsichtigt auf die Hand tritt, während er helfen wollte oder ob er dasselbe tut, um ihn zu verletzen. Allerdings erhebt Wallace den Begriff der Absicht nicht zum normativen Maßstab seiner Ethik. Da auch unwissentlich und unbeabsichtigt herbeigeführte Verletzungen Groll und Empörung auslösen können, stelle die „Absicht" keinen geeigneten Ausgangspunkt für die Analyse von Entschuldigungsgründen dar. Für Wallace besteht das zentrale Charakteristikum einer Entschuldigung darin, dass man dem Akteur vorwerfen könne, moralisch falsch gehandelt, d.h. gegen eine moralische Verpflichtung verstoßen zu haben, deren Einhaltung erwartbar ist und zu Recht an ihn gestellt wird. Mit welcher Willensqualität der Akteur gehandelt hat, sei Bestandteil der Prüfung, ob der Akteur eine moralische Verpflichtung verletzt hat.

Ebenfalls nicht auf dem Prinzip der alternativen Handlungsmöglichkeiten beruhen Fälle, bei denen nicht einmal davon gesprochen werden könne, dass der Akteur überhaupt eine Handlung vollzogen habe („unintentional bodily movement").[89] Als Beispiele für Handlungen, die ohne ein intentionales Moment vollzogen werden, nennt Wallace reine Reflexhandlungen, anfallsbedingtes Verhalten eines Epileptikers oder den Schlafwandler, der ein fremdes Grundstück betritt. Eine weitere Kategorie bilden Fälle eines Nötigungsnotstands („Coercion, Necessity, Duress"), bei dem zwar die Willensfreiheit des Genötigten an sich gegeben ist, der aber eine Zwangssituation schafft, die nicht erwarten lässt, dass der Akteur sich regelkonform verhält.[90]

bb) Akteursbezogene Entschuldigungen

Im Unterschied zu den genannten situationsbezogenen Entschuldigungen beschreibt Wallace unter der Bezeichnung Ausnahme (Exemptions) Exkulpationen, die auf den Akteur Bezug nehmen. Zu den Personen, die ebenfalls von der Zuschreibung moralischer Verantwortung ausgenommen werden, zählt er z.B. Kinder, Drogensüchtige,

226

227

228

---

87 Vgl. Wallace, Responsibility and the moral sentiments (1994), S. 109 f.
88 Wallace, Responsibility and the moral sentiments (1994), S. 136; hierzu auch Bung, Rekonstruktion der Schuld, in: Kargl-FS (2015), S. 66.
89 Wallace, Responsibility and the moral sentiments (1994), S. 140.
90 Wallace, Responsibility and the moral sentiments (1994), S. 144; zu weitergehenden Überlegungen in der deutschen Strafrechtswissenschaft vgl. Zimmermann, Rettungstötungen (2009), S. 25 ff.; Kargl, Aussageerpressung und Rettungsfolter, in: Puppe-FS (2011), S. 1163 ff.

Schizophrene oder sonstige geisteskranke Menschen. Bei ihnen könne nicht von dem Vorliegen der „A-Conditions" ausgegangen werden, da sie nicht „the power of reflexive self-control" besäßen.[91] Immer dann, wenn die Fähigkeit der „reflexiven Selbstkontrolle" fehle, wäre es unfair, eine solche Person an den üblichen interpersonellen Erwartungen zu messen. So seien kleine Kinder für ihre Taten deswegen nicht verantwortlich zu machen, weil sie noch nicht die kognitiven Fähigkeiten[92] besitzen, um die Gründe zu erkennen, auf denen moralische Verpflichtungen aufgebaut sind. Ferner können Kinder ihre Affekte noch nicht in dem Maße kontrollieren wie ältere Jugendliche und Erwachsene. Diese Fokussierung auf die kognitiven Fähigkeiten hat den Vorteil, dass sich diese graduell abstufen lassen: Kinder, Jugendliche und Erwachsene verfügen über unterschiedliche intellektuelle und kognitive Fähigkeiten. Auf die Unterscheidung von Verantwortlichkeit nach dem Maßstab der kognitiven Fähigkeiten nimmt auch das deutsche Strafrecht Bezug, wenn es zwischen einem Erwachsenenstrafrecht und einem Strafrecht für Jugendliche und Heranwachsende sowie zwischen der Schuldunfähigkeit (§ 20 StGB) und der verminderten Schuldfähigkeit (§ 21 StGB) differenziert. Mit einem kontrakausalen Verständnis von strafrechtlicher Schuld wären diese Unterscheidungen nicht in Einklang zu bringen, da der Akteur entweder willensfrei oder willensunfrei ist.

cc) Zur Frage der Willensfreiheit bei Kindern und Geisteskranken

229 Nach Wallace darf die mangelnde Fähigkeit zu reflexiver Selbstkontrolle bei Kindern oder psychisch Kranken nicht zu der Schlussfolgerung verleiten, dass diese nur über ein eingeschränktes Spektrum von alternativen Handlungsmöglichkeiten verfügten.[93] Es sei zwar richtig, dass Kinder ihre Entscheidungen weniger bedacht treffen und zu spontanen, situativen und affektbetonten Entschlüssen neigen, aber genau diese Kriterien sprächen für einen höheren Grad an Indetermination und nicht für einen höheren Grad an Determination. Gerade weil das Verhalten von Kindern willkürlich und weniger berechnend wirkt, sei die Annahme weitaus eher plausibel, dass Kindern mehr alternative Handlungsmöglichkeiten zustehen als Erwachsenen, die durch Erziehung, Umwelt und Sozialisation geprägt sind und situative Handlungsimpulse besser unterdrücken können. Wäre tatsächlich die Existenz von kontrakausaler Freiheit die Richtschnur für die Zuschreibung moralischer Verantwortung, dann müsste man – in diametralem Gegensatz zu unserer moralischen Praxis – die Kinder tadeln und die Erwachsenen exkulpieren.[94] Gleiches träfe auf seelisch Erkrankte zu, die ebenfalls zu unmotivierten willkürlichen Verhaltensweisen tendieren. Aus diesem Grund gelangte Ernst Seelig[95] bereits 1925 zu dem Schluss, „dass die Willensfreiheit, wenn sie irgendwo bestünde, in erster Linie bei den Geisteskranken vorliege."

230 Um ein solches unsinniges Ergebnis zu vermeiden, wird man Wallace darin beipflichten müssen, dass Kinder nicht deswegen von der Verantwortungszuschreibung ausgenom-

---

91 Wallace, Responsibility and the moral sentiments (1994), S. 120, 157, 165.
92 Von Engel, Kognitive Fähigkeiten als Bedingung moralischer Verantwortung (2011), S. 112 als „Fähigkeitsthese" bezeichnet.
93 Wallace, Responsibility and moral sentiments (1994), S. 167.
94 Nach Ansicht von Giesinger ZEW 13 (2010), S. 430 sei nur die kompabilistische Deutung von Willensfreiheit mit den Grundlagen der Pädagogik vereinbar; Langer, Erziehung zur Mündigkeit (2010), S. 70: die Vorstellung von intelligibler Freiheit mache „Erziehung" unmöglich; zit. bei Bröckers, Strafrechtliche Verantwortung ohne Willensfreiheit (2015), S. 330 Fn. 1068.
95 Seelig, Willensfreiheit und strafrechtliche Verantwortlichkeit (1925), S. 23.

men sind, weil sie determinierter als Erwachsene handeln, sondern weil bei Kindern bestimmte kognitive Fähigkeiten noch nicht oder weniger ausgeprägt sind.[96] Wenn dies zutrifft, dann ist das Prinzip des Anders-Handeln-Könnens nicht das einzige Prinzip, mit dem sich erklären lässt, wann bestimmte Handlungen zugeschrieben und wann sie entschuldigt werden. Nach Auffassung von Wallace und Strawson ist hiernach die Fragwürdigkeit der Unvereinbarkeitsthese (Inkompatibilismus) erwiesen, nach der in einer Welt ohne alternative Handlungsmöglichkeiten jedes menschliche Verhalten a priori entschuldigt werden müsse.

III. Strafrechtspraxis der Verantwortungszuschreibung

1. Expressiv-kommunikative Elemente des Strafausspruchs

Es ist nicht zu übersehen, dass das praxisinterne Verständnis von moralischer Verantwortung bis zu einem gewissen Grad auch im Strafrecht zur Anwendung kommt. Im Strafverfahren tritt dies deutlich hervor, wenn den Tätern durch einen Schuldspruch eine bestimmte Tat übel genommen wird. Auch im Strafverfahren bewahrheitet sich folglich die von den reactive-attitudes-Ansätzen vertretene Vorstellung, dass das „Zur-Verantwortung-Ziehen" einen kommunikativen Ausdruck von Gefühlen darstellt.[97] Mit dieser Auffassung korrespondiert in weiten Teilen die in der Strafrechtswissenschaft u.a. von Haft[98], Neumann[99] und Hamel[100] favorisierte dialogische Struktur des Strafverfahrens, da hier ebenfalls der materielle Gehalt von Verantwortung nicht ohne Blick auf die gesellschaftlich-interagierende Entstehungsweise gedeutet werden könne. Verantwortung liegt in dieser Sicht nicht einfach vor und ist somit nicht bereits durch das Verbrechen entstanden, sondern wird im Rahmen eines kommunikativ ausgestalteten Interaktionsprozesses von den Beteiligten zugeschrieben.[101] Mit dem Kommunizieren eines kollektiven Übelnehmens, das der Richter stellvertretend für die Rechtsgemeinschaft ausübt, werde der Akteur zugleich als autonomes Wesen anerkannt.[102] Die Autonomie folge aus der nicht objektivierenden Interaktion unter den Beteiligten, in der diskursiv darüber verhandelt wird, ob dem Akteur die Tat übel genommen werden darf. Die Anerkennung des Akteurs als autonomer Teilnehmer der moralischen Praxis resultiert also daraus, dass auf sein Fehlverhalten nicht distanziert wie auf einen Nicht-Teilnehmer reagiert wird. Einem solchen Delinquenten gegenüber sei dann in einem öffentlichen Verfahren die Mitteilung zumutbar, dass er die Regel der moralischen Praxis in missbilligenswerter Weise verletzt hat. Konnte er sich hingegen „entschuldigen", weil er nicht die durchschnittlichen Anforderungen erfüllt, die an einen moralischen Akteur gestellt werden (Rn. 226), dann müsse ein tadelnder Schuldspruch eo ipso unterbleiben.

96 Engel, Kognitive Fähigkeiten als Bedingung moralischer Verantwortung (2011), S. 44.
97 Danach bildet moralische Verantwortung nicht den „Realgrund" von Strafe (Spendel, Zur Lehre vom Strafmaß, 1954, S. 78), sondern ist nur Teil eines Sprachspiels im interpersonellen Kontakt; dazu Kindhäuser ZStW 107 (1995), S. 725.
98 Haft, Der Schulddialog (1978), S. 28.
99 Neumann, Zurechnung und „Vorverschulden" (1985), S. 201; zur Zurechnung als Kommunikationsprozess s. Arthur Kaufmann, Grundprobleme der Rechtsphilosophie (1994), S. 116.
100 Hamel, Strafen als Sprechakt (2009), S. 73.
101 Übereinstimmend Buddeberg, Verantwortung im Diskurs (2011), S. 318.
102 Im Unterschied zu den sog. „absoluten Straftheorien" (Rn. 96 ff.), die den Autonomiegedanken mit der Übelszufügung verknüpfen, soll hier die Autonomie des Täters aus der diskursiven Verhandlung der Beteiligten über das Dürfen des Übelnehmens folgen; zum „intersubjektiven Anerkennungsverhältnis" im Strafverfahren vgl. auch Anders ZStW 124 (2012), S. 404.

231

2. Expressiv-kommunikative Elemente des Strafübels

232   Hinsichtlich der Frage, warum es das Strafrecht nicht bei der moralisierenden Reaktion belässt und stattdessen auf dem zusätzlichen Element der Übelszufügung beharrt, kann auf die einschlägigen Untersuchungen von Joel Feinberg verwiesen werden. Feinberg[103] teilt die Auffassung von Strawson, wonach der Schuldspruch ein empathischer Akt sei, mit der die Rechtsgemeinschaft Groll und Empörung zum Ausdruck bringt. Im Unterschied zu zivilistischen Wiedergutmachungsleistungen, die den Norminhalt bis zu einem gewissen Grad entmoralisieren, und in Distanz zur positiven Generalprävention, die vorwiegend auf die Bekräftigung der Rechtsordnung abstellt (Rn. 91-95), rückt Feinberg die Perspektive des Opfers in den Vordergrund der öffentlich tadelnden Deklaration.[104] Strafe ist danach nicht (nur) eine Negation der Negation des Rechts (Rn. 96), sondern auch ein Mitfühlen mit dem Opfer, „ein stellvertretendes Übelnehmen" im Namen eines tatsächlich Verletzten.[105] In der Missbilligung von Tat und Täter liegt somit zugleich die Anerkennung des „schuldlosen" Opfers, dessen Rolle klar von der des Täters getrennt und dessen erlittene Erniedrigung, Demütigung und Verachtung durch die öffentliche Solidarisierung im Strafverfahren symbolisch negiert wird. Anders als die Konzeption, die allein den durch den Normbruch bewirkten Geltungsschadens wiederherstellen will, geht die Implementierung der Opferperspektive in die positive Generalprävention davon aus, dass erst die Identifizierung der Rechtsgemeinschaft mit dem Leid der Opfer und deren Genugtuungsinteresse jene kollektive Lern- und Befriedungseffekte auslöst, die der staatlichen Strafe attestiert werden.[106]

3. Rechtfertigung des Strafübels aus konsequentialistischer Sicht

233   Der Blick aus der Perspektive des Opfers auf die Tat und den Täter erklärt, weshalb es nicht ausreicht, wenn sich das Strafurteil – zur Wiederherstellung des Normvertrauens – auf zivilistische Schadensersatzmaßnahmen oder symbolische Gesten beschränken würde.[107] Es bliebe dabei in den Worten Bröckers „unberücksichtigt und unausgesprochen, dass die Rechtsgemeinschaft in einem Verbrechen nicht nur die Gefahr seiner Wiederholung aus Sicht eines potenziellen Opfers sieht, sondern zugleich die Verletzung einer konkreten Person (…). Erschüttert ist durch die Tat daher nicht nur das abstrakte Vertrauen in die Wirksamkeit des Normensystems, also nicht nur der Ordnungsruf ´Verbrechen lohnt sich nicht`, sondern auch der moralische Sinngehalt einer Norm, welcher sich durch das verletzte, gekränkte oder gar gedemütigte Opfer verbildlicht."[108] Beschränkt man den Sinngehalt der Sanktion allein auf den Tadelscha-

---

103   Feinberg, The Expressive Function of Punishment, in: The Monist 49 (1965), S. 400; nachgewiesen bei Bröckers, Strafrechtliche Verantwortung ohne Willensfreiheit (2015). S. 371 ff.

104   Zur wichtigen Unterscheidung zwischen möglichen und tatsächlichen Opfern vgl. Seelmann JZ 1980, 670; Kilching NStZ 2002, 58.

105   In der stellvertretenden Empörung liegt für Strawson der entscheidende Unterschied zur Rache: „…. und es ist dieser unpersönliche und stellvertretende Charakter der Haltung, die … ihr das Recht auf die Bestimmung „moralisch" gibt"; Strawson, in: Pothast (Hrsg.), Seminar: Freies Handeln und Determination (1978), S. 218.

106   Hassemer/Reemtsma, Verbrechensopfer. Gesetz und Gerechtigkeit (2002), S. 21, 100.

107   Für eine „symbolische Justizgewährung" vgl. Klaus Günther, in: Lüderssen-FS (2002), S. 136; Walther ZStW 111 (1999), S. 129, der jedoch bei schweren Straftaten eine Übelszufügung für notwendig hält; gegen eine personalisierende und moralische Beschämung des Täters im Strafurteil Kargl, Kritik des Schuldprinzips (1982); Frommel, Präventionsmodelle in der deutschen Strafzweck-Diskussion (1987), S. 139 sieht die moralisierende Täterschuld bereits durch das schlichte, auf Tatschuld bezogene Zurechnungsurteil ersetzt.

108   Bröckers, Strafrechtliche Verantwortung ohne Willensfreiheit (2015), S. 377 f.

rakter des Schuldspruchs und nabelt ihn auf diese Weise von der potenziellen Möglichkeit einer Übelszufügung ab, dann besteht immer die Gefahr, dass das zuvor moralisch aufgeladene Verfahren von allen Beteiligten (Täter, Opfer, Rechtsgemeinschaft) als eine zahnlose Scheinveranstaltung wahrgenommen wird.[109]

Selbst in nicht-strafrechtlichen Konfliktsituationen belässt es der Gesetzgeber häufig nicht bei der bloß schadensausgleichenden Reaktionsform. So ist im Arbeits-, Miet- und Erziehungsrecht (vgl. § 1631 Abs. 1 BGB) der Tadel stets mit der Möglichkeit einer Nachteilszufügung verbunden. Gleiches gilt allgemein für die moralische Praxis, in der das Verantwortlichmachen ebenfalls durch materielle Manifestationen in Form der Androhung eines Strafübels gesichert wird. Hamel weist darauf hin, dass aus kommunikationstheoretischer Sicht die Glaubwürdigkeit eines Symbols durch materielle Gesten untermauert werde.[110] Angesichts der allenthalben beobachtbaren Verbindung zwischen expressiven Verantwortungsurteilen und deren Verstärkung durch eine mögliche Nachteilszufügung (etwa im Bereich vereinsrechtlicher Sanktionen oder der Vertragsstrafen bei der Verletzung vertraglicher Pflichten) erscheint es wenig plausibel, ausgerechnet im Strafrecht, wo es um die äußersten Grenzen des interpersonellen Kontakts geht, auf eine institutionelle Absicherung des Zur-Verantwortung-Ziehens durch ein Strafübel zu verzichten.[111] Die Überlegung, dass erst ein Tadel, der mit der Möglichkeit einer Übelszufügung verbunden ist, der normstabilisierenden Botschaft Geltung verschafft, müsste dem Konzept der positiven Generalprävention entgegen kommen.

234

4. Rechtfertigung des Strafübels aus gerechtigkeitstheoretischer Sicht

Die bisherige Rechtfertigung der Verhängung eines Strafübels hat sich im Wesentlichen auf die Plausibilitätsüberlegung gestützt, dass ein expressiver, den Täter verantwortlich machender Schuldspruch nicht genügt, um das Rechtsvertrauen der Gemeinschaft wiederherzustellen. Der empirische Gehalt dieser Aussage lässt sich durch abgesicherte Befunde weder verifizieren noch falsifizieren. Somit bleibt das grundsätzliche Defizit jeder Theorie der Generalprävention, sich nur auf plausible Spekulationen hinsichtlich der Wirkung und „bitteren Notwendigkeit" der Strafe berufen zu können, bestehen (Rn. 91 ff.). Hieraus jedoch den Schluss zu ziehen, dass zur Rechtfertigung der Übelszufügung nur Zweckmäßigkeitserwägungen herangezogen werden können[112], würde die Stärke der von Feinberg einbezogenen Opferperspektive in die positive Generalprävention unterschätzen. Denn mit der Betonung der symbolischen Signifikanz des Opfers hat die Zuschreibung von Verantwortung und die Verhängung der Strafe eben doch mehr mit dem begangenem Unrecht und seinen Folgen zu tun, als dies rein konsequentialistische, zukunftsbezogene Deutungen der Kriminalstrafe einräumen wollen. Strafausspruch und Strafübel lassen sich schwerlich von der Vorstellung trennen, dass

235

---

109 In diesem Sinne auch Kühl, in: Eser-FS (2005), S. 160; Neumann/Schroth, Neuere Theorien von Kriminalität und Strafe (1980), S. 103: „Ein wichtiges Moment dieser symbolischen Wirkung ist die physische Gewalt, die sichtbar den Geltungsanspruch der Norm verdeutlicht."

110 Hamel, Strafen als Sprechakt (2009), S. 158.

111 Gleichwohl darf die Wirkung von Symbolen nicht unterschätzt werden; vgl. Ostwaldt, Was ist ein Rechtsritual?, in: Schulze (Hrsg.), Symbolische Kommunikation vor Gericht in der Frühen Neuzeit (2006), S. 129; auch Schild, in: Schulze (Hrsg.) aaO, S. 107 ff.

112 Zur Trennung der Verantwortungszuschreibung und der Übelszufügung, die eine je eigenständige Funktion hätten und einer getrennten Rechtfertigung bedürften, vgl. Bröckers, Strafrechtliche Verantwortung ohne Willensfreiheit (2015), S. 358; wohl auch Hörnle/v. Hirsch GA 1995, 278; Kaspar, Wiedergutmachung und Mediation im Strafrecht (2004), S. 62.

der Handelnde die Reaktion auf sein Handeln auch verdient hat. Wenn dies zutrifft, könnte der genaue Blick auf das Ausmaß der Leidzufügung dazu beitragen, den Anwendungsbereich der Übelszufügung zu begrenzen und damit die im Konzept der positiven Generalprävention schlummernden konsequentialistischen Tendenzen graduell zu entschärfen.[113] Der „rückwärtsgewandte Blick" wäre dann auch in einer nicht-idealistischen Deutung des Kriminalrechts unvermeidbar.

5. Probleme der Übertragung der Alltagspraxis auf die Rechtspraxis

236   Einer schlichten Transformation von Verantwortungszuschreibungen innerhalb der Lebenspraxis auf die Rechtspraxis könnten allerdings Hindernisse im Wege stehen, die mit gewichtigen Unterschieden der beiden Lebenswelten zu tun haben. Die Differenzen betreffen neben der Form der Interaktion (Stichwort: Formalisierung, Rn. 121) und den Wirkungen der Zuschreibung (Stichwort: staatliche Gewaltanwendung, Rn. 96) insbesondere die im Zusammenhang mit dem Gesetzlichkeitsprinzip interessierenden Unterschiede hinsichtlich der in Bezug genommenen Normen. Während im Strafverfahren nur über den Bruch von Strafnormen verhandelt wird, beruhen alltagsmoralische Zuschreibungen hingegen auch auf Verstößen gegen Sitten, Bräuche oder Moralnormen.[114] Ob diese Tatsache einen Transfer beider Interaktionsformen ausschließt und daher eine je andere Form der Zuschreibung bedingt, ist eine Frage der Beurteilung des Verhältnisses zwischen Moralnorm und Strafnorm. Heute besteht weitgehend darin Einigkeit, dass nicht jedes moralwidrige Verhalten kriminalisiert werden darf, dass nicht jedes Groll und Empörung auslösende Verhalten die Voraussetzungen erfüllt, die an eine Strafnorm zu stellen sind (Rn. 112, 119).[115] Die Trennung von Moral- und Rechtsgüterschutz begründet dennoch keine Wesensverschiedenheit, da sich Strafnormen – zumindest im strafrechtlichen Kernbereich – auf eine starke alltagsmoralische Zustimmung berufen können. Mit gutem Grund stellt daher Bröckers[116] fest: „Da die Normen des Kernstrafrechts jedenfalls dem Grunde nach auf eine noch breitere gesellschaftliche Akzeptanz stoßen als bestimmte Sitten und Bräuche, erscheint es erst recht legitim zu sein, wenn man den alltagsmoralischen Zuschreibungsmodus auch in einem Strafverfahren für zulässig erklärt."

6. Grenzen der alltagsmoralischen Verantwortungszuschreibung im Strafrecht

237   Die Überlegungen verdeutlichen zugleich, dass die reactive-attitudes-Ansätze keine Erklärung für eine Grenzziehung des strafrechtlichen Anwendungsbereichs liefern. Offensichtlich kann strafwürdiges Verhalten nicht allein aus den moralischen Empfindungen der Rechtsgemeinschaft abgeleitet werden. Das ausschließliche Abstellen auf die Verletzung von moralischer Empfindsamkeit würde den Sittlichkeitsschutz und den Rechtsgüterschutz miteinander verschmelzen. Eine solche Ausdehnung des strafrechtlichen Anwendungsbereichs wäre unvereinbar mit dem Konzept des strafwürdigen Verhaltens, dem u.a. die limitierenden Gerechtigkeitskriterien der Subsidiarität, der Verhältnismäßigkeit, der Freiheit und der Bestimmtheit zugrunde liegen (Rn. 112-125). Eine an dem alltagsmoralischen Zuschreibungsmodus orientierende Verantwortungs-

---

113 Kargl GA 2017, 344.
114 Roxin, Strafrecht AT I, 4. Aufl. (2006), § 22 Rn. 130; Kühl JA 2009, 288.
115 Pawlik, Das Unrecht des Bürgers (2012), S. 127; Roxin GA 2013, 433; Swoboda ZStW 122 (2010), S. 24; Schünemann, in: Hefendehl/v. Hirsch/Wohlers, Die Rechtsgutstheorie (2003), S. 133.
116 Bröckers, Strafrechtliche Verantwortung ohne Willensfreiheit (2015), S. 364.

lehre würde darüber hinaus weder dem Konzept des strafbaren Verhaltens, das ein strenges Prüfungsschema beinhaltet (Rn. 128-141), noch dem Konzept des Rechtsgüterschutzes, das den Gefühlsschutz in Schranken hält (Rn. 148), brauchbare Kriterien zur Hand geben. Doch der Umstand, dass der im 4. Kapitel beschriebene Komplex (Begründung der Gesetzlichkeit im strafrechtlichen Kontext) zur Bestimmung der Legitimität von Strafrechtsnormen unentbehrlich ist, entzieht der Plausibilität des Reaktionsansatzes als Verantwortungslehre solange nicht den Boden, als die Verletzung strafrechtlich geschützter Rechtsgüter auch moralische Reaktionen auslösen. Daher bleibt es „plausibel, dass auch ein Strafprozess mit einem moralisch-affektiven Schuldspruch und nicht nur mit einem distanzierten Haftungstenor enden darf."[117]

IV. Zusammenfassung

(1) Die Ausgangsfrage war, ob sich eine Tatschuld begründen lässt, die mit dem Weltbild eines durchgehenden Determinismus vereinbar ist. Die Frage hat für das Thema der strafrechtlichen Gesetzlichkeit insofern Relevanz, als ein (angenommen) erwiesenes, die Natur sowie menschliche Handlungen beherrschendes Kausalgesetz einem Strafrecht, dessen Schuldbegriff unauflösbar mit dem „freien Willensentschluss" verknüpft ist, die Legitimität entziehen würde (Inkompatibilismus). Ein solches Kausalgesetz würde allenfalls ein Maßnahmerecht begründen, das jedoch nicht an die strengen Kriterien des Prinzips der strafrechtlichen Gesetzlichkeit (Rn. 17-37) gebunden wäre. Vom Standpunkt der Inkompatibilisten aus hätte der Nachweis des Determinismus nicht nur die Rechtfertigung des Strafrechts zu Fall gebracht, sondern logischerweise auch die Bindung staatlicher Maßnahmen an Recht und Gesetz in erheblichem Maße gelockert. || 238

(2) Was die Position des harten Indeterminismus angeht, hat die Analyse seines Freiheitsbegriffs ergeben, dass eine Person, die unter den gleichen Ausgangsbedingungen zwischen zwei Handlungsalternativen indeterminiert wählen konnte, nicht selbst Urheber der Entscheidung ist, mithin zufällig handelt (Rn. 199, 200). Kontrakausale Freiheitslehren widersprechen dem Prinzip der Urheberschaft und sind deshalb mit moralischer Verantwortung unvereinbar. || 239

(3) Dem Zufallsargument sucht ein abgeschwächter Freiheitsbegriff zu parieren, indem er innerhalb eines durch das Kausalgesetz bestimmten Verlaufs einen Spielraum für indeterminierte Ereignisse aufspürt. Die Person wird nicht mehr als „unbewegter Beweger", der aus dem Nichts handelt, verstanden, sondern als ein Akteur, der die Fähigkeit besitzt, seinen Willen durch persönliche Präferenzen wie Überlegungen, Wünsche und Hoffnungen selbst zu formen (Rn. 201) und damit die äußeren Einflussfaktoren, die nicht geleugnet werden, zu überlagern bzw. zu „überdeterminieren" (Rn. 203 - 207). Auch dieser Weg führt nicht zum Erfolg einer Versöhnung von Determinismus und Indeterminismus. Zum einen scheitert er am Satz des Widerspruchs, da ein Ereignis nicht zugleich auf empirischen und auf nicht-empirischen Ursachen beruhen kann (Rn. 208). Sofern man die Wirklichkeit des Determinismus anerkennt, kann auch ein vorangegangener Reflexionsprozess der Unausweichlichkeit des festgelegten Geschehens keine neue Richtung geben. Zum anderen verlieren die Einflussfaktoren ihren Erklärungswert, wenn ihnen durch die Fähigkeit des Menschen zur Überdetermination die Eigenschaft abgesprochen wird, ein Ereignis verursachen zu können (Rn. 209). || 240

---

117 Bröckers, Strafrechtliche Verantwortung ohne Willensfreiheit (2015), S. 365.

241   (4) Aus der Perspektive des epistemischen Freiheitsbegriffs ist Freiheit auch in einer determinierten Welt keine Illusion, sondern eine reale Selbsterfahrung der handelnden Person (Rn. 210). Dieses Freiheitserlebnis wird ermöglicht durch den Faktor der Ungewissheit: Weil Menschen ihre Entscheidungen nicht treffsicher voraussehen können, halten sie sich für frei und nicht für willfährige Werkzeuge einer anonymen Macht. Ob der Handelnde ein überzeugter Determinist ist oder nicht, spielt für das Freiheitserleben keine Rolle, da aus der Innensicht stets – wie Wittgenstein gesagt hat – „zukünftige Handlungen jetzt nicht gewusst werden". Die Richtigkeit der epistemischen Grundannahme unterstellt, bleibt doch die Frage, ob sich aus dem „Anfühlen" von Freiheit in einer (möglicherweise) unfreien Welt eine kohärente Begründung für Verantwortung ableiten lässt (Rn. 213). Der klassische Einwand des Inkompatibilismus, dass Personen nur dann verantwortlich sind, wenn sie de facto anders handeln konnten, ist auch dann nicht entkräftet, wenn die Akteure meinen, ihre Handlungen kontrollieren zu können. Letzten Endes vermag also auch die erkenntnistheoretische Kategorie der Freiheit nichts an dem unüberbrückbaren Gegensatz zwischen Determinismus und Indeterminismus zu ändern.

242   (5) Als Zwischenfazit kann mit Bröckers festgehalten werden: „Während die Libertarier nicht verständlich machen können, weshalb ein Akteur, der ursachenlos handelte, Urheber seiner Handlungen sein soll, gelingt es den Kompatibilisten nicht, zu begründen, wieso ein Akteur in einer determinierten Welt sein Verhalten in einem verantwortungsrelevanten Sinne kontrollieren konnte." Somit lässt sich moralische Verantwortlichkeit, die von den Bedingungen der Urheberschaft oder der Kontrolle abhängig gemacht wird, weder in einer determinierten noch in einer indeterminierten Welt begründen. Dieses Patt spricht dafür, die Deutung von Verantwortung künftig nicht mehr allein oder überwiegend mit der Diskussion über die Existenz der Willensfreiheit, die in der abendländischen Tradition nach der ultimativen, nach der wahren Schuld fragt, zu beschweren, sondern an den Gegebenheiten und Bedingungen zu orientieren, die in der Praxis die Zuschreibung von Verantwortung regeln.

243   (6) Die auf Peter Strawson gestützte deskriptive Beschreibung der moralischen Praxis hatte gezeigt, dass innerhalb menschlicher Beziehungen die Zuschreibung von Verantwortung ein Ausdruck moralischer Gefühle ist. Kränkungen und Verletzungen lösen in Menschen (ubiqitär) affektive Haltungen aus, mit denen sie anderen gegenüber ihren Groll und ihre Missbilligung äußern (Rn. 216). Diese den Normalfall kennzeichnenden reaktiven Einstellungen werden jedoch abgemildert oder ganz zurückgestellt, wenn der Interaktionspartner auf Grund seiner Unreife oder „Abnormalität" nicht als angemessener Adressat für normative Erwartungen in Betracht kommt (Rn. 217). Im Unterschied zur These, dass alle Menschen determiniert und damit universell entschuldigt sind, etabliert die moralische Praxis ein Regel-Ausnahme-Verhältnis, das Entschuldigungen nur auf Einzelfälle bezieht (Rn. 218).

244   (7) Die rein deskriptive Betrachtung ist dem stichhaltigen Einwand ausgesetzt, dass sie nur etwas über den Bestand der moralischen Praxis aussagt, nicht aber die Frage klärt, warum es gerechtfertigt sein soll, einem determinierten Täter mit einer affektiven Haltung gegenüber zu treten. Zur Überwindung dieses Arguments ist der Vorschlag von Jay Wallace aufgegriffen worden, der dem naturalistischen Blick Strawsons eine rationale Kritikfähigkeit der moralischen Gefühle zur Seite stellt (Rn. 224). Wallace Auffassung zufolge beinhalten reaktive Gefühle zugleich das Urteil, dass die Person diese als Kritik oder Tadel zu verstehende Empörung auch verdient hat, dass es infolgedessen

auch fair ist, wenn man den Akteur verantwortlich macht (Rn. 225). Das praxisinterne Prinzip der Fairness erläutert Wallace umfangreich an Hand der in der Zuschreibungs-praxis anerkannten Entschuldigungen und Ausnahmen (Rn. 226-230). Im Ergebnis entscheidet weder das Fehlen alternativer Handlungsmöglichkeiten (kontrakausale Freiheit) noch der vorbestimmte Weltverlauf über Exkulpationen, sondern die man-gelnde Intentionalität (Absicht) und die Unfähigkeit zur reflexiven Selbstkontrolle (ko-gnitive Fähigkeiten). Gemessen an diesen Zuschreibungsbedingungen ist es folglich nicht unfair, gegenüber anderen Akteuren Groll und Empörung zu äußern, wenn sie Kränkungen oder Verletzungen verursacht haben.

(8) Dennoch wäre die Annahme verfehlt, dass die von Strawson und Wallace entwi-ckelte praxisinterne Rechtfertigung der moralischen Verantwortung die unterschiedli-chen Betrachtungsweisen des Determinismus und des Indeterminismus obsolet ge-macht hätten. Denn auch wenn man mit Blick auf das Strafrecht den praxisnahen Vor-gang des Zur-Verantwortung-Ziehens favorisiert, sind die eher praxisunabhängigen, ideell und empirisch oft überfrachteten Konstrukte unentbehrlich: Wir benötigen das Kausalgesetz, um das Geschehen auf dieser Welt verstehen zu können, wir benötigen aber auch das Postulat der Freiheit, um uns als verantwortliche Wesen zu begreifen. Diesen Widerspruch hat der Strafrechtler Max-Ernst Mayer schon 1901 in die Worte gefasst: „Die Verneinung der Willensfreiheit ist ein Axiom des Verstandes; die Beja-hung der Willensfreiheit ist ein Postulat der Vernunft." Die bislang eingenommenen Standpunkte laufen zumeist auf den unmöglichen Versuch hinaus, sich entweder auf die Seite des Verstandes (Determinismus) oder auf die Seite der Vernunft (Indeterminis-mus) zu schlagen. Da aber beide Thesen – wie gesehen – große Probleme damit haben, moralische Verantwortung zu rechtfertigen, sollte das Eingeständnis nicht allzu schwer fallen, dass bei jeder Strafbegründung Defizite bestehen, vor denen auch das eigene Konzept nicht gefeit ist. 245

B. Wahrheit und Überzeugung

I. Einordnung des Themas

Im vorangegangenen Abschnitt lag der Fokus vorwiegend auf dem Täter. Es war unter-sucht worden, welche Eigenschaften der Täter aufweisen muss, um ihn berechtigter-weise zur Verantwortung ziehen zu können. Legt man den Maßstab der moralischen Praxis zugrunde, kann ihm eine Handlung sowohl alltagsweltlich als auch öffentlich-strafrechtlich dann zugeschrieben werden, wenn er die durchschnittlichen kognitiven Fähigkeiten besitzt, die es im Rahmen sozialer Interaktion allgemein erwarten lassen, dass er sich normgemäß verhält. Wichtig ist dabei die Erkenntnis, dass die Legitimität der Verantwortungszuschreibung und damit die Legitimität des gesetzlich bestimmten Strafrechts auch unter der Voraussetzung einer durchgehenden Kausalität des Han-delns keine Einbuße erleidet. Gesetzlichkeit und Determinismus stehen also nicht in Widerspruch zueinander. 246

Dem an freiheitlicher Gesetzlichkeit orientierten Strafrecht droht aber nicht nur Ge-fahr von Seiten deterministischer Positionen, sondern – verstärkt in den letzten Jahr-zehnten – auch von erkenntnistheoretischen Konzepten, die das Erkennen der Wirk-lichkeit in Zweifel ziehen.[118] Eine solche Position muss ein Strafverfahren, das den An- 247

---

118 Aus kognitionstheoretischer Sicht ausf. Kargl, Handlung und Ordnung im Strafrecht (1991), S. 51 ff.

spruch erhebt, das dem Angeklagten vorgeworfene Geschehen wirklich festzustellen (Rn. 248), ins Herz treffen. Kann dieser vom Prinzip der materiellen Wahrheit geforderte Anspruch grundsätzlich nicht eingelöst werden, dann ist dem Verbrechensbegriff, den Kriterien der Strafrechtsdogmatik, dem gesetzlich fixierten Unrechtstatbestand, der Kausalitätsebene, der objektiven Zurechnung, der Rechtswidrigkeitsebene (Rn. 128 ff.) und nicht zuletzt den erhofften Wirkungen der Strafe (Rn. 74 ff.) von vornherein die Basis entzogen. Da wir alle im Schatten des Unwissens und des Zweifels argumentieren und die erkenntnistheoretische Skepsis somit nicht mit leeren Händen dasteht, gehört es zu den schwierigsten Aufgaben der Kriminalwissenschaft auf diesen Frontalangriff eine passende Antwort zu finden. Wenn es gelingt, die nihilistischen Formen des radikalen Relativismus zu relativieren, wäre für das Strafrecht schon viel gewonnen.

II. Rechtsgrundlagen: Wahrheit im Gesetz

1. Richterliche Aufklärungspflicht (§ 244 Abs. 2 StPO)

248 Im positiven Recht taucht das Wort Wahrheit im Rahmen jener strafprozessualen Bestimmung auf, die den Grundsatz der richterlichen Aufklärungspflicht normiert. In § 244 Abs. 2 StPO wird nicht nur davon gesprochen, dass das Gericht den Sachverhalt von Amts wegen aufzuklären hat (Ermittlungsgrundsatz), sondern auch von der Pflicht des Gerichts, die Beweisaufnahme „zur Erforschung der Wahrheit" vorzunehmen.[119] Anders als im Zivilprozess, wonach es Sache der Parteien ist, welche Tatsachen sie dem Gericht zur Entscheidung unterbreiten (Verhandlungsmaxime), soll im Strafverfahren das wirkliche Geschehen durch das Gericht festgestellt werden (Prinzip der materiellen Wahrheit). Dem liegt der Gedanke zugrunde, dass der Richter prinzipiell in der Lage ist, die Frage zu beantworten, ob sich der Sachverhalt als phänomenale Erscheinung tatsächlich so ereignet hat, wie sie dem Angeklagten vorgeworfen wird. Wenn somit für möglich gehalten wird, dass im Strafprozess die Wahrheit ans Licht kommt, dass man sie finden kann, weil es sie „gibt", dann gründet die Akzeptanz des Strafurteils auf seiner Übereinstimmung mit der Wirklichkeit. Nach dieser Lesart hätte sich das deutsche Strafverfahren dem korrespondenztheoretischen Verständnis von Wahrheit verschrieben, das Jarcke[120] bereits 1825 auf die Formel gebracht hat: „Die Wahrheit liegt in der Uebereinstimmung des urtheilenden Subjekts mit dem erkannten Objecte". Aufbauend auf dem in den gesetzlichen Vorgaben genannten Wahrheitsbegriff wird in fast allen Lehrbüchern und Kommentaren zur Strafprozessordnung sowie in zahlreichen Entscheidungen des BVerfG und des BGH die Wahrheitserforschung zum Leitprinzip des Strafverfahrens erklärt.[121]

---

119 Entspr. dieser Vorgaben müssen alle Richter vor Übernahme ihres Amtes beeiden, „nur der Wahrheit und Gerechtigkeit zu dienen" (§ 38 a DRiG). Hierauf werden auch Untersuchungsmaßnahmen (§ 81 c StPO) sowie andere Prozessbeteiligte festgelegt. Zeugen sind vor ihrer Vernehmung „zur Wahrheit zu ermahnen" (§ 57 StPO); die Eidesformeln fordern die Bekräftigung „nur die reine Wahrheit gesagt und nichts verschwiegen (zu) haben" (§§ 64, 65 StPO).

120 Carl E. Jarcke, Bemerkungen über die Lehre vom unvollständigen Beweise, NArchCrim 8 (1825), S. 99.

121 Beispielhaft KMR-Eschelbach, Kommentar zur Strafprozessordnung (2016), Einl. Rn. 19; Meyer-Goßner/ Schmitt, Strafprozessordnung, 61. Aufl. (2018), Einl. § 244 Rn. 11; Beulke, Strafprozessrecht, 13. Aufl. (2016) § 2 Rn. 21; Roxin/Schünemann, Strafverfahrensrecht, 29. Aufl. (2017), § 15 Rn. 3; BVerfGE 57, 275; BGHSt 50, 48; monographisch: Stamp, Die Wahrheit im Strafverfahren (1998), S. 16; Kramer, Grundlagen des Verfahrensrechts, 8. Aufl. (2014), Rn. 13; krit. Eser ZStW 104 (1992), S. 368.

2. Freie richterliche Beweiswürdigung (§ 261 StPO)

Allerdings belässt es das Gesetz nicht beim Auftrag zur Wahrheitserforschung, es normiert auch die praktische Einlösung dieses Auftrags durch ein richterliches Prüfungsverfahren, demzufolge die Erforschung des wahren Sachverhalts durch ein subjektives Urteil eingelöst werden darf. Gemäß § 261 StPO entscheidet das Gericht über das Ergebnis der Beweisaufnahme nach seiner freien, aus dem Inbegriff der Verhandlung gewonnenen Überzeugung (Grundsatz der freien richterlichen Beweiswürdigung). Diese Vorschrift nimmt mit der Wortwahl „Überzeugung" ausdrücklich Bezug auf eine „innere bewertende Stellungnahme des Richters zum Gegenstand der Untersuchung"[122] und begnügt sich infolgedessen mit dem Grad der persönlichen Gewissheit. § 261 StPO lenkt so den Blick auf den Erkenntnisakt des Tatrichters, der das Wirkliche nicht bloß vorfindet, sondern durch Deutung immer auch (mit-) hervorbringt. Damit lässt sich schwerlich die z.B. von Bendix 1934 aufgestellte Behauptung aufrechterhalten, „dass die Verfasser der Strafprozessordnung in ihrer erkenntnistheoretischen Unbildung und in ihrem naiven Begriffsrealismus die richterliche Überzeugung als technisches Erkenntnismittel für die objektive, absolute Wahrheit angesehen haben." [123]

249

3. Antagonismus der Wahrheitstheorien

Die Zusammenschau der genannten Normen (§§ 244 Abs. 2, 261 StPO) legt den Schluss nahe, dass dem deutschen Recht die Kenntnis der prekären Beziehung zwischen Wahrheit und Überzeugung durchaus nicht fremd ist. Anderenfalls hätte sich das Strafverfahren zu dem Antagonismus bekannt, das strikt zwischen materieller und prozessualer Wahrheit unterscheidet und sich im Gesetz für eine der beiden Wahrheiten entschieden.[124] Doch genau diesen Gegensatz spiegeln die zwei Grundthesen wider, die bis heute die Debatte beherrschen: Auf der eine Seite die Verfechter der materiellen Wahrheitstheorien, die Wahrheit mit dem Erkennen der Wirklichkeit gleichsetzen und dabei auf eine vorgegebene, vorsprachliche Entität abzielen; auf der anderen Seite die Anhänger der prozessualen Theorien, die den Gedanken einer rein tatsachenorientierten Erkenntnis verabschieden und stattdessen den Herstellungsprozess von Wirklichkeit und damit epistemische und argumentative Aspekte des Themas in den Vordergrund rücken.[125] Die nachfolgende Darstellung beschränkt sich auf die Grundstruktur und die notorischen Schwächen der beiden Modelle.

250

III. Kritik der Wahrheitstheorien

1. Korrespondenztheorie

a) Das klassische Fundament

Die am meisten verbreitete und das philosophische Terrain am längsten beherrschende Wahrheitstheorie geht in ihrer klassischen Formulierung auf Thomas von Aquin zu-

251

122　So die Definition des Begriffs der richterlichen Überzeugung bei KK-Schoreit, Strafprozessordnung, 7. Aufl. (2013), § 261 Rn. 2.

123　Bendix MschrKrim 25 (1934), S. 231; vgl. auch Müller-Dietz, Der Wahrheitsbegriff im Strafverfahren, ZevE 15 (1971), S. 257 Fn. 1; Grasnick, in: Lüderssen-FS (2002), S. 70.

124　Näher zu dieser Abgrenzung Geppert Jura 2003, 256; Weßlau, Das Konsensprinzip im Strafverfahren (2002), S. 19; Poscher ARSP 89 (2003), S. 200; Eisenberg, Beweisrecht der StPO, 10. Aufl. (2017), Rn. 1.

125　Überblick bei Puntel, Grundlagen einer Theorie der Wahrheit (1990), S. 120 ff.; Heckmann, Was ist Wahrheit? (1981); Gloy, Wahrheitstheorien: Eine Einführung (2004).

rück, der Wahrheit als „Angleichung von Sache und Intellekt aneinander" definiert.[126] Im Kern wird die sich später in viele Seitenarme verzweigende Auffassung von der Vorstellung geleitet, dass es in der Welt „Sachen" (Dinge, Objekte, Gegenstände) gibt, die der Mensch sinnlich wahrnehmen oder gedanklich erfassen kann.[127] (Tat-) Sachen werden demzufolge als selbsterläuternd behandelt, so dass sie keiner Rechtfertigung bedürfen. Sie sind wie sie sind; werden vom erkennenden Subjekt gleichsam gescannt und in ihrer unverrückbaren Struktur erfasst. Die Dinge „draußen" gelten in dieser Sicht als „Wahrheitsmacher" bzw. als „Wahrheitsträger" von Überzeugungen.[128] Wahr ist dann eine Erkenntnis, wenn sie die Objektwelt getreulich abbildet; falsch ist die Erkenntnis, wenn sie den Gegenstand entweder versehentlich (Irrtum) oder bewusst (Lüge) verfehlt. In jedem Fall verlangt das Prädikat „wahr" eine Übereinstimmung (Korrespondenz, Adäquatheit) zwischen Intellekt und Wirklichkeit, zwischen Aussage und dinglicher Welt.

b) Kritik

252 Der wichtigste Einwand betrifft eine weit reichende Vorannahme, die als „Mythos des Gegebenen" bezeichnet wurde.[129] Darunter versteht die Kritik die in der Korrespondenztheorie vorausgesetzten Behauptungen, dass die Wirklichkeit der Außenwelt unabhängig von der Perspektive des Beobachters beschrieben werden kann und dass diese Wirklichkeit der menschlichen Erkenntnis ungefiltert zugänglich ist. Nach dieser Vorstellung findet der Intellekt einen direkten Weg zu den Dingen, die im Erkenntnisakt mit dem Denken verschmelzen. Auf diese Weise soll jene Deckung bzw. Übereinstimmung zwischen Erkenntnis und Gegenstand hervorgebracht werden, die den Kern der Korrespondenztheorie ausmacht. Daran ist Skepsis schon deshalb angebracht, weil man sich eine von Sinneseindrücken, Bewusstsein, Kultur und Sozialisation ungetrübte Wiedergabe der Realität schwerlich vorstellen kann.[130] Infolgedesssen kann die Übereinstimmungsformel als Vergleichsgegenstand der Aussage nicht jene Außenwelt meinen, wie sie an sich ist.

253 Abgesehen von der Beschränktheit der Kognitionsmöglichkeiten, die Zweifel an der einzig richtigen Aussage nährt, hat die Korrespondenztheorie der Wahrheit die insbesondere auch für das Gerichtsurteil fatale Konsequenz, dass sie Begründung und Rechtfertigung eines Sachverhalts als überflüssig erscheinen lassen. Wer wie selbstverständlich von der Annahme einer einzig richtigen Beobachtung ausgeht, setzt stillschweigend voraus, dass diese begrifflich nicht anders artikuliert werden könnte. Zugleich ontologisiert er seinen kognitiven Vorgang, indem er ihn von jeder näheren Begründung entlastet.[131] Die Stoßrichtung der Kritik zielt somit auf den kleinsten ge-

---

126 Thomas von Aquin, Von der Wahrheit (De veritate, quaestio I), übers. von Zimmermann (1986), S. 14; Aristoteles, Metaphysik, 1011 b, 26 f.: „Vom Seienden zu sagen, dass es nicht ist, und vom Nicht-Seienden, dass es ist, ist falsch".

127 Zusammenfassende Darstellungen bei Weinberger, Rechtslogik, 2. Aufl. (1989), S. 72; Grasnick GA 1993, 55; Pawlowski, Einführung in die Juristische Methodenlehre, 2. Aufl. (2000), Rn. 50.

128 Kotsoglou, Forensische Erkenntnistheorie (2015), S. 79.

129 Hierzu Stübinger, Das „idealisierte" Strafrecht (2008), S. 464; Kotsoglou, Forensische Erkenntnistheorie (2015), S. 26, 78; Kargl, Handlung und Ordnung im Strafrecht (1991), S. 75, 84, 197.

130 Jens Dallmeyer, Beweisführung im Strengbeweisverfahren (2002), S. 18; LK-StGB-Wilms, 12. Aufl. (2006 ff.), vor § 153 Rn. 9; Kargl, Wahrheit und Wirklichkeit im Begriff der „falschen Aussage", GA 2003, 799.

131 Ausf. dazu Williams, Realismus und Skeptizismus, in: Grundmann/Stüber (Hrsg.), Philosophie der Skepsis (1996), S. 144; Seide, Rechtfertigung, Kohärenz, Kontext: Eine Theorie der epistemischen Rechtfertigung (2011), S. 47.

meinsamen Nenner aller Korrespondenztheorien, nämlich auf die Behauptung, dass es eine Welt gibt, die subjektunabhängig durch wahre Erkenntnis erschlossen werden kann. Die Gegenposition lässt sich mit Wittgenstein[132] auf den Punkt bringen: „Daß es mir – oder Allen – so scheint, daraus folgt nicht, daß es so ist."

2. Kohärenztheorie

a) Kernaussage

In Verkennung der Position Wittgensteins (Rn. 269, 270) ist nicht selten der Schluss gezogen worden, dass das kognitive und das reale System unerreichbar weit auseinander fallen, die Wirklichkeit demzufolge prinzipiell unerkennbar sei. Diese radikal skeptische These soll hier außer Acht gelassen werden, weil sie gegen alle Erfahrung und gegen den Stand der philosophischen Diskussion Erkenntnis lediglich als Zufall erscheinen lässt.[133] Demgegenüber leugnet die ebenfalls weit verbreitete Kohärenztheorie zwar nicht eine Übereinstimmung zwischen Tatsache und Erkenntnis, aber anders als die Korrespondenztheorie liegt der entscheidende Akzent nicht auf der Einzelerkenntnis (Aussage, Urteil, Überzeugung), die sich auf einen bestimmten Sachverhalt bezieht, sondern auf der Übereinstimmung zwischen der Einzelerkenntnis und dem gesamten übrigen kognitiven Aussagesystem.[134] Kohärentisten zufolge besteht die Rechtfertigung einer einzelnen Überzeugung in ihrer Symbiose mit einem System von Überzeugungen, die untereinander verknüpft sind und sich gegenseitig stützen.[135] Eine Aussage kann dann als wahr gelten, wenn deren Überprüfung ergibt, dass sie in ein geordnetes Ganzes eingebettet ist, innerhalb dessen die einzelnen Aussagen logisch konsistent sind. Das heißt für den Kohärenztheoretiker, dass nicht der Inhalt eines Beobachtungssatzes, sondern seine Stellung innerhalb eines Geflechts von Aussagen über den Wahrheitsgehalt Auskunft gibt.

254

b) Schwachstellen

Moritz Schlick[136] hat den Gedanken des gegenüber der Korrespondenztheorie fehlenden Mehrwerts in aller Schärfe formuliert: „Wer es ernst meint mit der Kohärenz als alleinigem Kriterium der Wahrheit, muss beliebig erdichtete Märchen für ebenso wahr halten wie einen historischen Bericht oder Sätze in einem Lehrbuch der Chemie, wenn nur die Märchen so gut erfunden sind, dass nirgends ein Widerspruch auftritt." In diesem Sinne kann es viele abwegige Überzeugungen geben, die in ein passendes System ebenfalls abwegiger Überzeugungen eingebettet sind. Ist der Kohärenzgrad eines plausiblen Meinungssystems ebenso groß wie derjenige eines Wahnsystems, lassen sich beide nicht mehr unterscheiden.[137] Versucht man diesem Hauptmangel dadurch zu begegnen, dass im Wahrheitstest des Kohärenzkonzepts auch die Übereinstimmung von Er-

255

---

132 Wittgenstein, Über Gewißheit, Werkausgabe 8 (1984), Rn. 2.
133 Krit. zum radikalen Konstruktivismus (Maturana, Varela, v. Glasersfels, v. Foerster etc.) Kargl, Gesellschaft ohne Subjekte oder Subjekte ohne Gesellschaft?, in: Zeitschrift für Rechtssoziologie 1991, 120.
134 Einführend in den Kohärentismus Baumann, Erkenntnistheorie, 2. Aufl. (2006), S. 212; Grundmann, Analytische Einführung in die Erkenntnistheorie (2008), S. 590; Schmuck, Idealismus und Kohärenz (1988), S. 132 mwN.
135 Zu den philosophiegeschichtlichen Quellen des Kohärentismus, zu denen neben dem Idealismus auch der logische Positivismus (Wiener Kreis) gezählt wird, vgl. Coomann, Die Kohärenztheorie der Wahrheit (1983), S. 21, 68; Brendel, Wahrheit und Wissen (1999), S. 119.
136 Schlick, Über das Fundament der Erkenntnis, in: Erkenntnis 4 (1934), S. 79 ff.
137 Baumann, Im Auge des Betrachters: Über Wissen, Rechtfertigung, Kontext, in: Grundmann (Hrsg.), Die traditionelle Erkenntnistheorie und ihre Herausforderer (2001), S. 214.

kenntnis und Wirklichkeit eine Rolle spielt oder – wie bei Davidson – Überzeugungen, Wünsche und Sinnesorgane von Personen in den Blick geraten, so besagt dies entgegen der Grundvoraussetzung nichts anderes, als dass manche Überzeugungen (z.B. dass die Erde kugelförmig ist) einen epistemisch höheren Status haben als andere.[138] Der Preis für diese Korrektur ist ein Rückfall in eine der Varianten der Korrespondenztheorie.

3. Konsenstheorien

a) Übereinstimmung im Bereich der Sprache

256   Mit der Kohärenztheorie haben die verschiedenen Konsenstheorien die Überlegung gemeinsam, dass die Wirklichkeit den Menschen nur in Aussagen gegeben ist. Danach kann auch die Relation zwischen Aussage und Realität immer nur durch Aussagen bestimmt werden.[139] Im Unterschied zu den vorgenannten Konzeptionen besteht die Wahrheit jedoch nicht in einer Entsprechung zu einem Gegenstand, der außerhalb des Geltungsbereichs von Sprechakten existiert, ebenso wenig in einer Entsprechung zu einem subjektunabhängigen Wissenssystem. Den meisten Versionen der Konsenstheorie zufolge kann die Wahrheit nur innerhalb des sprachlogischen Bereichs gesucht und die Überprüfung allein davon abhängig gemacht werden, dass ihr einige oder alle Angehörigen einer bestimmten Gruppe oder gar alle Menschen zustimmen bzw. zustimmen könnten. Diese Auffassung hat in der Philosophie und in der Rechtswissenschaft eine starke Anhängerschaft gefunden.[140] Die Differenzen betreffen hauptsächlich die Art und Weise, in der die Übereinstimmung zu qualifizieren ist. Es versteht sich, dass man bereits bei der Feststellung des Konsenses mit erheblichen praktischen Schwierigkeiten rechnen muss.[141]

b) Ausgangspunkt im Pragmatismus

257   Zu den Ursprüngen, denen sich die Existenz der Konsenstheorien verdankt, zählen pragmatistische Lehren in der Nachfolge von Charles Sanders Peirce, William James und John Dewey.[142] Für sie soll etwas als wahr gelten, wenn in einem geordneten Verfahren eine Einigkeit hinsichtlich der Meinungen über einen Gegenstand oder einen Sachverhalt erzielt werden kann. Sofern Konsens über eine aufgestellte Behauptung aus dem Durchlaufen einer dafür vorgesehenen Prozedur resultiert, liefere sie ein allgemeines Kriterium für Wahrheit und zugleich die Legitimationsgrundlage für die Bestimmung der Wahrheit. Es ist früh gesehen worden, dass diese Konzeption selbst dann in den Verdacht der Beliebigkeit gerät, wenn sich eine Überzeugung auf eine Vielzahl von individuellen Meinungen stützt. Um diesen Einwand zu entkräften, hat Peirce das Erkenntnisstreben als eine Gemeinschaftsaufgabe aufgefasst, die das Für-wahr-Halten an den gesellschaftlichen Zweck des Miteinander-Auskommens koppelt.[143] Dieser „Trieb zur Gemeinschaft" dränge die willkürliche Festlegung der eigenen Überzeugung zurück und führe notwendigerweise zur Konvergenz der Meinungen. Das teleologische

---

138 Treffend Kotsoglou, Forensische Erkenntnistheorie (2015), S. 172 in Anlehnung an das Orwellsche Gleichheitsprinzip bei Tieren: „Alle Überzeugungen sind gleich; manche aber gleicher."
139 Dieser Grundgedanke findet sich in der rechtswissenschaftlichen Literatur z.B. bei Hassemer, Einführung in die Grundlagen des Strafrechts, 2. Aufl. (1990), S. 134; Grasnick, Wahres über die Wahrheit, GA 1993, 74.
140 Vgl. zur „Erlanger Schule" Kamlah/Lorenzen, Logische Propädeutik (1990) mwN.
141 Dazu Hilgendorf, Argumentation in der Jurisprudenz (1991), S. 119; ders., Der Wahrheitsbegriff im Strafrecht, GA 1993, 554.
142 Eingehend Stübinger, Das „idealisierte" Strafrecht (2008), S. 425, 442, 486.
143 Peirce, Semiotische Schriften, Bd. 2 (2002), S. 104; ders., in: Martens (Hrsg.), Pragmatismus (2002), S. 289.

Moment, das dem Zwang zur Vergesellschaftung innewohnt, legt die in der pragmatistischen Wahrheitstheorie angelegte enge Verknüpfung von Wahrheit und Nützlichkeit offen.[144] Denken und Erkennen werden danach stets nach ihrer Zweckmäßigkeit befragt, stets an ihrem handlungspraktischen Erfolg gemessen. Dieses strategische Interesse, das die Unterscheidung von Wahrheit und Falschheit an der sozialen Effektivität abliest, suchen neuere Konsenstheorien dadurch abzumildern, dass sie den Herstellungsprozess von Wahrheit genauer in den Blick nehmen. Den in dieser Hinsicht größten Einfluss auf die strafprozessuale Literatur hat bislang die konsenstheoretische Ausarbeitung von Jürgen Habermas gewonnen.[145]

c) Der Diskursansatz von Habermas

In Abgrenzung zur rein semantischen Analyse von Sätzen, die den Äußerungszusammenhang ausblendet, ist für Habermas der Gebrauch von Sätzen in bestimmten Situationen entscheidend. Erst „durch ihre Einbettung in einen Sprechakt, durch den Umstand also, dass jemand diese Aussage behaupten kann", lässt sich die Bedeutung einer Aussage verständlich machen.[146] Damit kommt es darauf an, was der Sprecher in der konkreten Konstellation mit der Aussage vorhat und ob in ihr der Anspruch erkannt werden kann, die geäußerte Aussage möge als wahr gelten. Wahrheit ist demnach „ein Geltungsanspruch, den wir mit Aussagen verbinden, indem wir sie behaupten..."[147] Zur Einlösung dieses Anspruchs bedarf es einer geeigneten Prozedur, die über „Tatsachen" weder empiristisch im Sinne der Korrespondenztheorie noch systemisch im Sinne der Kohärenztheorie verhandelt. Habermas nennt das von ihm entwickelte Verfahren „Diskurs" und meint damit eine „durch Argumentation gekennzeichnete Form der Kommunikation..., in der problematisch gewordene Geltungsansprüche zum Thema gemacht und auf ihre Berechtigung hin untersucht werden."[148]

Die hier reklamierte Vorrangstellung einer argumentativen Einlösung von Geltungsansprüchen durch ein diskursives Verfahren bedarf jedoch weiterer günstiger Bedingungen, um sicher zu stellen, dass das Ergebnis nicht doch durch Zufall oder aus einem Machtgefälle heraus zustande kommt. Die Diskurse müssen deshalb nach Habermas die „Eigenschaften einer idealen Sprechsituation" aufweisen. Hierzu zählen die „Suspendierung von Handlungszwängen", die eine „symmetrische Verteilung der Chancen, Sprechakte zu wählen und auszuführen", gewährleistet, sowie das Postulat, dass die „Diskursteilnehmer sich selbst gegenüber wahrhaftig sind und ihre innere Natur transparent machen".[149] Dies erfordert von den Beteiligten eine Grundhaltung, die auf die

258

259

---

144 Davidson, Wahrheit und Interpretation (1986), S. 16; Rorty, Wahrheit und Fortschritt (2000), S. 76; zur Kritik am Gebrauchswert des Wahrheitsbegriffs bereits Horkheimer, Zum Problem der Wahrheit, in: Kritische Theorie der Gesellschaft (1935), S. 228, 250.

145 Zur Konsensorientierung im Strafprozess vgl. Lüderssen, Abschaffen des Strafens? (1995), S. 341; Jahn, Die Konsensmaxime in der Hauptverhandlung, ZStW 118 (2006), S. 440; krit. zum Einigungsgedanken im Verfahrensrecht Naucke, in: Hattenhauer/Kaltefleiter (Hrsg.), Mehrheitsprinzip, Konsens und Verfassung (1986), S. 49; Sinner, Der Vertragsgedanke im Strafprozessrecht (2000); Kargl, in: Jahrbuch für Rechts- und Kriminalsoziologie (1999), S. 93.

146 Habermas, in: Vorstudien und Ergänzungen zur Theorie des kommunikativen Handelns, 3. Aufl. (1989), S. 127.

147 Habermas, in: Vorstudien und Ergänzungen zur Theorie des kommunikativen Handelns, 3. Aufl. (1989), S. 128.

148 Habermas, in: Vorstudien und Ergänzungen zur Theorie des kommunikativen Handelns, 3. Aufl. (1989), S. 130.

149 Habermas, in: Vorstudien und Ergänzungen zur Theorie des kommunikativen Handelns, 3. Aufl. (1989), S. 177.

Verfolgung eigener individueller Interessen aus rein strategischen Gründen verzichtet. Erst unter diesen Konditionen verdanke sich die gemeinsame Anerkennung des in der Aussage geltend gemachten Wahrheitsanspruchs „allein der Erfahrung des eigentümlichen Zwangs des besseren Arguments."[150]

d) Kritikpunkte

aa) Idealisierung der Sprechsituation

260 Als offensichtlicher Schwachpunkt erweist sich die von Habermas projektierte Kommunikationsbedingung der idealen Sprechsituation. Diese vermag zwar abstrakt die für die Diskurstheorie der Wahrheit unverzichtbare Grenze zwischen dem Zustandekommen eines bloß kompromisshaften Übereinkommens und eines vernünftigen echten Konsenses zu ziehen, aber sie antizipiert einen Idealzustand, der in der Realität kaum jemals eingeholt werden kann. Erfahrungen mit sog. „herrschaftsfreien" Verfahrensweisen belegen, dass die Kommunikationsteilnehmer selbst unter Vorkehrungen, die Zufälle und Machtspiele ausschließen sollen, ihre persönlichen Präferenzen und Emotionen nicht hinter sich lassen können.[151]

bb) Prozeduralisierung der Wahrheit

261 Neben der Kritik an der Idealisierung der Diskursbedingungen steht ein weiterer Einwand im Raum, der von größtem Gewicht ist und bisher nicht entkräftet wurde. Der Vorwurf zielt darauf ab, dass die Konsenstheorie nicht die Wahrheit selbst definiert, sondern nur eine bestimmte Erkenntnisquelle, nämlich die Zustimmung, beschreibt.[152] Mit der Kennzeichnung der Diskursbedingungen und dem Abgleich der Argumente gerät ganz allein der Entstehungsprozess, nicht jedoch der Inhalt des Konsenses ins Blickfeld. Die Gegenauffassung, die mit der Zustimmung hinreichend vieler Gesprächsteilnehmer zugleich die Richtigkeit der behaupteten Aussage belegt sieht, muss sich mit der Konsequenz auseinander setzen, dass sowohl Irrtümer als auch vorsätzliche Falschbehauptungen durch die Tatsache der kollektiven Akzeptanz zu wahren Mitteilungen werden. Diese Konsequenz ist allen verfahrensgestützten Wahrheitstheorien in die Wiege gelegt: Sie verfügen – wenn man von gewissen argumentationstheoretischen Voraussetzungen (Kohärenz, Konsistenz) absieht – über keinen Maßstab für die Beurteilung von „wahr" und „falsch".[153] Sie betreiben ein Insich-Geschäft (Auto-Logik), das die Entstehung der Übereinstimmung mit ihrem Inhalt gleich setzt.

e) Zusammenfassung

262 Die skizzierten Wahrheitsmodelle werfen augenscheinlich folgendes Problem auf: Einerseits bedarf der Konsens eines „Gegenstands", an dem seine Richtigkeit zu verifizieren ist, andererseits machen es die Bedingungen der Wahrnehmung nahezu unmöglich, dass die Aussage mit dem „Gegenstand" bzw. mit der „Wirklichkeit" verglichen werden kann. Obwohl die faktische Sicht der Korrespondenztheorie dem alltäglichen Ver-

---

150 Habermas, in: Vorstudien und Ergänzungen zur Theorie des kommunikativen Handelns, 3. Aufl. (1989), S. 144.
151 Stübinger, Das „idealisierte" Strafrecht (2008), S. 493.
152 So u.a. Arthur Kaufmann, Rechtsphilosophie in der Nach-Neuzeit, 2. Aufl. (1992), S. 24.
153 Weinberger, Rechtslogik, 2. Aufl. (1989), S. 72; Arthur Kaufmann, in: Baumann-FS (1992), S. 126.

ständnis sehr nahe kommt, liegt sie epistemisch sehr fern.[154] Auf dieses Dilemma lässt sich keine empirisch tragfähige Antwort geben. Wie es aussieht, verfehlt die prozessual hergestellte Übereinstimmung die inhaltliche Dimension (Proposition) der Aussage, die Korrespondenztheorie der Wahrheit scheitert an der unzureichenden Erkennbarkeit der Wirklichkeit. Diese Schlussfolgerung führt nahe an die Verlautbarung des radikalen Konstruktivismus heran, dass es eine beobachterunabhängige Realität nicht gibt oder – abgeschwächter – dass sich angesichts der subjektiven Konstruktion von Wirklichkeit die Realität jedenfalls nicht von einer Illusion unterscheiden lässt. Ehe man vor einer solchen Position die Flinte und mit ihr wohl auch das Strafrecht ins Korn wirft, lohnt es sich Anleihen bei einigen Autoren zu machen, die nicht im Ruf stehen, konsequente Empiristen zu sein. Diesen Autoren ist gemeinsam, dass sie zwar das Kant-Verständnis[155] teilen, wonach die Welt nicht einfach „gegeben", sondern „aufgegeben" ist, dass sie aber gleichwohl nicht auf „Erfahrung" und „Natur" als zentrale Anknüpfungspunkte für Erkenntnis und praktisches Handeln verzichten wollen. Einen wichtigen Beitrag dazu, das Wahrheitsproblem um die Erkenntnismöglichkeiten der alltäglichen Praxis zu bereichern, hat wiederum Jürgen Habermas geleistet, der seine „Diskurstheorie" einer mehrfachen Revision unterzogen hat.

IV. Erkenntnisquellen der Praxis

1. Selbstkorrekturen von Habermas

a) Unterscheidung zwischen theoretischen und praktischen Diskursen

Habermas ist dem Problem der Unerreichbarkeit der Rahmenbedingungen des Diskurses in mehreren Schriften durch eine schrittweise Aufweichung der Charakterisierung der „idealen Sprechsituation" begegnet.[156] Schon im Gründungstext von 1972 hält er zwar die Erfüllung der Diskursbedingungen noch für vorstellbar, spricht aber bereits von einer „im Kommunikationsvorgang unvermeidlichen Fiktion", an der kontrafaktisch festgehalten werden müsse.[157] Schließlich stellt er 1999 in seiner Aufsatzsammlung „Wahrheit und Rechtfertigung" fest, dass er die „epistemische Fassung des Wahrheitsbegriffs einer längst fälligen Revision" unterzogen habe.[158] Nunmehr räumt er ein, in seiner Wahrheitstheorie nicht hinreichend zwischen theoretischen und praktischen Diskursen unterschieden zu haben. Während praktische (moralische, politische, rechtliche) Entscheidungen von Abstimmungsprozessen abhängig gemacht werden können, lässt sich Wahrheit nicht als Ergebnis demokratieähnlicher Verfahren, nicht als Resultat einer gemeinsamen Beratung über Pro und Contra von Behauptungen präsentieren; denn „Wahrheit ist ein rechtfertigungstranszendenter Begriff".[159] Mit dieser Revision will Habermas der „realistischen Intuition gerecht werden", die einen vor aller möglichen Diskurstätigkeit immer wieder erfahrbaren, objektiven Referenzpunkt

---

154 Williams, Skeptizismus und der Kontext der Philosophie, in: Deutsche Zeitschrift für Philosophie 51 (2003), S. 978.

155 Kant, Kritik der reinen Vernunft, Akademieausgabe IV: „Gedanken ohne Inhalt sind leer, Anschauungen ohne Begriffe sind blind."

156 Zum Folgenden die Zusammenfassung bei Stübinger, Das „idealisierte" Strafrecht (2008), S. 492-502.

157 Habermas, in: Vorstudien und Ergänzungen zur Theorie des kommunikativen Handelns, 3. Aufl. (1989), S. 179.

158 Habermas, Wahrheit und Rechtfertigung (1999), S. 15.

159 Habermas, Wahrheit und Rechtfertigung (1999), S. 15: „Wir betreten keine Brücke, an deren Statik wir zweifeln"; vgl. auch Dallmeyer, Beweisführung im Strengbeweisverfahren (2002), S. 22.

voraussetzt. Wie zuvor der Diskursrahmen wird jetzt die Wirklichkeit als notwendig unterstellt.

b) Verwirklichung des Wahrheitsanspruchs

264 Hinsichtlich der Frage nach der Überprüfbarkeit von Aussagen gibt Habermas eine pragmatische Antwort, indem er zwischen den zwei Ebenen „Handlung" und „Diskurs" unterscheidet. [160] Auf der ersten Ebene befindet sich der Akteur in Handlungszusammenhängen, in denen er auf bestimmte Gewissheiten und feste Überzeugungen angewiesen ist. In diesem Bereich teilt der Akteur eine gemeinsame Lebenswelt, in denen sich Konventionen als Möglichkeitsbedingungen für Kommunikation und koordiniertes Verhalten bewährt haben. Dieser Sektor impliziert „das absolute Für-wahr-Halten der handlungssteuernden Meinungen".

265 Werden diese Grundhaltungen jedoch „aus dem Modus der Fraglosigkeit funktionierender Handlungsgewissheiten aufgescheucht", betritt der Akteur die Bühne des Diskurses, auf der zur Rechtfertigung der eigenen Meinung Gründe angegeben werden müssen. Damit beide Ebenen nicht unverknüpft nebeneinander stehen und der Wahrheitsbegriff seine Einheit bewahren kann, gibt Habermas den idealen Diskursbedingungen eine realistische Wendung: Sie bleiben „in den Zusammenhang lebensweltlicher Praktiken eingebettet, weil sie die Funktion haben, ein partiell gestörtes Hintergrundverständnis wiederherzustellen".[161] Somit dient der Diskurs dem Ziel, eine Wahrheit herauszufinden, die sich über alle Rechtfertigung hinaus ihren Weg in die Praxis bahnt, in der die „fragilen Anspruchsgrundlagen wieder mit den hochgradig stabilisierten Meinungen umgehen müssen". Mit der pragmatistischen Neuausrichtung, die der allein prozeduralen Absicherung von Aussagen den Rücken kehrt, hat Habermas den Boden einer rein epistemischen Wahrheitskonzeption verlassen.[162] Im Kontext dieser Überlegungen ist deshalb für einen Begriff von Konsens, der den Anschein eines Endpunkts des Diskurses erweckt, kein Platz mehr.

2. Der „Tatsachen-Sinn" bei Nietzsche

266 Friedrich Nietzsche gilt gemeinhin als Ahnherr jener Skeptiker, die nicht mehr die Frage nach dem „Was", sondern nach dem „Wozu" der Wahrheit stellen. Bereits in seinem frühen Aufsatz „Ueber Wahrheit und Lüge im außermoralischen Sinne" kommt es ihm primär auf die Beobachtung der Art und Weise an, in der über Wahrheit gesprochen wird. Er fragt nach dem Zweckzusammenhang und der Funktion, wenn etwas als „wahr" oder „falsch" bezeichnet wird. In dieser Phase seines Denkens bezeichnet er die Wahrheit als „Werkzeug der Macht" und positioniert sie auf der Ebene von Irrtum oder Lüge.[163] Vor diesem Hintergrund wundert es zunächst nicht, dass man Nietzsche

---

160 Habermas, Wahrheit und Rechtfertigung (1999), S. 15 spricht sich nunmehr für „eine gewisse Zurückhaltung gegenüber einer vorbehaltlosen Analogisierung von Soll- und Wahrheitsgeltung" aus; zur wahrheitstheoretischen Wende bei Habermas vgl. Larmore, Der Zwang des besseren Arguments, in: Habermas-FS (2001), S. 106.

161 Habermas, Wahrheit und Rechtfertigung (1999), S. 51.

162 Zu den diskutierten Grundkategorien gibt es jeweils mehrere Theorie-Konkurrentinnen, die eine schlichte Gegenüberstellung von nicht-epistemisch und epistemisch erschweren; dazu Kotsoglou, Forensische Erkenntnistheorie (2015), S. 104.

163 Nietzsche, Über Wahrheit und Lüge im außermoralischen Sinne, abgedr. in der Kritischen Studienausgabe (KSA; 1988) 1, S. 880; ders., Nachgelassene Schriften, KSA (1988) 12, S. 385; dazu Gustafson, Sprache und Lüge (1980), S. 39; Rauscher, Sprache und Ethik (2001), S. 26; Foucault, Wahrheit und die juristischen Formen (2003), S. 15; nachgewiesen bei Stübinger, Das „idealisierte" Strafrecht (2008), S. 394, 398.

einen bedeutenden Einfluss auf die sog. „Postmoderne" und den „Dekonstruktivismus" zugeschrieben hat.[164]

Doch schon für die frühen Arbeiten ist diese Inanspruchnahme Nietzsches problematisch, erst recht gilt dies für sein Spätwerk.[165] Übersehen wird dabei, dass er niemals die Streichung des Ausdrucks „Wahrheit" gefordert, sondern lediglich einen strengen Umgang mit ihm angemahnt und hartnäckig an einem Wahrhaftigkeitsideal festgehalten hat. Ihm ging es durchweg darum, die moralischen und machtpolitischen Kontaminationen des Wahrheitsbegriffs aufzudecken, also die Unredlichkeit der mit ihm verbundenen verdeckten Wertungen anzuprangern. Häufig beruft er sich auf „Redlichkeit" und intellektuelles Gewissen: „…der Dienst der Wahrheit ist der härteste Dienst. Was heißt denn rechtschaffen sein in geistigen Dingen? Daß man streng gegen sein Herz ist, dass man die `schönen Gefühle` verachtet, daß man sich aus jedem Ja und Nein ein Gewissen macht."[166]

In dem postum veröffentlichten Werk „Der Antichrist" gelangt er schließlich zur Einsicht, dass es einen Standpunkt gibt, ohne den Aufrichtigkeit und Gewissen keinen Halt fänden.[167] Mehrmals erinnert er daran, dass Tatsachen existieren, die respektiert werden müssen, und diese seien ganz unabhängig von philosophischen Interpretationsfragen.[168] Er lobt u.a. die antike Welt, weil sie „die große, unvergleichliche Kunst, gut zu lesen", erfunden habe und den „Tatsachen-Sinn", den letzten und wertvollsten aller Sinne", ausgebildet habe.[169] Nietzsche erteilt damit der Erkenntnis einer Wirklichkeit, die gänzlich aus Subjektivität besteht, eine deutliche Absage, und dies nicht nur, weil Subjektivität wiederum einem Zuschreibungsakt geschuldet ist, sondern weil er im Unterschied zu vielen Skeptikern, die der Wahrhaftigkeit gleichgültig gegenüberstehen, zeitlebens den Wert der Wahrheit gerade darin erblickt hat, dass er vor Selbsttäuschung und tröstlichen Mythologien schützt.

3. Der Sinn praktischer Erkenntnis bei Wittgenstein

Von Gegnern der Korrespondenztheorie wird Wittgenstein ganz selbstverständlich als Kronzeuge präsentiert.[170] Auch diese Einschätzung hält – zumindest was die frühe Phase des „Tractatus logico-philosophicus" angeht – einer Nachprüfung nicht stand. Ebenso wie später Habermas macht Wittgenstein auf die strukturelle Verschiedenheit der Form theoretischer und praktischer Erkenntnis aufmerksam. Während die theoretische Erkenntnis von subjektiven Nutzenüberlegungen und individuellem Wollen abstrahiert, zeigt sich der Sinn praktischer Erkenntnis in einer bewussten Gestaltung der Außenwelt.[171] Im letzteren Bereich finden die anspruchsvollen Forderungen von Skep-

267

268

269

---

164 Blackburn, Wahrheit. Ein Wegweiser für Skeptiker (2005), S. 90; Rippel, in: Kemper (Hrsg.), „Postmoderne" oder der Kampf um die Zukunft (1988), S. 104; Habermas, Der philosophische Diskurs der Moderne (1989), S. 104.

165 Triftige Argumente für diese Deutung bei Williams, Wahrheit und Wahrhaftigkeit (2003), S. 28.

166 Nietzsche, Die fröhliche Wissenschaft, KSA (1988) 3, § 284.

167 Nietzsche, Der Antichrist, KSA (1988) 6, § 59.

168 Nietzsche, Götzendämmerung, KSA (1988) 6, 75: „Mit der wahren Welt haben wir auch die scheinbare abgeschafft." Zit. bei Kotsoglou, Forensische Erkenntnistheorie (2015), S. 69.

169 Nietzsche, Ecce Homo, KSA (1988) 6, § 3; ders., Der Wille zur Macht, KSA (1988) 13, § 1041.

170 Grasnick, Über Schuld, Strafe und Sprache (1987), S. 220; a.A. Stamp, Die Wahrheit im Strafverfahren (1998), S. 279; Giering, Wittgensteins Wahrheitsverständnis (2005), S. 161; Stübinger, Das „idealisierte" Strafrecht (2008), S. 544 mwN.

171 Wittgenstein, Über Gewißheit, Werkausgabe (1984) 8, Nr. 204.

tikern, die alles bezweifeln, ihre Grenzen. Dies betont Wittgenstein[172] in seinem berühmt gewordenen Garten-Beispiel: „Ich sitze mit einem Philosophen im Garten; er sagt zu wiederholten Malen ‛Ich weiß, dass das ein Baum ist‛, wobei er auf einen Baum in unsrer Nähe zeigt. Ein Dritter kommt daher und hört das, und ich sage zu ihm: ‛Dieser Mensch ist nicht verrückt: Wie philosophieren nur‛." Was Wittgenstein meint, ist klar: Die skeptische Herausforderung, auch im Alltagswissen immer wieder eine Widerlegung zu verlangen, würde jeder Kommunikation den Boden entziehen und die Grenzen der Gemeinschaft sprengen.[173]

270 Der Verweis auf die Endlichkeit der Sprachspiele und Konventionen fördert Kontextfaktoren der Erkenntnis zu Tage, welche die Berechtigung der Zweifel mitbestimmen und Einfluss darauf haben, welche Alternativen auszuschließen sind. Ein schönes Beispiel für Gewissheit, die einerseits vom Informationsstand des Subjekts, andererseits von der „Situation" bzw. von kontextuellen Parametern abhängt, findet sich bei Karl Popper[174]: „Mit den Händen in den Taschen bin ich recht ‛sicher‛, dass ich fünf Finger an jeder Hand habe, sollte aber das Leben meines besten Freundes von der Wahrheit dieser Behauptung abhängen, so nehme ich vielleicht (ja ich glaube, ich müsste es) meine Hände aus den Taschen, um doppelt sicherzugehen, dass ich nicht einen Finger durch ein Wunder verloren habe." Man muss hinter dieser Äußerung kein Bekenntnis zu einem unreflektierten Realismus wittern, sie stimmt jedoch mit Wittgenstein darin überein, dass mit dem künstlichen Hochtreiben von Zweifeln gar nichts gewonnen wäre: „Kannst du dich darin irren, dass diese Farbe auf Deutsch ‛grün‛ heißt? Meine Antwort darauf kann nur ‛Nein‛ sein. Sagte ich ‛Ja‛- denn eine Verblendung ist immer möglich –, so hieße das gar nichts."[175] Entscheidend für das Votum „Nein" ist also nicht der ontologische Status des „grün", der die Betrachtung auf einen wahrnehmungsunabhängigen objektiven Punkt lenken würde, sondern die Anerkennung der Sprachgemeinschaft, ohne die Verstehen und Handeln unmöglich wäre.

4. Überleitung

271 Die von Habermas und vor ihm (z.B.) von Nietzsche und Wittgenstein getroffene Unterscheidung zwischen Handlung und Diskurs, zwischen praktischer und philosophischer Erkenntnis nimmt jenen forschen Stimmen den Wind aus den Segeln, die das Strafverfahren mit einem akademischen Seminar verwechseln. Im Strafverfahren befinden sich die Akteure in Handlungszusammenhängen, in denen sie auf bestimmte Gewissheiten und feste Überzeugungen angewiesen sind. Ohne diese von einer gemeinsamen Lebenswelt kulturell geteilten Handlungsgewissheiten können die Beteiligten weder kommunizieren noch vernünftig handeln. Die Rechtfertigung einer problematisierten Aussage begnügt sich auf der Handlungsebene nicht mit einer verfahrensgerechten Absicherung von Argumenten, sie muss auch eine Bestätigung in der Erfahrung und damit in der handlungsbewährten Realität suchen. Da dieser Anspruch aber nicht durch eine unmittelbare Einsicht in die wirkliche Welt eingelöst werden kann, verbietet

---

172 Wittgenstein, Über Gewißheit, Werkausgabe (1984) 8, Nr. 467.
173 Wittgenstein, Über Gewißheit, Werkausgabe (1984) 8, Nr. 115: „Wer an allem zweifeln wollte, der würde auch nicht bis zum Zweifel kommen. Das Spiel des Zweifels setzt schon die Gewißheit voraus". Oder Nr. 337: „Wenn ich experimentiere, so zweifle ich nicht an der Existenz des Apparates, den ich vor Augen habe. Ich habe eine Menge Zweifel, aber nicht den (...) Es ist hier dieselbe Sicherheit wie, dass ich nie auf dem Mond war."
174 Popper, Objektive Erkenntnis (1973), S. 79.
175 Wittgenstein, Über Gewißheit, Werkausgabe (1984) 8, Nr. 624.

sich eine entscheidungstheoretische Hybris, die in der Auffassung besteht, dass es nur eine einzig richtige Betrachtung geben kann. Denn sowohl die Schlüsse, die man aus Informationen zieht, als auch die Informationen selbst werden aus Daten rekonstruiert, die von persönlichen, wertmotivierten und kognitiven Parametern jedes einzelnen Beobachters abhängen.[176] Grund genug für eine juristische Bescheidenheit zu plädieren, die den unverzichtbaren Begriff der Wahrheit durch graduierbare Topoi wie Gewissheit, Wahrscheinlichkeit und Überzeugung ergänzt.[177]

V. Anwendungen auf den Kontext des Strafverfahrens

1. Anforderungen an die Überzeugungsbildung durch die Rechtsprechung

In einer Reihe von Entscheidungen hat die höchstrichterliche Rechtsprechung die „forensische Wahrheit" mittels eines Kriterienkatalogs der rechtlichen Erkenntnismöglichkeiten zu bestimmen versucht, der in etwa den Anforderungen an den praktischen Diskurs entspricht. Einigkeit bestand von vornherein darin, dass sich der gesetzliche Aufklärungsanspruch nicht durch die Anwendung von formelhaften, gleichsam mathematischen Regeln einlösen lässt.[178] Diesen Standpunkt bekräftigte der 1. Strafsenat des Reichsgerichts in seinem Urteil vom 15.2.1927: Dem Gericht sei „ein absolut sicheres Wissen (…) der menschlichen Erkenntnis bei ihrer Unvollkommenheit überhaupt verschlossen". Daher dürfe sich jeder Richter mit einem „hohen Grad von Wahrscheinlichkeit begnügen", der dann „als Wahrheit" im Sinne der Strafprozessordnung anerkannt werde.[179] Damit sollten stets mögliche theoretische Zweifel, die der notwendigen Praktikabilität des Wahrheitserforschungsauftrags im Wege stehen, abgewiesen werden. Allerdings hatte der 2. Strafsenat in einer späteren Entscheidung klar gestellt, dass beim erkennenden Gericht keine Selbstzweifel bestehen bleiben dürfen.[180] Selbst wenn die „persönliche Gewissheit" die Möglichkeit eines anderen, auch gegenteiligen Sachverhalts nicht ausschließe, müssten Richter von dem, was sie dem Urteil als Sachverhalt zu Grunde legen, überzeugt sein und dies hinreichend begründen können. Erst dieses Gewissheitserlebnis gewährleiste ein Höchstmaß an Wahrhaftigkeit oder Redlichkeit.

272

2. Über die Qualität des berechtigten Zweifels

Wie aber kann das hohe Maß an Selbstgewissheit, das die Rechtsprechung mit der richterlichen Überzeugung identifiziert, davor geschützt werden, sich gegen objektive Zweifel zu immunisieren? Als zentrale Qualitätsanforderung, die an eine berechtigte Skepsis gestellt werden muss, haben sowohl das RG[181] als auch der BGH[182] hervorgehoben, dass jedenfalls „unvernünftige Zweifel" ausgeschlossen bleiben. Unvernünftig und daher zu vernachlässigen, wären Zweifel, die sich aus „irgendwie vorstellbaren, in

273

---

176 Ausf. dazu, dass ein anderer Richter zu einem abweichenden Ergebnis gelangen kann, Neumann, Richtigkeitsanspruch und Überprüfbarkeit rechtlicher Entscheidungen, in: Hassemer-FS (2010), S. 143.

177 Kotsoglou, Forensische Erkenntnistheorie (2015), S. 67.

178 So bereits Tittmann, Handbuch der Strafrechtswissenschaft und der deutschen Strafgesetzkunde (1824), Bd. 3, S. 465; vgl. auch KK-Schoreit, Strafprozessordnung, 7. Aufl. (2013), § 261 Rn. 4; Neumann, in: Hassemer/Neumann/Saliger (Hrsg.), Einführung in die Rechtsphilosophie und Rechtstheorie der Gegenwart, 9. Aufl. (2016), S. 291 ff., 312 f.

179 RGSt 61, 206; zust. Fincke, Gewissheit als hochgradige Wahrscheinlichkeit, GA 1973, 226.

180 BGHSt 10, 208; hierzu Lampe, Richterliche Überzeugung, in: Pfeiffer-FS (1988), S. 354.

181 RGSt 51, 127; 61, 206; 66, 164.

182 BGH NJW 1951, 83; NJW 1967, 360; NJW 1988, 3273.

nebelhafter Ferne liegenden Möglichkeiten" speisen. Solche Zweifel können nicht mehr als objektiv-vernünftig bezeichnet werden, weil sie nicht mit guten, anerkannten Gründen vertretbar sind.[183] Wer etwa prinzipiell an der Existenz physikalischer Gesetze zweifelt, der schraubt die Standards für Verständigung auf ein Maximum hoch, das zu keiner anspruchsvolleren Debatte und zu keinem besseren Ergebnis führt. Dieser Skeptiker würde – wie Wittgenstein[184] bemerkt – nicht einmal sprachlich verstanden werden, denn: „Es ist nichts nutz zu sagen: `Vielleicht irren wir uns`". Er brächte in alltagspraktischen Überlegungen sowie in dem auf eine Entscheidung angelegten Kontext des Strafverfahrens jedenfalls mit vagen und unbestimmten Zweifeln, die aus einem bloßen Gefühl der bleibenden Restmöglichkeit von Alternativen stammen, eine echte Überzeugung nicht in Schwierigkeiten.[185] Ein solcher angeblich stets „möglicher Zweifel" verweist nicht auf eine bestimmbare Entscheidungsalternative, sondern auf einen Skeptizismus, der die Erkenntnisfähigkeit schlechthin negiert.[186] Für ein Gericht, das von dem ermittelten Sachverhalt überzeugt ist, bedeutet dies, dass es – entgegen einer Entscheidung des Reichsgerichts – sehr fern liegende Möglichkeiten einer Alternative als irrelevant betrachten sowie Zweifel legitimerweise ignorieren darf. Erst wenn objektiv-vernünftige Zweifel bestehen, müssen die Richter den gegenteiligen Sachverhalt ausschließen und glaubhaft machen, dass sie von ihrer Lösung überzeugt sind.

3. Zur Objektivierbarkeit der richterlichen Überzeugung

a) Kriterium der Lebenserfahrung

274 Mit der Einführung des subjektiven Beweismaßes der richterlichen Überzeugung gehen Unsicherheiten Hand in Hand, die in der entscheidungstheoretischen Forschung seit langem bekannt sind. So ist empirisch hinreichend belegt, dass Menschen unabhängig von Intelligenz und Bildung gegen elementare Rationalitätsmaßstäbe verstoßen, wenn sie Entscheidungen unter Unsicherheit treffen (Position des Ignoramus).[187] Sie setzen Urteilsheuristiken (Daumenregeln) ein, die zwar unserer Intuition entsprechen und im Alltag häufig hilfreich sind, aber auch zu schweren und systematischen Fehlern führen. Wo jedoch die Freiheit eines Bürgers auf dem Spiel steht, sollte sich die Anwendung irrationaler Methoden von selbst verbieten.[188] Um diese Unsicherheit zu bekämpfen, hat der BGH immer wieder das Moment der Objektivität gegenüber der rein subjektiven Überzeugung eingefordert. In einigen Urteilen wird auf die Bedeutung einer allgemeinen oder durchschnittlichen „Lebenserfahrung" verwiesen, die zur Absicherung der konkreten Entscheidung zugrunde zu legen sei.[189] Mit der Berücksichtigung einer

---

183 Hierzu Neumann, Wahrheit statt Autorität, in: Lerch (Hrsg.), Die Sprache des Rechts, Bd. 2 (2005), S. 373.

184 Wittgenstein, Über Gewißheit, Werkausgabe (1984) 8, Nr. 458.

185 Wohl auch Meyer-Goßner/Schmitt, Strafprozessordnung, 61. Aufl. (2018), § 261 Rn. 2, 41; KK-Schoreit, Strafprozessordnung, 7. Aufl. (2013), § 261 Rn. 4 mwN.

186 Stübinger, Das „idealisierte" Strafrecht (2008), S. 532.

187 Einführend Schweizer, Kognitive Täuschungen vor Gericht (2005); Fiedler, in: Hell/Girenzer (Hrsg.), Kognitive Täuschungen (1993), S. 7; Willaschek, Der mentale Zugang zur Welt (2003), S. 207; Brülisauer, Was können wir wissen? (2008), S. 237; Kargl, Der strafrechtliche Vorsatz auf der Basis der kognitiven Handlungstheorie (1993), S. 37.

188 Zum Defizit wissenschaftlicher Standards im Bereich der Beweiswürdigung vgl. Neumann, Wissenschaftstheorie der Rechtswissenschaft, in: Hassemer/Neumann/Saliger (Hrsg.), Einführung in die Rechtsphilosophie und Rechtstheorie der Gegenwart, 9. Aufl. (2016), S. 351 ff.; Kotsoglou, Forensische Erkenntnistheorie (2015), S. 302 mwN.

189 BGH NJW 1951, 122; BGHR StPO, § 261, Überzeugungsbildung 2, Beweiswürdigung 5; BGHSt 41, 214.

mitteilbaren und daher verallgemeinerungsfähigen Erfahrung soll der Anspruch erhoben werden, die richterliche Würdigung an eine nachprüfbare Empirie zu binden.

b) Kriterium der Wahrscheinlichkeit

Dem Ziel, die richterliche Überzeugungsbildung auf einen gewissen Grad an Objektivierbarkeit zu heben, dient auch die Einführung des Kriteriums des „hohen Maßes an Wahrscheinlichkeit".[190] Mit der Einschätzung zur Wahrscheinlichkeit eines Geschehens kommt eine objektive Größe ins Spiel, die sich nicht auf persönliche Wertschätzungen, Ansichten oder Meinungen reduzieren lässt. Wer vom vermeintlich sicheren Ufer der hohen Wahrscheinlichkeit aus argumentiert, muss davon ausgehen, dass andere nachrechnen und diese Einschätzung gegebenenfalls bestätigen oder widerlegen.[191] Damit wird das Gütesiegel der Objektivität nur verliehen, wenn sich die Feststellungen des Richters „nicht so sehr von einer festen Tatsachengrundlage entfernen, dass sie letztlich bloße Vermutungen sind, die nicht mehr als einen bloßen – wenn auch schwerwiegenden – Verdacht begründen."[192] Das Fundament des Urteils muss also für andere nachvollziehbar sein. Da sich das Gericht häufig auf das Wissen außergerichtlicher Instanzen bezieht, muss es seinerseits den Sachverstand anderer nachvollziehen können. Dabei genügt es, wenn das Gericht von der Wahrscheinlichkeit einer Behauptung, die ein Gutachter aufstellt, überzeugt ist.

c) Kriterium der naturwissenschaftlichen Erkenntnisse

Der dem Gericht vermittelte Sachverstand schöpft zumeist aus dem Fundus naturwissenschaftlicher Erfahrungssätze. Im Unterschied zu der Gewissheit, die von der allgemeinen Lebenserfahrung geprägt ist, verkörpert die naturwissenschaftliche Forschungstätigkeit in einzigartiger Form die Genauigkeit und Redlichkeit, die für jegliche Suche nach der Wahrheit unabdingbar sind.[193] Aus diesem Grund erklärt sich die herausragende Rolle, die im Strafverfahren naturwissenschaftliche Erkenntnisse zur Aufrechterhaltung von Wahrheitsansprüchen spielen. Hier schimmert – wie Stübinger[194] treffend anmerkt – ein kohärenztheoretisch anmutender Gedanke aus dem Umstand hervor, dass naturwissenschaftliche Erfahrungssätze auf einem kohärenten Wissenssystem beruhen, das widerspruchsfreie Ergebnisse garantiert (Rn. 251).

Dementsprechend partizipiert das Strafrecht bei Tatsachenproblemen, deren Lösung die formalen Kompetenzen der Juristen überschreitet, an einer ganzen Reihe von Disziplinen, die von der Biologie, Physik, Physiologie und Medizin bis hin zur experimentellen Psychologie reichen. Zum vorausgesetzten Input der Naturwissenschaften zählen neben dem hinreichend gefestigten Erfahrungswissen vor allem allgemeine Gesetze der Logik, deren Anwendung zumindest Zirkelschlüsse ausschließen soll.[195] Allerdings wird auch der externe Sachverstand in vielen Fällen die persönliche Gewissheit als ent-

275

276

277

---

190 RGSt 61, 296; BGH NStZ 1988, 326; BGH NJW 1992, 923; zu historischen Vorläufern vgl. Ignor, Geschichte des Strafprozesses in Deutschland (2002), S. 166.
191 Stübinger, Das „idealisierte" Strafrecht (2008), S. 525; Volk, Die Wahrheit vor Gericht (2016), S. 230: „Die Wahrscheinlichkeit ist eine objektive Größe, persönlichen Wertschätzungen, Ansichten und Meinungen weit entrückt."
192 Volk, Die Wahrheit vor Gericht (2016), S. 230.
193 Williams, Wahrheit und Wahrhaftigkeit (2003), S. 190.
194 Stübinger, Das „idealisierte" Strafrecht (2008), S. 530.
195 BVerfG JR 2004, 40; Meurer, Denkgesetze und Erfahrungsregeln, in: Wolf-FS (1985), S. 483; Niemöller StV 1984, 431; ausf. Köberer, Judex non calculat (1996).

scheidendes Beweismaß nicht ersetzen können.[196] Das ist insbesondere dann der Fall, wenn die Gerichte auf einen Meinungsstreit unter Naturwissenschaftlern stoßen. An dieser Stelle lebt unter dem Zwang zur rechtlichen Entscheidung die freie Beweiswürdigung wie von selbst wieder auf. Dabei werden Tatsachenfragen – wie etwa das Kausalitätsproblem im „Contergan-Fall"[197] oder bei der Produkthaftung[198] – in Rechtsfragen umformuliert, so dass eine wertende Stellungnahme möglich wird.

VI. Zusammenfassung

1. Wahrheit

278 Die Untersuchung ist zu dem wenig überraschenden Ergebnis gelangt, dass die Wahrheitsfrage von der Perspektive abhängt, in der sie gestellt wird. In einem philosophischen Kontext kann „die Wahrheit" für grundsätzlich unzugänglich erklärt und konsistente Aussagen über die Wirklichkeit für unmöglich gehalten werden (Rn. 263, 269). Für diese Annahme lassen sich in einer anspruchsvollen Debatte zwar gute Gründe anführen, aber alle Skepsis gegenüber dem Begriff der Wahrheit und der Tauglichkeit der Sprache für Verständigung konnte die intuitive Evidenz nicht abschütteln, dass im praktischen Diskurs ohne die Unterscheidung zwischen wahr und falsch nicht auszukommen ist.[199] Die Wahrheitstheorien haben dies trotz tief greifender Unterschiede deutlich gemacht. Auf der Ebene von Handlungszusammenhängen teilt der Akteur (z.B. der Tatrichter) eine gemeinsame Lebenswelt, die einen vor aller Diskurstätigkeit erfahrbaren objektiven Referenzpunkt voraussetzt. In diesem Bereich haben sich bestimmte Konventionen und ein Für-wahr-Halten von Meinungen als Bedingung für Kommunikation und koordiniertes Verhalten bewährt. Abgesehen davon, dass die Rede von der Wahrheit die Verlockung des infiniten Zweifels an einem bestimmten Punkt zum Verstummen bringt, verweist sie auf die sozial-ethische Dimension der Redlichkeit, die – wie Nietzsche hervorhebt – dazu beiträgt, Lüge und Selbstbetrug in Schach zu halten.

2. Überzeugung

279 Der mit dem Wahrheitsprädikat verbundene Anspruch auf Ausschluss aller Zweifel ist durch eine unmittelbare Einsicht in die wirkliche Welt nicht zu erfüllen. Aus diesem Grund kann als Ergebnis der Ermittlung von Sachverhalten auch keine im strengen Sinne „objektive" Wahrheit präsentiert werden. Gesetzgeber und Rechtsprechung waren daher gut beraten, bei der Einlösung des Auftrags zur Wahrheitserforschung auf das subjektive Erkenntnismoment der „richterlichen Überzeugung" zu setzen. Beim Begriff der Überzeugung geht es jedoch nicht allein um die persönliche Gewissheit des Richters als notwendige und hinreichende Voraussetzung eines Strafurteils, sondern auch um die Festlegung der zulässigen Menge an Zweifel, um die Anforderungen also, die an eine das Urteil ermöglichende Beweiswürdigung gestellt werden müssen. Da es sich bei dem gerichtlichen Verfahren um einen nicht-philosophischen Kontext handelt,

---

196 In diesem Sinne BGHSt 8, 118, wonach keineswegs der Eindruck erweckt werden dürfe, die Stellungnahme des Sachverständigen habe quasi wie von selbst den Fall entschieden.

197 Armin Kaufmann, Strafrechtsdogmatik zwischen Sein und Wert (1982), S. 173, 184.

198 Kindhäuser, Zur Kausalität im Strafrecht, in: Kargl-FS (2015), S. 253; Kuhlen, Fragen zur strafrechtlichen Produkthaftung (1989), S. 32, 66; Klaus Günther KritV 1997, 217.

199 Nach Neumann, Wahrheit im Recht (2004), S. 7 sind zudem Legitimitätsansprüche untrennbar mit Wahrheitsansprüchen verknüpft; ders., in: Lerch (Hrsg.), Die Sprache des Rechts (2005), Bd. 2, S. 373.

sollen theoretisch denkbare Zweifel, die unter besonderen Umständen sinnvoll sind, unbeachtlich bleiben.[200] Im Kontext des empirischen Beweisverfahrens ist die Erkenntnis auf Entscheidungszwang ausgerichtet, d.h. eine Sachverhaltsfeststellung darf nicht durch eine vage und allgemeine Skepsis blockiert werden. Immer dann, wenn vernünftige Zweifel verstummt sind, darf der Richter die Überzeugung für sich in Anspruch nehmen, dass das Strafurteil auf Wahrheit gründet.

3. Wissen

Die subjektive Gewissheit des Richters muss ein hinreichendes Maß an Überzeugungskraft für andere entfalten können. Das darin enthaltene Moment der Objektivierung der richterlichen Erkenntnis ist jedoch mit dem Problem konfrontiert, dass der Begriff der Überzeugung neben rationalen Elementen auch mentale Zustände wie Absichten, Wünsche, Meinungen und Emotionen beinhaltet. Dieser Achillesferse der persönlichen Gewissheit kann nicht dadurch begegnet werden, dass man sich an das Ufer eines absolut sicheren Wissens rettet. Aber man kann Vorkehrungen treffen, die Überzeugungsbildung „an eine graduierbare Empirie zu binden, auf die nicht allein das erkennende Gericht Zugriff hat, sondern die als eine Art Gemeingut angesehen werden kann.“[201] Zu den gemeinschaftlichen Gütern, auf die im Erkenntnisverfahren zur Absicherung der konkreten Entscheidung zurückgegriffen wird, gehört u.a. das Wissen der durchschnittlichen Lebenserfahrung (Rn. 274), der gefestigten naturwissenschaftlichen Erkenntnisse (Rn. 276), der Gesetze der Logik und der Empirie sowie das Kriterium des „hohen Maßes der Wahrscheinlichkeit" (Rn 275). Mit Hilfe dieses zerstreut gesammelten Wissens, das sich an sozialen Praktiken und Normen ansiedelt, erfüllt der Richter die Gemeinschaftsfunktion der Wahrheitsbeschaffung. `280`

Die normative Kraft der in Gewissheiten verkörperten Objektivität darf wiederum nicht überschätzt werden. Wittgenstein vergleicht die dem historischen Wandel unterliegenden Begriffe und Sprachspiele in einem reizvollen Bild mit dem Flussbett und betont: „das Flussbett der Gedanken kann sich verschieben… Ja, das Ufer jenes Flusses besteht zum Teil aus hartem Gestein, das keiner oder einer unmerkbaren Veränderung unterliegt, teils aus Sand, der bald hier, bald dort weg und angeschwemmt kommt." Um im Bild zu bleiben, der Wahrheitsanspruch wäre das Ruder, das auf dem Fluss das Boot zwischen Gestein und Sand manövriert und am Kentern hindert. `281`

4. Komplementarität

Auf Niels Bohr geht der Komplementaritätsgedanke zurück und besagt, dass der subatomare Zustand in Begriffsschemata beschreibbar ist, die zwar unvereinbar sind (Partikel, Welle), aber sich je nach Fragestellung ergänzen und erst zusammen die Vollständigkeit und Einheit des Naturphänomens begreiflich machen.[202] Bohr selbst hat darauf hingewiesen, dass in anderen Erkenntnisgebieten ebenfalls Umstände vorliegen, welche an jene in der Quantenphysik erinnern. Bei ihm findet sich eine ausdrückliche Anwendung der komplementären Betrachtungsweise auf das Determinismusproblem: „In Betracht des Kontrastes zwischen dem Gefühl des freien Willens, das das Geistesleben beherrscht, und des scheinbar ununterbrochenen Ursachenzusammenhangs der begleiten- `282`

---

200 Kotsoglou, Forensische Erkenntnistheorie (2015), S. 297.
201 Stübinger, Das „idealisierte" Strafrecht (2008), S. 513.
202 Bohr, Atomphysik und menschliche Erkenntnis II (1966), S. 7; siehe auch Jonas, Macht oder Ohnmacht der Subjektivität (1981), S. 99; Belege bei Tönnies, Der Dimorphismus der Wahrheit (1992), S. 171 f.

den physiologischen Prozesse ist ja den Denkern nicht entgangen, dass es sich hier um ein unanschauliches Komplementaritätsverhältnis handelt."[203] Es ist sicher eine Überlegung wert, die Vorstellung der Komplementarität in analoger Weise auf das Wahrheitsproblem zu übertragen. Wir müssten dann akzeptieren, dass es sich bei dem epistemischen und dem nicht-epistemischen, dem ideellen und dem realen Blick auf die Erfassung der „Wirklichkeit" um eine zweifache Beschreibung des Wahrheitsthemas handelt: Je nachdem, in welchem Kontext das Thema ins Auge gefasst wird. So wie die Auffassungen des menschlichen Handelns als frei bzw. als notwendig nebeneinander gestellt werden können, ebenso scheint es berechtigt zu sein, die Wahrheit als (Rechts-) Ideal beizubehalten, ohne gleichzeitig die Schwierigkeiten mit dem Erkennen der Welt zu leugnen. Die Komplementarität wäre in dieser Sicht keine Eigenschaft der Dinge an sich, sondern eine Weise, wie wir sie zu verschiedenen Zeiten und in verschiedenen Zusammenhängen wahrnehmen.[204]

C. Menschenwürde als Kern der strafrechtlichen Gesetzlichkeit

I. Leitbildfunktion der Menschenwürde

283 Die Würde des Menschen ist nach den Perversionen der Rechtsordnung im 20. Jahrhundert, in dem der Mensch als Rechtssubjekt entmachtet wurde, zu einem Schlüsselbegriff der Rechtsphilosophie geworden.[205] Er gilt heute mehr denn je als ein normativer Orientierungspunkt, der gegenüber dem praktisch und theoretisch anspruchsvolleren Ziel einer gerechten Gesellschaft die gleiche Rechtssubjektivität als bescheidenere Mindestvoraussetzung des Zusammenlebens in das Zentrum der Aufmerksamkeit rückt. Die Bewahrung der Menschenwürde hat in der Debatte um die Menschenrechte inzwischen wohl den Status der Letztbegründung erlangt. Den Zusammenhang zwischen Menschenwürde und Menschenrechten reflektiert auch das deutsche Grundgesetz (Art. 1 Abs. 1 und 2): „Die Würde des Menschen ist unantastbar... Das Deutsche Volk bekennt sich darum zu unverletzlichen und unveräußerlichen Menschenrechten...". Und schließlich vertritt eine zunehmende Gruppe von Autoren die Ansicht, dass die Begründung der strafrechtlichen Gesetzlichkeit in der Forderung des Schutzes der menschlichen Würde liegt. Die Ableitung der Gesetzlichkeit aus dem Geist der Menschenwürde soll dem Strafrecht einen Fixpunkt zur Verfügung stellen, der im Wechsel politischer Standorte Kurs und Ziel bestimmt (Rn. 48 ff.). Zahlreiche Fragestellungen der letzten Jahre – vom Beginn des menschlichen Lebens[206], dem Schwangerschaftsabbruch über die Bioethik (insb. das reproduktive und therapeutische Klo-

---

203 Bohr, Atomtheorie und Naturbetrachtung (1931), S. 65; zur komplementären Struktur von Freiheit und Notwendigkeit in der strafrechtlichen Schulddebatte vgl. Kargl GA 2017, 330 sowie Rn. 106.

204 Dazu Tönnies, Der Dimorphismus der Wahrheit (1992), S. 177.

205 Ausf. zum Folgenden Seelmann/Demko, Rechtsphilosophie, 6. Aufl. (2014), § 12 Rn. 1; Dürig, Der Grundrechtsschutz von der Menschenwürde, in: Archiv des öffentlichen Rechts (AöR) 81 (1956), S. 117, 127; Maihofer, Rechtsstaat und menschliche Würde (1968); Podlech, in: Denninger (Hrsg.), Kommentar des Grundgesetzes (2013), Art. 1 Abs. 1; Böckenförde, Bleibt die Menschenwürde unantastbar?, in: Blätter für deutsche und internationale Politik 10 (2004), S. 1225; Will, Christus oder Kant. Der Glaubenskrieg um die Menschenwürde, in: Blätter für deutsche und internationale Politik 10 (2004), S. 1228 ff.; Geddert-Steinacher, Menschenwürde als Verfassungsbegriff (1990), S. 15, 62 ff.; Poscher, Die Würde des Menschen ist unantastbar, JZ 2004, 756; Enders, Die Menschenwürde in der Verfassungsordnung (1997); Baer, Menschenwürde zwischen Recht, Prinzip und Referenz, in: Deutsche Zeitschrift für Philosophie 53 (2005), S. 571 ff.

206 NK-StGB-Neumann, 5. Aufl. (2017), vor § 211 Rn. 6.

nen, die Stammzellenforschung und die Präimplantationsdiagnostik)[207] bis hin zur (präventiven) Folter[208] – haben der Würde-Problematik eine ganz konkrete Realität gegeben.

II. Zweifel am Wert der Leitbildfunktion

Die Kritik stört sich vor allem am Pathos, das sich mit dem Begriff der Menschenwürde notwendig zu verbinden scheint und das gerade von Diskussionsteilnehmern im Munde geführt wird, die sich weder über den Inhalt noch über die Begründung der Menschenwürde nähere Klarheit verschafft haben.[209] Dass die gefühlsgeladene Wucht des Begriffs zu Missbrauch geradezu einlädt, dass sie in moralischen und politischen Debatten als schnell gespielte, scheinbar immer stechende Karte genutzt wird und dabei sachliche Auseinandersetzungen abschneidet, hat Schopenhauer[210] in aller Schärfe beklagt: „Allein dieser Ausdruck `Würde des Menschen`, ein Mal von Kant ausgesprochen, wurde nachher das Schiboleth aller rath- und gedankenlosen Moralisten, die ihren Mangel an einer wirklichen, oder wenigstens doch irgend etwas sagenden Grundlage der Moral hinter jenem imponierenden Ausdruck versteckten, klug darauf rechnend, dass auch ihr Leser sich gern mit einer solchen Würde angethan sehn und demnach damit zufrieden gestellt seyn würde.``   284

Dieser Argwohn gegenüber dem Menschenwürdebegriff findet in der Rechtswissenschaft ein breites Echo. Dort wird weithin die Meinung geteilt, dass dieser Begriff jedenfalls sehr abstrakt und in seinem Inhalt unbestimmt sei. Viele sind sich deshalb in dem Bestreben einig, Menschenwürde nicht als klagbares subjektives Recht zu verstehen, sondern als objektiven Grundsatz, als interpretationsleitendes Prinzip oder als hermeneutische Richtungsbestimmung.[211] Andere halten die Begründung der Menschenwürde für gänzlich aussichtslos und greifen deshalb auf die Idee des Tabus zurück. Menschenwürde steckt aus dieser Sicht die absolute Grenze ab, deren Überschreitung sich das Gemeinwesen selber verbietet, – ohne einen letzten Grund angeben zu können.[212] Aber gesellschaftliche Tabus sind – wie die jüngere Geschichte gezeigt hat – keine unverrückbaren Grenzpfähle. Daher sollte man sich nicht darauf verlassen, dass sie nie verschoben oder nie umgestürzt werden.   285

Will man also nicht auf die Fortsetzung des Tabus bauen oder sich nicht mit einer rechtsphilosophisch unergiebigen politischen Appellfunktion der Menschenwürde zufrieden geben, ist es unabdingbar, Klarheit zumindest über folgende, sich teilweise überlappende Problemkreise zu gewinnen: (1) Was ist der genaue Gegenstand des Menschenwürdeschutzes? (2) Was ist der Schutzgrund? (3) Welche Eigenschaften muss der zu Schützende aufweisen (z.B. Vernunft oder Zurechnungsfähigkeit)?[213]   286

---

207   Horn, Einführung in die Rechtswissenschaft und Rechtsphilosophie, 6. Aufl. (2016), Rn. 438 ff.; Seelmann/Demko, Rechtsphilosophie, 6. Aufl. (2014), § 6 Rn. 6.
208   R. Hamm NJW 2003, 946; Miehe NJW 2003, 1219; Hilgendorf JZ 2004, 331; Kargl, in: Puppe-FS (2011), S. 1163.
209   Vgl. Mahlmann, Rechtsphilosophie und Rechtstheorie, 4. Aufl. (2017), § 31 Rn. 1.
210   Schopenhauer, Preisschrift über das Fundament der Moral, Nachdruck (1979), § 8.
211   Mahlmann, Elemente einer ethischen Grundrechtstheorie (2008), S. 97 ff.
212   Poscher JZ 2004, 756.
213   Zu diesem Fragenkatalog und den nachfolgenden Belegen vgl. Seelmann/Demko, Rechtsphilosophie, 6. Aufl. (2014), § 12 Rn. 2 ff.

III. Schutzgegenstand

1. Person-Würde

a) Rechtssubjektivität

287   Als Reaktion auf die systematisch betriebene Ungleichbehandlung von bestimmten Menschen, die zur Zeit der Naziherrschaft zu „Unpersonen" oder „Untermenschen" erklärt wurden (Rn. 185, 396), stand in der Nachkriegszeit die Achtung der Würde eines jeden Menschen als „Person", also als rechtlich gleich mit allen anderen Menschen, im Vordergrund. Es galt in der Menschenwürdediskussion zunächst zu betonen, dass als Grundlage für ein rechtlich geordnetes Zusammenleben die für alle gleiche Rechtssubjektivität zu garantieren sei.[214] Nach diesem Verständnis wird die Menschenwürde durch die Aberkennung des Personseins, durch die Ausklammerung Einzelner aus dem allgemeinen rechtlichen Gleichheitsverhältnis verletzt. Die Rechtsprechung ist dieser Linie gefolgt, als sie den Schutz der Menschenwürde vor „Erniedrigung, Brandmarkung, Verfolgung, Ächtung usw." beschreibt und wenn sie darauf abstellt, ob jemandem sein ungeschmälertes Lebensrecht als Bürger in der staatlichen Gemeinschaft bestritten oder ob ein Mensch zu einem „unterwertigen Glied" jener Gemeinschaft gestempelt wird.[215] Würde bedeutet hiernach – in Anlehnung an die traditionellen Elemente des Personbegriffs um die Wende vom 18. zum 19. Jahrhundert –, dass der Mensch „frei" ist und, da jeder diese Freiheit hat, insoweit auch „gleich" ist.

b) Objektformel

288   Dieses Verständnis kann sich insbesondere auf Hegel berufen, der die Respektierung des anderen als Person ausdrücklich zur grundlegenden Rechtspflicht erklärte: „Die Persönlichkeit enthält überhaupt die Rechtsfähigkeit... Das Rechtsgebot ist daher: sei eine Person und respektiere die anderen als Personen."[216] Für Kant hingegen gibt es zwar eine Tugendpflicht zur Achtung der Würde des anderen Menschen, aber keine notfalls gewaltsam durchsetzbare Rechtspflicht.[217] Beiden Konzepten ist jedoch gemeinsam, dass es mit der Würde des Menschen unverträglich sei, den anderen bloß als Mittel einzustufen (Rn. 96).[218] Günter Dürig hat dieses Verständnis von Menschenwürde 1956 in die verfassungsrechtliche Debatte eingeführt und ihm in seiner bekannten „Objektformel" einen griffigen Ausdruck verliehen. Die Menschenwürde als solche sei verletzt, wenn der Mensch zum Objekt, zur vertretbaren Größe herabgewürdigt werde.[219]

---

214   Dürig, Der Grundrechtssatz von der Menschenwürde, AöR 81 (1956), S. 127.
215   BVerfGE 1, 104; zum Würdeelement im Tatbestand der Volksverhetzung (§ 130 StGB) vgl. Kargl Jura 2001, 176.
216   Hegel, Grundlinien der Philosophie des Rechts oder Naturrecht und Staatswissenschaft im Grundrisse (1821), Werkausgabe Bd. 7 (1970), § 36 , S. 95.
217   Dazu Hruschka, Rechtsstaat, Freiheitsrecht und das „Recht auf Achtung von seinen Nebenmenschen", in: Jahrbuch für Recht und Ethik 1 (1993), S. 193 ff.
218   Kant, Grundlegung zur Metaphysik der Sitten (1785), Akademieausgabe Bd. IV (1956), § 66; zu beiden vgl. Seelmann, Person und Menschenwürde in der Philosophie Hegels, in: Dreier (Hrsg.), Philosophie des Rechts und der Verfassungstheorie (2000), S. 125.
219   Dürig, Der Grundrechtssatz von der Menschenwürde, AöR 81 (1956), S. 127.

c) Instrumentalisierungsverbot

Entsprechend der Objektformel markiert der Schutz der Person-Würde ein Instrumen-   **289**
talisierungsverbot. Die Grenze der Verrechenbarkeit im Recht ist danach immer dann
erreicht, wenn der Einzelne zur Disposition allein des Wohls der anderen steht. Zum
Beispiel darf eine Organtransplantation auch nicht unter dem Umstand erzwungen
werden, dass dadurch mehrere Kranke gerettet werden könnten.[220] Dasselbe gilt für
den Abschuss eines Flugzeugs[221], das auf ein Hochhaus zusteuert oder für den Einsatz
der Folter, um ein Menschenleben zu retten.[222] Das Instrumentalisierungsverbot bedeutet also, dass das Verbot, einen anderen zu verletzen, prinzipiell immer dem Gebot,
anderen zu helfen, vorgeht. Es bedeutet aber nicht die völlige Gleichschaltung mit dem
Menschenwürde-Schutz. Einerseits gibt es Instrumentalisierungen, die nicht die Qualität einer Verletzung der Menschenwürde erreichen (z.B. das Belügen eines andern um
eines Vorteils willen oder die Entnahme von Blut zur Kontrolle des Blutalkoholge-
halts), andererseits erscheint eine Würdeverletzung möglich, obwohl die Art der Behandlung wegen des Mangels strategischer Rationalität nicht als Instrumentalisierung
zu kennzeichnen ist (z.B. Quälen um des Quälens willen).[223]

d) Menschenwürde als Menschenbürde

Unter dieser Überschrift fühlt Ulfrid Neumann einer Menschenwürde-Konzeption auf   **290**
den Zahn, die dem Individuum die Definitionsherrschaft über die eigene Würde bestreitet.[224] Bezieht man in den Schutzbereich nur die Person-Würde ein, dann kann
sich die Berufung auf die Zugehörigkeit zur Rechtsgemeinschaft u.U. in die an das Einzelindividuum gerichtete Rechtspflicht verwandeln, sich würdig zu verhalten. So tritt
die Würde, die richtigerweise überwiegend mit der Autonomie des Menschen begründet wird, der Selbstbestimmung des Einzelnen entgegen. Bei Dürig[225] ist dies klar ausgesprochen: Ein Angriff könne die Menschenwürde auch verletzen, wenn der konkrete
Mensch mit einem solchen Angriff auf seine Fähigkeit, sich frei zu entscheiden, einverstanden sei.

Zu Tage getreten ist ein solches, liberal-rechtsstaatlich sicher nicht unproblematisches   **291**
Verständnis der Menschenwürde (Stichwort: Paternalismus) in der bekannten „Peep-
Show"-Entscheidung des deutschen Bundesverwaltungsgerichts.[226] Dort sind die „gu-
ten Sitten" im Sinne der Gewerbeordnung so interpretiert worden, dass ein freiwilliges

---

220   Zum Themenkreis näher Schroth, in: Hassemer/Neumann/Saliger, Einführung in die Rechtsphilosophie
      und Rechtstheorie der Gegenwart, 9. Aufl. (2016), S. 260, 381; s. auch Schroth, in: Roxin/Schroth (Hrsg.),
      Handbuch des Medizinstrafrechts, 4. Aufl. (2010), S. 466.
221   Zum sog. „ticking-bomb-szenario" vgl. Ernst Albrecht, Der Staat – Idee und Wirklichkeit (1976), S. 172;
      Luhmann, Gibt es in unserer Gesellschaft noch unverzichtbare Normen? (1993), S. 1; Pawlik, in: FAZ vom
      25.2.2008.
222   Beispielhaft NK-StGB-Kindhäuser, 5. Aufl. (2017), § 32 Rn. 59; Fischer, StGB, 65. Aufl. (2018), § 32 Rn. 13; LK-
      StGB-Rönnau, 12. Aufl. (2006), vor § 32 255; MüKo-StGB-Vossen, 2. Aufl. (2012), § 343 Rn. 6; Jahn KritV
      2004, 24; Prittwitz, in: Herzberg-FS (2008), S. 143; Kargl, in: Puppe-FS (2011), S. 1163 mwN.
223   Beispiele für akzeptable Instrumentalisierungen bei Schaber, in: Angehrn/Baertschi (Hrsg.), Menschen-
      würde (2004), S. 93; Birnbacher, in: Brudermüller/Seelmann (Hrsg.), Menschenwürde – Begründung, Kon-
      turen, Geschichte, 2. Aufl. (2012), S. 9, 17.
224   Neumann KritV 76 (1993), S. 276; Müller, Grundrechte in der Schweiz, 4. Aufl. (2008), S. 3: „Das Prinzip der
      Menschenwürde bedeutet gerade nicht die Garantie eines bestimmten objektiven Menschenbildes; eine
      solche bedrängt den Menschen eher, sie ihn in seiner inneren Würde bestätigt und freisetzt." Zit.
      bei Seelmann/Demko, Rechtsphilosophie, 6. Aufl. (2014), S. 250 Fn. 31.
225   Dürig, Der Grundrechtssatz von der Menschenwürde, AöR 81 (1956), S. 126.
226   BVerwGE 64, 278.

Sich-Zurschaustellen nackter Frauen gleichwohl als Verletzung der Menschenwürde gilt. Diese Sicht prägt auch die Entscheidung des Bundessozialgerichts, wonach die Vermittlung von Prostituierten in ein Bordell auch dann gegen die Menschenwürde der Frauen verstoße, wenn sie damit einverstanden sind.[227] Als zweischneidiges Schwert erwies sich die Menschenwürde auch in Entscheidungen des französischen Conseil d'État, der zum Schutz der Würde kleinwüchsiger Menschen gegen ihren Willen deren Verwendung als Wurfgegenstände in Wettbewerben („Zwergenwerfen") verboten hat.[228] Ein solches Verständnis von Menschenwürde läuft Gefahr, dass sich das Ermächtigungsmittel für Individuen zu einem Zwangsinstrument des Staates verdreht.

2. Individuum-Würde

a) Individualisierung des Menschenwürde-Konzepts

292   Um der Gefahr zu begegnen, dass sich unter dem Deckmantel der Menschenwürde ein eingreifendes staatliches Prinzip etabliert, plädieren z.T. Rechtsprechung sowie einige Autoren dafür, nicht nur die „Person", verstanden im Sinne der für alle gleichen Rechtssubjektivität, sondern u.U. auch das konkrete Individuum als Subjekt des Würdeschutzes zu betrachten. Die neuere Diskussion reagiert damit auf Problemlagen, in denen die Wahrung personaler Identität und psychischer, seelischer, intellektueller Integrität bedroht ist. Wenn es als Frage der Menschenwürde angesehen wird, dass im Strafvollzug drohenden Persönlichkeitsveränderungen der Gefangenen entgegenzuwirken sei[229] oder dass die grundlegenden Voraussetzungen individueller und sozialer Existenz des Menschen erhalten bleiben soll[230], dann liegt dem eine Auffassung vom Menschenwürde-Schutz zugrunde, die „auf Anerkennung des Einzelnen in seiner eigenen Werthaftigkeit und individuellen Einzig- und allfälligen Andersartigkeit" ausgerichtet oder auf die konkrete Lebenssituation (z.B. hochbetagter Heimbewohner) abgestellt ist.[231] Für eine Individualisierung des Menschenwürde-Subjekts spricht sich auch in der Bioethik-Debatte aus, wer gegen „Menschenzüchtung" durch Klonen argumentiert und dabei das Recht auf Einmaligkeit und das Fehlen eines Festgelegtwerdens durch andere einfordert.[232] Denn das Resultat des Nichtfestgelegtseins (leibliche Kontingenz) ist das konkrete Individuum.

b) Reichweite des Schutzbereichs

293   Auch wenn man die „Doppelnatur" des Subjekts der Respektierung von Würde anerkennt, bleibt die Reichweite des Schutzes der Menschenwürde ein kontroverses Thema. Dies hängt nicht zuletzt damit zusammen, dass es schwer fällt, das alles überragende Leitbild der Menschenwürde mit einem Individualrechtsgut gleichzusetzen, über das der Rechtsgutsträger frei verfügen kann (Rn. 179, 180).[233] Die Berechtigung eines

---

227 Bundessozialgericht v. 6.5.2009, B 11 AL 11/08 R, Rn. 25: „Menschenwürde in diesem Sinn ist nicht nur die individuelle Würde der jeweiligen Person, sondern die Achtung und der Schutz des Wertes, der jedem Menschen um seiner selbst willen zukommt."

228 Nachweis bei Seelmann/Demko, Rechtsphilosophie, 4. Aufl. (2014), S. 250 Fn. 30.

229 BVerfGE 45, 238; 64, 272, 277.

230 BVerfGE 45, 228; 72, 115.

231 Schweizerischer Bundesgerichtsentscheid (BGE) 127 I, 14; zit. bei Seelmann/Demko, Rechtsphilosophie, 4. Aufl. (2014), S. 246 Fn. 12.

232 Dazu Seelmann, Rang und Würde, in: Brudermüller-FS (2014), S. 775; Demko, Humanforschung und Neuroenhancement im Kontext von Ethik, Anthropologie und Recht, in: Winiger u.a. (Hrsg.), Ethik und Recht in der Bioethik, ARSP-Beiheft 138 (2013), S. 195 ff.

233 Ausf. zur Menschenwürde als strafrechtliches Rechtsgut Kargl, in: Puppe-FS (2011), S. 1181 ff.

solchen Bedenkens ist in Extremfällen ohne Weiteres greifbar, etwa dann, wenn sich ein Mensch freiwillig in die Sklaverei begeben würde. Wer seine Rechtsfähigkeit völlig aufgibt, verhält sich widersprüchlich, wenn er sich gleichzeitig auf ein Recht berufen würde, seine Würde preiszugeben. Auf der anderen Seite würde ein striktes Verbot, über die eigene Menschenwürde gegebenenfalls frei entscheiden zu dürfen, zum paternalistischen Verständnis einer den Einzelnen verpflichtenden „Gattungswürde" führen und damit ein uferloses Zwangsrecht heraufbeschwören.[234] Als allgemeine Verhaltensrichtlinie würde eine solche Konzeption den Anstrengungen nicht gerecht werden, die seit langem über den Grund für den Schutz der Menschenwürde ausgetragen werden. Einige Stationen der Würdebegründungen sollen – die Reichweite der Idee vom Eigenwert des Menschen im Blick – rekapituliert werden.

IV. Schutzgrund

1. Begriffsgeschichte der Menschenwürde

a) Interne Voraussetzungen

Zum traditionellen Kern der Idee der Menschenwürde gehört, dass alle Menschen einen spezifischen Eigenwert haben, der es gebietet, ihnen mit einer Achtung zu begegnen, die sie vor bestimmten Verletzungen ihrer Integrität und Autonomie schützt. Das Wertprädikat Würde wird dabei aus einer begrenzten Menge von Eigenschaften hergeleitet, von denen angenommen wird, dass sie bei jedem Menschen qualitativ in gleicher Weise vorliegen und sich deshalb gegenüber Einflüssen der Kultur und Gesellschaft als besonders stabil erweisen.[235] Eine zentrale Rolle spielen dabei Vernunft, moralische Urteilsfähigkeit, Selbstachtung, Selbstbewusstsein, Selbstkontrolle und Willensfreiheit.[236] Keine einzelnen Menschen oder Menschengruppen besitzen über diese Fähigkeiten hinaus höhere Eigenschaften, die ihrem Leben einen größeren Wert verleihen würden als anderen Menschen, so dass Letztere nicht die gleichen Achtungsansprüche erheben dürften wie Erstere. Bei allen sozialen, historischen und kulturellen Bedingtheiten sind es diese, aus internen Quellen gespeisten Eigenschaften, die den menschlichen Eigenwert und den Schutz von Achtungsansprüchen fundieren.

b) Externe Voraussetzungen

Die Vorstellung der kreatürlichen, auf bestimmte human geteilte Eigenschaften zurückführbare Würde ist deutlich zu unterscheiden von Begründungen der Würde, die den Fokus auf die sozialen Funktionen der Verwendung des Würdebegriffs oder auf besondere Leistungen der Würdeträger legen.[237] In diesem sozial begründeten Ansatz werden die Individuen nicht mehr als Selbstzweck verstanden, sondern als „Funktionsträger der Sozialordnung" (Luhmann). Folglich kann der mit der Menschenwürde verbundene Achtungsanspruch auch nicht mehr als unbedingt, als losgelöst von fremder

294

295

---

234 Zur Gattungswürde vgl. Birnbacher, Gefährdet die moderne Reproduktionsmedizin die menschliche Würde?, in: Leist (Hrsg.), Um Leben und Tod, 3. Aufl. (1992), S. 266.

235 Mahlmann, Rechtsphilosophie und Rechtstheorie, 4. Aufl. (2017), § 31 Rn. 6.

236 Abzugrenzen sind diese „Eigenschaften" von einer Bestimmung des Würdebegriffs, der ihn mit einer gemeinsamen genetischen Ausstattung in Verbindung bringen. Krit. zum sog. „Speziesimus" Merkel, Frühheuthanasie (2001), S. 468.

237 Dieser Würdebegriff ist eng angelehnt an einen gruppen- und leistungsbezogenen Ehrbegriff, der ein Ranggefälle impliziert; ausf. dazu Kargl, Beleidigung und Retorsion, in: E.A. Wolff-FS (1998), S. 189, 211 ff.; Seelmann, Rang und Würde, in: Brudermüller-FS (2014), S. 771-778.

Bestimmung begriffen werden; er erfährt vielmehr eine gesellschaftlich bedingte Relativierung und Herabstufung, die der Degradierung von Menschen durch geistige Unterwerfung und Gängelung keinen nennenswerten Widerstand leistet. Ein solch entkernter Würdebegriff ist als Richtpunkt, Leitbild oder Orientierungshilfe ebenso wenig hilfreich wie Vorstellungen, welche die Begriffe Freiheit und Wahrheit auf Selbsttäuschung oder gar auf Lüge gegründet sehen. Einige Beispiele der Gegenwart sollen die normative Anspruchslosigkeit sozialer Würdekonzeptionen (andeutungsweise) illustrieren.

aa) Systemtheorie

296 Nach Luhmann soll die Idee der Menschenwürde – als Teilstück einer allgemeinen Theorie der Grundrechte – durch die Herstellung geschützter Entfaltungssphären ein bestimmtes Maß an Differenziertheit in einer Gesellschaft aufrechterhalten.[238] Moderne Gesellschaften seien auf die Rollenerfüllung unterschiedlicher einzelner Persönlichkeiten, die einen Raum für gelungene Selbstdarstellung benötigten, angewiesen und müssten daher dieses funktionale Bedürfnis als Recht auf Individualität bewusst machen.[239] Der Inhalt der Menschenwürde sei gelungene Selbstdarstellung, die sich aus bestimmten Selbstdarstellungsleistungen speise. In diesem Rahmen werde der Schutz der Menschenwürde als funktionales Bedürfnis der Gesellschaft gewährleistet.[240] Dem wäre entgegen zu halten, dass aus systemtheoretischer Sicht Gesellschaften denkbar sind, die andere funktionale Bedürfnisse entwickeln und z.B. auf den Persönlichkeitsschutz verzichten. Der Kern der Idee der Menschenwürde besteht aber gerade darin, Menschen unabhängig von der Vollbringung von Leistungen, unabhängig von sozialer Funktionserfüllung zu schützen.

bb) Kommunikationstheorie

297 Aus Habermas` Sicht konstituiert sich Würde aus interpersonalen Beziehungen, die auf gegenseitiger Anerkennung im egalitären Umgang von Personen miteinander beruhen.[241] Inhaltlich kommt auch Habermas zu einem Instrumentalisierungsverbot als Kern der Menschenwürde. Durch die Menschenwürde werde das Recht an moralische Grundprinzipien gebunden.[242] Er greift damit auf die Faktizität einer gegebenen moralisch orientierten Gesellschaft zurück, ohne die Frage zu beantworten, warum sich die Menschen als Gleiche achten sollen.[243] Qualifizierte Formen der Kommunikation wie der herrschaftsfreie Diskurs setzen die Gleichheit der Menschen voraus und können insofern die normative wechselseitige Achtung nicht begründen (Rn. 260 f.). Im Übrigen schützt Menschenwürde auch Embryos, die noch nicht an der Kommunikation teilnehmen, sowie jene, die nicht fähig sind, am Diskurs mitzuwirken.

---

238 Luhmann, Grundrechte als Institution (1965), S. 8.
239 Luhmann, Grundrechte als Institution (1965), S. 48.
240 Luhmann, Grundrechte als Institution (1965), S. 50; ebenso ders., Die Gesellschaft der Gesellschaft (1997), S. 1075.
241 Habermas, Die Zukunft der menschlichen Natur (2005), S. 62.
242 Habermas, Das Konzept der Menschenwürde und die realistische Utopie der Menschen-rechte, DZPhil 2010, 347.
243 Mahlmann, Rechtsphilosophie und Rechtstheorie, 4. Aufl. (2017), § 31 Rn. 31.

cc) Kontraktualistische Theorie

In Abgrenzung zu den sog. Leistungstheorien (Luhmann) und zu den sog. Mitgifttheo- 298
rien, welche die Menschenwürde aus bestimmten Eigenschaften, ihrer kreatürlichen
Mitgift, herleiten, konstituiert sich nach Auffassung der kontraktualistischen Theorie
die Menschenwürde durch das gegenseitige Versprechen der in einer konkreten Gesellschaft vereinten Menschen, vergleichbar dem Bürgerschwur der mittelalterlichen
Stadt.[244] In der Kritik steht dabei insbesondere die Anknüpfung an die Vernunft des
Menschen, die einer Idealisierung der Menschenwürde Vorschub leiste. Wieder bleibt –
wie bei der Diskursethik – das Problem ungelöst, warum die Menschen sich als Gleiche achten sollen, warum sie einander die Respektierung der Menschenwürde versprechen sollen. Solange diese Frage nicht beantwortet wird, ist das gegenseitige Würdever-
sprechen – zumindest aus rechtsstaatlicher Sicht – zwar lobenswert, aber dessen Ablehnung normativ nicht kritisierbar.

2. Würde in theozentrischer Perspektive (Gottebenbildlichkeit)

Auf dem Weg der Begründung des spezifischen Eigenwerts von Menschen spielt die 299
Vorstellung eine große Rolle, dass der Mensch in einem besonderen Näheverhältnis zu
Gott steht. In der Bibel wird der Mensch als Schöpfung nach dem Ebenbild Gottes ge-
priesen, sei es dass er an der göttlichen Vernunft, an der freien göttlichen Willensbildung oder am Angenommensein durch Gott teilhat.[245] Diese Idee wird in der Mitte
des ersten Jahrtausends v. Chr. in verschiedenen Kulturen diskutiert. Platon (427-347
v. Chr.) etwa formuliert: Der Mensch kann durch tugendhaftes Handeln nicht nur
gottähnlich werden, er nimmt durch sein Vernunftvermögen am Göttlichen teil.[246] Die
Schöpfungsmythen von Ovid preisen den Menschen als Wesen, das aus göttlichem Sa-
men erschaffen wurde.[247] Auch im Islam wird der Mensch als Nachfolger oder Stell-
vertreter Gottes angesprochen.[248] Verwandte Vorstellungen der Nähe des Menschen zu
Gott gibt es im Konfuzianismus, wo vom göttlichen Adel des Menschen die Rede
ist,[249] sowie im Buddhismus, dessen universales Gebot der Rücksichtnahme auf Menschen (und Tiere) den Eigenwert der Lebewesen betont.[250]

Diese religiösen Ethiken bilden den Ausgangspunkt der Entwicklung genauerer Bestim- 300
mungen des Gehalts menschlicher Würde, die im historischen Prozess unterschiedliche
Formen angenommen haben. Auch wenn im pluralistischen Staat der Glaubensfreiheit
der direkte Rekurs auf eine höhere Instanz rechtlich keine Bedeutung haben kann, so
ist in der theozentrischen Sicht doch der Blick auf (göttlich vermittelte) Selbstbestimmung und Vernunft des Menschen frei gelegt worden.

---

244 Hofmann, Die versprochene Menschenwürde, AöR 118 (1993), S. 353 ff.
245 Ausgehend vom Pentateuch (Thora, 5 Bücher Mose), in der die Idee der Gottesebenbildlichkeit formuliert
     ist, hat sich im Judentum der Begriff des Eigenwerts des Menschen gebildet; zur Ebenbildlichkeitsdebatte
     vgl. Kondylis, Stichwort „Würde", in: Brunner/Conze/Koselleck (Hrsg.), Geschichtliche Grundbegriffe
     (1976), Bd. 7, S. 645; zum Ganzen. ausf. Mahlmann, Rechtsphilosophie und Rechtstheorie, 4. Aufl. (2017),
     § 2 Rn. 7 ff. mit nachfolgend zitierten Belegen.
246 Platon, Alkibiades, übers. von Schleiermacher (2005), 123e-133 c.
247 Ovid, Metamorphosen, übers. von Albrecht (1997), I, S. 76-86.
248 Zu den Übersetzungsvarianten vgl. Wielandt, Menschenwürde und Freiheit in der Reflexion zeitgenössi-
     scher muslimischer Denker, in: Schwartländer (Hrsg.), Freiheit der Religionen (1993), S. 187; Paret, Der Ko-
     ran, Kommentar und Konkordanz, 7. Aufl. (2005), S. 30.
249 Mong Dsi (372-289 v. Chr.), übers. von Wilhelm (1921), Buch VI A 16, S. 139.
250 Vgl. die Reden Gotamo Buddhos, Sammlungen in Versen, übers. von K. E. Neumann (1957), Bd. 3, S. 149.

3. Würde im Humanismus (Selbstschöpfung)

301 In der Frühphase des italienischen Humanismus steigert sich die Erörterung der Menschenwürde zu hymnischen Lobpreisungen des menschlichen Wesens. Während noch im hohen und späten Mittelalter neben der Gottähnlichkeit des Menschen (dignitas) immer auch das Bewusstsein vom beklagenswerten Elend des menschlichen Daseins lebendig blieb, heben Autoren wie Petrarca (1304-1374)[251], Manetti (1396-1459)[252] und Pico della Mirandola (1463-1494) die Fähigkeit des Menschen hervor, die eigene Existenz überschreiten und im Selbstbildungsprozess eine zweite Natur schaffen zu können. Insbesondere im Traktat Picos „De dignitate et excellentia hominis", das Jakob Burckhardt als das edelste Vermächtnis der Renaissance bezeichnete, hat die Würdebegründung einen bleibenden Ausdruck gefunden. Gott wendet sich an Adam u.a. mit folgenden Worten: „Wir haben dir keinen festen Wohnsitz gegeben, Adam, kein eigenes Aussehen noch irgendeine besondere Gabe, damit du den Wohnsitz, das Aussehen und die Gaben, die du selbst dir aussiehst, entsprechend deinem Wunsch und Entschluß habest und besitzest. Die Natur der übrigen Geschöpfe ist fest bestimmt und wird innerhalb von uns vorgeschriebener Gesetze begrenzt. Du sollst dir deine ohne jede Einschränkung und Enge, nach deinem Ermessen, dem ich dich anvertraut habe, selber bestimmen. Ich habe dich in die Mitte der Welt gestellt, damit du dich bequemer umsehen kannst, was es auf der Welt gibt. Weder haben wir dich himmlisch noch irdisch, weder sterblich noch unsterblich geschaffen, damit du wie dein eigener, in Ehre frei entscheidender, schöpferischer Bildhauer dich selbst zu der Gestalt ausformst, die du bevorzugst. Du kannst zum Niedrigen, zum Tierischen entarten; du kannst aber auch zum Höheren, zum Göttlichen wiedergeboren werden, wenn deine Seele es beschließt."[253] Hier ist (wie schon in manchem Ansatz der Antike) der Mensch empathisch gedacht als sein eigener Schöpfer, der sich erheben, aber auch verfehlen kann.[254]

4. Würde in der Gegenwart

a) Vernunftgebrauch und Selbstkontrolle

302 Die gegenwärtige Debatte (z.B. in der Bioethik) benennt nicht selten unter Berufung auf Kant (Rn. 308 ff.) den (zumindest potenziellen) Vernunftgebrauch als zentrale subjektive Voraussetzung der Personalität und damit des Würdeschutzes.[255] Grundlegend für den Vernunftgebrauch sei die Existenz eines Ichbewusstseins über einen längeren Zeitraum, das insbesondere ein Bewusstsein von der eigenen Zukunft einschließe.[256] Dieses Bewusstsein schließt die Fähigkeit zum Neubeginn im eigenen Leben, zur immer vorhandenen Möglichkeit, eine neue Richtung einzuschlagen, ein.[257] Als Merkmal der

---

251 F. Petrarca, De remediis utriusque fortunae, Nachdruck 1975.
252 G. Manetti, De dignitate et excellentia hominis; Über die Würde und Erhabenheit des Menschen, übers. von Leppin (1990).
253 Pico della Mirandola, De hominis dignitate, übers. von Baumgarten (1990), S. 7; zit. bei Mahlmann, Rechtsphilosophie und Rechtstheorie, 4. Aufl. (2017), § 31 Rn. 17.
254 Eindringlich bei Sophokles, Antigone, übers. von Willige, überarbeitet von Bayer (1995), 332: „Vieles ist ungeheuer, nichts ungeheurer als der Mensch." Und zur Vernunftbegabung, die das Gute und das Böse hervorbringen kann: „Mit kluger Geschicklichkeit für die Kunst ohne Maßen begabt, kommt heute er auf Schlimmes, auf Edles morgen."
255 Krit. zu einem solchen Kantverständnis Luf, Menschenwürde als Rechtsbegriff, in: Wolff-FS (1998), S. 307.
256 Hoerster, Abtreibung im säkularen Staat, 2. Aufl. (1995), S. 69.
257 Vgl. hierzu Dworkin, Life`s dominion, An Argument about Abortion, Euthanasia, and Individual Freedom (1994), S. 84; zit. bei Mahlmann, Rechtsphilosophie und Rechtstheorie, 4. Aufl. (2107), § 31 Rn. 36.

Würde wird zudem die Fähigkeit zur Selbstkontrolle gezählt, aus der sich spiegelbildlich die Fähigkeit ergäbe, Pflichten erfüllen zu können.[258] Folglich sei die Ausbildung von Personalität in diesem Sinn die Voraussetzung dafür, dass man überhaupt von Würde – verstanden als Kompetenz zum Innehaben von Rechten – sprechen kann.

Gegen beide Anforderungen ließe sich mit Seelmann und Demko einwenden, dass sie gerade den Hilflosesten – den psychisch Gestörten und geistig schwer Behinderten – den Würdeschutz entziehen würden.[259] Selbst wenn man annähme, dass ein am konkreten Individuum und seiner Selbst-Darstellung orientierter Würdebegriff auch die Achtung der „verrückten" Selbstdarstellung gebieten würde[260], müssten immer noch jene aus dem Kreis der „Würdigen" ausgeschlossen bleiben, die im bewusstlosen Zustand oder im jahrelangen Koma offensichtlich überhaupt nicht mehr zu irgendeiner Art von Selbstdarstellung in der Lage sind. Die Versuche, den Würdeschutz auch jenen nicht vorzuenthalten, bei denen die Vernunftbegabung zweifelhaft erscheint, gehen in verschiedene Richtungen: 303

a) Teilbeilhabe an der allgemeinen Substanz des Vernünftigseins

Ein möglicher Weg steht in einer aristotelischen Tradition, die darauf abstellt, dass die genannten Fähigkeiten zur Substanz des Menschseins gehören. Die zufälligen Ausprägungen in den jeweiligen Individuen können zwar einen Mangel an den erforderlichen Eigenschaften aufweisen, aber dieser Mangel ändere nichts an der Einschätzung des Individuums, da er weiterhin grundsätzlich die besonderen Fähigkeiten besitze.[261] Dieses Argument bezieht seine (fragliche) Überzeugungskraft aus der Anerkennung einer Ontologie, die den Menschen unabhängig von geschichtlichen Spuren bestimmte unverwüstliche Eigenschaften zuspricht.   304

b) Gegen die Anmaßung der Definitionshoheit über die Geltung als Vernunftwesen

Zeitgemäßer ist eine Argumentation, die an die empörte Klage Kants über die skrupellose Verwendung des Menschen zu außer ihm liegenden Zwecken anschließen kann. Denn jede Definition darüber, wem individuell Würde zukommt, hebt das im Modell der Menschenwürde enthaltene Gleichheitsgebot und damit die Menschenwürde selbst auf.[262] Wer sich also die Entscheidung darüber anmaßt, ob ein anderer als Vernunftwesen zu gelten hat, erhebt sich dieser Auffassung gemäß unzulässigerweise über den anderen. Diese Argumentation ist möglicherweise dort angreifbar, wo sich alle wegen des eindeutigen Fehlens von Vernunft – z.B. bei ohne Großhirn geborenen Anenzephalen – über den Ausschluss einig wären.   305

---

258 Auch hier in der Tradition von Locke und Kant: Hruschka, Utilitarismus in der Variante von Peter Singer, JZ 2001, 263.
259 Seelmann/Demko, Rechtsphilosophie , 6. Aufl. (2014), § 12 Rn. 32.
260 V. Neumann, Menschenwürde und psychische Krankheit, KritV 76 (1993), S. 284; Kargl, Jurisprudenz der Geisteskrankheit, in: Leviathan 3 (1977), S. 301 ff.; ders., Psychiatrie in Italien, in: Frankfurter Hefte 5 (1975), S. 35 ff.
261 Spaemann, Über den Begriff der Menschenwürde, in: Böckenförde/Spaemann (Hrsg.), Menschenrechte und Menschenwürde (1987), S. 305.
262 Lorz, Modernes Grund- und Menschenrechtsverständnis und die Philosophie der Freiheit Kants (1993), S. 290; nachgewiesen bei Seelmann/Demko, Rechtsphilosophie, 6. Aufl. (2014), § 12 Rn. 35.

c) Anerkennung als Voraussetzung jeder Rechtsordnung

306   Ein weiterer Weg der Begründung für den ausnahmslosen Würdeschutz könnte sich aus Überlegungen zur wechselseitigen Anerkennung ergeben. Soll das in rechtsstaatlichen Beziehungen postulierte Anerkennungsgeflecht ein dauerhafter Zustand für alle sein, dann gehört die Einbeziehung derjenigen, die bestimmte Eigenschaften noch nicht oder nicht mehr aufweisen, zur Prämisse des Anerkennungsmodells. Allerdings bleibt auch dieses Argument die Antwort auf die Frage schuldig, warum selbst zunächst nicht Anerkennungsfähige bzw. alle potenziell Anerkennungsfähigen von vornherein anerkannt werden sollten.

d) Probleme der Subjektivierung des Würdebegriffs

307   Die Schwierigkeit der Einbeziehung von Menschen, die bestimmte subjektive Voraussetzungen nicht erfüllen, macht deutlich, dass es trotz der langen sehr intensiven Diskussion über die Menschenwürde bisher nicht gelungen ist, ein wirklich tragfähiges rechtsphilosophisches Konzept dieses Begriffs zu entwickeln.[263] Die Probleme scheinen unüberwindbar zu werden, wenn man das Konzept der Person-Würde (Rn. 287) aus dem Auge verliert und gänzlich durch das Konzept der Individuum-Würde (Rn. 292) ersetzt. Betrachtet man vorwiegend das konkrete Individuum als Subjekt des Würdeschutzes, ist die Tendenz heraufbeschworen, den Würdebegriff von bestimmten Eigenschaften des Individuums abhängig zu machen und ihn selektiv zu verwenden. Verloren geht dabei das zentrale normative Anliegen, prinzipiell keinen Menschen aus dem Schutzbereich auszuschließen. Zumindest dann, wenn die Eigenschaften der „Würdefähigkeit" rein empirisch verstanden werden, ist das Modell der Behandlung eines jeden Menschen als mit allen Anderen gleichen Rechtssubjekts aufgebrochen und die Menschenwürde als unbedingtes Gesetz preisgegeben. Da Kant die philosophische Reflexion der menschlichen Würde zu einem Höhepunkt vorangetrieben und dabei der menschlichen Würde einen unbedingten, von der Erfahrungswelt unabhängigen Wert beigemessen hat, soll seine Ethik den Schlussstein der Würdebegründung bilden.

5. Immanuel Kant (1724-1804) und die Menschenwürde

a) Selbstzweckhaftigkeit des Menschen

308   Bei Kant nimmt die Inhaltsbestimmung des Begriffs der Würde ihren Ausgang von der Abgrenzung der Dinge, die einen Preis haben und der Dinge, die jenseits von Äquivalenzbeziehungen stehen: „...was dagegen über allen Preis erhaben ist, mithin kein Äquivalent verstattet, das hat eine Würde". Die sich hieraus ergebende ethische Folgerung (das Sollen) fasst er allgemein und abstrakt in einer obersten Regel zusammen, dem kategorischen Imperativ. Dieser ist das „Grundgesetz der reinen praktischen Vernunft" und muss deshalb formal und unbedingt formuliert sein. Das Grundgesetz besagt: „Handele so, dass die Maxime deines Willens jederzeit zugleich als Prinzip einer allgemeinen Gesetzgebung gelten könne."[264] An anderer Stelle lautet der Gedanke so: „Die Menschheit selbst ist eine Würde; denn der Mensch kann von keinem Menschen (weder von Anderen noch sogar von sich selbst) bloß als Mittel, sondern muss jederzeit zugleich als Zweck gebraucht werden, und darin besteht eben seine Würde (die

---

263   Gleichwohl haben viele Verfassungen diesen Begriff zur Grundlage ihrer Rechtsordnungen gemacht und dabei keinen Menschen ausschließen wollen; vgl. Kirste, in: Hollerbach-FS (2001), S. 358.
264   Kant, Kritik der praktischen Vernunft, Akademieausgabe Bd. V, S. 30.

Persönlichkeit), dadurch er sich über alle andere Weltwesen, die nicht Menschen sind und doch gebraucht werden können, mithin über alle Sachen erhebt.“[265] Diese Formel von der Selbstzweckhaftigkeit des Menschen bringt auch heute noch die in ethischen und rechtswissenschaftlichen Diskussionen am meisten verbreitete Vorstellung von menschlicher Würde auf den Punkt.

b) Das sittliche Bewusstsein

Kant begründet die Würde der Menschen mit ihrer Fähigkeit zum moralgeleiteten Freiheitsgebrauch. Damit entwickelt er eine Gegenposition gegenüber dem Menschenbild des Rationalismus und Empirismus, der die Abhängigkeit der menschlichen Erkenntnis von der Sinneswahrnehmung betonte und dem der Gedanke einer durch Zwecke, Neigung oder Erfahrung vorgegebenen Herabstufung und Relativierung sittlicher Werte eingeimpft ist. Es gibt aus Kants Sicht keine „eingeborenen Ideen“, wie Rationalisten, etwa Descartes oder Leibniz, behaupten; ebenso wenig aus Erfahrung gebildete geistige Strukturen, wie es empiristische Theoretiker wie Locke und Hume angenommen haben.[266] Diesen Positionen setzt Kant die Vorstellung von der Autonomie der Sittlichkeit und der mit ihr zusammenhängenden Vorstellung vom absoluten Wert des Menschen und seiner Würde entgegen. Die objektive Gültigkeit des Sittlichen leitet er vom sittlichen Bewusstsein ab, das der menschlichen Vernunft mitgegeben ist. Es enthält zwei aufeinander bezogene Elemente: Einerseits das unbedingte Gesetz des Sollens[267] und andererseits die sittliche Freiheit zur Wahl und Entscheidung als Gegebenheit der praktischen, auf das Handeln bezogenen Vernunft.[268] Weder Sollen noch Freiheit sind aus der Erfahrungswelt zu gewinnen, weil dort das Gesetz der Kausalität herrscht. Sollen und Freiheit erwirbt der Mensch nicht, sondern sind ihm als Elemente des sittlichen Bewusstseins „a priori“ einverleibt.[269] Mit Hilfe der praktischen Vernunft findet der Mensch selbst (autonom) das Sittengesetz, dem er folgen muss, um seine eigene Willkür (Freiheit) zu beschränken. Den Gegensatz dazu bildet die heteronome Moral, die aufgrund einer äußeren Autorität festgesetzt wird, wie sie etwa Hobbes postuliert hat.[270] Die Festlegung des Sittengesetzes auf Autonomie und auf eine Pflichtenethik, die ohne Rücksicht auf Umstände und Nützlichkeitsgesichtspunkte wie das Gemeinwohl gilt, impliziert folgerichtig die strikte Trennung zwischen Sein und Sollen.

c) Rechtsphilosophie

aa) Empirischer Teil der Begründung (Sozialanthropologie)

Die strenge Trennung zwischen den empirischen Gegebenheiten, den Ausstattungen der Menschen (Sein) und den normativen Anforderungen (Sollen) legt auch den Grundstein für die kantische Rechtsphilosophie. Kant leugnet nicht den „empirischen Teil“ jeder Lehre vom richtigen Handeln („praktische Anthropologie“): „Der Mensch hat eine Neigung, sich zu vergesellschaften... aber auch einen großen Hang, sich zu

309

310

---

265 Kant, Grundlegung zur Metaphysik der Sitten, Akademieausgabe Bd. IV, S. 429.
266 Schriftennachweise bei Naucke/Harzer, Rechtsphilosophische Grundbegriffe, 5. Aufl. (2005), Rn. 145 ff.; Mahlmann, Rechtsphilosophie und Rechtstheorie, 4. Aufl. (2017), § 6 Rn. 6 ff..
267 Kant, Kritik der praktischen Vernunft, Akademieausgabe Bd. V, S. 30.
268 Kant, Metaphysik der Sitten, Akademieausgabe Bd. VI, S. 230 f.
269 Dazu Horn, Einführung in die Rechtswissenschaft und Rechtsphilosophie, 6. Aufl. (2016), Rn. 330, 332, 339.
270 Ausf. zur Unterscheidung zwischen autonomer und heteronomer Moral, zwischen Innen- und Außensteuerung des Menschen, Kargl, Handlung und Ordnung im Strafrecht (1991), S. 182, 238, 451 ff. mwN.

vereinzelnen (isolieren): weil er in sich zugleich die ungesellige Eigenschaft antrifft, alles bloß nach seinem Sinne richten zu wollen, und daher allerwärts Widerstand erwartet, so wie er von sich selbst weiß, dass er seinerseits zum Widerstand gegen andere geneigt ist. Dieser Widerstand ist es nun, welcher alle Kräfte des Menschen erweckt, ihn dahinbringt, seinen Hang zur Faulheit zu überwinden und, getrieben durch Ehrsucht, Herrschsucht und Habgier, sich einen Rang unter seinen Mitgenossen zu verschaffen, die er nicht wohl leiden, von denen er aber auch nicht lassen kann. Da geschehen nun die ersten Schritte aus der Rohigkeit zur Kultur…"[271] Den Anlass zur rechtlich organisierten Staatsgründung sieht Kant mit ausdrücklicher Berufung auf Hobbes „in der menschlichen Natur": „…der Zustand einer gesetzlosen äußeren – brutalen – Freiheit und Unabhängigkeit von Zwangsgesetzen (ist) ein Zustand der Ungerechtigkeit und des Krieges von jedermann gegen jedermann …, aus welchem der Mensch herausgehen soll, um in einen politisch-bürgerlichen zu treten."[272] Dennoch wendet sich Kant gegen den traditionellen Schluss von der empirischen Sozialanthropologie auf den Inhalt des Rechts[273], etwa nach dem Motto: Wenn der Mensch gut ist, müssen Recht und Staat die Güte unterstreichen; ist er böse, müssen Recht und Staat die Bösartigkeit in Grenzen halten.[274] Der Grund dafür, dass Empirie zu nichts verpflichte, liegt nach Kant darin, dass die Kenntnisse über die menschliche Natur „bloß zufällig" sind. Sie hängen von Zeit und Ort ihrer Publikation sowie vor allem von menschlichen Wünschen ab, die, wenn sie sich durchsetzen können, immer nur Machtäußerungen sind.[275] Denn: „Die Zwecke, die sich ein vernünftiges Wesen als Wirkungen seiner Handlungen nach Belieben vorsetzt…, sind insgesamt nur relativ; denn nur bloß ihr Verhältnis auf ein besonders geartetes Begehrungsvermögen des Subjekts gibt ihnen den Wert… Alle Gegenstände der Neigungen haben nur einen bedingten Wert."[276]

bb) Nicht-empirischer Teil der Begründung (Metaphysik)

311 Im empirischen Teil der Rechtsphilosophie gelangt man demzufolge nur bis zur Feststellung von Wünschen, nicht zur Legitimation von Zwang gegen das Abweichen von den Wünschen anderer. An dieser Stelle geht Kant zur Metaphysik des Rechts über.[277] Der nicht-empirischen Metaphysik Kants geht es nicht um Fakten, die keine Notwendigkeit ergäben, sondern darum herauszufinden, was der Mensch rechtlich wollen soll, also nicht darum, was er subjektiv will. Gesucht wird ein „reines" Recht, das von allen physiologischen, psychologischen oder soziologischen Bedingungen ungetrübt ist. Kant setzt hierbei auf die Vernunft, die Erkenntnis unabhängig von aller Erfahrung ermöglicht: „Aus dem Angeführten erhellt, dass alle (moralischen und rechtlichen) Begriffe völlig a priori in der Vernunft ihren Sitz und Ursprung haben…, dass sie von keiner empirischen und darum bloß zufälligen Erkenntnis abstrahiert werden können, dass in dieser Reinigkeit ihres Ursprungs eben ihre Würde liege…".[278] Die Würde der Vernunft macht die Würde des Menschen aus, deren Sicherung das absolute Ziel allen

---

271 Kant, Idee zu einer allgemeinen Geschichte in weltbürgerlicher Absicht, Akademieausgabe Bd. VIII, S. 392.
272 Kant, Die Religion innerhalb der Grenzen der bloßen Vernunft, Akademieausgabe Bd. VI, S. 97.
273 Kant, Metaphysik der Sitten, Akademieausgabe Bd. VI, S. 229/230: „bloß empirische Rechtslehre".
274 Naucke/Harzer, Rechtsphilosophische Grundbegriffe, 5. Aufl. (2005), Rn. 147.
275 Naucke/Harzer, Rechtsphilosophische Grundbegriffe, 5. Aufl. (2005), Rn. 147.
276 Kant, Grundlegung zur Metaphysik der Sitten, Akademieausgabe Bd. IV, S. 427.
277 Dazu Naucke/Harzer, Rechtsphilosophische Grundbegriffe, 5. Aufl. (2005), Rn. 149; Horn, Einführung in die Rechtswissenschaft und Rechtsphilosophie, 6. Aufl. (2016), § 16 Rn. 334; Mahlmann, Rechtsphilosophie und Rechtstheorie, 4. Aufl. (2017), § 6 Rn. 11.
278 Kant, Grundlegung zur Metaphysik der Sitten, Akademieausgabe Bd. IV, S. 411.

ethischen und rechtlichen Handelns ist. Da in diesem Gedankengang die Würde des Menschen nicht nur das gewünschte Ziel der Rechtspolitik ist, sondern auf der vom menschlichen Wollen gereinigten Vernunft gründet, ist sie ein notwendiger Zweck, der durch kein wirkliches Wünschen für unverbindlich erklärt werden kann. Die Würde ist somit ein Zweck an sich: „… die vernünftige Natur existiert als Zweck an sich selbst"[279] (vgl. auch Rn. 308, 309). Erkennbar ist die Folgerung, dass jede Abweichung vom notwendigen, wahren Rechtsgesetz – dem kategorischen Imperativ zum Schutz der Menschenwürde – ungerecht ist. Der Zwang zur Einhaltung des Rechtsgesetzes für jedermann (Bürger und Gesetzgeber) ist hiernach rein vernünftig: „Recht und Befugnis zu zwingen bedeuten also einerlei."[280]

d) Staatsphilosophie

Der Staat ist nach Kant „die Vereinigung einer Menge von Menschen unter Rechtsgesetzen".[281] Die Bestimmung der Rechtsgesetze als Sätze a priori (Vernunftgesetze) regelt das Verhältnis zwischen Staat und Recht auf andere Weise, als dies in der Tradition Hobbes geschieht. Während Hobbes den aus dem Willen der Bürger hervorgegangenen Staat als souveräne Quelle allen Rechts bezeichnet hat, hebt Kant den umgekehrten Aspekt hervor. Nach ihm ist das Recht Ursprung und Rechtfertigung des Staates: „Der practische souveräne Grund des Rechts macht den Staat."[282] Dies heißt nicht, dass dem Staat die Befugnis zur Setzung des positiven Rechts abgesprochen würde. Entscheidend ist, dass sich die Autorität des Gesetzgebers auf das „einzige, ursprüngliche, jedem Menschen, kraft seiner Menschheit zustehenden Recht(s)" zurückführen lässt: „Die Freiheit (Unabhängigkeit von eines anderen nötigenden Willkür), sofern sie mit jedes anderen Freiheit nach einem allgemeinen Gesetze zusammen bestehen kann."[283] Wie schon im kategorischen Imperativ vorgegeben, stellt Kant außer dem Freiheitsgebot keine inhaltlichen Staatsziele auf. Erst in seiner Spätschrift „Zum ewigen Frieden"[284] bezeichnet er als praktische und moralische Aufgabe des Staates die Friedenswahrung und Friedenspolitik. Dazu gehört der für den bürgerlichen Rechtsstaat wichtige Gedanke der „Freiheit der Feder"[285] zur Kritik an den Akten der Staatsgewalt, also das, was heute unter Meinungsfreiheit und demokratischer Öffentlichkeit verstanden wird. | 312

Die von Kant vorgenommene Ableitung des Staates und der Rechtsordnung aus nicht-empirischen Verhältnissen setzt die Klärung der Frage voraus, wie weit die menschliche Vernunft bei ihren Erkenntnismöglichkeiten reicht. Diese Frage lenkt den Blick auf die erkenntnistheoretische Absicherung der Rechtsphilosophie. Kant hat durch die Trennung des empirischen Teils (Sein) vom nicht-empirischen Teil (Sollen) der Rechtsphilosophie ein Modell vorgelegt, das – in den Worten Nauckes und Harzers[286] – zum | 313

---

279 Kant, Grundlegung zur Metaphysik der Sitten, Akademieausgabe Bd. IV, S. 411.
280 Kant, Metaphysik der Sitten, Akademieausgabe Bd. VI, S. 232.
281 Kant, Metaphysik der Sitten, Akademieausgabe Bd. VI, S. 313.
282 Kant, Handschriftlicher Nachlaß, Akademieausgabe Bd. XIX, Reflexion 7847; zum Folgenden auch Mestmäcker, in: Fulda/Horstmann (Hrsg.), Vernunftbegriffe in der Moderne (1994), S. 59 ff.; Brandt (Hrsg.), Rechtsphilosophie der Aufklärung (1982), S. 233 ff.
283 Kant, Metaphysik der Sitten, Akademieausgabe Bd. VI, S. 237.
284 Kant, Zum Ewigen Frieden, Akademieausgabe Bd. VIII, S. 341.
285 Kant, Über den Gemeinspruch: Das mag in der Theorie richtig sein, taugt aber nicht für die Praxis, Akademieausgabe Bd. VIII, S. 304.
286 Naucke/Harzer, Rechtsphilosophische Grundbegriffe, 5. Aufl. (2005), Rn. 153.

unverwechselbaren Kennzeichen, zum ausdrücklichen Konstruktionselement der meisten nachfolgenden rechtsphilosophischen Unternehmen geworden ist.

e) Der erkenntnistheoretische Standpunkt

314 Die scharfe Unterscheidung von Sein und Sollen hängt mit der Überzeugung Kants zusammen, dass man über die uns umgebende raumzeitliche Wirklichkeit, über die geistige Struktur (Wesen) der wahrgenommenen Dinge keine allgemeingültige Aussage machen kann (Ontologie).[287] Die Dinge an sich selbst blieben im Dunkeln.[288] Auf der Suche nach einem Ausweg, um doch zu allgemeinen Aussagen, die über den Empirismus hinausführen, gelangen zu können, wandte er sich dem erkennenden Subjekt zu. In den Gesetzmäßigkeiten der menschlichen Geistestätigkeit, die von vornherein (a priori) im erkennenden Subjekt enthalten sind, fand er die Möglichkeit genereller Aussagen (synthetische Urteile).[289] Diese Hinwendung zu den Bewusstseinsinhalten des erkennenden Menschen und der hier wirksamen Denkgesetze· bezeichnete Kant selbst als „kopernikanische Tat", die im Kern besagt: Die Erkenntnis hätte sich nicht nach den Gegenständen, sondern die Gegenstände nach unserer Erkenntnis zu richten.[290] Die apriorischen Erkenntnismöglichkeiten (Formen) fasst Kant unter den Begriff der Transzendentalphilosophie zusammen, die er in seiner Wahrnehmungslehre, der Analyse der Denkformen und in seiner Ideenlehre entfaltet.[291]

aa) Wahrnehmungslehre (transzendentale Ästhetik)

315 Kant bezeichnet Raum und Zeit als „apriorische" (unabhängig von aller Erfahrung) Anschauungsformen. Raum und Zeit sind hiernach nur Formen unserer Sinneswahrnehmung, nicht Eigenschaften eines Dings an sich. Da aber Erfahrung nur denkbar sei, wenn Ursachen Wirkungen hervorbringen, sei Kausalität ein apriorischer Verstandesbegriff, der dazu dient, „Erscheinungen zu buchstabieren, um sie als Erfahrung lesen zu können".[292] Da – mit anderen Worten – die Gegenstände an sich gänzlich unbekannt bleiben, können die Menschen nur die Art, diese wahrzunehmen, erkennen (erkenntnistheoretischer Subjektivismus).

bb) Denkformen (transzendentale Analytik)

316 In der Analyse der Denkformen (Kategorien) befasst sich Kant mit der Fähigkeit des menschlichen Verstandes, sinnliche Anschauungen zu denken, indem der Verstand selbst Vorstellungen spontan hervorbringt.

---

287 Vgl. die zusammenfassende Darstellung bei Horn, Einführung in die Rechtswissenschaft und Rechtsphilosophie, 6. Aufl. (2016), § 16 Rn. 326 ff., 337 ff.; Mahlmann, Rechtsphilosophie und Rechtstheorie, 4. Aufl. (2017), § 6 Rn. 6 ff. mwN.

288 Kant, Kritik der reinen Vernunft, Akademieausgabe Bd. III, S. 202 ff.

289 Kant, Kritik der reinen Vernunft, Akademieausgabe Bd. III, S. 15 ff. Nach Kant sind synthetische Urteile generelle Aussagen, die mehr enthalten als eine Wiedergabe dessen, was die im Urteil verwendeten Begriffe schon an Bedeutung mit sich bringen.

290 Kant, Kritik der reinen Vernunft, Akademieausgabe Bd. III, S. 49 ff.

291 Der Text folgt der Darstellung bei Horn, Einführung in die Rechtswissenschaft und Rechtsphilosophie, 6. Aufl. (2016), § 16 Rn. 328.

292 Kant, Prolegomena zu einer jeden künftigen Metaphysik, die als Wissenschaft wird auftreten können, Akademieausgabe Bd. IV, S. 312.

cc) Ideenlehre (transzendentale Dialektik)

Die nach der Sinnes- und Verstandestätigkeit höchste Instanz des menschlichen Geistes   317
ist nach Kant die Vernunft. Ihr eigentümliches Tun bestehe darin, in einem unendlichen Erkenntnisprozess die Bedingungen oder Voraussetzungen für das Erkannte zu suchen. Dieser Erkenntnisprozess werde durch Ideen auf Ziele hin ausgerichtet. Die letzten großen Ideen des menschlichen Vernunftgebrauchs, nach denen er sich ausrichtet, seien Seele, Welt und Gott. Als Ideen bezeichnen diese Begriffe nicht Realitäten, sondern Leitvorstellungen eines unendlichen Erkenntnisprozesses.

f) Grenzen der Metaphysik des Rechts

aa) Hinsichtlich der Disjunktion zwischen Sein und Sollen

Der erkenntnistheoretische Subjektivismus hat mit Schwierigkeiten zu kämpfen. Wenn   318
Kant im Gefolge der Empiristen einerseits davon ausgeht, dass alle menschliche Erkenntnis von den Sinneseindrücken und ihrer Verarbeitung (Erfahrung) ausgeht und andererseits daran festhält, dass sich über das Erkenntnisobjekt „an sich" nichts sagen lässt, dann ist die Frage nicht unberechtigt, was denn überhaupt in der Erfahrung erscheint.[293] Und wenn er zugleich allgemeine Aussagen über die Bedingungen der Bewusstseinsinhalte der erkennenden Subjekte macht, so bleibt die Skepsis, ob in solchen Aussagen die Wirklichkeit nicht doch ein Stück weit zum Tragen kommt. Wie könnte Kant in dem eindrucksvollen Schlusssatz der Kritik der praktischen Vernunft „den bestirnten Himmel über mir" mit „immer neuer und zunehmender Bewunderung und Ehrfurcht" betrachten, wenn sich nach seiner eigenen Auffassung über den bestirnten Himmel nichts aussagen ließe. Nicht zu Unrecht nannte der Naturwissenschaftler und Philosoph Alfred North Whitehead (1861-1947) Kants Staunen den „Triumph des Offensichtlichen über den philosophischen Standpunkt"[294]. Platon (427-347 v. Chr.), der die Metaphysik der Sache nach als philosophische Sichtweise entwickelt hat, war immerhin vorsichtig genug, in seinem Höhlengleichnis die Dinge wenigstens als „Schatten" in Erscheinung treten zu lassen.[295] Schatten mögen undeutlich sein, aber sie geben Zeugnis von dem, was die Lichtquelle beleuchtet.

bb) Hinsichtlich der rein konstruktivistischen Einfärbung

Zur kritischen Würdigung der von Kant vertretenen Erkenntnistheorie gehört auch die   318a
Berücksichtigung jener Phase seines Denkens, in der er dem „Rätsel der Erfahrung" mit dem „Faktum der Erfahrungswissenschaft" auf die Spur zu kommen suchte.[296] So hatte er in einer Schrift aus seiner vorkritischen Periode die These vertreten, die „echte Methode der Metaphysik" sei „mit derjenigen einerlei, die Newton in die Naturwissenschaft einführte", wo sie „von nutzbaren Folgen" gewesen sei.[297] Auch der Meta-

---

293   So Horn, Einführung in die Rechtswissenschaft und Rechtsphilosophie, 4. Aufl. (2016), § 16 Rn. 337.
294   Whitehead, The Function of Reason (1929); zit. bei Horn, Einführung in die Rechtswissenschaft und Rechtsphilosophie, 4. Aufl. (2017), § 16 Rn. 337.
295   Platon, Politeia, 7. Buch, übers. von Schleiermacher (2005), 514-517.
296   Dazu Röd, Der Gott der reinen Vernunft (1992), S. 168; Hossenfelder, in: Heidemann/Rietzel (Hrsg.), Beiträge zur Kritik der reinen Vernunft (1981), S. 306.
297   Kant, Untersuchungen über die Deutlichkeit der Grundsätze der natürlichen Theologie und Moral (1763), in: Werke in 10 Bänden, hg. von Weischedel, Bd. 2, S. 756; zit. bei Hans Albert, Realität und menschliche Erfahrung, in: Freudiger/Graeser/Petrus (Hrsg.), Der Begriff der Erfahrung in der Philosophie des 20. Jahrhunderts (1996), S. 90.

physiker solle „nicht von willkürlichen Begriffserklärungen, sondern von sicheren Beobachtungen und von Tatsachen der inneren Wahrnehmung seinen Ausgang nehmen" und er solle wie der Physiker „regressiv und zergliedernd vom Besonderen zum Allgemeinen gehen". Nach Ernst Cassirer hat Kant „eben jene regressive Methode" benutzt, die von der gegebenen Folge auf ihre idealen Gründe geht, die „zu entdecken waren".[298] Nimmt man den Kantschen Hinweis auf Newton ernst, dann wäre die Grundlage des philosophischen Denkens auch im „Faktum der Erfahrungswissenschaft" zu suchen und damit die Möglichkeit eingeräumt, durch Erfahrung zur Erkenntnis realer Zusammenhänge zu gelangen. Zumindest als Ausgangspunkt und Richtschnur nimmt Kant den korrespondenztheoretischen Wahrheitsbegriff (Rn. 251) ernst, wenn er beiläufig feststellt: „Die Namenserklärung der Wahrheit, dass sie nämlich die Übereinstimmung der Erkenntnis mit ihrem Gegenstand sei, wird hier geschenkt und vorausgesetzt."[299] Ob Kant später mit der Lokalisierung des Erkenntnisvermögens im Subjekt alle Spuren einer realistischeren Interpretation getilgt hat, ist Gegenstand einer anhaltenden Diskussion.[300] An dieser Stelle genügt der Hinweis, dass auch die Skeptiker darauf angewiesen sind, auf Erkenntnisse über die wirklichen Zusammenhänge zurückzugreifen, wenn sie die Bedingungen für den Fehlschlag menschlicher Wissensbemühungen identifizieren wollen.

cc) Hinsichtlich der Reichweite

319 Kants rechtsphilosophische Bemühungen sind von der Überzeugung getragen, die reine Vernunft könne das Ineinanderfallen von Recht und Politik überwinden, indem sie dem subjektiven Meinen einen Rahmen setzt. Dieser Rahmen bestehe in der Notwendigkeit, die Freiheit zu sichern und die Menschenwürde zu achten. Es ist allerdings bemerkenswert, und von Kant auch nicht verkannt worden, dass die Sätze, die den Rahmen für richtiges Recht wiedergeben, außerordentlich weit sind. Der kategorische Imperativ, auf den es hier zentral ankommt, ist formaler Natur und bestimmt deshalb nur Grenzen für weite Regelungsspielräume. Wolfgang Naucke und Regina Harzer fassen diesen Gesichtspunkt nüchtern zusammen: „Anders als in der Tradition der idealistischen oder theologischen Rechtsphilosophie sind die vielen Einzelheiten einer aktuellen Rechtsordnung außerhalb der Reichweite des wissenschaftlich gesicherten gerechten Rechts zu finden. Echtes gerechtes Recht gibt es nur in ganz wenigen Bereichen. Alles andere Recht — und das ist das meiste Recht — ist nicht eigentlich Recht, sondern nur vorübergehendes, verfestigtes Meinen."[301]

dd) Hinsichtlich der Begründung der strafrechtlichen Gesetzlichkeit

320 Was ist im Strafrecht gerechtes Recht und was verfestigtes Meinen? Aus der Antwort auf diese Frage lassen sich Folgerungen für das hier interessierende Problem ziehen, ob nach Kants Meinung das Strafrecht positiv durch Satzung gegeben werden muss oder ob es auch gefunden werden kann, wenn es nicht ausdrücklich niedergeschrieben ist.

---

298 Cassirer, Das Erkenntnisproblem in der Philosophie und Wissenschaft der Neuzeit, Bd. 3 (1974), S. 448; zur Methode der Induktion bei Kant auch Lange, Geschichte des Materialismus und Kritik seiner Bedeutung in der Gegenwart (1974), S. 229.

299 Kant, Kritik der reinen Vernunft, Akademieausgabe Bd. III, S. 88.

300 Vgl. Prauss, Kant über Freiheit als Autonomie (1983), S. 175; Wettstein, Kritische Gegenstandstheorie der Wahrheit (1983), S. 76; Simon, Wahrheit als Freiheit (1978), S. 181; Hiltscher, Wahrheit und Reflexion (1998), S. 117; Belege bei Stübinger, Das „idealisierte" Strafrecht (2008), S. 391 Fn. 1.

301 Naucke/Harzer, Rechtsphilosophische Grundbegriffe, 5. Aufl. (2005), Rn. 157.

Naucke/Harzer sagen hierzu: „Für den wichtigen, aber kleinen und entfernten Bereich reinen Rechts ist Positivität nicht erforderlich, wohl aber für den großen Bereich vorübergehenden, verfestigten Meinens."[302] Mit Blick auf das Strafrecht könnte hieraus der Schluss gezogen werden, dass gerade jene Normen, die besonders gravierende Freiheits- und Menschenwürdeverletzungen sanktionieren, also die Regelungen des sog. „Kernstrafrechts", von der Setzung durch den staatlichen Machthaber ausgenommen bleiben könnten. Ob diese Überlegung jedoch mit dem Begriff des reinen Rechts, so wie es Kant sieht, übereinstimmt, erscheint fraglich. Denn das allgemeine, reine, für alle verbindliche Rechtsgesetz ist der kategorische Imperativ, der allein a priori erkannt werden kann und deshalb auch keiner staatlichen Setzung bedarf. Alles andere Recht – so nahe es der „Goldenen Regel" auch stehen mag – ist immer vom interessierten Willen einzelner Menschen und Gruppen mitbestimmt. Das gilt für Tötungsdelikte ebenso wie für Eigentums-, Freiheits- und Ehrdelikte. Insofern beschreibt der Gedanke der Reinheit des Rechts das rechtspolitische Ziel, das der immerwährenden Versuchung des Wünschens und Meinens den Rahmen setzt. Damit sind wir auch bzgl. der (a priori gedachten) Vernunft dort angelangt, wohin die Überlegungen hinsichtlich der Freiheit (Rn. 197 ff.) und Wahrheit (Rn. 246 ff.) geführt haben: Bei den Grundbegriffen Freiheit, Gerechtigkeit, Wahrheit und Vernunft handelt es sich nicht um Begriffe, die eine bestimmte Realität bezeichnen, sondern um die unverzichtbaren, großen Ideen der Menschheit, um Leitvorstellungen eines unendlichen Erkenntnisprozesses.

D. Zusammenfassung und Ergebnis

I. Aufgabenstellung

In der Rechtsphilosophie galten lange die Gleichungen: Freiheit = notwendige Bedingung der Schuld; Wahrheit = unerlässliche Voraussetzung der Erkenntnis; apriorische Vernunft = Basis und Grund der Menschenwürde. Ebenso lange gibt es die störende Begleitmusik von theoretischen Annahmen, welche die Axiome der Gleichungen bezweifeln. Nach den gegenläufigen Konzepten wird Freiheit durch den Determinismus widerlegt, Wahrheit erkenntnistheoretisch als Illusion entlarvt und erfahrungsunabhängige Vernunft durch ihre praktische Folgenlosigkeit als idealistische Metapher überführt. Unter der Prämisse der Richtigkeit der genannten Gleichungen würden die widerspenstigen Ansätze des Determinismus, des Erkenntnisskeptizismus und der a posteriori (aus Erfahrung) hergeleiteten Vernunft die Architektur eines aufgeklärten, liberalen Strafrechts zum Einsturz bringen und damit das Prinzip der Gesetzlichkeit allenfalls auf das Gebiet des Maßnahmerechts verlagern. Es war die Aufgabe des vorangegangenen Kapitels, den Versuch zu unternehmen, das Strafrecht trotz der als erwiesen unterstellten Bedingungen durchgehender Kausalität und beschränkter menschlicher Erkenntnismöglichkeiten auf ein solides Fundament zu stellen. Sollte dies gelingen, müssten die klassischen Gleichungen nicht mehr unter idealisierten Vorzeichen verteidigt werden.

321

---

302 Naucke/Harzer, Rechtsphilosophische Grundbegriffe, 5. Aufl. (2005), Rn. 157.

II. Freiheit und Verantwortung

1. Freiheitstheorien

322   Die Frage, ob sich eine Tatschuld begründen lässt, die mit dem Determinismus vereinbar ist, nimmt ihren Ausgangspunkt bei den unlösbaren Problemen, die mit der Vorstellung der Willensfreiheit verbunden sind. Dem starken Freiheitsbegriff, der dem Akteur unter den gleichen Ausgangsbedingungen die Fähigkeit zum Anders-Handeln-Können zuspricht, kann entgegengehalten werden, dass eine Entscheidung, die sich nicht auf Kausales zurückführen lässt, irrational und zufällig ist (Rn. 199). Der schwache Freiheitsbegriff leugnet nicht das Kausalgesetz, er sucht jedoch innerhalb dieses Rahmens einen Spielraum für Freiheit – etwa durch die Fähigkeit zur Überdetermination – zu gewinnen (Rn. 201 ff.). Dagegen spricht das Gesetz der Logik, wonach ein Ereignis nicht vollständig auf empirischen Ursachen und zugleich auf nicht-empirischen Ursachen beruhen kann (Rn. 208). Im Übrigen verlieren die Einflussfaktoren ihren Erklärungswert, wenn ihnen durch die Fähigkeit zur Überdetermination die Eigenschaft abgesprochen wird, ein Ereignis verursachen zu können (Rn. 209). Der epistemische Freiheitsbegriff beruft sich auf das Freiheitsbewusstsein der handelnden Subjekte, also auf das Freiheitserlebnis des Akteurs, der sich im Entscheidungsvorgang frei fühlt (Rn. 210, 211). Doch die Selbstzuschreibung von Freiheit ändert nichts an der faktischen Unfreiheit und löst nicht die Frage, warum man für eine Handlung, die sich frei anfühlt, moralisch verantwortlich sein soll (Rn. 213). Gleichwohl darf als soziale Tatsache gelten, dass von der Selbsterfahrung der Freiheit auf die der Mitmenschen geschlossen wird. Diese im epistemischen Freiheitsbegriff enthaltene Generalisierung der Selbstwahrnehmung schlägt eine Brücke zu der im Alltag praktizierten Zurechnung von Verantwortung.

2. Alltagspraxis der Verantwortungszuschreibung

323   Ausgehend von der Prämisse, dass das Determinismusproblem allein vom theoretischen Standpunkt aus nicht lösbar ist, wendet sich der Blick hin zu einer zwischenmenschlichen Betrachtungsweise, die den Gründen nachgeht, warum Menschen sich in alltäglichen Beziehungen Verantwortung zuschreiben. Die auf Peter Strawson gestützte deskriptive Beschreibung der moralischen Praxis hatte dargelegt, dass die Zuschreibung von Verantwortung ein Ausdruck moralischer Gefühle ist (Rn. 216). Kränkungen und Verletzungen lösen in Menschen affektive Haltungen aus, mit denen sie anderen gegenüber ihren Groll und ihre Missbilligung ausdrücken. Allerdings ist diese rein empirische Betrachtung dem berechtigten Einwand ausgesetzt, dass mit ihr nur etwas über den Bestand der moralischen Praxis ausgesagt wird, aber die Frage nicht klärt, warum es gerechtfertigt sein soll, einem determinierten Täter mit einer affektiven Haltung gegenüber zu treten (Rn. 223). Um diesem Manko abzuhelfen, führt Jay Wallace das Prinzip der Fairness ein. Demzufolge beinhalten reaktive Gefühle zugleich das Urteil, dass die Person diese als Kritik oder Tadel zu verstehende Empörung auch verdient hat, so dass es fair ist, wenn man den Akteur verantwortlich macht (Rn. 225). An Hand der in der Zuschreibungspraxis anerkannten Entschuldigungsgründe erläutert Wallace, dass über das Ergebnis nicht das Fehlen alternativer Handlungsmöglichkeiten (Willensfreiheit), auch nicht der vorbestimmte Weltverlauf (Kausalität), sondern die mangelnde Intentionalität (Vorsatz, Absicht) und die Unfähigkeit zur reflexiven Selbstkontrolle (kognitive Fähigkeiten) entscheidet (Rn. 226 ff.).

3. Probleme der Übertragung auf die Rechtspraxis

Einer schlichten Transformation der Alltagspraxis auf die Rechtspraxis könnte der 324
Umstand im Wege stehen, dass die alltagsmoralischen Zuschreibungen nicht nur auf
dem Bruch von Rechtsnormen, sondern auch auf Verstößen gegen Bräuche und Moralnormen beruhen. Wenn man jedoch davon ausgeht, dass sich Strafnormen — jedenfalls im Kernbereich — auf eine noch breitere gesellschaftliche Akzeptanz als bestimmte Sitten und Bräuche berufen können, dann scheint es erst recht legitim zu sein, den
alltagsmoralischen Zuschreibungsmodus im Sinne einer nicht-distanzierten Haltung
auch in einem Strafverfahren für zulässig zu erklären. Offensichtlich ist aber auch,
dass strafwürdiges Verhalten nicht allein aus den moralischen Empfindungen der
Rechtsgemeinschaft abgeleitet werden kann. Das ausschließliche Abstellen auf die Verletzung moralischer Empfindsamkeit würde den Sittlichkeitsschutz und den Rechtsgüterschutz miteinander verschmelzen und insofern keine brauchbaren Kriterien für eine
Grenzziehung des strafrechtlichen Anwendungsbereichs zur Hand geben (Rn. 237).
Doch der Umstand, dass die im vierten Kapitel beschriebenen Gerechtigkeitskriterien
(Subsidiarität, Verhältnismäßigkeit, Freiheit, Bestimmtheit etc.) zur Bestimmung der
Legitimität von Strafnormen unentbehrlich sind, entzieht der Plausibilität des Reakti-
onsansatzes als Verantwortungslehre solange nicht den Boden, als die Verletzung straf-
rechtlich geschützter Rechtsgüter auch moralische Reaktionen hervorrufen.

III. Wahrheit und Erkenntnis

1. Korrespondenz- und Kohärenztheorie

Der in § 244 Abs. 2 StPO normierte Auftrag, die Beweisaufnahme im Strafverfahren 325
„zur Erforschung der Wahrheit" vorzunehmen, stößt auf den Widerstand von erkenntnistheoretischen Konzepten, die das Erkennen der Wirklichkeit grundsätzlich in Frage
stellen. Seine Hauptstütze findet das Prinzip der materiellen Wahrheit in der Korrespondenztheorie, die von der Möglichkeit der Übereinstimmung zwischen Intellekt
und Wirklichkeit, zwischen Aussage und dinglicher Welt ausgeht (Rn. 251). Gegen die
Korrespondenzformel ist seit langem das Argument der Beschränktheit der Kognitionsmöglichkeiten, die Zweifel an der einzig richtigen Aussage nährt, ins Feld geführt worden. Eine von Sinneseindrücken, Bewusstsein, Kultur und Sozialisation ungetrübte
Wiedergabe der Realität kann man sich in der Tat schwerlich vorstellen. Über diesen
Schwachpunkt hilft auch die Kohärenztheorie nicht hinweg (Rn. 254). Legt man den
Akzent auf die Übereinstimmung zwischen der Einzelerkenntnis und dem gesamten
übrigen Aussagesystem, muss damit gerechnet werden, dass abwegige Überzeugungen
in ein passendes System ebenfalls abwegiger Überzeugungen eingebettet sind. An man-
gelnder Kohärenz würde es dann nicht fehlen.

2. Konsenstheorie

Den meisten Versionen der Konsenstheorie zufolge kann die Wahrheit nur innerhalb 326
des Geltungsbereichs von Sprechakten gesucht und die Überprüfung allein davon abhängig gemacht werden, dass ihr einige oder alle Angehörigen einer bestimmten Gruppe oder gar alle Menschen zustimmen bzw. zustimmen könnten (Rn. 256). Die Differenzen betreffen hauptsächlich die Art und Weise, in der die Übereinstimmung zu treffen ist. Für Habermas, dem prominentesten Vertreter der Konsenstheorie, bedarf es
zur Einlösung von Wahrheitsansprüchen eines besonderen Verfahrens (Diskurs), das

die Eigenschaften einer „idealen Sprechsituation" aufweist. Neben der Kritik an der Idealisierung der Diskursbedingungen ist vor allem der Einwand erhoben worden, dass die Konsenstheorie nicht die Wahrheit selbst definiert, sondern nur eine bestimmte Erkenntnisquelle, nämlich die Zustimmung beschreibt. Habermas hat darauf mit einer Modifikation der Rahmenbedingungen des Diskurses reagiert. Nunmehr räumt er ein, nicht hinreichend zwischen theoretischen und praktischen Diskursen unterschieden zu haben. Auf der praktischen (moralischen, politischen, rechtlichen) Ebene befindet sich der Akteur in Handlungszusammenhängen, in denen er auf bestimmte Gewissheiten und feste Überzeugungen angewiesen ist. In diesem Bereich teilt er eine gemeinsame Lebenswelt, in denen sich Konventionen als Möglichkeitsbedingungen für Kommunikation und koordiniertes Verhalten bewährt haben. Wahrheit hingegen lässt sich nicht als Ergebnis einer gemeinsamen Beratung über Pro und Contra von Behauptungen präsentieren. In diesem Sektor ist Wahrheit ein „rechtfertigungstranszendenter Begriff"', der sich nicht – wie im praktischen Diskurs – mit einem erfahrbaren, objektiven Referenzpunkt begnügen darf.

3. Anwendung auf die Rechtspraxis

327 Die revidierte Fassung der Konsenstheorie von Habermas gelangt somit zu dem Ergebnis, dass die Wahrheitsfrage von der Perspektive abhängt, in der sie gestellt wird. In einem philosophischen Kontext kann die „Wahrheit" für grundsätzlich unzugänglich erklärt und konsistente Aussagen über die Wirklichkeit für unmöglich gehalten werden. Im praktischen Diskurs, also auch in dem unter Entscheidungszwang stehenden Strafverfahren, ist ohne die Unterscheidung zwischen wahr und falsch nicht auszukommen. Da jedoch eine unmittelbare Einsicht in die wirkliche Welt verwehrt ist, kann als Ergebnis der Ermittlung von Sachverhalten keine im strengen Sinne „objektive" Wahrheit präsentiert werden. Bei der Einlösung des Auftrags der Wahrheitsermittlung setzt deshalb das Gesetz – erkenntnistheoretisch durchaus nicht naiv – auf das subjektive Erkenntnismoment der „richterlichen Überzeugung". Beim Begriff der Überzeugung geht es jedoch nicht um persönliches Meinen und Wünschen, das beliebig denkbare Zweifel an der Entscheidung beiseite schieben dürfte. Die subjektive Gewissheit des Richters muss ein hinreichendes Maß an Überzeugungskraft für andere entfalten können. Zur Absicherung der konkreten Entscheidung gehört die Bindung des erkennenden Gerichts an eine graduierbare Empirie, die als eine Art Gemeinschaftsgut (naturwissenschaftliche Erkenntnisse, Logik, Wahrscheinlichkeit) angesehen werden kann (Rn. 272 ff.).

IV. Vernunft und Menschenwürde

1. Schutzgegenstand der Menschenwürde

328 Vielfach wird die Ansicht vertreten, dass die Begründung der strafrechtlichen Gesetzlichkeit in der Forderung des Schutzes der menschlichen Würde liegt. Die Ableitung der Gesetzlichkeit aus dem Geist der Menschenwürde soll das Strafrecht auf den Leitgedanken der Gerechtigkeit verpflichten, der jenseits purer Machtäußerung Kurs und Ziel bestimmt. Dabei besteht keine Einigkeit darüber, was der genaue Gegenstand des Menschenwürdeschutzes ist. In der Nachkriegszeit hob die Diskussion den Achtungsanspruch der Würde eines jeden Menschen als „Person" hervor; betonte also die für alle gleiche Rechtssubjektivität, die vor der Ausklammerung Einzelner aus dem allgemeinen rechtlichen Gleichheitsverhältnis schützen soll (Rn. 287). Nach der auf diesem

Verständnis beruhenden „Objektformel" ist die Menschenwürde verletzt, wenn der Mensch zum Objekt herabgewürdigt wird.

Es hat sich aber in verschiedenen Entscheidungen gezeigt, dass sich die Berufung auf einen Würdebegriff, der primär auf die Zugehörigkeit zu einer Rechtsgemeinschaft abstellt, in eine Waffe gegen das Einzelindividuum verwandeln kann. Um zu verhindern, dass sich hinter dem Schutzschild der Menschenwürde ein eingreifendes Prinzip etabliert, das den Staat ermächtigt, die Autonomie des Einzelnen auszuheben, plädieren einige Autoren dafür, auch das konkrete Individuum als Subjekt des Würdeschutzes anzuerkennen (Rn. 292). Ob allerdings eine solche Individualisierung des Schutzobjekts dem Gedanken des Schutzes der Menschenwürde als einer unbedingten staatlichen Verpflichtung Geltung verschaffen kann, muss sich in der Praxis erst noch erweisen.

329

2. Schutzgrund der Menschenwürde

a) Ichbewusstsein und Selbstkontrolle

Zum traditionellen Bestand der Würdeidee gehört, dass alle Menschen einen spezifischen Eigenwert haben und dass dieser Eigenwert aus einer begrenzten Menge von Eigenschaften hergeleitet werden kann (Rn. 294). Als zentrale interne Voraussetzungen werden zumeist Vernunft, moralische Urteilsfähigkeit, Selbstbewusstsein, Selbstkontrolle und Entscheidungsfreiheit genannt. Über alle sozialen, historischen und kulturellen Bedingtheiten hinweg fundieren diese internen Quellen den menschlichen Eigenwert. Demgegenüber legen andere Begründungen der Menschenwürde den Akzent auf die sozialen Funktionen der Verwendung des Würdebegriffs (Kommunikationstheorie) oder auf besondere Leistungen des Würdeträgers (Systemtheorie). In diesen sozial begründeten Ansätzen werden die Individuen als Funktionsträger der Gesellschaft verstanden, wobei der vom Selbstzweck befreite Achtungsanspruch seiner unbedingten Geltung verlustig geht (Rn. 295-298).

330

Die gegenwärtige Debatte (z.B. in der Bioethik) betont wieder stärker den Vernunftgebrauch als zentrale subjektive Voraussetzung der Personalität und damit des Würdeschutzes. Grundlegend für den Vernunftgebrauch sei die Existenz eines Ichbewusstseins und die Fähigkeit zur Selbstkontrolle (Rn. 302). Fasst man diese Anforderungen als empirische Gegebenheiten, dann ergibt sich das Problem, dass das Fehlen dieser Qualitäten gerade den Hilflosesten – den psychisch und physiologisch schwer Gestörten – den Würdeschutz entziehen würde. Verloren geht dabei das zentrale normative Anliegen, prinzipiell keinen Menschen aus dem Schutzbereich auszuschließen. Diesem Anliegen versucht die Ethiklehre Immanuel Kants gerecht zu werden, die den Würdebegriff auf metaphysischer und d.h. nicht-empirischer Grundlage entwickelt.

331

b) Vernunft und sittliches Bewusstsein bei Kant

aa) Metaphysik

Kant setzt dem Menschenbild des Naturalismus und des Empirismus die Vorstellung von der Autonomie der Sittlichkeit und der mit ihr zusammenhängenden Vorstellung vom absoluten Wert des Menschen und seiner Würde entgegen (Rn. 309). Die objektive Gültigkeit des Sittlichen leitet er vom sittlichen Bewusstsein ab, das der menschlichen Vernunft mitgegeben ist. Es enthält einerseits das unbedingte Gesetz des Sollens und andererseits die sittliche Freiheit zur Wahl und Entscheidung als Gegebenheit der

332

praktischen, auf das Handeln bezogenen Vernunft. Weder Sollen noch Freiheit sind aus der Erfahrungswelt zu gewinnen; sie sind ihm vielmehr als Elemente des sittlichen Bewusstseins „a priori" einverleibt. Da in diesem Gedankengang alle moralischen und rechtlichen Begriffe ihren Sitz in der vom menschlichen Wollen gereinigten Vernunft haben, entspringt die Würde der menschlichen Vernunft in eben der Reinheit ihres Ursprungs. Die Würde ist somit ein Zweck an sich, der durch kein wirkliches Wünschen – etwa durch Ziele der Rechtspolitik – für unverbindlich erklärt werden kann. Jede Abweichung vom notwendigen wahren Rechtsgesetz zum Schutz der Würde ist ungerecht und der Staat infolgedessen befugt, zur Einhaltung des Rechtsgesetzes Zwang anzuwenden.

bb) Begrenzte Reichweite der Metaphysik

333   Selbst wenn man unterstellen würde, dass die reine Vernunft dem subjektiven Meinen einen Rahmen setzt, so ist doch unverkennbar, dass der zentrale Rechtssatz – der kategorische Imperativ – wegen seiner formalen Natur einen außerordentlich weiten Regelungsspielraum eröffnet. Die vielen Einzelheiten einer aktuellen Rechtsordnung liegen außerhalb seiner Reichweite (Rn. 320). Wenn aber wahres, von allen zufälligen Bedingungen gereinigtes, a priori erkanntes und deshalb für Bürger und Gesetzgeber gleichermaßen verbindliches Recht nur im kategorischen Imperativ ausformuliert ist, dann ist es auch das einzige Recht, das keiner staatlichen Setzung bedarf. Alles andere Recht ist eben nicht a priori erkannt und wird daher vom Willen einzelner Menschen und Gruppen mitbestimmt. Um zu verhindern, dass das gesamte übrige (relative) Recht allein auf Macht, Willensentschluss oder faktische Verhältnisse gründet, bedarf es einer staatlichen Setzung, die sich an der von Kant philosophisch begründeten Würde des Menschen orientiert. Insofern beschreibt der Gedanke, dass die Würde des Menschen ein Zweck an sich ist, einen rechtspolitischen Fixpunkt, eine unverzichtbare Idee, die in einem unendlichen Erkenntnisprozess dem bloßen Meinen und Wünschen Grenzen setzt. An diesem Punkt stimmen die Überlegungen zur Menschenwürde mit denen zur Freiheit (Rn. 197 ff.) und Wahrheit (Rn. 246 ff.) überein: Es handelt sich bei den Topoi Würde, Freiheit und Wahrheit nicht um Grundbegriffe, die eine bestimmte Realität bezeichnen, sondern um Leitvorstellungen, die dazu beitragen, das Notwendige und Verbindliche vom Zufälligen und Unverbindlichen abzugrenzen.

3. Fazit bzgl. der strafrechtlichen Gesetzlichkeit

334   Trotz der Kontroversen über den Schutzgegenstand und den Schutzgrund ist die fundamentale Bedeutung des Menschenwürdebegriffs für die Rechtsordnung weithin anerkannt. Zahlreiche moderne Verfassungen erklären diesen Begriff zur Grundlage der staatlichen Ordnung oder der Grundrechtskataloge. Politische Übereinkunft besteht in aller Regel darin, prinzipiell keinen Menschen aus diesem Schutzbereich auszuschließen, jeden Menschen als ein mit allen Anderen gleiches Rechtssubjekt zu behandeln und eine vollständige Instrumentalisierung ausschließlich für das Wohl anderer oder der Gemeinschaft für unzulässig zu erklären. Eine verbreitete Haltung besteht auch darin, den Menschenwürdeschutz auf die Wahrung eines individuellen Selbst-Bildes zu beschränken, so dass von Grenzfällen abgesehen niemand sich seine eigene Würde als Verpflichtung entgegenhalten lassen muss. Im Strafrecht erfolgt die Konkretisierung der (lediglich äußerste Grenzen absteckenden) Idee der Menschenwürde über eine Reihe von Etappen, die im 4. Kapitel ausgearbeitet wurden: Über das straftheoretische

Konzept, das zumindest in den modernen Varianten eine vollständige Objektivierung des Straftäters ablehnt (Rn. 49, 89, 96 288 ff.); über das Konzept des strafwürdigen Verhaltens, das mittels die Kriterien der Gerechtigkeit und Zweckmäßigkeit das Strafrecht auf die Elemente der Subsidiarität, der Verhältnismäßigkeit und Freiheit verpflichtet (Rn. 109 ff.), über das Konzept des Rechtsgüterschutzes, das tendenziell eine Barriere gegen moralisierendes, primär Gefühle schützendes Strafrecht errichtet (Rn. 144 ff.). In jedem dieser Konzepte hat der Begriff der Menschenwürde eine breite Spur hinterlassen.

6. Kapitel. Ausformungen der strafrechtlichen Gesetzlichkeit

A. Gesetz, System und Sinn

I. Verfassungsrechtliche Verankerung

335 Die Durchsicht der verfassungsrechtlichen Begründungen der strafrechtlichen Gesetzlichkeit hat gezeigt, dass als meistakzeptierte Antwort auf die Frage nach der ratio der Gesetzlichkeit das Rechtsstaatsprinzip genannt wird (Rn. 43 ff.). Diese Antwort liegt mit Blick auf die Entstehungsgeschichte des Prinzips und seine Wurzeln in der politischen Philosophie der Aufklärung nahe. Entsprechend der „aufgeklärten" Intention steht der Begriff „Rechtsstaatlichkeit" für einen Zustand, in dem die staatliche Gewalt an Gesetz und Recht gebunden ist und in dem die Rechtsvorschriften und ihre Handhabung Erfordernisse erfüllen müssen, die der Bedeutung des Regelcharakters des Rechts gerecht werden. Bei diesen Voraussetzungen handelt es sich um unverzichtbare Elemente des Rechtsstaatsgrundsatzes, die abstrakt bereits in Art. 20 Abs. 3 GG verbürgt sind. Denn auch der einfache staatliche Gesetzesvorbehalt ist verbunden mit den Prinzipien der Rechtssicherheit, des Vertrauensschutzes, der Vorhersehbarkeit für den Normadressaten und der Abgrenzung legislativer und exekutiver Aufgaben. Wenn die Verfassung den nullum-crimen-Satz dennoch in Art. 103 Abs. 2 GG mit einem eigenen (grundrechtsgleichen) Recht ausstattet, hat dies mit der Besonderheit des Strafrechts als der schärfsten Waffe des Rechtsstaats zu tun.[1] Der Einsatz dieser Waffe verlangt zum Schutz des Bürgers präzise und klare Bestimmungen, die das staatliche Strafen an die Kette legen (Rn. 21).[2] Solche Bedingungen sind nicht zwingend aus dem Gesetzesvorbehalt des Art. 20 Abs. 3 GG abzuleiten und folglich auch nicht vollständig auf den Grundsatz der Rechtsstaatlichkeit zurückzuführen (Rn. 46).[3] Art. 103 Abs. 2 GG unterwirft demgegenüber die Gesetzlichkeit im Strafrecht einem verschärften, unbedingt verpflichtenden Regime.[4] Die über das Rechtsstaatsprinzip hinausreichende Grundlage für Art. 103 Abs. 2 GG ist – wie oben dargelegt (Rn. 283 ff., 328 ff.) – die Wahrung der Menschenwürde. Die verschiedenen Ausformungen der Gesetzlichkeit sind es, die das unbedingt geltende Verbot der menschenunwürdigen Behandlung in das Strafrecht implementieren und damit die Objektformel (Rn. 49, 89, 288) im Strafsystem umsetzen.

II. Die Einzelverbürgungen und ihre Adressaten

336 Das Gesetzlichkeitsprinzip verwirklicht sich in vier Ausformungen[5], die eng zusammengehören und erst in ihrer Gesamtheit die Aufgabe übernehmen, die Strafrechtspfle-

---

1 BVerfGE 85, 72; BVerfG NVwZ 2012, 504; DStR 2014, 541; Amelung JZ 1982, 620; Basak, in: Brunhöber/Höffler/Kaspar (Hrsg.), Strafrecht und Verfassung (2013), S. 72; Bohnert, OWiG, 5. Aufl. (2018), § 3 Rn. 1; Degenhart, in: Sachs, Grundgesetz, 8. Aufl. (2017), Art. 103 Rn. 53; Stern/Becker, Grundrechte-Kommentar, 5. Aufl. (2015), Art. 103 Rn. 2, 137; Frister, Strafrecht AT, 7. Aufl. (2015), Kap. 4 Rn. 9; Friauf/Höfling/Burkiczak, Berliner Kommentar zum Grundgesetz, Stand 2017, Art. 103 Rn. 125; Joecks/Jäger, StGB, 12. Aufl. (2017), § 1 Rn. 1.
2 Schmidt-Bleibtreu/Hofmann/Henneke, Grundgesetz, 14. Aufl. (2017), Art, 103 Rn. 1; Dreier/Schulze-Fielitz, Grundgesetz, 3. Aufl. (2018), Art. 103 Rn. 16.
3 Zu Art. 103 Abs. 2 GG als lex specialis gegenüber Art. 20 Abs. 2 GG vgl. Degenhart, Staatsrecht I, 33. Aufl. (2017), Rn. 377; Krahl, Die Rechtsprechung des Bundesverfassungsgerichts und des Bundesgerichtshofs zum Bestimmtheitsgrundsatz im Strafrecht (1986), S. 112 f.
4 Zur absoluten Wirkung des Art. 103 Abs. 2 GG vgl. BVerfGE 95, 131; 109, 172.
5 Übersichten und Systematisierungen bei Roxin, Strafrecht AT I, 4. Aufl. (2006), § 5 Rn. 7; Maurach/Zipf, Strafrecht AT 1, 8. Aufl. (1992), § 8 V; Hassemer, in: Hassemer/Neumann/Saliger (Hrsg.), Einführung in die Rechts-

ge verlässlich, voraussehbar, täuschungsfrei und nachprüfbar zu machen.[6] Der Wortlaut des Art. 103 Abs. 2 GG und des § 1 StGB besagt, dass die Strafbarkeit (zeitlich) vor Begehung der Tat gesetzlich bestimmt sein muss und verdeutlicht somit vor allem das Bestimmtheitsgebot („lex certa") und das Rückwirkungsverbot („lex praevia"). Die Worte „gesetzlich bestimmt" verlangen neben dem strafrechtlichen Gesetzesvorbehalt (zum Gesetzesbegriff Rn. 17 ff.) insbesondere die hinreichende Festlegung der Grenzen eines Strafgesetzes. Damit entfaltet das Bestimmtheitsgebot seine Wirkung primär gegenüber der Legislative, der die Normierung rechtlicher Vorschriften in Gesetzesform vorbehalten ist.[7] Das Rückwirkungsverbot („bevor die Tat begangen wurde") untersagt es, eine Tat, die zur Zeit der Begehung nicht unter Strafe stand, nachträglich für strafbar zu erklären oder rückwirkend mit einer schwereren Strafe zu belegen. Es richtet sich nicht nur an den Gesetzgeber, sondern auch an den Richter, um zu verhindern, dass er als Rechtsschöpfer tätig wird.[8]

Die dem Satz weiterhin entnommenen Garantien des Verbots einer Verurteilung oder Strafschärfung aus Gewohnheitsrecht („lex scripta") und aus analoger Gesetzesanwendung („lex stricta") werden erst mit Blick auf den inneren Zusammenhang der Norm offenbar. Mit der Festlegung, dass die Strafbarkeit gesetzlich bestimmt sein muss, wird zugleich die vorrangige Rechtsquelle des Strafrechts bestimmt und mithin die Strafbegründung oder Strafschärfung durch ungeschriebenes, gewohnheitsrechtlich begründetes Recht verboten.[9] Da im Bereich des Strafrechts nur den Gerichten jener kreative Prozess möglich ist, wendet sich das Verbot in erster Linie an den Richter. Das Analogieverbot möchte den Bestimmtheitsgrundsatz auf den Bereich der Rechtsanwendung erstrecken: Eng gefasste Gesetze wären wertlos, wenn sie durch den Strafrichter praeter legem umgangen werden könnten.[10] Exklusiver Adressat des Analogieverbots ist daher die Judikative. Die in engem Konnex zueinander stehenden einzelnen Garantien gehören zum Kernbestand eines formalisierten Strafrechts (Rn. 113 ff.).[11]

337

III. Das Verhältnis der Garantien untereinander

Wie bereits angedeutet, stehen die genannten Garantien trotz zahlreicher Verschränkungen auf einer Stufe nebeneinander. Mitunter wird jedoch die Eigenständigkeit einzelner Unterprinzipien des Gesetzlichkeitsgrundsatzes bezweifelt. So hat der BGH in einigen Entscheidungen das Analogieverbot mit dem Bestimmtheitsgebot gleichgesetzt[12], was wohl der Tatsache geschuldet ist, dass beide Grundsätze dieselbe Zielrichtung – den Schutz des Bürgers vor überraschenden Grundrechtseingriffen – verfolgen. Auch das BVerfG verwischt zuweilen die Grenzen zwischen beiden Grundsätzen, wenn es die Auslegung einer Norm als mit dem Bestimmtheitsgrundsatz (un)vereinbar er-

338

---

philosophie und Rechtstheorie der Gegenwart, 9. Aufl. (2016), S. 227 ff.; P. A. Albrecht, Kriminologie, 4. Aufl. (2010), S. 116.

6 Zum Verhältnis der vier Ausformungen näher Kuhlen, in: Otto-FS (2007), S. 93; Kühl, in: Seebode-FS (2008), S. 61.

7 Kühl/Reichold/Ronellenfitsch, Einführung in die Rechtswissenschaft, 2. Aufl. (2015), § 31 Rn. 36; AnwK-StGB/Gaede, 2. Aufl. (2015), § 1 Rn. 17.

8 Dazu schon früh H. Mayer, Strafrecht AT (1967), S. 35; nach Kuhlen, in: Otto-FS (2007), S. 89 sei es „im Strafrecht … üblich", dass sich das Rückwirkungsverbot allein an den Rechtsschöpfer wende; ebenso Amelung NJW 1995, 2586: „In der Strafrechtslehre … üblich".

9 Schreiber, Gesetz und Richter (1976), S. 218; Krey ZStW 101 (1989), S. 838 ff.

10 Kudlich, Die Unterstützung fremder Straftaten durch berufsbedingtes Verhalten (2004), S. 248.

11 Jescheck/Weigend, Strafrecht AT, 5. Aufl. (1996), §§ 4 II 1, 15 I, II, IV; Naucke, Strafrecht, 10 Aufl. (2002), § 2 II Rn. 10 ff.

12 BGHSt 14, 55; 34, 171; 71, 444; dazu Simon, Gesetzesauslegung im Strafrecht (2005), S. 445.

klärt.[13] Auch wenn es auf Grund der engen Zusammenhänge schwierig scheint, die Verbürgungen trennscharf voneinander zu unterscheiden, ist doch die Gleichsetzung der Bedeutungsebenen schon mit Blick auf das Prinzip der Gewaltenteilung eher fern liegend.[14] Im Einzelnen gilt hinsichtlich des Verbindenden und des Trennenden:

1. Bestimmtheitsgebot und Rückwirkungsverbot

339 Der Zusammenhang zwischen beiden Garantien ist ohne Weiteres einsichtig: Der rechtsstaatliche Schutz, den das Rückwirkungsverbot bietet, wäre hinfällig, wenn es auf den Bestimmtheitsgrundsatz nicht ankäme. Denn bei einem völlig unbestimmten Gesetz ist eine rückwirkende Bestrafung überhaupt nicht nötig;[15] das meiste ließe sich ohnehin durch den weiten Anwendungsbereich der Norm erfassen. Andererseits bedarf es des Rückwirkungsverbots, da ein bestimmt gefasstes Gesetz die Rückwirkung anordnen könnte.

2. Analogieverbot und Rückwirkungsverbot

340 Ähnliches würde für die uneingeschränkte Zulassung der Analogie gelten. Auch in diesem Fall bedürfte es zumeist nicht der rückwirkenden Bestrafung, da Strafbarkeitslücken oft durch eine analoge Anwendung bestehender Strafnormen gefüllt werden könnten.[16]

3. Analogieverbot und Gewohnheitsrechtsverbot

341 Ein Teil der Literatur vertritt die Meinung, dass dem Gewohnheitsrechtsverbot keine eigenständige Bedeutung zukäme, da es im Analogieverbot aufgehe.[17] Dafür könnte die Überlegung sprechen, dass es erst gar nicht zur Bildung des durch Rechtsprechung begründeten Gewohnheitsrechts kommen kann, wenn sich der Richter an das Analogieverbot und damit an die durch das Gesetz gesteckten Grenzen hält. Dem ist jedoch entgegenzuhalten, dass zwischen unzulässiger Auslegung eines Straftatbestands und der Anwendung einer ungeschriebenen Regelung, nach der die Analogie erfolgt, unterschieden werden kann, so dass die gewohnheitsrechtliche Zuschreibung von Strafbarkeit (freie Rechtsfindung) einen selbständigen Verstoß gegen die Gesetzlichkeit darstellt.[18] Zudem wird durch das zusätzliche Gewohnheitsrechtsverbot verhindert, dass sich ein dauerhafter Verstoß gegen das Analogieverbot zu Gewohnheitsrecht verfestigen kann.

4. Bestimmtheitsgebot und Analogieverbot

342 Eine besonders enge Verknüpfung besteht zwischen dem Bestimmtheitsgebot und dem Analogieverbot. In der bereits erwähnten Bezeichnung des Analogieverbots als Verlängerung des Bestimmtheitsgebots in die Praxis (Rn. 337) kommt zum Ausdruck, dass eng gefasste Gesetze wertlos wären, wenn es dem Richter erlaubt wäre, diese durch

---

13 BVerfG NJW 1995, 1141; NJW 2010, 3209.
14 LK-StGB-Dannecker, 12. Aufl. (2006), § 1 Rn. 241; NK-StGB-Hassemer/Kargl, 5. Aufl. (2017), § 1 Rn. 70.
15 Baumann/Weber/Mitsch/Eisele, Strafrecht AT, 12. Aufl. (2016), § 9 Rn. 6; SK-StGB-Rudolphi, 8. Aufl. (2006), § 1 Rn. 11; L. Schulz ARSP 65 (1996), S. 177.
16 So Kirsch, Zur Geltung des Gesetzlichkeitsprinzips im Allgemeinen Teil des Strafgesetzbuchs (2014), S. 27.
17 AK-StGB-Hassemer (1990), § 1 Rn. 66; Schmidt-Aßmann, in: Maunz/Dürig, GG, 81. Aufl. (2017), Art. 103 II Rn. 222; v. Mangoldt/Klein/Starck-Nolte, GG, 7. Aufl. (2018), Art. 103 II Rn. 136.
18 MüKo-StGB-Schmitz, 3. Aufl. (2017), § 2 Rn. 24; NK-StGB-Hassemer/Kargl, 5. Aufl. (2017), § 1 Rn. 66.

eine ungebundene Rechtsanwendung zu umgehen.[19] In umgekehrter Richtung würden völlig unbestimmte, farblose Gesetze das Analogieverbot entwerten, da sie dem Richter einen Spielraum ließen, der das Analogieverbot überflüssig machte.[20] Insofern stimmt es: Von einer Rechtspolitik, die ihren Willen in Generalklauseln ausdrückt, würde eine größere Gefahr für den Gesetzlichkeitsgrundsatz ausgehen als von der Analogie.

Vereinzelt wird die Auffassung vertreten, dass der Bestimmtheitsgrundsatz auch ohne das Analogieverbot sinnvoll sei, da bereits Art. 20 Abs. 3 GG die richterliche Bindung gewährleiste.[21] Aber wie z.B. das Zivilrecht zeigt, erlaubt Art. 20 Abs. 3 GG trotz des Bekenntnisses zur Gewaltenteilung und Richterbindung eine judikative Fortbildung des Rechts.[22] Demgegenüber macht die Besonderheit, die sich aus Eingriffsintensität des Strafrechts ergibt, eine das Rechtsstaatsprinzip und Art. 20 Abs. 3 GG verstärkende strikte Form der Bindung richterlicher Gewalt an das Gesetz notwendig (Rn. 335). Zudem gilt es zu berücksichtigen, dass die Auslegungslehren — jedenfalls solange sie auf externe Faktoren (wie etwa Wortlaut, Systematik und Historie) verweisen - weiterer Grenzen bedürfen.[23] Dies gilt umso mehr, wenn Zweck und Sinnzusammenhang sogar innerhalb des möglichen Wortsinns herangezogen werden. Unter dieser Voraussetzung folgt aus dem Erfordernis gesetzlicher Bestimmtheit ein Verbot analoger Strafbegründung.

343

B. Bestimmtheitsgebot (Nullum crimen, nulla poena sine lege certa)

I. Sinn und Zweck

1. Rechtssicherheit, Vertrauensschutz, Orientierungsfunktion

Das Bestimmtheitsgebot richtet sich in einem kodifizierten Strafrechtssystem an den Gesetzgeber (Rn. 336). Neben dem Erfordernis, dass die Strafbarkeit überhaupt gesetzlich festgelegt sein muss, kann man dem Gesetzlichkeitsprinzip entnehmen, dass der Rechtsschöpfer die Strafgesetze und deren Tatbestandsvoraussetzungen derart gestalten muss, dass sie seinen Willen so genau wie möglich zum Ausdruck bringen und für die Rechtsprechung eine zuverlässige Grundlage bilden.[24] Nutznießer des Bestimmtheitsgebots sind dementsprechend die Rechtsanwender, die im idealtypischen Fall klare Handlungsanweisungen erhalten, sowie der Gesetzgeber selbst, der seinen Normierungswillen nur dann in die Wirklichkeit der Rechtsanwendung hineintragen kann, wenn er ihn bestimmt formuliert. Nutznießer sind aber auch die Öffentlichkeit, die über den Inhalt und die Grenzen des Strafrechts informiert wird, und nicht zuletzt die von der Strafdrohung Betroffenen, denen das Bestimmtheitsgebot Erwartungssicherheit und die Möglichkeit der Kontrolle der Normanwendung bieten kann.[25]

344

---

19 Baumann/Weber/Mitsch/Eisele, Strafrecht AT, 12. Aufl. (2016), § 9 Rn. 55; Lewisch, Verfassung und Strafrecht – Verfassungsrechtliche Schranken der Strafgesetzgebung (1993), S. 64; F.-C. Schroeder NJW 1999, 92.

20 Welzel, Das Deutsche Strafrecht, 11. Aufl. (1969), S. 23.

21 Kuhlen, in: Otto-FS (2007), S. 89, 99.

22 Wiedemeyer, Theoretische Begründung und praktische Durchführung des strafrechtlichen Analogieverbots (1969), S. 45 ff.

23 NK-StGB-Hassemer/Kargl, 5. Aufl. (2017), § 1 Rn. 70 a.

24 Dannecker, in: Roxin-FS (2011), S. 287; Kertai JuS 2011, 976.

25 Krit. Auseinandersetzung mit den Lehren zum Bestimmtheitsgebot bei Ransiek, Gesetz und Lebenswirklichkeit (1989), S. 55; Naucke KritV 2000, 132; Schlaich/Korioth, Das Bundesverfassungsgericht, 10. Aufl.

345   Auf dieser Linie werden als Zwecke des Bestimmtheitsgebots ganz überwiegend Rechtssicherheit und Vertrauensschutz genannt. Insbesondere das BVerfG[26] rückt – vor allem in jüngeren Entscheidungen – das aus dem Rechtsstaatsprinzip hergeleitete Gebot der Vorhersehbarkeit von Strafbarkeit und Strafdrohung zum Schutz des Normadressaten in den Vordergrund (Rn. 43, 335). Erst wenn der Bürger sein Verhalten den gesetzlichen Vorgaben entsprechend einstellen kann, sei es ihm möglich, seine verfassungsrechtlich garantierte Freiheit vollkommen auszuüben. Zum anderen verweist das Gericht auf das Demokratieprinzip, das dem Gesetzgeber das Normsetzungsmonopol auferlegt und verhindern soll, dass allzu dehnbare Begriffe den Richter in die Position des Rechtssetzers bringen (Rn. 38).[27]

346   Ergänzt wird die rechtsstaatlich-demokratische Ableitung des Bestimmtheitsgrundsatzes durch den strafrechtlichen Ansatz der Generalprävention (Rn. 91 ff.).[28] Zur Stärkung des Geltungsanspruchs der Rechtsordnung könne nur bestraft werden, wer „eine bekannte Strafandrohung" missachtet hat.[29] Daraus folge „der allgemeine Satz, dass eine Strafe nur dann verhängt werden kann, wenn wenigstens die Möglichkeit bestand, dass der Täter durch die Strafandrohung ... motiviert werden konnte."[30] Nach diesem Verständnis übt die Kenntnis des hinreichend bestimmten Gesetzes Einfluss auf das Verhalten des Normadressaten aus.

2. Präzisierung der Orientierungsfunktion

347   Die Frage, ob und in welchem Umfang das Bestimmtheitsgebot der Vorhersehbarkeit staatlicher Strafmöglichkeiten dient, hat sich bereits bei der Erörterung des offensichtlichen Zusammenhangs zwischen Schuld und Gesetzlichkeit gestellt (Rn. 135). Die enge Verbindung ergibt sich aus dem Kriterium der „Einsichtsfähigkeit" in das eigene Tun, das wiederum die Kenntnismöglichkeit von dem mit Strafe bedrohten Verhalten voraussetzt. Dabei ist als Problem thematisiert worden, ob der Täter die Kenntnis des konkreten Straftatbestands und dessen konkreter Bedeutung haben muss oder ob es genügt, wenn er Kenntnis vom „Unrecht" hat, das sich „hinter" der Strafnorm befindet, um schuldhaft zu handeln. Das Problem ist vor allem für jenen umfangreichen rechtlichen Bereich in das Blickfeld geraten, in dem es dem Bürger kaum noch möglich ist, die dort konkret festgesetzten Straftatbestände zu kennen.

348   Resümierend sei hier wiedergegeben, dass das Erfordernis der Kenntnis des positiven Rechts sowohl für das sog. „Kernstrafrecht" als auch für das weite Feld der Strafbarkeit gilt, das sich um den Schutz des harten Kerns (Leben, Leib, Freiheit, Eigentum) angesiedelt hat. Für den Kernbereich ergibt sich dies daraus, dass auch dort die Konturen des Gesetzes infolge der näheren und zunehmend verschwommenen Bestimmung der Angriffshandlung und des Angriffsobjekts nicht jedermann offenkundig sind (Rn. 136). Im Übrigen sollen nach verbreiteter Auffassung die positiven Normen nicht nur der Vorhersehbarkeit staatlicher Eingriffe, sondern auch der Verfestigung des Unrechtsbewusstseins dienen (Rn. 91). Für den im stetigen Wachstum befindlichen Be-

---

(2015), Rn. 422, 518; L. Schulz, in: Roxin-FS (2011), S. 305; Börner NStZ 2011, 440; Wessels/Beulke/Satzger, Strafrecht AT, 47. Aufl. (2017), Rn. 47; S/S-Eser/Hecker, StGB, 29. Aufl. (2014), § 1 Rn. 20.

26 BVerfGE 25, 285; 26, 42; 130, 43; BGHSt 23, 171; 37, 230.

27 BVerfGE 47, 120; 73, 235; 126, 197.

28 Zurückgehend auf Feuerbach, vgl. Rn. 87.

29 Schünemann, Nulla poena sine lege? (1978), S. 14.

30 Schünemann, Nulla poena sine lege? (1978), S. 14; krit. Marxen GA 1985, 546: die „Orientierungsfunktion des Strafrechts (werde) überschätzt".

reich des (nicht nur) Nebenstrafrechts versteht sich die Dringlichkeit des Wissens um die Einzelheiten des jeweiligen Regelwerks von selbst. Die hier auftretenden Defizite betreffen aber nicht nur die poröse und nebelhafte Begrifflichkeit, sondern auch und vermutlich sogar vorrangig die unzureichenden Methoden der Vermittlung der Normen an den Adressaten. Unter diesem Gesichtspunkt scheint es wenig opportun zu sein, die hastig gestrickten und kaum transportierten Gesetze in der Praxis dadurch umzusetzen, dass man sich mit dem (nicht widerlegbaren) Schuldvorwurf begnügt, der Täter hätte das Unrecht hinter der Norm gekannt. Solange das deutsche Recht an der Forderung nach einem besonderen strafrechtlichen Gesetzesvorbehalt ausgeht, kann es kein vom Strafgesetz losgelöstes Unrecht geben: Der Täter muss (zumindest in groben Umrissen) den Straftatbestand kennen. Wie sonst sollte das Strafrecht seiner (vielfach unterstellten) Orientierungsfunktion (Rn. 81, 92) nachkommen können.

3. Bestimmtheit und Sanktionen

Das Bestimmtheitsgebot steht im Zentrum der anderen Ausformungen des Gesetzlichkeitsprinzips (Rn. 338). Je bestimmter die Strafgesetze formuliert sind, desto klarer wird sich in den Einzelfallentscheidungen beurteilen und korrigieren lassen, ob sie auf unzulässiger Analogie oder auf nur gewohnheitsrechtlicher Grundlage beruhen.[31] Dieser Bedeutung entspricht es, das Bestimmtheitsgebot auch auf die Sanktionsandrohungen, auf Maßnahmen[32] und andere Nebenfolgen auszudehnen.[33] Dementsprechend gilt: „Strafe als missbilligende hoheitliche Reaktion auf schuldhaftes kriminelles Unrecht muss in Art und Maß durch den parlamentarischen Gesetzgeber normativ bestimmt werden, die für eine Zuwiderhandlung gegen eine Strafnorm drohende Sanktion muss für den Normadressaten vorhersehbar sein." Mit diesen Worten hat das BVerfG[34] die extrem unbestimmt formulierte Vermögensstrafe (§ 43 a StGB) aus dem Gesetz eliminiert.

Legt man danach auch für Sanktionsdrohungen die Maßstäbe der Bestimmtheit und Vorhersehbarkeit zugrunde, erscheint es zumindest bedenklich, wenn durch Gesetz vom 12.6.2015 (BGBl. I, 925) in § 46 Abs. 2 StGB, der die Ziele und Beweggründe des Täters als Strafzumessungsgesichtspunkte berücksichtigt, nunmehr die „rassistischen, fremdenfeindlichen oder sonst menschenverachtenden" Motive besonders hervorgehoben werden (BT-Drucks. 16/10123).[35] Bei allem Verständnis dafür, der gewalttätigen „Hasskriminalität" entschlossen entgegenzutreten, dürfte es vor allem unter Zugrundelegung der Rassismusdefinition der Europäischen Kommission, die z.B. politische Motive ausspart, schwer fallen, den neu einzufügenden Begriffen eine bestimmbare Kontur zu verleihen.[36] Für Gesetzesvorschläge, die unter dem Eindruck des unheilvollen Wirkens ausländischer Geheimdienste auf dem Boden der Bundesrepublik Deutschland staatlich gelenkte Angriffe auf die Psyche unter Strafe stellen wollen, gilt Entspre-

349

350

---

31 Börner NStZ 2011, 436.
32 EGMR StV 2010, 181; dazu weiterführend Lange, Sicherungsverwahrung (2012); Koch (Hrsg.), Wegsperren? (2012).
33 BVerfGE 25, 285; 86, 311; Dannecker, in: Roxin-FS (2011), S. 285; S/S-Eser/Hecker, StGB, 29. Aufl. (2014), § 1 Rn. 23; MüKo-Schmitz, StGB, 3. Aufl. (2017), § 1 Rn. 16, 52; Fischer, StGB, 65. Aufl. (2018), § 1 Rn. 4; zu § 211 StGB Mandla, in: Rössner-FS (2015), S. 845; Safferling, in: Rössner-FS (2015), S. 910; Eser, in: Kargl-FS (2015), S. 91.
34 BVerfGE 105, 135 (wistra 2002, 175).
35 Zu den Erscheinungsformen vgl. Getos, Politische Gewalt (2012), S. 19 ff.
36 In diesem Sinne auch die Stellungnahme der Bundesregierung, die vom symbolischen Charakter der Gesetzesänderung spricht; BT-Drucks. 17/9345, S. 7; aA Stoltenberg ZRP 2012, 119.

chendes: Sie dürften ebenfalls an der notwendigen begrifflichen Bestimmbarkeit scheitern.[37]

II. Probleme

1. Skeptische Grundhaltung

351 Nicht wenige Autoren halten den Bestimmtheitsgrundsatz für unrealisierbar und bezeichnen ihn deshalb als ein nahezu unerfüllbares Versprechen[38], als eine schlichte Utopie, der nicht weiter nachzuhängen sei.[39] Die dafür ins Feld geführten Gründe wiegen schwer. An ihrer Spitze stehen sprachbedingte Probleme, deren Bewältigung infolge der Erkenntnisse aus Rechtstheorie, Linguistik und Konstruktivismus nicht leichter geworden ist (Rn. 354 ff.).[40] So gilt unter den Skeptikern inzwischen als gesichert, dass der fast immer vorhandene semantische Spielraum die Eindeutigkeit der im Gesetz verwendeten Begriffe unmöglich mache. Schon der Begriff der „Bestimmtheit" selbst sei von einer Unschärfe, die kaum Auskunft über das „Was" und das „Wie viel" zu geben vermag.[41] So erkläre sich, dass die Praxis das Bestimmtheitsgebot so gut wie nicht beachte und somit kaum Bindungen erzeuge.

352 Eine weitere immanente Begrenzung der Leistungsfähigkeit des Bestimmtheitsbegriffs ergebe sich aus dem Wesen eines Gesetzes: Es soll nicht den Einzelfall, sondern eine Vielzahl von Sachverhalten ähnlicher Art erfassen (Rn. 17 ff.).[42] Es liegt in der Tat auf der Hand, dass diese Funktion ein gewisses Maß an semantischer Weite der Begriffe notwendig macht. Zudem wird auf den Wert der materiellen Gerechtigkeit im Strafrecht hingewiesen: Bei der notwendigen gesetzgeberischen Abwägung zwischen Rechtssicherheit und Gerechtigkeit würde eine Überbetonung des Bestimmtheitsgebots dem unverzichtbaren Anliegen gerechter Entscheidungen abträglich sein.[43] Aus diesen Erwägungen heraus ist die Folgerung gezogen worden, dass primär der Richter der Adressat des Bestimmtheitsgebots sei.[44] Andere wollen das Bestimmtheitsgebot inhaltlich lediglich „relativieren", indem sie dem Gesetzgeber die Befugnis zur Bildung eines gewissen Rahmens zubilligen, ansonsten sei auf die Vertretbarkeit der richterlichen Entscheidung zu vertrauen.[45]

353 Die nachfolgend zu beantwortende Frage ist, ob die Einlassungen der „Skeptiker" derart überzeugen, dass sie den Schluss rechtfertigen, das Bestimmtheitsgebot ganz aufzu-

---

37 Kargl NJ 2017, 94 ff.
38 Zumindest bei absolutem Verständnis: Jakobs, Strafrecht AT, 2. Aufl. (1993), Abschn. 4 Rn. 1; Becker HRRS 2010, 384.
39 Schmidhäuser, in: Martens-GS (1987), S. 241.
40 Kielwein, Grundgesetz und Strafrechtspflege, in: Annales Universitatis Saraviniensis VIII (1960), S. 132; ausf. zum Ganzen Neumann, Wissenschaftstheorie der Rechtswissenschaft, in: Hassemer/Neumann/Saliger, Einführung in die Rechtsphilosophie und Rechtstheorie der Gegenwart, 9. Aufl. (2016), S. 351, 355 ff.
41 Duttge, in: Kohlmann-FS (2003), S. 21; Geitmann, Bundesverfassungsgericht und „offene" Normen (1971), S. 24: „Blässe dieses Begriffs"; Kempf/Schilling NJW 2012, 1851; Kuhlen, in: Murmann (Hrsg.), Recht ohne Regeln (2011), S. 22.
42 Grzeszick, in: Maunz/Dürig, GG, 81. Aufl. (2017), Art. 20 VII Rn. 59; BeckOK-GG-Radke/Hagemeier, Art. 103 Rn. 24; Weidemann GA 1984, 421.
43 Nickel, Die Problematik der unechten Unterlassungsdelikte (1972), S. 159; Schmidhäuser, in: Martens-GS (1987), S. 242.
44 Kuhlen, in: Otto-FS (2007), S. 89, 91; zust. BeckOK-StGB- v. Heintschel-Heinegg, § 1 Rn. 6; bzgl. des Zusammenhangs mit dem allgemeinen Gesetzesvorbehalt vgl. Krey ZStW 101 (1989), S. 840; Seebode, in: Spendel-FS (1992), S. 320.
45 v. Mangoldt/Klein/Starck-Nolte, GG, 7. Aufl. (2018), Art. 103 II Rn. 142; ebenso bereits Schütze, Lehrbuch des deutschen Strafrechts (1871), S. 45.

geben oder bis zur Bedeutungslosigkeit aufzuweichen. Immerhin würde die radikale Skepsis die verfassungsrechtlichen Vorgaben – Gewaltenteilung, Bindung an Recht und Gesetz – fast vollständig ignorieren.[46] Diese Überlegung sollte allerdings nicht daran hindern, die Begrenzungen des Bestimmtheitsgebots deutlich auszusprechen. Aus diesem Grunde bedürfen der Einfluss der Gerechtigkeit sowie vor allem die Grenze der Sprache auf die Leistungsfähigkeit des Bestimmtheitsprinzips einer genaueren Untersuchung.

2. Mehrdeutigkeit der Sprache

Ein zentrales Hindernis für die Verwirklichung des Bestimmtheitsgebots liegt in den Bedingungen der Gesetzessprache. Auch wenn sie ein „Kunstsprache" in dem Sinne ist, dass an ihrer Entwicklung und Präzisierung professionell und auf spezifische Ziele ausgerichtet gearbeitet wird, baut sie doch auf der Umgangssprache auf und teilt deren Mehrdeutigkeiten.[47] Dazu gibt es kaum eine Alternative. Der Gesetzgeber kann deshalb, auch beim besten Bemühen, nicht immer eindeutig sprechen. Denn seine Sprache muss Teile der Wirklichkeit bezeichnen und nimmt insofern an der Lebendigkeit und Mehrdeutigkeit der Erfahrung, an der Lebenspraxis und deren Vorverständnissen teil.[48] Mit einer mathematisierten, formalisierten, auf Eindeutigkeit fixierten Sprache wäre dem Recht also gar nicht gedient.[49] Sie ist zwangsläufig wirklichkeits-, erfahrungs- und kontextabhängig (Rn. 612 ff.).[50] Angesprochen ist damit das Phänomen, dass Begriffe in verschiedenen Kontexten nach verschiedenen semantischen Regeln gebraucht werden und verschiedene Eigenschaften ausdrücken.[51] Aus diesen Gründen muss die Hoffnung scheitern, mit Hilfe einer bloß beschreibenden oder gar logisch reinen Sprache die Herrschaft des Gesetzes vor dem Zugriff fremder Inhalte schützen zu können.[52]

354

3. Kandidaten der sprachlichen Mehrdeutigkeit

a) Überblick

Einen wichtigen Unterfall der Mehrdeutigkeit bilden die „vagen" und „porösen" Begriffe. Ein Begriff gilt als vage, wenn die semantischen Regeln keine eindeutige Ent-

355

---

46 Krahl, Die Rechtsprechung des Bundesverfassungsgerichts und des Bundesgerichtshofs zum Bestimmtheitsgrundsatz im Strafrecht (1986), S. 294; ähnl. Schlothauer StraFo 2011, 470.

47 Hassemer, Tatbestand und Typus (1968), S. 66; Schünemann, in: Hassemer-FS (2010), S. 242; Larenz, Methodenlehre der Rechtswissenschaft, 6. Aufl. (1991), S. 305; Zippelius, Das Wesen des Rechts, 6. Aufl. (2012), S. 78; Jarass, in: Pieroth/Jarass, GG, 14. Aufl. (2016), Art. 20 Rn. 66; and. Wank, Die Auslegung von Gesetzen, 6. Aufl. (2016), § 5 I.

48 BVerfGE 26, 43; 28, 183; Chomsky, Sprache und Geist, 6. Aufl. (1996); zur Leistung und Kritik dieser in der hermeneutischen Philosophie entwickelten Auffassung vgl. Schünemann, in: Hassemer-FS (2010), S. 239; Schroth, Juristische Hermeneutik und Norminterpretation, dargestellt an Problemen strafrechtlicher Normanwendung, in: Hassemer/Neumann/Saliger (Hrsg.), Einführung in die Rechtsphilosophie und Rechtstheorie der Gegenwart, 9. Aufl. (2016), S. 243 ff.; Mahlmann, Rechtsphilosophie und Rechtstheorie, 4. Aufl. (2017), § 27 Rn. 6.

49 Busse, Juristische Semantik (1993), S. 104; Bettermann, Die verfassungskonforme Auslegung (1986).

50 Hassemer, Rechtssystem und Kodifikation, in: Hassemer/Neumann/Saliger, Einführung in die Rechtsphilosophie und Rechtstheorie der Gegenwart, 9. Aufl. (2016), S. 227, 232 ff.; allg. zum Verhältnis von Sprache und Wirklichkeit Gadamer, Wahrheit und Methode, Bd. 1, 6. Aufl. (1990), S. 307; Kaspers, Philosophie – Hermeneutik – Jurisprudenz (2014); Kotsoglou, Forensische Erkenntnistheorie (2015), S. 88, 96.

51 Klatt, Theorie der Wortlautgrenze (2004), S. 270; Koch/Rüßmann, Juristische Begründungslehre (1982), S. 191; Streng, in: Küper-FS (2007), S. 641.

52 Zu solchen Konzepten vgl. Engisch, Einführung in das juristische Denken, 11. Aufl. (2010), S. 134; Klug, Juristische Logik, 4. Aufl. (1982); Herberger/Simon, Wissenschaftstheorie für Juristen (1980), S. 114.

scheidung über seine Anwendbarkeit auf ein bestimmtes Objekt zulassen.[53] Dieses Phänomen wird häufig mit der Unbestimmtheit eines Begriffs gleichgesetzt. Aufgrund der Zukunftsoffenheit der Sprache können Fälle entstehen, bei denen zum gegenwärtigen Zeitpunkt die Begriffe zwar nicht vage sind, aber dadurch, dass sie auf Veränderlichkeit verweisen, jederzeit vage werden können (potenzielle Vagheit).[54] Auch bei diesen sog. porösen Begriffen kann keine eindeutige Entscheidung über die Zugehörigkeit zum Bedeutungsgehalt des Begriffs getroffen werden. Einen gesteigerten Grad von Vagheit bilden die sog. „wertausfüllungsbedürftigen" Begriffe, die zumeist unscharf mit normativen Merkmalen identifiziert werden. Zur Veranschaulichung des semantischen Spielraums der einzelnen Kandidaten der Mehrdeutigkeit wird vielfach auf das Kandidatenschema („Drei-Bereiche-Modell") zurückgegriffen, das schrittweise die Ungewissheit in den Randbereichen aufzeigen soll.[55] Danach gilt für die in der modernen Rechtstheorie herausgearbeiteten vier Typen von Mehrdeutigkeit Folgendes:

b) Vagheit

356 Es gibt in der Wirklichkeit mindestens ein Phänomen (einen „Kandidaten"), das dem Begriff weder sicher zugeordnet („positiv") noch sicher aus ihm eliminiert („negativ") werden kann: den „neutralen Kandidaten". So ist ein positiver Kandidat des Begriffs „wichtiges Glied des Körpers" (§ 226 Abs. 1 Nr. 2 StGB) etwa die Hand, ein negativer das Haar oder die Niere[56]; und die neutralen Kandidaten – etwa die einzelnen Finger oder deren Teile – machen die Rechtsprechung unsicher.[57] Ein Begriff mit bereits einem neutralen Kandidaten ist mehrdeutig: Es gibt dann einen Fall, in welchem sich die Anwendbarkeit des Begriffs (sein „semantischer Spielraum", sein „Vorstellungshof"[58]) nicht aus diesem selbst ergibt. Also müssen konkretisierende Verwendungsregeln herbeigezogen werden, die über die Anwendung entscheiden.[59] Solche Verwendungsregeln stehen nicht im Gesetz, sondern werden in einem Kanon von Interpretationsmethoden vermittelt, der Bezug nimmt u.a. auf den Wortlaut, die Geschichte, die Systematik und den Zweck der Norm (dazu näher Rn. 611 ff.).

c) Porösität

357 Auch wenn ein Begriff zu einem gegebenen Zeitpunkt eindeutig verwendet werden kann (also keinen neutralen Kandidaten hat), kann er mit Fortschreiten des sozialen Wandels jederzeit vage werden. Beispiele poröser Begriffe sind etwa solche, die in Relation zu Veränderungen des Geldwerts stehen: „geringwertige Sachen" (§ 248 a StGB),

---

53 Röhl/Röhl, Allgemeine Rechtslehre, 4. Aufl. (2018), § 3; Gruschke, Vagheit im Recht: Grenzfälle und fließende Übergänge im Horizont des Rechtsstaats (2014), S. 14; ders. ARSP-Beiheft 135 (2012), S. 55, 74.

54 Koch, in: ders. (Hrsg.), Seminar: Juristische Methode im Staatsrecht (1977), S. 15, 45; Schünemann, in: Puppe-FS (2011), S. 249; Kuhlen, Unbestimmtheit und unbegrenzte Auslegung des Strafrechts?, in: Murmann (Hrsg.), Recht ohne Regeln (2011), S. 25.

55 Vgl. dazu Hassemer, Einführung in die Grundlagen des Strafrechts, 2. Aufl. (1990), S. 181; Herberger/Koch JuS 1978, 812; Puppe, Kleine Schule des juristischen Denkens, 3. Aufl. (2014), S. 117 f.; Gruschke, Vagheit im Recht (2014), S. 22: „Grenzfälle", „borderline-cases".

56 BGHSt 28, 100; Kühl/Reichold/Ronellenfitsch, Einführung in die Rechtswissenschaft, 2. Aufl. (2015), § 32 Rn. 41.

57 Nachweise bei Fischer, StGB, 65. Aufl. (2018), § 226 Rn. 6; NK-StGB-Paeffgen/Böse, 5. Aufl. (2017), § 226 Rn. 26 ff.

58 Heck, Gesetzesauslegung und Interessenjurisprudenz, AcP 112 (1912), S. 1 ff.

59 Lenckner JuS 1968, 256; Schneider, Theorie des juristischen Entscheidens, in: Hassemer/Neumann/Saliger, Einführung in die Rechtsphilosophie und Rechtstheorie der Gegenwart, 9. Aufl. (2016), S. 316 ff.; krit. zur Lehre vom Begriffskern Haft JuS 1975, 481; Koch, Unbestimmte Rechtsbegriffe (1979), S. 40.

„Vermögensverlust großen Ausmaßes" (§ 263 Abs. 3 Nr. 2 StGB), „Sachen von bedeutendem Wert" (§ 263 Abs. 3 Nr. 5 StGB).[60] Andere Begriffe stehen in Beziehung zum technischen Wandel (z.b. „Urkunden"[61]) oder zum normativen Wandel (z.b. „pornographische Schriften"[62]). Porösität heißt also potenzielle Vagheit und eignet allen strafrechtlichen Begriffen außerhalb von formalen Verknüpfungszeichen, Zahlen- und Relationsbegriffen.[63]

d) Wertausfüllungsbedürftigkeit

Dieser Typ von Begriffen ist im Strafrecht wesentlich seltener anzutreffen als die allgegenwärtigen Phänomene von Vagheit und Porösität. Beispiele sind die „Verwerflichkeit" (§ 240 Abs. 2 StGB), die „guten Sitten" (§ 228 StGB[64]), „grob verkehrswidrig" oder „rücksichtslos" (§ 315 c Abs. 1 Nr. 2 StGB). Die Wertausfüllungsbedürftigkeit verweist auf einen gesteigerten Grad von Vagheit: Die „guten Sitten" können nicht, etwa mit Hilfe demoskopischer Untersuchungen, eindeutig aufgeklärt werden, sie sind normativ und nicht rein deskriptiv gemeint.[65] Sie fragen nicht danach, was als „gute Sitten" gilt, sondern danach, was als „gute Sitten" zu gelten hat.[66] Sie sind andererseits auch nicht in dem Sinne normativ gemeint, dass der Richter ein freies Urteil oder Ermessen über die Güte der Sitten hätte. Der Richter steht auch hier unter der (freilich laxen) Zucht der Begriffsauslegung. Mehrfach hat das BVerfG[67] hinsichtlich der Auslegung wertausfüllungsbedürftiger Begriffe festgestellt, dass sich die Gerichte nicht auch noch durch eine „fern liegende Interpretation oder ein Normverständnis, das keine klaren Konturen mehr erkennen lässt, dazu beitragen" dürften, „bestehende Unsicherheiten über den Anwendungsbereich einer Norm zu erhöhen und sich damit noch weiter vom Ziel des Art. 103 Abs. 2 GG zu entfernen".

358

e) Dispositionen

Dieser Typ von Begriffen passt streng genommen nicht fugenlos in den Katalog mehrdeutiger Strafrechtsbegriffe, da sich das ganze Ausmaß seiner Unbestimmtheit erst im Verfahren erweist. Dispositionsbegriffe sind alle diejenigen Merkmale, die auf das „Innere" eines Menschen zielen, auf seine Disposition: „Absicht" und „Vorsatz"[68], „niedrige Beweggründe", aber auch „Freiwilligkeit"[69] oder „Glaubwürdigkeit" bzw. Wahrhaftigkeit eines Zeugen oder einer Aussage (näher Rn. 246 ff.). Selbst wenn man zugesteht, dass Sprecher und Hörer über ihre eigenen Sinne keinen direkten Zugang zu den Tatsachen haben und dass sie deshalb Regeln brauchen, wie sie mit Informationen um-

359

---

60 Gruschke, Vagheit im Recht (2014), S. 57, 159, 207.
61 Kargl JA 2003, 604 mwN.
62 Zur aktuellen Debatte Renzikowski, in: Beulke-FS (2015), S. 521; Jahn/Zimmermann, in: Kargl-FS (2015), S. 227.
63 Simon, Gesetzesauslegung im Strafrecht (2005), S. 124; Schöne, Was ist Vagheit? (2011), S. 56.
64 Hardtung Jura 2005, 401; Niedermair, Körperverletzung mit Einwilligung und die guten Sitten (1999), S. 47; Kargl JZ 2002, 394.
65 Seelmann /Demko, Rechtsphilosophie, 6. Aufl. (2014), § 6 Rn. 12.
66 Dazu am Beispiel des Dopings Kargl NStZ 2007, 489; Schild, in: Kargl-FS (2015), S. 511; Freund, in: Rössner-FS (2015), S. 579; Jahn, in: Rössner-FS (2015), S. 599.
67 BVerfG v. 23.6.2010 mit Verweis auf BVerfGE 82, 270; 87, 411; 92, 19; dazu Saliger ZIS 2011, 904; SSW-StGB-Satzger, 3. Aufl. (2017), § 1 Rn. 18.
68 Zur gesteigerten Unbestimmtheit wegen des für erforderlich gehaltenen voluntativen Elements Kargl, Der strafrechtliche Vorsatz auf der Basis der kognitiven Handlungstheorie (1993), S. 37 ff.
69 Gutmann, Freiwilligkeit als Rechtsbegriff (2001), S. 68, 307; Schmid, Moralische Integrität (2011), S. 135.

gehen, so sind die Anwendungsprobleme dieser Begriffe spezifisch gesteigert.[70] Wer diese Begriffe verwenden und auslegen muss, kann die begrifflich bezeichneten Phänomene noch weniger als sonst beobachten, sondern kann auf sie nur mit Hilfe beobachtbarer Indikatoren schließen. Diese Indikatoren müssen möglichst vollständig zusammengestellt und sämtlich dispositionsrelevant sein. Fehlt es an diesen Voraussetzungen, so kann die Begriffsverwendung nicht gelingen. Da es bei der Zusammenstellung und Verwendung der Indikatoren zahlreiche Fehlerchancen gibt, kann das Strafgesetz bei Dispositionsbegriffen seine Anwendung noch weniger sichern als bei den anderen Typen von Begriffen.

4. Konsequenzen

a) Unvermeidbarkeit der Mehrdeutigkeit

360   Die Mehrdeutigkeit der Rechtssprache und die daraus folgende partielle Unbestimmtheit der Strafgesetze ist mithin eine notwendige Konsequenz aus dem Wirklichkeitsbezug des Strafrechts.[71] Damit steht fest, dass semantische Spielräume durch das Wesen der Sprache selbst bedingt sind und sich durch eine noch so kunstvolle Gesetzgebung nicht ausschalten lassen. Vagheit, Porösität, Wertausfüllungsbedürftigkeit und die Bezeichnung von Dispositionen kennzeichnen danach auch Strafgesetze: Eindeutige, nicht mehr auslegbare Tatbestände sind vom Gesetzgeber nicht zu leisten.[72] Deshalb wird man sich damit abfinden müssen, dass das Bestimmtheitsgebot durch diese Begriffe nicht verletzt wird.

b) Vermeidung generalisierender Begriffe

361   Dies stellt den Gesetzgeber jedoch nicht von der Pflicht frei, seine Entscheidungen mit höchstmöglicher Präzision in den Tatbestandsmerkmalen zum Ausdruck zu bringen.[73] Der Gesetzgeber muss immer die eher bestimmte Alternative eines Gesetzesbegriffs wählen; ungenügend deshalb z.B. der Begriff der „gewissen Zeit" in §§ 109, 109 a StGB und § 18 WStG[74] oder der Begriff „in großem Ausmaß" in § 370 a AO[75]. Dies heißt auch, dass der Gesetzgeber im Rahmen des begrifflich Möglichen auf Generalklauseln und wertausfüllungsbedürftige Begriffe[76] verzichten und bei Novellierungen von den zwischenzeitlichen Konkretisierungen der Strafrechtsdogmatik lernen muss. Sofern gesetzliche Genauigkeit durch eine umständliche Detailregelung zwar erreichbar, aber dann vom Bürger nicht mehr durchschaubar wäre, wird man dem Gesetzgeber einen Entscheidungsspielraum zugunsten der generalisierenden Tatbestandsfassung zubilligen können. Anderenfalls würde das Bestimmtheitsgebot seine Aufgabe verfehlen, die Tragweite und den Anwendungsbereich der Strafgesetze erkennbar zu machen.

---

70   Hassemer, Theorie und Soziologie des Verbrechens, 2. Aufl. (1980), S. 243; Kuhlen, Die Objektivität von Rechtsnormen (1978), S. 140; Schroth, in: Hassemer/Neumann/Saliger, Einführung in die Rechtsphilosophie und Rechtstheorie, 9. Aufl. (2016), S. 268.
71   S. auch Schünemann, Spirale oder Spiegelei? Vom hermeneutischen zum sprachanalytischen Modell der Rechtsanwendung, in: Hassemer-FS (2010), S. 240.
72   Ähnl. BVerfGE 4, 358; 75, 342; BVerfG StV 2010, 565; Jakobs, Strafrecht AT, 2. Aufl. (1993), 4. Abschn. Rn. 18; MüKo-StGB-Schmitz, 3. Aufl. (2017), § 1 Rn. 40.
73   BVerfGE 45, 120; 48, 56; 50, 164; 64, 393; BGHSt 18, 361; 30, 287; LK-StGB-Dannecker, 12. Aufl. (2006), § 1 Rn. 45; SK-StGB-Rudolphi, 7. Aufl. (2000), § 1 Rn. 13.
74   Lenckner JuS 1968, 305; Löwer JZ 1978, 625.
75   Spatscheck/Wulf NJW 2002, 2984; Bittmann wistra 2003, 5; BGH NJW 2004, 2990: „Es lässt sich nicht erkennen, unter welchen Voraussetzungen dieses Tatbestandsmerkmal erfüllt ist...".
76   Dazu Naucke, Über Generalklauseln und Rechtsanwendung im Strafrecht (1973), S. 3.

In diesem Sinne missglückt ist etwa der Geldwäschetatbestand des § 261 StGB, dem selbst der BGH (BGHSt 43, 167) ein identifizierbares Rechtsgut abspricht und Abs. 2 eine „Weite und Vagheit" diagnostiziert, aufgrund derer die Auslegung nach herkömmlichen Methoden prinzipiell versage.[77] Nicht minder fragwürdig sind die §§ 264, 266 a StGB, deren Verweise auf außerstrafrechtliche Vorschriften das Bestimmtheitserfordernis besonders strapazieren.[78] Allerdings sollte die Nötigung zur Generalisierung ein Nachdenken des Gesetzgebers darüber anregen, ob das anvisierte Vorhaben überhaupt in die Konzepte des strafwürdigen Verhaltens (Rn. 109) und des Rechtsgüterschutzes (Rn. 144) eingepasst werden kann.

III. Lösungsansätze

1. Bestimmtheit mittels deskriptiver Begriffe

a) Unterscheidung in normative und deskriptive Begriffe

Ein in der Dogmatik des Bestimmtheitsgrundsatzes (früher) oft anzutreffender Versuch, der sprachlichen Mehrdeutigkeit Einhalt zu gebieten, besteht in der Forderung, bei der Gesetzgebung den sog. deskriptiven gegenüber den normativen (bewertenden) Tatbestandsmerkmalen Vorrang einzuräumen.[79] Diesen Schluss legen die gängigen Definitionen beider Begriffe nahe: Während sich deskriptive Gesetzesbegriffe auf eine beschreibbare Tatsache bzw. ein wahrnehmbares Objekt oder Phänomen beziehen, handelt es sich bei normativen Gesetzesbegriffen um solche, die nur anhand von Normen und Urteilen inhaltlich konkretisierbar und daher zunächst vage und auslegungsbedürftig sind.[80]   362

Auf der Basis dieser Annahmen hat z.B. Kohlmann ein Drei-Stufen-Schema vorgeschlagen, das dem Gesetzgeber Kriterien an die Hand gibt, wie ein Strafgesetz abgefasst werden kann, um dem Bestimmtheitsgrundsatz zu genügen.[81] Auch er geht davon aus, dass deskriptive Tatbestandsmerkmale – trotz ihrer partiellen Unbestimmtheit – am ehesten geeignet seien, Berechenbarkeit zu gewährleisten. Da sie keinen Raum für das richterliche Werturteil ließen, seien sie bei der Gesetzgebung den normativen Begriffen vorzuziehen (1. Stufe). Erst wenn dem Gesetzgeber wegen der Fülle der Lebenssachverhalte die deskriptive Methode verwehrt sei, dürfe er auf normative Begriffe zurückgreifen. Hier seien solche normativen Begriffe vorzuziehen, die in der Rechtsordnung wurzelten (2. Stufe), dagegen seien solche, die auf die Bereiche der Moral rekurrierten, nur die ultima ratio für den Gesetzgeber (3. Stufe).[82]   363

---

77 So auch Oberloskamp StV 2002, 617; Bussenius, Geldwäsche und Strafverteidigerhonorar (2004), S. 21, 137; Kargl NJ 2001, 57; Matt JR 2004, 321; Löwe-Krahl, in: Achenbach/Ransiek/Rönnau (Hrsg.), Wirtschaftsstrafrecht, 4. Aufl. (2015), XIII.

78 Nachweise bei Benthin, Subventionspolitik und Subventionskriminalität (2011); Schuster, Das Verhältnis von Strafnormen und Bezugsnormen aus anderen Rechtsgebieten (2012).

79 Baumann/Weber/Mitsch/Eisele, Strafrecht AT, 12. Aufl. (2016), § 9 Rn. 15; Maurach/Zipf, Strafrecht AT, 7. Aufl. (1987), § 10 Rn. 13; SK-StGB-Schreiber, 2. Aufl., § 1 Rn. 1.

80 Engisch, Einführung in das juristische Denken, hrsg. von Würtenberger/Otto, 11. Aufl. (2010), S. 194 ff.

81 Kohlmann, Der Begriff des Staatsgeheimnisses und das verfassungsrechtliche Gebot der Bestimmtheit von Strafvorschriften (1969), S. 248 ff.; dazu näher Kirsch, Zur Geltung des Gesetzlichkeitsprinzips im Allgemeinen Teil des Strafgesetzbuchs (2014), S. 147.

82 Kohlmann, Der Begriff des Staatsgeheimnisses und das verfassungsrechtliche Gebot der Bestimmtheit von Strafvorschriften (1969), S. 259 ff., 266 ff.

b) Einwände

364   Kohlmanns Drei-Stufen-Schema dürfte inzwischen als überholt gelten. Ganz unabhängig von der erkenntnistheoretischen Unbekümmertheit, mit der in den Definitionen von Tatsachen und Wirklichkeit gesprochen wird (dazu näher Rn. 251-282), ist hinlänglich nachgewiesen, dass es rein deskriptive Begriffe trotz ihres scheinbar anschaulicheren, beschreibenden Charakters nicht geben kann.[83] Alle rechtlichen Begriffe stehen in einem normativen Kontext, haben bewertende Aufgaben und Ziele, tragen oder eliminieren Unwerturteile und rangieren auf einer Skala im Bereich von reiner Deskriptivität und reiner Normativität.[84] Wenn Kohlmann mit dem deskriptiven Begriff den Spielraum des richterlichen Werturteils ausschließen will, ist also schlicht an das Wesen der Sprache zu erinnern, das dem Richter keine andere Wahl lässt, als selbst über die Grenzen des neutralen Kandidaten zu entscheiden. Zudem wird mit Recht darauf hingewiesen, dass der normative Begriff sogar präziser sein kann als der deskriptive. In diesem Fall verschieben sich die Stufen, so dass der normative Begriff auch zur ersten Stufe gehört.

c) Beispiele

365   Tatbestandsmerkmale zum Beleg für die Normativität scheinbar deskriptiver Begriffe gibt es zuhauf. Man braucht gar nicht an spektakuläre Unsicherheiten wie bei der Auslegung und Ausweitung etwa des Gewaltbegriffs zu denken (dazu Rn. 559 ff.), auch der nach intuitivem Verständnis beschreibende Begriff „Mensch" bringt extreme Unklarheiten mit sich, wenn es um den Zeitpunkt des Beginns und des Endes menschlichen Lebens geht.[85] Auch dass das „Einbrechen" (§ 243 Abs. 1 Nr. 1 StGB) eine „nicht ganz unerhebliche Anstrengung" voraussetzt, lässt sich nicht mit deskriptiver Begriffsexplikation, sondern erst dann plausibel machen, wenn man das Merkmal in seiner Funktion betrachtet: das Unwerturteil über einen besonders schweren Fall des Diebstahls zu tragen.[86] Nicht anders verhält es sich beim Begriff des Schadens in § 263 StGB (Betrug), der sowohl jeder wirtschaftliche Nachteil als auch eine Beeinträchtigung rechtlich geschützter Positionen sein kann.[87] Fazit: Es gibt keine normativen im Gegensatz zu deskriptiven Begriffen; rechtliche Begriffe sind vielmehr nur mehr oder weniger „wertausfüllungsbedürftig", mehr oder weniger vage.

2. Bestimmtheit mittels gefestigter Rechtsprechung

a) Je-desto-Formel und Entscheidungspraxis

366   Auch das Bundesverfassungsgericht attestiert über die vergangenen Jahrzehnte hinweg dem Strafrecht immer wieder einen Bedarf an Vagheit, der angesichts der Vielgestaltig-

---

83 Speziell zu Kohlmann vgl. Lemmel, Unbestimmte Strafbarkeitsvoraussetzungen im Besonderen Teil des Strafrechts und der Grundsatz nullum crimen sine lege (1970), S. 101; allg. dazu Puppe, Die kleine Schule des juristischen Denkens, 3. Aufl. (2014), S. 20; Wessels/Beulke/Satzger, Strafrecht AT, 47. Aufl. (2017), Rn. 131.

84 Koch/Rüßmann, Juristische Begründungslehre (1983), § 18 Nr. 1 d; Hilgendorf, Gesetzlichkeit als Instrument der Freiheitssicherung, in: Kudlich/Montiel/Schuhr (Hrsg.), Gesetzlichkeit und Strafrecht (2012), S. 17 ff.

85 Ausf. Diskussion bei NK-StGB-Neumann, 5. Aufl. (2017), vor § 211 Rn. 6 ff., 17 ff. mwN.

86 S/S-Eser/Bosch, StGB, 29. Aufl. (2014), § 243 Rn. 11; Haas, in: Puppe-FS (2011), S. 103.

87 Varwig, Zum Tatbestand des Vermögensschadens (2011); zur Entstehungsgeschichte des wirtschaftlichen Vermögens- und Schadensbegriffs vgl. Naucke, in: Kargl-FS (2015), S. 333.

keit des Lebens unvermeidlich sei.[88] Unbedenklich seien solche Begriffe, wenn sie die Grundlage für eine zuverlässige Auslegung und Anwendung der Gesetze bildeten.[89] Hinsichtlich der qualitativen Anforderungen an den Grad der zu erreichenden Bestimmtheit behilft sich das BVerfG neben dem Verweis auf eine dabei vorzunehmende Gesamtbetrachtung mit der sog. Je-desto-Formel: Je schwerer die im Strafgesetz angedrohte Strafe sei, desto präziser müssten die Voraussetzungen der Strafbarkeit gesetzlich festgelegt sein.[90] Darüber hinaus sei es ebenso ausreichend, wenn eine gefestigte Rechtsprechung die Bedenken beseitigen könne und die Norm hieraus eine hinreichende Bestimmtheit gewinne. Besonders die Zulässigkeit der richterlichen Präzisierung eines an sich unbestimmten Gesetzes ist im Schrifttum auf wenig Gegenliebe gestoßen.[91]

b) Einwände

Die berechtigte Kritik am Gebot der nachträglichen tatbestandsmäßigen Bestimmung qua Gesetzesauslegung beruht auf dem gewaltenteilenden, rechtsstaatlichen Fundament des Gesetzlichkeitsprinzips (Rn. 38-52), das die klare Unterscheidung zwischen gesetzlicher Bestimmtheit und interpretatorischer Bestimmtheit fordert.[92] Die Unbestimmtheit eines Strafgesetzes kann daher nicht nachträglich durch eine gerichtliche Konkretisierung „geheilt" werden; die Bestimmtheit eines Gesetzes muss sich an diesem selbst messen lassen. Hat sich die Konkretisierungsfähigkeit einer Norm in einer langjährigen Rspr. gefestigt, mag dies als Indiz für seine von Anfang an bestehende Bestimmtheit zu betrachten sein.[93] Daraus darf aber nicht der Schluss gezogen werden, dass auch die schon anfänglich bestehende Unbestimmtheit ohne Rückbindung an gesetzliche Grundlagen und damit in freier Schöpfung ungeschehen gemacht werden dürfte. Die Ansicht des BVerfG legt jedoch dar, dass der Gesetzgeber selbst (allzu) Vieles offen gelassen und damit dazu beigetragen hat, dass der gewaltenteilende Aspekt des Gesetzlichkeitsgrundsatzes systematisch ausgehöhlt wird. 367

Die Je-desto-Formel wird von der überwiegenden Auffassung im Schrifttum ebenfalls abgelehnt.[94] Stichhaltig ist vor allem das Argument, dass die dem Gesetzlichkeitsprinzip zugrunde liegenden Zwecke (Vorhersehbarkeit, Freiheitsschutz, Schutz der Menschenwürde) unabhängig von der Schwere der Rechtsfolgen gleichermaßen betroffen sind.[95] Auch die auf unbestimmter Grundlage verhängte Geldstrafe ist mit hoheitlicher Missbilligung verbunden und würde daher ebenfalls das Vertrauen der Rechtsgemein- 368

---

88 BVerfGE 71, 114; 75, 342; 92, 12.

89 BVerfGE 41, 43; 45, 372; 57, 262; 87, 226; 93, 292; 126, 196; BVerfG NJW 2003, 1030.

90 BVerfGE 14, 251; 26, 43; 105, 155; BVerfG NJW 2002, 1780.

91 LK-StGB-Dannecker, 12. Aufl. (2006), § 1 Rn. 186; Roxin, Strafrecht AT. 4. Aufl. (2006), § 5 Rn. 70; ders., Der Grundsatz der Gesetzesbestimmtheit im deutschen Strafrecht, in: Hilgendorf (Hrsg.), Das Gesetzlichkeitsprinzip im Strafrecht (2013), S. 134; Gropp, Strafrecht AT, 4. Aufl. (2015), § 2 Rn. 28; Köhler, Strafrecht AT (1997), S. 89; Kunig Jura 1990, 495; Krüger NStZ 2011, 371; Kuhlen JR 2011, 248; Paeffgen StraFo 2007, 443; Rengier, Strafrecht AT, 9. Aufl. (2017), § 4 Rn. 28.

92 Vgl. Jakobs, Strafrecht AT, 2. Aufl. (1993), Abschn. 4 Rn. 28; MüKo-StGB-Schmitz, 3. Aufl. (2017), § 1 Rn. 47; SSW-StGB-Satzger, 3. Aufl. (2017), § 1 Rn. 22; Böse NJW 1995, 620; Kühl, in: Stöckel-FS (2010), S. 131.

93 Simon, Gesetzesauslegung im Strafrecht (2005), S. 449; L. Schulz, in: Roxin-FS (2011), S. 320; Kirsch, Zur Geltung des Gesetzlichkeitsprinzip im Allgemeinen Teil des Strafgesetzbuchs (2014), S. 141.

94 Vgl. nur Appel, Verfassung und Strafe (1998), S. 119; Duttge, in: Kohlmann-FS (2003), S. 28; Kunig, in: v. Münch/Kunig, GG, 6. Aufl. (2012), Art. 103 Rn. 29; Greco, Verfassungskonformes oder legitimes Strafrecht?, in: Brunhöber u.a. (Hrsg), Strafrecht und Verfassung (2013), S. 22.

95 Schier, Die Bestimmtheit strafrechtlicher Rechtsfolgen (2012), S. 206; Schröder, Zum Begriff der Gesetzesumgehung im materiellen Strafrecht und seiner Bedeutung für die praktische Anwendung des Rechts (2013), S. 373.

schaft in die Berechenbarkeit des Strafrechts erschüttern. Außerdem stünde bei Etablierung der Je-desto-Regel zu befürchten, dass in weiten Bereichen des Strafrechts die verschärften Anforderungen an die Bestimmtheit (Art. 103 Abs. 2 GG) eingeebnet und mit denen des allgemeinen Bestimmtheitsgrundsatzes (Art. 20 Abs. 3 GG) gleichgeschaltet werden (dazu Rn. 335).

3. Bestimmtheit mittels Gerechtigkeitserwägungen

369   Von einigen Autoren wird der (in ihrer Wahrnehmung) aus Art. 103 Abs. 2 GG herausgelesene Vorrang der Rechtssicherheit vor der materiellen Gerechtigkeit bestritten und dementsprechend verlangt, dass bei Strafgesetzen ein „Ventil" für den Eingang von Gerechtigkeitserwägungen bestehen müsse.[96] Der Bestimmtheitsgrundsatz dürfe nicht isoliert betrachtet werden; er sei vielmehr in die Entscheidung des Grundgesetzes für den materiellen Rechtsstaat eingebettet, der als eine zentrale Zielvorgabe die Verwirklichung der Gerechtigkeit beinhalte. Der Strafgesetzgeber habe die beiden Elemente Rechtssicherheit und Gerechtigkeit abzuwägen und gegebenenfalls Gerechtigkeitserwägungen den Vorzug zu geben.[97]

370   Nach dieser Ansicht kann also Art. 103 Abs. 2 GG aufgrund kollidierenden Verfassungsrechts eingeschränkt werden. Hiergegen spricht bereits die Überlegung, dass durch unbestimmte Gesetze die materielle Gerechtigkeit schwerlich gefördert werden kann.[98] Da bei einer diffusen Gesetzesfassung der Richter entscheiden muss, kommt es maßgeblich darauf an, was dieser unter Gerechtigkeit versteht: Meint er die Übereinstimmung der einzelnen Falllösung mit den jeweils herrschenden sozio-kulturellen Überzeugungen, dann besteht nur Wertevielfalt und richterliche Willkür[99]; versteht er dagegen in Übereinstimmung mit den Grundlagen des Gesetzlichkeitsprinzips unter materieller Gerechtigkeit das Streben nach Bestrafung des Strafwürdigen, dann kommt man nicht um die Feststellung herum, dass diese Entscheidung nur dem Gesetzgeber zusteht.[100] Über den Abwägungsvorgang entscheidet dann entweder ein Rechtsgefühl, dessen Maßstäbe unklar sind, oder das Urteil dessen, dem die Verfassung eine solche Kompetenz ausdrücklich versagt.[101] Wenn man – wie hier – das Gesetzlichkeitsprinzip in den Konzepten des strafwürdigen Verhaltens (Rn. 109), des Rechtsgüterschutzes (Rn. 144), vor allem aber im Schutz der Menschenwürde (Rn. 283) verankert sieht, ist Art. 103 Abs. 2 GG prinzipiell nicht einschränkbar. Wie sonst wäre die über Art. 20 Abs. 3 GG hinausgehende, ausdrücklich verschärfte Normierung des Gesetzlichkeitsprinzips erklärbar? Fazit: Nur in den von Art. 103 Abs. 2 GG abgesteckten Grenzen ist der materiellen Gerechtigkeit überhaupt Rechnung zu tragen.

---

96   Insb. Lenckner JuS 1968, 305; Seel, Unbestimmte und normative Tatbestandsmerkmale im Strafrecht und der Grundsatz nullum crimen sine lege (1965), S. 108.

97   Seel, Unbestimmte und normative Tatbestandsmerkmale und der Grundsatz nullum crimen sine lege (1965), S. 109; s. auch Thelen, Das Tatbestandsermessen des Tatrichters (1967), S. 154; SK-StGB-Rudolphi, 8. Aufl. (2006), § 1 Rn. 13.

98   Roxin, Strafrecht AT, 4. Aufl. (2006), § 5 Rn. 72; LK-StGB-Dannecker, 12. Aufl. (2006), § 1 Rn. 204; F.-C. Schroeder JZ 1969, 778; Sternberg-Lieben, Die objektiven Schranken der Einwilligung im Strafrecht (1997), S. 312.

99   Schünemann, Nulla poena sine lege? (1978), S. 32; Schürmann, Unterlassungsstrafbarkeit und Gesetzlichkeitsgrundsatz (1986), S. 186.

100   Vgl. Ransiek, Gesetz und Lebenswirklichkeit – Das strafrechtliche Bestimmtheitsgebot (1989), S. 57.

101   Lemmel, Unbestimmte Strafbarkeitsvoraussetzungen im Besonderen Teil des Strafrechts und der Grundsatz nullum crimen sine lege (1970), S. 111; Th. Schröder, Zum Begriff der Gesetzesumgehung im materiellen Strafrecht und seiner Bedeutung für die praktische Anwendung des Rechts (2013), S. 778.

4. Bestimmtheit mittels Programmsicherung

a) Ausgangspunkt: Sprachmedium

Stärker an rechtstheoretische Erwägungen angelehnt sind Konzepte, die mit dem Wort „Programmsicherung" zusammengefasst werden.[102] Ihre gemeinsame Basis finden sie in der Feststellung, dass es im Strafrechtssystem einen berechtigten Bedarf an begrifflicher Vagheit gibt, der teils dem Medium der Sprache selbst, teils der Vielzahl möglicher Fallkonstellationen geschuldet ist (Rn. 356, 360).[103] Daraus folgt, dass das Bestimmtheitsgebot nicht zur Präzision um jeden Preis auffordert, also nicht im Sinne des Befehls zu verstehen ist, dass der Gesetzgeber die jeweils engste Formulierung zu wählen hat. Selbst bei vollständiger Bestimmtheit von Bestrafungsvoraussetzungen und Strafdrohungen kann der Gesetzgeber die Ergebnisse der konkreten Gesetzesanwendung nicht beherrschen.[104] So ist z.b. bei der Strafdrohung der lebenslangen Freiheitsstrafe klar zu sehen, dass die Rechtsprechung alsbald versuchte, diese Grenze durch eine nicht mehr methodengerechte Auslegung der Mordmerkmale zu umgehen.[105] Mit Ausnahme von numerischen Angaben (etwa bei Ober- und Untergrenzen von Freiheits- und Geldstrafen) und Relationsbegriffen (etwa bei Verwandtschaftsverhältnissen) sind juristische Begriffe ohnehin nicht eindeutig präzisierbar und verwendbar. Deshalb kann das Gesetz nur in solchen begrifflichen Ausnahmefällen Ergebnisse sichern.

b) Bestimmbarkeit des Entscheidungsverfahrens

Was der Gesetzgeber durch bestimmte Gesetze hingegen beherrschen kann, ist ein Prüf- und Argumentationsprogramm der Strafrechtsanwendung: die Bindung an gesetzliche Merkmale, die einen möglichst konkreten Ausschnitt der für praktische Zwecke fassbaren und berechenbaren Wirklichkeit (Rn. 263) bezeichnen, wodurch die übrige Wirklichkeit ausgeschlossen und der Spielraum bei der Rechtsanwendung eingegrenzt wird.[106] Unbestimmt sind hiernach Strafgesetze, wenn die Festlegung der unrechtskonstituierenden Merkmale auf andere Institutionen übertragen und damit der richterlichen Kontrolle entzogen wären[107] oder wenn sich der gesetzlichen Formulierung der Sinn der Norm nicht entnehmen ließe[108] oder wenn der Wortlaut einer beliebigen Auslegung keine Grenzen setzen würde. In diesen Fällen könnte der Richter weder an die Konstante einer aus der Historie ableitbaren Zwecksetzung noch an die Konstante eines in konsensfähiger Weise interpretierbaren Strafgesetzes anknüpfen. Bei der Klarheit und Genauigkeit des Gesetzes als Bedingungen von Verlässlichkeit und

---

102 Müller/Christensen, Juristische Methodik, Bd. 1, 11. Aufl. (2013), Rn. 166; Kirsch, Zur Geltung des Gesetzlichkeitsprinzips im Allgemeinen Teil des Strafgesetzbuchs (2014), S. 151 ff.
103 Dazu ausf. Kotsoglou, Forensische Erkenntnistheorie (2015), S. 87.
104 Kramer, Juristische Methodenlehre, 5. Aufl. (2016), S. 85; Seelmann/Demko, Rechtsphilosophie, 6. Aufl. (2014), § 1 Rn. 30; Kuhlen, in: Otto-FS (2007), S. 3; Saliger NJW 2010, 3195; L. Schulz, in: Roxin-FS (2011), S. 319; Roxin, in: Hilgendorf (Hrsg.), Das Gesetzlichkeitsprinzip im Strafrecht (2013), S. 120; Puppe, in: Paeffgen-FS (2015), S. 655; Neumann, in: Beulke-FS (2015), S. 197.
105 Neumann ZStW 118 (2006), S. 913; Eser, in: Kargl-FS (2015), S. 94; Kargl StraFo 2001, 365; ders. Jura 2004, 189.
106 Duttge JZ 2014, 265; Hassemer, Tatbestand und Typus (1968), S. 155; vgl. auch NK-StGB-Hassemer/Kargl, 5. Aufl. (2017), § 1 Rn. 20; Fischer, StGB, 65. Aufl. (2018), § 1 Rn. 4, 13; Rüthers/Fischer/Birk, Rechtstheorie, 10. Aufl. (2018), Rn. 150, 164.
107 Schroth, in: Grewendorf (Hrsg.), Rechtskultur als Sprachkultur (1992), S. 93, 101 f.
108 Roxin, Strafrecht AT, 4. Aufl. (2006), § 5 Rn. 75; zust. Gropp, Strafrecht AT, 3. Aufl. (2005), § 2 Rn. 29; dazu krit. Duttge, Zur Bestimmtheit des Handlungsunwerts von Fahrlässigkeitsdelikten (2001), S. 197; ders., in: Kohlmann-FS (2003), S. 24.

Nachprüfbarkeit der Strafrechtspflege handelt es sich – wegen der Schwäche des Mediums Sprache – somit nicht um eine Eigenschaft des Gesetzes, auch nicht um Qualitäten bestimmter Ergebnisse der Rechtsanwendung, sondern um Qualitäten des Rechtsanwendungsprogramms selbst, also um eine Aufgabe oder um eine Strategie, die das Entscheidungsverfahren bestimmbar machen soll.[109] Ist dieses Programm durch technische Gesetzgebungsfehler nicht mehr lesbar, wird zwangsläufig der Richter in die Rolle des Ersatzgesetzgebers gedrängt.[110]

c) Beispiele der Unbestimmbarkeit des Entscheidungsverfahrens

aa) Blankettstrafgesetze

373   Unter einem Blankettstrafgesetz versteht man ein förmliches Gesetz, in dem nur Art und Maß der Strafe bestimmt und im Übrigen angeordnet ist, dass diese Strafe denjenigen trifft, der eine durch ausfüllende Vorschriften (Gesetz, Rechtsverordnung Verwaltungsakt) festgesetzte Pflicht verletzt.[111] Blankettvorschrift und ausfüllendes Gebot oder Verbot ergeben somit erst gemeinsam die Vollvorschrift. Mit Art. 103 Abs. 2 GG ist nicht vereinbar, wenn sich das Strafbarkeits-„Programm" nicht schon aus der Blankettvorschrift selbst ergibt, diese also nicht die wesentliche Abgrenzung zwischen erlaubtem und verbotenem Verhalten enthält. Dass Blankett-Tatbestände mit „dynamischen Verweisungen", die es dem Normgeber der ausfüllenden Norm erlauben, das Strafgesetz inhaltlich zu verändern, den Anforderungen an die Vorhersehbarkeit der Vorschriften nicht genügen, ist evident.[112] Nicht hinnehmbar ist deshalb der in § 108 c Abs. 4 StGB (Abgeordnetenbestechung) enthaltene Verweis auf die „für die Rechtsstellung des Mitglieds maßgeblichen Vorschriften", bei denen es sich nicht um Parlamentsgesetze, sondern um jederzeit wandelbares „Binnenrecht des Parlaments" handelt, also um Regelungen, bei denen der Normgeber in eigener Sache tätig wird.[113]

bb) Strafnormen ohne jegliches Entscheidungsprogramm

374   Für das Fehlen von Bestrafungsvoraussetzungen und einer bestimmten Strafdrohung wird gerne als extremes Beispiel zitiert: „Wer gegen die öffentliche Ordnung verstößt, wird bestraft" (BayVerfGHE 4, 194). Ein ähnlicher Verzicht auf eine konkrete Regelung der Voraussetzungen ist jedoch auch im Allgemeinen Teil des StGB anzutreffen. So ist z.B. in § 13 StGB nicht geregelt, unter welchen Umständen eine rechtliche Pflicht zur Erfolgsabwendung entsteht (Rn. 514 ff.). Bei fahrlässigen Delikten fehlt die nähere Kennzeichnung dessen, was der Gesetzgeber unter Fahrlässigkeit versteht (Rn. 504 ff.), und bei der Notwehr fehlen Kriterien hinsichtlich der Abwägung zwischen legitimen

---

109   Müller/Christensen, Juristische Methodik, Bd. 1, 11. Aufl. (2013), Rn. 166, 177 ff.
110   Zahlreiche Beispiele gesetzestechnischer Fehler bei H. J. Hirsch, in: Puppe-FS (2011), S. 105.
111   Vgl. Fischer, StGB, 65. Aufl. (2018), § 1 Rn. 9; ausf. NK-StGB-Hassemer/Kargl, 5. Aufl. (2017), § 2 Rn. 33-41; krit. zum Blankettcharakter von Strafdrohungen Seebode, in: Küper-FS (2007), S. 580.
112   Näher Niehaus wistra 2004, 208; Schuster, Das Verhältnis von Strafnormen und Bezugsnormen aus anderen Rechtsgebieten (2012), S. 388; SSW-StGB-Satzger, 3. Aufl. (2017), § 1 Rn. 216; AnwK-StGB-Gaede, 2. Aufl. (2015), § 1 Rn. 15; zu Verweisungen auf Unionsrecht und EU-Verordnungen näher Bülte JuS 2015, 771; Röhrig, in: Achenbach/Ransiek/Rönnau Hrsg.), Wirtschaftsstrafrecht, 4. Aufl. (2015), IV 3.
113   Geschichte, Inhalt und Kritik der neuen Vorschrift bei Sinner, in: Kargl-FS (2015), S. 571.

Interessen (Rn. 526 ff.).[114] Selbst die Kriterien der Strafbegründung (§§ 17, 20, 33, 35 StGB) sind vom Gesetzgeber allenfalls in „lakonischer Weise" abgehandelt.[115]

cc) Strafrahmen

Nach dem BVerfG (wistra 2002, 178) genügen Strafrahmen nur dann dem Bestimmtheitsgrundsatz, wenn sie dem Rechtsanwender und dem Bürger die gesetzgeberische Bewertung verdeutlichen und das Maß der jeweils verwirkten Strafe abschätzen lassen.[116] Dem genügt jedenfalls nicht ein Strafrahmen von geringst möglicher Vermögensstrafe bis zur höchstzulässigen (lebenslangen) Freiheitsstrafe ohne Vorgabe eines Entscheidungsprogramms.[117]

375

dd) Unbenannte Strafschärfungsgründe

Schwere Bedenken bestehen hinsichtlich der Bestimmtheit bei unbenannten Strafänderungen, die „in besonders schwerem Fall" (z.B. beim Totschlag, § 212 Abs. 2 StGB) die Bestrafung aus einem höheren Strafrahmen vorsehen.[118] Der Strafgesetzgeber verweigert dem Richter auch hier ohne Not Entscheidungsvorgaben und lässt die Betroffenen in Unklarheit über seine Wertung. Zur wenigstens partiellen Überwindung der gesetzlichen Unbestimmtheit hat die Rechtsprechung einen Kanon strafschärfender Umstände aufgestellt, wie etwa die ungewöhnliche Schwere des angerichteten Schadens, die Hartnäckigkeit und Stärke des verbrecherischen Willens, die besondere Gefährlichkeit der angewendeten Mittel und insbesondere die Würdigung der Tat im Ganzen unter Berücksichtigung auch der Täterpersönlichkeit.[119] Diese Wertstufen haben vielfältige Kritik hervorgerufen, weil sie dem Richter letztlich doch einen Spielraum eröffnen, der sich gesetzgeberischer Kontrolle entzieht.

376

ee) Regelbeispielstechnik

Große Bedeutung für die gesetzliche Programmsicherung hat seit geraumer Zeit die Methode der Exemplifizierung durch sog. „Regelbeispiele" erlangt.[120] So soll gem. § 243 Abs. 1 StGB „in der Regel" ein besonders schwerer Fall des Diebstahls vorliegen, wenn der Täter z.B. einen Einbruch begeht, gewerbsmäßig stiehlt, die Hilflosigkeit einer anderen Person ausnutzt etc. Der Strafrichter soll zu einer möglichst differenzierten Argumentation gezwungen werden, welche seine Entscheidungsgründe offen legt. Insofern vermindert die Regelbeispielstechnik sicherlich wenigstens die Gefahr, dass der Richter seine Entscheidungsunsicherheit hinter einer hermetischen Begründung verbirgt und verbessert deshalb die Möglichkeit der Kontrolle richterlichen Han-

377

---

114 Es wird im 7. Kapitel zu prüfen sein, ob die genannten Regelungslücken gegen Art. 103 Abs. 2 GG verstoßen oder ob die AT-Vorschriften nicht doch Handlungsanweisungen in Form der Programmsicherung enthalten.

115 NK-StGB-Hassemer/Neumann, 5. Aufl. (2017), vor § 1 Rn. 49 ff.

116 S. auch EGMR StV 2010, 181; BVerfG StV 2010, 565; AE-Leben GA 2008, 203.

117 Roxin, Strafrecht AT, 4. Aufl. (2006), § 5 Rn. 80 f.; Kargl JZ 2003, 1141; anders BGHSt 13, 191.

118 Wie hier MüKo-StGB-Schmitz, 3. Aufl. (2017), § 1 Rn. 55; anders die hM, die auf eine Gesamtwürdigung aller Umstände abstellt: S/S-Eser/Bosch, StGB, 29. Aufl. (2014), § 243 Rn. 42; Fischer, StGB, 65. Aufl. (2018), § 243 Rn. 23; diff. Hettinger, in: Paeffgen-FS (2015), S. 267.

119 BVerfG JR 1979, 28; BGHSt 29, 322.

120 Eher krit. Naucke JuS 1988, 862; Maiwald, in: Gallas-FS (1973), S. 137; befürwortend Noll, Gesetzgebungslehre (1973), S. 267; Wessels, in: Maurach-FS (1972), S. 295; Arthur Kaufmann, Analogie und „Natur der Sache", 2. Aufl. (1982), S. 50; Hassemer, Einführung in die Grundlagen des Strafrechts, 2. Aufl. (1990), S. 258 mwN.

delns.[121] Aber Skepsis ist angebracht, weil die Technik der „besonders schweren Fälle" nur „in der Regel" zur Veränderung des Strafrahmens führen soll. Daraus resultiert ein Maß an Unbestimmtheit, das den Bedingungen der Verlässlichkeit und Berechenbarkeit, des Schutzes der Freiheit und der Menschenwürde schwerlich genügt.[122]

ff) Verteidigung der Rechtsordnung

378 Ausnahmsweise darf eine Freiheitsstrafe unter sechs Monaten verhängt werden, wenn dies u.a. „zur Verteidigung der Rechtsordnung unerlässlich" ist (§ 47 Abs. 1 StGB). Auch dieses Merkmal vermag die Anforderungen des Bestimmtheitsgebots nicht zu erfüllen, da der Gesetzgeber dem Richter nicht vorgibt, unter welchen Voraussetzungen und wie dieser die Rechtsordnung zu verteidigen habe.[123] Ersichtlich sollen bei der Bestimmung der Strafhöhe generalpräventive Erwägungen im Sinne von Abschreckung (Rn. 79 ff.) und Normstabilisierung (§ 91 ff.) eine Rolle spielen. Damit sind aber kaum konkretisierungsfähige Maßstäbe gewonnen, welche die Wirkungen der Unbestimmtheit für die Rechtsanwendung beseitigen würden. Mit Hinweisen auf das „ungerechtfertigte Zurückweichen vor dem Verbrechen" (Nürnberg StraFo 2006, 504) oder auf „die Gefahren für die Wirksamkeit der staatlichen Rechtspflege" (StV 1993, 195) wird nur eine neue Konkretisierungsspirale in Gang gesetzt, die das Erfordernis der Verteidigung der Rechtsordnung bei „ungewöhnlicher Rechtsfeindschaft" (Frankfurt NJW 1977, 2175), bei „Brutalität" des Täters (Koblenz NStZ 1999, 283), bei „Gleichgültigkeit" (Hamm NJW 1970, 870) oder bei „hartnäckigem rechtsmissbräuchlichem und gemeinschädlichem Verhalten" (Nürnberg StraFo 2006, 504) für notwendig erklärt. An dieser Stelle ist erneut an das normative Problem der generalpräventiven Steuerung zu erinnern, die den Straftäter als Mittel zur Festigung der bestehenden Rechtsordnung einsetzt (Rn. 95). Ein inhaltlicher Maßstab zur Begrenzung des Strafrechts sowie zur Bestimmung der konkreten Strafhöhe lässt sich allein unter generalpräventivem Gesichtspunkt nicht gewinnen (Rn 103).[124]

5. Bestimmtheit mittels Auslegung

a) Wiederholung

379 Bislang ist nahezu selbstverständlich davon ausgegangen worden, dass es bei Art. 103 Abs. 2 GG um die Anforderungen an das Strafgesetz geht und dass die Aufgabe der Bewältigung dieser Anforderungen an die Adresse des Gesetzgebers gerichtet ist (Rn. 336, 344). Die Erörterung des Verhältnisses zwischen den einzelnen Garantien bestätigte u.a.: Bei einem völlig unbestimmten Gesetz wären wegen der Weite des richterlichen Spielraums nicht nur das Rückwirkungsverbot, sondern auch das Analogieverbot wertlos (Rn. 339, 342). Beide Garantien tragen aber wesentlich zu der den Art. 20 Abs. 3 GG verstärkenden strikten Form der Bindung richterlicher Gewalt an das Gesetz bei (Rn. 335, 343). Daraus resultiert die Eigenständigkeit der vier Ausformungen des Gesetzlichkeitsprinzips und in der weiteren Konsequenz die Unterscheidung zwi-

---

121 Umf. Eisele, Die Regelbeispielstechnik (2004), S. 383; Hettinger, in: Paeffgen-FS (2015), S. 267.

122 Kargl/Rüdiger NStZ 2002, 202; zur Kritik an dem Versuch, die lebenslange Freiheitsstrafe über § 57a StGB („besondere Schwere der Schuld") einzelfallgerechter zu gestalten Deckers/Fischer/König/Bernsmann NStZ 2014, 16; Eser, in: Kargl-FS (2015), S. 95.

123 Naucke, Verteidigung der Rechtsordnung (1971), S. 135; Maiwald GA 1983, 49; Zipf, in: Bruns-FS (1978), S. 205.

124 Allg. zu den empirischen Defiziten der positiven Generalprävention Müller-Tuckfeld, Integrationsprävention (1999); Kargl Rechtstheorie 1999, 370; P. A. Albrecht, Kriminologie, 4. Aufl. (2010), S. 47, 61.

schen gesetzlicher Bestimmtheit und interpretatorischer Bestimmtheit (Rn. 367). Eine nachträgliche tatbestandsmäßige „Heilung" eines unbestimmten Gesetzes mittels Gesetzesauslegung und gefestigter Rechtsprechung war daher als Verstoß gegen das rechtsstaatlich-gewaltenteilende und menschenrechtlich-freiheitsschützende Fundament des Gesetzlichkeitsprinzips abgelehnt worden (Rn. 367).

Andererseits war ebenso deutlich geworden, dass das Wesen der Sprache und der Wirklichkeitsbezug des Strafrechts semantische Spielräume bedingen, die es verwehren, dass der Gesetzgeber stets eindeutige Tatbestände zu formulieren vermag (Rn. 354, 360). Daraus folgt, dass im Falle generalisierender und mehrdeutiger Gesetzesbegriffe die Klarheit und Voraussehbarkeit strafrechtlichen Handelns erst durch das Zusammenspiel von Strafgesetzgebung und Strafgesetzanwendung erreicht wird.[125] Insofern ist von einem spezifischen Modell der Arbeitsteilung zwischen Gesetzgebung und Rechtsprechung auszugehen.[126] Es bleibt jedoch die Frage, innerhalb welcher Grenzen die Judikative ihren Beitrag leisten darf. In der Vergangenheit nahm man überwiegend an, dass die Handlungsanweisungen an die Justiz durch das Analogieverbot und die Traditionen der Methodenlehre vorgegeben werden. Von dieser Annahme rückt eine Entwicklung ab, die sich schon seit geraumer Zeit andeutet und inzwischen im BVerfG (Rn. 381) einen Verbündeten gefunden zu haben scheint. Die These lautet: Das Bestimmtheitsgebot richtet sich nicht nur an den Gesetzgeber, sondern auch an den Rechtsanwender.[127] Denn wo das Leistungsvermögen der gesetzlichen Sprache endet, müsse die Leistung der Präzisierung einsetzen, um Berechenbarkeit zu erzeugen.

b) Das Präzisierungsgebot des BVerfG (NJW 2010, 3211)

Im Rahmen seines Beschlusses zur Verfassungsmäßigkeit des Untreuetatbestands verdeutlicht das Bundesverfassungsgericht, dass der Satz nulla poena sine lege für die Strafgerichte Verpflichtungen enthalte, die über das übliche Analogieverbot hinausgehen. Es führt aus: „...die Rechtsprechung (ist) gehalten, verbleibende Unklarheiten über den Anwendungsbereich einer Norm durch Präzisierung und Konkretisierung im Wege der Auslegung nach Möglichkeit auszuräumen (Präzisierungsgebot). Besondere Bedeutung hat diese Pflicht bei solchen Tatbeständen, die der Gesetzgeber im Rahmen des Zulässigen durch Verwendung von Generalklauseln verhältnismäßig weit und unscharf gefasst hat".[128] Diese Sätze werfen ihrerseits Fragen auf. Würde das BVerfG das Präzisierungsgebot aus dem Analogieverbot ableiten wollen, dann hätte es bloß die Selbstverständlichkeit unterstrichen, dass es sich beim Präzisierungsgebot um eine Auslegungsregel handelt, die dem Rechtsanwender eine äußere Grenze zieht.[129] Die besondere Hervorhebung des Präzisierungsgebots spricht aber eher dafür, dass das BVerfG dieses Gebot als eine an den Rechtsanwender gewandte Ausprägung des Bestimmtheitsgebots ansieht: Ebenso wie das Bestimmtheitsgebot einen positiven Auftrag an

380

381

---

125 Rüthers/Fischer/Birk, Rechtstheorie, 10. Aufl. (2018), Rn. 185: „kalkulierte Unbestimmtheit"; Hassemer, Einführung in die Grundlagen des Strafrechts, 2. Aufl. (1990), S. 165, 240.

126 Roxin, Strafrecht AT 1, 4. Aufl. (2006), § 5 Rn. 28, 31; Krey, Keine Strafe ohne Gesetz (1983), S. 137; Kramer, Methodenlehre, 5. Aufl. (2016), S. 40, 240.

127 Dazu Kuhlen, in: Otto-FS (2007), S. 102 f.; NK-StGB-Marxen/Böse, 5. Aufl. (2017), § 14 Rn. 7; S/S-Stree/ Bosch, StGB, 29. Aufl. (2014), § 13 Rn. 5; Otto, in: Seebode-FS (2008), S. 81; Krey/Esser, Strafrecht AT, 6. Aufl. (2016), § 3 Rn. 105; Marxen JZ 1988, 288.

128 BVerfGE 126, 198 (NJW 2010, 3211); bestätigt durch BVerfG NJW 2013, 366; ähnl. bereits BVerfG NJW 1986, 1671; NJW 1993, 1457; NJW 1995, 1141.

129 NK-StGB-Hassemer/Kargl, 5. Aufl. (2017), § 1 Rn. 70 a f.; Hömig, in: Hömig/Wolff, Grundgesetz, 12. Aufl. (2018), Art. 103 Rn. 15; L. Schulz, in: Roxin-FS (2011), S. 310.

den Gesetzgeber richtet, so fordert auch das Präzisierungsgebot positiv die aktive Mitwirkung des Rechtsanwenders bei der Präzisierung und Konkretisierung des Anwendungsbereichs einer Norm.[130] Dies bedeutet nichts anderes, als dass der Rechtsanwender selbst das Argumentations- und Prüfprogramm herausarbeitet, das zuvor als Mindestleistung dem Gesetzgeber vorbehalten blieb.

c) Kritik

382 Die Interpretation des Präzisierungsgebots im Hinblick auf die gesteigerten Anforderungen an die Auslegung der Rechtsanwender hat in der strafrechtlichen Literatur große Zustimmung erhalten.[131] Es heißt, besonders mit Blick auf den Zweck der Berechenbarkeit erscheine es nahe liegend, den Rechtsanwender vermehrt in die Pflicht zu nehmen. Aber wie sollte selbst eine (nicht eben häufig anzutreffende) „gefestigte" Rechtsprechung Berechenbarkeit erzeugen können, wenn das mehrfach bestätigte Ergebnis von derselben Rechtsprechung mittels des ihr zugestandenen schöpferischen Akts jederzeit geändert werden kann? Jedenfalls berechtigen z.B. die Konkretisierungen, die der völlig unbestimmte Begriff „Beleidigung" in der Praxis erfahren hat, nicht zu großen Hoffnungen bezüglich der Voraussehbarkeit, Berechenbarkeit und Nachprüfbarkeit einer gefestigt geglaubten Rechtsprechung.

383 Entscheidender aber ist, dass das Fundament, auf dem der Bestimmtheitsgrundsatz gründet, ausgehebelt wird, wenn die Gewaltenteilung auf dem Wege eines die Auslegungsgrenzen verwischenden Präzisierungsgebots zu einer Gewaltenergänzung oder — wie Denis Basak[132] drastisch formuliert — zu einer „Gewaltenkomplizenschaft" umgedeutet wird. Eine solche Komplizenschaft begünstigt die seit langem zu Recht beklagte pauschale Absenkung der Bestimmtheitsanforderungen an das Strafgesetz.[133] Erweitert man stetig den „Rahmen des Zulässigen" (BVerfG) bei der Abfassung weiter und unschärfer Tatbestände, dann erweitert sich auch der Kompetenzbereich des Rechtsanwenders, der allmählich und wie von selbst in die frei gewordene Stelle des Gesetzgebers hineinwächst. Andererseits steht zu befürchten, dass die Anerkennung des Präzisierungsgebots den Prozess der Abschwächung der Anforderungen an die gesetzliche Bestimmtheit beschleunigt. Demgegenüber ist daran festzuhalten, dass die verfassungsrechtliche und die rechtsphilosophische Begründung des Art. 103 Abs. 2 GG dem bestimmten Gesetz als Instrument des Freiheitsschutzes einen größeren Stellenwert einräumt als den Präzisierungsbemühungen der Judikative.

IV. Fazit

384 Nach diesen Ausführungen ist das strafrechtliche Bestimmtheitsgebot ausreichend genau umrissen, um der These gut begründet widersprechen zu können, die hermeneuti-

---

130 So Kirsch, Zur Geltung des Gesetzlichkeitsprinzips im Allgemeinen Teil des Strafgesetzbuchs (2014), S. 157; H. A. Albrecht, in: Dencker-FS (2012), S. 5; Böse Jura 2011, 617; Brodowski JuS 2012, 894.

131 Z.B. Kuhlen, in: Kudlich/Montiel/Schuhr (Hrsg.), Gesetzlichkeit und Strafrecht (2012), S. 434 ff.; Schünemann StraFo 2010, 480; Safferling ZIS 2011, 918; SSW-StGB-Satzger, 3. Aufl. (2017), § 1 Rn. 19 a; krit. zur erweiterten Prüfungsbefugnis des Bundesverfassungsgerichts Basak, in: Matt/Renzikowski, StGB (2013), § 1 Rn. 17: „Kapitulation"; Eser, in: Hilgendorf (Hrsg.), Das Gesetzlichkeitsprinzip im Strafrecht (2013), S. 262; Perron, in: Hilgendorf (Hrsg.), Das Gesetzlichkeitsprinzip im Strafrecht (2013), S. 212.

132 Basak, in: Brunhöber/Höffler/Kaspar (Hrsg.), Strafrecht und Verfassung (2013), S. 89.

133 Nach Kirsch, Zur Geltung des Gesetzlichkeitsprinzips im Allgemeinen Teil des Strafgesetzbuchs (2014), S. 159 lassen sich die Bedenken mit dem Argument zerstreuen, dass der Gesetzgeber seinerseits verpflichtet ist, dem Bestimmtheitsgebot nachzukommen; in die Richtung auch Kuhlen HRRS 2012, 114.

schen und rechtstheoretischen Erkenntnisse würden eine Verständigung über Begriffe ausschließen, würden demnach keine Möglichkeit der Begrenzung des Wortlauts und damit auch keine Unterscheidung zwischen Analogie und Auslegung zulassen. Über das zum Bestimmtheitsgebot hinaus Gesagte sei als maßgeblicher Eckpunkt einer positiveren Einstellung zum Gesetzlichkeitsprinzip noch einmal an die Darlegungen zum Problem der Wahrheit erinnert. Dort hatte im Gefolge von Wittgenstein (Rn. 269) und Habermas (Rn. 263) die Differenzierung zwischen theoretischen und praktischen Diskursen zu der Erkenntnis geführt, dass in (praktischen) Handlungszusammenhängen der Akteur auf bestimmte Gewissheiten, feste Überzeugungen und sprachliche Konventionen als Möglichkeitsbedingungen von Kommunikation und Entscheidungen angewiesen ist. Ohne diese von einer gemeinsamen Lebenswelt kulturell geteilten Erkenntnisse könnten die Beteiligten nicht vernünftig handeln. Dies relativiert nicht die Bedeutung philosophischer Diskurse, in der alles zur Disposition stehen und bezweifelt werden kann. Beide Betrachtungen, der ideelle und der realistische Blick auf die „Wirklichkeit", stehen somit nicht in Widerspruch zueinander, sondern ergänzen sich in dem Sinne, dass es sich um eine zweifache Beschreibung der Wahrheit handelt: Je nachdem in welchem Kontext man die Fragen stellt, ändern sich die Antworten (Rn. 282).

Überträgt man diese Überlegung auf die Probleme, die der Bestimmtheitsgrundsatz **385** aufwirft, besteht kein Grund, vor der (unbestrittenen) Ungenauigkeit der Sprache zu kapitulieren. Ebenso wie bei den Themen der Wahrheit und der Freiheit (Rn. 197 ff.) entschärft ein Blick auf die Praxis zumindest ein Teil des Problems: Regelmäßig wird Einigkeit darüber erzielt, ob etwa ein Tatobjekt oder eine Tathandlung noch unter den entsprechenden tatbestandlichen Begriff fallen soll oder nicht. Christoph Fitting verdeutlicht den heute ins Wanken geratenen einfachen Befund: „Sowohl innerhalb der Umgangssprache als auch der juristischen Fachjargons sind Begriffe also grundsätzlich nicht unendlich vielen Interpretationen zugänglich und können daher auch in einem Anwendungsbereich, der von großer Sprachvielfalt und -kreativität geprägt ist, eine hinreichend eindeutige Grenze bilden."[134] Dieser prima facie getroffene Befund benötigt freilich weitere Absicherungen, die in den Abschnitten über die Analogie (Rn. 459) und den Methodenlehren (Rn. 607 ff.) näher zur Sprache kommen.

C. Rückwirkungsverbot (nullum crimen sine lege praevia)

I. Sinn

1. Zeitliche Geltung

Das Rückwirkungsverbot untersagt es, eine Tat, die zur Zeit der Begehung nicht unter **386** Strafe stand, nachträglich für strafbar zu erklären oder rückwirkend einer schwereren Strafe zu unterstellen.[135] Diese zweite Konsequenz aus dem Gesetzlichkeitsprinzip ergibt sich eindeutig aus dem Wortlaut des Art. 103 Abs. 2 GG sowie des § 1 StGB. Das Rückwirkungsverbot richtet sich sowohl an den Gesetzgeber (Erlass von Strafgesetzen mit Rückwirkung) als auch an den Richter (rückwirkende Anwendung von Strafgesetzen). Durch § 2 StGB hat das Verbot insofern eine nähere Ausgestaltung erfahren, als

---

134 Fitting, Analogieverbot und Kontinuität (2016), S. 30, 158.
135 Allg. Meinung: BGH NJW 1993, 147; Lackner/Kühl/Heger, StGB, 29. Aufl. (2018), § 1 Rn. 4; S/S-Eser/Hecker, StGB, 29. Aufl. (2014), § 1 Rn. 3; Stratenwerth/Kuhlen, Strafrecht AT, 6. Aufl. (2011), § 3 Rn. 7; Jescheck/Weigend, Strafrecht AT, 5. Aufl. (1996), § 15 IV 1; Baumann/Weber/Mitsch/Eisele, Strafrecht AT, 12. Aufl. (2016), § 9 Rn. 4.

Regelungen zur zeitlichen Geltung eines Strafgesetzes eine notwendige Vorfrage für die Beurteilung des Rückwirkungsverbots sind.[136] Nicht anders als bei den übrigen Ausprägungen des Nullum-crimen-Satzes gilt auch hier, dass eine Rückwirkung zugunsten des Täters möglich ist. So bestimmt § 2 Abs. 3 StGB den Vorrang des mildesten Gesetzes bei täterbegünstigenden Gesetzesänderungen, wobei der mildeste Fall natürlich Straflosigkeit ist (Rn. 430). Darüber hinaus schränkt § 2 Abs. 6 StGB das Rückwirkungsverbot hinsichtlich der Maßregeln der Besserung und Sicherung gänzlich ein (Rn. 443).[137] Da sich die verfassungsrechtliche Vorschrift nur auf Strafgesetze beschränkt, geht sie weiter als in allen anderen Rechtsgebieten. Ein allgemeines Verbot belastender Rückwirkungsgesetze gibt es im Übrigen nicht. Erfolgt also z.B. im Zivilrecht eine Gesetzesänderung, so muss der Richter bei Fehlen von Übergangsbestimmungen das neue Gesetz anwenden, auch wenn der Sachverhalt bereits in der Vergangenheit abgeschlossen vorlag.

2. Gründe

387   Die enge Verflechtung mit dem Bestimmtheitsgebot macht den Sinn des Rückwirkungsverbots deutlich: Sieht man in den Strafgesetzen nicht nur Entscheidungsinformationen (Programmsicherung, Rn. 371) für die strafrechtsanwendenden Berufe („Bewertungsnormen")[138], sondern auch Verhaltensgebote für jedermann („Bestimmungsnormen"), so ist es zwingend vernünftig und entspricht dem Gebot einfachster Gerechtigkeit, wenn man ein bereits abgeschlossenes Verhalten nicht nachträglich mit Strafe belegt.[139] Der Normbefehl kann den Täter nur motivieren, wenn er bereits zur Tatzeit in Geltung steht (Rn. 92).[140] Indem das Rückwirkungsverbot die Berechenbarkeit der Rechtsanwendung und die Möglichkeit der Verhaltensregulierung gewährleistet, dient es der Rechtssicherheit (zu den Wurzeln in der Aufklärung, Rn. 43).[141]

388   Schließlich entspricht das Rückwirkungsverbot auch der Bindung der strafrechtlichen Sozialkontrolle an die Kriterien der Strafwürdigkeit (Rn. 112), des Rechtsgüterschutzes (Rn. 144) und des Schuldgedankens (Rn. 132, 197): Es wendet sich gegen ein Verständnis von „effektiver", flexibler und jeweils zeitgerechter Strafrechtspflege, die auf den sozialen Wandel schnell reagieren und die aktuellen kriminalpolitischen Ziele sofort in praktisches Handeln umsetzen will.[142] Dieser Teilverzicht auf Aktualität und Effektivität der Strafrechtspflege lässt sich mit dem Gedanken der schlichten Rechtssicherheit allein nicht erklären. Rechtssicher können auch rückwirkende Strafrechtsnormen sein, wenn sie klar und präzise ihren zeitlichen und sachlichen Anwendungsbe-

---

136   Gropp, Strafrecht AT, 4. Aufl. (2015), § 2 Rn. 31.
137   Näher dazu NK-StGB-Hassemer/Kargl, 5. Aufl. (2017), § 2 Rn. 16 ff., 57 ff.
138   Zu diesem Gegensatz und zur Imperativentheorie vgl. Engisch, Einführung in das juristische Denken, 11. Aufl. (2010), S. 22; Larenz, Methodenlehre der Rechtswissenschaft, 6. Aufl. (1991), S. 243; Seelmann/ Demko, Rechtsphilosophie, 6. Aufl. (2014), § 2 Rn. 41; Philipps, in: Hassemer/Neumann/Saliger, Einführung in die Rechtsphilosophie und Rechtstheorie der Gegenwart, 9. Aufl. (2016), S. 293 ff.
139   Kühl, in: Kühl/Reichold/Ronellenfitsch, Einführung in die Rechtswissenschaft, 2. Aufl. (2015), § 31 Rn. 27.
140   BVerfGE 95, 131; Krey/Esser, Strafrecht AT, 6. Aufl. (2016), Rn. 52; Satzger Jura 2006, 742; aus philosophischer Sicht Searl, Die Konstruktion der gesellschaftlichen Wirklichkeit (1997), Kap. 2; Gruschke, Vagheit im Recht (2014), S. 83.
141   Zippelius, Juristische Methodenlehre, 11. Aufl. (2012), S. 103; Baumann/Weber/Mitsch/Eisele, Strafrecht AT, 12. Aufl. (2016), § 9 Rn. 24; Jescheck/Weigend, Strafrecht AT, 5. Aufl. (1996), § 15 IV 1.
142   Krit. gegenüber einem reinen „Sicherheitsstrafrecht" Dirk Simon, Der präzeptorale Sicherheitsstaat und Risikovorsorge (2008), S. 102, 174; P. A. Albrecht, Kriminologie, 4. Aufl. (2010), S. 78; Hassemer ZStW 116 (2004), S. 312; Kühne, Bürgerfreiheit und Verbrecherfreiheit (2004), S. 1; Neumann, in: Kargl-FS (2015), S. 347.

reich bestimmen. Erklärungskraft haben über den Gedanken der Rechtssicherheit hinaus zusätzlich die Grundsätze des Vertrauensschutzes und der Täuschungsfreiheit, also Prinzipien, die von den Betroffenen und den Bürgern her konzipiert sind und der materiellen Gerechtigkeit der Einzelentscheidung dienen.[143] Das Strafrecht muss mit anderen Worten täuschungsfrei sein; es darf nicht überraschen und keine Fallen stellen.[144] Diese Grundsätze erklären auch, dass das Rückwirkungsverbot ausschließlich in malam partem gilt: Rückwirkende Erleichterungen in Strafbarkeitsvoraussetzungen und Strafrechtsfolgen beschweren niemanden; wären aber allein unter dem Gedanken der Rechtssicherheit nicht anders zu beurteilen als die Rückwirkung in bonam partem.

Das Rückwirkungsverbot geht somit auf zwei idealtypisch trennbare Ursprünge zurück. Für die rechtsstaatliche Wurzel (Rn. 43) ist die Anerkennung einer staatsfreien Sphäre des einzelnen maßgebend: Niemand soll für Handlungen, die zur Zeit der Begehung strafrechtlich unerheblich waren, nachträglich mit Strafe überfallen werden; niemanden soll strengere Strafe treffen, als zur Tatzeit angedroht (BVerfG 25, 290). Nach Maßgabe der menschenrechtlichen Wurzel (Rn. 48), die eine ausschließliche Instrumentalisierung des Täters im Namen der Gesellschaft verbietet, ist eine rückwirkend verhängte Strafe völlig sinnlos, da sie weder an die Tat noch an die Verantwortung des Täters anknüpft. Sie ist noch nicht einmal kriminalpolitisch im Sinne einer funktionalistischen Betrachtungsweise von Nutzen, da sie nicht vorbeugend wirken kann (Rn. 74).

389

II. Entwicklungslinien

1. Ursprünge

Das Rückwirkungsverbot reicht bis in die späte römische Republik zurück. Zumindest in rudimentären Ansätzen findet es sich beispielsweise bei Cicero[145], der dem Kerngedanken des Gesetzlichkeitsprinzips folgend das Rückwirkungsverbot mit der Person des Täters verband: Nach einer Norm, die es noch gar nicht gibt, kann sich niemand richten.[146] Das Verbot entstand allerdings in einer Zeit, die dem Gesetzlichkeitsprinzip ansonsten nicht günstig war, da es noch nicht streng an ein kodifiziertes Strafrechtssystem gebunden war. Das Rückwirkungsverbot kann zwar auch in einem ausdifferenzierten „case law" Sinn machen, und zwar dann, wenn die Gerichte ihre Entscheidungstätigkeit auf die bisherige Tradition aufbauen und sich mit ihr argumentativ auseinandersetzen müssen.[147] Aber der Entwicklungsstufe des römischen Rechts waren ein entwickelter Gesetzesbegriff (der Kodifikationsgedanke) und das mit ihm verbundene Bestimmtheitsgebot sowie das Verbot der Analogie noch fremd. In einer solchen Situati-

390

---

143 Jarass, in: Jarass/Pieroth, GG, 14. Aufl. (2016), Art. 103 Rn. 66; Degenhart, in: Sachs, GG, 8. Aufl. (2017), Art. 103 Rn. 73.

144 Lüderssen, in: Hassemer/Lüderssen/Naucke, Generalprävention (1979), S. 55; Hassemer, in: Hassemer/Neumann/Saliger (Hrsg.), Einführung in die Rechtsphilosophie und Rechtstheorie der Gegenwart, 9. Aufl. (2016), S. 254.

145 Cicero, Die Reden gegen Verres, Bd. 1, übersetzt und erläutert von Fuhrmann (1995).

146 Zur Enstehungsgeschichte LK-Dannecker, StGB, 12. Aufl. (2006), § 1 Rn. 67; NK-StGB-Hassemer/Kargl, 5. Aufl. (2017), § 1 Rn. 7; Birkenstock, Die Bestimmtheit von Straftatbeständen mit unbestimmten Gesetzesbegriffen (2004), S. 76 ff.; Zitate und Fundstellen bei Kirsch, Zur Geltung des Gesetzlichkeitsprinzips im Allgemeinen Teil des Strafgesetzbuchs (2014), S. 35 ff.

147 Schlüchter, Mittlerfunktion der Präjudizien (1986), S. 71; Hübner/Münch, Das politische System der USA, 7. Aufl. (2013); Stüwe, Strafprozessuale und präventive Eingriffe im Lichte der Verfassung – ein Rechtsvergleich zwischen der BRD und den USA (2012), S. 29 ff.

on kann die Verletzung des Rückwirkungsverbots kaum je registriert werden. Es bleibt dann – bis weit ins Mittelalter hinein – beim wohlmeinenden Appell.

2. Gesetzliche Fixierungen im 18. Jahrhundert

391 In der Geschichte des neueren Strafrechts wird das Rückwirkungsverbot erstmals in den Verfassungen einzelner Nordamerikanischer Gründungsstaaten (wie etwa 1776 in Art. 14/15 der Verfassung Marylands) sowie in der Amerikanischen Bundesverfassung (Art. 1 Abschnitt 9 § 3) festgehalten.[148] Kurze Zeit später erfuhr das Rückwirkungsverbot (auch die buchstabengetreue Anwendung des Rechts) eine weitere schriftliche Fixierung in der französischen „Declaration des Droits de l'homme et du citoyen" von 1789 (Art. 7, 8) sowie in den nachfolgenden französischen Verfassungen von 1791, 1793, 1795. Einfachgesetzlich fand das Rückwirkungsverbot 1795 in Art. 3 des „Code des delits et des peines" (Art. 8, 14) und schließlich 1810 im „Code penal" (Art. 4) Eingang.[149]

392 Die ersten deutschen Strafrechtkodifikationen nehmen unter dem Einfluss des aufgeklärten Absolutismus ebenfalls Bezug auf das Gesetzlichkeitsprinzip. So postuliert die Josephina („Allgemeines Gesetzbuch über Verbrechen und derselben Bestrafung" Österreichs von 1787) in einigen Bestimmungen eine Bindung des Richters an das Strafgesetzbuch (Rn. 6).[150] Deutlicher als die Josephina statuiert sodann das Allgemeine Preußische Landrecht (ALR) von 1794 in der Einleitung (§ 14) das Rückwirkungsverbot.[151] In beiden Kodifikationen steht der Gedanke der Ausschließlichkeit des gesetzlichen Rechts im Vordergrund, wobei dieser Gedanke von zwei verschiedenen Grundströmungen getragen wird. Zum einen soll – aus Sicht des Herrschers – das möglichst exakt gefasste Gesetz das Gebot der Obrigkeit formulieren und der Durchsetzung gegenüber der Rechtsprechung dienen.[152] Zum anderen soll – aus Sicht des aufgeklärten Rechtsdenkens (Rn. 44) – das Gesetz die Sicherung der bürgerlichen Freiheit und den Schutz vor richterlicher Willkür ermöglichen.[153] Maßgebliche Vordenker sind dabei für den angelsächsischen Rechtskreis Locke (Two treaties of governement, 1690, II § 137; Rn. 7), für Frankreich Montesquieu (De l'Èsprit des Lois, 1748, 11. Buch Kap. 6; Rn. 7) und für Italien Beccaria (Dei delitti e delle pene, 1764; Rn. 8).

3. Entwicklungen im 19. Jahrhundert

393 Unter den Gesetzbüchern der deutschen Partikularstaaten, die sich zunehmend das Gesetzlichkeitsprinzip zu Eigen machten, verdient das Bayerische Strafgesetzbuch von 1813 eine besondere Hervorhebung. Es ist eine Schöpfung Feuerbachs und durchweg von dem Bemühen um Tatbestandsbestimmtheit geprägt. Art. 1 BayStGB statuiert den bereits in seinem Lehrbuch (14. Aufl., 1847) formulierten Nulla-poena-Grundsatz, der

---

148 Schreiber, Gesetz und Richter (1976), S. 62, 64 mwN.
149 Schreiber, Gesetz und Richter (1976), S. 67; Bopp, Die Entwicklung des Gesetzesbegriffs im Sinne des Grundrechts „Nulla poena, nullum crimen sine lege" (1966), S. 29.
150 Berner, Strafgesetzgebung in Deutschland (1867), Nachdruck 1978, S. 20; Maurach/Zipf, Strafrecht AT, 7. Aufl. (1996), § 10 II Rn. 18.
151 Schreiber, Gesetz und Richter (1967), S. 87; v. Bitter, Das Strafrecht des Preußischen Allgemeinen Strafrechts von 1794 vor dem ideengeschichtlichen Hintergrund seiner Zeit (2013).
152 Eb. Schmidt, Einführung in die Geschichte der deutschen Strafrechtspflege (1965), S. 265; Maurach/Zipf, Strafrecht AT, 7. Aufl. (1996), § 10 II Rn. 18; Renzikowski, in: Karl (Hrsg.), Internationaler Kommentar zur Europäischen Konvention der Menschenrechte und Grundfreiheiten, 12. Lief. (2009), Art. 7 Rn. 10.
153 Krey, Studien zum Gesetzesvorbehalt im Strafrecht (1977), S. 208; Lewisch, Verfassung und Strafrecht (1993), S. 86.

zusätzlich von einem Kommentierungsverbot flankiert wird.[154] Wie bereits oben dargelegt, schuf Feuerbach mit seiner Theorie des psychologischen Zwangs die strafrechtliche Grundlage des Gesetzlichkeitsprinzips: allen Bürgern sollten die mit Rechtsverletzungen verbundenen Folgen vor Augen geführt werden, und sie so zur Vermeidung der „Unlust" veranlassen (Rn. 87).

Das Preußische StGB von 1851 enthält in § 2 die wörtliche Übersetzung von Art. 4 des Code penal und lautet: „Kein Verbrechen, kein Vergehen und keine Übertretung kann mit einer Strafe belegt werden, die nicht gesetzlich bestimmt war, bevor die Handlung begangen wurde."[155] Ohne wesentliche Änderungen gegenüber dem preußischen Vorbild übernahm das Strafgesetzbuch des Norddeutschen Bundes von 1870 das Gesetzlichkeitsprinzip. Im Zuge der Reichseinheit von 1871 wurde der Nullum-crimen-Satz in § 2 RStGB unverändert beibehalten und – wie schon in den Vorläufergesetzen – das Rückwirkungsverbot unmissverständlich als zentraler Bestandteil der Gesetzlichkeit hervorgehoben. Die Fassung lautet nunmehr: „Eine Handlung kann nur dann mit einer Strafe belegt werden, wenn diese Strafe gesetzlich bestimmt war, bevor die Handlung begangen wurde." Selbst Franz von Liszt, dessen spezialpräventiver Ansatz einem strengen Gesetzlichkeitsprinzip eigentlich widerspricht (Rn. 75), bezeichnete das positivierte Strafrecht als „unübesteigbare Schranke der Kriminalpolitik" und in einem berühmt gewordenen Ausspruch sogar als „magna charta des Verbrechers" (Rn. 8).[156]

394

4. Weimarer Republik

Nach dem Ersten Weltkrieg wird dem Grundsatz mit Inkrafttreten der Weimarer Verfassung (1919) erstmalig Verfassungsrang zuerkannt, was seine umfängliche Anerkennung im Strafrecht verdeutlicht.[157] Art. 116 WRV erhielt folgenden Wortlaut: „Eine Handlung kann nur dann mit einer Strafe belegt werden, wenn die Strafbarkeit gesetzlich bestimmt war, bevor die Handlung begangen wurde." Die Verfassung sprach jetzt von „Strafbarkeit", wo in § 2 RStGB von „Strafe" die Rede war. Die Änderung der Wortwahl legte den Eindruck nahe, Art. 116 WRV wolle insofern einen weniger umfangreichen Schutz als § 2 RStGB gewähren, als er nur die Strafdrohung erfasse. Die Diskrepanz der Gesetzestexte und damit die Frage, ob Art. 116 WRV auch den Satz nulla poena sine lege garantiere, führte in der Weimarer Zeit zu einer lebhaften Diskussion. Die ganz herrschende Meinung in der straf- und verfassungsrechtlichen Literatur sah das Prinzip trotz des abweichenden Wortlauts sachlich unverändert.[158] Dafür sprechen neben der Entstehungsgeschichte auch die gesetzgeberischen Motive und systematische Erwägungen. Ungeachtet dieser Problematik legt die Diskussion einmal mehr die Bedeutung offen, die dem Gesetzlichkeitsprinzip im Allgemeinen beigemessen

395

---

154 Dazu Berner, Strafgesetzgebung in Deutschland (Nachdruck 1978), S. 87.
155 Zum Ganzen Schreiber, Gesetz und Richter (1976), S. 165; Krey, Keine Strafe ohne Gesetz (1983), S. 91; Goldtammer, Die Materialien zum Strafgesetzbuche für die Preußischen Staaten, Teil I (1851), Vorwort S. II, IV f, S. 235 ff.
156 v. Liszt, Strafrechtliche Aufsätze und Vorträge, Bd. II (1892-1904), S. 60, 80; schärfster Kritiker des Nullum-crimen-Satzes war Binding, der das Gesetzlichkeitsprinzip als „Tyrannei" geißelte, vgl. Binding, Handbuch des Strafrechts (1885), S. 17; ders., Lehrbuch des Gemeinen Deutschen Strafrechts, 2. Aufl. (1902), S. 21: „Brutaler Machtanspruch", „Verblendung höchsten Grades".
157 Vgl. statt aller Frank, Das Strafgesetzbuch für das Deutsche Reich, 18. Aufl. (1891), § 2 Anm. I 2.
158 Gerland, in: Nipperdey (Hrsg.), Die Grundrechte und Grundpflichten der Reichsverfassung (1930), S. 368; Anschütz, Die Verfassung des Deutschen Reichs, 14. Aufl. (1933), Art. 116 Anm. 1; v. Hippel, Deutsches Strafrecht, Bd. 2 (1930), Nachdruck 1971, S. 34; v. Liszt/Schmidt, Lehrbuch des Deutschen Strafrechts, 25. Aufl. (1927), S. 110 f. Fn. 3.

wurde. Ebermayer/Lobe/Rosenberg nannten es „Magna Charta der Bürger"[159] und v. Hippel bezeichnete es als „wichtigste Kulturgrundlage des Strafrechts".[160] Umso bemerkenswerter ist, wie schnell sich große Teile der Wissenschaft nach der Machtergreifung durch die Nationalsozialisten vom Gesetzlichkeitsprinzip abwandten und eine Abkehr von den Idealen der Aufklärung, der individualistischen gleichheitsorientierten Weltanschauung und vom bürgerlich-liberalen Strafrecht forderten.

5. Nationalsozialistische Diktatur

a) Der „neue" Staat

396 Als entscheidender Wertmaßstab für die Neuorientierung des Strafrechts galt ab 1933 das „Ideengut der staatstragenden nationalsozialistischen Bewegung", das für eine „Neuschöpfung aller strafrechtlichen Grundbegriffe" sorgen sollte.[161] Zentraler Bestandteil dieses Ideengutes war die Fokussierung des Strafrechts auf den Schutz des Staates und der Volksgemeinschaft, die als „Bluts- und Schicksalsgemeinschaft, wie sie in Jahrtausenden gewachsen ist", verstanden wird und gegen den einzelnen „Gemeinschädling" verteidigt werden muss (Rn. 185).[162] Das Konstrukt Volksgemeinschaft macht von nun an als oberstes Rechtsgut das positive Gesetz in hohem Maße überflüssig: „Die völkischen Lebensbelange und Lebensziele, gegen die sich das Unrecht richtet, bestehen unabhängig von Gesetzen; ihre Schädigung, das Unrecht, ist also auch unabhängig von dem Bestehen oder von dem Nichtbestehen von Gesetzen möglich. Ist Unrecht geschehen, so muss es geahndet werden können, einerlei ob dies gesetzlich ausgesprochen ist oder nicht." Freisler rechtfertigt den Wandel der neuen ideologischen Ausrichtung folgendermaßen: „In einem weltanschauungslosen (...) Staat mag es darauf ankommen, formal festzulegen, was verboten ist und was erlaubt ist (...). Ein Weltanschauungsstaat aber kann mit einem solchen formalen Unrechtbegriff nicht leben; er würde an ihm verhungern."[163]

b) Die Rezeption in der Wissenschaft

397 Die konsequent weitergedachte Forderung nach einer Schwächung oder gar Abschaffung des Gesetzlichkeitsprinzips fand in der Wissenschaft großen Anklang. Schon lange vor der Machtergreifung durch Hitler wurde der Rechtspraxis vorgeworfen, dass sie durch die enge Haftung am Strafgesetzbuch zahlreichen Individuen die Möglichkeit gegeben habe, durch die Maschen des Gesetzes zu schlüpfen.[164] Es bestand breiter Konsens darin, dass das neue Strafrecht das Verweilen „auf dem schlüpfrigen Boden zwischen dem ausdrücklich Verbotenen und dem Erlaubten" nicht dulden könne.[165] Henkel drückte die Abkehr von Tatbestandsbestimmtheit, Rückwirkungsverbot und Analogieverbot in fast lyrischem Tonfall aus: „Das Strafgesetz ist nicht mehr ein fest in sich abgeschlossener, gleichsam durch die undurchdringliche Mauer der gesetzlichen Tatbestände starr umgrenzter Bereich, sondern eine vom Lebensgesetz des Ganzen

---

159 Ebermayer/Lobe/Rosenberg, Reichs-Strafgesetzbuch, 4. Aufl. (1929), § 2 Anm. 1.
160 v. Hippel, Deutsches Strafrecht, Bd. 2 (1930), S. 34 Fn. 4.
161 Henkel, Strafrichter und Gesetz im neuen Staat (1934), S. 23, 34; zum Ganzen Rüping GA 1984, 297; Fitting, Analogieverbot und Kontinuität (2016), S. 58 ff.
162 Denkschrift des preußischen Justizministers (1933), S. 6.
163 Freisler, Schutz des Volkes oder des Rechtsbrechers? – Fesselung des Verbrechers oder des Richters?, in: Deutsches Strafrecht I (1935), S. 12 f.
164 Z.B. Klee DJZ 1934, Sp. 639; Rumpf DJZ 1934, Sp. 590; Schaffstein ZStW 53 (1934), S. 607 f.
165 Freisler, Schutz des Volkes oder des Rechtsbrechers?, in: Deutsches Strafrecht (1935), S. 12.

durchflutete Ordnung, innerhalb deren die ungeschriebenen Normen von Sitte, Religion, Sittlichkeit zu ihrem Teil, nämlich in der Wertausfüllung der gesetzlichen Begriffe, eine lebendige Wirkung entfalten."[166] Eine solche Wirkung war de lege lata angesichts der Formulierung vieler Tatbestände und des noch bestehenden Analogieverbots schwerlich zu bewerkstelligen. Deshalb lag es nahe, im Einklang mit der politischen Führung die Aufhebung der „Abnormitäten" Analogieverbot und Rückwirkungsverbot zu fordern. Freisler ging noch einen Schritt weiter und schlug einen Zentraltatbestand vor, der alle Handlungen, die gegen die „völkische Sittenordnung" verstießen, gleichzeitig aber keinem der Tatbestände des Besonderen Teils zugeordnet werden konnten, mit Strafe bedroht (s. auch Rn. 111).[167]

c) Novelle des § 2 RStGB vom 28.6.1935

Vor dem Hintergrund der immer lauter werdenden Rufe nach Zulassung des Analogieschlusses setzte sich mit der Novelle des § 2 RStGB ein „Kompromiss" durch, der von einer völligen Loslösung des Richters vom Gesetz absah. Die dennoch zu Recht „berüchtigte" Fassung des § 2 RStGB lautete: „Bestraft wird, wer eine Tat begeht, die das Gesetz für strafbar erklärt oder die nach dem Grundgedanken eines Strafgesetzes und nach gesundem Volksempfinden Bestrafung verdient. Findet auf die Tat kein bestimmtes Strafgesetz unmittelbar Anwendung, so wird die Tat nach dem Gesetz bestraft, dessen Grundgedanke auf sie am besten zutrifft." [168] Zugleich schuf der Gesetzgeber die Voraussetzungen für die prozessuale Umsetzung der Neuregelung. § 170 a StPO erlaubte die analoge Rechtsanwendung der Staatsanwaltschaft und § 267 a StPO dem Richter.[169] In Art. 2 § 1 Nr. 1 a der Verordnung über Maßnahmen auf dem Gebiete der Rechtspflege und Verwaltung wurde der Staatsanwaltschaft die Möglichkeit der Revision für Fälle eingeräumt, die auf der Grundlage des neuen § 2 RStGB entschieden wurden. § 347 a StPO sah vor, dass die von der Staatsanwaltschaft gerügten Entscheidungen direkt durch das Reichsgericht zu überprüfen seien. Naucke schildert diese legislative Aktivität als einen Dreischritt: „Freisetzung des Benutzers strafrechtlicher Regeln; Drängen darauf, dass von der neuen Freiheit auch Gebrauch gemacht wird; Kontrolle, dass von der Freiheit der richtige Gebrauch gemacht wird."[170]

398

d) Der Umgang mit § 2 RStGB

Die mit dem legislativen Dreischritt verbundene Rechnung ging in der Praxis nur teilweise auf, da von der neuen Vorschrift überwiegend zurückhaltend Gebrauch gemacht wurde.[171] Besonders in den frühen Entscheidungen galt diese Zurückhaltung vor allem den Vorgaben, die Strafwürdigkeit eines Verhaltens zunächst anhand des Grundgedankens eines Strafgesetzes festzustellen und erst anschließend das gesunde Volksempfinden zu Rate zu ziehen. Hierzu führt das Reichsgericht aus: „Der Richter darf aber den

399

---

166 Henkel, Strafrichter und Gesetz im neuen Staat (1934), S. 20; Gleispach, Richterliche Rechtschöpfung oder Nullum crimen sine lege?, ZAkDtR 1936, S. 276; Wilke, Die Bedeutung des § 2 StGB in Wissenschaft und Rechtsprechung (1938), S. 6.
167 Freisler, in: Deutsches Strafrecht I (1935), S. 30 f.; dagegen jedoch Schaffstein ZStW 53 (1934), S. 619.
168 RGBl. 1935 I, S. 839.
169 RGBl. 1935 I, S. 844.
170 Naucke, in: ders. (Hrsg.), Über die Zerbrechlichkeit des rechtsstaatlichen Strafrechts (2000), S. 301, 311 Fn. 40.
171 Goedel DJ 1938, S. 588 mit Beispielen; vgl. auch Baumann/Weber/Mitsch/Eisele, Strafrecht AT, 12. Aufl. (2016), § 6 Rn. 22; Maurach, Strafrecht AT, 2. Aufl. (1958), S. 86; Mayer, Strafrecht AT (1953), S. 85; NK-StGB-Hassemer/Kargl, 5. Aufl. (2017), § 1 Rn. 12.

Grundgedanken eines bestimmten Strafgesetzes nicht so verallgemeinern, dass die Verbindung mit dem gesetzlichen Tatbestande völlig verloren geht oder dem Willen des Gesetzgebers geradezu entgegengehandelt wird."[172] An anderen Stellen heißt es: „Dagegen gestattet § 2 StGB nicht, die Grenzen zu überschreiten, die der Gesetzgeber bewusst der Anwendung einer Strafvorschrift gezogen hat", und zwar auch dann nicht, „wenn das gesunde Volksempfinden (...) eine (...) Straftat für strafwürdig hält."[173] Aus dieser Position heraus hat die Neufassung des § 2 RStGB denn auch nicht zu der teilweise in der Literatur geforderten, expansiven Straferweiterung geführt. Bei den sog. „nachrevolutionären Normen" – z.B. beim Blutschutzgesetz oder dem politischen Strafrecht – kann eine solche Zurückhaltung nicht mehr festgestellt werden.[174]

400 Die völlige Freisetzung des Richters vom Gesetz gelang auch deshalb nicht, weil weitestgehend unklar blieb, was unter dem „Grundgedanken eines Strafgesetzes" zu verstehen sein sollte. Die spärlichen Definitionsversuche z.B. von Zimmerl, Wachinger oder Kohlrausch[175] liefen letztlich darauf hinaus, den Grundgedanken mit dem Sinn und Zweck des Gesetzes gleichzusetzen. Damit bewegte man sich noch im Rahmen der traditionellen teleologischen Auslegungsregel. Ebenso wenig gelang eine feste Konturierung beim Merkmal des „gesunden Volksempfindens", dessen wertausfüllungsbedürftiger Charakter eine trennscharfe Definition von vornherein nicht zuließ. Frank etwa verstand darunter „das natürliche Rechtsempfinden aller billig und gerecht denkenden Volksgenossen"[176] und Olshausen „das aus der Seele dringende Werturteil, das der Gefolgschaft der erfahrenen, tüchtigen, weitblickenden, auf das Wohl der Gesamtheit bedachten und verantwortungsbewussten Angehörigen des Volkes gewiß ist."[177] Bezüglich der „Gesundheit" des Volksempfindens sei demjenigen Richter eine Einschätzung zuzutrauen, der sich als Teil der Volksgemeinschaft fühle.[178] Angesichts der Hilflosigkeit dieser Begrifflichkeiten fehlte es in der Literatur nicht an Stimmen, die anmahnten, dass § 2 „kein allgemeiner Lückenbüßer (sei), mit dem man alles bestrafen kann, was man gern bestrafen möchte" und der Rückgriff auf das gesunde Volksempfinden dürfe nicht zu einer „Vielbestraferei" führen.[179]

e) Sondergesetze (Lex van der Lubbe)

401 Obwohl der Nichtrückwirkungsgrundsatz an sich von der Gesetzgebung des Nationalsozialismus aufrechterhalten wurde, ist er in zahlreichen Sondergesetzen durchbrochen worden. Es begann kurz nach der Machtergreifung Hitlers mit § 1 des Gesetzes über Verhängung und Vollzug der Todesstrafe vom 29.3.1933 (RGBl. I, S. 151), der anlässlich des Reichstagsbrands die rückwirkende Anordnung der Todesstrafe bei schwerer Brandstiftung vorsah, Das Reichsgericht hat dieses Gesetz im Prozess gegen den Ange-

---

172 RGSt 71, 197.
173 RGSt 70, 175; ebenso RGSt 71, 306.
174 LK-Dannecker, StGB, 12. Aufl. (2006), § 1 Rn. 74; Rüping, Zur Diskussion um das Analogieverbot im Nationalsozialismus, in: Oehler-FS (1985), S. 27, 39 ff.; Vogel ZStW 115 (2003), S. 652.
175 Zimmerl, in: Gleispach-FS (1936), S. 180; Wachinger, in: Bumke-FS (1939), S. 76; Kohlrausch/Lange, Strafgesetzbuch, 38. Aufl. (1944), S. 40.
176 Frank, in: Frank/Schäfer/Dohnanyi, Das Strafgesetzbuch für das Deutsche Reich, Nachtrag zur 18. Aufl. (1936), S. 187.
177 Olshausen, Kommentar zum Strafgesetzbuch, 12. Aufl. (1942), § 2 Anm. 8; ähnl. Niethammer ZStW 55 (1936), S. 761.
178 Kohlrausch/Lange, Strafgesetzbuch, 38. Aufl. (1944), S. 39.
179 Peters, Deutsches Strafrecht (1938), S. 345; Brinkmann DJ 1935, 1587; Mayer, Das Strafrecht des Deutschen Volkes (1936), S. 122.

klagten Marinus van der Lubbe mit Urteil vom 23.12.1933 für rechtens erklärt. Zur Begründung beruft es sich auf Art. 116 WRV, der die „Strafbarkeit" und nicht die „Strafe" unter den Schutz des Rückwirkungsverbots gestellt habe (Rn. 395). Mit dieser sowohl die Entstehungsgeschichte des Art. 116 WRV als auch die überwiegende Lehrmeinung übergehenden Entscheidung leitete das RG eine verhängnisvolle Entwicklung ein. Rechtlich war damit für den NS-Gesetzgeber der Weg frei, im Laufe der nächsten Jahre eine immer größer werdende Zahl neuer strafschärfender (und dann auch strafbegründender) Gesetze mit rückwirkender Kraft zu erlassen. Eine rückwirkende Androhung der Todesstrafe enthielten z.B.: Art. 2 des Gesetzes gegen erpresserischen Kindesraub vom 22.6.1936 (RGB1. I, S. 493); das Gesetz gegen Straßenraub mittels Autofallen vom 22.6.1938 (RGB1. I, S. 651); § 4 der Verordnung zum Schutz gegen jugendliche Schwerverbrecher vom 4.10.1939 (RGB1. I, S. 2000); Art. I § 2 des Gesetzes zur Ergänzung der Vorschriften gegen Landesverrat vom 22.11.1942 (RGBI. I, S. 668) und Art. 2 der 5. Verordnung zur Ergänzung der Kriegssonderstrafrechtsverordnung vom 5.5.1944 (RGB1. I, S. 115).

f) Rechtspositivismus in der NS-Zeit?

Von Radbruch stammt die Behauptung, der Rechtspositivismus habe die deutsche Rechtswissenschaft wehrlos gegen die Perversion des Rechts durch den Nationalsozialismus gemacht.[180] Vermutlich ist es auf diese Feststellung zurückzuführen, dass nach dem 2. Weltkrieg fast allgemein die Auffassung vertreten wurde, wonach sich die reibungslose Integration der deutschen Justiz in den nationalsozialistischen Staat der positivistischen Einstellung der Richter verdanke.[181] Wie aber z.B. das Urteil des RG zur Lex van der Lubbe zeigt, gelang die gleichsam mechanische Anbindung der Richterschaft an das System nicht infolge der Gesetzestreue (Art. 116 WRV wurde missachtet!), sondern im Gegenteil durch eine übersteigerte „objektive" Auslegung des alten Rechts, also durch Anpassung an die neuen Erwartungen, an völkisches Gedankengut und an den Führergehorsam.[182] Trotz der offenkundigen Fehlinterpretation des richterlichen Versagens in der NS-Zeit ist jahrzehntelang – auch in der Juristenausbildung – die Vorstellung tradiert worden, dass die Gesetzesbindung eher fragwürdig oder gar gefährlich sei, dass das eigentliche Recht ungreifbar und durch das Gesetz nur einen „positivrechtlichen Schleier" umgehängt bekomme, den der Wandel der Zeit stets in Frage stelle.

402

---

180 Radbruch, Gesetzliches Unrecht und übergesetzliches Recht, Süddeutsche Juristen Zeitung 1946, 107.

181 Krit. dazu Hoerster, Was ist Recht? (2006), Kap. 7; Christensen, in: Kudlich/Montiel/Schuhr (Hrsg.), Gesetzlichkeit und Strafrecht (2012), S. 36; Rüthers JZ 2006, 54; Wenzel NJW 2008, 346; Foerste JZ 2007, 127; grundl. zum Diskussionsstand R. Schmidt (Hrsg.), Rechtspositivismus (2014); zu den Problemen der Gleichsetzung von Rechts- und Gesetzespositivismus vgl. Seelmann/Demko, Rechtsphilosophie, 6. Aufl. (2014), § 2 Rn. 15; Möllers, Juristische Methodenlehre (2017), § 2 Rn. 109, § 3 Rn. 20; ferner zur Bewältigung von Systemkriminalität Neumann, in: Lüderssen-FS (2002), S. 109; Haffke, in: Lüderssen-FS (2002), S. 395; Hassemer, in: BGH-FS (2000), S. 439; Marxen/Werle, Die strafrechtliche Aufarbeitung von DDR-Unrecht (1999); Naucke, in: Bemmann-FS (1997), S. 75.

182 Vgl. dazu eingehend Rüthers, Die unbegrenzte Auslegung, 7. Aufl. (2012), S. 277 ff.; Rüthers/Fischer/Birk, Rechtstheorie, 10. Aufl. (2018), Rn. 483.

6. Die Entwicklung seit 1945

a) Besatzungsrecht

403 Dieser Interpretation sind (zum Glück) die Besatzungsmächte nach dem Zusammenbruch des NS-Regimes am 7.5.1945 nicht gefolgt. Die Alliierten hoben die zahlreichen neu geschaffenen Sondergesetze sowie die fundamental veränderten Vorschriften wieder auf. Darüber hinaus wurde die strenge Gesetzesbindung, wie sie der alten Fassung des § 2 vor 1935 entsprach, wieder eingeführt: „Strafbare Verantwortlichkeit besteht nur für Handlungen, welche das Recht für strafbar erklärt" (Art. II Nr. 2 der Kontrollratsproklamation Nr. 3 vom 20.10.1945). Wenig später trat an die Stelle des § 2 RStGB eine eigene Regelung des Kontrollrats: „Anklage darf nur erhoben, Urteile dürfen nur verhängt werden und Strafen vollstreckt werden, falls die Tat zur Zeit ihrer Begehung ausdrücklich gesetzlich für strafbar erklärt war. Ahndung von strafbaren Handlungen unter Anwendung von Analogie oder wegen angeblich „gesunden Volksempfindens" ist verboten."[183] Damit ging die zehnjährige Periode der Zulassung von richterlicher Analogiebildung und gesetzlicher Rückwirkung zu Ende.

b) Verfassung und StGB

404 Das Grundgesetz übernahm mit seinem Inkrafttreten am 23.5.1949 das Gesetzlichkeitsprinzip als überkommenen rechtsstaatlichen Grundsatz in Art. 103 Abs. 2 GG (Rn. 1). Dabei wurde in enger Anlehnung an den Wortlaut des Art. 106 WRV der Begriff der „Strafbarkeit" statt des Begriffs der „Strafe" verwendet. Allerdings hatte man die Lehre aus der Geschichte verstanden, und war sich (fast) einhellig in der Auffassung einig, dass Straftatbestand und Strafandrohung zusammen „die Strafbarkeit" ausmachen.[184] Beide sind wechselseitig aufeinander bezogen: Einerseits richtet sich die Strafhöhe nach dem normativ festgelegten Wert des verletzten Rechtsguts und der Schuld des Täters. Andererseits lässt sich das Gewicht einer Straftat in aller Regel erst aus der Höhe der angedrohten Strafe entnehmen. Insofern ist das Strafmaß von Bedeutung für die Bewertung und Auslegung eines Straftatbestands. Das BVerfG hat wiederholt ebenfalls ausgesprochen, dass nicht nur die Schaffung neuer Tatbestände mit rückwirkender Kraft, sondern auch die Verhängung nach der Tat verschärfter Strafen verboten ist und sich Art. 103 Abs. 2 GG danach sowohl auf den Unrechtstatbestand als auch auf die Höhe der Strafdrohung bezieht.[185] Dem entspricht die heute ungeteilte Meinung im strafrechtlichen Schrifttum.

405 Mit dem 3. Strafrechtsänderungsgesetz vom 4.8.1953 ist der Grundsatz in § 2 Abs. 1 StGB verankert und in Abs. 2 das Rückwirkungsverbot explizit niedergelegt worden.[186] Seine noch gegenwärtig wirksame Fassung erhielt das Gesetzlichkeitsprinzip mit der Strafrechtsreform vom 1.1.1975, die den Grundsatz in § 1 StGB wieder an die Spitze des Strafgesetzbuchs setzte und ihm damit die Bedeutung einräumte, die er schon in den Reformdiskussionen der Zwanzigerjahre erhalten sollte.[187] Bewusst offen gelassen wurde von den an der Gesetzgebung beteiligten Gremien die Entscheidung über den

---

183 Zit. bei Fitting, Analogieverbot und Kontinuität (2016), S. 69.
184 Dazu Schreiber, Gesetz und Richter (1976), S. 202 ff.; Krey, Keine Strafe ohne Gesetz (1983), S. 97; Bopp, Die Entwicklung des Gesetzesbegriffs im Sinne des Grundrechts „Nulla poena, nullum crimen sine lege" (1966), S. 169; Stree, Deliktsfolgen und Grundgesetz (1960), S. 27 ff. mwN.
185 BVerfGE 25, 285; 26, 42; 46, 192.
186 BGBl. I, 1953, S. 737.
187 BGBl. I, 1975, S. 9.

Fragenkomplex „Geltungsbereich des Nullum-crimen-Satzes", also die Frage, ob die Vorschrift nicht nur für den Besonderen, sondern auch für den Allgemeinen Teil und das Verfahrensrecht gelten solle.[188] Dieser Bereich entpuppte sich dann in der zweiten Hälfte des 20. Jahrhunderts zum dominanten Zankapfel in Wissenschaft und Praxis.

III. Reichweite

1. Materielles Strafrecht

a) Regelungsgehalt

Das Rückwirkungsverbot gilt für alle Voraussetzungen des materiellen Strafrechts, also für alle strafbegründenden Merkmale (Rn. 17 ff.). Im Einzelnen bedeutet es, dass eine Tat, die zur Zeit ihrer Begehung nicht strafbar war, weder rückwirkend unter Strafe gestellt noch rückwirkend eine schwerere Strafart angedroht (z.B. Freiheits- anstatt Geldstrafe) noch dass die Strafdrohung rückwirkend verschärft werden darf (z.B. Erweiterung des Strafrahmens nach oben). Das Rückwirkungsverbot hat zwar in erster Linie Bedeutung für die Vorschriften des Besonderen Teils, aber es gilt auch für eine nachteilige gesetzliche Veränderung des Rechtszustandes auf dem Gebiet des Allgemeinen Teils.[189] So wäre z.B. untersagt, wenn der Gesetzgeber — über die Regelung in § 23 Abs. 1 StGB hinaus — mit rückwirkender Kraft die Versuchsstrafbarkeit auf alle Vergehen ausdehnen würde. Ebenso wenig könnte der Gesetzgeber eine rückwirkende, den Beschuldigten nachteilige Änderung der Vorschriften über Rechtfertigungs- und Schuldausschließungsgründe (§§ 32-35 StGB) oder über Täterschaft und Teilnahme (§§ 25-31 StGB) vornehmen. Demnach handelt es sich bei strafbegründenden Gesetzen, für die das Rückwirkungsverbot gilt, um alle Normen des materiellen Rechts, die eine Neukriminalisierung zur Folge haben.

b) Beispiel: Mauerschützenfälle

Das Rückwirkungsverbot beansprucht Geltung auch für die auf dem Gebiet der ehemaligen DDR begangenen Straftaten[190] und umfasst prinzipiell auch den zwischenzeitlichen Wegfall von Rechtfertigungsgründen (Art. 315 EGStGB).[191] Die Mauerschützen und ihre Hintermänner haben sich deshalb auf §§ 26, 27 GrenzG der DDR berufen, wo die „Durchsetzung von Maßnahmen" und die „Anwendung von Schusswaffen" erlaubt worden waren. Von dieser Rechtfertigung haben jedoch die obersten Bundesgerichte und ein Teil der Literatur[192] eine Ausnahme gemacht, sofern der gesetzliche Rechtfertigungsgrund selbst – und nicht erst in Verbindung mit seiner Handhabung –

406

407

---

188 Niederschriften, Bd. 3, S. 293, 416.
189 Vgl. Frister, Strafrecht AT, 7. Aufl. (2015), 4. Kap. Rn. 35; Maurach/Zipf, Strafrecht AT, 7. Aufl. (1987), § 12 II Rn. 7; Jescheck/Weigend, Strafrecht AT, 5. Aufl. (1996), § 14 IV 3; Baumann/Weber/Mitsch/Eisele, Strafrecht AT, 12. Aufl. (2016), § 9 Rn. 27; Dannecker, in: Otto-FS (2007), S. 25 ff. mwN.
190 Zur sog. „staatsverstärkten Kriminalität" vgl. L. Schulz, in: Pawlowski/Roellecke (Hrsg.), Der Universalitätsanspruch des demokratischen Rechtsstaats (1996), S. 184; Graefe, Deutsche Gerechtigkeit. Prozesse gegen DDR-Grenzschützen und ihre Befehlshaber (2004); MüKo-Schmitz, StGB, 3. Aufl. (2017), § 1 Rn. 31; P. A. Albrecht, Die vergessene Freiheit, 3. Aufl. (2011), S. 14; Naucke, in: Trechsel-FS (2002), S. 505; umf. Eser/Arnold (Hrsg.), Strafrecht in Reaktion auf Systemunrecht, Teilbd. 14 (2012).
191 Arthur Kaufmann NJW 1995, 83; Erb ZStW 108 (1996), S. 271; SK-StGB-Rudolphi, 7. Aufl. (2000), § 1 Rn. 9; Roxin, Strafrecht AT, 4. Aufl. (2006), § 5 Rn. 55; Gropp NJ 1996, 393; Dreier JZ 1997, 431.
192 Lackner/Kühl/Heger, StGB, 29. Aufl. (2018), § 2 Rn. 16; Fischer, StGB, 65. Aufl. (2018), vor § 3 Rn. 52 a; Lüderssen ZStW 104 (1992), S. 741; Günther StV 1993, 20; anders Jakobs GA 1994, 1, 9; s. auch Ambos, Internationales Strafrecht, 5. Aufl. (2018), § 10 Rn. 66; Mangoldt/Klein/Starck/Nolte, GG, 7. Aufl. (2018), Art. 103 Rn. 124.

als menschenrechtswidrig einzustufen ist. Insbesondere in dem Fall der vorsätzlichen Tötung von Republikflüchtlingen sei kein Grund ersichtlich, inwiefern diese Staatspraxis einen berechtigten Vertrauensschutz auf Nichtbestrafung begründen könnte.[193] Der Bundesgerichtshof (BGHSt 41, 101) führt dazu aus:

408 „Ein Rechtfertigungsgrund, der einer Durchsetzung des Verbots, die DDR zu verlassen, den Vorrang vor dem Lebensrecht von Menschen gab, indem er die vorsätzliche Tötung unbewaffneter Flüchtlinge gestattete, ist wegen offensichtlichen unerträglichen Verstoßes gegen elementare Gebote der Gerechtigkeit und gegen völkerrechtlich geschützte Menschenrechte unwirksam. Der Verstoß wiegt hier so schwer, dass er die allen Völkern gemeinsamen, auf Wert und Würde des Menschen bezogenen Rechtsüberzeugung verletzt; in einem solchen Falle muß das positive Recht der Gerechtigkeit weichen (sogenannte „Radbruchsche Formel"). Diese Grundsätze werden durch Dokumente des internationalen Menschenrechtsschutzes konkretisiert."[194]

409 Vertrauensschutz und Täuschungsfreiheit als Prinzipien des Rückwirkungsverbots (Rn. 388) zwingen also nicht dazu, Rechtfertigungsgründe über die Grenze verhältnismäßiger Relation hinaus auszudehnen.[195] Naucke betont zu Recht, dass Normen, die eine zurechenbare Überwältigung der persönlichen Freiheit rechtfertigen und damit in ein Privileg für mächtige Politiker und Wirtschaftslenker umschlagen, nicht durch das Rückwirkungsverbot geschwächt werden dürfen.[196] Die Gegenansicht, die das Recht des Menschen auf Freiheit dem Rückwirkungsverbot unterstellt, würde sich eines „rechtstheoretisch entleerten strafrechtlichen Positivismus" bedienen.[197] Aus diesem Grunde bedeuten eine „menschenrechtsfreundliche Auslegung" der Rechtfertigungsgründe[198] oder ein Ausschluss unverhältnismäßiger Rechtsverletzungen vom Rückwirkungsverbot nach der „Radbruchschen Formel"[199] keinen Rückzug ins Naturrecht, sondern nehmen den Wortlaut des geschriebenen Gesetzes und insbesondere die Menschenwürde als die tragende Säule des Gesetzlichkeitsprinzips ernst (Rn. 283 ff.).[200]

410 In diesem Sinne hat der Europäische Gerichtshof für Menschenrechte das Rückwirkungsverbot bei unerträglichen Verstößen gegen das elementare Gebot der Gerechtigkeit als schlicht unzuständig erklärt[201]: die Bestrafung „staatsverstärkter Kriminalität" verletze nicht das Gesetzlichkeitsprinzip, sondern vollende dessen machtbegrenzende Ratio.[202] Sofern die menschenrechtsverletzende Befehlslage den Gesetzeswortlaut

---

193 Dies gilt insb. für Exzesstaten (Dauerfeuer, Minen, Verblutenlassen einer angeschossenen Person); s. LK-Dannecker, StGB, 12. Aufl. (2011), § 1 Rn. 449.
194 Vgl. auch BGHSt 39, 3; 40, 111; BVerfGE 95, 133.
195 Schreiber, in: Lampe (Hrsg.), Deutsche Wiedervereinigung, Bd. II (1993), S. 53; L. Schulz, in: Pawlowski/Roellecke (Hrsg.), Der Universalitätsanspruch des demokratischen Rechtsstaats (1996), S. 187; Ambos GA 1996, 56.
196 Naucke, Der Begriff der politischen Wirtschaftsstraftat (2012), S. 4, 17; vgl. auch Paul, in: Kargl-FS (2015), S. 394.
197 Naucke, Der Begriff der politischen Wirtschaftsstraftat (2012), S. 43.
198 BGHSt 39, 183; 40, 244; 41, 104.
199 Dazu Arthur Kaufmann NJW 1992, 82; Saliger, Die Radbruchsche Formel und Rechtsstaat (1995), S. 4; Dreier, in: A. Kaufmann-FS (1993), S. 57; diff. Mahlmann, Rechtsphilosophie und Rechtstheorie, 4. Aufl. (2017), § 13 Rn. 14; Hillenkamp, in: Baldus/Kronke/Mager (Hrsg.), Heidelberger Thesen zu Recht und Gerechtigkeit (2013), S. 40.
200 Ebenso Raisch, Juristische Methoden (1995), S. 129; Alexy, Mauerschützen (1993), S. 30; Naucke, Die strafjuristische Privilegierung staatsverstärkter Kriminalität (1996), S. 70.
201 EGMR NJW 2001, 3035; s. auch EuGRZ 1997, 413; NJW 2000, 1480; Ebert, in: Müller-Dietz-FS (2001), S. 171.
202 P. A. Albrecht, Kriminologie, 4. Aufl. (2010), S. 118; Naucke KritV 2000, 132; ders., in: Quaderni Fiorentini (2007), S. 329.

„überlagert" hat, ist dies auf der Ebene der Schuld zu würdigen.[203] Das Vertrauen auf die Handhabung eines Gesetzes in der Praxis ist auch sonst nicht geschützt.[204]

2. Prozessrecht

a) Herrschende Meinung

Anders als das materielle Strafrecht unterfallen nach überwiegender Meinung die prozessrechtlichen Vorschriften nicht dem Rückwirkungsverbot. Die gegenteilige Auffassung lasse sich weder auf den Wortlaut („die Strafbarkeit") von Art. 103 Abs. 2 GG stützen noch erfüllten die prozessualen Regelungen – von Ausnahmen abgesehen[205] – den Sinn des Rückwirkungsverbots: Änderungen etwa im formalen Gang der Hauptverhandlung (§ 243 StPO) oder in der Zusammensetzung der Spruchkörper (§ 22 GVG) bestimmen nicht über die Bestrafungsvoraussetzungen und Strafrechtsfolgen und können deshalb Rechtssicherheit, Vertrauensschutz und Täuschungsfreiheit (Rn. 387, 388) im Allgemeinen nicht berühren. Die Rechtsprechung[206] und die vorherrschende Meinung in der Literatur[207] nehmen deshalb Änderungen des Verfahrensrechts grundsätzlich vom Rückwirkungsverbot aus. 411

b) Differenzierende Lösung

Diese strikt ablehnende Haltung ist vor dem Hintergrund, dass die Normen des Strafprozesses nicht nur technischer Natur („Spielregeln") sind, sondern auch den Rechtsstatus der Verfahrensbeteiligten ausgestalten[208], nicht immer sachgerecht. Matthias Jahn plädiert wegen der „Gleichrangigkeit strafrechtlicher und strafprozessualer Eingriffe" sogar für die grundsätzliche Anerkennung sowohl des Analogieverbots als auch des Rückwirkungsverbots im Strafprozessrecht.[209] Dem ist zuzustimmen, sofern Normen abgeändert werden, die den Beteiligten prozessuale Rechte gewähren oder ihnen Pflichten auferlegen, und dies zur Folge hat, dass der Status des Beschuldigten als Prozesssubjekt grundlegend in Mitleidenschaft gezogen wird.[210] Eine differenzierende Lösung wird daher dem Umstand Rechnung tragen müssen, dass das Vertrauen auf die Beständigkeit prozessualer Normen „im Einzelfall ihrer Bedeutung und ihres Gewichts wegen im gleichen Maße schutzwürdig sein (können) wie Positionen des materiellen Rechts" (BVerfGE 63, 359; 87, 113; 113, 308). Die Frage, ob es sich bei den Einstellungsvoraussetzungen (§§ 153 ff. StPO), den Strafantragdelikten (§§ 77 ff. StGB) und den Verjährungsvorschriften (§§ 78 ff. StGB) um Normen mit (auch) materiellrechtlichem Charakter handelt oder nicht, ist bis heute heftig umstritten. 412

---

203 Evtl. unvermeidbarer Verbotsirrtum (§ 17 StGB); ähnl. Frommel, in: A. Kaufmann-FS (1993), S. 91; Amelung GA 1996, 56; Roxin, Strafrecht AT, 4. Aufl. (2006), § 5 Rn. 54.
204 Zu diesem Problem vgl. NK-StGB-Neumann, 5. Aufl. (2017), § 17 Rn. 99 mwN.
205 Dazu Wohlers, Die zeitliche Geltung strafprozessualer Normen, in: Kargl-FS (2015), S. 587.
206 BVerfGE 11, 146; 24, 55; 87, 64; BGHSt 22, 325; 26, 231; 40, 118; BGH NJW 2009, 791.
207 Maurach/Zipf, Strafrecht AT, 7. Aufl. (1987), § 12 Rn. 6; Jescheck/Weigend, Strafrecht AT, 5. Aufl. (1996), § 15 IV 4; Roxin, Strafrecht AT, 4. Aufl. (2006), § 5 Rn. 57; Murmann, Grundkurs Strafrecht, 4. Aufl. (2017), § 11 Rn. 8; Fischer, StGB, 65. Aufl. (2018), § 1 Rn. 11 b; Meyer-Goßner/Schmitt, StPO, 61. Aufl. (2018), Einl. Rn. 203 mwN.
208 Hierzu und den Verfahrenszielen Dölling in: Beulke-FS (2015), S. 679.
209 Jahn, Rechtstheoretische Grundlagen des Gesetzesvorbehalts im Strafprozessrecht, in: Kudlich/Montiel/ Schuhr (Hrsg.), Gesetzlichkeit und Strafrecht (2012), S. 231.
210 Zachariae, Über die rückwirkende Kraft neuer Strafgesetze (1884), S. 54; Pföhler, Zur Unanwendbarkeit des strafrechtlichen Rückwirkungsverbots im Strafprozessrecht in dogmenhistorischer Sicht (1988), S. 669.

c) Änderung der Einstellungsvoraussetzungen (§§ 153 ff. StPO)

413 Auf Grund der funktionalen Beziehung zum materiellen Strafrecht ist die Anwendung des strikten Rückwirkungsverbots bei den Einstellungsvoraussetzungen zu befürworten.[211] Diese Auffassung ergibt sich aus der differenzierenden Betrachtung, die auf die Bedeutung der Norm für den Status des Betroffenen als Prozesssubjekt abstellt (Rn. 412). Der materiellrechtliche Charakter der Einstellungsvoraussetzungen[212] ist darüber hinaus durch die Entscheidung des BVerfG zur Verfassungsmäßigkeit der Strafnormen des Betäubungsmittelhandels bestätigt worden.[213] Mit dieser Entscheidung hat das BVerfG anerkannt, dass der Gesetzgeber den Anwendungsbereich strafrechtlicher Normen nicht zwingend materiellrechtlich begrenzen muss, sondern nichtstrafbedürftige Fälle auch durch prozessuale Normen straffrei stellen kann. Damit können die §§ 153, 153 a StPO als prozessuale Äquivalente des materiellen Strafrechts nicht mehr in Zweifel gezogen werden. Wolfgang Wohlers bilanziert folgerichtig: „Wenn aber für eine materiellrechtliche Beschränkung des Anwendungsbereichs einer Strafnorm unstreitig das materiellstrafrechtliche Rückwirkungsverbot (Art. 103 Abs. 2 GG, § 1 StGB) gelten würde, kann nichts anderes gelten, wenn der Gesetzgeber zum gleichen Zweck auf prozessuale Äquivalente zurückgreift. Die Geltung des Rückwirkungsverbots kann nicht davon abhängen, ob der Gesetzgeber die Flucht ins Prozessrecht antritt oder nicht."[214]

d) Verlängerung der Verjährungsfrist und die Aufhebung der Verjährung bei Mord

414 Um die Verfolgung der Kriegs- und Menschlichkeitsverbrechen aus der Zeit vor 1945 über die im Jahre 1965 ablaufende Verjährungsfrist zu ermöglichen, bestimmte das sog. Berechnungsgesetz vom 13.4.1965, dass die Verjährung vom 8.5.1945 – 31.12.1949 geruht hat. Das 9. StÄG vom 4.8.1969 verlängerte die Verjährungsfrist für diese Taten auf 30 Jahre. Durch das 16. StÄG vom 16.7.1979 wurde die Verjährungsfrist für Mord ausgeschlossen. Je nachdem, ob man die Verjährungsfristen als schlicht prozessuales Institut versteht oder ob man ihnen auch einen materiellrechtlichen Gehalt beimisst, wird die Anwendung des Art. 103 Abs. 2 GG verneint oder bejaht.

415 Das BVerfG[215] hat als Ansatzpunkt seiner Argumentation den Begriff „Strafbarkeit" gewählt und sich damit für eine eher formale Betrachtungsweise entschieden: „Art. 103 Abs. 2 GG bestimmt die Voraussetzungen, unter denen ein Verhalten für strafbar erklärt werden kann. Verjährungsvorschriften regeln, wie lange eine für strafbar erklärte Tat verfolgt werden soll. Da sie lediglich die Verfolgbarkeit betreffen, die Strafbarkeit hingegen unberührt lassen, fallen sie aus dem Geltungsbereich des Art. 103 Abs. 2 GG heraus; eine Verlängerung oder Aufhebung von Verjährungsvorschriften kann deshalb nicht gegen diesen Verfassungssatz verstoßen." Damit ist das BVerfG seiner früheren Rechtsprechung[216] gefolgt, wiederum unter Bezugnahme auf den Wortlaut und die Entstehungsgeschichte des Art. 103 Abs. 2 GG.

---

211 Statt aller Baumann/Weber/Mitsch/Eisele, Strafrecht AT, 12. Aufl. (2016), § 9 Rn. 29; dagegen H. Kaufmann, Strafanspruch – Strafklagerecht (1968).
212 Roxin, Strafrecht AT I, 4. Aufl. (2006), § 5 Rn. 58: „an der Grenze zum materiellen Recht".
213 BVerfGE 90, 189.
214 Wohlers, in: Kargl-FS (2015), S. 595.
215 BVerfG NJW 2000, 1554; Murmann, Grundkurs Strafrecht, 4. Aufl. (2017), § 11 Rn. 8; LK-Dannecker, StGB, 12. Aufl. (2011), § 1 Rn. 8.
216 BVerfGE 1, 423; dazu MüKo-Schmitz, StGB, 3. Aufl. (2017), § 1 Rn. 17; SK-Rudolphi/Wolter, StGB, 7. Aufl. (2000), vor § 78 Rn. 10; Otto, Strafrecht AT, 7. Aufl. (2004), § 2 Rn. 23; befürwortend auch Hassemer, Ein-

Im Ergebnis ist der Entscheidung des BVerfG zuzustimmen. Gleichwohl greift die Begründung zu kurz. Im Vordergrund sollte nicht die ohnehin mit Überlappungen belastete Differenzierung zwischen materiellem Strafrecht und Prozessrecht stehen, sondern die Überlegung, ob es in der konkreten Konstellation einen Vertrauenstatbestand gibt, der durch eine rückwirkende Gesetzesänderung verletzt werden könnte. Stellt man hierauf ab, so wird sich schwerlich behaupten lassen, dass das Vertrauen des Rechtsbrechers darauf, für ein Verhalten, dessen Verwerflichkeit er kennt, nur unter bestimmten Voraussetzungen Strafe zu riskieren, kaum schützenswert ist: Die Verjährung kann ruhen oder unterbrochen (§§ 78 ff. StGB) werden durch Ereignisse und Handlungen, auf die der Betroffene keinen Einfluss hat. Deshalb kann er auf die Verjährung allenfalls spekulieren, aber sie ist ihm nicht rechtlich zugesagt oder gar garantiert.[217] Insofern betrifft die Verjährungsfrist nicht den Freiheitsspielraum des einzelnen", wie dies bei den Strafvorschriften selbst und den wesentlichen Verfahrensgarantien der Fall ist. Aus diesem Grunde ist die rückwirkende Verlängerung der Verjährung für Mord mangels einer schutzbedürftigen Vertrauensposition zulässig. Gleiches gilt für die nachträgliche Anwendung von Ruhen der Verjährung (BVerfG NJW 2000, 1554).

416

e) Nachträgliche Umwandlung eines Antrags- in ein Offizialdelikt

Durch das 21. StÄG wurde das Strafantragserfordernis für die Verfolgung von Beleidigungen (§ 185 StGB) von Opfern der NS-Gewaltherrschaft aufgehoben (§ 194 Abs. 1 S. 2 StGB) und damit das „Leugnen des unter der Herrschaft des Nationalsozialismus oder einer anderen Gewalt- oder Willkürherrschaft begangenen Unrechts" (sog. „einfache Auschwitz-Lüge") zum Offizialdelikt erklärt.[218]

417

Auch das Institut der Antragsdelikte beruht nicht auf einer rechtlichen Garantie der gesetzlich bestimmten Strafbarkeit (§ 1 StGB), sondern auf der kriminalpolitischen Einschätzung, bestimmte Konflikte mit geringer Sozialrelevanz sollten, wenn möglich, im Bereich von Täter und Opfer verarbeitet und aus dem Justizsystem herausgehalten werden.[219] Die Entscheidung über die Verfolgung und evtl. Bestrafung der Tat ist hier gesetzlich gerade „unbestimmt" belassen und in die Willkür des Verletzten gestellt. Also kann der Betroffene, für den weder der Fristbeginn noch der Fristablauf vorhersehbar und seiner Einflussnahme entzogen ist, auch hier nur auf faktische Ereignisse spekulieren, sich nicht vertrauensvoll auf rechtliche Garantien verlassen. Die rückwirkenden Änderungen solcher Gesetze treffen auf keinen Vertrauenstatbestand und täuschen die Betroffenen nicht.[220]

418

Unter dem Gesichtspunkt des Vertrauensschutzes kann dies allerdings nicht für die Fälle gelten, in denen sich der Beschuldigte mit dem Antragsberechtigten wirksam auf eine endgültige Rücknahme bzw. einen Verzicht auf die Ausübung des Strafantragsrechts geeinigt hat (§ 77 d Abs. 1 S. 2 StGB). Wie in der Konstellation der bereits einge-

419

---

führung in die Grundlagen des Strafrechts, 2. Aufl. (1990), S. 262; Jakobs, Strafrecht AT, 2. Aufl. (1993), 4. Abschn. Rn. 9; Hörnle, in: Beulke-FS (2015), S. 115.

217 So auch Grünwald ZStW 76 (1964), S. 12; Roxin, Strafrecht AT I, 4. Aufl. (2006), § 5 Rn. 60; Stratenwerth/Kuhlen, Strafrecht AT, 6. Aufl. (2011), § 3 Rn. 11; BGHSt NJW 2001, 2101; NStZ 2006, 32; Wohlers, in: Kargl-FS (2015), S. 597.

218 BT-Drucks. 10/3242, S. 8.

219 NK-StGB-Hassemer/Neumann, 5. Aufl. (2017), vor § 1 Rn. 262; NK-StGB-Kargl, 5. Aufl. (2017), vor § 77 Rn. 10.

220 Fischer, StGB , 65. Aufl. (2018), § 1 Rn. 16; Wessels/Beulke/Satzger, Strafrecht AT, 47. Aufl. (2017), Rn. 48; SK-StGB-Rudolphi, 7. Aufl. (2000), vor § 77 Rn. 10.

tretenen Verjährung hat der Beschuldigte eine Rechtsposition erlangt, in die rückwirkend nicht mehr eingegriffen werden darf.[221]

3. Rechtsprechung

a) Änderung der Rechtsprechung im Rahmen der Gesetzesauslegung

420 Nicht unumstritten ist, ob das Rückwirkungsverbot auch für einen nachteiligen Wandel der bisherigen Rechtsprechung gilt. Eine Minderheit postuliert für strafbegründende und strafschärfende Änderungen einer ständigen höchstrichterlichen Rechtsprechung die (analoge) Anwendung des Art. 103 Abs. 2 GG.[222] Sie führt zur Begründung an, dass ein starker Umschwung in der Rechtsprechung u.U. schwerer als eine geringfügige Gesetzesänderung wiegt. Ulrich Weber[223] fügt dem hinzu: „Nur dann ist die Rechtswirklichkeit des Strafgesetzes Magna Charta, wenn für die das Gesetz entfaltende Auslegung das gleiche gilt, was für den Gesetzesbuchstaben in Anspruch genommen wird." Im Zielkonflikt zwischen der Wahrung der Rechtssicherheit und der Ermöglichung der Rechtsfortbildung steht diese Auffassung auf der Seite des Schutzes der individuellen Vorhersehbarkeit der rechtlichen Folgen einer Straftat.

421 Diese Extension des Art. 103 Abs. 2 GG wird von der Rechtsprechung der Obergerichte[224] und von der herrschenden Lehre[225] abgelehnt. Gegen die Mindermeinung wird erstens der Wortlaut der Vorschrift ins Feld geführt: Er verlangt, dass die „Strafbarkeit" zur Tatzeit „gesetzlich bestimmt" war, er fordert nicht, dass die vom Täter verletzte Strafnorm bereits zur Tatzeit genauso ausgelegt wurde wie zur Zeit der Aburteilung. Zweitens widerspricht die herrschende Meinung nicht dem Grundgedanken des Vertrauensschutzes und der Täuschungsfreiheit, wenn sie die flexible Anpassung an die Besonderheiten der Sachverhalte und an den sozialen Wandel erlaubt. Respektieren die Gerichte den Wortlaut, die Ratio und die Historie des Gesetzes, ist kein schutzwürdiges Interesse des Täters verletzt, kann bei einer strengeren Auslegung als bisher auch nicht von „Willkür ex post" gesprochen werden. Zum Dritten würde die allgemeine Ausdehnung des Rückwirkungsverbots auf die Rechtsprechung die richterliche Rechtsfortbildung blockieren und damit der Aufgabe der Rechtsanwendung widersprechen, die Gesetze in einem stetigen Prozess der Auslegung zu konkretisieren.[226] Dieses Ergebnis entspricht auch einem objektiv gefassten Verständnis von Rechtssicherheit: Sollen Willkürakte der Rechtsprechung ausgeschlossen sein, wäre es evident kontraproduktiv, im Einzelfall auf die individuelle Vorhersehbarkeit der Rechtsfolgen abzustellen. Die Rechtsprechung müsste gerade dadurch in hohem Maße rechtsunsicher werden.

---

221 Wie hier LK-StGB-Dannecker, 12. Aufl. (2011), § 2 Rn. 33; Wohlers, in: Kargl-FS (2015), S. 598.

222 Neumann ZStW 103 (1991), S. 331; Müller-Dietz, in: Maurach-FS (1972), S. 41; Schreiber JZ 1973, 713; Ranft Jus 1992, 468.

223 Baumann/Weber/Mitsch/Eisele, Strafrecht AT, 12. Aufl. (2016), § 9 Rn. 38.

224 BVerfG NStZ 1990, 537; NJ 2000, 140; BVerfG HRRS 2010, Nr. 656; BGHSt 21, 157; 41, 111.

225 Köhler, Strafrecht AT (1997), Kap. 2 II 3; Jescheck/Weigend, Strafrecht AT, 5. Aufl. (1996), § 15 IV 3; SSW-StGB-Satzger, 3. Aufl. (2017), § 1 Rn. 52; Roxin, Strafrecht AT, 4. Aufl. (2006), § 5 Rn. 6.

226 Krey/Esser, Strafrecht AT, 6. Aufl. (2016), Rn. 72; Ossenbühl, Richterrecht im demokratischen Rechtsstaat (1988), S. 17; diff. Leite GA 2014, 220; Rüthers/Fischer/Birk, Rechtstheorie, 10. Aufl. (2018), Rn. 171.

b) Änderung der Rechtsprechung im Rahmen formelhafter Gesetzesergänzung

aa) Z.B. Richterliche Praxis zur absoluten Fahruntüchtigkeit bei Trunkenheitsfahrten

Es gibt aber Konstellationen, in denen die Rechtsprechung – aus Sicht des Betroffenen   422
und der Bürger – in derselben Funktion wie der Gesetzgeber auftritt: als Quelle „bestimmter" Strafbarkeitsvoraussetzungen bzw. Strafdrohungen.[227] Ein besonders deutli-
ches Beispiel ist die Herabsetzung absoluter Fahruntüchtigkeit (§ 316 StGB) von einem
Blutalkoholgehalt von 1,5 auf 1,3 Promille[228] sowie dann von 1,3 auf 1,1 Promille[229].
Dieser vom BGH neu festgelegte Grenzwert wurde von der Rechtsprechung dabei –
rückwirkend – auch für die vor dem 28.6.1990 begangenen Taten angewandt. Nach
BVerfG soll darin kein Verstoß gegen Rückwirkungsverbot und Vertrauensschutz liegen, weil es hier um eine bloße Änderung der Erkenntnisgrundlagen für die Rechtsanwender und nicht um ein geändertes strafrechtliches Unwerturteil gehe.[230] Im Übrigen
sah der BGH den Vertrauensschutz bereits dadurch gewährleistet, dass der Vorsitzende
des befassten Senats die Rechtsprechungsänderung in Fachzeitschriften angekündigt
hat.[231] Die inzwischen nicht seltene Praxis oberster Gerichte, die Medien über ihre von
früheren Entscheidungen abweichenden Ansichten zu informieren, fügt sich den neuen
Techniken der Ankündigung ebenso ein wie das bewährte Mittel, im obiter dictum
neuartige Sachverhalte oder ganze Tätergruppen einem Tatbestand zu unterwerfen.[232]

bb) Kritik

Die im Promille-Fall vorgenommene Differenzierung zwischen Erkenntnisgrundlagen   423
und Unwerturteil wird aber den Besonderheiten einer völlig konformen, formelhaft
festgelegten höchstrichterlichen Rechtsprechung nicht gerecht. Diese zeichnen sich unter dem Aspekt des Rückwirkungsverbots dadurch aus, dass (1) der Gesetzgeber das
Bestimmtheitsgebot nur unzureichend erfüllt: eine präzisere Formulierung als „infolge... nicht in der Lage ist, das Fahrzeug sicher zu führen" (§ 316 StGB) wäre möglich
gewesen; dass (2) diese präzisere, nämlich numerische, Formulierung („Blutalkoholgehalt von 1,1 Promille") von der Rechtsprechung nachgeliefert wird; dass (3) die betroffenen Verkehrsteilnehmer durch die Medien über diese präzise Strafbarkeitsgrenze informiert sind und deshalb ihr Verhalten darauf einstellen können; dass (4) die Betroffenen dabei nicht unterscheiden, ob die Strafbarkeitsgrenze vom Gesetz oder von der
Rechtsprechung gezogen wird; dass (5) die Strafbarkeit einer Tat aus der Zeit, da die
großzügigere Regelung gilt, aufgrund der nunmehr verschärften Regelung den Betroffenen als Falle und Täuschung erscheinen muss.[233]

Nur unter diesen engen Voraussetzungen, in denen die Judikatur eine gesetzesvertre-   424
tende oder gesetzesergänzende Funktion und deshalb dieselbe Orientierungsfunktion
wie ein Gesetz hat, ist die rückwirkende Änderung der Rechtsprechung gegenüber dem

---

227 Näher Robbers JZ 1988, 485; Hettinger/Engländer, in: Meyer-Goßner-FS (2001), S. 145; L. Schulz, in: Roxin-
     FS (2011), S. 317.
228 BGHSt 21, 157; dazu Haffke JuS 1972, 448; Naucke NJW 1968, 3221; weitere Beispiele bei Schreiber JZ
     1973, 713.
229 BGHSt 37, 89; zust. Janiszewski NStZ 1990, 493.
230 BVerfG NJW 1995, 126; s. auch Rengier, Strafrecht AT, 9. Aufl. (2017), § 4 Rn. 17.
231 Salger DRiZ 1990, 19; ders. NZV 1990, 5.
232 BGH v. 17.7.2009 zur Strafbarkeit des Compliance Officers; BGH v. 13.9.2010 und BVerfG v. 23.7.2011 zum
     Untreuetatbestand; dazu Krüger ZIS 2011, 1; umf. zur Thematik Lilie, Obiter dictum und Divergenzaus-
     gleich im Strafrecht (1999).
233 NK-StGB-Hassemer/Kargl, 5. Aufl. (2017), § 1 Rn. 52-56.

Betroffenen verfassungsrechtlich ausgeschlossen.[234] Dies bedeutet keine Blockade der Rechtsprechungsentwicklung oder eine Behinderung der Chance der Justiz, aus ihren Fehlern zu lernen.[235] Denn es handelt sich nur um den Verzicht, neu entwickelte Gesetzergänzungen auf diejenigen Sachverhalte anzuwenden, die sich unter dem alten Rechtszustand, also in einer kurzen Zwischenzeit, zugetragen haben. Gleiches gilt für die Blanketttatbestände im Steuerstrafrecht, wo die Auslegung maßgeblich durch die Rechtsprechung des Bundesfinanzgerichtshofs geprägt wird. Da auch hier der richterlichen Interpretation eine normersetzende Funktion zukommt, ist ihre Änderung jedenfalls hinsichtlich der Normen mit strafrechtlicher Relevanz (nicht hinsichtlich der Steuertatbestände; BFHE 141, 416) dem Rückwirkungsverbot unterworfen.[236]

cc) Lösungsweg: Verbotsirrtum (§ 17 StGB)

425   Soweit das Rückwirkungsverbot bei einem Wandel der Rechtsprechung nicht eingreift, kann zugunsten des Betroffenen ein unvermeidbarer Verbotsirrtum in Betracht kommen.[237] Der Lösungsweg über § 17 StGB ist freilich aus mehreren Gründen wenig hilfreich und aus kriminalpolitischer Sicht ein Danaer-Geschenk, da er den Gesetzgeber nicht ermutigt, sich der Anstrengung des Art. 103 Abs. 2 GG zu unterziehen. Die Hilfe aus § 17 StGB steht zum einen nicht in allen einschlägigen Konstellationen dogmatisch parat[238]; zum anderen minimieren die hochgespannten Vermeidbarkeitskriterien der Rechtsprechung[239] die erfolgreiche Berufung auf einen entlastenden Verbotsirrtum. Der Beistand über den Verbotsirrtum reicht aber vor allem deshalb nicht hin, weil er erst bei der Schuld ansetzt (Rn. 133) und damit das im Verbrechensaufbau vorgelagerte Problem von Verbotsnorm und Verbotsinhalt (Rn. 130) umgeht bzw. als gelöst voraussetzt: Wenn der Gesetzgeber seinerseits dem Bestimmtheitsgebot nicht nachkommt und zulässt, dass die Rechtsprechung die Informationslücke – mit den genannten Folgen für die Betroffenen – schließt, so muss das Strafrecht, wenn es täuschungsfrei handeln will, dieses fragwürdige Konglomerat als Gesetzesergänzung anerkennen und es konsequent dem Rückwirkungsverbot unterstellen.[240] Dieses Ergebnis entspricht auch der methodologischen Erkenntnis, dass Gesetz und Gesetzesanwendung erst zusammen die Grenze zwischen erlaubt und verboten ergeben (Rn. 371 ff.). Der Weg über § 17 StGB, der ja die Existenz eines verfassungsrechtlich unbedenklichen Verbots voraussetzt, kann die Täuschung des Betroffenen über die Existenz des Verbots zum Tatzeitpunkt nicht vermeiden, sondern segnet sie ab.

---

234 Grunsky, Grenzen der Rückwirkung bei einer Änderung der Rechtsprechung (1970), S. 114; Bernreuther MDR 1991, 829; Krahl NJW 1991, 881; LK-StGB-Dannecker, 12. Aufl. (2011), § 1 Rn. 438; A.H. Albrecht, in: Dencker-FS (2012), S. 7; Kirsch, Zur Geltung des Gesetzlichkeitsprinzips im Allgemeinen Teil des Strafgesetzbuchs (2014), S. 157.

235 So aber Haffke, Das Rückwirkungsverbot des Art. 103 II GG bei Änderung der Rechtsprechung zum materiellen Recht (1970), S. 139; Jakobs, Strafrecht AT, 2. Aufl. (1993), Abschn. 4 Rn. 80.

236 OLG Köln wistra 1994, 275; aA Kohlmann, Steuerstrafrecht, 59. Aktualisierung (2017), § 369 Rn. 123.

237 Jescheck/Weigend, Strafrecht AT, 5. Aufl. (1996), § 15 IV 3, Fn. 47; SK-StGB-Rudolphi, 7. Aufl. (2000), § 1 Rn. 8; Jakobs, Strafrecht AT, 2. Aufl. (1993), Abschn. 4 Rn. 82.

238 Schreiber JZ 1973, 717; Naucke NJW 1968, 759.

239 Diskussion bei NK-StGB-Neumann, 5. Aufl. (2017), § 17 Rn. 68; SK-StGB-Rudolphi, 7. Aufl. (2000), § 17 Rn. 25.

240 So auch MüKo-StGB-Schmitz, 3. Aufl. (2017), § 1 Rn. 34; Rüthers/Fischer/Birk, Rechtstheorie, 10. Aufl. (2018), Rn. 711: Justiz als „Ersatzgesetzgeber".

IV. Nichtgeltung des Rückwirkungsverbots zugunsten des Täters

1. Die Regelung des § 2 Abs. 3 StGB

§ 2 Abs. 3 StGB legt fest, dass das Rückwirkungsverbot nicht gilt, wenn es sich zum   426
Nachteil des Betroffenen (in malam partem) auswirken würde, soweit es sich nicht um
ein Zeitgesetz (Rn. 436) und nicht um eine Entscheidung über Maßregeln der Besse-
rung und Sicherung (Rn. 443) handelt. Es folgt dem Prinzip der Meistbegünstigung:
Bei Änderungen der Rechtslage zwischen Tatbegehung und Entscheidung soll die dem
Betroffenen günstigste gelten (lex-mitior-Grundsatz).[241] Ist die Strafbarkeit (z.B. durch
Streichung oder Restriktion von Straftatbeständen oder durch die Schaffung neuer
Rechtfertigungsgründe) zur Zeit des Urteils überhaupt weggefallen, so ist die Bestrafung schlechthin ausgeschlossen, wobei in diesen Fällen nicht freizusprechen, sondern
das Verfahren einzustellen ist.[242] Ein Gesetz, das eine solche Entkriminalisierung anordnet, ist selbstredend „milder" als das Tatzeitrecht. Im Unterschied zu § 2 StGB a.F.
sieht Absatz 3 als letzten Zeitpunkt der Berücksichtigung milderer Gesetze nicht mehr
die „Aburteilung", sondern die „Entscheidung" an. Damit ist klargestellt, dass nicht
der Zeitpunkt der Entscheidung der letzten Tatsacheninstanz maßgebend ist, sondern
der der letzten Entscheidung des gesamten Strafverfahrens (vgl. § 354 a StPO).

2. Der Sinn der lex-mitior-Regelung

a) Gerechtigkeitsargument

Jede Gesetzesänderung ist – wie es bei Maurach und Zipf heißt - „das Zeichen eines   427
Bewertungsumschwungs"[243]. Wird ein zur Tatzeit geltendes Strafgesetz später aufgehoben oder gemildert, gibt der Gesetzgeber zu erkennen, dass er seine bisherige strengere Auffassung nicht mehr für angemessen hält. Daher würde ein Verharren auf dem
Rückwirkungsverbot bedeuten, dass der Täter aufgrund einer Rechtsauffassung verurteilt werden müsste, die der Gesetzgeber selbst nicht mehr teilt. Um dieser „Vergewaltigung der materiellen Gerechtigkeit" vorzubeugen, sei die obligatorische Rückwirkung
des milderen Gesetzes vorgesehen.[244] Diese Überlegung knüpft an spezial- und generalpräventive Zwecksetzungen an (Rn. 75, 91), die durch eine vom aktuellen Gesetzgeber
nicht mehr gedeckte Strafe ihren Sinn verlieren.

Dennoch reicht der Aspekt der materiellen Gerechtigkeit allein nicht hin.[245] Er vermag   428
nicht zu begründen, warum der einfache Gesetzgeber gleichwohl durch lex posterior
frei ist, vom Vorrang des milderen Gesetzes abzuweichen.[246] Aus diesem Grunde wird
Abs. 3 herkömmlicherweise als nicht in der Verfassung verankert angesehen.[247] Das
Gerechtigkeitsargument kann überdies die Anwendung des Abs. 3 auf „Zwischengesetze" – Normen, die weder zum Tatzeitpunkt noch zum Entscheidungszeitpunkt in Kraft

---

241 Walter, in: Tiedemann-FS (2008), S. 978; Schroeder, in: Bockelmann-FS (1979), S. 790; Herzog StV 2006,
    579; Miebach/Feilcke NStZ 2007, 496.
242 Zum Ganzen Sommer, Das mildeste Gesetz i.S.d. § 2 Abs. 3 StGB (1978); zum Ausschluss der Anwendung
    des Meistbegünstigungsprinzips durch ausdrückliche gesetzliche Regelung vgl. Art. 36 d EGStGB zu § 46 b
    StGB; BGH NStZ 2010, 25.
243 Maurach/Zipf, Strafrecht AT, 7. Aufl. (1987), § 12 III Rn. 12.
244 S/S-Eser/Hecker, StGB, 29. Aufl. (2014), § 2 Rn. 16; Krey/Esser, Strafrecht AT, 6. Aufl. (2016), Rn. 58; SK-StGB-
    Rudolphi, 7. Aufl. (2000), § 2 Rn. 8 b.
245 Satzger Jura 2006, 748; SSW-Satzger, StGB, 3. Aufl. (2017), § 2 Rn. 13.
246 So BGH wistra 1996, 266.
247 RGSt 21, 294; OLG Stuttgart NStZ-RR 1999, 380; BVerfG NJW 2008, 3770.

waren – nicht erklären.[248] Es müsste den Richter auf die gegenüber dem Tatzeitrecht mildere Rechtslage im Zeitpunkt der Entscheidung festlegen, weil das letzte Änderungsgesetz die Gerechtigkeitsvorstellung des aktuellen Gesetzgebers widerspiegelt.[249] Nach allgemeiner Meinung ist jedoch das mildere „Zwischengesetz" anzuwenden: Sieht das Tatzeitrecht eine Höchststrafe von 5 Jahren Freiheitsentzug und das im Entscheidungszeitraum geltende Recht eine von 3 Jahren vor, so ist auf das mildere „Zwischengesetz" von nur 2 Jahren abzustellen.[250] Dieses Ergebnis wird zu Recht mit dem Wortlaut des Abs. 3 begründet („vor der Entscheidung geändert...das mildeste Gesetz"). Es widerlegt aber die zitierte Begründung zum Rechtsgrund des Abs. 3, da der Gesetzgeber in solchen Konstellationen von der milderen Beurteilung im Zwischengesetz abgerückt ist und gleichwohl das im Verhältnis zum Zwischengesetz strengere Entscheidungszeitrecht, zu dem der Gesetzgeber sich nunmehr bekennt, nicht gelten soll.[251]

b) Täuschungsfreiheit und Vertrauensschutz

429 Eine befriedigende Deutung des Abs. 3 lässt sich – ebenso wie hinsichtlich Abs. 1 (Rn. 388) – nur aus den Grundsätzen der Täuschungsfreiheit und des Vertrauensschutzes gewinnen: Die Erstreckung des Abs. 3 auf Zwischengesetze soll verhindern, dass die Begünstigung des Betroffenen vom Zeitpunkt seiner Verurteilung abhängt, auf welchen er keinen Einfluss hat.[252] Andernfalls könnte der Täter den Versuch unternehmen, der drohenden Aufhebung des ihn begünstigenden Gesetzes zuvorzukommen und selbst aktiv auf eine beschleunigte Verfahrensdurchführung hinzuwirken, womit nicht nur das nemo-tenetur-Prinzip, sondern auch das Verjährungsinstitut in Mitleidenschaft gezogen würde.[253] Der Ausschluss des Zufalls lässt sich nur über eine Meistbegünstigungsklausel erreichen, welche im Fall der Zwischengesetze die Anwendung einer Rechtslage in Kauf nimmt, die weder zur Zeit der Handlung noch zur Zeit der Entscheidung gegolten hat. Auch wenn der Gesetzgeber zwischenzeitlich wieder zu einer strengeren Beurteilung zurückgekehrt ist, dehnt Abs. 3 den Vertrauensschutz auf frühere Milderungen aus. Insoweit deckt sich die Geltung des Zwischengesetzes mit dem allgemeinen Rückwirkungsverbot, wonach ein späteres, schärferes Gesetz grundsätzlich nicht zurückwirken darf.[254] Aus diesem Grunde lassen sich Abs. 1 und Abs. 3 auf denselben Rechtsgrund zurückführen. Das generelle Rückwirkungsverbot des Abs. 1 und das für bestimmte Rechtslagen angeordnete Rückwirkungsgebot des Abs. 3 gehören zusammen.[255]

---

248 HK-GS/Rössner, 4. Aufl. (2017), § 2 Rn. 3; S/S-Eser/Hecker, StGB, 29. Aufl. (2014), § 2 Rn. 14; Jescheck/Weigend, Strafrecht AT, 5. Aufl. (1996), § 15 IV 5.

249 Ausf. Dannecker, Das intertemporale Strafrecht (1993), S. 407.

250 Weitgehend unstr., vgl. LK-StGB-Dannecker, 12. Aufl. (2006), § 2 Rn. 59; Mitsch NStZ 2006, 33; Grünwald, in: A. Kaufmann-FS (1993), S. 434; BGH NStZ 1992, 535 m. Anm. Achenbach NStZ 1993, 427; OLG Bremen NStZ 2010, 174.

251 Satzger Jura 2006, 749.

252 Begr. E 1962, S. 107; MüKo-StGB-Schmitz, 3. Aufl. (2017), § 2 Rn. 23; SSW-Satzger, StGB, 3. Aufl. (2017), § 2 Rn. 14.

253 Mitsch NStZ 2006, 34.

254 Grünwald, in: A. Kaufmann-FS (1993), S. 433; Satzger Jura 2006, 749.

255 Mohrbotter ZStW 88 (1976), S. 923, 940; S/S-Eser/Hecker, StGB, 29. Aufl. (2014), § 2 Rn. 16; Maurach/Zipf, Strafrecht AT, 7. Aufl. (1987), § 12 Rn. 12.

c) Kriterien des „milderen" Gesetzes

aa) Konkreter Vergleich

Da der Rechtsgrund des Abs. 3 auf den Schutz des Betroffenen abstellt, kann die Frage, welches Gesetz „milder" ist, nur in Hinsicht auf den konkreten Fall beantwortet werden (BGH NStZ-RR 2008, 432).[256] Aus der Perspektive der Tätersicht ist also danach zu fragen, ob sich in der konkreten Situation des Täters im Tatzeitpunkt irgendetwas an dem Ver- oder Gebot, das hinter den Straftatbeständen steht, ändert, wenn zur Tatzeit bereits der geänderte Tatbestand gegolten hätte. Da hierfür der gesamte sachlich-rechtliche Rechtszustand maßgeblich ist, muss die von Abs. 3 angeordnete richterliche Prüfung spezifisch und umfassend sein: Sie muss sich nicht nur auf die jeweilige Fassung von Strafdrohungen und Deliktstatbeständen – z.b. auf die Weite der Tatbestände, auf Strafrahmenobergrenzen[257] oder auf gesetzlich vorgesehene Milderungsmöglichkeiten[258] – erstrecken, sondern auch die Änderungen im Allgemeinen Teil einbeziehen, wie z.B. Verjährung, Anstiftung und Mittäterschaft, Strafantragsrecht, Rechtfertigung, Schuldausschluss etc.[259] Zu berücksichtigen ist auch die Änderung einer blankettausfüllenden Norm, wenn diese nur mittelbar, das Unrecht der begangenen Tat nicht berührende Bedeutung hat.[260] Gleiches gilt für die Einführung neuer, den Blanketttatbestand modifizierender Regelungen.[261] Zur Prüfung des gesamten Rechtszustands gehört auch das europäische Gemeinschaftsrecht, das als supranationales Recht über dem nationalen Recht steht (Rn. 15).[262]

430

bb) „Kontinuität des Unrechtstyps"

Schwierig zu beurteilen ist die Rechtslage, wenn der Gesetzgeber zwischenzeitlich nicht schlicht Deliktstatbestände beseitigt, Deliktsfolgen gemildert oder Gründe für den Ausschluss der Strafbarkeit eingeführt hat, sondern wenn er einzelne Tatbestandsmerkmale verändert oder Qualifizierungen eingeführt bzw. neu gestaltet hat.[263] Dann ergibt sich eine Gemengelage von Kriterien für eine Milderung, eine Verschärfung oder eine Weitergeltung des früheren Rechtszustands. Um sich in dieser Gemengelage zurechtzufinden, ist eine Prüfung in zwei Schritten erforderlich. Im ersten Schritt gilt es zu prüfen, ob es sich bei der Gesetzesänderung um eine Fortsetzung der früheren Rechtslage oder – wenn die ursprüngliche Strafbarkeit gestrichen wurde – um die Einführung eines neuen Straftatbestands handelt. Im letzteren Fall greift das Rückwirkungsverbot und der Täter bleibt unabhängig davon, ob das neuere Recht milder oder strenger sein sollte, straffrei.[264] Erst wenn feststeht, dass die frühere Rechtslage fortgesetzt wird, ist in der zweiten Stufe zu prüfen, ob das alte oder das neue Recht milder ist.

431

---

256 Allg. Meinung: BGH wistra 1994, 145; 2001, 105; BGH NStZ-RR 2002, 201; 2008, 342; Roxin, Strafrecht AT I, 4. Aufl. (2006), § 5 Rn. 65. Fischer, StGB, 65. Aufl. (2018), § 2 Rn. 10; Baumann/Weber/Mitsch/Eisele, Strafrecht AT, 12. Aufl. (2016), § 9 Rn. 44.

257 BGHSt 38, 66.

258 BGH NStZ 1983, 80; OLG München wistra 2007, 34; C. Schröder ZStW 112 (2000), S. 56.

259 BGH NJW 2005, 2566; BGH NStZ 2000, 418; BGHSt 26, 171; BGHSt 37, 322; 46, 317; 48, 382; BGH NStZ 1998, 354.

260 BGHSt 14, 156 zu § 257 StGB; OLG Düsseldorf NJW 1969, 1679 zu § 145 d StGB; Bay MDR 1974, 684 zu § 164 StGB.

261 Ebner wistra 2010, 93; Satzger Jura 2006, 751; Dannecker, Das intertemporale Strafrecht (1993), S. 492.

262 Safferling, Internationales Strafrecht (2011), § 4 Rn. 88; Herdegen, Europarecht, 19. Aufl. (2017), § 1 Rn. 2; Oppermann/Classen/Nettesheim, Europarecht, 7. Aufl. (2016), § 10 Rn. 165.

263 Dazu AnwK-StGB-Gaede, 2. Aufl. (2015), § 2 Rn. 8; SSW-StGB-Satzger, 3. Aufl. (2017), § 2 Rn. 21.

264 BGHSt 26, 172.

432 Ein besonders gutes Anschauungsmaterial dafür liefert die Ersetzung des „Straßenraubs" (§ 250 Abs. 1 Nr. 3 StGB a.F.) durch den neuen Strafschärfungsgrund des Raubes mit einer nicht geladenen Waffe (§ 250 Abs. 1 Nr. 2 StGB), den der Täter auch erfüllt hat. Die Frage, ob hier der Täter nach § 250 StGB oder nach § 249 StGB bestraft werden muss, lässt sich unter verschiedenen Gesichtspunkten beurteilen. Man kann sich auf den Standpunkt stellen, dass jede inhaltliche Modifikation eines Gesetzes nicht als Gesetzesänderung, sondern als Wegfall des ursprünglichen Gesetzes und Neuerlass eines zur Tatzeit noch nicht in Kraft befindlichen Gesetzes zu verstehen ist, so dass eine Bestrafung stets ausscheidet.[265] Diese rein rechtstechnische Betrachtung wird aber dem Umstand nicht gerecht, dass es „Änderungen" eines Gesetzes geben kann, die sich überhaupt nicht auf den Inhalt einer Norm – wie z.B. bei der bloßen Umnummerierung eines Gesetzes – auswirken. Um diese Enge zu vermeiden, vertritt die h.M. die Auffassung, die inhaltliche Änderung eines Gesetzes sei so lange eine Gesetzesänderung iSd Abs. 3 wie das „Wesen" des früheren Delikts in seinem Kern von der Gesetzesänderung unberührt geblieben ist (Lehre von der Kontinuität des „Unrechtskerns" bzw. „Unrechtstyps").[266]

cc) Probleme der Anwendung

433 Wie sich am Beispiel des § 250 StGB zeigt, erweist sich die Bestimmung dessen, was das „Wesen" eines Delikts ausmacht, als äußerst schwierig. Der BGH hat nach § 250 Abs. Nr. 3 StGB a.F. bestraft: Es liege keine Milderung vor, weil der „gemeinsame Unrechtskern" der alten und der neuen Vorschrift derselbe sei (gewaltsame Wegnahme einer fremden Sache) und die Umgestaltung des Tatbestands nur „Modalitäten der Verwirklichung dieses Unrechts" betreffe (BGHSt 26, 172). Demgegenüber wendet die ganz überwiegende Meinung das Kriterium des (im Übrigen akzeptierten) „Unrechtstyps" im gegebenen Fall anders an: Als gemeinsamer Unrechtskern der Varianten des schweren Raubes (§ 250 StGB) komme nur die gewaltsame Wegnahme einer Sache durch Angriff auf Eigentum in Betracht, was lediglich § 249 StGB kennzeichnet. Die Qualifikation aber, die früher auf den Begehungsort (Straße) abstellte und jetzt das Tatmittel (Scheinwaffe) betrifft, sei ganz verschieden.[267] Nach dieser (zutreffenden) Auffassung liegt also hinsichtlich des Straßenraubs eine Milderung vor, die dem Täter nach § 2 Abs. 3 StGB zugute kommen muss, während die Einführung der Scheinwaffenqualifikation eine Strafverschärfung bedeutet, von der der Täter auf Grund von Art. 103 Abs. 2 GG verschont bleiben muss. Hiernach wäre eine Bestrafung aus § 249 StGB richtig gewesen.

dd) Ergebnis

434 Die Lehre von der Kontinuität des Unrechtstyps („Wesen", „Unrechtskern") ist so vage, dass sie die Rechtsprechung nicht verlässlich anzuleiten vermag und – wie eben gezeigt (Rn. 433) – fast beliebige Ergebnisse ermöglicht.[268] Sie ist aber auch deswegen

---

265 BGHSt 26, 172; LK-StGB-Dannecker, 12. Aufl. (2006), § 2 Rn. 63; KK-OWiG-Rogall, 5. Aufl. (2018), § 4 Rn. 26.
266 BGHSt 37, 322; 48, 363; OLG Celle StV 2011, 680; S/S-Eser/Hecker, StGB, 29. Aufl. (2014), § 2 Rn. 22; Fischer, StGB, 65. Aufl. (2018), § 2 Rn. 5; AnwK-StGB-Gaede, 2. Aufl. (2015), § 2 Rn. 8.
267 Vgl. nur Roxin, Strafrecht AT I, 4. Aufl. (2006), § 5 Rn. 64; Jescheck/Weigend, Strafrecht AT, 5. Aufl. (1996), § 15 IV 5; MüKo-Schmitz, StGB, 3. Aufl. (2017), § 2 Rn. 23; Jakobs, Strafrecht AT, 2. Aufl. (1993), 4. Abschn. Rn. 75.
268 Instruktiv dazu Scheuerle AcP 163 (1964), 469; SK-StGB-Rudolphi, 7. Aufl. (2000), § 2 Rn. 10; Renzikowski, in: Matt/Renzikowski, Strafgesetzbuch (2013), § 2 Rn. 2; SSW-StGB-Satzger, 3. Aufl. (2017), § 2 Rn. 21.

abzulehnen, weil sie dem Sinn des § 2 Abs. 3 StGB nicht gerecht wird: bei der Anwendung der Strafgesetze Vertrauensschutz und Täuschungsfreiheit zu gewährleisten (Rn. 429). Das Kriterium „Unrechtskern" ist – entgegen der allgemeinen Überzeugung, man müsse das „mildere" Gesetz durch einen konkreten Vergleich am Fall finden (Rn. 430) – in hohem Maße abstrakt.[269] Die Loslösung vom konkreten Einzelfall führt nicht nur zu einer Verletzung des Prinzips der Tatschuld, sondern auch zu einer Desorientierung des Betroffenen, der wegen einer Tat verurteilt wird, deren Strafbarkeit zum Tatzeitpunkt nicht existent, sondern bestenfalls vorhersehbar war.[270] Aus dem Umstand, dass ein Täterverhalten nach altem Recht strafbar war und nach neuem Recht strafbar wäre, wird unzulässigerweise gefolgt, einer der beiden Tatbestände (der mildere) müsse für den Täter gelten. Auf diese Weise gelangt man auch dann zu einer fortgeltenden Strafbarkeit, wenn das Täterverhalten nach neuem Recht unter ganz anderen Gesichtspunkten als vorher erfasst wird, eine Identität zwischen dem Gesetz zur Tatzeit und zum Entscheidungszeitpunkt gerade nicht mehr besteht.

Daraus folgt, dass bei einer Änderung des Strafgesetzes zwischen Tat und Entscheidung, ohne Rücksicht auf einen „Unrechtskern", eine fortgeltende Strafbarkeit nur dann vorliegt, wenn der Gesetzgeber das tatbestandsmäßige Verhalten nicht modifiziert oder gar durch ein anderes ersetzt hat. Dies ist nur dann anders, wenn das neue Gesetz (etwa wegen Änderung eines qualifizierenden Merkmals) im alten Gesetz vollständig enthalten war.[271] Ein solcher Fall ist jedenfalls gegeben, wenn ein den Tatbestand einschränkendes Merkmal entfällt (z.B. die Gewahrsamsklausel in § 246 StGB n.F.) und dadurch der Bereich des Strafbaren erweitert wird.[272] Nicht anders ist die Situation zu beurteilen, wenn der Bereich des Strafbaren beschränkt und das vom Täter verwirklichte Unrecht immer noch von dem neuen Tatbestand erfasst wird.[273] Danach wäre bei Einführung einer Bagatellgrenze (wenn bspw. der Betrug erst bei einem Schaden von 30 Euro strafbar wäre) von der fortgeltenden Strafbarkeit unter der Voraussetzung auszugehen, dass der Täter die Grenze bereits nach altem Recht überschritten hat. Es kommt also nicht darauf an, was der Täter nach neuem Recht straffrei hätte tun können, sondern allein darauf, was er getan hat.[274]

3. Ausnahme: Zeitgesetze (§ 2 Abs. 4 StGB)

a) Gesetzliche Regelung

§ 2 Abs. 4 S. 1 StGB nimmt vom Rückwirkungsgebot des Abs. 3 die sog. „Zeitgesetze" aus.[275] Bei diesen handelt es sich um Gesetze, die nur „für eine bestimmte Zeit" gelten sollen. Für Zeitgesetze gilt danach, sofern gesetzlich nichts anderes bestimmt ist (Abs. 4 S. 2 StGB), dass die Anwendung nachträglicher Strafbestimmungen oder Milderungen ausgeschlossen ist. Diese den Täter eindeutig belastende Vorschrift erhält ihren Sinn aus Funktion und Sinn des Zeitgesetzes.

---

269 Wie hier MüKo-Schmitz, StGB, 3. Aufl. (2017), § 2 Rn. 30.
270 Satzger Jura 2006, 750; Tiedemann JZ 1975, 693.
271 Übereinstimmend Schünemann, Nulla pooena sine lege? (1978), S. 26; Sommer, Das mildeste Gesetz iSd § 2 Abs. 3 StGB (1978), S. 163; Dannecker, Das intertemporale Strafgesetz (1993), S. 514.
272 SK-StGB-Rudolphi, 7. Aufl. (2000), § 2 Rn. 10; MüKo-Schmitz, StGB, 3. Aufl. (2017), § 2 Rn. 32.
273 Jakobs, Strafrecht AT, 2. Aufl. (1993), 4. Abschn. Rn. 76.
274 S. aber Schröder, in: Bockelmann-FS (1979), S. 785; C. Schröder ZStW 112 (2000), S. 70.
275 Zu Begriff und Beispielen näher Hassemer, Einführung in die Grundlagen des Strafrechts, 2. Aufl. (1990), S. 202.

aa) Problem der faktischen Geltung

437 Die Vorschrift dient nur mittelbar „der Erledigung eines gegenwärtigen Konflikts", weil das Zeitgesetz, aus welchem Abs. 4 eine Bestrafung eröffnet, zum Entscheidungszeitpunkt nicht mehr in Kraft ist; auch der Konflikt, der zum Erlass dieses Gesetzes geführt hat, hat sich (oder gilt als) erledigt. Also kann Abs. 4 nur ein Problem im Auge haben, welches über den Konflikt, der diesem zugrunde lag, hinausreicht. Dieses Problem ist die normativ-faktische Geltung von Zeitgesetzen überhaupt: Wenn ein Gesetz, wie von Abs. 4 vorausgesetzt, sein Außerkrafttreten absehbar macht, dann darf es nicht zugleich die Meistbegünstigung des Abs. 3 gewähren (BGHSt 6, 38).[276] Gewährt es sie doch, so schwächt es deutlich seinen rechtlichen Anspruch auf Weitergeltung des Zeitgesetzes.[277] Denn der Täter könnte in der letzten Phase seiner Geltungsdauer gefahrlos das Zeitgesetz verletzen, da er sicher wäre, vor dem Außerkrafttreten nicht mehr abgeurteilt zu werden.

bb) Problem der normativen Geltung

438 Primär beruht Abs. 4 auf dem Gedanken, dass der Wegfall des Zeitgesetzes nicht einer veränderten kriminalpolitischen Bewertung des Gesetzgebers geschuldet ist, sondern sich nur einer Änderung der tatsächlichen (z.B. wirtschaftlichen) Verhältnisse verdankt.[278] Vom Wegfall des Gesetzes soll der Täter also nur profitieren können, wenn sich aufgrund besserer Einsicht die Einstellung des Gesetzgebers zur Strafwürdigkeit des jeweiligen Verhaltens geändert hat. Schwarzmarkt-Geschäfte in Notzeiten[279] oder Verletzungen des Wochenend-Fahrverbots für LKW-Fahrer während der Ferienzeit bleiben auch dann strafwürdig, wenn die Umstände, denen das Gesetz Rechnung trägt, später wegfallen.

b) Begriff des Zeitgesetzes

aa) Zeitgesetz im engeren Sinne

439 Mit den genannten Funktionsbestimmungen verträgt sich am besten ein enger Begriff des Zeitgesetzes: das Außerkrafttreten ist im Gesetz selbst kalendermäßig oder durch ein bestimmtes zukünftiges Ereignis definiert. Damit wird verhindert, dass ein Täter darauf spekulieren kann, dass bei der Aburteilung seiner Straftat das Gesetz bereits wieder außer Kraft getreten ist.[280] Würde hier der lex-mitior-Grundsatz Anwendung finden, wäre die Autorität dieses „Gesetzes auf Abruf" von Anfang an untergraben und dessen Funktion – auf veränderte Umstände zu reagieren – zunichte gemacht.[281] Bei Gesetzen, deren Außerkrafttreten nicht oder nur ungefähr absehbar ist, entsteht der Zwang, auf das zwischenzeitliche Außerkrafttreten dieses Gesetzes die Meistbegünstigungsregel anzuwenden; denn die Geltungskraft eines solchen Gesetzes ist nur dann temporär aufgehoben, wenn der Bürger das Außerkrafttreten des Gesetzes auf

---

276 h.M.; Jescheck/Weigend, Strafrecht AT, 4. Aufl. (1996), § 15 IV 6; SK-StGB-Rudolphi, 7. Aufl. (2000), § 2 Rn. 15; AnwK-StGB-Gaede, 2. Aufl. (2015), § 2 Rn. 13.
277 BGHSt 6, 38; 21, 183; BGH wistra 2011, 70; Samson wistra 1983, 238; zur Entstehungsgeschichte LK-StGB-Dannecker, 7. Aufl. (2000), § 2 Rn. 127.
278 Roxin, Strafrecht AT I, 4. Aufl. (2006), § 5 Rn. 66.
279 MRG Nr. 53; AHKG Nr. 33, Art. VIII.
280 S/S-Eser/Hecker, StGB, 29. Aufl. (2014), § 2 Rn. 36.
281 Baumann/Weber/Mitsch/Eisele, Strafrecht AT, 12. Aufl. (2016), § 9 Rn. 50.

einen bestimmten Zeitraum beziehen und den Zeitpunkt der Aburteilung in diesem Zeitraum lokalisieren kann (Rn. 438).

bb) Zeitgesetz im weiteren Sinne

Allerdings werden sich Gesetze, die keine ausdrückliche Befristung vorsehen, einfach deshalb nicht immer vermeiden lassen, weil Ereignisse nur selten kalendarisch prognostizierbar sind: z.B. das Ende einer bewaffneten Auseinandersetzung (Kriegswirtschaft), die Überwindung einer Energie- bzw. Wirtschaftskrise[282], Antidumpingzölle aufgrund entspr. EU-Verordnungen[283] oder die Entspannung auf dem Wohnungsmarkt (Wohnraumbewirtschaftung)[284]. Daher soll es nach verbreiteter Auffassung auch genügen, wenn das Gesetz „seiner Natur nach zeitbedingt" ist, d.h. von vornherein mit Rücksicht auf außergewöhnliche Verhältnisse nur für deren Dauer Geltung haben soll.[285] Die Folgen eines derart vagen, rein funktionalen Bedürfnissen gehorchenden Begriffs von Zeitgesetzen haben sich in extremer Ausprägung an besatzungsrechtlichen Devisengesetzen gezeigt, die Jahrzehnte galten und anschließend immer noch als „Zeitgesetze" angesehen wurden, weil nicht absehbar schien, wann der situationsbedingte Anlass – die Teilung Deutschlands – beendet sein würde. [286] Damit verkehrt die Definition des Zeitgesetzes im weiteren Sinne den Ausnahmecharakter des Abs. 4 in einen Regelfall.

c) Kritik

Der Bestimmtheitsgrundsatz des Art. 103 Abs. 2 GG gilt auch für Zeitgesetze. Daraus folgt die Pflicht des Gesetzgebers, das Außerkraftsetzen von Zeitgesetzen so präzise wie möglich zu bestimmen.[287] Dies gilt umso mehr als Zeitgesetze im Strafrecht, das die fundamentalen Normen unserer Gesellschaft und Rechtskultur langfristig zu sichern hat, ein Fremdkörper und nur in eng beschriebenen Ausnahmefällen akzeptabel sind. Wie kein anderes Rechtsgebiet unterhalb der Ebene der Verfassung ist das Strafrecht gekennzeichnet durch dauerhafte Regelungen, die bei ihrem Erlass nicht nur einer situativen Notlage abhelfen, sondern für die absehbare Zukunft die Grenzen des sozial Erträglichen abstecken sollen.[288] Da der Dispens vom Rückwirkungsverbot normativ so einschneidend ist und die Rechtsposition der Betroffenen – wegen der zu erwartenden häufigen Änderungen der Rechtslage – praktisch so fühlbar verkürzt, müssen an die begrifflichen Grenzen dieser Ausnahme strenge Anforderungen gestellt werden.

Für die Gesetzlichkeitsanforderungen heißt dies, dass situative Bestimmungen des Außerkrafttretens ein Gesetz nur dann zum „Zeitgesetz" iSd Abs. 4 machen, wenn die Situation, welche das Gesetz außer Kraft treten lässt, wenigstens zum Zeitpunkt ihres

440

441

442

---

282 Preisregelnde Vorschriften: Höchstpreisregelung für Zigaretten; BGHSt 2, 301.
283 BGH wistra 2011, 71.
284 OLG Hamm JMBl. NRW 1965, 270; Fischer, StGB, 65. Aufl. (2018), § 2 Rn. 13 a; S/S-Eser/Hecker, StGB, 29. Aufl. (2014), § 2 Rn. 38.
285 BGHSt 18, 14.
286 BGH wistra 1995, 108; BGH wistra 1998, 306; weitere Beispiele bei Laaths, Das Zeitgesetz gem. § 2 Abs. 4 StGB unter Berücksichtigung des Blankettgesetzes (1991), S. 58.
287 MüKo-Schmitz, StGB, 3. Aufl. (2017), § 2 Rn. 54; Jakobs, Strafrecht AT, 2. Aufl. (1993), 4. Abschn. Rn. 65.
288 Zum Recht als auf Dauer gestellte Verhaltensregelung vgl. Zippelius, Das Wesen des Rechts, 6. Aufl. (2012), S. 11.

Eintretens genau bestimmbar ist.[289] Der vorübergehende Charakter der Zeitgesetze im weiteren Sinne darf nicht nur erkennbar, er muss auch berechenbar sein.[290] Kann der Gesetzgeber bei Erlass des Zeitgesetzes den Zeitpunkt des Außerkrafttretens nicht genau bestimmen, so muss er diesen Zeitpunkt vorgreiflich festlegen und die Geltung des Gesetzes verlängern, wenn er sich vergriffen hat. Kommt er diesem Bestimmtheitsgebot nicht nach, so darf den von solchen Gesetzen Betroffenen die Rechtswohltat der Meistbegünstigung (Abs. 3) nicht verwehrt werden. In dem Fall, dass der Zeitpunkt bei Erlass des Gesetzes zwar berechenbar scheint, aber sich dennoch immer weiter nach hinten verschiebt, geht der Zeitcharakter nachträglich verloren.[291] Darüber hinaus muss der Vorrang des milderen Gesetzes auch dann gelten, wenn ein Zeitgesetz durch ein milderes ersetzt wird (RGSt 65, 57).[292] Aus Gründen der Rechtssicherheit und der gesetzgeberischen Klarstellung willen ist dem Vorschlag von Jakobs und Esser zu folgen, dass de lege ferenda ein Zeitgesetz ausdrücklich als solches bezeichnet werden soll. Insoweit ist eine Änderung des § 2 Abs. 4 StGB geboten.

V. Nichtgeltung des Rückwirkungsverbots für Maßregeln (§ 2 Abs. 6 StGB)

1. Regelungsbereich

443 Das Rückwirkungsverbot erstreckt sich nicht nur auf alle Voraussetzungen der materiellrechtlichen Strafbarkeit, sondern auch auf die Strafe und ihre Nebenfolgen (§ 2 Abs. 5 StGB: Verfall, Einziehung und Unbrauchbarmachung). Dagegen nimmt Abs. 6, „wenn gesetzlich nichts anderes bestimmt ist", die Maßregeln der Besserung und Sicherung (§§ 61-70 b StGB) sowohl vom Rückwirkungsverbot als auch vom Meistbegünstigungsprinzip (Abs. 3) aus: Nicht das Recht zur Tatzeit, sondern das Entscheidungszeitrecht soll gelten, zwischenzeitliche Erleichterungen der Rechtslage sollen also dem Betroffenen nicht zugute kommen. Obwohl der Gesetzgeber in der Vergangenheit von seinem Vorbehaltsrecht (Gegen-Ausnahmeregelung) häufig Gebrauch gemacht hat, kommt der Regelung des Abs. 6 weiterhin erhebliche praktische Bedeutung zu: Dem Gesetzgeber ist nicht verwehrt, mit rückwirkender Kraft neue Maßregeln zu schaffen oder die eingeführte Verschärfung auf zurückliegende Straftaten auszudehnen.[293] Ein Beispiel, das große Aufmerksamkeit auf sich gezogen hat, ist Art. 1 a Abs. 1, 2 EGStGB (SichVG vom 21.8.2002), das vom Vorbehaltsrecht für die Anordnung von Sicherungsverwahrung (§ 66 StGB) Gebrauch gemacht hat, nicht jedoch für die Dauer der Unterbringung gem. 67 d StGB. Während nach früherem Recht die Dauer der erstmalig angeordneten Sicherungsverwahrung auf zehn Jahre beschränkt war, galt das nach der Neuregelung durch das „Gesetz zur Bekämpfung von Sexualdelikten und anderen gefährlichen Straftaten" vom 26.1.1998 nur noch, „wenn nicht die Gefahr besteht, dass der Untergebrachte infolge seines Hanges erhebliche Straftaten begehen wird, durch welche die Opfer seelisch oder körperlich schwer geschädigt werden" (§ 61 d Abs. 3 S. 1 StGB). Nunmehr konnte also ein Sicherungsverwahrter, der nach Ablauf

---

289 Kunert NStZ 1982, 279; Laaths, Das Zeitgesetz gem. § 2 Abs. 4 StGB (1991), S. 69; AnwK-StGB-Gaede, 2. Aufl. (2015), § 2 Rn. 14.

290 Flämig, Steuerrecht als Dauerrecht (1985), S. 85; MüKo-StGB-Schmitz, 3. Aufl. (2017), § 2 Rn. 57.

291 BGHSt 6, 39; LK-StGB-Dannecker, 7. Aufl. (2000), § 2 Rn. 131; Fischer, StGB, 65. Aufl. (2018), § 2 Rn. 13.

292 St. Rspr.: RGSt 57, 209; 61, 222; 64, 399; 65, 57; vgl. auch S/S-Eser/Hecker, 29. Aufl. (2014), § 2 Rn. 40.

293 Z.B. für §§ 63, 64 StGB (Anstaltsunterbringung) in Art. 316 Abs. 1 EGStGB; für § 68 (Führungsaufsicht) in Art. 303, 315 Abs. 1, 2, 3 EGStGB; für § 70 StGB (Berufsverbot) in Art. 305 EGStGB.

der Zehnjahresfrist zu entlassen gewesen wäre, wegen fortdauernder Gefährlichkeit im Verwahrvollzug festgehalten werden (zur weiteren Entwicklung Rn. 447).[294]

2. Ratio

Die Vorschrift verfolgt das Ziel einer flexiblen und zeitgerechten Prävention. Sie beruht auf der herkömmlichen Funktionstrennung von Strafen und Maßregeln im zweispurigen Strafrechtssystem[295] und wird folglich gegen Einwände aus Art. 7 Abs. 1 S. 2 MRK, wonach keine höhere Strafe als die vom Tatzeitrecht angedrohte verhängt werden darf, mit dem Argument verteidigt, das Maßregelrecht des StGB enthalte keine „Strafen" („peine", „penalty").[296] Dieser Feststellung liegt die Überlegung zugrunde, dass Maßregeln einen von Strafen unterschiedlichen Zweck verfolge („Zwecktheorie"): Während Strafe der Vergeltung, Sühne und dem Schuldausgleich diene[297], liege die Stoßrichtung der Maßregeln in der Vorbeugungsaufgabe und im Zweck der Gefahrenabwehr in Bezug auf weitere Straftaten.[298] Die scharfe Unterscheidung zwischen Strafen und Maßregeln dient auch als Grundlage der Überzeugung, dass Art. 103 Abs. 2 GG den einfachen Gesetzgeber in der Gestaltung der Maßregeln freistelle und Abs. 6 deshalb verfassungsgemäß sei.[299] Da die Theorie des zweispurigen Strafrechtssystems den Strafen die Kategorien Schuld, Vergangenheit und Repression, den Maßregeln die Kategorien Gefährlichkeit, Zukunft und Prävention zuordnet, erschließt sich der Sinn des Abs. 6: Im Gegensatz zu den Strafen, die dem Schuldausgleich dienen und einen Missbilligungscharakter haben[300], dürfen die Maßregeln, welche die Gefahrenverhütung im Auge haben, von den Fesseln des § 2 Abs. 1 bis Abs. 5 StGB befreit werden.[301]

3. Einwände

Diese Begründungen lassen sich weder unter dem normativen Gesichtspunkt des Gesetzlichkeitsprinzips noch unter faktischen Gesichtspunkten halten. Sie hätten – wie Roxin[302] ausführt – eine innere Berechtigung, wenn sich das Gesetzlichkeitsprinzip allein auf das Schuldprinzip zurückführen ließe. Denn dann wäre bei den schuldunabhängigen Maßregeln die bei der Schuld vorausgesetzte Erkennbarkeit des Verbots vor der Tatbegehung nicht erforderlich (Rn. 135). Das Gesetzlichkeitsprinzip reicht jedoch sowohl hinsichtlich seiner verfassungsrechtlichen (Rn. 38), strafrechtlichen (Rn. 54) und rechtsphilosophischen (Rn. 197) Wurzeln weit über den Schuldgrundsatz hinaus. Es will generell den Einzelnen – auch den straffällig gewordenen Schuldunfähigen –

294 AE, Begr. zu § 1, S. 29; zur Diskussion und Kritik: Baumann/Weber/Mitsch/Eisele, Strafrecht AT, 12. Aufl. (2016), § 9 Rn. 54; Gropp, Strafrecht AT, 4. Aufl. (2015), § 2 Rn. 36; Jescheck/Weigend, Strafrecht AT, 4. Aufl. (1996), § 15 IV 3; Stratenwerth/Kuhlen, Strafrecht AT, 6. Aufl. (2011), § 3 Rn. 12; S/S-Eser/Hecker, StGB, 29. Aufl. (2014), § 2 Rn. 42; MüKo-Schmitz, StGB, 3. Aufl. (2017), § 2 Rn. 52.
295 NK-StGB-Hassemer/Neumann, 5. Aufl. (2017), vor § 1 Rn. 263 ff.
296 E 1962, S. 108; Lackner/Kühl/Heger, StGB, 29. Aufl. (2018), § 1 Rn. 8; HK-GS/Rössner, 4. Aufl. (2017), § 2 Rn. 16.
297 Appel, Verfassung und Strafe (1998), S. 213 benennt auf Grund einer Analyse der Rspr. des BVerfG 15 verschiedene Aspekte der Einordnung einer Sanktion als Strafe.
298 Dannecker, Das intertemporale Strafrecht (1993), S. 308; Appel, Verfassung und Strafe (1998), S. 508.
299 BGHSt 24, 106; BVerfG NJW 2004, 233; OLG Frankfurt NStZ 2003, 90.
300 BVerfG NJW 2011, 1937; NJW 2012, 3363; Landau NStZ 2013, 197; Lackner/Kühl/Heger, StGB, 29. Aufl. (2018), § 2 Rn. 8.
301 BVerfG NJW 2004, 744.
302 Roxin, Strafrecht AT I, 4. Aufl. (2006), § 5 Rn. 56.; so auch Jung, Rückwirkungsverbot und Maßregel, in: Wassermann-FS (1985), S. 875 ff.; Stratenwerth/Kuhlen, Strafrecht AT, 6. Aufl. (2011), § 3 Rn. 12.

444

445

vor staatlichen Sanktionen schützen, die vor Begehung der Straftat nicht vorhersehbar waren. Dazu gehören auch die Maßregeln.

446 Im Übrigen ist mit Blick auf die gemeinsamen präventiven Zielsetzungen und auf die tatsächlichen Übereinstimmungen der Strafrechtsfolgen für die Betroffenen die kategoriale Unterscheidung zwischen Strafen und Maßregeln auch kriminalpolitisch verfehlt.[303] Rückt man die empirischen Wirkungen der Sanktionen auf die Betroffenen in den Vordergrund („Wirkungsthese") lässt sich ein deutlicher Funktionsunterschied nicht mehr feststellen: Die Maßregeln wirken wie die Strafen repressiv; wegen der zum Teil längeren und möglicherweise durch keine Höchstgrenze beschränkten Dauer wohl sogar noch stärker als die ihr vorangehende zeitlich begrenzte Strafe.[304] Damit ist nicht mehr einzusehen, weshalb der Grundgedanke des Rückwirkungsverbots, den Einzelnen vor Sanktionen zu schützen, die vor der Begehung nicht berechenbar waren, ausgerechnet bei der einschneidensten Maßnahme, die das Strafrecht bereit hält, von der Anwendbarkeit des Rückwirkungsverbots ausgenommen werden sollte.[305] Diese Einschätzung teilte bereits der Entwurf 1962, der bei Gesetzesänderungen zwischen Tat- und Entscheidungszeitpunkt das mildeste Gesetz bei denjenigen Maßregeln für anwendbar erklärte, „die einen schweren Eingriff in die Freiheit des Betroffenen mit sich bringen und für ihn strafähnliche Wirkungen haben".[306] Rechtsvergleichend sei ergänzt, dass gemäß § 1 des österreichischen StGB das Rückwirkungsverbot auch für vorbeugende Maßnahmen gilt.[307] Das schweizerische StGB sieht in Art. 2 bei Änderungen des Maßregelrechts jeweils die Geltung des milderen Gesetzes vor.[308]

447 Vor diesem Hintergrund lassen sich die Maßregeln nur innerhalb des formalisierten Systems der Strafrechtspflege (Rn. 113) rechtfertigen und nicht als abgespaltene Instrumente der Krisenintervention. Also sollte Abs. 6 kassiert werden oder der Gesetzgeber jedenfalls den eingeräumten Vorbehalt noch weiter nutzen als bisher.[309]

4. Stand der Entwicklung nach dem Urteil des EGMR (2009)

448 Mit Argumenten, die im Wesentlichen mit der hier vertretenen Ansicht übereinstimmen, hat der EGMR mit Urteil vom 17.12.2009 (StV 2010, 181) die rückwirkende Verlängerung der Sicherungsverwahrung als Verstoß gegen das auch konventionsrechtlich verbürgte Rückwirkungsverbot eingestuft. Es stellte klar, dass es sich bei der Sicherungsverwahrung um eine Strafe i.S.d. Art. 7 Abs. 1 EMR handelt, weil sie regelmäßig in gewöhnlichen Haftvollzugsanstalten vollstreckt werde und ebenso wie die Strafe dem Schutz der Bevölkerung diene.[310] Da das Urteil des EGMR rechtskräftig gewor-

---

303 Blau, in: Schneider-FS (1998), S. 771; Streng, in: Lampe-FS (2003), S. 203; zum internationalen Vergleich Koch, Wegsperren? (2012), S. 3 ff.

304 Ullenbruch NJW 2006, 1377; Lüderssen, in: Institut für Kriminalwissenschaften Frankfurt (Hrsg.), Jenseits des rechtsstaatlichen Strafrechts (2006), S. 409; eing. Bender, Die nachträgliche Sicherungsverwahrung (2007).

305 Ullenbruch NStZ 1998, 327; Kreuzer NK 2010, 92; Diefenbach, Die verfassungsrechtliche Problematik des § 2 Abs. 4 StGB (1966), S. 116.

306 E 1962, S. 208; ähnl. E 1973 in Abs. 6, S. 2.

307 Steininger, in: Triffterer, Österreichisches StGB (2005), § 1 Rn. 113.

308 Trechsel/Pieth, Schweizerisches StGB, 3. Aufl. (2017), Art. 2 Rn. 12.

309 Übereinstimmend AE-AT, § 1 Rn. 12; Schönberger, Zur justiziellen Handhabung der Voraussetzungen der Unterbringung gem. §§ 63, 66 StGB (2002). S. 189; Frommel NK 2010, 83; Baumann/Weber/Mitsch/Eisele, Strafrecht AT, 12. Aufl. (2016), § 9 Rn. 54.

310 Dazu Müller StV 2010, 298; Kinzig, in: Forensische Psychiatrie, Psychologie, Kriminologie (2010), S. 233; AnwK-StGB-Gaede , 2. Aufl. (2015), § 2 Rn. 17.

den ist, hat der deutsche Gesetzgeber das Recht der Sicherungsverwahrung durch das „Gesetz zur Neuordnung des Rechts der Sicherungsverwahrung und zu begleitenden Regelungen" geändert.[311] Wenig später hat das BVerfG mit Urteil vom 4.5.2011[312] sämtliche Vorschriften über die Anwendung und Dauer der Sicherungsverwahrung (§§ 66, 66 a, 66 b und andere) für verfassungswidrig erklärt. Bis zum Inkrafttreten einer Neuregelung wurde dem Gesetzgeber aufgegeben, bei der vorübergehend zulässigen weiteren Anwendung der Normen eine strikte Verhältnismäßigkeitsprüfung durchzuführen; für die Anwendung des § 66 musste „eine Gefahr schwerer Gewalt- oder Sexualstraftaten aus konkreten Umständen in der Person oder dem Verhalten des Betroffenen abzuleiten" sein.[313] Im Gesetz zur bundesrechtlichen Umsetzung des Abstandsgebots im Recht der Sicherungsverwahrung vom 5.12.2012 hat der Gesetzgeber nunmehr den Anforderungen des BVerfG entsprochen.[314]

D. Verbot des Gewohnheitsrechts (Nulla poena sine lege scripta)

I. Grundsatz und Herleitung

„Die Tore des Gefängnisses öffnet nur das (geschriebene) Gesetz". Dieser Satz von Edmund Mezger[315] folgt aus dem Wortlaut des Art. 103 Abs. 2 GG, der mit der Festlegung, dass die Strafbarkeit einer Tat „gesetzlich" bestimmt sein muss, zugleich das geschriebene Gesetz als einzige Rechtsquelle des Strafrechts beschreibt und mithin die Strafbegründung oder Strafschärfung durch ungeschriebenes, gewohnheitsrechtlich begründetes Recht verbietet (Rn. 344).[316] Dass die Voraussetzungen der Strafbarkeit von der Legislative erlassen werden müssen, folgt zwingend auch aus der verfassungsrechtlichen Herleitung des Gesetzlichkeitsgrundsatzes: Demokratieprinzip (Rn. 38), Gewaltenteilung (Rn. 41) und Rechtsstaatlichkeit (Rn. 43) widersprechen fundamental der Existenz eines den Täter belastenden Gewohnheitsrechts im Strafrecht. Dahinter steht u.a. der Gedanke, dass der Inhalt ungeschriebener Rechtsnormen in aller Regel zu unscharf ist, um die Bindung der Strafgewalt an unabhängig vom Einzelfall getroffene Entscheidungen zu gewährleisten. Hieraus erklärt sich, dass das Verbot des Gewohnheitsrechts an den Strafrichter gerichtet ist: Es weist ihn an, die Voraussetzungen der Strafbarkeit und der Strafrechtsfolgen ausschließlich geschriebenen Rechtsquellen zu entnehmen.[317] Als allgemein verbindlicher Maßstab soll das Gesetz die Gefahr richterlicher Willkür einschränken und die Justiz binden (Rn. 335). Daher wäre es ausgeschlossen, bestimmte Verhaltensweisen unter Hinweis auf eine (regelmäßig ohnehin nur behauptete) allgemeine sittliche Missbilligung zu bestrafen.[318]

449

---

311 Gesetz v. 22.12.2010; BGBl. I, S. 2300.
312 NJW 2011, 1981 = StV 2011, 1981 mit Anm. Kreutzer/Bartsch ebd. 472; Eisenberg ebd. 480.
313 BVerfG NJW 2011, 1981 Rn. 172.
314 BGBl. I, S. 2425; BT-Drucks. 17/11388; zur Gesetzesgeschichte Fischer, StGB, 65. Aufl. (2018), § 66 Rn. 2; zur Neuregelung Pollähne StV 2013, 249; Satzger StV 2013, 243; Streng StV 2013, 236; Zimmermann HRRS 2013, 164.
315 Mezger, Strafrecht. Ein Lehrbuch, 1. Aufl. (1931), S. 83.
316 Jakobs, Strafrecht AT, 2. Aufl. (1993), 4. Abschn. Rn. 12; Jescheck/Weigend, Strafrecht AT, 5. Aufl. (1996), § 15 III 1; Lackner/Kühl/Heger, StGB, 29. Aufl. (2018), § 1 Rn. 3; Otto, Strafrecht AT, 7. Aufl. (2005), § 2 Rn. 27.
317 Art. 97 Abs. 1 GG, § 1 GVG; MüKo-Schmitz, StGB, 3. Aufl. (2017), § 1 Rn. 24; BK-Rüping, GG, 189. Aktualisierung (2018), Art. 103 II Rn. 52, Herzog, in: Maunz/Dürig, GG, 81. Aufl. (2017), Art. 20 Abschn. VI Rn. 49, 53 mwN.
318 S/S-Eser/Hecker, StGB, 29. Aufl. (2014), § 1 Rn. 9 mit dem Beispiel des Exhibitionismus.

II. Gewohnheitsrecht als Richterrecht?

450   Unter „Gewohnheitsrecht" versteht man das Recht, das nicht durch förmliche Setzung, sondern durch längere tatsächliche Übung (longus iuris oder recta consuetudo) entstanden ist, die eine dauernde und ständige, gleichmäßige und allgemeine sein muss und von den beteiligten Rechtsgenossen als verbindliche Rechtsnorm (opinio iuris ac necessitatis) anerkannt wird.[319] Folgt man dieser Definition, so macht Gewohnheitsrecht teilweise Sinn im Handels- oder Arbeitsrecht[320] sowie im Völkerrecht[321], aber nicht im Strafrecht.[322] Strafrechtlich gesehen, kann eine verbreitete Verhaltensweise, selbst wenn die Leute, die diese praktizieren, sie für rechtens halten (Ladendiebstähle, Gebrauch bestimmter Drogen, Straßenverkehrsgefährdungen, Doping, Umweltverschmutzungen, Steuerhinterziehung, elterliche Züchtigung etc.), niemals die gesetzlich bestimmte Strafbarkeit verdrängen. Konstellationen, in denen die Bestrafung in weiten Kreisen der Bevölkerung fragwürdig geworden ist, mögen allenfalls Anlass sein, über Entkriminalisierung nachzudenken. Aber ohne eine konstitutive Entscheidung des Gesetzgebers kann es im Strafrecht kein wirksames „Gewohnheitsrecht" geben.[323] Also reduziert sich das Problem „Verbot des Gewohnheitsrechts" im Strafrecht auf das Richterrecht, nämlich auf das Gebot, sich bei der Entscheidung streng an das geschriebene Gesetz zu halten.[324]

451   Vielfach wird als Quelle des Gewohnheitsrechts nicht nur ein wie immer geartetes soziales Brauchtum, sondern die höchstrichterliche Rechtsprechung, insbesondere die Judikatur des BGH verstanden. Unter diesem Gesichtspunkt halten Maurach/Zipf das Gewohnheitsrecht im Strafrecht für „schlechthin unentbehrlich".[325] Die gesetzliche Regelung trete demgegenüber – vor allem bei den Allgemeinen Lehren des StGB – auf den zweiten Platz. Auch Max Weber hat die Auffassung vertreten, dass Gewohnheitsrecht in Wahrheit stets Juristenrecht sei, da es in justizstaatlich organisierten Rechtssystemen kaum anders als Gerichtsgebrauch auftreten und erkannt werden kann.[326] Dem wird man jedoch nur unter der Voraussetzung zustimmen können, dass das geschriebene Recht seinen ersten Platz behält. Das heißt: die Anwendung einer ungeschriebenen Regelung bzw. die gewohnheitsrechtliche Zuschreibung von Strafbarkeit stellt stets – im BT ebenso wie im AT – einen selbständigen Verstoß gegen das Gesetzlichkeitsprinzip dar. Will die Gegenauffassung den Grundsatz der Gesetzlichkeit nicht vollends über Bord werfen, müsste sie konsequenterweise die Bindung der höchstrichterlichen Entscheidung an deren eigene Auslegungsergebnisse befürworten; ein Ergebnis, das nach

---

319   BVerfGE 9, 117; 15, 232; 22, 121; Radbruch, Rechtsphilosophie, herausgegeben von Dreier/Paulson, 2. Aufl. (2011), S. 75, 79, 89; Rüthers/Fischer/Birk, Rechtstheorie, 10. Aufl. (2018), Rn. 232 ff.
320   Beispiele bei Brox/Rüthers/Henssler, Arbeitsrecht, 19. Aufl. (2016), Rn. 717; Reichold, Arbeitsrecht, 5. Aufl. (2016), § 3 Rn. 50.
321   Satzger, Internationales und Europäisches Strafrecht, 8. Aufl. (2018), § 17 Rn. 35; Kuhli, Das Völkerstrafgesetzbuch (2010); Böhm/Teubert, in: Safferling/Kirsch (Hrsg.), Völkerstrafrechtspolitik (2014), S. 450.
322   Hassemer, Einführung in die Grundlagen des Strafrechts, 2. Aufl. (1990), § 27 IV; ähnl.. Stratenwerth/Kuhlen, Strafrecht AT, 6. Aufl. (2011), § 3 Rn. 26; S/S-Eser/Hecker, StGB, 29. Aufl. (2014), § 1 Rn. 10.
323   Naucke, Strafrecht, 10. Aufl. (2002), § 2 Rn. 27; P. A. Albrecht, Kriminologie, 4. Aufl. (2010), S. 117.
324   Allg. zum Verhältnis von Gewohnheitsrecht und Richterrecht Langenbucher, Die Entwicklung und Auslegung von Richterrecht (1996), S. 115; Amberg, Divergierende höchstrichterliche Rechtsprechung (1998), S. 299; Horn, Einführung in die Rechtswissenschaft und Rechtsphilosophie, 6. Aufl. (2016), Rn. 28 ff.; Rüthers/Fischer/Birk, Rechtstheorie, 10. Aufl. (2018), Rn. 235.
325   Maurach/Zipf, Strafrecht AT 1, 7. Aufl. (1987), § 8 V Rn. 40; Schmitt, in: Jescheck-FS (1985), S. 224.
326   Weber, Wirtschaft und Gesellschaft, 3. Aufl. (1976), S. 508; s. auch Rüthers/Fischer/Birk, Rechtstheorie, 10. Aufl. (2018), Rn. 233.

Einschätzung von Claus Roxin die Rechtsprechung in einem vermeintlichen Gewohnheitsrecht erstarren ließe.[327]

III. Geltungsbereich

1. Besonderer Teil des StGB

Außer Streit steht das Verbot der gewohnheitsrechtlichen Schaffung oder Verschärfung von Tatbeständen und Strafdrohungen im Besonderen Teil. So ist es z.b. unzulässig, die Gebrauchsanmaßung (furtum usus) über die vom Gesetz aufgeführten Ausnahmefälle (§ 248 b StGB) hinaus zu bestrafen, die Sanktionierung des Versuchs auf alle Straftatbestände zu erstrecken oder auf das gesetzlich vorgesehene Antragserfordernis zu verzichten, weil dann bei fehlendem Antrag eine Bestrafung stattfände, die gesetzlich nicht vorgesehen ist. Zu der dem Gewohnheitsrecht entzogenen Strafschärfung gehört auch die Überschreitung eines als zu niedrig empfundenen Strafrahmens.[328]   452

2. Allgemeiner Teil des StGB

Das Verbot gewohnheitsrechtlicher Zuschreibung gilt ebenfalls für die allgemeinen Lehren, mittels derer der Bereich des Strafbaren über das gesetzlich geregelte Maß hinaus ausgedehnt wird. Dies betrifft insbesondere Dogmatikkonstrukte wie die „actio libera in causa" oder die „omissio libera in causa".[329] Dies betrifft aber auch solche Bereiche, die der Gesetzgeber offen gelassen und der Entscheidung durch die Rechtsprechung überantwortet hat, teils weil sich die Materie einer kodifizierten Kurzfassung entgegenstellt, teils weil der Gesetzgeber die wissenschaftliche Entwicklung nicht durch Festschreibungen blockieren wollte. Zu nennen sind auf diesem Gebiet z.B. die Lehren über Vorsatz, Fahrlässigkeit (Rn. 504 ff.)[330] und Irrtum, über den Schuldbegriff, über Einverständnis und Einwilligung, über den Kausalzusammenhang[331] oder über die Abgrenzung von Tun und Unterlassen (Rn. 514 ff.), von Vorbereitungshandlung und Versuch[332], von Täterschaft und Teilnahme. Dürften bei diesen Rechtsfiguren Lücken durch Gewohnheitsrecht geschlossen werden, so würde dies – entgegen Ratio und Wortlaut des § 1 StGB, Art. 103 Abs. 2 GG (Rn. 449) – zu einer beliebigen Ausdehnung der Strafbarkeit führen.[333] Die These, wonach die Regeln des Allgemeinen Teils dem Verbot gewohnheitsrechtlicher Zuschreibung von Strafbarkeit nicht unterworfen seien[334], widerspricht dem Grundgedanken eines vorhersehbaren und freiheitssichernden Strafrechts (Rn. 344).   453

---

327   Roxin, Strafrecht AT I, 4. Aufl. (2006), § 5 Rn. 48; hierzu auch SK-StGB-Rudolphi, 6. Aufl. (1992), § 1 Rn. 21; Stratenwerth/Kuhlen, Strafrecht AT, 6. Aufl. (2011), § 3 Rn. 25.

328   Beispiele bei Roxin, Strafrecht AT I, 4. Aufl. (2006), § 5 Rn. 45.

329   Wessels/Beulke/Satzger, Strafrecht AT, 47. Aufl. (2017), Rn. 55; Kühl, Strafrecht AT, 8. Aufl. (2016), § 11 Rn. 10; Otto, Strafrecht AT, 7. Aufl. (2005), § 13 Rn. 24; Streng, in : Kudlich/Montiel/Schuhr (Hrsg.), Gesetzlichkeit und Strafrecht (2012), S. 180.

330   Herzberg, in: Beulke-FS (2015), S. 419.

331   Kindhäuser, in: Kargl-FS (2015), S. 253.

332   Zum fehlgeschlagenen Versuch Gössel GA 2012, 66; Wörner, Der fehlgeschlagene Versuch zwischen Tatplan und Rücktrittshorizont (2009), S. 42, 49.

333   S. auch Jakobs, Strafrecht AT, 2. Aufl. (1996), 4. Abschn. Rn. 46; Dannecker, in: Otto-FS (2007), S. 34; Basak, in: Matt/Renzikowski, StGB (2013), § 1 Rn. 10; Neumann StV 1997, 23; Hettinger GA 1989, 18; Krey/Esser, Strafrecht AT, 6. Aufl. (2016), Rn. 99.

334   Jescheck/Weigend, Strafrecht AT, 5. Aufl. (1996), § 12 IV 2; diff. Kunig, in: v. Münch/Kunig, GG, 6. Aufl. (2012), Art. 103 Rn. 25.

454 Die auf den genannten und ähnlichen Gebieten entwickelten Lehren sind folglich das Ergebnis einer methodengerechten Auslegung der gesetzlichen Vorgaben. Sie erlangen aber niemals die normative Geltungskraft, die dem Gewohnheitsrecht zugeschrieben wird. Dies liegt bereits daran, dass im Widerspruch zur Definition des Gewohnheitsrechts (Rn. 450) fast alle allgemeinen Lehren im Strafrecht umstritten sind. Doch selbst in dem Fall, dass diese Lehren in eine verfestigte Judikatur eingeflossen sind, werden sie „kaum ins Volksbewusstsein dringen" (Roxin) und von den Rechtsgenossen als verbindliche Normen anerkannt werden.[335] Hinzukommt, dass die Gerichte von den Auslegungsergebnissen – anders als bei Gesetzen – jederzeit abweichen können. Schon deshalb verbietet Art. 103 Abs. 2 GG ein den Betroffenen belastendes Gewohnheitsrecht.

IV. Gewohnheitsrecht zugunsten des Täters

1. Beispiele

455 Strafrechtliches Gewohnheitsrecht ist jedoch nach verbreiteter Auffassung in bonam partem des Betroffenen erlaubt.[336] So könnten Strafnormen aufgrund von Gewohnheitsrecht außer Kraft treten: Einerseits durch Aufhebung in Vergessenheit geratener oder überholter, aber nicht formell abgeschaffter Strafvorschriften[337]; andererseits durch anerkannte Strafausschließungsgründe, die – wie etwa die Einwilligung des Verletzten – die Rechtswidrigkeit des Verhaltens oder – wie bei Pflichtenkollisionen – die Schuld des Täters ausschließen.[338] Zudem würde die Praxis gewohnheitsrechtlich die Strafbarkeit bei einer Reihe von Straftatbeständen mildern, indem sie den als zu hart empfundenen Strafrahmen seit langem nicht mehr ausschöpft und sich dadurch eine Herabsetzung der Höchststrafdrohung verfestigt. Schließlich sei denkbar, dass eine bestimmte Auslegung strafrechtlicher Normen zu Gewohnheitsrecht wird. So sei es etwa bei der verfestigten Einengung des § 284 StGB, dessen Begriff des Glücksspiels nur Gewinne von nicht ganz unbedeutendem Wert erfassen soll[339]; beim weit gefassten Treubruchtatbestand des § 266 StGB, der auf Fälle typischer Vermögensfürsorge und wirtschaftlicher Selbständigkeit beschränkt wird[340]; bei der Bestimmung des Begriffs der „körperlichen Misshandlung" (§ 223 StGB) im Sinne einer „üblen, unangemessenen Behandlung"[341], durch die der Weg frei wurde, beim „Züchtigungsrecht" des Lehrers – trotz klarer Verletzung der Körperintegrität in Form von Substanzverletzungen – strafbefreiend darauf abzustellen, ob die Züchtigung aus hinreichendem Anlass erfolgte, maßvoll durchgeführt wurde und erzieherische Zwecke verfolgte[342].

2. Kritikpunkte

456 Festzuhalten bleibt, dass der Richter seiner Entscheidung ausschließlich geschriebene Rechtsquellen zugrunde zu legen hat (Rn. 449). Deshalb kann „Gewohnheitsrecht" auch nur den von den gesetzlichen Bestimmungen des AT und des BT geschaffenen

---

335 Roxin, Strafrecht AT I, 4. Aufl. (2006), § 5 Rn. 47.
336 BGHSt 18, 140; Pieroth, in: Jarass/Pieroth, GG, 14. Aufl. (2016), Art. 103 Rn. 47.
337 BGHSt 5, 23.
338 Dazu S/S-Eser/Hecker, StGB, 29. Aufl. (2014), § 1 Rn. 14 a; Gribbohm NStZ 2005, 98; Krüger, in: Beulke-FS (2015), S. 137; Saliger, in: Beulke-FS (2015), S. 257.
339 RGSt 6, 74.
340 BGHSt 4, 172; krit. Kargl ZStW 113 (2001), S. 570; Naucke, Der Begriff der politischen Wirtschaftsstraftat (2012), S. 53.
341 BGHSt 48, 36; Kühl JZ 2003, 637; Küper/Zopfs, Strafrecht BT, 10. Aufl. (2018), Rn. 378; Kargl GA 2001, 546.
342 BGHSt 11, 24; Jescheck/Weigend, Strafrecht AT, 5. Aufl. (1996), § 33 VI; Kargl NJ 2003, 57.

Rahmen ausfüllen. Jenseits dieses Rahmens darf Strafbarkeit weder begründet, ausgedehnt, abgeschafft oder gemildert werden. In den Worten von Stratenwerth und Kuhlen[343]: „Stets ist nur der Umfang einer bereits gesetzlich vorgesehenen strafrechtlichen Haftung zu präzisieren."

Dieser in Art. 103 Abs. 2 GG gemeißelte Grundsatz verliert also auch nicht dadurch seine Geltung, dass strafrechtliches „Gewohnheitsrecht" zugunsten des Betroffenen angewandt wird. So kommt es zwar vor, dass ein Straftatbestand – z.B. früher das Abtreibungsverbot des § 218 StGB – aus der Rechtsüberzeugung weiter Teile der Bevölkerung verschwindet und jahrelang von der Justiz nicht angewendet wird, aber dadurch konstituiert sich kein „Gewohnheitsrecht", das der formellen Abschaffung der entsprechenden Vorschrift gleichkäme. Ein Richter, der die Bestimmungen der Rechtsbeugung und der Strafvereitelung ernst nimmt, könnte sich jederzeit auf bestehendes Recht berufen und seine Entscheidung danach ausrichten. Gleiches gilt für die Praxis, den Strafrahmen bei bestimmten Delikten nicht auszuschöpfen: Eine langjährige gerichtliche Übung verfestigt sich nicht zu einer die Norm derogierenden Herabsetzung der Höchststrafdrohung, auf die sich der Betroffene wie auf ein Gesetz berufen dürfte (Rn. 450).[344] Man kann dem nicht entgegenhalten, dass das Gesetzlichkeitsprinzip ein Abwehrrecht gegen den Staat und damit lediglich eine Begrenzung der staatlichen Strafgewalt darstellt, so dass die ausnahmsweise Nichtbestrafung den Anwendungsbereich des Art. 103 Abs. 2 GG nicht berührt. Denn Demokratieprinzip, Gewaltenteilung und Rechtsstaatlichkeit (Rn. 38, 41, 43) fordern ebenso, dass die Entscheidungen des Gesetzgebers nicht durch richterliches Handeln ausgehebelt werden.

457

Zu erörtern bleibt noch das Feld des volkstümlichen Brauchtums, das besonders häufig mit dem Begriff des Gewohnheitsrechts in Verbindung gebracht wird.[345] Zu den beliebten Beispielen gehört das in manchen Gegenden praktizierte „Maibaumstehlen" oder das in der „Weiberfastnacht" übliche Abschneiden von Krawatten, das mit einem „Bützchen" (Küsschen) entschädigt wird. In beiden Fällen wäre daran zu denken, dass die an der Tradition Beteiligten mit einem solchen „Diebstahl" (§ 242 StGB) bzw. mit einer solchen „Sachbeschädigung" (§ 303 StGB) einverstanden sind und dann die Rechtswidrigkeit der Taten entfiele. Aber wie sich gerade an dem karnevalistischen Treiben zeigt, kann nicht pauschal von einer Zustimmung zur Rechtsgutsverletzung ausgegangen werden. Also ergibt sich die Straflosigkeit des fest etablierten regionalen „Brauchtums" allenfalls aus einem gewohnheitsrechtlichen Rechtfertigungsgrund, der sozial übliches („sozialadäquates") Verhalten nicht für rechtswidrig erklärt.[346] Die Frage, ob sich gesetzlich nicht geregelte Rechtfertigungsgründe auch an den Bestimmtheitsgrundsatz messen lassen müssen (der Begriff „Sozialadäquanz" zeichnet sich nicht gerade durch präzise Konturen aus[347]), soll an anderer Stelle vertieft werden (Rn. 526 ff.). Hier sei darauf hingewiesen, dass das Argument „zugunsten des Täters" durchaus zweischneidig ist. Die Straffreistellung der Brauchtumsträger (Karnevalisten, Studenten etc.) durch Gewohnheitsrecht hat insofern eine Rückwirkung auf die Opfer,

458

---

343 Stratenwerth/Kuhlen, Strafrecht AT, 6. Aufl. (2011), § 3 Rn. 26.
344 Roxin, Strafrecht AT I, 4. Aufl. (2006), § 5 Rn. 48; s. auch Paeffgen StraFo 2007, 444; Papier, in: Hassemer-FS (2010), S. 185; Zippelius, Das Wesen des Rechts (2012), S. 78.
345 Zur Brauchtumspflege vgl. Dickert JuS 1994, 631.
346 Vgl. Roxin, Strafrecht AT I, 4. Aufl. (2006), § 5 Rn. 5; Günther, in: Grünwald-FS (1999), S. 215; Lenckner GA 1968, 9; Krey JZ 1979, 712; krit. Lorenz MDR 1992, 630; Dannecker, in: Otto-FS (2007), S. 36; Erb ZStW 108 (1996), S. 271; Frister GA 1988, 315; KK-OWiG-Rogall, 5. Aufl. (2018), § 3 Rn. 24.
347 Zu den einengenden Voraussetzungen der „Sozialadäquanz" vgl. Welzel ZStW 58 (1939), S. 514; Roxin, in: Kargl-FS (2015), S. 461; Schild, in: Paeffgen-FS (2015), S. 153; Kargl NJ 2003, 59.

als diesen die Gegenwehr (Notwehr, Festnahmerecht) genommen wird.[348] Sofern man
– entgegen der hier vertretenen Meinung – die Berufung auf Gewohnheitsrecht, das
sich nicht durch methodengerechte Auslegung legitimieren lässt, zur Einengung bestehender Strafgesetze zulassen will, wird zumindest zu fordern sein, dass sich eine einheitliche Rechtsüberzeugung gebildet hat.[349] Daran dürfte es häufiger fehlen, als der
nur allzu schnell aus dem Ärmel geschüttelte Hinweis auf sozial übliches Verhalten
glaubhaft machen will.

E. Analogieverbot (Nulla poena sine lege stricta)

I. Sinn und Zweck

459   Das Gesetz verliert seine Garantiefunktion, wenn die Richter nicht an den vom Strafgesetz gezogenen Rahmen gebunden sind. Um die Bindung an das Gesetz zu verstär-
ken, weist das Analogieverbot den Strafrichter an, die Strafgesetze bei den Voraussetzungen der Strafbarkeit und bei den Strafrechtsfolgen nicht zulasten des Betroffenen
per analogiam, also im Wege eines „Ähnlichkeitsschlusses" auszudehnen.[350] Das Analogieverbot ist somit nichts anderes als die Verlängerung des Bestimmtheitsgebots
(Rn. 344) in die Praxis der Gesetzesanwendung: Eng gefasste Gesetze würden ins Leere
laufen, wenn der Strafrichter nicht unter dem gesetzlichen Zwang stünde, sich bei seiner Entscheidung so eng wie möglich an das Gesetz zu halten, wenn also – in anderen
Worten – die Gesetze durch den Richter praeter legem umgangen werden könnten
(Rn 337). Andererseits hängen die Chancen einer Durchsetzung des Analogieverbots
auch von der Bestimmtheit der Strafgesetze ab, da völlig farblose Gesetze dem Richter
einen Spielraum ließen, die das Analogieverbot überflüssig machten.[351]

460   Aus dem engen Zusammenhang zwischen dem Bestimmtheitsgebot und dem Analogieverbot erklärt sich deren gemeinsame Wurzel im Rechtsstaatsprinzip, das den Schutz
der Bürger vor richterlicher Willkür bezweckt[352] und in der Konsequenz der Gewaltenteilung liegt, sowie im Demokratieprinzip, das die Wahl der Strafnorm nur dem durch
das Volk legitimierten Parlament vorbehält[353]. Dazu hat sich das BVerfG wiederholt
bekannt: „Der Satz 'nulla poena sine lege' begründet eine strikte Bindung der Strafgerichte an das geschriebene materielle Strafrecht. Die Strafgerichte sind gehalten, den
Gesetzgeber beim Wort zu nehmen; ihn zu korrigieren, ist ihnen verwehrt... Art. 103 II
GG (...) will sicherstellen, dass jedermann vorhersehen kann, welches Verhalten verboten und mit Strafe bedroht ist."[354]

---

348 Wie hier S/S-Eser/Hecker, StGB, 29. Aufl. (2014), § 1 Rn. 13; MüKo-Schmitz, StGB, 3. Aufl. (2017), § 1 Rn. 13.
349 BGHSt 5, 23; 8, 381; NK-StGB-Hassemer/Kargl, 5. Aufl. (2017), § 1 Rn. 65.
350 H.M.; BVerfGE 73, 235; 92, 12; 108, 115; BVerfG NJW 2010, 3209; Baumann/Weber/Mitsch/Eisele, Straf-
     recht AT, 12. Aufl. (2016), § 9 Rn. 94, 99; Maurach/Zipf, Strafrecht AT, 7. Aufl. (1987), § 10 Rn. 22; Kühne ZRP
     2009, 87; Satzger Jura 2012, 794; Bartel, in: Frisch-FS (2013), S. 1272.
351 BVerfG v. 23.6.2010 – 2 BvR 2559/08 Rn. 78, 79; Greco GA 2012, 452; Böhm, Strafrechtliche Gesetzlichkeit
     als Prinzip? (2013), S. 118.
352 BVerfG NStZ 1998, 506; NJW 2004, 2213; MüKo-Schmitz, StGB, 3. Aufl. (2017), § 1 Rn. 60; Kühl, in: Stöckel-
     FS (2010), S. 117.
353 Krey/Esser, Strafrecht AT, 6. Aufl. (2016), § 3 Rn. 79; Roxin, Strafrecht AT I, 4. Aufl. (2006), § 5 Rn. 20;
     Schmidt-Aßmann, in: Maunz/Dürig, GG, 81. Aufl. (2017), Art. 103 Abs. 2 Rn. 166.
354 BVerfG NJW 2008, 3206; BVerfGE 73, 234.

II. Inhalt des Analogieverbots

1. Zulässigkeit der Auslegung

Wenn den Strafgerichten verwehrt ist, den Gesetzgeber zu korrigieren, stellt sich die Frage, an welchem Punkt die Gerichte den Gesetzestext hinter sich lassen und die Korrektur beginnt. Selbstverständlich hindern § 1 StGB und Art. 103 Abs. 2 GG eine Auslegung der Gesetze grundsätzlich nicht (Rn. 611 ff.). Das BVerfG hat mehrfach zum Ausdruck gebracht, dass die Auslegung mit Hilfe der üblichen Methoden, insbesondere unter Berücksichtigung anderer Vorschriften desselben Gesetzes, des Normzusammenhangs und einer gefestigten Rechtsprechung verfassungsrechtlich unbedenklich ist.[355] § 2 StGB verbietet die Auslegung nach den anerkannten Auslegungsregeln auch dann nicht, wenn sie zum Nachteil des Täters wirkt.[356] Darüber aber, wo genau die Grenze zwischen einer statthaften Auslegung und einer unstatthaften Analogie beginnt, herrscht seit jeher Streit. Um den Streit entscheiden zu können, muss man wissen, was „Analogie" oder „analoge (analogische) Gesetzesanwendung" ist.[357]

461

2. Extensive Auslegung

Vor allem in ausländischen Diskussionen wird „Analogie" mit „extensiver Auslegung" gleichgesetzt und nur eine „einschränkende" Auslegung als erlaubt angesehen.[358] Diese Definition des Analogieverbots hilft nicht weiter. Zum einen fordert das Gesetzlichkeitsprinzip sicher nicht eine „einschränkende", sondern nur eine gesetzesadäquate, eine „richtige" Auslegung: die getreue Verlängerung des Gesetzes in die Wirklichkeit.[359] Zum anderen ist unklar, was eine „extensive" Auslegung ist, ab welcher Grenze ein Gesetzesverständnis die Verbotszone erreicht.[360]

462

3. Überschreitung des Gesetzessinnes

Auch die Vorstellung, die verbotene Analogie beginne dort, wo die Grenzen des Gesetzessinnes überschritten sind[361], kann den Inhalt des Analogieverbots nicht zureichend bestimmen. Sie trägt – mit ihrer Berufung auf die „Ratio" des Gesetzes – die besonders großen Unsicherheiten der teleologischen Auslegung (Rn. 631 ff.) in das Gesetzlichkeitsprinzip hinein und macht damit die mögliche Diagnose, eine bestimmte Auslegung verletze das Analogieverbot, unsicher.[362] Da der „Gesetzessinn" weiterhin in der Inter-

463

---

355 BVerfGE 45, 371; 57, 262.
356 BVerfG NJW 1991, 2823.
357 Zur Begriffsgeschichte vgl. Arthur Kaufmann/von der Pforten, Problemgeschichte der Rechtsphilosophie, in: Hassemer/Neumann/Saliger (Hrsg.), Einführung in die Rechtsphilosophie und Rechtstheorie der Gegenwart, 9. Aufl. (2016), S. 104 ff., 121 ff.; zu den Anwendungsproblemen Hassemer, in: Hassemer/Neumann/Saliger (Hrsg.), Einführung in die Rechtsphilosophie und Rechtstheorie der Gegenwart, 9 Aufl. (2016), S. 253 ff.; allg. zum „vergleichenden Denken" in der Jurisprudenz Zippelius, Das Wesen des Rechts, 6. Aufl. (2012), S. 74.
358 Nachweise bei Jescheck/Weigend, Strafrecht AT, 5. Aufl. (1996), § 17 IV; Pawlowski, Einführung in die juristische Methodenlehre, 2. Aufl. (2000), Rn. 203; Möllers, Juristische Methodenlehre (2017), § 4 Rn. 59 ff.
359 So Germann, Methodische Grundfragen (1946), S. 121; Jost SchwZStr 65 (1950), S. 362.
360 Engisch, Einführung in das juristische Denken, 11. Aufl. (2010), S. 100; Larenz/Canaris, Methodenlehre des Rechts, 4. Aufl. (2014).
361 So Jescheck/Weigend, Strafrecht AT, 5. Aufl. (1996), § 17 IV 4; ähnl. Schmidhäuser, Strafrecht AT, 2. Aufl. (1984), 3. Kap. Rn. 48; Wank, Die Auslegung von Gesetzen, 6. Aufl. (2015), S. 44.
362 Rüthers/Fischer/Birk, Rechtstheorie, 10. Aufl. (2018), Rn. 823 b: „Wortsinngrenze ebenso unscharf wie facettenreich"; s. auch Frister, Strafrecht AT, 7. Aufl. (2015), 4. Kap. Rn. 22; MüKo-Schmitz, StGB, 3. Aufl. (2017), § 1 Rn. 68.

pretationsherrschaft dessen steht, der das Gesetz auslegt, kann das Analogieverbot gerade nicht seine Aufgabe erfüllen, der Interpretation eine Grenze zu ziehen.[363] Wer den Bereich der verbotenen Analogie erst bei der Überschreitung des Gesetzessinnes beginnen lässt, macht den Bock zum Gärtner.

4. Überschreitung der tatsächlichen Wortbedeutung

a) Wortlaut

464 Die weithin herrschende Meinung definiert den Inhalt des Analogieverbots über das Kriterium des Gesetzeswortlauts.[364] Der Wortlaut ist das zentrale Kriterium für das Verstehen eines Textes.[365] Das Instrument, mit dem Gesetzgeber seinen Entscheidungswillen in die Wirklichkeit der Fallentscheidung verlängern kann, ist das Wort und deshalb trifft der an das Gesetz gebundene Strafrichter zuerst einmal auf den Wortlaut des Gesetzes als dasjenige Medium, das die gesetzliche Entscheidungsinformation trägt. Der Begriff des Wortlauts wäre unglücklich gewählt, wenn man unter ihm lediglich das einzelne Wort – losgelöst vom Satzgefüge – oder gar die Phonetik einer Norm verstünde. Um derartige Missverständnisse zu vermeiden, plädieren einige Autoren wie etwa Klatt[366] und Kuhlen[367] für die Verwendung des Begriffs „Wortsinn", der deutlicher hervorhebt, dass es um die durch den Text des Gesetzes semantisch vorgegebenen Grenzen geht.

b) Externalität des Wortlauts

465 Der entscheidende Fortschritt, den das Kriterium des Wortlauts gegenüber den Kriterien „extensive Auslegung" (Rn. 462) und „Überschreitung des Gesetzessinnes" (Rn. 463) erreicht, liegt darin, dass der Wortlaut der („objektiven") Gesetzesauslegung gegenüber extern ist. Wer auf die Bedeutung eines Wortes in der Umgangssprache oder auch in der juristischen Tradition abstellt, gewinnt damit ein Kriterium für die Feststellung von analogischen Grenzüberschreitungen, welche dem Rechtsanwender von außerhalb des Rechtsanwendungsprozesses eine Grenze zieht, über die er nicht selber verfügen kann. Der Sprachinhalt ist durch kollektiv eingeübte, im sozialen Kontakt erlernte Assoziationen vermittelt.[368] Der Begriffsgehalt macht Verständigung in einer Sprachgemeinschaft möglich, weil über ihn zuvor eine jedenfalls annähernde Einigung erzielt wurde. Es „gibt" die Wortbedeutung, man kann sie mit Hilfe eines Lexikons oder einer Zusammenstellung bisheriger Entscheidungen, also des juristischen Sprach-

---

363 Dies übersieht Horn, Einführung in die Rechtswissenschaft und Rechtsphilosophie, 6. Aufl. (2016), Rn. 185, wenn er das Zutreffen der ratio legis zur Voraussetzung des analogischen Verfahrens erklärt; ähnl. wie Horn auch Larenz, Methodenlehre der Rechtswissenschaft, 6. Aufl. (1991), S. 375; Esser, Grundsatz und Norm in der richterlichen Fortbildung des Privatrechts, 4. Aufl. (1990), Rn. 467.

364 BVerfGE 71, 115; 92, 12; 105, 157; BGHSt 29, 133; 35, 395; 48, 357; 50, 372; Wessels/Beulke/Satzger, Strafrecht AT, 47. Aufl. (2017), Rn. 56; Lackner/Kühl/Heger, StGB, 29. Aufl. (2018), § 1 Rn. 6; Heinrich, Strafrecht AT, 5. Aufl. (2016), Rn. 136.

365 Vgl. nur Arthur Kaufmann/von der Pfordten, in: Hassemer/Neumann/Saliger, Einführung in die Rechtsphilosophie und Rechtstheorie der Gegenwart, 9. Aufl. (2016), S. 101 ff.; Möllers, Juristische Methodenlehre (2017), § 4 Rn. 66 ff.

366 Klatt, Theorie der Wortlautgrenze (2004), S. 37.

367 Kuhlen, in: Murmann (Hrsg.), Recht ohne Regeln? (2011), S. 29; vgl. auch Duttge, in: Krey-FS (2010), S. 46.

368 Zur sozialen Konstruktion von Semantiken vgl. Luhmann, Die Gesellschaft der Gesellschaft (1998), S. 108, 205.

gebrauchs feststellen.[369] Somit kann der Wortlaut eine bestimmte Gesetzesauslegung falsifizieren; es lässt sich zeigen, dass die Gesetzesauslegung die reale Bedeutung eines Wortes in Umgangssprache oder juristischer Fachsprache überzogen oder gar verfehlt hat.[370] Mit der Betonung der Wichtigkeit des Kontextes und des realen Gebrauchs entkräftet das Kriterium des Wortlauts (neben der Akzentuierung des historischen Gesetzeszwecks) die verbreitete Auffassung, die jedes beliebige Auslegungsergebnis mit dem Normtext vereinbar hält. Dieses Kriterium verhindert letztlich die semantische Außensteuerung des Rechts durch andere soziale Subsysteme.[371]

c) Realer Sprachgebrauch

Es gilt, noch deutlicher zu unterstreichen, dass die Externalität des Wortlautkriteriums   466
für das Analogieverbot lebenswichtig ist. Denn wenn dieses Verbot die Aufgabe hat, der Gesetzesauslegung eine Grenze zu ziehen, darf die Gesetzesauslegung über die Grenzen ihres erlaubten Spielraums, über den sozialen Kontext, in dem Begriffe gefestigt und tradiert werden, nicht selber verfügen; also bedarf es eines Kriteriums „von außerhalb", an dem sie sich messen lassen muss.[372] Dieses Kriterium kann der reale Sprachgebrauch, kann die „faktische", die „natürliche", „umgangssprachliche" oder die „bisherige juristisch gebräuchliche" Wortbedeutung sein. Dieses Kriterium kann hingegen nicht „die nicht gebräuchliche, aber eigentlich „richtige" Wortbedeutung" sein, weil dann die Voraussetzung der Externalität nicht erfüllt wäre. Verbotene Analogie beginnt also dort, wo die tatsächliche Wortbedeutung (der objektive, konsensuell hergestellte Gehalt) endet und subjektive (meist teleologische) Vorstellungen die Oberhand gewinnen.[373]

5. Begriffliche Bestimmung der Wortlautgrenze

a) Präzisierungen

Obwohl man sich über die Wortlautgrenze als Kriterium des Analogieverbots mittler-   467
weile fast allgemein verständigt hat, ist die Präzisierung dieser Grenze immer noch Gegenstand unterschiedlicher Einschätzungen.[374] Die Paraphrasen reichen von der „allgemein verständlichen, natürlichen Wortbedeutung"[375] über die „natürliche Wortbedeutung, Wortzusammenhangsbedeutung und Satzbedeutung"[376] bis zum „möglichen Wortsinne als äußerste Grenze"[377] oder zur „äußersten Grenze des Umgangssprachge-

---

369 Dazu etwa Schroth, in: Hassemer/Neumann/Saliger, Einführung in die Rechtsphilosophie und Rechtstheorie der Gegenwart, 9. Aufl. (2016), S. 243 ff., 270; Frister, Strafrecht AT, 7. Aufl. (2015), 4. Kap. Rn. 28; Klann-Delius, Spracherwerb, 2. Aufl. (2008).

370 In dieser Richtung auch Koch/Rüßmann, Juristische Begründungslehre (1982), S. 163; Neumann, Rechtsontologie und juristische Argumentation (1979), S. 71; zu fachsprachlichen Maßstäben BVerfG NJW 2007, 166 mit Bespr. Jahn JuS 2007, 691; Kudlich JA 2007, 549; Mitsch NZV 2010, 225.

371 Ähnl. Seelmann/Demko, Rechtsphilosophie, 6. Aufl. (2014), § 4 Rn. 14; Mahlmann, Rechtsphilosophie und Rechtstheorie, 4. Aufl. (2017), § 24 Rn. 17.

372 Dazu grundlegend Savigny, Juristische Methodenlehre, herausgegeben von Wesenberg (1951), S. 206.

373 Wie hier Rüthers/Höpfner JZ 2005, 25; Rüthers/Fischer/Birk, Rechtstheorie, 10. Aufl. (2018), Rn. 155.

374 R. Schmitt, in: Jescheck-FS (1985), S. 233; Depenheuer, Der Wortlaut als Grenze (1988).

375 Baumann MDR 1958, 395.

376 Baumann/Weber/Mitsch/Eisele, Strafrecht AT, 12. Aufl. (2016), § 9 Rn. 84.

377 Jescheck/Weigend, Strafrecht AT, 5. Aufl. (1996), § 17 IV 5; ähnl. Roxin, Strafrecht AT I, 4. Aufl. (2006), § 5 Rn. 28; S/S-Eser/Hecker, StGB, 29. Aufl. (2014), § 1 Rn. 37; Fischer, StGB, 65. Aufl. (2018), § 1 Rn. 10 a; MüKo-Schmitz, StGB, 3. Aufl. (2017), § 1 Rn. 58.

brauchs"[378]. Mit diesen Konkretisierungen ist zwar ein auslegungsexternes Kriterium zur inhaltlichen Bestimmung des Analogieverbots gewonnen, jedoch bleibt immer noch offen, wie groß die Toleranz bei der Annäherung an eine „äußerste Grenze" der Wortbedeutung sein darf und vor allem welche Verfahren zur Feststellung der Wortbedeutung (von jeweiliger demoskopischer Erforschung über die Beratung durch Lexika bis hin zur freien Diagnose durch den Strafrichter) anzuwenden sind.

b) Das Kandidatenschema

468 Einen Gewinn an Präzision bei der Markierung der Wortlautgrenze verspricht die bereits im Zusammenhang mit der Definition der begrifflichen Vagheit angesprochene Unterscheidung von positiven, negativen und neutralen Kandidaten gesetzlicher Begriffe (Rn. 355 f.). Danach wäre die Anwendung eines Begriffs auf einen positiven Kandidaten die „normale" Auslegung (Rn. 466), die Ausdehnung auf einen neutralen Kandidaten wäre eine erlaubte „extensive" Auslegung (Rn. 462), die Erstreckung auf einen negativen Kandidaten hingegen wäre verbotene Analogie.[379] Im Vergleich zu den bisherigen Interpretationen der Wortlautgrenze ist das „Kandidatenschema" sicherlich eine präzisere Beschreibungsform. Dennoch lässt sich auch mit ihm nicht eine zwingende Umsetzung des Analogieverbots in die Entscheidungspraxis erreichen. Sein Pferdefuss ist die Definition der Positivität, Negativität und Neutralität von Gegenständen („Kandidaten") in Hinsicht auf den gesetzlichen Begriff, insbesondere die Abgrenzung von Neutralität und Negativität, also die Grenze zwischen erlaubter Auslegung und verbotener Analogie.[380] Diese Abgrenzung lässt sich nicht weiter präzisieren als mit Paraphrasen wie „noch oder nicht mehr diskutabel" bzw. „gerade noch innerhalb oder schon außerhalb eines möglichen Wortverständnisses". Also auch diese Beschreibungsform weist das Problem einer klaren begrifflichen Umgrenzung semantischer Spielräume nicht selten ungelöst zurück. Immerhin ist sie aber — wie das nachfolgende Beispiel erläutern soll – imstande, das strukturelle Problem des Analogieverbots durchsichtiger darzustellen.[381]

c) Exemplarisch: Die Wand als „gefährliches Werkzeug"?

469 In dem letztinstanzlich vom BGH entschiedenen Fall hatte A den Kopf von Frau F gegen eine Wand gestoßen.[382] A hat vorsätzlich den Straftatbestand des § 223 StGB in der Modalität der „körperlichen Misshandlung" erfüllt. Die Frage ist, ob darüber hinaus eine gefährliche Körperverletzung vorliegt. Dazu wäre erforderlich, dass A die Körperverletzung „mittels einer Waffe oder eines anderen gefährlichen Werkzeugs" (§ 224 Abs. 1 Nr. 2 StGB) begangen hat. Die Wand ist hier ohne Bedenken als negativer Kandidat des Merkmals „Waffe" anzusehen, da nach allgemeiner Ansicht die Waffe im technischen Sinne zu verstehen ist. Hinsichtlich des Tatmittels „gefährliches Werkzeug" fällt die Einordnung in das Kandidatenschema weniger eindeutig aus. Ge-

---

378 Schünemann, in: Bockelmann-FS (1979), S. 126; Krey, Studien zum Gesetzesvorbehalt im Strafrecht (1977), S. 146, 154, 159.

379 Koch, in: Alexy/Koch/Kuhlen/Rüßmann, Elemente einer juristischen Begründungslehre (2003), S. 185; Kramer, Juristische Methodenlehre, 5. Aufl. (2016), § 6 Rn. 33; Schroth, in: Hassemer/Neumann/Saliger (Hrsg.), Einführung in die Rechtsphilosophie und Rechtstheorie der Gegenwart, 9. Aufl. (2016), S. 265; Gruschke, Vagheit im Recht (2014), S. 22.

380 Dazu ausf. Hassemer, Tatbestand und Typus (1968), S. 160 ff.

381 Klatt, Theorie der Wortlautgrenze (2004), S. 31 ff. mit Bespr. Winkler JZ 2005, 940.

382 BGHSt 22, 235.

fährlich ist nach der in stetiger Rechtsprechung verwendeten Formel ein Werkzeug, wenn es nach seiner objektiven Beschaffenheit und nach der Art seiner Benutzung im Einzelfall geeignet ist, erhebliche Körperverletzungen zuzufügen.[383] Das war hier der Fall, so dass die Wand zumindest als neutraler Kandidat des Begriffs „gefährlich" in Betracht kommt. Dabei ist es unerheblich, ob der Täter den Gegenstand gegen das Opfer hinbewegt (z.B. Stich mit einem Dolch) oder ob das Opfer gegen den Gegenstand (z.B. gegen den gezückten Dolch) gestoßen wird.[384] Diese (zutreffende) Ansicht hat einige Autoren davon überzeugt, dass in Fällen wie den vorliegenden § 224 Abs. 1 Nr. 2 StGB zu bejahen sei.[385]

Gegen diese Ansicht spricht aber der Begriff des „Werkzeugs", auf den sich das Adjektiv „gefährlich" bezieht. Der BGH[386] hat in einem Akt rechtspolitischer Weitsicht entschieden, dass die Bestrafung aus § 224 Abs. Nr. 2 StGB gegen das Analogieverbot verstößt: „Werkzeuge (i.S.d. § 224 StGB) sind nur solche Gegenstände, die durch menschliche Einwirkung in Bewegung gesetzt werden können... Das natürliche Sprachempfinden wehrt sich dagegen, eine feste Wand, den Boden oder einen Felsen als 'Werkzeug' zu bezeichnen." Und in der Tat, der mögliche Wortsinn des Gesetzes – verstanden als realer Sprachgebrauch des täglichen Lebens (BVerfGE 73, 206) – erlaubt es nicht, unbewegliche (besser: unbewegbare) Sachen wie Hauswände oder Fußböden als „Werkzeuge" zu bezeichnen.[387] Hiernach ist die Wand ein negativer Kandidat der Begriffskombination „gefährliches Werkzeug". {470}

6. Konsequenzen

a) Wortlaut versus Normzweck

Die „Wand" unter den Begriff des „gefährlichen Werkzeugs" zu subsumieren, läuft auf eine entsprechende und damit verbotene Anwendung von Gesetzen hinaus. Dieses Ergebnis scheint jedoch unter Wertungsgesichtspunkten unbefriedigend zu sein. Denn die Strafschärfung des § 224 StGB beruht ja darauf, dass der Täter einen Gegenstand benutzt, der geeignet ist, erhebliche Verletzungen hervorzurufen. Unter der Perspektive der objektiven Beschaffenheit und der konkreten Art der Benutzung ist die Wand nicht weniger gefährlich als ein Knüppel. Wenn es der Zweck der Vorschrift ist – und nichts spricht dagegen –, besonders gefährliche Verhaltensweisen mit einer erhöhten Strafe zu belegen, dann verpflichtet das Analogieverbot den Richter dazu, ein vom Wortlaut nicht erfasstes Verhalten auch dann nicht zu bestrafen, wenn es – zumindest nach Auffassung des entscheidenden Richters – dem Zweck des Strafgesetzes entsprechend strafbar sein müsste. An diesem Punkt wird die ganze Tragweite des Analogieverbots sichtbar: Es untersagt dem Richter, eine nach seiner Meinung gerechte Entscheidung zu {471}

---

383 BGHSt 30, 377; BGH NStZ 2007, 95; 2010, 151.
384 BGH NStZ-RR 2005, 75; NK-StGB-Paeffgen/Böse, 5. Aufl. (2017), § 224 Rn. 14; Lackner/Kühl/Heger, StGB, 29. Aufl. (2018), § 224 Rn. 4.
385 S/S-Stree/Sternberg-Lieben, StGB, 29. Aufl. (2014), § 224 Rn. 8; LK-Lilie, StGB, 12. Aufl. (2006), § 224 Rn. 27; MüKo-StGB- Hardtung, 3. Aufl. (2017), § 224 Rn. 14; Küpper JuS 2000, 225.
386 BGHSt 22, 236; zust. Hardtung JuS 2008, 963; Krey/Hellmann/Heinrich, Strafrecht BT 1, 15. Aufl. (2012), Rn. 261.
387 Lackner/Kühl/Heger, StGB, 29. Aufl. (2018), § 224 Rn. 4; Joecks/Jäger, StGB, 12. Aufl. (2017), § 224 Rn. 22; Hilgendorf/Valerius, Strafrecht AT (2013), S. 819; aM Stree Jura 1980, 284; Rengier, Strafrecht BT II, 19. Aufl. (2018), § 14 Rn. 16; LK-StGB-Lilie, 11. Aufl. (2003), § 224 Rn. 27; S/S-Stree/Sternberg-Lieben, StGB, 29. Aufl. (2014), § 224 Rn. 7; zur Kontroverse Kretschmer Jura 2008, 919; Küper/Zopfs, Strafrecht BT, 10. Aufl. (2018), Rn. 766.

treffen. Es verpflichtet den Richter dazu, die Wortlautgrenze auch dann zu beachten, wenn sie im Einzelfall zu scheinbar sinnwidrigen Ergebnissen führt.

b) Normentfaltung versus Normschöpfung

472   Die lange Reihe der Entscheidungen, deren Begriffsverständnis mit „natürlichem" Sprachverständnis kaum etwas zu tun hat, zeigt überdeutlich, dass es der Rechtspraxis schwer fällt, sich mit dieser Konsequenz abzufinden.[388] Die Bindung an das Gesetz findet umso weniger Beachtung, je eindeutiger nach Auffassung der Richter der Zweck der Norm und je erkennbarer veraltet die Formulierung der Norm ist. In dieser Hinsicht exemplarisch ist die berühmte Entscheidung des BGH zum Forstdiebstahl.[389] § 3 Abs. 1 Nr. 6 des preußischen Forstdiebstahlsgesetzes sah eine Strafschärfung vor, „wenn zum Zwecke des Forstdiebstahls ein bespanntes Fuhrwerk, ein Kahn oder ein Lasttier mitgebracht ist." Der Angeklagte hatte den Forstdiebstahl jedoch mittels eines Kraftfahrzeugs begangen. Setzt man hier auf den (ungeschriebenen) Zweck der Vorschrift – schneller und bequemer Abtransport größerer Mengen des Diebesguts –, dann wäre auch im Fall des Kraftfahrzeugs eine Strafschärfung angemessen gewesen. Nimmt man dagegen den Wortlaut der Vorschrift ernst, dann kann ein Kraftfahrzeug sprachlich beim besten Willen nicht als Fuhrwerk, Kahn oder Lasttier bezeichnet werden.

c) Wortlautgrenze versus Interpretationsverbot

473   Der BGH hat sich an den Normzweck gehalten und damit – ohne das Analogieverbot überhaupt zu erwähnen – die allgemeine Geltung des Gesetzlichkeitsprinzips in Frage gestellt. Eine Ausnahme vom Verbot der Überschreitung des Gesetzeswortlauts darf jedoch auch in vermeintlich „eindeutigen Fällen" nicht zugelassen werden.[390] Dies ergibt sich schon daraus, dass die Voraussetzungen für die Unterscheidung in „eindeutige" und „weniger eindeutige" Fälle unklar sind und daher die Abgrenzung zwischen Auslegung und Analogie letztlich nach dem subjektiven Ermessen des Rechtsanwenders vorgenommen würde (Rn. 463). Die Möglichkeiten, die der unscharfe Analogiebegriff für die Gerichte bereithält, sind früh antizipiert worden. So verpflichtete der französische Revolutionsrat die Gerichte am 24.8.1790 dazu, bei Zweifeln über die Auslegung Anfragen an den Gesetzgeber zu richten. Die absolutistischen Staaten Preußen, Bayern und Österreich verhängten ein striktes Interpretationsverbot[391], das in Bayern sogar das Verbot der Kommentierung des StGB einschloss.[392] Soweit wird heute niemand gehen wollen, aber dass eindeutige Ergebnisse nicht immer zu finden sind, kann - wie Ulrich Weber[393] konstatiert – „nicht bedeuten, nunmehr aus Verzweiflung zu einem subjektiven Dezisionismus übergehen zu dürfen."

---

388   Zahlreiche Beispiele zur wortlautfernen Gesetzesauslegung durch die Rspr. bei NK-StGB-Hassemer/Kargl, 5. Aufl. (2017), § 1 Rn. 92; Roxin, Strafrecht AT I, 4. Aufl. (2006), § 5 Rn. 34.

389   BGHSt 10, 375.

390   Dazu eindringlich Frister, Strafrecht AT, 7. Aufl. (2015), 4. Kap. Rn. 25.

391   PreußALR von 1794, Einleitung §§ 46-48.

392   Schreiber, Gesetz und Richter (1976), S. 55; R. Schmitt, in: ders. (Hrsg.), Rechtspositivismus: Ursprung und Kritik (2014).

393   Baumann/Weber/Mitsch/Eisele, Strafrecht AT 12. Aufl. (2016), § 9 Rn. 89.

III. Grundsätzliche Einwände gegen das Analogieverbot

1. Identität zwischen Auslegung und Analogie?

a) Strukturgleichheit

Gegen die Bindung des Strafrichters an den Wortlaut des Gesetzes wird vor allem vor- 474
gebracht, dass es keinen logischen Unterschied zwischen Auslegung und Analogie gebe: Jede Auslegung gesetzlicher Begriffe sei – außerhalb von numerischen Angaben (etwa bei Ober- und Untergrenzen von Freiheits- und Geldstrafen) und Relationsbegriffen
(etwa bei Verwandtschaftsverhältnissen) – notwendig Analogie (Rn. 354 ff., 371 ff.).[394]
Das ist insofern unbestreitbar richtig, als jede innovative Auslegung in einem Schluss-
verfahren besteht, das mit einem Ähnlichkeitsvergleich (a similibus ad similia) arbeitet.[395] Wenn man z.B. das Würgen des Opfers mit einem Schal als Angriff mit einem
„gefährlichen Werkzeug" auslegt, so beruht das darauf, dass Schal und Messer unter
dem gesetzlichen Wertungsgesichtspunkt der gefährlichen Vorgehensweise „ähnlich"
sind (vgl. Rn. 469 hinsichtlich der „Mauer"). Die Strukturgleichheit zwischen Auslegung und Analogie besteht folglich in der Verwendung eines „tertium comparationis",
welches den Begriff mit dem gemeinten Gegenstand verbindet.[396] Da die unsicheren
Gegenstände dem Begriff nicht gleichsam automatisch „unterfallen", bedarf es eines
„Dritten", das zwischen Gegenstand und Begriff ein „Passen" herstellt. Über dieses
„Dritten" (das tertium comparationis) werden bei der Auslegung ebenso wie bei der
Analogie Sachverhalte mit Normen in Entsprechung gebracht.

b) Folgerungen aus der Strukturgleichheit

Aber die Gleichheit des logischen Verfahrens spricht nicht dagegen, bei der Frage nach 475
seiner Zulässigkeit danach zu differenzieren, ob sich die Analogie innerhalb oder außerhalb der Wortlautgrenze befindet und nur erstgenannte angesichts Art. 103 Abs. 2
GG als verfassungsrechtlich zulässig zu erklären. Von diesem Standpunkt aus folgert
Roxin: „Die Wortlautgrenze bezeichnet keine Differenz in der logischen Struktur des
Rechtsfindungsvorgangs, sondern findet ihre Rechtfertigung in davon unabhängigen
staats- und strafrechtlichen Prämissen."[397] Ohne die Beachtung der Wortlautgrenze
wären in der Tat die demokratietheoretischen und machtbegrenzenden Zielsetzungen
des Gesetzlichkeitsprinzips (Rn. 38, 41) a priori zum Scheitern verurteilt.[398] Gleiches
gilt für die strafrechtlichen Zwecke der Normstabilisierung und Verhaltenssteuerung
(Rn. 75, 91). Man muss sich auch darüber im Klaren sein, dass die Einebnung des Un-
terschieds zwischen Analogie und Auslegung die totale Funktionalisierung des Rechts-

394 So NK-StGB-Hassemer, 1. Aufl. (2000), § 1 Rn. 95; Arthur Kaufmann/von der Pfordten, in: Hassemer/
Neumann/Saliger, Einführung in die Rechtsphilosophie und Rechtstheorie der Gegenwart, 9. Aufl. (2016),
S. 104 ff., 121 ff.; Larenz/Canaris, Methodenlehre der Rechts, 4. Aufl. (2014), S. 202; Schmidhäuser, Straf-
recht AT, 2. Aufl. (1984), 3. Kap. Rn. 27.

395 Stratenwerth/Kuhlen, Strafrecht AT, 6. Aufl. (2011), § 3 Rn. 32 ff.; Jakobs, Strafrecht AT, 2. Aufl. (1993), 4.
Abschn. Rn. 33; Zippelius, Juristische Methodenlehre, 11. Aufl. (2012), S. 74; Möllers, Juristische Methodenlehre (2017), § 4 Rn. 59 ff.

396 Klug, Juristische Logik, 4. Aufl. (1982), S. 109; Heller, Logik und Axiologie der analogen Rechtsanwendung
(1961), S. 132; zu den Problemen der Grenzziehung vgl. Heinrich, Strafrecht AT, 5. Aufl., (2016), Rn. 138;
Eisele, Strafrecht BT 1, 3. Aufl. (2014), Rn. 12; Kirsch, Zur Geltung des Gesetzlichkeitsprinzips im Allgemeinen Teil des Strafgesetzbuchs (2014), S. 174.

397 Roxin, Strafrecht AT I, 4. Aufl. (2006), § 5 Rn. 36; ders., in: Hilgendorf (Hrsg.), Das Gesetzlichkeitsprinzip im
Strafrecht (2013), S. 122; dazu auch SK-StGB- Rudolphi, 7. Aufl. (2000), § 1 Rn. 22; S/S-Eser/Hecker, StGB,
29. Aufl. (2014), § 1 Rn. 55.

398 Vgl. Baumann/Weber/Mitsch/Eisele, Strafrecht AT, 12. Aufl. (2016), § 13 I 3.

systems durch andere (politische, wirtschaftliche, kulturelle) Subsysteme zur Folge hätte. Seelmann[399] nennt die Vorstellung der semantischen Blindheit des Rechts „soziologisch naiv" und bei Neumann[400] heißt es kurz und bündig: „Daraus, dass Regeln nicht alles regeln, folgt nicht, dass sie nichts regeln."

2. Sprachkritischer Einwand

a) Unbestimmtheit der Sprache

476 Problematischer als die Frage nach der Gleichsetzung von Analogie und Auslegung ist die Frage nach den Möglichkeiten der Bestimmung des Wortsinnes. In dieser Richtung argumentieren namhafte Autoren, die eine Bindung der Rechtsfindung an den Wortlaut schon deshalb für undurchführbar halten, weil die Unbestimmtheit der Sprache keine brauchbare Abgrenzung ermögliche (Rn. 351).[401] So sagt etwa Jakobs, es könne „für alle nicht ganz selten verwendeten Wörter in der Regel ein so umfangreiches Arsenal von umgangssprachlichen Bedeutungen angeboten werden, dass die strafrechtliche Begriffsbildung nicht nennenswert begrenzt wird."[402] Daran ist zutreffend, dass Worte und somit auch die Begriffe des Strafgesetzes, wie „Sache", „misshandeln", „gewerblich" oder „in nicht geringer Menge", sich auf die Wirklichkeit beziehen, zu dieser Wirklichkeit hin offen sind.[403] Insofern erklärt sich die Mehrdeutigkeit der Begriffe.

b) Sprache als Instrument der Verständigung

477 Zunächst einmal ist die semantische Offenheit der Sprache nicht von Nachteil, da sie den Rechtsanwender dazu auffordert, eine lebendige Alltagssprache zu verwenden. Im Unterschied zur reinen Kunstsprache, die formal und tautologisch stets nur das eigene System reproduziert, verarbeitet die Alltagssprache kollektive Erfahrungen und besitzt damit konkrete Bedeutung.[404] Die Sprache ist also kein mysteriöses Artefakt voller semantischer Geheimnisse, sondern ein Instrument, das für die Zwecke, die Menschen verfolgen, auch dort zum Einsatz kommen muss und kann, wo sich die Beteiligten in Grauzonen der Verständigung bewegen oder wo es auf Entscheidungen ankommt, die eine (im letzten schwerlich begründbare) Grenzziehung erfordern.

c) Sprache in praktischen Diskursen

478 Die Denkbarkeit von Zweifeln, die es bei allen juristischen Unterscheidungen gibt, kann folglich die grundsätzliche Berechtigung der Differenzierung nicht in Misskredit bringen. Als das Thema der „Wahrheit" im Strafprozess zu erörtern war (Rn. 246 ff.),

---

399 Seelmann/Demko, Rechtsphilosophie, 6. Aufl. (2014), § 4 Rn. 14.
400 Neumann Rechtstheorie 2001, 245.
401 Hanack NStZ 1986, 263; Gössel JR 1979, 88; Kudlich/Christensen ARSP 2007, 138; Teubner, Standards und Direktiven in Generalklauseln (1971), S. 13.
402 Jakobs, Strafrecht AT, 2. Aufl. (1993), 4. Abschn. Rn 35.
403 NK-StGB-Hassemer, 1. Aufl., § 1 Rn. 96; C. Fischer, Topoi verdeckter Rechtsfortbildung im Zivilrecht (2007), S. 36; zur „faktischen Betrachtungsweise im Strafrecht" vgl. Joerden wistra 1990, 1; Cadus, Die faktische Betrachtungsweise (1984); Gübel, Die Auswirkungen der faktischen Betrachtungsweise auf die strafrechtliche Haftung der GmBH-Geschäftsführer (1994), S. 23; Tiedemann, Wirtschaftsstrafrecht AT, 5. Aufl. (2017), Rn. 124-136 a.
404 Zum Verhältnis von Umgangssprache und juristischer Fachsprache vgl. E. Simon, Gesetzesauslegung im Strafrecht (2005), S. 121; Wank, Die Auslegung von Gesetzen, 6. Aufl. (2015), S. 47; Haft JuS 1975, 481; Neumann, in: Grewendorf (Hrsg.), Rechtskultur als Sprachkultur (1992), S. 110; Möllers, Juristische Methodenlehre (2017), § 4 Rn. 48 ff., 86 ff.

ist dargelegt worden, dass vage und unbestimmte Zweifel, die sich aus einem bloßen Gefühl der bleibenden Restmöglichkeit von Alternativen speisen, die richterliche Überzeugung nicht tangieren müssen (Rn. 273). Bei der Beurteilung dessen, was als „vernünftiger" Zweifel zu gelten hat und bei Entscheidungen in Rechnung zu stellen ist, hat sich die Unterscheidung in theoretische und praktische Diskurse (Habermas, Wittgenstein) als hilfreich erwiesen (Rn. 263). Auf der zweiten (das Strafverfahren betreffenden) Ebene der praktischen Erkenntnis befindet sich der Akteur in Handlungszusammenhängen, in denen er auf bestimmte Gewissheiten und sprachliche Konventionen angewiesen ist, die sich als Bedingungen für Kommunikation und koordiniertes Verhalten bewährt haben. Ohne diese von einer gemeinsamen Lebens- und Sprachwelt geteilten Gewissheiten können sich die Beteiligten weder verständigen noch vernünftig handeln.

d) Sprache als Informationsträger

Beschränkt man die Auslegung auf den Sprachgebrauch, der in praktischen Diskursen Verwendung findet[405], so lässt sich jedenfalls nicht ernsthaft aufrechterhalten, dass eine Verständigung durch Worte nicht möglich sei. Verständigung setzt – entgegen der Annahme einiger „strenger" Hermeneutiker[406] – voraus, dass sich Begriffe und deren Inhalte voneinander abgrenzen lassen, dass man sich die Sprache nicht erst im Moment der Kommunikation ausdenkt.[407] Verstehen kann der Adressat ja nur, wenn er die Vorverständnisse teilt, die es dem Sprechenden überhaupt möglich gemacht haben, seine Gedanken in Worte zu fassen. Würde es zur Unterscheidung der Worte keinen objektiven oder zumindest intersubjektiv herstellbaren, von der Person des Interpreten losgelösten Wortsinn geben, wäre es dem Richter verwehrt, sein Urteil der Kommunikationsgemeinschaft zu vermitteln und bei den Beteiligten auf Akzeptanz zu stoßen.

479

Die Ungenauigkeiten der sprachlichen Kommunikation ändern also nichts daran, dass es i.d.R. möglich ist, mit sprachlichen Mitteln hinreichend klare Informationen zu übermitteln. Insbesondere dann, wenn der Kontext zur Begrenzung des Wortlauts herangezogen wird (Rn. 616), kann man sich im Großen und Ganzen auf das semantische Potential der Sprache verlassen. Wenn trotzdem juristische Botschaften – in Entscheidungen oder im gesetzlichen Wortlaut – oft nicht so verstanden werden, wie sie gemeint sind, hat dies meistens andere Gründe als die Unzulänglichkeiten der Sprache. Hinter akrobatischen Interpretationen stehen häufig Zielbestimmungen, die vom jeweiligen rechtspolitischen und staatsphilosophischen Grundverständnis des Interpreten geprägt sind, so dass im Streit über Begriffe oft die kriminalpolitische Absicht verdeckt bleibt.

480

Fazit: Es gibt zur tatsächlichen Wortbedeutung als Grenze zwischen Analogie und Auslegung keine Alternative. Denn dem Schmerz der Grenze, den die Gegner der Wortlautschranke tunlichst vermeiden wollen, werden wir, wie Hellmuth Mayer einmal formuliert hat, doch nie entgehen.[408]

481

---

405 Roxin, Strafrecht AT I, 4. Aufl. (2006), § 5 Rn. 37; Köhler, Strafrecht AT (1997), S. 93.

406 Näher zum Begriff Hermeneutik Bühler, in: Sandkühler (Hrsg.), Enzyklopädie Philosophie (1999), Stichwort Hermeneutik; Hilgendorf, in: Hilgendorf/Joerden (Hrsg.), Handbuch Rechtsphilosophie (2017), S. 175 ff.; Klatt, in: Hilgendorf/Joerden (Hrsg.), Handbuch Rechtsphilosophie (2017), S. 224 ff.

407 Ähnl. Kaspers, Philosophie – Hermeneutik – Jurisprudenz (2014), S. 132; Frister, Strafrecht AT, 7. Aufl. (2015), Kap. 4 Rn. 28.

408 Zit. bei Baumann/Weber/Mitsch/Eisele, Strafrecht AT, 12. Aufl. (2016), § 9 Rn. 96.

IV. Tragweite

1. Geltung im Besonderen Teil

a) Deliktstatbestände

482   Da das Analogieverbot den Bestimmtheitsgrundsatz in die Praxis der Rechtsanwendung hinein verlängert und damit die Grundsätze nullum crimen und nulla poena erst zur Wirkung bringt (Rn. 459), muss seine Tragweite dem Geltungsbereich dieser Grundsätze entsprechen.[409] Wie beim Bestimmtheitsgebot erfasst das Analogieverbot uneingeschränkt die Straftatbestände des Besonderen Teils und die Strafdrohungen.[410] Befinden sich die Strafdrohungen ausnahmsweise im Allgemeinen Teil, muss auf diese ebenfalls das Analogieverbot angewendet werden. So wäre es unzulässig, die versuchte Anstiftung zu einem Verbrechen (§ 30 Abs. 1 StGB) per analogiam auf die versuchte Beihilfe zu einem Verbrechen zu erstrecken. Das Analogieverbot gilt auch für Blankettstrafgesetze, also für jene Regelungen, die hinsichtlich der Strafbarkeitsvoraussetzungen auf andere, den eigentlichen Tatbestand ausfüllende Vorschriften verweisen (Rn. 373).[411] Schließt sich hingegen das Strafrecht in vollem Umfang an die Begriffe anderer Rechtsgebiete an – z.B. an das Zivilrecht hinsichtlich der Eigentumsfrage bei „fremden" Sachen in §§ 242 ff. StGB – so schützt das Strafrecht auch das auf diesen Gebieten jenseits des gesetzlichen Wortlauts entwickelten Institute (z.B. das Sicherungseigentum).[412]

b) Rechtsfolgen

483   Im Bereich der Rechtsfolgen erstreckt sich das Analogieverbot nicht nur auf die Hauptstrafen[413], sondern gilt auch für Nebenstrafen (z.B. § 44 StGB) und die Nebenfolgen (z.B. §§ 165, 200 StGB)[414], für Geldbußen nach dem OWiG[415] und für sonstige strafähnliche Maßnahmen wie etwa Bewährungsauflagen gem. § 56 b StGB[416] sowie für das Ordnungsgeld und die Ordnungshaft wegen Ungebühr vor Gericht gem. § 178 GVG.[417]

484   Umstritten ist, ob sich das Analogieverbot auch auf die Maßregeln der Besserung und Sicherung erstreckt (näher Rn. 443). Gegen eine Anwendung des § 1 StGB wird angeführt, dass es bei den Maßregeln nicht um staatliche Repression, sondern um Prävention und Sicherheit geht (BVerfG NJW 2004, 745).[418] Aber dieses Argument lässt die faktische Wirkung der Maßregeln, die u.U. weit nachhaltiger als Strafen in die Freiheit der Betroffenen einschneiden kann, außer Betracht.[419] Nach der Gegenansicht soll für

---

409   BVerfGE 75, 340.
410   Kuhlen JR 2011, 248; Saliger ZIS 2011, 904.
411   Zur Problematik der Blankettmerkmale vgl. BGH wistra 1982, 109, wistra 2001, 264; BVerfG NJW 2010, 754; Franzen/Gast/Joecks, Steuerstrafrecht, 8. Aufl, (2015), § 370 AO Rn. 138; mit Verweisungen auf EU-Recht Böse, in: Krey-FS (2010), S. 7; SSW-StGB-Satzger, 3. Aufl. (2017), § 1 Rn. 57.
412   Roxin, Strafrecht AT I, 4. Aufl. (2006), § 5 Rn. 40.
413   BVerfG StV 2002, 247.
414   BGHSt 18, 140.
415   BVerfGE 71, 114.
416   MüKo-Schmitz, StGB, 3. Aufl. (2017), § 1 Rn. 16; zu den Auflagen nach § 153 a StPO Duttge, in: Beulke-FS (2015), S. 689; aA Fischer, StGB, 65. Aufl. (2018), § 1 Rn. 4.
417   Krey/Esser, Strafrecht AT, 6. Aufl. (2016), § 3 Rn. 78.
418   BVerfG NJW 2004, 745; Krey ZStW 101 (1989), S. 853.
419   EGM StV 2010, 181; wie hier S/S-Eser/Hecker, StGB, 29. Aufl. (2014), § 1 Rn. 28; Fischer, StGB, 65. Aufl. (2018), § 1 Rn. 10.

die Maßregeln aber der allgemeine verfassungsrechtliche Vorbehalt des Gesetzes für Eingriffe in Grundrechte der Bürger gelten.

c) Regelbeispiele, Strafzumessung

Das Analogieverbot kann und soll hinsichtlich der Regelbeispiele (§ 243 Abs. 1; § 46 Abs. 2 StGB) nicht verhindern, dass der Strafrichter eine Gesamtwürdigung vornimmt, die sich im Ergebnis über das Vorliegen oder Nichtvorliegen eines Regelbeispiels begründet hinwegsetzt (Rn. 377). Der Sinn der exemplifizierenden Methode besteht gerade darin, dem Strafrichter ein differenzierteres Argumentationsprogramm und weniger ein bestimmtes Ergebnis vorzugeben.[420] Dies ist keine Ausnahme vom Verbot strafschärfender Analogie, weil der Gesetzgeber ein solches Vorgehen ausdrücklich angeordnet hat („namentlich" in § 46 Abs. 2 S. 2 StGB; „in der Regel" in § 243 Abs. 1 S. 2 StGB).   485

Dies hindert jedoch nicht die Erstreckung des Analogieverbots auf die Auslegung der Regelbeispiele selbst.[421] Die Erlaubnis analoger Rechtsanwendung bei den Regelbeispielen würde das Bestimmtheitsgebot in der Strafrechtspraxis leer laufen lassen, weil der Strafrichter die Bedeutungsgrenzen präziser gesetzlicher Merkmale wie „falscher Schlüssel", „Schutzvorrichtung" oder „gewerbsmäßig" überschreiten dürfte (Rn. 377). Dafür gibt es auch durch die exemplifizierende Methode keine Rechtfertigung: Diese soll verhindern, dass das Auslegungsverfahren konturenlos wird, und soll ermöglichen, dass sich die richterliche Gesamtwürdigung an präzisen begrifflichen Vorgaben abarbeitet.[422]   486

Ebenfalls nicht haltbar wäre die weitergehende Ansicht, dass das Analogieverbot bei der Auslegung von Strafzumessungsvorschriften nicht gilt. Auch die Strafzumessung, die für die Betroffenen wichtiger als straftatdogmatische Abgrenzungen sein kann, ist geeignet, Rechtssicherheit, Vertrauensschutz und Täuschungsfreiheit zu verletzen. Aus diesem Grunde darf das vom Gesetzgeber so bestimmt wie möglich vorzugebende Strafzumessungsprogramm nicht durch den Strafrichter im Wege analoger Auslegung in malam partem verflüssigt werden.[423]   487

2. Geltung im Allgemeinen Teil

a) Begrenzungsfunktion der AT-Regelungen

Das Analogieverbot nimmt auch die strafbarkeitsbegründenden und strafbarkeitsbegrenzenden Vorschriften des Allgemeinen Teils (AT) nicht aus.[424] Zum einen bringt der gesetzliche Wortlaut „Strafbarkeit" zum Ausdruck, dass alle materiellen Voraussetzungen der Strafbarkeit Art. 103 Abs. 2 GG unterliegen sollen, gleichgültig, ob diese im AT oder BT geregelt werden. Zum anderen sind die Regelungen des AT ergänzende Be-   488

---

420 Eisele, Die Regelbeispielsmethode im Strafrecht (2004), S. 383; Hettinger, in: Peaffgen-FS (2015), S. 267.
421 So auch Arzt JuS 1972, 517; aA LK-Tröndle, StGB, 11. Aufl. (1992), § 1 Rn. 36; SK-Rudolphi, StGB, 7. Aufl. (2000), § 1 Rn. 26.
422 Dem folgend Eser bzgl. der Neugestaltung der Tötungsdelikte mittels objektivierender Regelmerkmale: Gutachten D zum 53. Deutschen Juristentag (1980); ders. Anwaltsblatt 2014, 877; ders., in: Kargl-FS (2015), S. 107; aA Dannecker, in: Roxin-FS (2011), S. 302.
423 Zur Bedeutung der Strafzumessungsschuld im Strafverfahren Frister, in: Peaffgen-FS (2015), S. 675.
424 BGHSt 42, 161; MüKo-Schmitz, StGB, 3. Aufl. (2017), § 1 Rn. 13, 64; AnwK-Gaede, StGB, 2. Aufl. (2015), § 1 Rn. 7; SSW-Satzger, StGB, 3. Aufl. (2017), § 1 Rn. 10; Schmidt-Aßmann, in: Maunz/Dürig, 81. Aufl. (2017), Art. 103 II Rn. 231; Marxen JZ 1988, 287 Fn. 18.

standteile der in den Straftatbeständen des BT vertypten Verhaltensnormen. Als vor die Klammer gezogene Regelungen des BT sind infolgedessen die Grenzen zwischen dem AT und dem BT nicht stets zwingend.[425] Und schließlich: Auch wenn die Aufteilung der strafrechtlichen Verbotsmaterie in einen AT und einen BT überwiegend systemisch-technischen Zielen dienen mag und z.t. nur historisch erklärbar ist, erstreckt sich der Sinn des Gesetzlichkeitsprinzips sowie des Analogieverbots (Rn. 335, 459) auch auf die Regelungen des AT. So finden sich Rechtssicherheit, Täuschungsfreiheit und Vertrauensschutz berührende Grenzen der Strafbarkeit und der Strafdrohung durchgängig auch im Allgemeinen Teil. Eine Vorschrift aus dem AT, die für die Strafbegründung sorgt, ist z.B. § 23 Abs. 1 StGB: Allein aus den Vorschriften des BT ergibt sich im Falle des Versuchs eines Verbrechens keine Strafbarkeit für den Täter, da wegen § 23 Abs. 1 StGB nur jene Normen des BT, die ein Vergehen sanktionieren, auf die Versuchsstrafbarkeit hinweisen. Erst durch die Anwendung einer Vorschrift aus dem AT wird die Strafbarkeit desjenigen Täters begründet, der ein Verbrechen versucht. Es kann unter rechtsstaatlichen Gesichtspunkten für den Täter keinen Unterschied machen, ob die Strafbegründung allein aus dem BT oder durch Anwendung des AT zustande kommt. Eine analoge Anwendung der AT-Regelungen in malam partem würde den Sinn des Gesetzlichkeitsprinzips mithin ebenso verletzen wie die Analogie im BT.[426]

b) Eingeschränkte Begrenzungsfunktion der AT-Regelungen

489 Gegen das Verbot der Analogie im Allgemeinen Teil werden Bedenken geltend gemacht, die zwar die prinzipielle Anerkennung des Analogieverbots im AT nicht zu Fall bringen können, aber doch auf Besonderheiten der AT-Regelungen hinweisen, welche die Effektivität des Analogieverbots deutlich abschwächen. Wenn – wie gesagt – das Analogieverbot den Bestimmtheitsgrundsatz in die Praxis der Rechtsanwendung verlängern soll (Rn. 459), dann hängt die Bindung des Rechtsanwenders an das Gesetz in hohem Maße davon ab, ob die verwendete Sprache ihrer limitierenden Funktion gerecht wird. Treffend hierzu F. A. Kirsch: „Die „Verlängerung" muss dort versagen, wo das „zu Verlängernde" selbst versagt." [427]

490 In Bezug auf das „zu Verlängernde" ist es im AT deutlich schlechter bestellt als im BT. Es wird bei den im AT diskutierten Verstößen gegen das Analogieverbot noch näher darzulegen sein, dass es auch dort nicht gänzlich an gewissen Scheidelinien durch den Wortsinn fehlt (7. Kap.). So lässt sich schwerlich aufrechterhalten, dass unter den Begriff des Vorsatzes die völlige Unkenntnis (das nackte Nichtwissen) fällt. Sowohl im juristischen als auch im allgemeinen Sprachgebrauch schließt der Vorsatz sein kontradiktorisches Gegenteil aus. Dennoch sind ganz überwiegend – auch beim Vorsatz und erst recht bei der Fahrlässigkeit (Rn. 504 ff.) – die limitierenden Wirkungen der semantischen Grenzen im AT schwach ausgeprägt.[428] Oftmals sind die Begriffe nicht nur vage geraten, sondern geben überhaupt keine Antwort auf die Frage, welche Bedeutung ein Begriff enthält oder enthalten soll. Im letzteren Fall trifft man lediglich auf neutrale

425 Maurach/Zipf, Strafrecht AT, 7. Aufl. (1987), § 10 Rn. 21; Duttge JZ 2014, 269.
426 Mittlerweile ganz herrschende Meinung: Baumann/Weber/Mitsch/Eisele, Strafrecht AT, 12. Aufl. (2016), § 9 Rn. 100; S/S-Eser/Hecker, StGB, 29. Aufl. (2014), § 1 Rn. 26; LK-Dannecker, StGB, 12. Aufl. (2011), § 1 Rn. 75.
427 Kirsch, Zur Geltung des Gesetzlichkeitsprinzips im Allgemeinen Teil des Strafgesetzbuchs (2014), S. 232.
428 Duttge, in: Kohlmann-FS (2003), S. 13, 19; Perron, in: Hilgendorf (Hrsg.), Das Gesetzlichkeitsprinzip im Strafrecht (2013), S. 211; Straßburg, Analogieverbot (1974), S. 18, 26.

Kandidaten, bei denen nach semantischen Maßstäben eine Zuordnung zum positiven oder negativen Bereich nicht gelingen kann.

In den Bereichen, in denen der Gesetzgeber hochgradig vage Begriffe verwendet oder in denen er gänzlich untätig geblieben ist und dies auch durfte, muss der Rechtsanwender die Aufgabe übernehmen, die Begriffe den Kandidaten zuzuordnen. Das übliche Mittel der methodengerechten Auslegung wird hier nicht immer Erfolg versprechend sein. Wenn der Gesetzgeber mit einer Regelung allenfalls eine Grundentscheidung getroffen hat, wird man von der Heranziehung des systematischen Zusammenhangs, des Willens des Gesetzgebers oder dem Zweck des Gesetzes schon deshalb kaum Erhellendes erwarten dürfen, weil sich diese Kriterien auf einer ähnlichen Abstraktionshöhe befinden wie der auszulegende Begriff.[429] Somit bleibt die Feststellung, dass der (verfassungsrechtlich legitime) Zustand des Allgemeinen Teils die Geltung des Analogieverbots in diesem Bereich deutlich abschwächt und proportional dazu der rechtsschöpferische Anteil des Rechtsanwenders und der Lehre in die Höhe schnellt. Daraus erwächst die Forderung, den neutralen Bereich der vagen Begriffe durch eine Interpretationskultur, durch eine diskursive Herausarbeitung der Sprachregelungen zurückzudrängen. Das Präzisierungsgebot (Rn. 381) ist hierzu das taugliche Mittel der Wahl. Aufzudecken, zu präzisieren und zu entfalten wären – Harro Otto folgend[430] – die vom Gesetzgeber vorausgesetzten Grundsätze der Zurechnung sozialen Verhaltens und darüber hinaus wäre ihre Vereinbarkeit mit den schon gesetzlich fixierten Regeln nachzuweisen.

491

3. Geltung im Prozessrecht

Nach Auffassung der Rechtsprechung gilt das Verbot einer Analogie zu Lasten des Täters prinzipiell nicht im Verfahrensrecht.[431] Aus der Strafprozessordnung ließen sich keine Aussagen über das Analogieverbot gewinnen. Danach haben die Verfahrensbeteiligten die Verfahrenshandlungen zu erdulden, die sich aus den Erfordernissen des Strafprozesses ergeben.[432] Dies soll insbesondere für die Lücken der Strafprozessordnung gelten, um ein geordnetes Verfahren zu gewährleisten.

492

Diese Argumentation überzeugt nur dann, wenn das Vertrauen auf die Beständigkeit prozessualer Normen im Hinblick auf ihre Bedeutung und ihr Gewicht in geringerem Maße schutzwürdig wäre wie das Vertrauen auf die Positionen des materiellen Rechts (näher Rn. 412). Dem kann man aber gewiss nicht bei Prozessvoraussetzungen zustimmen, die den materiellen Strafbarkeitsbedingungen oder den Strafausschließungsgründen sehr nahe kommen (z.B. Einstellungsvoraussetzungen, Strafantragsdelikte, Verjährungsvorschriften).[433] Da überdies außer Zweifel steht, dass das Verfahrensrecht grundsätzlich der Verwirklichung des materiellen Rechts dient, ist kein Grund ersichtlich, den Begriff „Strafbarkeit" aus Art. 103 Abs. 2 GG allein auf das materielle Strafrecht zu beschränken. Schließlich kann sich eine Strafbarkeit nur aus einer formal rechtmäßig bewiesenen Straftat ergeben. Auch prozessuale Vorschriften können somit strafbestimmenden Inhalt aufweisen. Dies gilt vor allem für Verfahrensvorschriften,

493

---

429 Kirsch, Zur Geltung des Gesetzlichkeitsprinzips im Allgemeinen Teil des Strafgesetzbuchs (2014), S. 174 ff., 233 ff.
430 Otto, Grundkurs Strafrecht AT, 7. Aufl. (2004), § 2 Rn. 24.
431 RGSt 53, 226; 63, 395; BVerfG NJW 2005, 1339.
432 h.M.; Krey ZStW 101 (1989), S. 838; Roxin, Strafrecht AT, 4. Aufl. (2006), § 5 Rn. 43; Baumann/Weber/Mitsch/Eisele, Strafrecht AT, 12. Aufl. (2016), § 9 Rn. 101.
433 Vgl. zu Grundrechtseingriffen BVerfGE 29, 195; BVerfG NJW 1996, 3146; Amelung NStZ 1982, 40.

die den prozessualen Eingriff auf bestimmte sog. Katalogtaten beschränken (z.B. § 100 a StPO). Andererseits sind solche Vorschriften vom Analogieverbot ausgeschlossen, die lediglich den Gang des Verfahrens oder Zuständigkeiten regeln (Rn. 411).

F. Zusammenfassung

I. Ausprägungen des strafrechtlichen Gesetzlichkeitsprinzips

1. Bestimmtheitsgrundsatz

494   Art. 103 Abs. 2 GG bündelt unter dem Großformat „strafrechtliche Gesetzlichkeit" vier Unterprinzipien, die teilweise über den reinen Wortlaut der Norm hinausgehen und sich erst aufgrund ihrer verfassungsrechtlichen und strafrechtlichen Begründung (Rn. 38, 54) erschließen. Der Wortlaut besagt, dass die Strafbarkeit vor Begehung der Tat gesetzlich bestimmt sein muss. Somit sieht Art. 103 Abs. 2 GG als erste Voraussetzung zur Verhängung einer staatlichen Strafe die Existenz eines Strafgesetzes vor, das seiner Form nach „bestimmt" sein muss. Neben dem strafrechtlichen Gesetzesvorbehalt gewährleistet die Regelung, dass sowohl das Verhalten (Tat) als konkreter Tatbestand (nullum crimen sine lege) als auch die Strafe selbst (nulla poena sine lege) in jedem Strafgesetz so genau wie möglich enthalten ist (Rn. 344). Dieses Gebot der hinreichenden Festlegung der Grenzen eines Strafgesetzes entfaltet seine Wirkung vorwiegend gegenüber dem Gesetzgeber und ermöglicht es, abstrakt allen Personen positive Kenntnis von den Voraussetzungen einer staatlichen Strafe zu erlangen. Aufgrund der potentiellen Vorhersehbarkeit der Strafbarkeitsregelungen und der Straffolgen können die Bürger Vertrauen in die Rechtssicherheit und Täuschungsfreiheit des Strafrechts und des Staates bilden (Rn. 43, 345).

2. Verbot des Gewohnheitsrechts

495   Mit der Festlegung, dass die Strafbarkeit „gesetzlich" bestimmt sein muss, folgt zugleich das Verbot der Strafbegründung oder Strafschärfung durch ungeschriebenes, gewohnheitsrechtlich begründetes Recht (Rn. 344, 449). Dass nur das geschriebene Gesetz als einzige Quelle des Strafrechts in Betracht kommt, ist eine notwendige Konsequenz aus der verfassungsrechtlichen Herleitung der Gesetzlichkeitsgrundsatzes. Demokratieprinzip (Rn. 38), Gewaltenteilung (Rn. 41) und Rechtsstaatlichkeit (Rn. 43) widersprechen grundlegend der Existenz eines den Täter belastenden Gewohnheitsrechts im Strafrecht. Folgt man der Definition des „Gewohnheitsrechts" als einer Norm, die durch längere, tatsächliche Übung entstanden ist und von den beteiligten Rechtsgenossen als verbindlich anerkannt wird, so macht Gewohnheitsrecht im Strafrecht weder als verbreitete Verhaltensweise (Ladendiebstahl) noch als soziales Brauchtum (Krawatten- Abschneiden im Karneval) noch als höchstrichterliche Rechtsprechung einen Sinn. Nach Maßgabe des Art. 103 Abs. 2 GG kann es im Strafrecht ohne eine konstitutive Entscheidung des Gesetzgebers kein wirksames „Gewohnheitsrecht" geben (Rn. 451).

3. Rückwirkungsverbot

496   Eine weitere Konsequenz des Gesetzlichkeitsprinzips ist das Rückwirkungsverbot, das sich bezüglich der Strafe und der Nebenfolgen eindeutig aus dem Text des Art. 103 Abs. 2 GG („bevor die Tat begangen wurde") in Verbindung mit § 2 Abs. 1 und 5

StGB ergibt. Es untersagt, eine Tat, die zur Zeit der Begehung nicht unter Strafe stand, nachträglich für strafbar zu erklären oder rückwirkend mit einer schwereren Strafe zu belegen. Das Rückwirkungsverbot richtet sich nicht nur an den Gesetzgeber, sondern auch an den rechtsanwendenden Richter, um zu verhindern, dass er als Rechtsschöpfer tätig wird und damit die Bindung des Gesetzgebers unterläuft (Rn. 336). Im Unterschied zu den anderen Ausprägungen des Gesetzlichkeitsprinzips liegt der Grund des Rückwirkungsverbots weniger in der demokratischen Legitimation der Strafgesetze, als vielmehr in einer spezifisch strafrechtlichen Wurzel, nämlich der generalpräventiven Funktion des Strafrechts. Strafnormen können als „Verhaltensnormen" nach der Natur der Sache den Täter rückwirkend nicht motivieren (Rn. 92, 387).

4. Analogieverbot

Die Verpflichtung des Gesetzgebers zur Schaffung möglichst genau bestimmter Strafvorschriften wäre das Papier nicht wert, auf dem sie geschrieben ist, wenn es nicht eine weitere Norm gäbe, die den Strafrichter an diese Vorschriften fesseln würde. Obwohl die rechtsprechende Gewalt bereits nach dem Gewaltenteilungsgrundsatz (Art. 20 Abs. 3 GG) an Gesetz und Recht gebunden ist, würde diese allgemeine Bindung nicht die Heranziehung von Gewohnheitsrecht sowie von Rechts- und Gesetzesanalogie verhindern, was für den Zivilrichter selbstverständlich ist (Rn. 335). Beides – Gewohnheitsrecht und Analogie – untersagen Art. 103 Abs. 2 GG und § 1 StGB für die Ausübung der staatlichen Strafgewalt, wenn es zum Nachteil des Täters ausschlägt.   **497**

Unter dem Analogieverbot verstehen Rechtsprechung und herrschende Lehre das Verbot jeder strafbegründenden und schärfenden Anwendung einer Strafvorschrift, die vom möglichen Wortsinn des Gesetzes nicht mehr gedeckt wird, für deren Einbeziehung in den Anwendungsbereich der Norm aber der Sinn und Zweck (ratio legis) spricht (Rn. 464, 471). Das wichtigste Mittel der gesetzesergänzenden Lückenfüllung – die „analoge", „entsprechende" oder „sinngemäße" Anwendung des Gesetzes – ist somit im Geltungsbereich des Strafrechts ausgeschlossen.   **498**

Mithin übernimmt die mögliche Wortbedeutung des Gesetzes die Aufgabe, als Schranke zwischen erlaubter Auslegung der Strafgesetze und verbotener Gesetzesanalogie zu fungieren. Gegen die Bindung des Richters an den Wortlaut des Gesetzes verfängt nicht das Argument, dass es zwischen Auslegung und Analogie keinen Unterschied gebe: Nichts spricht dagegen, bei der Frage nach der Zulässigkeit der Analogie danach zu differenzieren, ob sich die Analogie innerhalb oder außerhalb des möglichen Wortsinns befindet (Rn. 475). Auch die semantische Unbestimmtheit der Sprache und die Mehrdeutigkeit der Begriffe sprechen nicht grundsätzlich gegen die Brauchbarkeit der Abgrenzung mit Hilfe der Wortbedeutung. Denn die Ungenauigkeiten der sprachlichen Kommunikation ändern nichts daran, dass es zumindest auf der Ebene von Handlungszusammenhängen und praktischen Diskursen (Rn. 273) möglich ist, mit sprachlichen Mitteln hinreichend klare Informationen zu übermitteln und mittels begrifflicher Unterscheidungen Verständigung herzustellen. Insbesondere dann, wenn der Kontext zur Begrenzung des Wortlauts herangezogen wird, kann man sich im Großen und Ganzen auf das semantische Potential der Sprache verlassen (Rn. 480). Zu dem in der hermeneutischen Debatte gelegentlich gepflegten semantischen Nihilismus besteht kein Anlass.   **499**

II. Legitimation der strafrechtlichen Gesetzlichkeit

1. Abwehrfunktion

500 Dem gegenwärtigen Meinungsstand folgend dienen die vier Unterprinzipien des Gesetzlichkeitsprinzips der Konkretisierung der Abwehr vor staatlicher Willkür, indem sie die Strafgewalt an Gesetz und Recht bindet sowie die legislativen von den exekutiven und judikativen Aufgaben abgrenzt. Diese Funktionen sind in den verfassungsrechtlichen Begründungen des Gesetzlichkeitsprinzips, insbesondere im Rechtsstaatsgrundsatz verbürgt (Rn. 46). Rechtssicherheit, Vertrauensschutz und Vorhersehbarkeit für den Normadressaten sind die unverzichtbaren Zielsetzungen der Rechtsstaatlichkeit. Verstanden als Schutzschild gegenüber staatlich strafender Willkür, die abstrakt bereits Art. 20 Abs. 3 GG untersagt, ist die Tiefendimension des unbedingt geltenden strafrechtlichen Gesetzlichkeitsprinzips gem. Art. 103 Abs. 2 GG noch nicht ausgeschöpft.

2. Begründungsfunktion

501 Die über das Rechtsstaatsprinzip hinausreichende Grundlage für Art. 103 Abs. 2 GG ist – wie dargelegt (Rn. 48, 283 ff., 328 ff.) – die Wahrung der Menschenwürde. Damit stellt strafrechtliche Gesetzlichkeit für den Staat nicht mehr nur eine Schranke dar, welche die staatlichen Strafmöglichkeiten einschränkt und die Freiheit des Bürgers schützt, sondern sie ermächtigt auch den Staat in den gesetzlich vorgesehenen Fällen zu strafenden Eingriffen. Es kann also gesagt werden, dass die Schranke ihrerseits durch gesetzlich bestimmte Strafvorschriften (als sogenannte „Schranke-Schranke") beschränkt wird. Der Grundsatz der Gesetzlichkeit begründet also mit seinem Kern – der Wahrung der Menschenwürde – nicht nur die begrenzende und schützende Funktion der Strafgewalt, sondern überhaupt erst die staatliche Strafmöglichkeit, zu der der Staat aus rein opportunen Gründen nicht befugt wäre (Rn. 310 ff.). Die dem Gesetzlichkeitsprinzip immanente Kompetenzverleihung an den Staat, ein Strafrechtsystem einrichten zu dürfen, ist demnach nicht nur lediglich eine Bedingung zur Wahrung der Rechtsstaatlichkeit (Rechtssicherheit, Vorhersehbarkeit, Täuschungsfreiheit), sondern der Ursprung und Anfang des Strafrechts.

7. Kapitel. Reichweite der Strafgesetzlichkeit (ausgewählte Probleme)

A. Im Bereich des Allgemeinen Teils

I. Vorbemerkung

Im vorangegangenen Kapitel ist bei der Analyse des Bestimmtheitsgrundsatzes (Rn. 374), des Gewohnheitsrechts (Rn. 452) und des Analogieverbots (Rn. 488) deutlich geworden, dass das Gesetzlichkeitsprinzip auch hinsichtlich der Regelungen des Allgemeinen Teils des StGB keine Ausnahme machen kann. Der gesetzliche Wortlaut des Art. 103 Abs. 2 GG („Strafbarkeit"), das historisch und technisch bedingte Verhältnis von AT und BT sowie der Sinn des Gesetzlichkeitsprinzips bringen hinreichend zum Ausdruck, dass alle materiellen Voraussetzungen der Strafbarkeit dem Regelungsbereich des Art. 103 Abs. 2 GG unterliegen sollen (Rn. 488). Unter dem Gesichtspunkt der Rechtssicherheit, der Täuschungsfreiheit und des Vertrauensschutzes kann es keinen Unterschied machen, ob die Strafbegründung allein aus dem BT oder durch Anwendung des AT zustande kommt. Dennoch sollte nicht aus dem Blick geraten, dass das sprachliche Begrenzungspotential im AT sehr viel schwächer ausgeprägt ist als im BT und dass dieser Umstand die Grenzziehung zwischen erlaubter Auslegung und verbotener Analogie in hohem Maße erschwert.[1] Diese Rechtslage weckt mit gutem Grund Zweifel daran, ob einige der im AT getroffenen Regelungsbereiche mit dem Gesetzlichkeitsprinzip, das unbestimmte Strafvorschriften verbietet, noch im Einklang stehen.[2]   **502**

Nachfolgend sollen drei Rechtsinstitute untersucht werden, über deren Verfassungsmäßigkeit seit langer Zeit heftige Debatten geführt werden. Es geht dabei (1) um den Begriff der Fahrlässigkeit (§ 15 StGB), der offen lässt, welche Anforderungen an das tatbestandmäßige Verhalten zu stellen sind; (2) um das „Begehen durch Unterlassen" (§ 13 StGB), eine Norm, die nicht regelt, unter welchen Umständen eine rechtliche Pflicht zur Erfolgsabwendung entsteht; und (3) um „Rechtfertigungsgründe", die allen Rechtsgebieten entstammen und demzufolge oft unabhängig von der Wortlautgrenze im Wege richterlicher Rechtsfortbildung weiterentwickelt werden. Die Entscheidung über die Verfassungsmäßigkeit dieser Normen ist deshalb von Bedeutung, weil im Falle des Verstoßes gegen Art. 103 Abs. 2 GG die Norm einer methodengerechten Auslegung gar nicht mehr zugänglich wäre. Allerdings – und dies gilt insbesondere für den AT – ergibt sich das Verdikt der Unbestimmtheit nicht allein aus dem Gesetzestext, sondern aus dem Wechselspiel zwischen Gesetz und Rechtsanwender, eine Aufgabenteilung, deren Ergebnis wiederum nur dann dem Gesetzlichkeitsprinzip entspricht, wenn der Gesetzgeber das Entscheidungsprogramm vorgegeben hat (Rn. 371).   **503**

---

1 Ausf. dazu Kirsch, Zur Geltung des Gesetzlichkeitsprinzips im Allgemeinen Teil des Strafgesetzbuchs (2014), S. 231 ff. mwN.
2 Für Zulässigkeit der Analogie im AT z.B. Maurach JZ 1964, 529; Suppert, Studien zur Notwehr und „notwehrähnliche Lage" (1973), S. 297; Hardwig ZStW 78 (1966), S. 1, 8; für Einzelbereiche ebenfalls Jakobs, Strafrecht AT, 2. Aufl. (1996), 4. Abschn. Rn. 43.

II. Fahrlässigkeitsdelkte

1. Merkmale der Fahrlässigkeit

a) Unkenntnis der Tatbestandserfüllung

504   Der Begriff der Fahrlässigkeit wird in den §§ 15 und 16 Abs. 1 S. 2 StGB lediglich verwendet, ohne ihn näher zu definieren. Aus der Vorschrift des § 16 Abs. 1 S. 1 StGB lässt sich ein Wesensmerkmal der Fahrlässigkeit entnehmen: die Unkenntnis der objektiven Tatbestandsmerkmale. Da vorsätzliches Handeln – sehr verkürzt und pauschal gesagt – Wissen und Wollen der Tatbestandserfüllung erfordert[3], steht zunächst für die Fahrlässigkeit fest, dass der Täter entweder die Tatbestandsverwirklichung nicht kennt und sie folglich auch nicht will (unbewusste Fahrlässigkeit) oder sie zwar für möglich hält, aber nicht will (bewusste Fahrlässigkeit).[4] Nach dieser Definition würde bereits fahrlässig handeln, wer nicht alle den Tatbestand verwirklichenden Umstände erkannt hat, wer also z.B. nicht weiß oder nicht will, dass sein Handeln das Leben eines anderen gefährdet.

b) Erkennbarkeit der Tatbestandserfüllung

505   Diese Definition ist ersichtlich formaler Natur und beantwortet folglich noch nicht die Frage, warum dem Fahrlässigkeitstäter sein tatbestandsmäßiges Verhalten (Körperverletzung, Tötung etc.) zum Vorwurf gemacht werden kann. Dies bestätigt § 16 Abs. 1 S. 2 StGB, der mit der Wendung „bleibt unberührt" zum Ausdruck bringt, dass für die Fahrlässigkeit mehr erforderlich ist als das bloße Nichtwissen oder Nichtwollen der eingetretenen Tatbestandsverwirklichung. Zur kognitiven Ausgangssituation der Unkenntnis der Tatbestandserfüllung muss hinzukommen, dass der Täter das Wissen von der Tatbestandverwirklichung hätte haben müssen und können, d.h. dem Täter müssen alle den Tatbestand verwirklichenden Umstände erkennbar gewesen sein.[5] Der Begriff der Erkennbarkeit verweist dabei auf die Wahrnehmungsfähigkeit und das Erfahrungswissen des Täters. Erkennbar sind ihm in den Worten Helmut Fristers „die den Tatbestand verwirklichenden Umstände, wenn er sie bei gebotener Aufmerksamkeit durch Anwendung seines Erfahrungswissens erkannt hätte".[6] Diese Nachlässigkeit ist wiederum das Indiz dafür, dass dem Täter die Vermeidung des tatbestandlichen Geschehens nicht wichtig genug war.

c) Sorgfaltswidrigkeit

506   Die Unkenntnis der Tatbestandserfüllung muss des Weiteren Folge der Versäumnis einer vorhandenen Erkenntnismöglichkeit, also einer Sorgfaltwidrigkeit sein. Nach herrschendem Verständnis liegt danach fahrlässiges Verhalten dann vor, wenn der Erfolg auf einer Verletzung derjenigen Sorgfaltsanforderungen beruht, die die Rechtsordnung an einen gewissenhaften und einsichtigen Angehörigen des Verkehrskreises des

---

3 Krit. zum voluntativen Element des Vorsatzes Kargl, Der strafrechtliche Vorsatz auf der Basis der kognitiven Handlungstheorie (1993), S. 37 ff.

4 Otto, Grundkurs Strafrecht AT, 7. Aufl. (2004), § 10 Rn. 6, 7; krit. zu dieser Unterscheidung Schmidhäuser, Strafrecht AT, 2. Aufl. (1987), 7. Kap. Rn. 96 ff.

5 Jescheck/Weigend, Strafrecht AT, 5. Aufl. (1996), § 54 I 3, 4; Kühl, Strafrecht AT, 8. Aufl. (2016), § 17 Rn. 19; S/S-Sternberg-Lieben/Schuster, StGB, 29. Aufl. (2014), § 15 Rn. 125; gegen das Merkmal der Erkennbarkeit der Gefahr Roxin, Strafrecht AT, 4. Aufl. (2006), § 24 Rn. 13.

6 Frister, Strafrecht AT, 7. Aufl. (2015), 12. Kap. Rn. 3; Jakobs, Strafrecht AT, 2. Aufl. (1993), 9. Abschn. Rn. 1 ff. mwN.

Täters in der Tatsituation stellt (Rn. 505).[7] Rechnet dagegen der Täter mit der Tatbestandsverwirklichung, so ist das Vertrauen auf einen guten Ausgang nur dann entlastend, wenn das Vertrauen ebenfalls nicht auf einer pflichtwidrigen Nachlässigkeit beruhte. Auch hier muss also der Täter die vorhandene Erkennbarkeit vorwerfbar nicht wahrgenommen haben.

d) Vermeidbarkeit der Tatbestandserfüllung

Hatte der Handelnde auch bei Einsatz der gebotenen Aufmerksamkeit und der Anwendung der individuellen Fähigkeiten keine Möglichkeit, z.B. die Verletzung eines anderen zu vermeiden, so kann gegen ihn kein Fahrlässigkeitsvorwurf erhoben werden. Aus dem Erfordernis, dass gerade das pflichtwidrige Verhalten zur Verwirklichung des Tatbestands geführt hat, ergibt sich als weiteres Fahrlässigkeitsmoment die Vermeidbarkeit der Tatbestandserfüllung.[8] Nur wenn der Normadressat eine Möglichkeit außer Acht gelassen hat, die die Tatbestandsverwirklichung hätte verhindern können, ist der Vorwurf der Fahrlässigkeit gerechtfertigt.

507

e) Eigenständigkeit der Sorgfaltspflichtverletzung

Teilweise wird bestritten, dass das Wesen der Fahrlässigkeit in einem pflichtwidrigen Verhalten des Täters besteht. Damit wird der Sorgfaltspflichtverletzung neben der Vorhersehbarkeit und Vermeidbarkeit der Tatbestandserfüllung die Rolle eines eigenständigen Fahrlässigkeitselements abgesprochen. Diese Ansicht beruft sich darauf, dass die Sorgfaltswidrigkeit keine Besonderheit des fahrlässigen Delikts ist, sondern in gleicher Weise bei den Vorsatzdelikten vorliegen muss.[9] Daran ist sicher richtig, dass die Sorgfaltswidrigkeit die bereits von der objektiven Zurechnung her bekannte Voraussetzung enthält, dass das Verhalten des Täters ein rechtlich missbilligtes Risiko für das tatbestandlich geschützte Rechtsgut schaffen muss. Dennoch kann auf das eigenständige Element der Sorgfaltspflichtverletzung bei den Fahrlässigkeitstaten deshalb nicht verzichtet werden, weil die allgemeine Vorhersehbarkeit – gerade bei unvorsätzlich herbeigeführten Erfolgen – noch kein fahrlässiges Handeln begründet.[10] Anderenfalls müsste sich jede Teilnahme am Straßenverkehr den Vorwurf pflichtwidrigen Verhaltens gefallen lassen. Solange die Regeln, die das mit dem motorisierten Straßenverkehr verbundene Risiko herabsetzen, eingehalten werden, kann ein Fahrlässigkeitsvorwurf auch dann nicht erhoben werden, wenn ein sozialschädlicher Erfolg eingetreten ist und ein solcher Erfolg allgemein vorhersehbar war. Für die Beurteilung des Verhaltens kommt es entscheidend darauf an, ob trotz Erfolgseintritts und dessen Vorhersehbarkeit eine

508

---

7 Vgl. z.B. Wessels/Beulke/Satzger, Strafrecht AT, 47. Aufl. (2017), Rn. 667; Stratenwerth/Kuhlen, Strafrecht AT, 6. Aufl. (2011), § 15 Rn. 11; Baumann/Weber/Mitsch/Eisele, Strafrecht AT, 12. Aufl. (2016), § 22 Rn. 32 ff.; grundl. Welzel, Fahrlässigkeit und Verkehrsdelikte (1961), S. 15; zur Beurteilung von Autorennen vgl. Neumann Jura 2017, 160 ff.

8 Zum Pflichtwidrigkeitszusammenhang vgl. BGHSt 33, 61; Krey/Esser, Strafrecht AT, 6. Aufl. (2016), § 50 Rn. 1354; Otto, Grundkurs Strafrecht AT, 7. Aufl. (2004), § 10 Rn. 17.

9 Gegen die Sorgfaltspflichtverletzung als selbständiges Merkmal des Fahrlässigkeitsdelikts LK-Schroeder, StGB, 11. Aufl. (2000), § 16 Rn. 125; Wolter GA 1977, 267; Maurach/Gössel/Zipf, Strafrecht AT II, 8. Aufl. (2014), § 43 Rn. 19; Roxin, Strafrecht AT I, 4. Aufl. (2006), § 24 Rn. 10 ff., der nur auf die objektive Zurechnung abstellt; vgl. auch Jamanaka ZStW 102 (1990), S. 944.

10 Wie hier Jescheck/Weigend, Strafrecht AT, 5. Aufl. (1996), § 54 I 4; Lackner/Kühl/Heger, StGB, 29. Aufl. (2018), § 15 Rn. 36; S/S-Sternberg-Lieben/Schuster, 29. Aufl. (2014), § 15 Rn. 121; Kühl, Strafrecht AT, 8. Aufl. (2016), § 17 Rn. 22 ff.

Verletzung von Verhaltensregeln und damit eine die Fahrlässigkeitsstrafbarkeit begründende Sorgfaltspflichtverletzung vorliegt oder nicht.

2. Verfassungswidrig

509   Im Schrifttum vertreten nicht wenige Autoren die Auffassung, dass der Begriff der Fahrlässigkeit gegen Art. 103 Abs. 2 GG verstößt.[11] Die Fahrlässigkeit sei im Gesetz allenfalls sporadisch umrissen und gewährleiste deshalb keinerlei Berechenbarkeit.[12] Dem Rekurrieren der Gegenansicht auf den Willen des Verfassungsgesetzgebers lasse sich entgegenhalten, dass es durchaus möglich sei, dass dieser die Fahrlässigkeitsdelikte implizit verworfen habe, indem er Art. 103 Abs. 2 GG einführte.[13] Stärker dürfte das Argument wiegen, dass – wie hier mehrfach betont (Rn 369) – der „Gesetzessinn" oft nur die Ansicht wiedergibt, die der Interpret aus dem Gesetz herausgelesen oder besser in das Gesetz hinein getragen hat. Aber selbst wenn man annimmt, dass sich der Grund der begrifflichen Sparsamkeit genau eruieren ließe, muss man konzedieren, dass Rechtssätze – vor allem auch unter dem Einfluss der Ergebnisse neuerer Grundrechtsdogmatik – im Laufe der Zeit ihren Sinn und ihre Tragweite ändern können.[14]

510   Auch der Hinweis auf die Folgen der Nichtigkeit der Fahrlässigkeitsdelikte für die Praxis ist wenig stichhaltig: Aus einer höchst unbequemen These folgert nicht deren Unrichtigkeit.[15] Im Übrigen besteht – worauf Duttge[16] und Herzberg[17] zu Recht hinweisen – mit Blick auf die Spruchpraxis des Bundesverfassungerichts die Möglichkeit der sog. „Unvereinbarkeitserklärung", die – bis zur Schaffung eines verfassungsgemäßen Zustands – eine befristete Weitergeltung der Norm vorsieht. Die von den Befürwortern des Fahrlässigkeitsbegriffs gezogene Parallele zum Vorsatzbegriff ist ebenfalls nicht überzeugend. Wieder gilt: Die Implementation der Setzung eines unerlaubten Risikos bei den Vorsatzdelikten kann nicht zur Folge haben, dass die dort feststellbare Unbestimmtheit bei den Fahrlässigkeitsdelikten zu einer bestimmten Tatbestandsvoraussetzung mutiert (Rn. 508).[18] Dies umso weniger, als bei den Fahrlässigkeitsdelikten die Festlegung eines unerlaubten Risikos eine größere Rolle spielt als bei den Vorsatzdelikten, wo die gesetzten Risiken in der Regel unerlaubt sind.[19]

---

11   Th. Schröder, Zum Begriff der Gesetzesumgehung im materiellen Strafrecht (2013), S. 379; Simon, Gesetzesauslegung im Strafrecht (2005), S. 433; Mikus, Die Verhaltensnorm des fahrlässigen Verhaltensdelikts (2002), S. 38; Colombi Ciacchi, Fahrlässigkeit und Tatbestandsbestimmtheit (2005), S. 33 ff.; Kühl, Strafrecht AT, 8. Aufl. (2016), § 17 Rn. 6; LK-StGB-Schroeder, 11. Aufl. (2000), vor § 15 Rn. 2 ff.; Walther JZ 2005, 686.

12   MüKo-Duttge, StGB, 3. Aufl. (2017), § 15 Rn. 33 ff.; ders., Zur Bestimmtheit des Handlungsunwerts von Fahrlässigkeitsdelikten (2001), S. 202 ff.; MüKo-Schmitz, StGB, 3. Aufl. (2017), § 1 Rn. 51.

13   Schmitz, in: Samson-FS (2010), S. 181.

14   Krit. im Hinblick auf das Rekurrieren auf den Willen des Verfasungsgesetzgebers Tiedemann, Tatbestandsfunktionen im Nebenstrafrecht (1969), S. 186; Seebode, in: Spendel-FS (1992), S. 317; Vogel, Norm und Pflicht bei den unechten Unterlassungsdelikten (1993), S. 327.

15   Schmitz, in: Samson-FS (2010), S. 187; Bohnert ZStW 94 (1982), S. 68; Schöne, in: H. Kaufmann-GS (1986), S. 649.

16   Duttge, in: Kohlmann-FS (2003), S. 13, 20.

17   Herzberg, in: Schünemann-Symposium (2005), S. 33.

18   Schmitz, in: Samson-FS (2010), S. 192; MüKo-Duttge, StGB, 3. Aufl. (2017), § 15 Rn. 34.

19   Ähnl. Roxin, Strafrecht AT I, 4. Aufl. (2006), § 24 Rn. 95.

3. Verfassungsgemäß

Die überwiegende Auffassung hält den Begriff der Fahrlässigkeit für verfassungskonform.[20] Dieses Ergebnis stützen Argumente, die – wie oben gezeigt (Rn. 510) – teilweise mit guten Gründen abgelehnt werden können. Sowohl der Hinweis auf den Willen des Gesetzgebers als auch auf die Folgen der Verfassungswidrigkeit für die Praxis überzeugen letztlich nicht, da der Wille des historischen Verfassungsgesetzgebers in Bezug auf die Fahrlässigkeitsdelikte unbekannt ist, und das Grundgesetz die als „unerträglich" apostrophierte Konsequenz gerade gebietet (Rn. 510). Drittens wird eine Parallele zu anderen Tatbestandsmerkmalen gezogen, von denen man annimmt, dass sie nicht weniger unbestimmt sind. So würden sich beim Gewaltbegriff des § 240 StGB (Rn. 559 ff.) oder beim Tatbestandsmerkmal der körperlichen Misshandlung in § 223 StGB ebenfalls Grenzfragen der Auslegung stellen, die in nichts dem Auslegungsproblem des Fahrlässigkeitsbegriffs nachstehen.[21] In eine ähnliche Richtung geht der Vergleich zwischen Vorsatz- und Fahrlässigkeitsdelikten. Mit dem Erfordernis eines unerlaubten Risikos sei der objektive Tatbestand beider Elemente identisch, so dass das Verdikt der Unbestimmtheit auch für beide gleichermaßen gelte. Warum aber sollte der Hinweis auf andere unbestimmte Begriffe die Bestimmtheit des Fahrlässigkeitsbegriffs retten können? [22]

511

Die am häufigsten verwendete und wohl stärkste Begründung für die Verfassungsmäßigkeit des Begriffs der Fahrlässigkeit ist das sog. „Unmöglichkeitsargument": Begriffe wie Vorsatz und Fahrlässigkeit ließen sich wegen des weiten Feldes heterogener Sorgfaltspflichtverletzungen unmöglich durch den Gesetzgeber präzisieren.[23] Solche Begriffe könnten nur durch die Rechtsdogmatik und die Rechtsprechung ausformuliert und weiter entwickelt werden. Insofern sei die Zurückhaltung des Gesetzgebers sogar begrüßenswert.

512

Dieses Argument hat Gewicht und wird hier nicht relativiert. Sicherlich ist die Forderung utopisch, dass der Gesetzgeber im StGB alle denkbaren Sorgfaltsregeln aufzählt. Diese Arbeit haben ohnehin das Verwaltungsrecht (etwa im Straßenverkehrsrecht) und das Nebenstrafrecht (im Bußgeldbereich) auf breiter Front übernommen; Rechtsgebiete, in denen zahllose Sorgfaltsregeln positiviert und sanktionsbewehrt sind. Insofern ist der Einzelne über seine Sorgfaltspflichten oft besser informiert als über den Inhalt von Gesetzen, wie z.B. über die Grenzen der Notwehr oder des bedingten Vorsatzes.[24] Für das Strafrecht wäre es gewiss nicht wünschenswert, wenn sich in seinem Kernbereich Regeln wie im Allgemeinen Landrecht für die Preußischen Staaten (1794) fänden, die z.B. das Benutzen von unverzinntem kupfernen Geschirr (II 20 § 728 ALR) oder nächtliches Schlittenfahren ohne Schellengeläut (II 20 § 761 ALR) unter Strafe stellen.

513

---

20 Herzberg ZIS 2011, 451; ders. NStZ 2004, 593; S/S-Eser/Hecker, StGB, 29. Aufl. (2014), § 1 Rn. 19; Freund, Strafrecht AT, 2. Aufl. (2008), § 5 Rn. 3; Frister, Strafrecht AT, 7. Aufl. (2015), Kap. 4 Rn. 13; Gaede, in: Matt/Renzikowski, StGB (2013), § 15 Rn. 32; Stratenwerth/Kuhlen, Strafrecht AT, 6. Aufl. (2011), § 15 Rn. 9.

21 Herzberg NStZ 2004, 594; ders. ZIS 2011, 448; Bockelmann, Verkehrsstrafrechtliche Aufsätze und Vorträge (1967), S. 208.

22 Herzberg, in: Schünemann-Symposium (2005), S. 38; ähnl. Freund, in: Herzberg-FS (2008), S. 225, 228.

23 Vgl. Jescheck/Weigend, Strafrecht AT, 7. Aufl. (1987), § 54 I 3; S/S-Eser/Hecker, StGB, 29. Aufl. (2014), § 1 Rn. 19; KK-OWiG-Rogall, 5. Aufl. (2018), § 3 Rn. 39; Hirsch ZStW 94 (1982), S. 267; Freund, in: Küper-FS (2007), S. 63.

24 Jescheck/Weigend, Strafrecht AT, 5. Aufl. (1996), § 54 I 3; Roxin, Strafrecht AT I, 4. Aufl. (2006), § 24 Rn. 96.

III. Unterlassungsdelikte

1. Gesetzliche Grundlagen

514 Straftaten werden i.d.R. durch aktives Tun verwirklicht. Der Täter verstößt bei diesen sog. „Begehungsdelikten" gegen Verbote, die im Tatbestand der jeweiligen Vorschrift zum Ausdruck kommen. So missachtet z.b. der Dieb das Verbot „Du sollst nicht stehlen" (§ 242 StGB). Nur bei einer kleinen Zahl von Tatbeständen bezieht sich das Gesetz ausdrücklich oder sinngemäß auf ein Unterlassen. Die wichtigsten Beispiele für solche Delikte sind die „Unterlassene Hilfeleistung" (§ 323 c StGB) und die „Nichtanzeige geplanter Verbrechen" (§ 138 StGB).[25] In diesen Fällen beinhalten die Strafgesetze ausnahmsweise „Gebote", die sich an jedermann richten. Wer ein solches Gebot verletzt, begeht ein „echtes Unterlassungsdelikt".

515 Davon zu unterscheiden sind die sog. „unechten Unterlassungsdelikte", bei denen der Täter wie bei den Begehungsdelikten gegen ein Verbot verstößt.[26] So kann der Täter das Verbot „Du sollst nicht töten" (§ 212 StGB) dadurch verletzen, dass er sein Kind mit dem Kopfkissen erstickt (Totschlag durch aktives Tun) oder dadurch, dass er es verhungern lässt (Totschlag durch Unterlassen).[27] In beiden Fällen wird man mit Fug und Recht sagen, der Täter habe sein Kind getötet. Dies führt vor Augen, dass die Tatbestände der Erfolgsdelikte ein bestimmtes Verhalten umschreiben, das sowohl durch Tun als auch durch Unterlassen verwirklicht werden kann.

2. Deliktserfordernisse gem. § 13 StGB

516 Die Besonderheit beim (unechten) Unterlassen liegt aber nun darin, das es einer genaueren Regelung bedarf, unter welchen Umständen das Unterlassen dem Begehen gleich zu stellen ist. Denn nicht jeder, der es beispielsweise unterlässt, einen Ertrinkenden zu retten, „verdient" die harte Rechtsfolge, die für ein Tötungsdelikt vorgesehen ist. Mithin ist es von zentraler Bedeutung, welche Voraussetzungen darüber entscheiden, ob der Täter für ein „Nichtstun" in gleicher Weise so bestraft werden kann, als hätte er den Erfolg aktiv als ein Begehungstäter herbeigeführt.

517 Die erforderliche Differenzierung bestimmt sich nach der erst 1975 in das Gesetz eingefügten Formel, wonach der Täter, der es unterlässt, einen tatbestandsmäßigen Erfolg abzuwenden, nur strafbar ist, „wenn er rechtlich dafür einzustehen hat, dass der Erfolg nicht eintritt, und wenn das Unterlassen der Verwirklichung des gesetzlichen Tatbestandes durch ein Tun entspricht" (§ 13 StGB).[28] Mit der ersten Voraussetzung für die Gleichstellung des Unterlassens – dem rechtlichen Einstehen für das Ausbleiben des Erfolgs – wird die „Garantenstellung" normiert.[29] Der Täter muss aufgrund bestimm-

---

25 BGHSt 14, 281; Kühl JA 2014, 507; s. auch zur Aussetzung durch Im-Stich-Lassen (§ 221 Abs. 1 Nr. 2 StGB) BGHSt 57, 28 m. zust. Anm. Jäger JA 2012, 154; Theile ZIS 2012, 389; krit. Freund/Timm HRRS 2012, 223; Momsen StV 2013, 54.

26 Zur Unterscheidung zwischen echten und unechten Unterlassungsdelikten Baumann/Weber/Mitsch/Eisele, Strafrecht AT, 12. Aufl. (2016), § 15 Rn. 7 ff.; speziell zu den unechten Unterlassungsdelikten Ransiek JuS 2010, 490, 585, 678.

27 Näher Gössel ZStW 96 (1984), S. 323; Arzt JA 1980, 553; Kühl, Strafrecht AT, 8. Aufl. (2016), § 18 Rn. 2 ff.; Krey/Esser, Strafrecht AT, 6. Aufl. (2016), Rn. 1100; Stratenwerth/Kuhlen, Strafrecht AT, 6. Aufl. (2011), § 13 Rn. 6 ff.; zur umstr. Abgrenzung zwischen Tun und Unterlassen Kargl GA 1999, 459 ff.

28 S/S-Stree/Bosch, StGB, 29. Aufl. (2014), § 13 Rn. 1, 5; Jescheck/Weigend, Strafrecht AT, 5. Aufl. (1996), § 58 IV 1-3; Jakobs, Strafrecht AT, 2. Aufl. (1993), 4. Abschn. Rn. 1 ff.

29 Zur Vorgeschichte vgl. Gallas, Studien zum Unterlassungsdelikt (1989), S. 73 ff.; zur Garantenstellung Heinrich, Strafrecht AT, 5. Aufl. (2016), Rn. 839; Baumann/Weber/Mitsch/Eisele, Strafrecht AT, 12. Aufl. (2016),

ter Sonderpflichten als „Garant" für den Nichteintritt eines rechtlich unerwünschten Erfolgs verantwortlich sein. Als zweites Gleichstellungserfordernis sieht § 13 StGB vor, dass das Unterlassen der Verwirklichung des gesetzlichen Tatbestandes durch ein Tun entspricht.[30] Über den Sinn und die Reichweite der Entsprechungsklausel schweigt sich das Gesetz aus. Da es um eine rein qualitative Übereinstimmung im Sinne einer Kongruenz mit dem hinter dem Begehungstatbestand stehenden Deliktstypus geht, bleibt hier Vieles der Einschätzung des Richters überlassen.

3. Bundesverfassungsgericht und herrschende Meinung

§ 13 StGB gehört zu den wenigen Vorschriften des AT, zu denen das Bundesverfassungsgericht im Hinblick auf das Bestimmtheitsgebot Stellung bezogen hat. Nach einleitenden Bekenntnissen zum Inhalt und zu den Zwecken des Art. 103 Abs. 2 GG folgen die Einschränkungen auf den Fuß.[31] Aufgrund der Vielgestaltigkeit des Lebens seien Generalklauseln und wertausfüllungsbedürftige Begriffe unentbehrlich (Rn. 358). Diese würden aber nur dann verfassungsrechtlich unbedenklich sein, wenn die Norm eine zuverlässige Grundlage für ihre Auslegung und Anwendung biete.[32] Daran gemessen bejaht das Bundesverfassungsgericht die Vereinbarkeit des Unterlassungsbegriffs mit dem Bestimmtheitsgebot. Das Argument ist, dass der Wortlaut des § 13 Abs. 1 StGB obligatorisch eine Rechtspflicht zur Abwendung des deliktischen Erfolgs voraussetze; woraus abzuleiten sei, dass eine sittliche Pflicht oder die rein faktische Möglichkeit der Erfolgsabwendung nicht genüge. Auch wenn der Kreis der Garantenpflichtigen im Gesetz nicht näher präzisiert werde, könne das Erfordernis normativ begründeter Pflichten und die auf langjähriger Tradition beruhende einheitliche und klare richterliche Umschreibung möglicher Garantenstellungen gewährleisten, dass das Risiko einer Bestrafung für den Normadressaten berechenbar sei.[33] Die gesetzliche Regelung jedes einzelnen Unterlassungsdelikts sei wegen der Vielzahl der Tatbestände dagegen nicht realisierbar.

518

Auf dieser Linie führt die herrschende Auffassung in der Lehre ebenfalls ins Feld, dass die Garantenpflichten ausreichend durch Rechtsprechung und Wissenschaft ausgearbeitet und eine Einzelregelung der Unterlassungsdelikte sowie eine genaue Festlegung der einzelnen Garantenstellungen utopisch sei.[34] In dieser Rechtslage erblicken zahlreiche Autoren in § 13 Abs. 1 StGB zwar einen Verstoß gegen den Bestimmtheitsgrundsatz, lehnen aber dennoch die Verfassungswidrigkeit der Norm ab. Um einige Autoren zu nennen: Jähnke spricht von einer Preisgabe des Bestimmtheitsgebots der Sache nach, sieht darin aber dennoch keinen Verfassungsverstoß[35]; Jescheck und Weigend konstatieren, dass § 13 Abs. 1 StGB dem Bestimmtheitsgebot eigentlich nicht genügt[36];

519

---

§ 15 Rn. 44 ff.; Frister, Strafrecht AT, 7. Aufl. (2015), 22. Kap. IV Rn. 24 ff.; Wessels/Beulke/Satzger, Strafrecht AT, 47. Aufl. (2017), Rn. 1004 ff.

30 Die Beschaffenheitsmerkmale der Entsprechungsklausel sind unklar; vgl dazu Güntge, Begehen durch Unterlassen (1995), S. 59; Krey/Esser, Strafrecht AT, 6. Aufl. (2016), Rn. 1129 ff.; Lackner/Kühl/Heger, StGB, 29. Aufl. (2018), § 13 Rn. 16; Roxin, Strafrecht AT I, 4. Aufl. (2006), § 32 Rn. 225; Satzger Jura 2011, 749; Kargl, Die Bedeutung der Entsprechungsklausel beim Betrug durch Schweigen, ZStW 119 (2007), S. 250 ff.

31 BVerfG NJW 2003, 1030 mit krit. Anm. Seebode JZ 2004, 305.

32 Siehe auch BVerfG NJW 1998, 56.

33 BVerfG NJW 2003, 1030.

34 S/S-Stree/Bosch, StGB, 29. Aufl. (2014), § 13 Rn. 5; Otto, Grundkurs Strafrecht, 7. Aufl. (2004), § 9 Rn. 18; Nolte, in: v. Mangoldt/Klein/Starck, GG, 7. Aufl. (2018), Art. 103 II Rn. 147; Schmahl, in: Schmidt-Bleibtreu/Klein, GG , 14. Aufl. (2018), Art. 103 Rn. 33.

35 Jähnke, in: BGH-FS (2000), S. 401.

36 Jescheck/Weigend, Strafrecht AT, 5. Aufl. (1996), § 58 IV 4.

Kühl attestiert der Norm, dass die verfassungsrechtliche Problematik nicht voll ausgeräumt sei[37] und Gaede geht immerhin von gut begründeten Zweifeln aus[38]. Diese Bedenken münden regelmäßig in die Forderung einer restriktiven Auslegung der Rechtspflicht.

4. Mindermeinung

520 Ein Teil der Literatur erblickt in der vom Gesetzgeber bewusst offen gelassenen Typisierung der Garantenstellung einen Verstoß gegen Art. 103 Abs. 2 GG. In Ermangelung einer näheren Regelung der rechtlichen Pflicht zur Erfolgsabwendung sei § 13 StGB folglich verfassungswidrig.[39] Wenn behauptet werde, eine gesetzliche Ausgestaltung der Garantenpflichten sei nicht realisierbar (Unmöglichkeitsargument), so müsse daraus die Konsequenz gezogen werden, dass überhaupt keine Regelung erfolgen dürfe.[40] Die Mindermeinung sieht sich allerdings zu dieser Konsequenz nicht gezwungen, da sie bestreitet, dass die behauptete Undurchführbarkeit bestehe. Ein Blick auf § 12 AE oder auf ausländische Rechtsordnungen belehre eines Besseren. Schmidt-Aßmann etwa schlägt die gesetzliche Nennung zumindest der Hauptgruppen der Garantenstellung als vorzugswürdige Lösung vor[41]; W. Schöne plädiert dafür, einige besonders wichtige Unterlassungen in den Begehungsdelikten selbst unterzubringen.[42]

5. Stellungnahme

a) Rechtsvergleich

521 Es gibt im internationalen Vergleich durchaus Gesetzgeber, die den Versuch unternommen haben, die bestehende Generalität im AT durch ausführlichere Regelungen abzuschwächen. Aber bei näherem Zusehen ist Herzberg beizupflichten, dass die von der Mindermeinung vorgeschlagenen Alternativregelungen – gemessen an den von ihr selbst aufgestellten Bestimmtheitsanforderungen – kaum auf Gewinn hoffen dürfen.[43] Als Anschauungsmaterial für den Preis, den eine höhere Regelungsdichte mit sich bringt, sei exemplarisch auf Art. 12 Abs. 3 des schweizerischen StGB verwiesen: „Fahrlässig begeht ein Verbrechen oder Vergehen, wer die Folge seines Verhaltens aus pflichtwidriger Unvorsichtigkeit nicht bedenkt oder darauf nicht Rücksicht nimmt. Pflichtwidrig ist die Unvorsichtigkeit, wenn der Täter die Vorsicht nicht beachtet, zu der er nach den Umständen und nach seinen persönlichen Verhältnissen verpflichtet ist."[44] In Spanien sind die Quellen, aus denen Rechtspflichten beim Unterlassen ent-

---

37 Kühl, in: Herzberg-FS (2008), S. 190.
38 NK-StGB-Gaede, 5. Aufl. (2017), § 13 Rn. 3; vgl. ferner Baumann/Weber/Mitsch/Eisele, Strafrecht AT, 12. Aufl. (2016), § 15 Rn. 40; Lackner/Kühl/Heger, StGB, 29. Auf. (2018), § 13 Rn. 21; Fischer, StGB, 65. Aufl. (2018), § 13 Rn. 2; Roxin, in: Hilgendorf (Hrsg.), Das Gesetzlichkeitsprinzip im Strafrecht (2013), S. 135; einen Verstoß gegen das Bestimmtheitsverbot verneinen Freund, in: Herzberg-FS (2008), S. 240; SSW-StGB-Kudlich, 3. Aufl. (2017), § 13 Rn. 3; Kuhlen, in: Otto-FS (2007), S. 68; HK-GS/Tag, 4. Aufl. (2017), § 13 Rn. 1.
39 Köhler, Strafrecht AT (1997), S. 89; MüKo-StGB-Schmitz, 3. Aufl. (2017), § 1 Rn. 49; Schöne, Unterlassene Erfolgsabwendung und Strafgesetz (1974), S. 324; Schürmann, Unterlassungsstrafbarkeit und Gesetzlichkeitsgrundsatz (1986), S. 187.
40 Seebode, in: Spendel-FS (1992), S. 338; Vogel, Norm und Pflicht bei den unechten Unterlassungsdelikten (1993), S. 328.
41 Schmidt-Aßmann, in: Maunz/Dürig, GG, 81. Aufl. (2017), Art. 103 II Rn. 232; s. auch MüKo-StGB-Schmitz, 3. Aufl. (2017), § 1 Rn. 52; Dannecker, Das intertemporale Strafrecht (1993), S. 277.
42 Schöne, Unterlassene Erfolgsabwendung und Strafgesetz (1974), S. 344.
43 Herzberg ZIS 2011, 444, 450; vgl auch Kirsch, Zur Geltung des Gesetzlichkeitsprinzips im Allgemeinen Teil des Strafgesetzbuchs (2014), S. 226 f.
44 Zit. bei MüKo-Schmitz, StGB, 3. Aufl. (2017), § 1 Rn. 52 Fn. 195; dazu krit. Herzberg ZIS 2011, 451.

springen (Gesetz, Vertrag, vorangegangenes Tun), ausdrücklich festgeschrieben.[45] In der Türkei werden die unechten Unterlassungsdelikte unter Anknüpfung an die Garantentrias sporadisch im BT geregelt.[46] Die finnische Reform des AT von 2003 bevorzugte bei den Regelungen zum Vorsatz, zur Fahrlässigkeit sowie zur Garantenstellung beim Unterlassen – wie in der Schweiz – die Technik der Legaldefinition.[47] In den genannten Ländern wird jedoch trotz der (erhofften) Fortschritte darauf hingewiesen, dass längst nicht alle Probleme überwunden seien: Einerseits wird bemängelt, dass die Verlagerung in den BT den Anwendungsbereich zu sehr verkürze, andererseits kritisiert, dass die Legaldefinitionen im AT zu weit in den dogmatischen Bereich eingreife und dadurch die Lehre beschneide.[48]

b) Schwierigkeiten der Ausformulierung der Einstandspflichten

Betrachtet man das eben zitierte Schweizer Modell der Legaldefinition (Rn. 521), wird die Problemstellung in aller Deutlichkeit sichtbar. Was heißt es, wenn die Fahrlässigkeit als Nichtbeachtung einer Vorsicht definiert wird, zu der der Täter nach den Umständen und persönlichen Verhältnissen verpflichtet ist? Die näheren Voraussetzungen der Pflichtwidrigkeit werden hier ebenso wenig genannt wie in der sonst üblichen abstrakten Regelung im AT. Die etwas ausführlichere Formulierung ersetzt lediglich den vagen Begriff der Fahrlässigkeit durch nicht minder vage Begriffe wie Pflichtwidrigkeit, Umstände und persönliche Verhältnisse. Es findet hier bloß die Verlagerung eines „Unsicherheitszentrums" auf ein anderes statt. [49] Gesetzliche Remeduren dieser Art hat H. Schröder[50] bereits auf dem 41. Deutschen Juristentag 1961 hart attackiert: „Auf diese Weise werde der Teufel mit dem Beelzebub ausgetrieben, da dies nur zu einer anderen sprachlichen Fassung führe, das Problem aber gleich bliebe." Schreibt man hingegen „Gesetz, Vertrag und Ingerenz" als Quellen, aus denen Rechtspflichten entspringen, im Gesetz fest, so ist man keinen Schritt über den von Rechtsprechung und Lehre entwickelten Fahrlässigkeitsbegriff hinausgelangt. Aber der Gesetzgeber handelt sich dafür die Zementierung einer Lehrmeinung ein, deren Entwicklung sich im Kosmos der Streitfragen zum Garantentrias noch immer im Fluss befindet. Da der Gesetzgeber in aller Regel die dogmatischen Konstruktionen im AT, die oft Grundlagencharakter besitzen und Ausdruck von Leitideen sind, nur schwer überblicken kann, ist hier die Gefahr gesetzgeberischer Missgriffe besonders groß.

c) Schwierigkeiten der Ausformulierung der Entsprechungsklausel

aa) Literaturüberblick

Außer dem rechtlichen Einstehenmüssen verlangt § 13 Abs. 1 StGB als weiteren konkretisierenden Gesichtspunkt die Gleichwertigkeit der Unterlassungshandlung mit dem positiven Tun.[51] Auf die Frage unter welchen Voraussetzungen die Feststellung des

522

523

---

45 Art. 11 des spanischen CP; dazu Suarez Gonzales GA 1998, 117.
46 Art. 83 Abs. 1, 88 Abs. 2, 94 Abs. 5 des Türk Ceza Kanunu (TCK); zur Bedeutung des nullum crimen Satzes im türkischen AT vgl. Roxin/Isfen GA 2005, 243; Tellenbach, Das türkische Strafgesetzbuch (2008), S. 6, 13, 17; ders. ZStW 119 (2007), S. 717.
47 Kap. 3 § 2 II des Riskoslaki; dazu Lahti, in: Eser-FS (2005), S. 1404; ders. ZStW 103 (1991), S. 531 mwN.
48 Ausf. Kirsch, Zur Geltung des Gesetzlichkeitsprinzips im Allgemeinen Teil des Strafgesetzbuchs (2014), S. 70 ff., 225 ff.
49 In diesem Sinne Herzberg ZIS 2011, 450 f.
50 Schröder, in: Verhandlungen zum 41. Deutschen Juristentag (1961), S. 73.
51 Zur Vorgeschichte und dem Regelungsgehalt des § 13 StGB näher Kargl ZStW 119 (2007), S. 269 ff.

Entsprechens von Tun und Unterlassen zu erfolgen hat, gibt § 13 StGB keine[52] und die Literatur eine vielstimmige Antwort. Am häufigsten wird die Auffassung vertreten, dass die Entsprechungsklausel erst bei Straftatbeständen Bedeutung gewinne, die besondere Handlungsweisen voraussetzen, wie etwa die „Täuschung" beim Betrug (Lehre von der „Modalitätenäquivalenz").[53] In solchen Fällen müssten spezifische Umstände hinzukommen, die eine dem positiven Tun vergleichbare Prägung haben.[54] Andere Autoren beziehen das Erfordernis der Vergleichbarkeit nur auf qualifizierte Delikte. Beim Garanten, der es unterlässt, eine heimtückische Tötung zu verhindern, bestünde danach die Aufgabe darin, in seinem Verhalten nach Merkmalen der „Ausnutzung der Arg- und Wehrlosigkeit" zu forschen.[55] Weitere Autoren folgern aus den bisherigen Konzeptionen, dass mit dem Entsprechungserfordernis nur eine vergleichende Bewertung des Unwertgehalts gemeint sein kann.[56] Damit liegt die materielle Bedeutung der Entsprechungsklausel in einem am Begehungsdelikt orientierten umfassenden Strafwürdigkeitsvergleich des Unterlassens. Gegenüber den Lehren von der Handlungsmodalität hat diese Gesamtbewertungskonzeption den Vorteil, dass nicht mehr jedes einzelne Unrechtsmerkmal des Begehungsdelikts auf der Unterlassungsseite zu berücksichtigen ist. Andererseits ist nicht zu bestreiten, dass die Durchführung einer „Gesamtsaldierung" mittels des Entsprechungselements vor schier unlösbaren Problemen steht.[57]

bb) Zur gesetzlichen Präzisierung der Entsprechungsklausel

524 So bleibt am Ende die Frage, ob man der gesetzlichen Abstinenz dadurch Abhilfe schaffen sollte, dass § 13 StGB in eine Form gebracht wird, die den Vorstellungen der dogmatischen Entwicklungsstufen entspricht. Mit Blick auf die Entsprechungsklausel hätte dies zur Folge, dass die von der Wissenschaft und Rechtspraxis erarbeiteten Voraussetzungen, wann das Unterlassen ebenso zu behandeln ist wie das Tun, in den Gesetzestext einfließen müssten. Dann wäre eine Wahl zwischen Formulierungen wie „vergleichbare Prägung des Unterlassens", „sozialethische Vergleichbarkeit", „vergleichende Bewertung des Unwerts" oder (beim Betrug) „Verstoß gegen die Wahrheitspflicht" zu treffen. In diesen und ähnlichen Formulierungen findet aber eine prinzipienorientierte Anleitung zur Rechtsfindung nur symbolisch statt, da sie alle in die Methodik der „Gesamtschau" einmünden und damit die Anzahl der Kriterien buchstäblich unbegrenzt ist.[58] Ein Fortschritt gegenüber der gegenwärtigen Gesetzeslage, die ebenfalls auf die intuitive Methode des analogischen Schließens setzt, wäre nicht erzielt und mit neuen Ansätzen auch nicht erzielbar.

---

52 Die Verfasser hielten die Zeit noch nicht reif für eine Regelung, die den Entstehungsgrund für eine Handlungspflicht benennt; vgl BT-Drucks. V/4095, S. 8.

53 Freund, Strafrecht AT, 2. Aufl. (2008), § 6 Rn. 8; Gropp, Strafrecht AT, 4. Aufl. (2005), § 11 Rn. 79; Kühl, Strafrecht AT, 8. Aufl. (2016), § 18 Rn. 122; Maurach/Gössel, Strafrecht AT, 7. Aufl. (1987), § 46 Rn. 55; Stratenwerth/Kuhlen, Strafrecht AT, 6. Aufl. (2011), § 13 Rn. 67; Heinrich, Strafrecht AT, 5. Aufl. (2016), Rn. 908.

54 Schünemann, Unternehmenskriminalität und Strafrecht (1978), S. 90; S/S-Stree/Bosch, StGB, 29. Aufl. (2014), § 13 Rn. 4; Wilhelm NStZ 2005, 178; Streng GA 2010, 680.

55 Zur Vergleichbarkeit im sozialen Sinngehalt Arzt JA 1980, 717; zur sozialethischen Vergleichbarkeit vgl. Rudolphi ZStW 86 (1974), S. 68; Haft, Strafrecht AT, 9. Aufl. (2004), § 4 Rn. 2; Lackner/Kühl/Heger, 29. Aufl. (2018), § 13 Rn. 16: sozialer Sinngehalt; Ransiek JuS 2010, 589.

56 Vgl. Woesner NJW 1976, 201; Androulakis, Studien zur Problematik der unechten Unterlassungsdelikte (1963), S. 219 ff.; Nitze, Die Bedeutung der Entsprechungsklausel beim Begehen durch Unterlassen (1989), S. 29 ff.; Arthur Kaufmann/Hassemer JuS 1974, 153.

57 Abl. Klawitter, Die Grenzen des Betrugs durch Unterlassen (1993), S. 55; Kienapfel, Strafrecht AT, 4. Aufl. (1984), S. 145: Das Urteil würde auf reine Gefühlsjustiz hinauslaufen; krit. auch Roxin, in: Lüderssen-FS (2002), S. 580; Jescheck/Weigend, Strafrecht AT, 4. Aufl. (1996), § 59 V.

58 Kargl ZStW 119 (2007), S. 288; in diesem Sinne auch Roxin, in: Lüderssen-FS (2002), S. 580.

d) Schwierigkeiten der Überführung des AT in den BT

Der Satz, einen nicht konkretisierbaren Gegenstand sei der Gesetzgeber nicht zu regeln **525** verpflichtet (ad impossibilia nulla obligatio), kann nicht bedeuten, auf die Normen, die der AT enthält, zur Gänze zu verzichten. Deshalb schlagen einige Anhänger der Unmöglichkeitstheorie (Rn. 520) vor, die Regeln des AT mit denen des BT zusammenzuführen und beim jeweiligen Delikt speziell zu regeln.[59] Die damit verbundene Absage an die Trennung des Strafgesetzbuches in einen AT und einen BT erscheint vor allem dann eine vorzugswürdige Alternative zu sein, wenn man die bisherige Anordnung für eine bloße Option, für eine beliebig verfügbare Gesetzestechnik hält (näher dazu Rn. 545).[60] Aber unabhängig davon, ob man diese Prämisse teilt, würden die Streitfragen, die mit der Modalität des Unterlassens verbunden sind, nicht dadurch verschwinden, dass man (z.B.) die Unterlassungsvariante in den jeweiligen BT-Tatbestand einbettet. Vielleicht ließen sich die Einstandspflichten bei bestimmten Straftatbeständen etwas präziser formulieren, am Gleichstellungsproblem würde sich jedoch nichts ändern (Rn. 524). Mit Fincke[61], Herzberg[62] u.a. wäre zudem zu bedenken, dass eine solche Neuregelung die vom deutschen und fast durchweg auch vom ausländischen Gesetzgeber gewählte „horizontale Gliederung", die das Ergebnis eines langen Prozesses strafrechtsdogmatischer Klärung ist, gänzlich aufheben und eine völlige Neukonstruktion des Strafrechts notwendig machen würde. Angesichts der sich auftürmenden Probleme und die Grenzen eines vorhersehbaren Strafrechts sprengenden Dimension dieser Aufgabe erstaunt die Feststellung von F.A. Kirsch keineswegs, dass sich in der Literatur nie ein Beispiel dafür findet, wie es gehen soll, bei der Formulierung eines jeden Tatbestands wieder bei Null anzufangen.[63]

IV. Notwehr

1. Einleitung

„Auf kaum einem anderen Gebiet des Strafrechts ist die Grenze zwischen erlaubtem **526** und verbotenem, strafbarem und straffreiem Verhalten so weit vom Ideal der gesetzlichen Bestimmtheit entfernt, wie bei den Rechtfertigungsgründen." Mit diesem Satz macht Puppe auf den bei jeder Entscheidung über die Rechtfertigung eines tatbestandsmäßigen Verhaltens unvermeidbaren Konflikt der Abwägung zwischen legitimen Interessen aufmerksam.[64] Die Grundprinzipien, die bei dieser Abwägung zwischen legitimen Interessen in die Waagschale zu werfen sind und von Rechtfertigungsgrund zu Rechtfertigungsgrund verschieden sein können, hat der Gesetzgeber allerdings nur rudimentär vorgegeben. Somit sind auch auf diesem Gebiet des AT Entscheidungsspiel-

---

59 Zur nicht zwingenden Abgrenzung von AT und BT vgl. Krey, Studien zum Gesetzesvorbehalt im Strafrecht (1977), S. 229; Bitzilekis, Die neue Tendenz zur Einschränkung des Notwehrrechts (1984), S. 85; Engels GA 1982, 119; Marxen JZ 1988, 287; Maurach/Zipf, Strafrecht AT, 7. Aufl. (1987), § 10 II Rn. 21.

60 Zur Überführung des AT in den BT vgl. Schmitz, in: Samson-FS (2010), S. 186; Lewisch, Verfassung und Strafrecht (1993), S. 79; Grünewald JZ 2011, 976; R. Schreiber, Die Geltung von Rechtsnormen (1966), S. 25.

61 Fincke, Das Verhältnis des Allgemeinen zum Besonderen Teil des Strafrechts (1975), S. 8.

62 Herzberg, Die Unterlassung im Strafrecht und das Garantenprinzip (1972), S. 255; s. auch D. Albrecht, Begründung von Garantenstellungen in familiären und familienähnlichen Beziehungen (1998), S. 186 f.

63 Kirsch, Die Geltung des Gesetzlichkeitsprinzips im Allgemeinen Teil des Strafgesetzbuchs (2014), S. 108; zum Ganzen Kubiciel, Die Wissenschaft vom Besonderen Teil des Strafrechts (2013), S. 1 ff.

64 Puppe, Rechtfertigung und Bestimmtheit, in: Kudlich/Montiel/Schuhr (Hrsg.), Gesetzlichkeit und Strafrecht (2012), S. 165.

räume eröffnet, die im Einzelfall die Interessenabwägung und damit zugleich die Festlegung der Grenzen des (Notwehr-) Rechts dem Richter überlassen.

2. Grundgedanken

a) Überindividualrechtliche Begründung

527   Seit jeher ist umstritten, auf welchen materiellen Grundgedanken sich das Notwehrrecht zurückführen lässt.[65] Im Wesentlichen stehen sich dabei – einer langen historischen Tradition folgend[66] – zwei Begründungsmuster gegenüber, für die es jeweils Anhaltspunkte im Gesetz gibt. Der sozialrechtliche bzw. überindividuelle Leitgedanke erklärt die Notwehrbefugnis aus dem in § 32 StGB genannten Merkmal des „rechtswidrigen Angriffs". Der Angreifer verletzt nicht nur die Interessen seines Opfers, sondern auch – je nach Standpunkt – den sozialen Frieden, die Idee des Rechts, die elementaren Ordnungsprinzipien oder die Stabilität des Systems.[67] In der Konsequenz dieser Auffassung kommt dann dem Verteidiger vorrangig die Aufgabe zu, die Rechtsordnung zu schützen. Durch den in Notwehr abgewehrten Angriff werde potentiellen Angreifern gezeigt, dass man das Rechtssystem nicht ohne Risiken verletzt. Diese generalpräventive Intention (Rn. 91) ist gemeint, wenn die Kernthese der überindividuellen Begründung in dem von Berner geprägten Prinzip „Das Recht braucht dem Unrecht nicht zu weichen" ausgedrückt wird.[68]

528   Der Gedanke der Rechtsbewährung gerät jedoch an seine Grenzen, wenn ein krasses Missverhältnis zwischen geschütztem Objekt und dem durch die Verteidigung verletzten Gut besteht. Soll es zur Abwehr unerheblicher, von Schuldlosen ausgeführter oder vom Verteidiger selbst provozierter Angriffe erlaubt sein, Menschen zu töten oder schwer zu verletzen? Auf diese Frage gibt Roxin die Antwort, dass die generalpräventiven Bedürfnisse je nach Art des Angriffs von sehr unterschiedlicher Stärke sind.[69] Die Erschießung eines Kindes zur Verhinderung eines Obstdiebstahls diene nicht der Rechtsbehauptung, sondern der Brutalisierung der Gesellschaft. In diesem Fall müsste die Rechtsbehauptung, die wegen ihrer Maßlosigkeit von vornherein auf die Wiederherstellung des gegenseitigen Achtungsanspruchs verzichtet, auf die Rechtsidee selbst zurückschlagen und untergraben, was intendiert ist: die Rechtstreue der Bevölkerung. An dieser Überlegung ist nichts abzuziehen. Aber sie trägt in die Leitidee der Rechtsbewährung den Gedanken der Mindestsolidarität[70] gegenüber dem Angreifer hinein und errichtet damit eine sozialrechtliche Schranke, die in der überindividuellen Notwehrbegründung nicht ohne weiteres angelegt ist.

b) Individualrechtliche Begründung

529   Jene Konzeptionen, die den individualrechtlichen Aspekt der Notwehrbegründung betonen, verstehen die Notwehr als eine Form der erlaubten Selbsthilfe, durch die der Verteidiger das angegriffene Rechtsgutsobjekt schützt.[71] Dabei wird nicht verkannt,

---

65 Zum Streitstand Renzikowski, Notstand und Notwehr (1994), S. 312; Kargl ZStW 110 (1998), S. 38 ff. mwN.
66 Überblick bei Haas, Notwehr und Nothilfe (1974), S. 19 ff.
67 Hassemer, in: Bockelmann-FS (1979), S. 240; Marxen, Die sozialethischen Grenzen der Notwehr (1979), S. 31.
68 Zust. Kratzsch, Grenzen der Strafbarkeit im Notwehrrecht (1968), S. 81; Geilen Jura 1981, 200.
69 Roxin, Strafrecht AT I, 4. Aufl. (2006), § 15 Rn. 74.
70 So Jakobs, Strafrecht AT, 2. Aufl. (1993), 12. Abschn. Rn. 46.
71 Hierzu bereits Oetker, Vergleichende Darstellung des Deutschen und Ausländischen Strafrechts AT, Bd. II (1908), S. 256.

dass die Notwehr faktisch auch dem Schutz der Rechtsordnung dient, aber nur durch das „Medium des Einzelrechtsschutzes".[72] Aus dieser Interpretation ergibt sich widerspruchsfrei die Bedeutung des Güterabwägungsprinzips. In der Notwehrsituation stehen sich zwei Rechtsgüter gegenüber: das durch den Angriff bedrohte Gut einerseits und das durch die erforderliche Verteidigung betroffene andererseits. Damit beruht der Rechtfertigungsgrund der Notwehr auf dem „Prinzip des überwiegenden Interesses", aus dem sich dann auch die Grenzen der Notwehr ergeben müssen.[73] Anders als die überindividualistische Theorie, die zwei entgegen gesetzte Tendenzen stützen soll, vermag das Selbstverteidigungselement Grund und Grenzen der Notwehr anzugeben.[74]

Dennoch kann die individualistische Lösung nicht in Gänze befriedigen. Abgesehen davon, dass eine auf den Schutz von eigenen Rechtsgutobjekten verengte Begründung die Nothilfe (Hilfe für einen anderen) nicht zu integrieren vermag, erklärt sie auch nicht, weshalb der Angegriffene nicht ausweichen muss, wenn ihm dies möglich ist.[75] Weder das Gesetz noch die Anhänger der individuellen Argumentation verlangen ein gefahrloses Ausweichen oder das Herbeiholen obrigkeitlicher Hilfe. Gleichwohl läge es in der Logik einer Notwehrdogmatik, deren zentraler Topos die Selbstverteidigung individueller Rechtsgutobjekte ist, dem Ausweichen dann Vorrang einzuräumen, wenn die Verteidigung Gefahren für das Leben oder die körperliche Integrität mit sich bringt. Eine „gewalttätige" riskante Notwehrreaktion würde dem Selbstschutzprinzip geradezu widersprechen.[76] 530

c) Freiheitsrechtliche Begründung

Diesen Widerspruch suchen einige Autoren dadurch zu entgehen, dass sie den Güterschutzgedanken gewissermaßen entmaterialisieren. Der Angegriffene verteidige neben seinen materiellen Rechtsgütern zugleich seine individuelle Handlungsfreiheit.[77] Bei räuberischen und erpresserischen Angriffen auf das Eigentum liegt dies auf der Hand. Auch beim einfachen Diebstahl lässt sich schwerlich bestreiten, dass die individuelle Handlungsfreiheit verletzt wird. Mit dieser individualistisch-normativen Begründung, die wohl auch überindividuelle Interessen einschließt, mag sich die Frage erledigen, weshalb der Angegriffene nicht ausweichen muss, aber ungeklärt bleibt, ob der Notwehr Übende zum Schutz geringwertiger Sachgüter in letzter Konsequenz auch töten darf. Immerhin befindet er sich stets in einer Bedrängnissituation, und das Laufenlassen des Diebes würde seine Handlungsfreiheit nicht wiederherstellen.[78] Der Verteidiger müsste sich – falls die Tötung des Angreifers untersagt würde - äußerstenfalls fremdem Zwang beugen. Legt man also allein den Wertmaßstab des Freiheitsschutzes zugrunde, wären Notwehrbegrenzungen schwerlich zu begründen. Konsequent wird daher z.B. von Wagner der Standpunkt vertreten, „daß auch bei einem Angriff auf ein materiell geringwertiges Objekt die Bedrängnissituation des Angegriffenen so groß sein kann, dass aus individualrechtlicher Sicht Notwehr uneingeschränkt zulässig sein muß, um 531

---

72 Jescheck/Weigend, Strafrecht AT, 5. Aufl. (1996), § 32 I 2.

73 Lenckner GA 1968, 2.

74 Vgl. bereits Schaffstein MDR 1952, 132; so auch LK-Spendel, StGB, 11. Aufl. (1992), § 32 Rn. 313 mwN.

75 Dazu Schmidhäuser, Strafrecht AT, 2. Aufl. (1984), S. 158; SK-Samson, StGB, 7. Aufl. (2000), § 32 Rn. 2; S/S-Perron, StGB, 29. Aufl. (2014), § 32 Rn. 1 a.

76 Ebenso Bitzilekis, Die neue Tendenz zur Einschränkung des Notwehrrechts (1984), S. 79.

77 Schmidhäuser GA 1991, 108; Stratenwerth ZStW 68 (1956), S. 63: Angriff als unmittelbare Verletzung des Selbstbestimmungsrechts; s. auch Kratzsch GA 1971, 70.

78 So etwa S/S-Lenckner, StGB, 25. Aufl. (1997), § 32 Rn. 1 a; SK-Samson, StGB, 7. Aufl. (2000), § 32 Rn. 2.

die bedrohte Handlungsfreiheit wiederherzustellen."[79] Da über die Beschaffenheit der Bedrängnissituation keine präziseren Auskünfte gegeben werden und wohl auch nicht gegeben werden können, begründet diese Lösung eher die Schärfe als die Begrenzung des Notwehrrechts.

d) Fazit

532 Die bisherigen Überlegungen ergeben folgende Situation: Sowohl aus Sicht des freiheitssichernden Selbstschutzes als auch aus Sicht des rechtsbewährenden Fremdschutzes ist bei Notwehr eine Abwägung zwischen dem Wert des angegriffenen und des verletzten Gutes grundsätzlich nicht erforderlich. Die überindividualrechtliche Konzeption enthält im Kern die bekannte Botschaft, dass das Recht dem Unrecht nicht weichen muss, und die individualrechtliche Konzeption beruht auf dem Gedanken des Selbstschutzes, der vom Ansatz her ebenfalls einer Relativierung nicht zugänglich ist. Gleichwohl findet sich heute unter den Anhängern beider Ansätze kaum noch jemand, der bei einem extremen Missverhältnis zwischen den involvierten Rechtsgütern auf einer strikten Einhaltung der eigenen Ausgangsposition beharren würde. Um die volle Wucht der Verteidigung abzumildern, werden entweder Theoriefragmente aus dem jeweils anderen Lager geborgt oder durch die Hintertür Ersatzhypothesen eingeschleust, die auf den Grundsatz der Verhältnismäßigkeit, auf das Güterabwägungsprinzip[80] oder auf die konkreten Aspekte der Bedrängnissituation[81] abstellen. Alle diese Theorieerweiterungen führen nicht zur Klarheit und Berechenbarkeit der Anwendung des Notwehrrechts. In dieser Rechtslage kann man sich Puppe nur anschließen, die jedem Normadressaten dringend rät, nicht hinter einem fliehenden Dieb her zu schießen, da die Rechtsprechung Mittel und Wege finden werde, den Verteidiger von Sachwerten für den Tod des Angreifers verantwortlich zu machen, nicht zuletzt durch eine analoge Anwendung der Vorschriften über den polizeilichen Schusswaffengebrauch.[82] Am Wortlaut des § 32 StGB gemessen, der auf das Kriterium der „Erforderlichkeit" der Verteidigungshandlung abstellt, könnte (oder müsste gar) das Gericht anders entscheiden. Ruft diese Sachlage nicht dazu auf, Notwehreinschränkungen expressis verbis in das Gesetz aufzunehmen?

3. Rechtsvergleich

a) Ausländisches Notwehrrecht

533 In vielen anderen Ländern hat der Gesetzgeber das Problem aufgegriffen und der oft beklagten Schärfe des Notwehrrechts die Spitze genommen. So enthält § 3 Abs. 1 S. 2 des österreichischen Strafrechtgesetzbuchs die einschränkende Formulierung: „Die Handlung ist jedoch nicht gerechtfertigt, wenn es offensichtlich ist, dass dem Angegriffenen bloß ein geringer Nachteil droht und die Verteidigung, insbesondere wegen der Schwere der zur Abwehr nötigen Beeinträchtigung des Angreifers, unangemessen ist." Daneben begrenzt das österreichische Recht die notwehrfähigen Rechtsgüter auf „Leben, Gesundheit, körperliche Unversehrtheit, Freiheit oder Vermögen", wodurch insbesondere Notwehr gegenüber Ehrverletzungen und zur Verteidigung überindividueller

---

79 Wagner, Individualistische und überindividualistische Notwehrbegründung (1984), S. 85.
80 Vgl. Arzt, in: Schaffstein-FS (1975), S. 78; Schroeder, in: Maurach-FS (1972), S. 137; Schaffstein MDR 1952, 135.
81 Vgl. Merten, in: Recht und Staat, Heft 442 (1975), S. 57; Hoffman-Riem ZRP 1977, 281.
82 Puppe, in: Kudlich/Montiel/Schuhr (Hrsg.), Gesetzlichkeit und Strafrecht (2012), S. 174.

Rechtsgüter ausgeschlossen wird.[83] Auch das Schweizer Strafrecht greift in Art. 33 Abs. 1 auf die Angemessenheitsklausel zurück, da der Angriff „in einer den Umständen angemessenen Weise" abzuwehren ist.[84] Spanien und zahlreiche lateinamerikanische Länder beschränken die Verteidigung ebenfalls auf Mittel, die zum Angriff proportional, rational (necesidad rational) oder maßvoll (usando moderamente dos meios) sind.[85] Danach darf der Verteidiger dem Angreifer keine schwerere Gefährdung oder Schädigung zufügen, als sie ihm selbst von diesem droht.

b) Bewertung

Zunächst fällt auf, dass in den Ländern, in denen eine gesetzlich engere Notwehrkonzeption vertreten wird, die Kontroversen um die Grenzen des Notwehrrechts weder in der Rechtsprechung noch in der Literatur nachgelassen haben.[86] Das kann angesichts der neu eingeführten Begriffe kaum verwundern: Mit Ausnahme der Vorklärung hinsichtlich der notwehrfähigen Rechtsgüter trägt die Ausbuchstabierung eines gemäßigten Notwehrrechts mit Hilfe von Begriffen wie vernünftig, angemessen, maßvoll, proportional oder geboten nicht dazu bei, das Verteidigungsrecht bestimmter und für den Angegriffenen voraussehbarer zu machen.

534

Wie bereits oben beim „Unterlassen" dargelegt (Rn. 522), werden auch hier vage Begriffe durch andere vage Begriffe ersetzt, die Unsicherheitszentren bloß verlagert. Darüber hinaus stellt sich die grundsätzliche Frage, ob es sachgerecht ist, den Notwehrgedanken mit dem Stoppschild der Güterabwägung zu verwässern. Die ausreichende Erklärung für das viel beschworene scharfe Schwert der Notwehr ist von Beling[87] auf den Punkt gebracht worden: „Der Angreifer ist nicht zu beklagen, weil er sich selbst in die Gefahr begeben hat." Eben weil er allein den Konflikt unter Verletzung des Rechts (neminem laedere) verursacht und selbst in der Hand hat, den Angriff abzubrechen, kann er keinen Anspruch darauf erheben, dass der Verteidiger seine Interessen berücksichtigt. Aus Sicht des Angreifers handelt es sich, wie Frister zutreffend feststellt, um einen Fall von freiverantwortlicher Selbstgefährdung.[88] Die Zurechnung seiner eigenen Verletzung liegt von Rechts wegen darin begründet, dass der Angreifer für die Rechtsgutsverletzungen verantwortlich ist, die er durch die zur Abwehr des Angriffs erforderliche Verteidigung erleidet.[89] In dieser Notwehrbegründung spielt die Überlegung, dass der Verteidiger auch öffentliche, generalpräventive Interessen wahrnimmt, allenfalls die zweite Geige.

535

---

83 Vgl. WK-StGB-Höpfel/Ratz, 136. Lief. (2015), § 3 Rn. 7; Kienapfel/Höpfel, Grundriss des österreichischen Strafrechts (2009), Z 11 Rn. 6.

84 Rehberg, Schweizerisches StGB (1999), Art. 33; Dubs SchwZStr 89 (1973), S. 337; Kunz, in: Schweiz. Juristentags-FS (1988), S. 165 ff.

85 Näher dazu und weiteren Ländern Jescheck/Weigend, Strafrecht AT, 5. Aufl. (1996), § 32 VII mwN.; LK-Rönnau/Hohn, StGB, 12. Aufl. (2006), § 32 Rn. 6 ff.; vgl. auch Puppe, in: Kudlich/Montiel/Schuhr (Hrsg.), Gesetzlichkeit und Strafrecht (2012), S. 166.

86 Nachweise bei Kirsch, Zur Geltung des Gesetzlichkeitsprinzips im Allgemeinen Teil des Strafgesetzbuchs (2014), S. 70, 227.

87 Beling, Grundzüge des Strafrechts, 11. Aufl. (1930), S. 16; s. auch Binding, Systematisches Handbuch der deutschen Rechtswissenschaft, Abt. 7, Bd. 1 (1885), Neudruck 1991, S. 778: „Wer sich in Gefahr begeben hat, der komme darin um."

88 Frister, Strafrecht AT, 7. Aufl. (2015), 16. Kap. Rn. 3, 4; ders. GA 1988, 301; vgl. auch MüKo-Erb, StGB, 3. Aufl. (2017), § 32 Rn. 12.

89 Puppe, in: Kudlich/Montiel/Schuhr (Hrsg.), Gesetzlkichkeit und Strafrecht (2012), S. 170 ff.

4. „Reparaturen" der Einzelerfordernisse des § 32 StGB mittels Analogie?

a) Rechtswidrigkeit des Angriffs

536 Die Legaldefinition der Notwehr findet sich in § 32 Abs. 2 StGB: „Notwehr ist die Verteidigung, die erforderlich ist, um einen gegenwärtigen rechtswidrigen Angriff von sich oder einem anderen abzuwehren." Rechtswidrig ist ein Angriff (die drohende Verletzung von Rechtsgütern), wenn er gegen Verbote oder Gebote verstößt und nicht durch Rechtfertigungsgründe erlaubt wird.[90] Damit gibt der Wortlaut des Gesetzes eindeutig zu verstehen, dass der Angriff nicht schuldhaft sein muss, so dass auch Angriffe von Kindern und Geisteskranken durch die Notwehrbefugnisse abgewehrt werden dürfen.[91] Die Gegenmeinung[92] ebnet nicht nur den Unterschied der Begriffe rechtswidrig und schuldhaft ein, sondern missachtet auch den Willen des Gesetzgebers. Dennoch ist es richtig, dass der schuldlose Angreifer nicht darauf verwiesen werden kann, er habe es in der Hand, den Angriff jederzeit abzubrechen.[93] Insofern ist der Gesetzgeber aufgerufen, das schneidige Schwert der Notwehr in Fällen schuldloser Angriffe zumindest abzumildern. Jedenfalls käme es einer Preisgabe des Gesetzlichkeitsprinzips gleich, wenn es gestattet wäre, klar formulierte Gesetze per analogiam zu reparieren und damit Rechtsfortbildung praeter legem zu betreiben.[94]

b) Gegenwärtigkeit des Angriffs

537 Mit diesem Notwehrelement soll das Notwehrrecht auf die „aktuelle Kampfsituation" (Roxin) begrenzt werden.[95] Den beendeten Angriff kann man nicht mehr abwehren, sondern nur im Wege der Rache vergelten. Eine solche Aktion noch als Notwehr zu interpretieren, würde den Verteidiger in die Rolle eines staatlichen Auftragnehmers drängen und die Verteidigungshandlung in die Nähe der Strafe rücken.[96] Der drohende künftige Angriff ist ebenfalls nicht gegenwärtig, so dass keine „Präventivnotwehr" erlaubt ist.[97] Unter eng umrissenen Umständen will eine Mindermeinung in Fällen einer „notwehrähnlichen Lage" § 32 StGB analog anwenden: Der Handelnde müsse vor der Alternative stehen, entweder sofort zu agieren und dadurch dem künftigen Angriff zu entgehen oder den Angriff später nicht mehr wirksam abwehren zu können.[98] Auch die Extension des Merkmals der Gegenwärtigkeit ist nicht mehr mit dem Wortverständnis des Gesetzes vereinbar, da sie die Notwehrbefugnis über die aktuelle Kampfsituation hinaus ausdehnt.[99] Falls man überhaupt eine Analogie im AT in Erwägung zieht, fehlt es für die „gesetzesergänzende Lückenfüllung" am Erfordernis einer Regelungslücke: Die sachgerechte Lösung für die Fälle künftiger Angriffe bestimmt sich nach den Regeln über den Rechtfertigenden Notstand (§ 34 StGB, § 228 BGB).

---

90 Wessels/Beulke/Satzger, Strafrecht AT, 47. Aufl. (2017), Rn. 331.
91 Roxin, Strafrecht AT I, 4. Aufl. (2006), § 15 Rn. 18; Krey/Esser, Strafrecht AT, 6. Aufl. (2016), § 14 Rn. 478.
92 Hoyer JuS 1988, 89; Otto, Strafrecht AT, 8. Aufl. (2017), § 8 Rn. 20; Schmidhäuser, Strafrecht AT, 2. Aufl. (1984), 6. Kap. Rn. 62 ff.
93 Puppe, in: Kudlich/Montiel/Schuhr (Hrsg.), Gesetzlichkeit und Strafrecht (2012), S. 169; Jakobs, Strafrecht AT, 2. Aufl. (2006), 12. Abschn. Rn. 18; aA S/S-Perron, StGB, 29. Aufl. (2014), § 32 Rn. 24.
94 Krey ZStW 101 (1989), S. 861 ff; ders. JR 1995, 221.
95 Roxin, Strafrecht AT, 4. Aufl. (2006), § 15 Rn. 23.
96 LK-Rönnau/Hohn, StGB, 12. Aufl. (2006), § 32 Rn. 148; Kargl ZStW 110 (1998), S. 53.
97 Vgl. nur Schroeder JuS 1980, 341; SK-Günther, StGB, 8. Aufl. (2006), § 32 Rn. 74.
98 Suppert, Studien zur Notwehr und notwehrähnlichen Lage (1973), S. 356 ff.; zust. Jakobs, Strafrecht AT, 2. Aufl. (1993), 12. Abschn. Rn. 27.
99 Jescheck/Weigend, Strafrecht AT, 5. Aufl. (1996), § 32 I d; Kühl, Strafrecht AT, 8. Aufl. (2016), § 7 Rn. 42; Roxin, Strafrecht AT I, 4. Aufl. (2006), § 15 Rn. 27.

c) Erforderlichkeit der Verteidigungshandlung

Die Rigidität des Notwehrrechts ist am Begriff der Erforderlichkeit ablesbar und war   538
daher häufig die Zielscheibe von Umdeutungen oder Ergänzungen. Diese Voraussetzung erfüllt die Tat, wenn sie von allen geeigneten Abwehrmaßnahmen diejenige ist,
die den Angreifer am geringsten beeinträchtigt.[100] Das Erfordernis der Wahl des mildesten Mittels ist aber nur in den Fällen von Bedeutung. wo dem Verteidiger Maßnahmen mit unterschiedlichem Schädigungspotential zur Verfügung stehen. Gibt es lediglich ein abwehrtaugliches Mittel, so ist dieses i.S.d. § 32 StGB erforderlich und zwar
unabhängig davon, wie groß der Schaden ist, der dadurch angerichtet wird. Das Merkmal der Erforderlichkeit schließt demnach eine Güterabwägung zwischen den angegriffenen und den durch die Verteidigung gefährdeten Rechtsgütern des Angreifers aus.[101]
In letzter Konsequenz kann – soweit kein milderes Abwehrmittel zur Verfügung steht –
der Einsatz einer Schusswaffe zur Verteidigung (vermeintlich) weniger wertvoller
Rechtsgüter erforderlich sein, z.B. um eine Vergewaltigung oder einen Raub abzuwenden.[102] Das Prinzip des mildesten Abwehrmittels erfährt nach Auffassung des BGH insofern eine Relativierung, als die Maßnahme eine sichere Gewähr für die sofortige und
endgültige Abwehr des Angriffs bieten muss: „Der Angegriffene ist nicht gehalten, auf
die Anwendung weniger gefährlicher Verteidigungsmittel zurückzugreifen, wenn deren
Wirkung für die Abwehr zweifelhaft ist. Auf einen Kampf mit ungewissem Ausgang
braucht er sich nicht einzulassen".[103] Solange sich der Angreifer durch Unterlassen
bzw. durch sofortige Beendigung des Angriffs selbst schützen kann, ist eine Einschränkung des Notwehrrechts zum Schutz des Angreifers nicht erforderlich. Diese Begründung ist überwiegend auch für jene Fallgruppen maßgebend, bei denen Rechtsprechung und Literatur unter dem Gesichtspunkt der Gebotenheit eine Einschränkung der
Notwehr anerkennen.

d) Einschränkungen der Notwehr

aa) Krasses Missverhältnis der kollidierenden Güter

In der deutschen Strafrechtspraxis und Strafrechtswissenschaft begann die Aufwei   539
chung des schneidigen Notwehrrechts anlässlich eines Falles, in dem eine Schusswaffe
gebraucht wurde, um einen Dieb zu stellen, der mit einer leeren Flasche flüchtete. [104]
Obwohl der Erlaubnistatbestand des § 32 StGB nicht verlangt, dass die Verteidigung
verhältnismäßig ist (Rn. 538), soll bei einem extremen, unerträglichen Missverhältnis
zwischen dem durch die Verteidigung an einem Rechtsgutsobjekt des Angreifers verursachten Schaden (Verteidigungsfolgen) und dem durch die Verteidigung verhinderten
Schaden an dem angegriffenen Rechtsgutsobjekt (Angriffsfolgen) Notwehr ausgeschlossen sein.[105] Nicht hinnehmbar ist danach die Abwehr der Beschädigung einer geringwertigen Sache.[106] Einige Autoren gehen noch weiter und halten generell die vor

---

100   BGH StV 1996, 147; BSG JZ 2000, 97; NK-StGB-Kindhäuser, 5. Aufl. (2017), § 32 Rn. 88; Fischer, StGB,
      65. Aufl. (2018), § 32 Rn. 28; Lackner/Kühl/Heger, StGB, 29. Aufl. (2018), § 32 Rn. 9.
101   Merkel JZ 2007, 376; Krey/Esser, Strafrecht AT, 6. Aufl. (2016), § 14 Rn. 506.
102   Zum Einsatz lebensgefährlicher Mittel vgl. BGH NStZ 1986, 357; BGH NStZ 2011, 82.
103   BGH NStZ 1998, 508; BGH NStZ-RR 2007, 199.
104   OLG Stuttgart DRZ 1949, 42; BayObLG NJW 1954, 1377.
105   S/S-Perron, StGB, 29. Aufl. (2014), § 32 Rn. 47; Roxin ZStW 93 (1981), S. 68 ff.; Krey JZ 1979, 714.
106   Frister, Strafrecht AT, 7. Aufl. (2015), 16. Kap. Rn. 26; Fischer, StGB, 65. Aufl. (2018), § 32 Rn. 36; Heinrich,
      Strafrecht AT, 5. Aufl. (2016), Rn. 364: unter Berücksichtigung der besonderen Umstände des Falles; Bernsmann ZStW 104 (1992), S. 290.

sätzliche Tötung zur Abwehr von Angriffen auf Sachwerte für unzulässig[107]; andere sprechen von einem Rechtsmissbrauch, wenn der Verteidiger um eines geringwertigen Rechts willen den Angreifer tötet oder sein Leben einer erheblichen Gefahr aussetzt[108] oder von einem Verstoß gegen das Verfassungsprinzip der Verhältnismäßigkeit, das die ganze Rechtsordnung beherrsche.[109]

540　Das Ergebnis des Notwehrausschlusses steht jedoch vor dem Problem, dass der Verteidiger den Erlaubnistatbestand des § 32 Abs. 2 StGB vollständig erfüllt und seine Tat somit an sich gerechtfertigt wäre. Um dennoch den Einklang mit dem Gesetzlichkeitsprinzip zu wahren, zählen Rechtsprechung und zahlreiche Autoren die „Gebotenheit" in § 32 Abs. 1 StGB zu den Merkmalen der Rechtfertigungsvoraussetzungen des Abs. 2.[110] Dieser Weg wäre weniger bedenklich, wenn die Antwort auf die Frage, was „geboten" ist, nicht der strafrechtsexternen „Sozialethik" (sozialethische Schranken), sondern dem Recht selber entnommen würde. Ob dabei die Berufung auf die Grundgedanken des Notwehrrechts – Selbstverteidigung und Rechtsbewährung – hilfreich ist, scheint zweifelhaft, weil beide eher für ein scharfes als ein abgeschwächtes Notwehrrecht stehen. Tiefer setzt demgegenüber der Gedanke des Rechtsmissbrauchs an, der die Ausübung des Rechts unter den Vorbehalt der Schikane stellt. Das in jedem Recht vorausgesetzte Anerkennungsverhältnis zwischen Personen kann auch durch den Notwehr Übenden verletzt werden.[111] Dies ändert freilich nichts daran, dass sich der Gesetzgeber für den Fall, dass sich der Angreifer selbst schützen kann, gegen eine Prüfung der Verhältnismäßigkeit ausgesprochen hat. Danach handelt der Angreifer auf eigene Gefahr; er muss die vom Notwehrrecht des Angegriffenen gedeckten Konsequenzen tragen.

bb) Angriffe von Ehegatten oder Lebensgefährten

541　Zur weiteren Fallgruppe der Notwehreinschränkungen wird die Auseinandersetzung innerhalb von Lebensgemeinschaften gezählt, z.B. der in Gewalttätigkeit eskalierende Streit unter Angehörigen. Die sog. sozialethische Einschränkung des Notwehrrechts (Rn. 540) wurde von der Rechtsprechung insbesondere auf Ehefrauen angewandt, die sich gegen die wiederholten Misshandlungen durch den alkoholisierten Ehemann mit erforderlichen, letztlich tödlichen Mitteln verteidigt haben.[112] Von den betroffenen Ehefrauen ist nicht nur verlangt worden, die Flucht zu ergreifen, sondern auch leichtere Körperverletzungen hinzunehmen.[113] Diese Selbstaufopferungspflicht ist mit der Garantenstellung der Ehefrauen gegenüber dem zuschlagenden Mann begründet worden: Die Partner einer solchen Beziehung seien Beschützergaranten, die sich auch dann

---

107　Mit Blick auf Art. 2 Abs. 2 EMRK bzgl. absichtlicher Tötung Roxin, Strafrecht AT I, 4. Aufl. (2006), § 15 Rn. 88 mwN.
108　Wessels/Beulke/Satzger, Strafrecht AT, 47. Aufl. (2017), Rn. 342 f.
109　Roxin, Kriminalpolitik und Strafrechtssystem, 2. Aufl. (1973), S. 26; LK-Spendel, StGB, 11. Aufl. (1992), § 32 Rn. 314 mwN.
110　BGHSt 39, 378; 42, 102; Überblick bei Fischer, StGB, 65. Aufl. (2018), Rn. 36 ff.; NK-StGB-Kindhäuser, 5. Aufl. (2017), § 32 Rn. 98 f., 102 ff.
111　Kargl ZStW 110 (1998), S. 57 ff.
112　BGH GA 1969, 117; JZ 1975, 35; NStZ 1994, 582.
113　Für ein verständiges Ausweichen SK-Günther, StGB, 8. Aufl. (2006), § 32 Rn. 130; Wessels/Beulke/Satzger, Strafrecht AT, 47. Aufl. (2017), Rn. 345; BGH JZ 2003, 51; Jakobs, Strafrecht AT, 2. Aufl. (1993), 12. Abschn. Rn. 58.

gegenseitig eine erhöhte Rücksichtnahme (Solidarität) schuldeten, wenn sie sich als Angreifer und Angegriffener in einer Notwehrlage gegenüberstehen.[114]

Dieser Auffassung kann nicht zugestimmt werden. Selbst wenn zwischen den Beteiligten schon ein länger schwelender Konflikt besteht und der Angegriffene an der Entstehung des Konflikts nicht unbeteiligt war, ändert dies nichts daran, dass der Angreifer in der Lage war, das zu tun, wozu er verpflichtet ist, nämlich den Angriff abzubrechen. Der Begünstigte einer Garantenpflicht (hier der Ehemann) kann auf „Opfer" des Garanten (Ehefrau) erst dann Anspruch erheben, wenn er außerstande ist, seine Interessen selbst wahrzunehmen.[115] In den genannten Situationen handelt es sich zudem regelmäßig um Auseinandersetzungen, bei denen die Kräfte ungleich verteilt sind, so dass man der Rechtsprechung den Vorwurf Puppes nicht ersparen kann, dass sie „ganz offen die Partei des Stärkeren und des Unrecht Handelnden ergreift gegen die Schwächere und Unrecht Leidende."[116] Der Gesichtspunkt der Garantenstellung greift letztlich daneben, wenn der Angreifer durch den Angriff seine eigene Garantenpflicht missachtet und damit die Solidarität zwischen beiden aufgehoben hat.

cc) Provozierte Angriffe

Der Ausschluss oder die Einschränkung des Notwehrrechts soll auch in den Fällen gelten, in denen das Verhalten des späteren Verteidigers den Angriff hervorgerufen („provoziert") hat. In diesem Zusammenhang werden zwei rechtlich unterschiedlich zu beurteilende Fallgruppen von Provokationen auseinander gehalten: die absichtliche und die sonstige pflichtwidrige Herbeiführung der Notwehrsituation.[117] Für die sog. Absichtsprovokation ist kennzeichnend, dass das aufreizende Vorverhalten des „Verteidigers" ausschließlich zu dem Zweck eingesetzt wird, den Angreifer „unter dem Deckmantel der Notwehr" verletzen zu können. Die h.M. vertritt mit unterschiedlichen Begründungen die Ansicht, dass der Angegriffene kein Notwehrrecht hat. Zum Teil wird schon bei den gesetzlichen Notwehrmerkmalen des § 32 Abs. 2 StGB angesetzt, indem etwa infolge Rechtsschutzverzichts des Provokateurs die Rechtswidrigkeit des Angriffs und damit die Notwehrlage bestritten[118] oder indem die „Gebotenheit" der Notwehr verneint wird, da es sich bei der Verteidigung in Wahrheit um einen Angriff handele.[119] Andere berufen sich auf die Notwehrwurzeln: Die Rechtsordnung bedürfe nicht der Bewährung und die Rechtsgüter des Provokateurs nicht der Verteidigung.[120] Bei wertender Betrachtung lassen sich diese Überlegungen unter den Oberbegriff des Rechtsmissbrauchs zusammenziehen. Der Provokateur ist der Angreifer, der sein Eingriffsrecht missbrauchen will.

Unter dem Gesichtspunkt des Gesetzlichkeitsprinzips begegnen die Begründungen für den Ausschluss des Notwehrrechts erheblichen Bedenken. Es lässt sich eben nicht bestreiten, dass auch der provozierte Angriff sämtliche Voraussetzungen erfüllt, an die

542

543

544

114 Kühl, Strafrecht AT, 8. Aufl. (2016), § 18 Rn. 45; S/S-Stree/Bosch, StGB, 29. Aufl. (2014), § 13 Rn. 9.
115 Ebenso Freund, Strafrecht AT, 2. Aufl. (2008), Kap. 3 Rn. 123 ff.; Krey/Esser, Strafrecht AT, 6. Aufl. (2016), § 14 Rn. 542; Frister GA 1988, 307 ff.; abl. auch Wohlers JZ 1999, 441; LK-Spendel, StGB, 11. Aufl. (1992), § 32 Rn. 310.
116 Puppe, in: Kudlich/Montiel/Schuhr (Hrsg.), Gesetzlichkeit und Strafrecht (2012), S. 170.
117 S/S-Perron, StGB, 29. Aufl. (2014), § 32 Rn. 54 ff. mwN.
118 BGH MDR 1954, 335; BGH NStZ 1983, 452; JZ 2001, 665; Wessels/Beulke/Satzger, Strafrecht AT, 47. Aufl. (2017), Rn. 345.
119 Krey/Esser, Strafrecht AT, 6. Aufl. (2016), § 14 Rn. 555; Maurach/Zipf, Strafrecht AT, 7. Aufl. (1987), § 26 Rn. 41.
120 NK-StGB-Herzog, 4. Aufl. (2013), § 32 Rn. 115; Roxin, Strafrecht AT I, 4. Aufl. (2006), § 15 Rn. 65.

das Gesetz das Notwehrrecht knüpft.[121] Anders als viele Rechtsordnungen im Ausland schließt § 32 StGB eine Provokation nicht von Notwehrbefugnissen aus. Das geltende Recht kennt somit auch keine Verwirkung des Notwehrrechts. Dieses Ergebnis ist aber nicht nur dem Wortlaut des Gesetzes geschuldet, es stimmt auch mit den Grundgedanken der Notwehr überein. Der Grund für die Unbeachtlichkeit der Provokation liegt – wie bei den Missverhältnis-Fällen (Rn. 538, 539) – darin, dass eine Einschränkung des Notwehrrechts zum Schutz des Provozierten solange nicht erforderlich ist, als bei ihm die Fähigkeit, den Angriff zu unterlassen oder wenigstens rechtzeitig abzubrechen, nicht beeinträchtigt ist.[122] Es gibt keine rechtliche Legitimation dafür, sich von Provokationen zu Reaktionen hinreißen lassen zu dürfen, welche die Voraussetzungen eines rechtswidrigen Angriffs erfüllen. Das ansonsten der Notwehr zugrunde liegende Selbstschutz-Argument verliert allerdings seine Berechtigung, wenn die Provokation die Steuerungsfähigkeit des Angreifers so stark beeinträchtigt, dass von der Möglichkeit der Selbstzügelung nicht mehr die Rede sein kann.

V. Ergebnis

1. Funktion des AT-BT-Systems

545   Will man dem Gewährleistungsinhalt der strafrechtlichen Gesetzlichkeit im Bereich des AT auf den Grund gehen, kann die Antwort nicht ohne Blick auf die dem AT eingeräumte Funktion gegeben werden. Die gesetzliche Trennung eines AT von einem BT ist vornehmlich eine Errungenschaft der letzten 200 Jahre und verfolgt den Zweck einer stärkeren Systematisierung und Abstrahierung des Gesetzes. Der Allgemeine Teil soll Regelungen „vor die Klammer" ziehen, also dazu dienen, Normen für den gesamten BT sowie auch für das Nebenstrafrecht bereitzustellen und helfen, Wiederholungen zu vermeiden. Um Übersichtlichkeit zu gewährleisten, sollen jene Regeln nicht bei jedem Tatbestand erneut aufgeführt werden (Rn. 525). Aufgrund dieses weit gezogenen Anwendungsbereichs der AT-Normen kommt man wohl nicht um die Feststellung herum, dass ein hoher Abstraktionsgrad der verwendeten Begriffe und Abschwächungen im Vergleich zu den im BT zu erreichenden Grad an Bestimmtheit unvermeidlich sind. Insofern gilt der Satz Peter Nolls: Die Weite eines Tatbestands hängt mit dem Anwendungsbereich der Norm zusammen und darf nicht mit der Bestimmtheit des Gesetzes verwechselt werden.[123]

2. Sprachliche Besonderheiten des AT

546   Das vom gesamten Rechtsgebiet des Strafrechts in Anspruch genommene „Bedürfnis nach Vagheit" (Rn. 356) hat im AT eine besondere Bedeutung. Begründet liegt dies – wie gesagt – darin, dass der umfassende Anwendungsbereich des AT eine Sprache notwendig macht, die mit der Fortentwicklung insbesondere des Nebenstrafrechts Schritt hält und sich in gewissem Maße der Zukunft öffnet. Der damit unausweichlich verbundene Bedarf an porösen Begriffen (Rn. 357) wird noch dadurch gesteigert, dass einige Normen des AT – wie z.B. die Regelungen zur Schuld – als Ausdruck von Leitideen verstanden werden können und insofern Grundlagencharakter haben. Eine weitere Kategorie der Mehrdeutigkeit – der sog. Dispositionsbegriff (Rn. 358) – spielt im AT

---

121 Baumann/Weber/Mitsch/Eisele, Strafrecht AT, 12. Aufl. (2016), § 17 Rn. 38; Matt NStZ 1993, 272.
122 Frister, Strafrecht AT, 7. Aufl. (2015), 16. Kap. Rn. 30; ders. GA 1988, 309.
123 Noll, Gesetzgebungslehre (1973), S. 255, 264; s. auch Engisch, Einführung in das juristische Denken, 11. Aufl. (2010), S. 217.

vermehrt eine Rolle. Die Rechtstheorie versteht darunter Begriffe, deren Aufgabe darin besteht, die innere Seite des Menschen, seine Neigungen und Intentionen zu beschreiben. Da Dispositionen wie etwa die Voraussetzungen subjektiver Zurechnung (Absicht oder Vorsatz) nicht äußerlich wahrnehmbar sind, können diese nur durch ein Arsenal von Indikatoren erschlossen werden, deren Anwendung dem Richter einen weiten Spielraum eröffnet. Begriffe dieser Art lockern selbstverständlich die Bindung des Richters an das Gesetz, bergen die Gefahr von Fehleinschätzungen und schränken die Berechenbarkeit des Strafrechts ein. Dennoch würden die im AT abgesenkten Hürden der Bestimmtheit nur dann gegen Art. 103 Abs. 2 GG verstoßen, wenn den Regelungen kein im jeweiligen Gesetz selbst verankertes Prüf- und Argumentationsprogramm zugrunde läge, das den Rechtsanwender zumindest an Leitgedanken bindet und damit einer beliebigen Auslegung Grenzen setzt (näher Rn. 371). An den Beispielen der Fahrlässigkeit, des unechten Unterlassungsdelikts und der Notwehr war gezeigt worden, dass die dort verwendeten porösen Begriffe noch nicht die Grenze ihrer Extension erreicht haben.

3. Programmsicherung

a) Fahrlässigkeit

Den §§ 15 und 16 StGB lässt sich als Wesensmerkmale der Fahrlässigkeit entnehmen, dass der Täter – im Unterschied zum Vorsatz – die durch sein Handeln bewirkte Tatbestandserfüllung zwar nicht kennt, aber bei gebotener Aufmerksamkeit hätte erkennen können (Rn. 504, 505). Obwohl sich das Gesetz über die Sorgfaltsanforderungen, die in der gegebenen Situation an den Täter zu stellen sind, ausschweigt, kann der Rechtsanwender doch ersehen, welchen konkreten Ausschnitt der fassbaren Wirklichkeit der Begriff der Fahrlässigkeit bezeichnet und wodurch die übrige Wirklichkeit ausgeschlossen wird. Das Gesetz legt hier das Anwendungsprogramm insofern fest, als es die Blickrichtung auf den kognitiven Aspekt des Nichtwissens sowie auf den normativen Aspekt der Verantwortlichkeit für das Nichtwissen lenkt.

547

b) Unterlassen

Bei den (unechten) Unterlassungsdelikten ergeben sich die unrechtskonstituierenden Merkmale aus dem Wortlaut des § 13 StGB, der obligatorisch eine Rechtspflicht zur Abwendung des deliktischen Erfolgs (Garantenstellung) sowie die Gleichwertigkeit der Unterlassungshandlung mit dem positiven Tun (Entsprechungsklausel) voraussetzt (Rn. 517). Auch wenn das Gesetz den Kreis der Garantenpflichtigen und die Kriterien der Entsprechungsklausel nicht näher präzisiert, ist es auch hier dem Rechtsanwender nicht unmöglich, die normativen Pflichten und die Vergleichbarkeit von Tun und Unterlassen einigermaßen konsensfähig zu interpretieren. Der kursorische Blick auf ausländische Konkretisierungen des Unterlassungsdelikts ergab den Befund, dass die ausdrückliche Festschreibung der Rechtspflichten keinen höheren Grad an Verbindlichkeit und Bestimmtheit gewährleistet als in Deutschland, wo die Umschreibung möglicher Garantenstellungen auf einer langjährigen richterlichen und wissenschaftlichen Tradition beruht (Rn. 521). Somit wird man trotz aller Divergenzen im Detail nicht zu dem Schluss kommen können, dass im Bereich der Unterlassungsdelikte das Primat des Gesetzgebers überhaupt nicht erkennbar sei.

548

c) Notwehr

549 Unter den Rechtfertigungsvoraussetzungen des § 32 StGB sticht der Begriff der „Gebotenheit" der Verteidigungshandlung als besonders anfällig für freihändiges Rechts-Schöpfen hervor. Seit langem ist er der gesetzliche Anker, mit dessen Hilfe versucht wird, das vom Gesetzgeber festgelegte Entscheidungsprogramm aus den Angeln zu heben (Rn. 540). Dieses Programm gibt die klare Anweisung, als Rechtfertigungselemente nur die Notwehrlage („gegenwärtiger rechtswidriger Angriff") und die Erforderlichkeit der Verteidigungshandlung zu berücksichtigen. Nach diesen Maßgaben zieht das Notwehrrecht u.a. eine strikte Abgrenzung gegenüber Präventivmaßnahmen und gegenüber einer Güterabwägung zwischen den angegriffenen und den durch die Verteidigung gefährdeten Rechtsgütern. Ob in Extremfällen der Gedanke des Rechtsmissbrauchs weiterhilft, erscheint angesichts des Gesetzeswortlauts zweifelhaft (Rn. 540). Die künftige Entwicklung des Notwehrrechts sollte jedoch im Blick behalten, dass sich der (mündige) Angreifer selbst schützen kann und aus diesem Grunde der Solidarität des Verteidigers äußerst enge Grenzen gesetzt sind.

B. Im Bereich des Besonderen Teils

I. Auslegungsgrundsätze des BVerfG anlässlich der Untreueentscheidung vom 23. 6. 2010

1. Vorbemerkung

550 Das Wesen der Sprache und der Wirklichkeitsbezug des Strafrechts bedingen, dass der Gesetzgeber auch auf dem Gebiet des BT weit davon entfernt ist, eindeutig zu formulieren (Rn. 354, 380). Daraus folgt, dass insbesondere im Fall mehrdeutiger Gesetzesbegriffe die Klarheit und Voraussehbarkeit strafrechtlichen Handelns erst durch das Zusammenspiel von Strafgesetzgebung und Strafgesetzanwendung erreicht wird. In der Vergangenheit nahm man überwiegend an, dass der Beitrag der Judikative durch das Analogieverbot (Rn. 459) und die Traditionen der Methodenlehre (Rn. 607 ff.) begrenzt werde. Von dieser Annahme ist das Bundesverfassungsgericht im Rahmen seines Beschlusses zur Verfassungsmäßigkeit des Untreuetatbestands (§ 266 StGB) ein gutes Stück abgerückt. Nunmehr lautet die längst in der Literatur vorbereitete These, dass sich das Bestimmtheitsgebot nicht nur an den Gesetzgeber, sondern auch an den Rechtsanwender richtet. Um Berechenbarkeit zu erzeugen, müsse die Judikative dort aktiv mitwirken, wo das Leistungsvermögen der Sprache endet. Wenn damit bloß das Anliegen der klassischen Auslegungslehren bekräftigt werden sollte, wäre die Forderung des BVerfG nach aktiver Mitwirkung bei der Konkretisierung der Gesetzessprache gewiss unverfänglich. Aber daran lässt die vom BVerfG aufgestellte Erweiterung des verfassungsrechtlichen Prüfungsmaßstabs hinsichtlich des Gesetzlichkeitsgrundsatzes einige Zweifel zu.[124]

2. Erweiterung des verfassungsrechtlichen Prüfungsmaßstabs

551 Im Mittelpunkt der Entscheidung des BVerfG[125] steht ein Kontrollkatalog, der über das bisherige Programm zum Schutz der Wortlautgrenze ganz erheblich hinausgeht, in-

---

124 Ausf. zum Folgenden Fitting, Analogie und Kontinuität (2016), S. 155; vgl. auch Kirsch, Zur Geltung des Gesetzlichkeitsprinzips im Allgemeinen Teil des Strafgesetzbuchs (2014), S. 231 ff.
125 BVerfG NJW 2010, 3209 ff.

dem das Analogieverbot um die zusätzliche Dimension eines „Gebots bestimmter Auslegung" ergänzt wird.[126] Obwohl das Schrifttum in seiner Beurteilung der Entscheidung kein einheitliches Bild vermittelt, besteht doch Einigkeit über die weit reichende Bedeutung der Entscheidung.[127] Wie das zuvor noch nie so detailliert geschehen war, macht das BVerfG deutlich, dass Art. 103 Abs. 2 GG das allgemeine Verbot enthält, die vom Gesetzgeber gezogene Grenze der Strafbarkeit im Wege der Auslegung zu korrigieren. Es geht darüber insofern sogar hinaus, als es eine noch wortlautkonforme Auslegung zu Lasten des Bürgers, die aber am Willen des Gesetzgebers vorbeigeht, als Verstoß wertet. Die nachfolgenden Prüfkriterien orientieren sich an der Zusammenstellung bei Saliger[128]:

a) Entgrenzungsverbot

„Einzelne Tatbestandsmerkmale dürfen also auch innerhalb ihres möglichen Wortsinns nicht so weit ausgelegt werden, dass sie vollständig in anderen Tatbestandsmerkmalen aufgehen, also zwangsläufig mit diesen mitverwirklicht werden".[129]

552

b) Gebot restriktiver Auslegung

„In Betracht kommt aber auch, dass bei methodengerechter Auslegung ein Verhalten nicht strafbewehrt ist, obwohl es vom Wortlaut des Strafgesetzes erfasst sein könnte. Auch in einem solchen Fall darf ein nach dem Willen des Gesetzgebers strafloses Verhalten nicht durch eine Entscheidung der Gerichte strafbar werden (…). Vielmehr haben die Gerichte dies zu respektieren und erforderlichenfalls durch restriktive Auslegung eines weiter gefassten Wortlauts der Norm sicherzustellen".[130]

553

c) Verbot fernliegender Interpretation

„Die Gerichte dürfen nicht durch eine fernliegende Interpretation oder ein Normverständnis, das keine klaren Konturen mehr erkennen lässt, dazu beitragen, bestehende Unsicherheiten über den Anwendungsbereich einer Norm zu erhöhen, und sich damit noch weiter vom Ziel des Art. 103 Abs. 2 GG entfernen".[131]

554

d) Präzisierungsgebot

„Andererseits ist die Rechtsprechung gehalten, verbleibende Unklarheiten über den Anwendungsbereich einer Norm durch Präzisierung und Konkretisierung im Wege der Auslegung nach Möglichkeit auszuräumen (…). Besondere Bedeutung hat diese Pflicht bei solchen Tatbeständen, die der Gesetzgeber im Rahmen des Zulässigen durch Verwendung von Generalklauseln verhältnismäßig weit und unscharf gefasst hat".[132]

555

---

126 Saliger NJW 2010, 3196.
127 Kuhlen JR 2011, 258; Böse Jura 2011, 619; Becker HRRS 2010, 393; AnwK-Gaede, StGB, 2. Aufl. (2015), § 1 Rn. 15.
128 Saliger NJW 2010, 3195 f.
129 BVerfG NJW 2010, 3211.
130 BVerfG NJW 2010, 3211.
131 BVerfG NJW 2010, 3211.
132 BVerfG NJW 2010, 3211.

e) Erweiterung des Kontrollmaßstabs auf die gefestigte Rechtsprechung

556 „Gerade in Fallkonstellationen, in denen der Normadressat nach dem gesetzlichen Tatbestand nur noch die Möglichkeit einer Bestrafung erkennen kann und in denen sich erst auf Grund einer gefestigten Rechtsprechung eine zuverlässige Grundlage für die Auslegung und Anwendung der Norm gewinnen lässt (...), trifft die Rechtsprechung eine besondere Verpflichtung an der Erkennbarkeit der Voraussetzungen der Strafbarkeit mitzuwirken".[133]

3. Verlagerung gesetzgeberischer Kompetenzen?

557 Die hier ausgeführte Erweiterung der Garantien des Gesetzlichkeitsprinzips hinterlässt trotz der prinzipienfesten Rhetorik ein zwiespältiges Bild. Einerseits ist zu begrüßen, dass auch der neue Prüfkatalog den Alltagssprachgebrauch als äußerste Grenze der zulässigen richterlichen Interpretation vorsieht, dass dem erkennbaren Willen des Gesetzgebers höchste Priorität eingeräumt und dass der Kontrollmaßstab auf die ständige Rechtsprechung der Strafgerichte ausgedehnt wird.[134] Andererseits erscheint die Funktion des „Präzisierungsgebots" unklar: Handelt es sich – wie beim Analogieverbot – um eine die Auslegung lenkende Regel oder ist es eine Ausprägung des Bestimmtheitsgebots oder gar – wie Kuhlen[135] meint – eine eigenständige, zu den übrigen Garantien hinzutretende Verbürgung? Drängt das Präzisierungsgebot das BVerfG in die Rolle einer den zurückhaltenden Gesetzgeber korrigierenden Instanz?[136] Mit diesen Fragen werden sich Praxis und Wissenschaft künftig zu befassen haben. Feste Grundlage der Diskussion sollte dabei stets Art. 103 Abs. 2 GG bleiben, der die Verantwortung für die Rechtssetzung der Legislative übertragen hat. Dies beinhaltet vor allem, dass es auf keinen Fall Aufgabe der Gerichte sein kann, das Rechtsanwendungsprogramm selbst zu generieren und damit den Gesetzgeber darin zu bestärken, sich einer bestimmteren Regelung zu entziehen.

4. Überleitung

558 Nachfolgend sollen am Beispiel des im BT verwendeten Begriffs der Gewalt (§§ 240 Abs. 1, 249 Abs. 1 StGB) die Probleme aufgezeigt werden, die sich der Rechtsprechung und dem Normadressaten stellen, wenn sich der Gesetzgeber in hohem Maße interpretationsbedürftiger Begriffe bedient und damit dem Anwender den Schritt erleichtert, das Argumentations- und Prüfprogramms selbst herauszuarbeiten. Wie sogleich nachvollzogen werden kann, verschieben sowohl das Fehlen einer begrifflichen Konturierung als auch die Ignorierung der vorhandenen Konturierung die Verantwortung für die Auslegung mehr oder weniger zwangsläufig auf die verfassungsrechtliche Ebene. Eine Folge, die dem Bürger zumutet, sein Verhalten an gesetzlichen Normen zu orientieren, deren Bestimmtheit und Auslegung von künftigen verfassungsrechtlichen Ent-

---

133 BVerfG NJW 2010, 3211.
134 Kuhlen JR 2011, 246, 247; eine im Hinblick auf Prinzipienstrenge positive Entwicklung registrieren Krey ZStW 101 (1989), S. 849; Roxin, Strafrecht AT I, 4. Aufl. (2006), § 5 Rn. 35; Paeffgen StraFo 2007, 445; Simon, Gesetzesauslegung im Strafrecht (2005), S. 187; kritischer demgegenüber MüKo-Schmitz, StGB, 3. Aufl. (2017), § 1 Rn. 67; NK-StGB-Hassemer/Kargl, 5. Aufl. (2017), § 1 Rn. 90 ff.; Naucke, Strafrecht, 10. Aufl. (2002), § 2 Rn. 53 ff; Wolf JuS 1996, 194.
135 Kuhlen JR 2011, 247.
136 Bott/Krell ZIS 2010, 699: das BVerfG als „Gesetzgebersubstitut".

scheidungen abhängen.[137] Dem Beschuldigten beschert sie – sofern er sich gegen eine (mögliche) verfassungswidrige Auslegung wehrt – einen langen und am Ende ungewissen Klärungsprozess. Der praktische Umgang mit dem Gewaltbegriff ist die Geschichte einer unvorhersehbaren Kasuistik und das Lehrstück einer Interpretationskultur, die einen minimalen Argumentationsaufwand betreibt und zeitgeistorientierte Zielsetzungen zu Lasten einer beständigen Deutung in den Fokus rückt. Die folgende Untersuchung wird sich vor allem darauf konzentrieren, die Entscheidungen des BGH und des BVerfG zum Gewaltbegriff mit den Anforderungen zu konfrontieren, die das BVerfG in der Untreueentscheidung (Rn. 551) aufgestellt hat.

II. Auslegung des Gewaltbegriffs (Nötigung)

1. Das gesetzliche Entscheidungsprogramm

Gemäß § 240 Abs. 1 StGB kommt als Tathandlung der Nötigung – neben der Drohung mit einem empfindlichen Übel – ausschließlich die Anwendung von Gewalt in Betracht. Dem Begriff der Gewalt können nach unbestrittener Lesart zumindest zwei Voraussetzungen entnommen werden: die Entfaltung erheblicher körperlicher Kraft beim Täter und die physische Zwangseinwirkung beim Opfer.[138] Danach liegt der Begriffskern der Gewalt im körperlich (physisch) vermittelten Zwang, wobei die Körperlichkeit des Zwangs allein nach dem Angriffsverhalten des Täters und nicht nach der Auswirkung auf das Opfer bestimmt wird. Auf dieser dem Begriffskern entsprechenden Linie definierte das RG Gewalt als „Anwendung körperlicher Kraft zur Überwindung eines geleisteten oder erwarteten Widerstands".[139] Folgerichtig wertete das RG die Anwendung betäubender Mittel nicht als Gewalt, wenn sie dem (schlafenden) Opfer gewaltlos beigebracht wurden.[140]   559

In der Folgezeit geriet die qualitative Beurteilung der Begriffselemente Kraftentfaltung und Zwangseinwirkung ins Schwimmen.[141] Vom Kernbereich wird z.B. nicht erfasst die psychische Einwirkung auf das Opfer. Immerhin ist aber vorstellbar, dass eine psychische Einwirkung ebenso schwer wiegt und daher nicht minder strafwürdig erscheint. Ebenfalls vom Kernbereich ist nicht der ohne jede physische Anstrengung bewirkte Zwang erfasst. Genügt die Betätigung eines Schusswaffenabzugs oder sogar die bloße Anwesenheit am Tatort? Die von der Rechtsprechung vollzogene schrittweise Bejahung dieser Fragen verlagert das physische Moment des Gewaltbegriffs weg vom Angriffsverhalten hin zur Auswirkung des Zwangsmittels beim Opfer.   560

2. Auflösung des gesetzlichen Entscheidungsprogramms durch den BGH

Vom Standpunkt des Opfers her gesehen schien es sinnvoll, für Gewalt die psychische Einwirkung ausreichen zu lassen, da diese denselben Effekt erzielen kann wie die „körperliche Überwindung".[142] Mit diesem Argument hatten die Richter des 2. Senats am   561

---

137 Zur Unvorhersehbarkeit gerichtlicher Entscheidungen vgl. Paeffgen StraFo 2007, 443; Seebode JZ 2004, 307; Simon, Gesetzesauslegung im Strafrecht (2005), S. 451.
138 Weber, in: Arzt/Weber/Heinrich/Hilgendorf, Strafrecht BT, 3. Aufl. (2015), § 9 Rn. 55.
139 RGSt 56, 88; 64, 115.
140 RGSt 58, 98; 72, 349; gänzlich auf Kraftentfaltung verzichtend RGSt 13, 50 (Einschließen einer Person); RGSt 45, 156 („Leichenzug-Fall"); BGH NStZ 1982, 159 (Lärmbelästigung).
141 Näher zu den wichtigsten Schritten der Auflösung des Gewaltbegriffs Weber, in: Arzt/Weber/Heinrich/Hilgendorf, Strafrecht BT, 3. Aufl. (2015), § 9 Rn. 60 ff.; vgl. auch BVerfGE 73, 260 f.
142 RGSt 45, 156; 60, 158; 66, 355.

BGH einen Studenten wegen Nötigung durch Gewalt verurteilt, der im Rahmen einer Demonstration gegen die Preiserhöhung der Kölner Verkehrsbetriebe den Straßenbahnverkehr blockierte (Laepple-Fall). Der Beurteilung des bloßen passiven Sitzens auf den Schienen als Gewalt stehe nicht entgegen, „dass die Studenten die Straßenbahn nicht durch unmittelbaren Einsatz körperlicher Kräfte aufhielten, sondern nur mit geringem körperlichen Kraftaufwand einen psychisch determinierten Prozess in Lauf setzten. Entscheidend ist hierbei, welches Gewicht der von ihnen ausgeübten psychischen Einwirkung zukam (…) Stellt sich ein Mensch der Bahn auf den Schienen entgegen, so liegt darin die Ausübung eines Zwanges, der für den Fahrer sogar unwiderstehlich ist, denn er muss halten, weil er sonst einen Totschlag beginge".[143]

562 Die Argumentation des BGH beruht auf einem klassischen Analogieschluss, denn die Ähnlichkeit der Zwangswirkung ist unbestreitbar.[144] Dennoch dürfte sie nach den Maßstäben der Untreue-Entscheidung, die das Analogieverbot ernst nimmt (Rn. 551 ff), keinen Bestand haben. Zunächst sucht man vergebens nach Ausführungen darüber, ob sich die Deutung überhaupt noch innerhalb des möglichen Wortsinns bewegt. Aufgrund der Etablierung des weitgehend körperlosen Gewaltbegriffs kann dies kaum erstaunen. Mit der geistigen Orientierung des Gewaltbegriffs hängt auch zusammen, dass eine Abgrenzung zur Tatbestandsvariante der Drohung fehlt. Im Ergebnis nimmt der Begriff der Gewalt den der Drohung in sich auf, so dass gegen das Entgrenzungs- bzw. Verschleifungsverbot (Rn. 552) verstoßen wurde. Nicht anders verhält es sich hinsichtlich der im Gesetz vorgesehenen begrifflichen Trennung zwischen der Tathandlung des Nötigens und dem Tatmittel der Gewalt. Bedeutet „Nötigen", einem Menschen ein von ihm nicht gewolltes Verhalten aufzwingen, dann besitzt der Gewaltbegriff, der lediglich auf die Zwangswirkung abstellt, keine eigenständige Bedeutung mehr. Da der Gesetzgeber eindeutig entschieden hat, wäre der vergeistigte Gewaltbegriff sogar dann abzulehnen, wenn er noch vom Wortlaut gedeckt wäre (Rn. 553): „Auch in einem solchen Fall darf ein nach dem Willen des Gesetzgebers strafloses Verhalten nicht durch eine Entscheidung der Gerichte strafbar werden".[145]

3. Eingrenzungen durch das BVerfG

a) Die Erste Sitzblockaden-Entscheidung (1986)

aa) Kein Verstoß gegen das Analogieverbot

563 In dieser Entscheidung setzte sich das BVerfG mit dem „vergeistigten Gewaltbegriff" auseinander. Das Votum fiel gespalten aus: Nur die Hälfte der Richter akzeptierte die in Rede stehende Rechtspraxis als verfassungsgemäß, die andere Hälfte sah das Analogieverbot verletzt. Beide Gruppen argumentierten – zumindest ansatzweise – entlang der Wortlautgrenze. Die zustimmenden Richter verwiesen auf die Bedeutung des Wortes „Gewalt" in Wörterbüchern und in anderen Sprachen und stellten fest: „Die der Auslegung vom Wortsinn gezogene Grenze wird demgemäß jedenfalls dann eingehalten, wenn die auf das Opfer ausgeübte unausweichliche Zwangswirkung den Einsatz einer gewissen, wenn auch geringfügigen körperlichen Kraft durch den Täter (hier: Bildung einer lebenden Barriere durch Niederlassen auf der blockierenden Zufahrt) ein-

---

143 BGHSt 23, 46, 54.
144 So auch BVerfGE 73, 242; instruktiv zu den Entwicklungslinien Küper/Zopfs, Strafrecht BT, 18. Aufl. (2018), Rn. 275 ff.; Rengier, Strafrecht BT II, 19. Aufl. (2018), § 23 Rn. 2 ff.; Wessels/Hettinger, Strafrecht BT 1, 41. Aufl. (2017), § 8 IV 2, Rn. 383 ff.
145 BVerfG NJW 2010, 3211.

schließt".[146] Auch die Abgrenzung der tatbestandlichen Varianten des § 240 StGB sei gewährleistet: „Unter dieser Voraussetzung stellt die Gewaltalternative als gegenwärtige Zufügung eines empfindlichen Übels auch in ihrer erweiterten Auslegung eine durchaus eigenständige Ergänzung zu der zweiten Begehungsform des § 240 StGB dar, bei der es um eine künftige Androhung eines solchen Übels geht".[147] Im Übrigen sei das Risiko einer Bestrafung aufgrund der im Schrifttum weithin anerkannten Rechtsprechung vorhersehbar.

bb) Verstoß gegen das Analogieverbot

Gegen das Argument der Vorhersehbarkeit für die Adressaten wenden die widersprechenden Richter die wechselhafte Historie der Rechtsprechung ein.[148] Der Hinweis auf die Gewährleistung der Eigenständigkeit der Handlungsalternativen sei ebenfalls nicht stichhaltig: Die Systematik des § 240 StGB „lässt – wie bereits erwähnt – unmissverständlich erkennen, dass der Gesetzgeber nicht jede Zwangseinwirkung auf die Freiheit der Willensentschließung und Willensbetätigung unter Strafe gestellt, sondern einen Numerus clausus der Zwangsmittel vorgesehen hat." Der weite Gewaltbegriff impliziere eine Vermischung der Begehungsvarianten, die dazu führe, dass „beide entgegen der klaren gesetzlichen Regelung ihre eigenständige Bedeutung verlieren." Das Analogieverbot verlange, an der Entscheidung des Gesetzgebers auch dann festzuhalten, wenn die Rechtsanwendung Lücken hinterlassen sollte: „… es kann nicht Sache der Rechtsprechung sein, solche Lücken dadurch zu schließen, daß der Wortsinn der Tatbestandsmerkmale entleert und die vom Gesetzgeber vorgesehenen Grenzen der Strafbarkeit unter Rückgriff auf den Strafzweck unterlaufen werden" .[149]

564

b) Die zweite Sitzblockaden-Entscheidung (1987)

Wenig später hat das BVerfG in einer 5:3-Entscheidung die Ausweitung des Gewaltbegriffs punktuell für Sitzblockaden zurückgenommen: „In demjenigen Bereich, in dem die Gewalt lediglich in körperlicher Anwesenheit besteht und die Zwangseinwirkung auf den Genötigten nur psychischer Natur ist, wird die Strafbarkeit nicht mehr vor der Tat generell und abstrakt vom Gesetzgeber, sondern nach der Tat im konkreten Fall vom Richter aufgrund seiner Überzeugung von der Strafwürdigkeit eines Tuns bestimmt".[150] Darin liege ein Verstoß gegen Art. 103 Abs. 2 GG. Auch in dieser Entscheidung misst der 1. Senat die Auslegung explizit am Gesetzlichkeitsprinzip und insbesondere am Analogieverbot. Aber auch das Bemühen um den Einbezug des allgemeinen Sprachgebrauchs führte gleichwohl zu keinem zwingenden Ergebnis: Zwar ist mehrheitlich klar gestellt worden, dass das Sich-Hinsetzen auf die Fahrbahn keine Gewaltanwendung ist, aber der Einwand, dass damit eine hinreichende Kraftentfaltung verbunden sei, kommt zu einem entgegen gesetzten Urteil.

565

Wie die weitere Entwicklung zeigt, vermochten die Verfassungsrichter den Strafgerichten keinen eindeutigen Weg zu weisen. So urteilte etwa der BGH 1991 im Falle eines Sitzstreiks: „Mit dem Versammeln auf der Straße und dem Setzen auf die Fahrbahn ist zwar nur ein geringer körperlicher Kraftaufwand verbunden (…); doch werden da-

566

---

146 BVerfG NJW 1987, 43, 46.
147 BVerfG NJW 1987, 43, 46.
148 BVerfG NJW 1987, 46.
149 BVerfG NJW 1987, 43, 46.
150 BVerfG NJW 1988, 639.

durch zumindest auch psychische Barrieren errichtet, die eine vergleichbare Wirkung wie physisch unüberwindbare Hindernisse erreichen".[151] Erneut wird ohne Blick auf die Wortlautgrenze und das Analogieverbot auf einen als etabliert betrachteten Gewaltbegriff zurückgegriffen.

c) Die dritte Sitzblockaden-Entscheidung (1995)

567 Nachdem sich innerhalb des Senats bereits ein Umschwung abgezeichnet hatte, erklärte das BVerfG im Jahr 1995 den zuvor gebilligten, weiten Gewaltbegriff für verfassungswidrig. Dieses Mal ging es um Hindernisbildungen vor militärischen Einrichtungen, die ankommenden Fahrern die Durchfahrt auf das Gelände unmöglich machten. Mit einer Mehrheit von 5:3 erklärten die Richter die Auslegung des Gewaltbegriffs durch das OLG als dermaßen weit, dass strafbares und strafloses Handeln nicht mehr zu unterscheiden seien: „Es läßt sich nicht mehr mit ausreichender Sicherheit vorhersehen, welches körperliche Verhalten, das andere psychisch an der Durchsetzung ihres Willens hindert, verboten sein soll und welches nicht".[152] Die Berufung auf eine gefestigte Rechtsprechung könne dabei wegen der uneinheitlichen Judikatur und der heftigen Kritik des Schrifttums an den Blockade-Entscheidungen nicht helfen. Es müsse daher wieder eine Rückbesinnung auf die Körperlichkeit des Angriffsverhaltens und auf die Systematik der Norm des § 240 StGB erfolgen. Der am Laepple-Urteil geübten Kritik (Rn. 562) sowie der Auffassung der widersprechenden Richter in der ersten Sitzblockade-Entscheidung (Rn. 564) wird nunmehr in vollem Umfang Rechnung getragen:

568 „Der Begriff der Gewalt, der im allgemeinen Sprachgebrauch mit unterschiedlicher Bedeutung verwendet wird, muß hier im Zusammenhang des Normgefüges verstanden werden. (…) Da die Ausübung von Zwang auf den Willen Dritter bereits im Begriff der Nötigung enthalten ist und die Benennung bestimmter Nötigungsmittel in § 240 Abs. 2 StGB die Funktion hat, innerhalb der Gesamtheit denkbarer Nötigungen die strafwürdigen einzugrenzen, kann die Gewalt nicht mit dem Zwang zusammenfallen, sondern muß über diesen hinausgehen. Deswegen verband sich mit dem Mittel der Gewalt im Unterschied zur Drohung von Anfang an die Vorstellung einer körperlichen Kraftentfaltung auf Seiten des Täters. Zwangseinwirkungen, die nicht auf dem Einsatz körperlicher Kraft, sondern auf geistig-seelischem Einfluß beruhen, erfüllen u.U. die Tatbestandsalternative der Drohung, nicht jedoch die der Gewaltanwendung".[153]

d) Die vierte Sitzblockaden-Entscheidung (2001)

569 Im Unterschied zum vorangegangenen Beschluss, in der es um die Bildung einer Menschenmauer ging, war hier über die Hindernisbildung durch Anketten der Blockierer am Einfahrtstor eines Betriebes zu entscheiden. Die Senatsmehrheit erblickte darin nicht nur eine psychische Barriere, sondern ein physisches Hindernis, weil das Anketten eine körperliche Kraftentfaltung erfordere: „Die Ankettung gab der Demonstration eine über den psychischen Zwang hinausgehende Eignung, Dritten den Willen der Demonstranten aufzuzwingen. Sie nahm den Demonstranten die Möglichkeit, beim Her-

---

151 BGH NJW 1991, 2301.

152 BVerfG NJW 1995, 1142; zu den Konsequenzen für sonstige Gewalt-Nötigungen im Straßenverkehr vgl. Berz NZV 1995, 297; Suhren DAR 1996, 310.

153 BVerfG NJW 1995, 1142; zur Kritik der Lit. vgl. die Bespr. von Arnold JuS 1997, 289; Tröndle, in: BGH-FG (2000), S. 532; Fischer, StGB, 65. Aufl. (2018), § 240 Rn. 15; eingehende Diskussion bei Sinn, Die Nötigung im System des deutschen Strafrechts (2000), S. 164 ff.

anfahren von Kraftfahrzeugen auszuweichen und erschwerte die Räumung der Einfahrt. (...) Auf Grund der Begleitumstände ist die Abgrenzung zur rein psychischen Zwangswirkung in einer hinreichend deutlichen und vorhersehbaren Weise möglich".[154]

Das abweichende Votum zweier Richter (Jaeger, Bryde) erkannte hingegen keinen wesentlichen Unterschied zur bloßen Blockade von Zufahrten durch nicht angekettete Demonstranten: „Die Ablehnung des vergeistigten Gewaltbegriffs (...) lässt nicht den Umkehrschluss zu, dass bereits geringfügige, nicht aggressiv gegen etwaige Opfer eingesetzte physische Hilfsmittel der körperlichen Anwesenheit an einem Ort als `Gewalt` definiert werden könnten. Eine solche Auslegung entfernt sich zu weit vom Normtext; erst die hinzutretenden Dritten drücken einer bereits abgeschlossenen Handlung das dann strafrechtlich maßgebliche Gepräge auf, wohingegen die Gefesselten schlicht physisch anwesend sind".[155] Dem könnte noch hinzugefügt werden, dass im Laepple-Fall die Richter erklärten, die Fahrer müssten (!) anhalten, weil sie sonst einen Totschlag begingen (Rn. 561). Dementsprechend würde die Ankettung an dieser Überlegung nichts ändern. **570**

e) Die fünfte Sitzblockaden-Entscheidung (2011)

In dieser Entscheidung hatte sich das BVerfG mit der vom BGH[156] entwickelten sog. „Zweite-Reihe-Rechtsprechung" auseinanderzusetzen, der folgende Fallgestaltung zugrunde lag: Mehrere Personen bildeten auf der Autobahn eine lebende Mauer und verhinderten damit nicht nur die Weiterfahrt der heranfahrenden PKW, sondern auch die der nachfolgenden PKW. Im Sinne der dritten Sitzblockade-Entscheidung des BVerfG (Rn. 567) nahmen die Richter keine Gewalt gegen die Fahrer der ersten Fahrzeugreihe an, da diese lediglich durch psychisch vermittelten Zwang am Fortkommen gehindert waren. Hingegen sei eine Gewaltanwendung der Demonstrationsteilnehmer gegen die Fahrer der nachfolgenden Wagen zu bejahen, da für diese eine physisch nicht überwindbare Barriere bestehe: „Der Verurteilung wegen Nötigung steht nicht entgegen, dass die die Straße versperrenden Personen nicht selbst mit eigener Hand (oder eigenem Körper) in unmittelbarem Kontakt auf die nachfolgenden Kraftfahrer eingewirkt haben. Die physische Sperrwirkung der von ihnen zuerst angehaltenen Fahrzeuge auf die Nachfolgenden ist ihnen zuzurechnen".[157] Die Zurechnung erfolgt im Wege der mittelbaren Täterschaft: Die Täter hätten die Fahrer der ersten Reihe als Werkzeuge eingesetzt. **571**

Die Verfassungsrichter billigten diese Rechtsprechung und führten zur Konstruktion der am Fortkommen gehinderten Fahrer als Tatmittler aus: „Diese Auslegung der strafbarkeitsbegründenden Tatbestandsmerkmale `Gewalt durch einen anderen` sprengt nicht die Wortsinngrenze des Analogieverbots. (...) Die Figur der mittelbaren Täterschaft durch einen gerechtfertigt handelnden Tatmittler ist in Rechtsprechung (...) und Schrifttum allgemein anerkannt (...). Dass die Auslegung, wonach derjenige, der eine Situation herbeiführt, die ein gerechtfertigtes Verhalten ermöglicht, auch für **572**

---

154 BVerfG NJW 2002, 1031; zust. Heger Jura 2003, 112; krit. Sinn NJW 2002, 1024; Zöller GA 2004, 150, 156.
155 BVerfG NJW 2002, 1037.
156 BGH NJW 1995, 2643 mit krit. Bespr. Amelung NStZ 1996, 230; Hruschka NJW 1996, 160; Zöller GA 2004, 155; zust. Krey NStZ 1995, 542.
157 BGH NJW 1995, 2644.

dieses Verhalten als mittelbarer Täter haftet (...), die Grenze des Wortsinns überschreitet, ist nicht ersichtlich".[158]

4. Verbleibende Probleme

573 In methodischer Hinsicht fällt auf, dass sich die Entscheidungen des BVerfG vorrangig der Systematik und dem Normzweck zuwenden. Dies mag als Indiz für die mangelnde Bestimmtheit des Gewaltbegriffs gedeutet werden. Die Richter des Mehrheitsvotums der dritten Blockade-Entscheidung stellten dazu immerhin fest, dass der Begriff der Gewalt im allgemeinen Sprachgebrauch mit unterschiedlicher Bedeutung verwendet werde (Rn. 568). Das hat – wie Fitting zutreffend ausführt – zur Folge, dass das Gericht der Frage nach der Vereinbarkeit mit der Umgangssprache ausweicht, indem es den möglichen Wortsinn erst gar nicht zu ermitteln versucht.[159] Damit aber missachtet es das von ihm selbst aufgestellte Postulat, dass der mögliche Wortsinn die äußerste Grenze zulässiger richterlicher Interpretation markiert. Manche Autoren – wie etwa Simon[160] und Schroeder[161] – werteten die auffällige Zurückhaltung bzgl. der Verwendung der grammatischen Methode als Zeichen dafür, dass der Wortlautauslegung der ersten Sitzblockade-Entscheidung (Rn. 563) nicht ausdrücklich widersprochen werden sollte. Dafür spricht, dass auch das Minderheitsvotum in seinen Ausführungen zur Wortlautauslegung auf Begründungen verzichtet und sich in Floskeln ergeht: „Auch der mögliche Wortsinn ist nicht überschritten, wenn (...)"; „Ebenso ist es nach allgemeinem Sprachverständnis nicht entscheidend, ob (...)". [162]

574 So blieb eine die späteren Urteile sowie die Literatur prägende Unentschiedenheit zurück, die dem vergeistigten Gewaltbegriff, der auf jegliche physische Gewaltkomponente verzichtet (passiver Protest), dadurch Einhalt zu gebieten sucht, dass zumindest ein geringer Kraftaufwand auf Seiten des Täters gefordert wird.[163] Am Einsatz geringfügiger körperlicher Kraft gemessen ist jedoch nicht mehr auszumachen, ob die bloße Anwesenheit, die Sitzblockade, das Blockieren einer Parklücke, das Anketten an einem Tor oder der Einsatz von Tatmitteln (etc.) dem abgesenkten Kriterium der Kraftentfaltung genügt. Vor diesem Hintergrund fasst Arndt Sinn den Stand der Entwicklung treffend zusammen: „Letztlich bleibt zu konstatieren, dass sich die Merkmale des Gewaltbegriffs in Auflösung befinden und einer unvorhersehbaren Kasuistik weichen. Was Gewalt ist, ist unklarer als je zuvor." [164]

III. Fazit

575 „Die Strafgerichte sind gehalten, den Gesetzgeber beim Wort zu nehmen, ihn zu korrigieren, ist ihnen verwehrt".[165] Der Begriff „Gewalt" ist zwar nicht leicht beim Wort zu

---

158 BVerfG NJW 2011, 3022 mit krit. Bespr. von Jäger JA 2011, 553; Sinn ZIS 2011, 285.
159 Fitting, Analogieverbot und Kontinuität (2016), S. 135; auch Lesch JA 1995, 889 bemängelt die unzureichende Auseinandersetzung mit dem Wortlaut.
160 Simon, Gesetzesauslegung im Strafrecht (2005), S. 447; vgl. auch Paeffgen StraFo 2007, 443.
161 Schroeder JuS 1995, 877.
162 Krit. Amelung NJW 1995, 2587: Vorgehen der Mindermeinung sei „apodiktisch".
163 Aus der Lit.: S/S-Eser/Eisele, StGB, 29. Aufl. (2014), vor § 234 Rn. 5; SK-Wolters, StGB, 8. Aufl. (2006), § 240 Rn. 9; Krey/Hellmann/Heinrich, Strafrecht BT 1, 16. Aufl. (2015), Rn. 342 ff.; Otto/Bosch, Strafrecht BT, 8. Aufl. (2017), § 27 Rn. 14; Otto NStZ 1992, 570; NK-StGB-Kindhäuser, 5. Aufl. (2017), vor § 249 Rn. 16 versteht unter „Gewalt" – unabhängig vom jeweiligen Kraftaufwand – jede physische Einwirkung auf notstandsfähige (körperliche) Güter."
164 MüKo-Sinn, StGB, 3. Aufl. (2017), § 240 Rn. 52.
165 BVerfG NJW 2008, 3206.

nehmen, aber er enthält doch einen Bedeutungskern, über den nicht gestritten wird: die Entfaltung erheblicher körperlicher Kraft beim Täter und die physische Zwangswirkung beim Opfer (Rn. 559).[166] Die Entfernung der Rechtsprechung von der physischen zur psychischen Betrachtung beruht in jedem ihrer Schritte auf einem folgerichtigen Analogieschluss (Rn. 561-572). Denn die Ähnlichkeit der Zwangswirkung ist in jedem der Fälle unverkennbar. In jedem der Fälle mag es auch so sein, dass die psychische Einwirkung nicht minder strafwürdig erscheint wie die physische. Trotzdem kann der von der Rechtsprechung in einem Zick-Zack-Kurs eingeschlagene Pfad der Ausdehnung nicht gebilligt werden, da der Richter auch dann an das gesetzliche Programm gebunden ist, wenn dieses im Einzelfall seiner Meinung nach zu sinnwidrigen Ergebnissen führt (Rn. 471). Darüber hinaus ist die Analogie sogar verboten, wenn die Lückenschließung unter Strafwürdigkeitsgesichtspunkten (objektiv) gerecht wäre.

Im vorliegenden Fall beginnt die Korrektur des gesetzlichen Entscheidungsprogramms des § 240 StGB mit der Abkehr vom Kriterium der erheblichen Kraftentfaltung. Schon der reale Sprachgebrauch des Begriffs „Gewalt" favorisiert eher die physische Betrachtung, so dass die rein psychische Deutung der Gewalt gegen das vom BVerfG in der Untreue-Entscheidung geforderte Gebot der restriktiven Auslegung verstößt (Rn. 553). Selbst wenn aber die Entmaterialisierung des Gewaltbegriffs noch vom äußersten Wortsinn gedeckt wäre, läge ein Verstoß gegen das gesetzliche Prüfprogramm und damit gegen das Analogieverbot vor: Der Gesetzgeber hat sich infolge des Numerus clausus der beiden Tatbestandsvarianten – Gewalt und Drohung mit einem empfindlichen Übel – gegen einen körperlosen Gewaltbegriff entschieden (Rn. 562, 564). Das Gesetz sieht im Übrigen die begriffliche Trennung zwischen der Tathandlung des Nötigens und dem Tatmittel der Gewalt vor. Da die Ausübung von Zwang im Begriff des Nötigens enthalten ist, kann die Gewalt nicht mit dem Zwang zusammenfallen und muss über diesen hinausgehen.[167] In beiden Fällen nimmt der vergeistigte Gewaltbegriff eine Entdifferenzierung (Verschleifung, Entgrenzung) vor, die das gesetzliche Entscheidungsprogramm aushebelt und an seine Stelle ein eigenes Prüf- und Argumentationsprogramm setzt. Wie an den AT-Beispielen der Unterlassung (Rn. 514), der Fahrlässigkeit (Rn. 504) und der Notwehr (Rn. 526) aufgezeigt, scheint auch hier der Interpret mehr zur Unbestimmtheit und Unberechenbarkeit des Strafsystems beizutragen als der Normtext selbst.

576

C. Im Bereich des Strafverfahrens

I. Absprachenpraxis praeter legem

1. Selbständiger Prozesstyp

Bis zur Kodifizierung im Jahr 2009 fand die Absprache im Strafverfahren keinen gesetzlichen Halt und war deshalb von Anfang an rechtsstaatlichen Bedenken ausgesetzt.[168] Seit Anfang 1970 die Wirtschaftsprozesse zunahmen und die Erledigungskapazität des gesetzlich geregelten deutschen Strafverfahrens an ihre Grenze geriet, entwickelte sich nach und nach die Praxis der Urteilsabsprachen mit dem Ziel, eine Ab-

577

---

166 Arzt/Weber/Heinrich/Hilgendorf, Strafrecht BT, 3. Aufl. (2015), § 9 Rn. 55.
167 BVerfG NJW 1995, 1142.
168 Zur Entstehung der Absprachenpraxis vgl. Schünemann, Verhandlungen des 58. DJT 1990, Bd. I, Gutachten B, Absprachen im Strafverfahren?; ders., in: Katoh-FS (2008), S. 49.

kürzung des einzelnen Prozesses zu erreichen.[169] Auf diese Weise können komplizierte Sachverhalte und ungeklärte dogmatische Streitfragen umgangen werden. Da dieses neuartige Instrument der Ergebnisfindung anfangs unter strenger Geheimhaltung angewandt wurde, stand es fundamental quer zur Grundstruktur der StPO, die eine inquisitorische mündliche und öffentliche Hauptverhandlung vorsieht, in der das Gericht von Amts wegen die Wahrheit zu erforschen hat, die Zeugen selbst vernimmt und sich das Urteil allein auf den „Inbegriff der Hauptverhandlung" stützt (Rn. 248 ff.).[170] Der Große Senat des BGH qualifizierte die Verständigungspraxis als eine „richterliche Rechtsfortbildung der Strafprozessordnung wegen der unabweislichen Bedürfnisse einer ordnungsgemäßen Strafrechtspflege".[171] Damit räumte er offen ein, dass es sich bei den Urteilsabsprachen um einen eigenen, die richterliche Gesetzesbindung gem. Art. 20 Abs. 3 GG missachtenden Prozesstyp handelt.

2. Ansatzpunkte der Kritik

578 Diese „Rechtsfortbildung" stand wegen ihrer Abkehr von den überkommenen Prozessgrundsätzen seit jeher im Feuer der Kritik.[172] Entsprechend vielschichtig sind die Ansatzpunkte der Einwände. Um nur die wichtigsten zu nennen: (1) Das Modell der Urteilsabsprachen birgt für den Beschuldigten bzw. den Angeklagten die Gefahr, als „Objekt" zwischen Richter, STA und Verteidiger behandelt zu werden, weil es die verfahrensmäßige Balance zwischen den Beteiligten vermissen lässt;[173] (2) wegen des auf ihn ausgeübten Drucks zur Kooperationsbereitschaft steht der Beschuldigte unter dem Zwang, sich selbst zu belasten, so dass ein Verstoß gegen die Unschuldsvermutung, den nemo-tenetur-Grundsatz und den in-dubio-pro-reo-Grundsatz nahe liegt;[174] (3) hat der Angeklagte ein Geständnis abgelegt, besteht die Gefahr, dass sich das Gericht – trotz evtl. bestehender Zweifel an Täterschaft und Schuld des Angeklagten – eine langwierige Beweisaufnahme erspart, wodurch eine Verletzung der auf die Ermittlung der materiellen Wahrheit gerichteten richterlichen Aufklärungspflicht (Untersuchungsgrundsatz) droht; (4) werden nicht alle Prozessbeteiligten in die Vereinbarung einbezogen, sind die Anwesenheits- und Mitwirkungsrechte der Beteiligten verletzt; (5) da die Verständigungsgespräche regelmäßig vor oder außerhalb der Hauptverhandlung stattfinden, ist ein solches Vorgehen dem Bedenken ausgesetzt, dass die Grundsätze der Öffentlichkeit, Mündlichkeit und Unmittelbarkeit verletzt werden;[175] (6) schließlich kann bei großzügigem Entgegenkommen der Strafverfolgungsbehörden eine Preisgabe des staatlichen Strafanspruchs (Legalitätsprinzip) und eine Verletzung des Erfordernisses schuldangemessenen Strafens (§ 46 StGB) in Betracht kommen.[176]

---

169 Beulke, Strafprozessrecht, 13. Aufl. (2016), § 19 IV 1, Rn. 394; Roxin/Schünemann, Strafverfahrensrecht, 29. Aufl. (2017), § 17 Rn. 7; Kindhäuser, Strafprozessrecht, 4. Aufl. (2015), § 19 Rn. 1 ff.; Volk/Engländer, Grundkurs StPO, 9. Aufl. (2018), § 30 Rn. 1 ff.

170 Rechtsvergleichend: Brodowski ZStW 124 (2012), S. 733; Trüg ZStW 120 (2008), S. 331; Rosenau, in: Puppe-FS (2011), S. 1597; Vogel GA 2011, 520.

171 BGHSt 50, 40, 53; BT-Drucks. 16/12310, S. 1; s. auch Landau NStZ 2014, 426.

172 Z.B. Herzog GA 2014, 688; Hettinger JZ 2011, 292; Kreß ZStW 116 (2004), S. 172; Lüderssen, in: Hamm-FS (2008), S. 419; Ransiek ZIS 2008, 116; Rönnau, Die Absprache im Strafprozess (1990); Schünemann StraFo 2015, 177; Sinner, Der Vertragsgedanke im Strafprozessrecht (1999).

173 König NJW 2012, 1915; Zusammenstellung der Kritik bei Beulke, Strafprozessrecht, 13. Aufl. (2016), § 19 Rn. 394 a.

174 Roxin/Schünemann, Strafverfahrensrecht, 29. Aufl. (2017), § 17 Rn. 11, 25.

175 Vgl. Marxen GA 2013, 104; Malek, Verteidigung in der Hauptverhandlung, 5. Aufl. (2017), Rn. 310.

176 Vgl. Hauer, Geständnis und Absprache (2007), S. 340 ff.

Eine Rechtsfortbildung, die derart gravierend in das Strafverfahren und in die Rechts- 579
positionen des Beschuldigten eingreift, ist – Roxin/Schünemann[177] folgend – nicht nur
illegal, sondern auch illegitim. Sie überschreitet bei weitem die engen allgemeinen
Grenzen einer verfassungsrechtlich zulässigen richterlichen Rechtsfortbildung, „weil
speziell im Strafverfahren als einem hoheitlichen Eingriffsverfahren mit schwersten
Grundrechtseingriffen anders als im Zivilrecht der strenge verfassungsrechtliche
Grundsatz vom Vorbehalt des Gesetzes gilt" und „weil die Strafjustiz bei dieser
`Rechtsfortbildung` ihrer eigenen Befugnisse in eigener Sache und damit notwendig
parteilich entscheidet."

II. Legalisierung der Absprachen

1. Systementscheidung des Gesetzgebers

Am 4. 8. 2009 trat das „Gesetz zur Regelung der Verständigung im Strafverfahren" in 580
Kraft, das „Absprachen" zwischen den Strafverfolgungsorganen und dem Beschuldigten mit dem Ziel einer vorbesprochenen Verfahrensgestaltung oder –beendigung vorsieht.[178] Die neue gesetzliche Regelung orientiert sich dabei maßgeblich an den Kriteri-
en für die Zulässigkeit von Verfahrensabsprachen, die von der bisherigen höchstrichterlichen Rechtsprechung entwickelt wurden.[179] So erklärt sich, dass keine eigenständige Prozessordnung geschaffen wurde, die dem mit der Verständigung einherge-
henden Umsturz der Verfahrensgrundsätze angemessen gewesen wäre. Stattdessen sollen dem gesetzgeberischen Willen zufolge alle tradierten Prozessprinzipien weiter Geltung beanspruchen (§ 257 c Abs. 1 S. 2 StPO), insbesondere die abgesprochenen Urteile
am Prozessziel materieller Wahrheitssuche ausgerichtet sein. Das bedeutet u.a., dass
sich das Gericht im Falle eines Geständnisses nicht vorschnell auf einen Abgleich mit
der Aktenlage begnügen darf, sondern die Anklage anhand weiterer Beweismittel überprüfen muss.[180] Der nachfolgende Überblick über die Absprachennorm des § 257 c
StPO lässt allerdings kaum die Hoffnung zu, dass die Praxis dem Gebot der gerichtlichen Aufklärungspflicht gem. § 244 Abs. 2 StPO (Rn. 248) gerecht werden kann.

2. Legitimationsversuche der Verständigung

Die Zulässigkeit der verfahrensbeendenden Verständigung ist nunmehr ausdrücklich in 581
§ 257 c Abs. 1 S. 1 StPO anerkannt; den Anwendungsbereich regelt § 257 c Abs. 2
und 3 StPO. Im Einzelnen enthält die Regelung eine Reihe von Kautelen, die überwiegend den Legitimationsvorgaben des BGH folgen, diese teils aber auch verschärfen
(§ 257 c Abs. 2 S. 1 und § 302 Abs. 1 S. 2 StPO). Die bei Roxin/Schünemann erstellte
Zusammenfassung orientiert sich an den Verfahrensgrundsätzen, die durch Absprachen in Mitleidenschaft gezogen werden.[181]

---

177 Roxin/Schünemann, Strafverfahrensrecht, 29. Aufl. (2017), § 17 Rn. 7; krit. auch Fischer StraFo 2009, 177;
    Duttge ZStW 115 (2003), S. 539; Salditt ZStW 113 (2003), S. 570.
178 BGBl. I 2009, S. 2353.
179 BGHSt 43, 195; BGHSt 50, 40.
180 BGHSt 50, 49; BGHSt StV 2012, 133; StV 2013, 194; BGH NStZ 2014, 53; KG wistra 2015, 288.
181 Roxin/Schünemann, Strafverfahrensrecht, 29. Aufl. (2017), § 17 Rn. 10 ff.

a) Ermittlungsgrundsatz

582 § 257 c Abs. 2 S. 2 StPO stellt klar, dass ein Geständnis Bestandteil jeder Verständigung sein soll. Allerdings darf das Gericht ein abgelegtes Geständnis nicht ohne Weiteres zur Urteilsgrundlage nehmen, sondern müsse dessen Glaubwürdigkeit überprüfen und ggf. weitere Beweise erheben.[182] Den Gesetzgebungsmaterialien zufolge soll auch die Zusage eines bestimmten Strafrahmens durch das Gericht nicht mit dem generellen Verzicht des Angeklagten auf weitere Beweisanträge verbunden werden dürfen.[183] Auf diese Weise soll der Ermittlungsgrundsatz gewahrt bleiben. Eine Verletzung des Ermittlungsgrundsatzes sieht das BVerfG auch in der Einbeziehung anderer Verfahren in Verständigungsgespräche, insbesondere in Form der staatsanwaltlichen Zusage, andere bei ihr anhängigen Ermittlungsverfahren gem. § 154 Abs. 1 StPO einzustellen. Entsprechende Versprechen stellen keinen zulässigen Verständigungsgegenstand i.S.d. § 257 c StPO dar und können daher keine Bindungswirkung (§§ 257 c Abs. 4, 5 StPO) und keinen schutzwürdigen Vertrauenstatbestand begründen.[184]

b) Aussagefreiheit (nemo-tenetur-Grundsatz)

583 Auf den Angeklagten darf weder ein rechtswidriger Druck ausgeübt noch ihm ein unzulässiger Vorteil versprochen werden. Danach darf keine unsachgemäße Verknüpfung zwischen angesonnenem und in Aussicht gestelltem Verfahren stattfinden. So seien das Versprechen eines Freigangs im Vollzug[185], die Forderung der Wiedergutmachung in einem anderen Prozess[186] oder eines pauschalen Verzichts auf die prozessualen Rechte des Angeklagten[187] unstatthaft. Nach neuer Gesetzeslage (§ 302 Abs. 1 S. 2 StPO) darf sich das Gericht ebenfalls keinen Rechtsmittelverzicht des Angeklagten versprechen lassen: Die Rechtsmittelbefugnis sei von der Höhe der Strafe unabhängig und dürfe nicht mit ihr verknüpft werden (fehlende Konnexität). Vor allem aber darf die Freiheit der Aussage nicht durch Drohungen mit einer unzulässigen U-Haft oder mit unverhältnismäßigen Sanktionen beeinträchtigt werden.

c) Öffentlichkeitsgrundsatz

584 Vorgespräche der Beteiligten vor oder außerhalb der Hauptverhandlung sind zwar nicht ausgeschlossen, können aber erst dann Bindungswirkung entfalten, wenn die Vereinbarung in der Hauptverhandlung getroffen und im Protokoll festgehalten wird (§§ 243 Abs. 4, 273 Abs. 1 a StPO).[188]

d) Rechtliches Gehör

585 Allen Verfahrensbeteiligten muss vor Protokollierung der Vereinbarung rechtliches Gehör gewährt werden.[189] Bislang ist hierdurch der StA keine Veto-Position eingeräumt worden, so dass sie gegen das Vorgehen des Gerichts nur mit Ablehnungs-, Beweisan-

---

182 OLG Celle StV 2011, 341; BVerfGE 133, 209.
183 BT-Drucks. 16/12310, S. 13.
184 BVerfGE 133, 214.
185 BGH NJW 1995, 2568.
186 BGHSt 49, 84.
187 BGH NStZ 2006, 586.
188 Nach alter Rechtslage BGH StV 2003, 481; NStZ 2004, 493.
189 BGHSt 38, 102; BGH NStZ 2006, 708.

trägen oder Rechtsmitteln auf ein von ihr gewünschtes Ergebnis hinwirken konnte.[190] Nunmehr räumt § 257c Abs. 3 S. 4 StPO der StA ausdrücklich eine Veto-Position ein, die es ihr ermöglicht, die dem unabhängigen Gericht obliegende Urteilsfindung von der Zustimmung einer der Exekutive zugehörigen Institution abhängig zu machen.

e) Unmittelbarkeitsgrundsatz

Gem. § 257c Abs. 3 S. 2 StPO darf das Gericht in den Verständigungsgesprächen eine Ober- und Untergrenze der Strafe angeben. Unzulässig ist dagegen, dass das Gericht eine verbindliche Zusage über die exakte Strafhöhe („Punktstrafe") macht[191], mit der Folge, dass dann regelmäßig der Strafausspruch aufzuheben ist.[192] Bei einer solchen Vorwegnahme des Urteils könne das Gericht nicht mehr aus dem „Inbegriff der Verhandlung" (§ 261 StPO) schöpfen.

586

f) Schuldgrundsatz

Da für die Festlegung des vorgeschlagenen Strafrahmens die allgemeinen Grundsätze der Strafzumessung (§ 46 StPO) gelten sollen, darf der in Aussicht gestellte Strafrahmen nicht schuldunangemessen niedrig ausfallen. Dem entspricht, dass das Gericht nicht mit einer in Anbetracht der strafmildernden Wirkung des Geständnisses unverhältnismäßig großen Sanktionsschere drohen darf .[193] Der Strafmilderung steht nicht entgegen, wenn das Geständnis nicht aus Einsicht und Reue, sondern aus verfahrenstaktischen Gründen zur Erlangung eines milderen Urteils abgelegt wird. Denn unabhängig von der Motivation bekenne sich der Täter zu seiner Tat und fördere dadurch den Rechtsfrieden.

587

g) Grundsatz des fairen Verfahrens

Die Beachtung dieses Grundsatzes bedeutet z.B., dass das Gericht normalerweise an die von ihm zugesagte Strafobergrenze gebunden ist. Hat das Gericht relevante tatsächliche oder rechtliche Aspekte übersehen, soll es ausnahmsweise die festgelegte Strafobergrenze doch überschreiten dürfen, allerdings muss es dann den Angeklagten in öffentlicher Hauptverhandlung unter konkreter Darlegung der neuen Umstände auf diese Möglichkeit hinweisen (§ 265 Abs. 2 u. 2 StPO). Das im Vertrauen auf die Absprache abgelegte Geständnis unterliegt nunmehr gem. § 257c Abs. 4 S. 3 StPO einem strikten Verwertungsverbot. Unter dem Gesichtspunkt des fairen Verfahrens muss der Angeklagte vom Gericht bei einer Entscheidung über eine Strafaussetzung zur Bewährung auf konkret in Betracht kommende Bewährungsauflagen (§ 56 Abs. 1 S. 1 StGB) hingewiesen werden, bevor er seine bindende Zustimmung zur Verständigung erklärt. Erfolgt kein entsprechender Hinweis, können die dennoch verhängten Bewährungsauflagen im Beschwerdeverfahren wirksam angefochten werden.[194]

588

---

190 Altenhain/Haimerl GA 2005, 286.
191 BGHSt 51, 86; KG wistra 2015, 288.
192 BGH StV 2011, 338.
193 BGH StV 2007, 619.
194 BGHSt 59, 172; OLG Frankfurt NJW 2015, 1974.

3. Entscheidung des BVerfG

589 In einer Grundsatzentscheidung vom 19.3.2013 hat das BVerfG das Verständigungsgesetz von 2009 (Rn. 580) für verfassungskonform erklärt.[195] Sofern sichergestellt werde, dass die verfassungsrechtlichen Anforderungen gewahrt blieben, sei der Gesetzgeber nicht daran gehindert, Absprachen mit dem Ziel der Verfahrensvereinfachung zu legalisieren. Zu den verfassungsrechtlichen Anforderungen zählt das BVerfG das Prinzip der materiellen Wahrheit, den Grundsatz des fair trial, die Unschuldsvermutung und die Neutralitätspflicht des Gerichts. Aus diesen Kernzonen der Strafprozessordnung leite sich das eindeutige Verbot einer Disposition über Wahrheitsfindung, Schuld- und Strafausspruch ab. Im Einzelnen schreibt das BVerfG den Gerichten ins Stammbuch: „Es genügt jedoch nicht, das verständigungsbasierte Geständnis durch einen bloßen Abgleich mit der Aktenlage zu überprüfen" (Begr. Rn. 71); „eine Strafrahmenverschiebung darf nicht Gegenstand einer Verständigung sein, und zwar auch dann nicht, wenn sie sich auf Sonderstrafrahmen für besonders schwere oder minder schwere Fälle im Vergleich zum Regelstrafrahmen bezieht" (Rn. 74); „jegliche sonstigen `informellen` Absprachen, Vereinbarungen und `Gentlemen`s Agreements` (sind) untersagt" (Rn. 76). Die Richter konstatieren allerdings insbesondere im Hinblick auf die sog. „informelle Verständigung" ein erhebliches Vollzugsdefizit in der Justizpraxis. Dies habe zwar „derzeit noch nicht" die Verfassungswidrigkeit der Regelung zur Folge. Der Gesetzgeber sei jedoch berufen, dieser Fehlentwicklung ggf. durch geeignete Maßnahmen entgegenzuwirken; die StA müsse als „Wächter des Gesetzes" einer gesetzwidrigen Verständigung ihre Zustimmung versagen.[196]

III. Kritik der Rechtslage

590 Es ist nicht nur das Vollzugsdefizit, das die Absprachenpraxis noch immer als „das Zerrbild eines auf Wahrheit und Gerechtigkeit angelegten Verfahrens" (Roxin/Schünemann) erscheinen lässt, sondern vor allem das Legitimationsdefizit einer Prozessregelung, die in der Sache die Angeklagten den Ergebnissen des Ermittlungsverfahrens unterwirft.[197] Daran ändert das Verständigungsgesetz, dessen Kriterien allesamt von der Judikative aufgestellt wurden, nur wenig. Wie die nachstehende, an den oben dargelegten Verfahrensprinzipien orientierte Durchsicht zeigt, instrumentalisiert die Absprache weiterhin den Angeklagten, um das Verfahren schnell und mit möglichst wenig Aufwand zu beenden; weiterhin wird die Möglichkeit einer hart an den Maßgaben der materiellen und prozessualen Gesetze geführten Verhandlung unterbunden, das strafrechtliche Gesetzlichkeitsprinzip während des Strafprozesses relativiert und das Legalitätsprinzip neben den Grundsätzen der Opportunität geschwächt.

1. Abweichungen vom angloamerikanischen Prozessmodell

a) Stellung des Richters

591 Im Rahmen der Absprachenpraxis fällt die gegenüber dem US-amerikanischen Parteiprozess ohnehin übermächtige Stellung des deutschen Richters besonders gravierend

---

195 BVerfGE 133, 168.
196 BVerfGE 133, 220.
197 Roxin/Schünemann, Strafverfahrensrecht, 29. Aufl. (2017), § 17 Rn. 19; Schünemann, in: Wolter-FS (2013), S. 1107 ff.; ferner Altenhain/Dietmeier/May, Die Praxis der Absprachen im Strafverfahren (2013); Höland, in: Beulke-FS (2015), S. 787; Leibold, Der Deal im Steuerstrafrecht (2016).

ins Gewicht. Diese Stellung vereint nicht nur die (in den USA getrennten) Funktionen von Beweiserhebung, Prozessleitung, Schuldspruch und Strafzumessung in einer Hand, sondern macht das später über die Schuld- und Straffrage entscheidende Gericht selbst zum Partner der Absprachenverhandlung, die es entsprechend eigener bürokratischer Interessen an Verfahrensabkürzung einleiten und verweigern kann.[198] Als Verhandlungspartner büßt das Gericht seine neutrale Stellung ein, da es z.B. nach einer gescheiterten Absprache nachweisbar zur Überschätzung der Belastungsindizien tendieren und insofern voreingenommen sein wird. Dazu Roxin/Schünemann: „Dass sich das nach der gescheiterten Absprache weiterhin zuständig bleibende Gericht von dem Geschehen freimachen und eine von dem durch das (sei es auch unverwertbare) Geständnis potenzierten Urteilsperseveranzeffekt innerlich unbeeinflusste Beweiswürdigung vornehmen kann, erscheint so gut wie ausgeschlossen."[199] Vor diesem Hintergrund ist auch der von Schünemann bereits 1990 getroffenen Feststellung zuzustimmen, dass die Stellung des Gerichts als Partner der Absprachenverhandlung und als über das Ergebnis urteilende Instanz das Strafverfahren von einem „Wertkonflikt" in einen den Richter zu einer Partei denaturierenden „Interessenkonflikt" verwandelt.[200]

b) Stellung des Verteidigers

Eine weitere Abweichung besteht darin, dass im angloamerikanischen System die Stellung des Verteidigers bereits im Ermittlungsverfahren stark genug ist, um unrichtige Ergebnisse verhindern oder korrigieren zu können. Da in der großen Masse der deutschen Verfahren nur ausnahmsweise ein Verteidiger notwendig ist, findet das Verfahren (zumindest auf der Eingangsstufe des Amtsgerichts) zumeist ohne Verteidiger statt. Auf sich gestellt kann der Angeklagte aber weder seine Absprachenchancen adäquat wahrnehmen noch das „Angebot" des Gerichts zuverlässig beurteilen.[201] Ohne eine von Beginn an verstärkte Stellung des Verteidigers ist die Unterwerfung des Angeklagten unter die Ergebnisse des Ermittlungsverfahrens nicht mit den Prinzipien der Fairness und der materiellen Gerechtigkeit vereinbar.

592

c) Prozessziel materieller Wahrheitssuche

Anders als im amerikanischen System, in dem das Geständnis eine rücknehmbare Verfügungserklärung über den Prozessgegenstand enthält, handelt es sich nach dem deutschen Modell bei dem vom Angeklagten vorzuleistenden Geständnis um ein Beweismittel, das seine Wirkung auch noch nach einer gescheiterten Verständigung entfaltet.[202] Im Unterschied zum sog. Konsensprinzip, nach dem die Parteien frei über den dem Urteil zugrunde zu legenden Sachverhalt disponieren können[203], sollen abgespro-

593

---

198 BGH StV 2013, 432; OLG Celle StV 2012, 394.
199 Roxin/Schünemann, Strafverfahrensrecht, 29. Aufl. (2017), § 17 Rn. 29, 35, 36; aus der Praxis Landau NStZ 2014, 425; ders., in: Rössner-FS (2015), S. 829; instrukt. auch Stuckenberg ZIS 2013, 212; Heger/Pest ZStW 126 (2014), S. 446.
200 Schünemann, Verhandlungen des 58. Deutschen Juristentags (1990), Bd. I, Gutachten B, S. 50.
201 OLG Naumburg StV 2014, 274 nimmt deshalb einen Fall notwendiger Verteidigung an.
202 Dazu Roxin/Schünemann, Strafverfahrensrecht, 29. Aufl. (2017), § 17 Rn. 24; ebenso BGHSt 52, 168.
203 Zum anzustrebenden Konsensprinzip vgl. Fezer NStZ 2010, 177; Jahn/Klett-Straub StV 2010, 271; Theile NStZ 2012, 666; Lüderssen, in: Hamm-FS (2008), S. 477; krit. Lien GA 2006, 143; Greco GA 2016, 1; Leitmeier HRRS 2013, 362; Weßlau, Das Konsensprinzip im Strafverfahren (2002); Hassemer, in Hamm-FS (2008), S. 171; Sinner, Der Vertragsgedanke im Strafprozeßrecht (1999); Kargl, Kritische Anmerkungen zum Vertragsgedanken im Strafprozeß, in: Jahrbuch für Rechts- und Kriminalsoziologie 1999, S. 93 ff.

chene Urteile weiterhin am Prozessziel materieller Wahrheitssuche ausgerichtet sein.[204] Dies bringt u.a. die in § 257 c Abs. 4 StPO normierte schwache Ausgestaltung der Bindung des Gerichts an das ausgehandelte Ergebnis zum Ausdruck: Schon wenn bedeutsame Umstände vom Gericht (!) übersehen wurden oder wenn das Prozessverhalten des Angeklagten nicht „der Prognose des Gerichts (!) entspricht", kann es sich davon lösen. Das zum Ausgleich in § 257 c Abs. 4 S. 3 StPO vorgesehene Verbot der Verwertung des Geständnisses könnte konsequent nur in einer Verfügungserklärung nach Art des „guilty plea" untergebracht werden[205], passt aber nicht zur Konstruktion des Geständnisses als ein die richterliche Aufklärungspflicht erfüllendes Beweismittel. Denn die Würfel fallen in den ungeregelt gebliebenen „Vorgesprächen" in Abwesenheit des Angeklagten und damit bleiben bei nüchterner Betrachtung der Interaktionsprozesse – Verwertungsverbot hin oder her – die Ergebnisse in der Welt.

2. Abweichungen von der Grundstruktur der StPO

a) Ermittlungs- und Öffentlichkeitsgrundsatz

594   Die Verständigung muss zwar unter Mitwirkung aller Verfahrensbeteiligten in der Hauptverhandlung stattfinden, aber gleichwohl werden in der Praxis die den Kompromiss prägenden, eigentlichen Entscheidungen meist außerhalb der Hauptverhandlung getroffen[206], so dass „die bloße Bekanntgabe ihres wesentlichen Inhalts weder den Verlust der Subjektstellung des Angeklagten während ihres Stattfindens ungeschehen machen noch ein tiefes Verständnis der oft entscheidenden Nuancen der Kommunikation ermöglichen" kann.[207] Wenn auf diese Weise die inquisitorische Hauptverhandlung als Kernstück des deutschen Strafverfahrens preisgegeben wird, bleibt vom Öffentlichkeitsgrundsatz nicht einmal der Schein gewahrt: Das Gericht teilt der Öffentlichkeit das Ergebnis mit und der Angeklagte erledigt am Gängelband des Verteidigers die formellen Schritte.

b) Strafzumessung und Schuldgrundsatz

595   Das Gericht darf keine bestimmte Strafe zusagen, jedoch eine Strafobergrenze angeben, die es nicht überschreiten werde. [208] Nach den Regeln der Tauschgerechtigkeit müssen beide „Parteien" eine Konzession anbieten, die auf Seiten der Justiz in der Strafmilderung gegenüber der andernfalls zu erwartenden Strafe und seitens des Angeklagten in einem Voll- oder Teilgeständnis besteht. Da das Ausmaß der zugesagten Strafmilderung wesentlich von dem Ausmaß der vom Verteidiger angebotenen Verfahrensverkürzung und damit von einer starken Verhandlungsposition des Angeklagten abhängt, kommt es nicht selten zu einem enorm hohen Strafrabatt, der mit der schuldmindernden Wirkung des Geständnisses nicht mehr erklärt werden kann.[209] Darin

---

204 Beulke, Strafprozessrecht, 13. Aufl. (2016), § 19 Rn. 395.
205 Zum angloamerikanischen Parteiprozess Schumann, Der Handel mit der Gerechtigkeit (1977); ders., in: Weßlau-GS (2016), S. 331.
206 BGHSt 58, 314.
207 Roxin/Schünemann, Strafverfahrensrecht, 29. Aufl. (2017), § 17 Rn. 36.
208 § 257 c Abs. 3 S. 2 StPO; BGHSt 51, 86; BGH NStZ 2011, 231, 648; KG wistra 2015, 288.
209 BGH StV 2002, 637; StV 2007, 453; Kempf StV 2009, 270.

liegt eine Verletzung der Strafzumessungsgrundsätze sowie des § 136 a StPO, der das „Versprechen eines gesetzlich nicht vorgesehenen Vorteils" unter Strafe stellt.[210]

c) Verfahrensfairness

Die Bindung des Gerichts an die Strafobergrenze (Rn. 588) schützt den Angeklagten nicht davor, in den Genuss einer bloß vermeintlichen Strafmilderung zu kommen. Denn der Richter kann innerhalb der weiten Strafrahmen die für ein Geständnis offerierte Ermäßigung vorher draufschlagen. Das Verständigungsgesetz sieht in § 257 c Abs. 3 S. 2 StPO ausdrücklich vor, dass das Gericht die Einstiegsmarke in „freier Würdigung" angeben kann. Auch dies ist angetan, zu einer Verschärfung des Machtungleichgewichts zwischen Justiz und Verteidigung beizutragen.[211]

596

IV. Absprachen und Gesetzlichkeit

1. Geltung der Gesetzlichkeit für die Prozessordnung

Nach überwiegender Meinung unterliegen die prozessrechtlichen Vorschriften nicht dem Regelungsbereich der strafrechtlichen Gesetzlichkeit (Rn. 411, 492). Dem ist mit dem Argument zu widersprechen, dass die Normen des Strafprozesses nicht nur technischer Natur („Spielregeln") sind, sondern auch den Rechtsstatus der Verfahrensbeteiligten ausgestalten und daher das Vertrauen auf die Beständigkeit prozessualer Normen „im Einzelfall ihrer Bedeutung und ihres Gewichts wegen im gleichen Maße schutzwürdig sein (können) wie Positionen des materiellen Rechts".[212] Da überdies außer Zweifel steht, dass das Verfahrensrecht grundsätzlich der Verwirklichung des materiellen Rechts dient[213], ist kein Grund ersichtlich, den Begriff „Strafbarkeit" aus Art. 103 Abs. 2 GG allein auf das materielle Recht zu beschränken. Auf Grund der funktionalen Beziehung zum materiellen Strafrecht ist daher (oben) die Anwendung des Gesetzlichkeitsgrundsatzes (insb. des Rückwirkungs- und Analogieverbots) auf die Einstellungsvoraussetzungen (Rn. 413), die Verjährungsvorschriften (Rn. 414) und die Strafantragsdelikte (Rn. 417) befürwortet worden.

597

2. Geltung der Gesetzlichkeit für die Absprachen

Was für die genannten prozessualen Vorschriften gilt, hat nicht minder Bedeutung für den Grundsatz der richterlichen Aufklärungspflicht (Rn. 248 ff.). In § 244 Abs. 2 StPO wird nicht nur davon gesprochen, dass das Gericht den Sachverhalt von Amts wegen aufzuklären hat (Ermittlungsgrundsatz), sondern auch von der Pflicht des Gerichts, die in der Hauptverhandlung zu erfolgende Beweisaufnahme „zur Erforschung der Wahrheit" vorzunehmen. Anders als im Zivilprozess, wonach es Sache der Parteien ist, welche Tatsachen sie dem Gericht zur Entscheidung unterbreiten (Verhandlungsmaxime), soll im Strafverfahren das wirkliche Geschehen in öffentlicher Verhandlung durch das Gericht festgestellt werden (Prinzip der materiellen Wahrheit). Dieser Grundentschei-

598

---

210 Andererseits hat der Angeklagte keinen Anspruch darauf, dass das Gericht bei Scheitern der Verständigung eine Strafobergrenze in Aussicht stellt; vgl. BGH NStZ 2015, 359; BGH NStZ 2013, 671 m. zust. Anm. Trück ZWH 2014, 86; Ziegert StraFo 2014, 231.
211 Hauer, Geständnis und Absprache (2007), S. 164; Schünemann, in: Fezer-FS (2008), S. 574.
212 BVerfGE 113, 308.
213 BVerfGE 20, 49; BGH NJW 2007, 3010; Kröpil JR 2013, 553; Murmann GA 2004, 68; Radke GA 2012, 187; Beulke, Strafprozessrecht, 13. Aufl. (2016), § 1 Rn. 3: Feststellung und Durchsetzung eines im Einzelfall entstandenen legitimen staatlichen Strafanspruchs.

dung der StPO, in der sich die Prozesssubjekte ihre Handlungen autonom allein an ihrer eigenen Beurteilung der jeweiligen Prozesslage orientieren, steht ein Verfahrensmodell entgegen, in dem die Beteiligten analog den Regeln des zivilrechtlichen Vertragsabschlusses in ein (synallagmatisches) Austauschverhältnis eintreten, das weder die richterliche Aufklärungspflicht noch die Transparenz des Ergebnisses unberührt lässt.[214] Da es sich bei der Absprache um ein eigenständiges, dem Parteiprozess vergleichbares Verfahrensmodell handelt, kann es nicht in die herkömmliche Struktur integriert werden.[215]

599 Vor der Legalisierung der Absprache war daher die praktizierte Zweigleisigkeit mit dem Vorbehalt des Gesetzes unvereinbar. Selbst die Berufung auf eine durch Richterrecht ausfüllbare Lücke konnte nicht zur Hilfe springen, da es keine Lücke gab: Mit dem Prinzip der materiellen Wahrheitsfindung in Verbindung mit dem Prinzip des fair trial, der Unschuldsvermutung und der Neutralitätspflicht des Gerichts war das eindeutige Verbot einer Disposition über Wahrheitsfindung, Schuld-. und Strafausspruch verbunden.[216] Nach der Legalisierung wäre die Absprachenregelung nur unter der Voraussetzung (zumindest) konsequent gewesen, wenn sie den Widerspruch der disparaten Entscheidungsfindungen durch Aufgabe des Prinzips der materiellen Wahrheit aufgelöst hätte. Ein Blick auf die Begründung der herkömmlichen Verfahrensgrundsätze soll verdeutlichen, dass der Preis einer Umstellung auf das Vertragsmodell und der mit ihm verbundenen Zerschlagung der Hauptverhandlung allemal zu hoch ist.

3. Die Maximen des Strafverfahrens

a) Staatstheoretische Grundlegung

aa) Gesellschaftsvertrag

600 Die Verheißung, dass der strafrechtliche Zwang in eine strafrechtliche Einigung umgeformt werden könnte, hat ihre staatstheoretische Entsprechung im Modell des Gesellschaftsvertrags (Rn. 5, 9, 43).[217] Nach Hobbes ist der Staat der sterbliche Gott, der durch den Gesellschaftsvertrag eingesetzt und aus dem Argument der Übereinkunft gerechtfertigt wird. Die Attraktivität dieser staatsphilosophischen Tradition speist sich wesentlich aus dem Umstand, dass der Gesellschaftsvertrag eine anspruchsvolle Auslegung des Begriffs der Volkssouveränität gibt. Erst die vertraglich verpflichtende Einigung souveräner Individuen auf der Grundlage wechselseitiger Rechtsverzichte macht das Volk zu einer staatsrechtlichen Entität, die das öffentliche Recht aus der Volksgewalt ableitet. Der Vertrag formuliert somit die Entstehung und Ausübung aller politischen Gewalt.[218] Doch ist klar ersichtlich, dass der Vertrag rechtfertigungstheoretisch nicht für sich selbst aufzukommen vermag. Das ergibt sich daraus, dass sich aus dem puren Faktum der Zustimmung kein Gerechtigkeitsargument gewinnen lässt. Infolgedessen kann sich der Staat nie allein auf die im Vertrag aufgehobene Einwilligung der Individuen zurückziehen.[219] Anderenfalls würde sich staatliches Handeln gegenüber

---

214 Roxin/Schünemann, Strafverfahrensrecht, 29. Aufl. (2017), § 44 Rn. 61.
215 Gössel, in: Beulke-FS (2015), S. 737; Fischer StraFo 2009, 181; Kühne, Strafprozessrecht, 9. Aufl. (2015), Rn. 749.3; Murmann ZIS 2009, 532; Theile MschrKrim 93 (2010), S. 158; Trüg StV 2010, 528.
216 BVerfGE 133, 168 m. Bespr. Beulke/Stoffer JZ 2013, 662; Fischer, in: Kühne-FS (2014), S. 203; Jahn JuS 2013, 659; Kudlich NStZ 2013, 379; Weigend StV 2013, 424; Knauer NStZ 2013, 433.
217 Zum Folgenden Kersting, Die politische Philosophie des Gesellschaftsvertrags (1994).
218 Kersting, Die politische Philosophie des Gesllschaftsvertrags (1994), S. 354; ders. ARSP 1998, S. 354 ff.
219 Vgl. Harzer, Der Naturzustand als Denkfigur moderner praktischer Vernunft (1994), S. 128 ff.; ebenso Sciacca ARSP 1998, S. 379.

der Idee der Staatsgründung verselbständigen und das Individuum seiner nach der Staatsbegründung unvermindert fortbestehenden Freiheit berauben.[220]

bb) Vorpositive Menschenrechte

Soll der „Gesellschaftsvertrag" staatliches Handeln begründen, so ist im Anschluss an Kersting, der sich wiederum auf Kant bezieht, eine Ausgangssituation zu entwerfen, die das Prädikat der allgemeinen Anerkennungsfähigkeit verdient. Mit diesem Schritt sind die Prinzipien anzugeben, auf die sich alle Parteien auf der Grundlage dieser angenommenen Ausgangssituation einigen können (zur Leitbildfunktion der Menschenwürde s. Rn. 283 ff.). Obwohl die normativen Merkmale der Ausgangssituation nicht ihrerseits vertraglich gerechtfertigt werden können, ohne in einen Begründungszirkel zu geraten, hängen die guten Gründe für die normative Richtigkeit der Ergebnisse eng mit der Gestalt der Situationsmerkmale zusammen.[221] Dass diese Merkmale nicht mit einem historischen Datum, nicht mit einem faktischen Pakt der Naturzustandsbewohner identisch sind, versteht sich von selbst. Zu rechtfertigen vermag die gedankliche Konstruktion eines „hypothetischen" Gesellschaftsvertrags nur deshalb, weil sie ein Testverfahren für eine universalistische Moral darstellt.[222] Teilt man mit Kant den Ausgangspunkt, wonach Freiheit, Gleichheit und Selbständigkeit die Staatbegründung überhaupt erst ermöglichen, so ist eine vertragliche Begründung staatlicher Herrschaft überflüssig gemacht (Rn. 308 ff.).[223] Denn der Rechtsgrund für die Staatsbegründung ist unmittelbar aus den personengebundenen Prinzipien abgeleitet (Rn. 287).[224] Insofern bestätigt, konkretisiert und vergegenständlicht der Vertrag lediglich die in ihm schon vorausgesetzte Freiheitskonzeption.

601

b) Straftheoretische Grundlegung

aa) Strafe als Repression

Obwohl der Prüfungsmaßstab für richtiges Verhalten in staatsunabhängigen Prinzipien zu suchen ist, erfahren die aus dem Menschsein (Personalität) abgeleiteten Grundsätze der Freiheit und Gleichheit durch die Staatsgründung eine erhebliche Qualitätssteigerung (Rn. 312). Dies ergibt sich zum einen aus der Bestimmungsbedürftigkeit der apriorischen Maximen. In seiner Abstraktheit bedarf etwa der kategorische Imperativ der Positivierung, um Wirksamkeit hinsichtlich der Koordinierung menschlicher Handlungen zu erlangen.[225] Zum anderen birgt der Mangel an öffentlichen Gesetzen

602

---

220 Nach Kant sind alle wegen des „unvermeidlichen Nebeneinanders" a priori hinsichtlich des äußeren Gebrauchs ihrer Freiheit auf das äußere Gesetz verpflichtet; s. Metaphysik der Sitten-Rechtslehre, Werke in zehn Bänden, Weischedel (Hrsg.), Bd. 7 (1983), S. 424.

221 Kersting, Wohlgeordnete Freiheit – Immanuel Kants Rechts- und Staatsphilosophie (1993), S. 16; ders., Die politische Philosophie des Gesellschaftsvertrags (1994), S. 190.

222 An dieser Stelle ergeben sich Anschlüsse an die Diskurstheorie von Habermas; vgl. etwa: Die Einbeziehung des Anderen (1996), S. 11 ff.; zur Gerechtigkeitstheorie von Rawls, Die Idee des politischen Liberalismus (1992), S. 336 ff.; ders., Politischer Liberalismus (1998).

223 Kant, Über den Gemeinspruch: Das mag in der Theorie richtig sein, taugt aber nicht für die Praxis, Bd. 9, S. 145; hierzu Andreas Müller, Das Verhältnis von rechtlicher Freiheit und sittlicher Autonomie in Kants Metaphysik der Sitten (1996), S. 17 ff.

224 Naucke, Kant und die psychologische Zwangstheorie Feuerbachs (1962), S. 26; ders., Notizen zur relativen Verbindlichkeit des Strafrechts, in: E. A. Wolff-FS (1996), S. 198 ff.; dazu auch Klescewski ARSP 66, S. 88; Köhler ARSP 1993, 459.

225 Köhler, Strafrecht AT (1997), S. 50; Kersting, Die politische Philosophie des Gesellschaftsvertrags (1994), S. 189 f.

und unabhängigen Richtern stets die Gefahr in sich, dass Kollisionen in einer endlosen Spirale gewaltsam entschieden werden.[226] Aus dieser Unsicherheit, der Freiheit und Gerechtigkeit im vorstaatlichen Zustand Geltung zu verschaffen, folgt das Postulat des öffentlichen Rechts. Im Falle des Strafrechts besteht die Konfliktregelung darin, dass die öffentliche Gewalt anstelle der unbegrenzten Selbsthilfe eine repressive Antwort auf die Freiheitsverletzung des Täters gibt.

bb) Strafe als Freiheitsgewährleistung

603   Mit der Deskription der Strafe als Repression schweren Unrechts durch den Staat ist die Strafe noch nicht hinreichend legitimiert (Rn. 58 ff.). Die Begründung des Strafe ist im Zusammenhang mit den normativen Faktoren der staatlichen Ausgangssituation zu sehen: der Freiheitsgewährleistung. Da die Freiheitssicherung für den Täter ebenso gilt wie für das Opfer und für die Allgemeinheit, muss das Strafrecht gleichzeitig vor der Machtausübung durch den Täter und vor der Machtausübung durch den Staat schützen.[227] In der Beschreibung und in der Begründung der Strafe kommt infolgedessen dem machtbegrenzenden Aspekt der staatlichen Selbstkontrolle eine entscheidende Bedeutung zu. Diesem Anspruch wird am ehesten ein Begriff von Strafe gerecht, der die staatliche Reaktion an das vergangene Ereignis einer elementaren Freiheitsverletzung bindet und von dort her die Strafbefugnis rechtfertigt (Rn. 66 ff.).[228]

c) Strafprozessuale Grundlegung

aa) Akkusations-, Legalitäts- und Ermittlungsprinzip

604   Der Zusammenhang zwischen der staatlichen Ausgangssituation und dem Strafziel der Friedenssicherung setzt sich bis zu den strafprozessualen Grundsätzen fort.[229] So ist die Strafverfolgung ex officio eine Konsequenz des Postulats des öffentlichen Rechts: Private Strafverfolgung in Form gewaltsamen Zurückschlagens soll durch Monopolisierung der Machtausübung bei dem Staat unterbunden werden.[230] Andererseits darf der Staat im Rahmen seines Strafanspruchs auch nicht mehr unternehmen, als zur Wiederherstellung des rechtlichen Zustands erforderlich ist. Für die Verfahrenskonzeption muss dies bedeuten, dass das Misstrauen sowohl gegen die Macht des einzelnen als auch gegen die Macht des Staates zur entscheidenden Handlungsmaxime erhoben wird. Seinen gesetzlichen Niederschlag hat dieses Misstrauen im Akkusations-, Legalitäts- und Ermittlungsprinzip gefunden. Die Übertragung der Aufgabe der Anklage auf die Staatsanwaltschaft ermöglicht die gegenseitige Kontrolle der ermittelnden und der richtenden Prozessfunktionen.[231] Der Legalitätsgrundsatz stellt dem Verfolgungsrecht des Staates die Verfolgungspflicht[232] zur Seite, so dass das Versprechen des materiellen

---

226   v. Trotha, Staatliches Gewaltmonopol und Privatisierung, in: Sack ua. (Hrsg.), Privatisierung staatlicher Kontrolle: Befunde, Konzepte, Tendenzen (1995), S. 14 ff.; Kargl GA 1998, 76.

227   Naucke KritV 1995, 137.

228   Zum zeitbindenden Charakter strafrechtlicher Normierung Kargl, Rechtsgüterschutz durch Rechtsschutz, in: Institut für Kriminalwissenschaften, Vom unmöglichen Zustand des Strafrechts (1995), S. 62 ff.

229   Kahlo KritV 1997, 197; ders., in: E.A. Wolff-FS (1998), S. 157 ff.

230   Zum Offizialprinzip Beulke, Strafprozessrecht, 13. Aufl. (2016), § 2 Rn. 16; Kindhäuser, Strafprozessrecht, 4. Aufl. (2015), § 4 Rn. 12.

231   Zum Akkusationsprinzip Baumann, Grundbegriffe und Verfahrensprinzipien des Strafprozessrechts, 3. Aufl. (1979), S. 42; HK-StPO/Krehl, 6. Aufl. (2018), § 151 Rn. 151 mwN.

232   Peters, Strafprozess, 4. Aufl. (1985), S. 21 spricht genauer von Justizgewährungspflicht.

Rechts – die Geltung der Sanktion – auf den Prozess übertragen werden kann.[233] Schließlich bedarf die korrekte Anwendung des materiellen Rechts und des Grundsatzes nullum crimen sine lege der sorgfältigen Feststellung des wahren Sachverhalts (Rn. 248).[234] Nur das unter die Strafnorm subsumierte wirkliche Geschehen vermag staatliche Strafe zu legitimieren. Anderenfalls würde die Verletzung der Freiheit und des Eigentums durch Strafe auf einem Zweifel beruhen. Insofern erweist sich der Grundsatz In dubio pro reo[235] als notwendiges Korrelat des Prinzips der materiellen Wahrheit im Strafprozessrecht.

bb) Nemo tenetur Prinzip und Verbot unzulässiger Vernehmungsmethoden

Zu jeder auch nur beispielhaften Aufzählung strafprozessualer Grundprinzipien gehören das Gebot der Freiheit vom Selbstbezichtigungszwang[236] und das Verbot unzulässiger Vernehmungsmethoden[237]. Die Orientierung an den in der Staatsbegründung vorausgesetzten Prinzipien verlangt, dass auch der Beschuldigte in seiner Freiheit, Gleichheit und Selbständigkeit geachtet wird. Dies macht seine Subjektstellung aus. Jeder Versuch, vom Beschuldigten eine gegen sich selbst gerichtete wahre Aussage zu verlangen, würde bedeuten, ihn als Mittel zum Zweck der Erkenntnisgewinnung zu gebrauchen.[238] Noch stärker widerspricht es der Prozesssubjektivität des Beschuldigten, wenn ihm eine Aussage durch Zwang, Drohung, List oder Täuschung abgepresst oder abgerungen wird (§ 136 a StPO).[239] Dasselbe muss für private Interessen gelten. Mit Recht sieht deshalb § 136 a Abs. 3 S. 2 StPO ein Beweisverwertungsverbot auch dann vor, wenn der Beschuldigte der Verwertung von Beweisen zustimmt, die durch Verstoß gegen das Verbot unzulässiger Vernehmungsmethoden gewonnen wurden.[240] Vertragliche Übereinkünfte oder vertragsähnliche Einigungen, die die Prozesssubjektivität des Beschuldigten außer Kraft setzen, widersprechen demnach dem staatstheoretischen Fundament der Strafprozessordnung. Dieses Fundament verteidigt die Autonomie des Beschuldigten gegen das Volenti non fit injuria. In dieser Widerständigkeit gegen vertragliche Elemente erweisen sich die „schützenden Formen"[241] des Strafprozessrechts nicht bloß als formale, sondern als materiale Prinzipien, denen eine subjektbezogene Staatstheorie zugrunde liegt.

4. Resümee

Der Gang durch die Grundlegung hat mit Blick auf das Thema der Absprachen herausgearbeitet, dass der Strafprozess primär nicht auf Übereinstimmung, auch nicht auf die Suche nach Einigung hin konzipiert ist, sondern auf einem Konfliktmodell beruht,

605

606

---

233 Grundl. Pott, Die Außerkraftsetzung der Legalität durch das Opportunitätsdenken in den Vorschriften der §§ 154, 154 a StPO (1996), S. 10 ff.; Hassemer, Legalität und Opportunität im Strafverfahren, in: Schleswig-Holstein-FS (1992), S. 529; Naucke KritV 1993, 151; Geppert Jura 1986, 309.

234 Zum Phänomen und zur Krise des Ermittlungsgrundsatzes vgl. Roxin/Schünemann, Strafverfahrensrecht, 29. Aufl. (2016), § 15 Rn. 3 ff.

235 Näher hierzu H.C. Maier, Die Garantiefunktion des Gesetzes im Strafprozeß (1991), S. 50 ff.

236 Speziell zum Nemo tenetur-Prinzip Rogall, Der Beschuldigte als Beweismittel gegen sich (1977), S. 104; Stefan Kirsch, Freiheit vom Selbstbezichtigungszwang?, in: Institut für Kriminalwissenschaften Frankfurt a.M. (Hrsg.), Vom unmöglichen Zustand des Strafrechts (1995), S. 233; Verrel NStZ 1997, 361 ff.

237 Roxin/Schünemann, Strafverfahrensrecht, 29. Aufl. (2016), § 25 Rn. 15; Beulke, Strafprozessrecht, 13. Aufl. (2016), § 8 Rn. 130 ff.; Kahlo, in: E.A. Wolff-FS (1998), S. 154.

238 Rüping JR 1974, 139; Kahlo KritV 1997, 205.

239 Vgl. Hassemer, Unverfügbares im Strafprozeß, in: Maihofer-FS (1988), S. 202.

240 Neumann ZStW 101 (1989), S. 62.

241 Zachariae, Handbuch des deutschen Strafprozesses, 1. Bd. (1861), S. 146.

das Verfahrensregeln für den gewaltbegrenzenden und freiheitssichernden Umgang mit der chronischen Nichtübereinstimmung zur Verfügung stellt. Zum zivilen Umgang mit der ursprünglichen Freiheit der Verfahrensbeteiligten gehört, dass sie sich nicht auf affirmative Weise vertragen oder einigen müssen. Einigung und Versöhnung mögen die – erwünschten – Folgen des prinzipienorientierten Prozesses sein. Aber wo schwere Freiheitsverletzungen verhandelt werden, geht es – wie nirgendwo sonst im Bereich staatlichen Handelns – um strikte Orientierung an der Gesetzlichkeit, deren Begründung im verfassungsrechtlichen, strafrechtlichen und im philosophischen Kontext wurzelt (Rn. 38 ff., 54 ff., 197 ff.). Sind diese Bedingungen verletzt worden, weil einer den Herrn über den anderen gespielt hat[242], darf die Justiz nicht mittels kontraktualistischer Strategien die staatliche Ausgangsposition zur Disposition stellen. Geschieht dies dennoch, schlägt noch so gut gemeinte Absicht in das Gegenteil von Versöhnung und Frieden um. Für das Opfer bedeutet die Nötigung zum Konsens, sich der Machtausübung des Täters in den Grenzen des Entgegenkommens beugen zu müssen. Der Täter beschädigt unter dem Druck des Geständnisses seine elementaren Schutzrechte. Aber auch der Staat geht nicht als Gewinner des Konsensdenkens im Strafverfahren hervor. Die teilweise Reprivatisierung des Strafsystems beeinträchtigt nicht nur die Freiheitsrechte der Bürger, sondern auch die Organisationsform eines Staates, der an den Inhalten seines Ausgangspunkts – Freiheit und Gleichheit – gemessen werden will.

---

242 Kant, Metaphysik der Sitten, Bd. 7 (1983), S. 487.

8. Kapitel. Sicherungen des Gesetzlichkeitsprinzips

A. Rechtsdogmatik und Methodenlehre

I. Bindung an informelle Programme

Das Gesetzlichkeitsprinzip kann, wie sich durchgehend gezeigt hat, seine Verwirklichung in der Praxis nur unzureichend sichern.[1] Das ist auf dem Hintergrund rechtstheoretischer Einsichten nicht verwunderlich: Zwischen dem Gesetz und dem Fall besteht keine schlichte Ableitungsbeziehung, sondern ein kompliziertes Verhältnis wechselseitiger Entsprechung; die Entscheidung kann dem Gesetzeswortlaut nicht deduktiv entnommen werden, sondern ergibt sich erst am Ende eines Verstehensprozesses, der das Gesetz zum Fall hin und den Fall zum Gesetz hin „entwickelt" (Rn. 351, 371 ff., 381).[2] Also kann die Gesetzlichkeit der Strafrechtspflege sich nur in Strukturen von Wechselwirkung und Vermittlung herstellen und nicht nach dem einfachen Modell von gesetzlichem Befehl und richterlichem Gehorsam.[3] Dieser Befund wird durch neuere Ansätze einer praxisorientierten Methodenlehre bestätigt, wonach juristisches Entscheiden nicht nur auf die Befolgung von Normanwendungsregeln, sondern bis zu einem gewissen Grad auch auf „professionelle Routinen", auf das „habituelle" Handeln, auf „Rechtsklugheit" (jurisprudentia), „Intuition" und Judiz des erfahrenen Praktikers beruhe.[4] Mit diesem ebenso rechtstheoretischen wie professionssoziologischen Anbau der juristischen Hermeneutik, die seit langem auf informelle Entscheidungsregeln aufmerksam gemacht hat, erfährt die Methodenlehre eine weitere Hinwendung zu den Bedingungen der juristischen Praxis.[5]

607

II. Bindung durch Strafrechtsdogmatik und Methodenlehre

Damit stellt sich die Frage, ob und inwieweit die Bindung an informelle Programme bzw. an den „Habitus" den Forderungen des Gesetzesbindungspostulats genügen kann. Die Beantwortung dieser Frage hängt von den Sicherungen ab, welche die (Straf-)Rechtsordnung entwickelt hat, um Gesetzesanwendung und Fallentscheidung einander anzunähern. Die Instrumente dieser Sicherung finden sich in der (Straf-)Rechtsdogmatik[6] und in der Methodenlehre des Rechts. Beide unterscheiden sich in einem – für das Gesetzlichkeitsprinzip unwesentlichem – Punkt: die Strafrechtsdogmatik setzt die jeweilige lex lata voraus, während die Methodenlehre ihre Anwei-

608

---

1 Dazu Hirsch JZ 2007, 853; Wenzel NJW 2008, 345; C. Fischer, Topoi verdeckter Rechtsfortbildung im Zivilrecht (2007), S. 90; Börner NStZ 2011, 436.
2 Arthur Kaufmann/von der Pfordten, in: Hassemer/Neumann/Saliger (Hrsg.), Einführung in die Rechtsphilosophie und Rechtstheorie der Gegenwart, 9. Aufl. (2016), S. 101 ff.; Hassemer, in: Jung-FS (2007), S. 240; Kaspers, Philosophie – Hermeneutik – Jurisprudenz (2014), S. 113; Gröschner, in: ders. (Hrsg.), Subsumtion – Technik oder Theorie (2014), S. 70; Neumann, in: Gabriel/Gröschner (Hrsg.), Subsumtion (2012), S. 140; Foerste JZ 2007, 128.
3 Paeffgen StraFo 2007 443; Schünemann, in: Hassemer-FS (2010), S. 243.
4 Morlok/Kölbel, Rechtstheorie (2001), S. 304; Löschper, Bausteine für eine psychologische Theorie richterlichen Urteilens (1999), S. 62, 277; Hassemer, in: Hassemer/Neumann/Saliger (Hrsg.), Einführung in die Rechtsphilosophie und Rechtstheorie der Gegenwart, 9. Aufl. (2016), S. 243 ff.; J. Schneider, Information und Entscheidung des Richters (1980), S. 367; L. Schulz, in: Roxin-FS (2011), S. 324; zur intuitiven Wertung Hänni, Vom Gefühl am Grund der Wertung (2011), S. 50, 106; Gröschner, in: ders., Dialogik des Rechts (2013), S. 143.
5 Ähnl. Strauch KritV 2002, 311; Kudlich/Christensen GA 2002, 337; Klatt, Theorie der Wortlautgrenze (2004), S. 31; bereits Hruschka, Das Verstehen von Rechtstexten (1972); zu hermeneutischen Methoden Schäfers JuS 2015, 875. Hilgendorf, in: Hilgendorf/Joerden (Hrsg.), Handbuch Rechtsphilosophie (2017), S. 175 ff.
6 Dazu ausf. Möllers, Juristische Methodenlehre (2017), § 13 Rn. 108 ff.; Gröschner, in: Hilgendorf/Joerden (Hrsg.), Handbuch Rechtsphilosophie (2017), S. 61 ff.

sungen für jeglichen Gesetzesinhalt entwickelt. Beide gleichen einander in der für die Verwirklichung des Gesetzlichkeitsprinzips bedeutsamen Aufgabe: den Inhalt des Gesetzes zu konkretisieren und für die Fallentscheidung aufzubereiten sowie Regeln für den argumentativen Umgang mit den Gesetzen und deren Entscheidungsprogrammen bereitzustellen[7] und damit zugleich die Bedingungen und Grenzen des juristisch Variablen zu definieren.[8] Die Rechtsdogmatik sichert das Gesetzlichkeitsprinzip dadurch, dass sie die Kluft zwischen Gesetz und Gesetzesanwendung durch komplexe, aber handhabbare und durchsichtige Konkretisierungen der Gesetze – z.B. durch Definitionen[9] sowie durch Verallgemeinerungen der Fälle – überbrückt.[10] Die Methodenlehre sichert das Gesetzlichkeitsprinzip dadurch, dass sie das Verfahren der Anwendung von Gesetzen differenziert regelt. Man kann die Existenz von Rechtsdogmatik und Methodenlehre kaum „hinwegdenken", weil sie sich in einer konsistenten, ihrer selbst sich vergewissernden Entscheidungspraxis gewissermaßen von selbst entwickelt; ohne sie wäre es um das Gesetzlichkeitsprinzip schlecht bestellt.[11]

III. Sinn der Auslegungslehren

609   Im Gegensatz zu den Argumentationstheorien[12] sind die Auslegungslehren diejenigen Instrumente aus der Methodenlehre, die eine Kodifikation voraussetzen und sich auf ein Gesetz beziehen; diese versprechen also Hilfe bei der Verwirklichung des Gesetzlichkeitsprinzips. Im Unterschied zur Strafrechtsdogmatik, die je nach strafrechtlichem Institut unterschiedliche Inhalte und Funktionen hat[13], sind die Inhalte der Auslegungslehren für jedweden Umgang mit dem Gesetz formuliert. Sie werden daher zu Recht traditionell im Zusammenhang mit dem Gesetzlichkeitsprinzip vorgestellt. Allerdings sieht ihre – verbreitete[14] – Unterordnung unter das Analogieverbot die Bedeutung der Auslegungslehren zu eng. Sie sind weder Ausnahmen vom Analogieverbot (die Auslegung geht dem Analogieverbot systemisch voraus), noch sichern sie nur das Analogieverbot: Sie beziehen sich vielmehr auf das Gesetzlichkeitsprinzip als ganzes, indem sie allgemein jedwede Anwendung der (Straf-)Gesetze auf die Sachverhalte mit Regeln versehen (Rn. 608). Diese Regeln sind für das Strafrecht gerade wegen des im Strafrecht herrschenden Gesetzlichkeitsprinzips von besonderem Gewicht. Andere Rechtsgebiete dürfen die Schwierigkeiten der Gesetzesauslegung leichter nehmen.[15]

---

7   Busse, Juristische Semantik (1993), S. 172.
8   Zur Steuerungsfunktion der dogmatischen Begriffe Luhmann, Rechtssystem und Rechtsdogmatik (1974), S. 19, 34; Zippelius, Das Wesen des Rechts, 6. Aufl. (2012), S. 94; Seelmann/Demko, Rechtsphilosophie, 6. Aufl. (2014), § 4 Rn. 9.
9   Sanchez-Ostiz, in: Kudlich/Montiel/Schuhr (Hrsg.), Gesetzlichkeit und Strafrecht (2012), S. 71.
10 Zu weiteren Funktionen der Rechtsdogmatik Rüthers/Fischer/Birk, Rechtstheorie, 10. Aufl. (2018), Rn. 321.
11 C. Fischer, Topoi verdeckter Rechtsfortbildung im Zivilrecht (2007), S. 536; Alexy, Theorie juristischer Argumentation, 6. Aufl. (2008), S. 331; Klatt, in: Hilgendorf/Joerden (Hrsg.), Handbuch Rechtsphilosophie (2017), S. 224 ff.
12 Umf. dazu Busse, Juristische Semantik (1993), S. 172; Neumann, Rechtsontologie und juristische Argumentation (1979); ders., in: Hassemer/Neumann/Saliger (Hrsg.), Einführung in die Rechtsphilosophie und Rechtstheorie der Gegenwart, 9. Aufl. (2016), S. 303 ff.
13 Rüthers/Fischer/Birk, Rechtstheorie, 10. Aufl. (2018), Rn. 321.
14 Lackner/Kühl/Heger, StGB, 29. Aufl. (2018), § 1 Rn. 6; SK-Rudolphi, StGB, 128. Lief. (2011), § 1 Rn. 28; S/S-Eser/Hecker, StGB, 29. Aufl. (2014), § 1 Rn. 36.
15 Zu Korrekturen des Wortlauts in anderen Rechtsgebieten vgl. Brox/Rüthers/Henssler, Arbeitsrecht, 19. Aufl. (2016), Rn. 171; Kübler/Assmann, Gesellschaftsrecht, 6. Aufl. (2006), § 26.

IV. Inhalt der Auslegungslehren

Vier der heute allgemein anerkannten Auslegungsregeln oder Interpretationscanones **610** haben ein ehrwürdiges Alter. Als Kriterien sachgerechter Interpretation spielen sie bereits im römischen Recht und im italienischen Recht des Mittelalters eine Rolle.[16] Sie finden sich in F.C. von Savignys Juristischer Methodenlehre aus dem Anfang des 19. Jahrhunderts aufgezeichnet.[17] Sie sind nicht nur fester Bestandteil der Methodenlehre und der strafrechtlichen Interpretationslehre, sondern durchziehen auch die Strafrechtsprechung.[18] Als geeignete Hilfsmittel erweisen sich die vier „Elemente" nach Auffassung Savignys allerdings nur dann, wenn der Gesetzestext den Regelungsgegenstand und das Regelungsziel klar erkennen lässt.[19] Befindet sich der Gesetzestext dagegen in einem „mangelhaften Zustand" (z.B. wenn das Gesetz einen „unbestimmten" oder „unrichtigen" Ausdruck verwendet), empfiehlt Savigny, den Normzweck der Gesetzgebung, den systematischen Gesamtzusammenhang und den inneren Wert des Auslegungsergebnisses nach einer Folgenabwägung heranzuziehen.[20] Insgesamt ging es ihm um Gesetzesbindung und Einschränkung der Auslegungsfreiheit; ein Anliegen, das die spätere (verkürzte) Darstellung seiner Methodenkonzeption teilweise aus dem Blick verloren hat.

B. Kanon der Auslegungsregeln

I. Grammatische Auslegung

1. Gesetzliche Definition

Der grammatischen oder grammatikalischen Auslegungstheorie zufolge soll der Straf- **611** richter seine Entscheidung nach dem Wortlaut der Norm bzw. eines Tatbestandsmerkmals treffen.[21] Hat der Gesetzgeber den Wortsinn durch eine gesetzliche Definition festgelegt, ist der Rechtsanwender an diese Vorgabe gebunden.[22] So findet sich in § 11 Abs. 1 StGB eine Regelung über den Sprachgebrauch, die für das gesamte StGB gilt. § 330 d StGB enthält Begriffsbestimmungen, die nur für Straftaten gegen die Umwelt gelten. In § 248 b Abs. 4 StGB heißt es „Kraftfahrzeuge im Sinne dieser Vorschrift sind…"[23]

---

16 Kaser/Knütel, Römisches Privatrecht, 21. Aufl. (2017), § 3 V; Hattenhauer, Europäische Rechtsgeschichte, 4. Aufl. (2004), Kap. V.
17 S. 19; ausgearbeitet dann im „System des heutigen Römischen Rechts", Bd. I (1840), S. 212; Bd. III, S. 244; dazu Meder, Savignys Grundlegung der juristischen Hermeneutik (2004).
18 Schulmäßig vorgeführt in BGHSt 10, 375.
19 Savigny, System des heutigen Römischen Rechts, Bd. I, S. 222.
20 Zu den Verkürzungen der Savigny-Rezeption vgl. Rückert, in: ders., Fälle und Fallen in der neuen Methodik des Zivilrechts beim Klassiker Savigny (1997), S. 25, 47; Rüthers/Fischer/Birk, Rechtstheorie, 10. Aufl. (2018), Rn. 701.
21 Jescheck/Weigend, Strafrecht AT, 5. Aufl. (1996), § 17 IV 1 a; Maurach/Zipf, Strafrecht AT 1; 7. Aufl. (1987), § 9 Rn. 18; Murmann, Grundkurs Strafrecht, 4. Aufl. (2017), § 9 Rn. 3.
22 Vogel, Juristische Methodik (1998), § 8 I 3 a; Schäfers JuS 2015, 877; Klatt, in: Hilgendorf/Jorden (Hrsg.), Handbuch Rechtsphilosophie (2017), S. 227.
23 Weitere Beispiele bei Baumann/Weber/Mitsch/Eisele, Strafrecht AT, 12. Aufl. (2016), § 9 Rn. 62.

2. Umgangssprachliche Bedeutung

612   Fehlt eine Legaldefinition (wie meist), muss der Richter die allgemeinsprachliche Bedeutung des fraglichen Begriffs auf den Sachverhalt anwenden.[24] Dahinter verbirgt sich der triviale Umstand, dass der Gesetzgeber einen Begriff im Zweifel so verwenden wird, wie er allgemein oder in Fachkreisen der geregelten Materie gehandhabt wird oder wie er ihn selbst an anderer Stelle im Gesetz verwendet.[25] Die Gegenansicht, die (ausschließlich) einen evtl. vorhandenen juristischen Sprachgebrauch zugrunde legen will, verkennt die Ratio des § 1 StGB, wonach dem Gesetzesunterworfenen der Normbefehl in etwa erkennbar sein muss (Rn. 464 ff.). Für den Fall jedoch, dass sich die gebräuchliche Verwendung von Begriffen einer Präzisierung widersetzt oder mehrere Deutungen zulässt, kann auf einen (engeren) juristischen Sprachgebrauch zurückgegriffen werden.[26] Dies ist der Fall beim Begriff „Sache" oder bei dem in § 267 StGB verwendeten Begriff der „Urkunde". Der umgangssprachliche Wortsinn ist hier von nachrangiger Bedeutung.[27] Vorausgesetzt ist aber auch hier, dass die juristischen Anwendungskriterien mit den in der Lebenspraxis vorhandenen Sprachregeln noch vereinbar sind.[28]

3. Sprachgemeinschaft gegen Grammatik

613   Die Sprachgemeinschaft bestimmt über die Bedeutung eines Wortes.[29] Im Einzelfall kann dies bedeuten, dass sich der Alltagssprachgebrauch gegenüber einer eindeutigen grammatischen Regelung durchzusetzen vermag. Wenn in §§ 152 a, 152 b StGB die Tatobjekte „falsche Vordrucke für Euroschecks", „inländische oder ausländische Zahlungskarten, Schecks oder Wechsel" durchweg im Plural bezeichnet werden, kann dies nicht zum Anlass genommen werden, eine Strafbarkeit nur anzunehmen, wenn mehrere falsche Euroscheckkarten oder Zahlungskarten hergestellt werden.[30] Der BGH hat sich zu Recht darauf berufen, dass – wie in einer Reihe anderer Tatbestände (z.B. § 174 StGB „sexuelle Handlungen", § 306 StGB „Gebäude") – anerkanntermaßen der Singular mitgemeint sei. In § 77 Abs. 4 StGB hat der Gesetzgeber ausnahmsweise klargestellt, dass mit „Eltern" Vater und Mutter als antragsberechtigte Einzelpersonen gemeint sind. Methodentheoretisch ertragreicher als der Hinweis auf andere Tatbestände ist jedoch die Beachtung des Alltagssprachgebrauchs, demzufolge die Verwendung des Plurals sowohl für mehrere als auch für einzelne Gegenstände üblich ist und insofern über die Bedeutung des Plurals von der Sprachgemeinschaft eine Entscheidung getroffen wurde.[31] Ein anderes, am Wortlaut festhaltendes Ergebnis wäre etwa im Fall des § 152 a StGB nur gerechtfertigt, wenn der Gesetzgeber mit den einzelnen Formulierungen allein professionelle Fälscher erfassen wollte. Dann aber hätte es nahe gelegen,

24   Jarass, in: Pieroth/Jarass, GG, 15. Aufl. (2018), Art. 103 Rn. 47; Fischer, StGB, 65. Aufl. (2018), § 1 Rn. 12; Lackner/Kühl/Heger, 29. Aufl. (2018), § 1 Rn. 6; Müller/Christensen, Juristische Methodik, 11. Aufl. (2013), S. 331.
25   Christensen/Kudlich, Theorie richterlichen Begründens (2001), § 128; Kudlich JA 2004, 76; Kotsoglou, Forensische Erkenntnistheorie (2015), S. 89.
26   BGHSt 14, 118; Wessels/Beulke/Satzger, Strafrecht AT, 47. Aufl. (2017), Rn. 57; S/S-Eser/Hecker, StGB, 29. Aufl. (2014), § 1 Rn. 37.
27   Eisele, Strafrecht BT I, 4. Aufl. (2017), Rn. 10.
28   BVerfGE 93, 18; MüKo-Schmitz, StGB, 3. Aufl. (2017), § 1 Rn. 68; Paeffgen StraFo 2007, 441.
29   Kramer, Juristische Methodenlehre, 4. Aufl. (2018), S. 85; diff. hinsichtlich der fachsprachlichen Konvention Rüthers/Fischer/Birk, Rechtstheorie, 10. Aufl. (2018), Rn. 741.
30   So jedoch LK-StGB-Ruß, 11. Aufl. (2005), § 152 a Rn. 4; SK-StGB-Rudolphi, 8. Aufl. (2006), § 152 a aF Rn. 6.
31   Kudlich, in: Puppe-FS (2011), S. 129.

eine Formulierung wie „mehrere Euroschecks" zu verwenden.[32] Das Beispiel zeigt jedenfalls, dass der allgemeine Sprachgebrauch den Rahmen absteckt, innerhalb dessen die gesuchte Bedeutung sich befinden muss.[33]

4. Externalität des Wortlautkriteriums

Wer bei der Auslegung des Gesetzes dessen Wortlaut von vornherein nicht in Betracht zieht, verfehlt schon das Medium, das den Inhalt enthält, über das sich die Rechtsgemeinschaft und Rechtsanwender verständigen können.[34] Insofern dient die Feststellung des allgemeinsprachlichen Wortsinns zugleich als Kontrolle eines juristischen Sprachgebrauchs, der dazu tendiert, die Intentionen des Gesetzgebers durch eine geheimsprachliche (esoterische) Begrifflichkeit auszudrücken.[35] Sie dient aber auch dazu, den Sinnschöpfungen der Interpreten Einhalt zu gebieten.[36] Der entscheidende Fortschritt, den das Kriterium des Wortlauts gegenüber dem Kriterium des Gesetzessinnes erreicht, liegt darin, dass der Wortlaut eine Grenze zieht, über die der Interpret nicht selber verfügen kann (Rn. 465). Der Sprachinhalt ist durch kollektiv eingeübte, im sozialen Kontakt erlernte Assoziationen vermittelt. Es „gibt" die Wortbedeutung, man kann sie mit Hilfe eines Lexikons oder einer Zusammenstellung bisheriger Entscheidungen feststellen.[37] Somit kann der Wortlaut im Unterschied zu Sinn- und („objektiven") Zweckzuschreibungen eine bestimmte Gesetzesauslegung falsifizieren. Mit der Betonung der Wichtigkeit des Kontextes und des realen Gebrauchs entkräftet das Kriterium des Wortlauts (neben der Akzentuierung des historischen Normzwecks) die verbreitete Auffassung, die jedes beliebige Auslegungsergebnis mit dem Gesetzestext vereinbar hält. Dieses Kriterium verhindert letztlich die semantische Außensteuerung des Rechts durch andere soziale Subsysteme.

614

5. Grenzen der Wortlautbedeutung

Wenn demgegenüber behauptet wird, die grammatische Methode würde „im Regelfall" zur Vermehrung der Bedeutungsmöglichkeiten von gesetzlichen Begriffen beitragen[38], kann dem nach Maßgabe des Externalitätsarguments nicht zugestimmt werden, jedenfalls nicht für den „Regelfall". Richtig ist aber, dass der Wortlaut nur ein erstes und wegen der nicht weg zu diskutierenden Berechtigung sprachkritischer Einwände (Rn. 351, 476) oft nicht einmal das entscheidende Auslegungsargument darstellt. Kann diese erste Prüfungsstufe das Auslegungsergebnis nicht einmal dadurch stützen, dass es im (noch möglichen) Wortsinn eine Stütze findet, so ist – zumindest im Strafrecht – der Pfad der Gesetzlichkeit verlassen.[39] Anderseits vermag die Ansicht, wonach eine „klar" und „eindeutig" formulierte Gesetzesvorschrift keiner Auslegung bedürfe

615

---

32 NK-StGB-Puppe/Schumann, 5. Aufl. (2017), § 152 b Rn. 5.
33 Ebenso Kühl, in: Kühl/Reichold/Ronellenfitsch, Einführung in die Rechtswissenschaft, 2. Aufl. (2014), § 1 Rn. 75.
34 Hassemer, in: Otto-FS (2007), S. 243; Kirsch, Zur Geltung des Gesetzlichkeitsprinzips im Allgemeinen Teil des Strafgesetzbuchs (2014), S. 183; Möllers, Juristische Methodenlehre (2017), § 4 Rn. 36 ff., 65 ff.
35 Ausf. zum Gegensatz zwischen „Intentionalismus" und „Konventionalismus" im Bereich der grammatischen Auslegung Schroth, in: Hassemer/Neumann/Saliger, Einführung in die Rechtsphilosophie und Rechtstheorie der Gegenwart, 9. Aufl. (2016), S. 257.
36 Rüthers/Fischer/Birk, Rechtstheorie, 10. Aufl. (2018), Rn. 738 mwN.
37 Ähnl. Frister, Strafrecht AT, 7. Aufl. (2015), 4. Kap. Rn. 28.
38 Z.B. Kudlich JA 2004, 75.
39 Wie hier Siebert, Die Methode der Gesetzesauslegung (1958), S. 39; Murmann, Grundkurs Strafrecht, 4. Aufl. (2017), § 20 Rn. 7; Röhl/Röhl, Allgemeine Rechtstheorie, 4. Aufl. (2018), S. 614.

(„Eindeutigkeitsregel")[40], ebenfalls nicht zu überzeugen. Diese Auffassung widerspricht dem hermeneutischen Verständnis des Textverstehens, das nicht als rein reproduktives, sondern immer auch als produktives Verhalten begriffen werden muss.[41]

II. Systematische Auslegung

1. Inhalt

616 Die systematische Methode gebietet es, die Rechtssätze nicht isoliert zu betrachten, sondern als Teil eines widerspruchsfreien Gesamtkonzepts zu interpretieren.[42] Dahinter steht die Erfahrung jeglicher Kommunikation, dass zu den Verständigungsmitteln der Sprache nicht nur Wörter und Sätze, sondern auch der Kontext gehört, in dem die Wörter und Sätze gebraucht werden. Dies trifft erst recht auf die professionell gestaltete Sprache des Gesetzes zu, für die der Zusammenhang ihrer Informationen ein Konstruktionsprinzip ist oder doch sein sollte.[43] Mit Hilfe der systematischen Methode lassen sich Kriterien entwickeln, welche die einzelnen Normen in ein System von Wertentscheidungen integrieren und damit dem Anliegen des Gesetzgebers gerecht werden, eine möglichst widerspruchsfreie Regelung zu treffen.[44]

2. Bezug auf das äußere System

a) Abschnittsüberschriften

617 Ein solcher Zusammenhang kann sich u.U. aus dem äußeren Aufbau eines Gesetzes etwa dadurch ergeben, dass eine Vorschrift in einen bestimmten Abschnitt oder Titel eingestellt ist und damit Rückschlüsse auf ein gemeinsames Schutzgut oder auf ein übergeordnetes Moment der Tathandlungen zulässt.[45] So wird trotz der Unterschiedlichkeit der jeweils tatbestandlich geschützten Rechtsgüter und der Eigenständigkeit der Deliktsstrukturen aus dem Titel des 28. Abschnitts „gemeingefährliche Straftaten" gefolgert, dass nach dem Willen des Gesetzgebers die Gemeingefährlichkeit des Verhaltens die Klammer für die einzelnen Straftatbestände bilden soll.[46] Für den Tatbestand der „Herbeiführung einer Überschwemmung" (§ 313 StGB) würde dies bedeuten, dass bereits in der Tathandlung das Element der generellen Unbeherrschbarkeit aufgezeigt werden muss.[47] Gleiches gilt nach Auffassung des BGH für das Durchführen medizinisch nicht indizierter Röntgenaufnahmen.[48] Eine Strafbarkeit gem. § 311 StGB komme nicht in Betracht, weil der Tatbestand voraussetze, dass der Täter Kräfte freisetzt, deren Auswirkungen auf eine unbestimmte Vielzahl von Menschen er nicht in der

---

40 „Sens-Clair-Doktrin" oder „Plain-Meaning-Rule", vgl. dazu Möllers, Juristische Methodenlehre (2017), § 4 Rn. 43 ff.

41 Statt vieler Kaspers, Philosophie – Hermeneutik – Jurisprudenz (2014), S. 116; Gruschke, Vagheit im Recht (2014), S. 172; Kotsoglou, Forensische Erkenntnistheorie (2015), S. 184.

42 Näher Schroth, in: Hassemer/Neumann/Saliger (Hrsg.), Einführung in die Rechtsphilosophie und Rechtstheorie der Gegenwart, 9. Aufl. (2016), S. 258 f.; Küpper, in: Puppe-FS (2011), S. 138; Möllers, Juristische Methodenlehre (2017), § 4 Rn. 92 ff.; Rüthers/Fischer/Birk, Rechtstheorie, 10. Aufl. (2018), Rn. 139 ff.

43 Hassemer, in: Otto-FS (2007), S. 243; Rengier, Strafrecht AT, 9. Aufl. (2017), § 5 Rn. 19.

44 Canaris, Systemdenken und Systembegriff in der Jurisprudenz (1983), S. 19; Larenz, Methodenlehre der Jurisprudenz, 6. Aufl. (1991), S. 324; Eisele, Strafrecht BT 1, 4. Aufl. (2017), Rn. 13; Heinrich, Strafrecht AT, 5. Aufl. (2016), Rn. 146.

45 Wank, Die Auslegung von Gesetzen, 6. Aufl. (2015), S. 57; Schäfers JuS 2015, 878.

46 Wessels/Hettinger, Strafrecht BT 1, 41. Aufl. (2017), Rn. 949; MüKo-StGB-Radke, 3. Aufl. (2017), vor § 306 Rn. 2.

47 Hilgendorf, in: Arzt/Weber/Heinrich/Hilgendorf, Strafrecht BT, 2. Aufl. (2009), § 37 Rn. 81, § 313 Rn. 2; str.

48 BGHSt 43, 346.

Hand hat. Ebenso soll nach dem 6. StrRG der einfachen Brandstiftung (§ 306 StGB) neben ihrer Eigenschaft als qualifiziertes Sachbeschädigungsdelikt ein Element der Gemeingefährlichkeit anhaften.[49]

b) Grunddelikt und Qualifikationen

Ein anderer Gesichtspunkt, der an den äußeren Aufbau eines Gesetzes anknüpft, ist die Reihenfolge, in der das Grunddelikt und dessen Qualifikationen sowie Privilegierungen stehen: In aller Regel geht das Grunddelikt der Qualifikation voraus (z.B. §§ 223 ff. StGB). Aus dieser üblichen Regelungstechnik hat die Rechtsprechung gefolgert, dass es sich bei § 211 StGB (Mord) wegen seiner Stellung vor § 212 StGB (Totschlag) nicht um eine quantitative Unrechtssteigerung, sondern um ein gegenüber § 212 StGB qualitativ anderes Unrecht, also um einen selbständigen Tatbestand handelt.[50] An diesem Beispiel zeigt sich die Begrenztheit eines systematischen Arguments, das Wertungsfragen zugunsten historisch bedingter Eigenheiten eines Gesetzes ausblendet.[51] Ob allerdings die Auffassung der Literatur, die § 211 StGB als Qualifikation zum Grundtatbestand des § 212 StGB interpretiert, die befriedigendere Lösung bietet, muss angesichts von Mordmerkmalen (wie z.B. der Heimtücke), die eher den „Durchschnittsfall" vorsätzlicher Tötungen formulieren, bezweifelt werden.[52] Der Streit um das Verhältnis von § 212 StGB zu § 211 StGB wird sich – wie ausführlich u.a. bei Fischer, Wohlers und Eser[53] diskutiert – nicht ohne eine grundlegende Reform der Tötungsdelikte schlichten lassen.

3. Bezug auf das innere System

a) Einheitliches Wertkonzept

Wichtiger ist die Beachtung des inneren Systems, das die Rechtsordnung als ein Gesamtgefüge konsistenter Wertentscheidungen ausweist.[54] Der Begriff „System" bezeichnet ein aus Teilen zusammengesetztes Ganzes.[55] Ursprünglich wurde der Begriff im astronomisch-kosmologischen Zusammenhang verwendet („Sonnensystem"); heute orientiert er sich an der von Kant und Canaris gegebenen Bestimmung „als Einheit der mannigfaltigen Erkenntnisse unter einer Idee" bzw. als „ein nach Prinzipien geordnetes Ganzes der Erkenntnis".[56] Auf dieser Basis wird der sachliche Gehalt des Systembegriffs häufig auf eine Rechtsidee und Rechtsprinzipien, auf ein „Sinnganzes" und ein einheitliches Wertkonzept zurückgeführt. Zu dieser Deutung des Systembegriffs hat auch der BGH seinen Teil beigetragen, indem er zur Interpretation des einzelnen Gesetzes sogar die wirtschaftliche, politische und soziale Ordnung zählte.[57] Normativ eine

618

619

---

49 BT-Drucks. 13/8587, S. 87; BGH NJW 2001, 765.
50 BGHSt 1, 370; BGH NJW 2005, 997.
51 Zu den in der gesetzlichen Reihenfolge und der Formulierung „Mörder" zum Ausdruck kommenden Relikten eines „Täterstrafrechts" Kargl StraFo 2001, 365; Deckers/Fischer/König/Berrnsmann NStZ 2014, 9.
52 Kargl JZ 2003, 1141.
53 Fischer, StGB, 65. Aufl. (2018), vor §§ 211-216 Rn. 3; Wohlers, in: Kargl-FS (2015), S. 94; Eser, in: Kargl-FS (2015), S. 91; Mandla, in: Rössner-FS (2015), S. 845.
54 Baumann/Weber/Mitsch/Eisele, Strafrecht AT, 12. Aufl. (2016), § 9 Rn. 78; Jescheck/Weigend, Strafrecht AT, 4. Aufl. (1996), § 17 IV 1 a; Wessels/Hettinger, Strafrecht BT 1, 41. Aufl. (2017), Rn. 69.
55 Näher Rüthers/Fischer/Birk, Rechtstheorie, 10. Aufl. (2018), Rn. 139, 744, 759; Büllesbach, Systemtheorie im Recht (2011), S. 429.
56 Pawlik, in: Jakobs-FS (2007), S. 469; Röhl/Röhl, Allgemeine Rechtslehre, 4. Aufl. (2018), S. 429; Vogel, Juristische Methodik (1998), S. 123.
57 BGHSt 18, 282.

Stufe höher angesiedelt deutet das BVerfG bereits ab 1951 das Grundgesetz als eine „objektive Wertordnung", die für alle Gebiete des Rechts gilt.[58]

620 Mit dieser weiten Auslegung des Systembegriffs dürfte der systemischen Auslegung kaum eine präzisierende Handlungsanleitung gelingen.[59] Ebenso wenig lässt sich aus der soziologischen Systemtheorie von Luhmann, die den Kommunikationsprozess der Gesellschaft als operativ geschlossen versteht, ein Rechtsanwendungsmodell für das Strafrecht gewinnen, das mit der richterlichen Gesetzesbindung und den verfassungsrechtlichen Vorgaben vereinbar wäre.[60] Aus diesem Grund ist hinsichtlich der systematischen Methode Selbstbeschränkung geboten. Der Begriff des inneren Systems sollte lediglich auf das Ergebnis der rechtswissenschaftlichen Dogmatik Bezug nehmen[61], zumal systemkonforme Auslegungen häufig auf eine Harmonisierung einfachen Gesetzesrechts mit höherrangigen Rechtsnormen bedacht sind und damit der richterlichen Rechtsfortbildung Vorschub leisten.

b) Beispiele

621 Aus der eigenständigen Struktur des strafrechtsdogmatischen Systems hat man z.B. gefolgert, dass die Vermögensverfügung als ungeschriebene Tatbestandsvoraussetzung in § 253 StGB (Erpressung) und in § 263 StGB (Betrug) aufgenommen werden muss.[62] Einer systematischen Betrachtung verdankt sich auch die Straflosigkeit des (versuchten) Suizids und zwar mit Blick auf § 216 StGB und auf die Zurechnungskriterien der Täterschaft und Teilnahme, welche die Verletzung fremder Rechtsgüter voraussetzen.[63] Dass die Gruppierung der einzelnen Tatbestände von der äußerlichen Systematik des Gesetzes abweichen kann, zeigt z.B. der 21. Abschnitt, in dem die Strafvereitelung als Rechtspflegedelikt[64] und die Hehlerei als Vermögensdelikt eingestuft wird.[65] Auch die gemeinsame Platzierung im 20. Abschnitt ändert nichts daran, dass Raub als Eigentums- und Erpressung als Vermögensdelikt behandelt wird. Diese und zahlreiche bei N. Horn[66] zusammengestellte Beispiele belegen, dass sich die gefundenen Definitionen neben dem Gesetzestext in erster Linie am Regelungszweck orientieren.[67] Einer Klärung bedarf auch das Problem, ob der entsprechende Begriff an anderer Stelle des Gesetzes im gleichen Sinn zu verwenden ist wie der Begriff, der ausgelegt werden soll. So wird sich mit Sachargumenten schwerlich begründen lassen, dass für den Begriff des „Eindringens" in den Körper beim sexuellen Missbrauch (§ 176a Abs. 1 Nr. 1 StGB) dieselbe Bedeutung gelten soll wie für das „Eindringen" beim Hausfriedensbruch (§ 123 StGB).[68] In der verfassungsrechtlichen Literatur spricht man in diesem Zusammenhang von „funktionsdifferenter Auslegung", weil die Argumente meist bei der

---

58 BVerfGE 32, 206; 73, 269.
59 So bereits Böckenförde, in: Spaemann-FS (1987), S. 1; Denninger, GG, 2. Aufl. (1989), Einl. 1; Pawlowski, Einführung in die juristische Methodenlehre, 2. Aufl. (2000), Rn. 846.
60 Vesting, Rechtstheorie, 2. Aufl. (2015), S. 4; Mahlmann, Rechtsphilosophie und Rechtstheorie, 3. Aufl. (2015), § 13 Rn. 67; Kargl Rechtstheorie 1990, 352; ders. Zeitschrift für Rechtssoziologie 1991, 120.
61 Küpper, in: Puppe-FS (2011), S. 145.
62 MüKo-StGB-Schmitz, 3. Aufl. (2017), § 1 Rn. 70.
63 NK-StGB-Neumann, 5. Aufl. (2017), vor § 211 Rn. 37; LPK-StGB-Kindhäuser, 7. Aufl. (2017), vor § 211 Rn. 20.
64 Näher Kargl, in: Hamm-FS (2008), S. 243.
65 Zur Systematik des Besonderen Teils ausf. Maurach/Schroeder/Maiwald, Strafrecht BT 1, 9. Aufl. (2003), Einl. II Rn. 7 ff.
66 Horn, Einführung in die Rechtswissenschaft und Rechtsphilosophie, 6. Aufl. (2016), Rn. 180.
67 Rüthers/Fischer/Birk, Rechtstheorie, 10. Aufl. (2018), Rn. 169.
68 Gegen eine Gleichsetzung BGH NJW 1999, 2977; Hörnle NStZ 2000, 310.

Funktion der Norm ansetzen.[69] Sofern allerdings die Bestimmung der Funktion dem „objektiven Willen des Gesetzes" entnommen wird, steht es dem Rechtsanwender frei, ob er die Wertung der Gesetzgebung nachvollziehen will oder nicht. In der Konsequenz verliert dann die systematische Auslegungsmethode ihre Eigenständigkeit zugunsten der Eigenwertungsprozesse der Interpreten.[70]

III. Historische Auslegung

1. Inhalt

Mit der historischen Auslegung wird versucht, die Antworten des Gesetzgebers auf konkrete Fragen zu verstehen und für die Interpretation einer Rechtsnorm fruchtbar zu machen.[71] Dabei kann zwischen der historischen Auslegung (Vorgeschichte), die den gesellschaftlichen Kontext der Normsetzung (Interessen, Konfliktsituationen und Zielvorstellungen) erschließt und der genetischen Auslegung (Entstehungsgeschichte im engeren Sinn), die sich auf den Regelungswillen der Gesetzgebung, auf die dem Gesetzentwurf beigefügten Begründungen (z.B. BT-Drucksachen) und Protokolle bezieht, unterschieden werden.[72] Kernziel der historischen Auslegung ist es, dem Rechtsanwender bei der Beantwortung der Frage Hilfestellung zu leisten, worin der ursprüngliche Sinn und Bedeutungszusammenhang der anzuwendenden Rechtsnorm bestand. Diese Frage verweist auf den Normzweck zum Zeitpunkt des Erlasses der Norm. Der Zweck kann allerdings als „subjektiver" Wille der historischen Gesetzgebung mit dem Wortlaut und der Systematik, die den „objektiven" Willen des Gesetzes enthalten, in Widerstreit treten. Die Kontroverse darüber, welchen Stellenwert die historische Auslegung im Verhältnis zu den übrigen Auslegungsargumenten besitzt, hat eine lange Tradition und ist bis heute nicht entschieden.[73] Auch wenn sich die Mehrheit der Interpreten im Konfliktfall für die objektive („geltungszeitliche") Auslegung ausspricht, ist doch nicht von der Hand zu weisen, dass die Gesetzesbindung den Rechtsanwender darauf verpflichtet, die gesetzgeberische Interessenbewertung zu rekonstruieren. Dieser Auslegung wird sich der Auslegende umso weniger entziehen können, als es sich um neuere Vorschriften und unveränderte soziale Verhältnisse handelt.[74]

622

2. Beispiele

a) Informationstechnologie und Geldwäsche

Vor allem dort, wo sich der Gesetzgeber bei seiner Arbeit auf Vorläuferregelungen stützen kann, wird Anlass bestehen, die Regelungsziele der neuen Norm offen zu legen und zu diskutieren. Das war z.B. bei der Gesetzgebung zu den Entwicklungen in der Informationstechnologie zu beobachten, etwa hinsichtlich der Strafbarkeit des

623

---

69 Kudlich JA 2004, 77.
70 Rüthers, Die unbegrenzte Auslegung, 7. Aufl. (2012), S. 117; Rüthers/Fischer/Birk, Rechtstheorie, 10. Aufl. (2018), Rn. 808.
71 Naucke, in: Engisch-FS (1969), S. 374; Loos, in: Wassermann-FS (1985), S. 123; ausf. Schroth, Theorie und Praxis subjektiver Auslegung im Strafrecht (1983), S. 37 ff.
72 Eisele, Strafrecht BT 1, 2. Aufl. (2012), Rn. 15; Rengier, Strafrecht AT, 9. Aufl. (2017), § 5 Rn. 10; Übelacker, Die genetische Auslegung in der jüngeren Rechtsprechung des BVerfG (1993).
73 Larenz/Canaris, Methodenlehre des Rechts, 4. Aufl. (2014), S. 137; Zippelius, Juristische Methodenlehre, 11. Aufl. (2012), S. 81: „keine streng rationale Rangordnung"; Möllers, Juristische Methodenlehre (2017), § 4 Rn. 23 ff.
74 Kühl, in: Kühl/Reichold/Ronellenfitsch, Einführung in die Rechtswissenschaft, 2. Aufl. (2015), § 1 Rn. 76; Murmann, Grundkurs Strafrecht, 4. Aufl. (2017), § 202 a Rn. 1; § 202 b Rn. 2; § 202 c Rn. 3.

„Hacking" (§ 202 a StGB), des Datenschutzes während des Übermittlungsvorgangs (§ 202 b StGB) oder des „Phishing" (§ 202 c StGB).[75] Ein anderes prominentes Beispiel, bei dem der gesetzgeberische Wille in jahrelanger Implementation öffentlich kundgetan wurde, findet sich beim Geldwäschetatbestand (§ 261 StGB). Im Gesetzgebungsverfahren wurde es ausdrücklich als erwünscht bezeichnet, dass der Tatbestand zum Schutz der Strafverfolgungsorgane auch sog. „alltägliches" Verhalten erfasse. Dazu sollte nach Maßgabe der Bundesregierung auch die Entgegennahme von bemakeltem Geld als Strafverteidigerhonorar gezählt werden (BT-Drucks. 11/7663, S. 7).[76] Obwohl das gesetzgeberische Anliegen im Wortlaut des Tatbestands umgesetzt wurde, suchten sowohl zahlreiche Autoren als auch teilweise die Rechtsprechung (OLG Hamburg NJW 2000, 676) die Inanspruchnahme des Verteidigers als Geldwäscher interpretatorisch zu verhindern.[77] Dem kann trotz der zutreffenden Begründung, dass die Ablehnung des Verteidigerprivilegs einen Wertungswiderspruch zwischen dem Tatbestand und tragenden Grundsätzen des Strafverfahrens offen lege, nicht zugestimmt werden. Im Ergebnis läuft die jenseits der Auslegungsmethodik konstruierte Restriktion des Tatbestands auf eine gravierende Desavouierung sowohl des Gesetzeswortlauts als auch des gesetzgeberischen Willens hinaus, womit ein wesentliches Fundament staatlicher Macht – die Gesetzesbindung und die Bestimmtheit der Straftatbestände – zerstört wird.

b) Organhandel

624 Ein weiteres, ausführlich bei Schroth[78] diskutiertes Beispiel für eine dringend zu empfehlende Nachbesserung durch den Gesetzgeber betrifft das Organhandelsverbot, bei dem der historische Gesetzeswille mit dem Begriff des „Handeltreibens" an den im Betäubungsmittelrecht verwendeten Begriff des Handeltreibens anknüpfen wollte. Diese Intention führt zu einer extensiven Interpretation des Organhandelsverbots und damit zu einer Veränderung der Deliktsstruktur vom Verbot des Organhandels zu einem Delikt gegen Preistreiberei.[79] Auch in diesem Fall darf die Konsequenz nicht darin bestehen, für den Tatbestand einen völlig anderen Begriff des Handeltreibens zu entwickeln. Ein solches Verfahren verdankt seine Ergebnisse nicht der Auslegung, sondern erweist sich als ein von außen in die Norm implementiertes Produkt, mithin als wissenschaftlich gestützte richterliche Rechtsfortbildung.[80] Das BVerfG hat sich dieser Sicht mit dem Votum angenähert, dass es den Gerichten verwehrt sei, in die Entscheidung des Gesetzgebers korrigierend einzugreifen.[81] So bleibt nur die Aufforderung an den Gesetzgeber, den Wortlaut der Vorschrift in einer Weise nachzujustieren, dass Gesetzlichkeit und strafwürdiges Verhalten nicht auseinander fallen.

---

75 Vgl. NK-StGB-Kargl, 5. Aufl. (2017), § 202 a Rn. 1; § 202 b Rn. 2; § 202 c Rn. 3.
76 BT-Drucks. 11/7663, S. 7; dazu Kulisch StraFo 1999, 339; Kargl NJ 2001, 61; vgl. auch Hamm, in: Kargl-FS (2015), S. 165.
77 OLG Hamburg NJW 2000, 676; Barton StV 1999, 162; Salditt StraFo 1992, 132; Lüderssen StV 2000, 206; Hamm NJW 2000, 636.
78 Schroth, in: Roxin/Schroth (Hrsg.), Handbuch des Medizinstrafrechts, 4. Aufl. (2010), S. 446; ders., in: Hassemer/Neumann/Saliger (Hrsg.), Einführung in die Rechtsphilosophie und Rechtstheorie der Gegenwart, 9. Aufl. (2016), S. 381; siehe auch Seelmann/Demko, Rechtsphilosophie, 6. Aufl. (2014), § 6 Rn. 12.
79 Schroth, in: Roxin-FS (2001), S. 871; ders., in: Oduncu/Schroth/Vossenkühl (Hrsg.), Transplantation (2003), S. 166.
80 Rüthers/Fischer/Birk, Rechtstheorie, 10. Aufl. (2018), Rn. 789.
81 BVerfG v. 23.6.2010 – 2 BvR 2559/08, S. 78.

c) Sexuelle Nötigung

Ein anderes Beispiel, bei dem die Gesetzesgeschichte ergibt, dass ein bestimmter Sachverhalt – trotz der durch die grammatische Auslegung aufgeworfenen Zweifel – erfasst werden sollte, findet sich bei der Auslegung des § 177 Abs. 2 StGB a.F. Dort war umstritten, ob die Formulierung „sexuelle Handlungen am Opfer" auch auf die gewaltsame Erzwingung der Ausübung des Oralverkehrs angewendet werden kann.[82] Der historisch-genetische Kontext legt jedoch offen, dass auch die „orale und anale Penetration" strafbar iSd § 177 Abs. 2 StGB a.F. sein sollte. Infolgedessen wurde der kurze Zeit später erfolgenden Ergänzung der Norm vom Rechtsausschuss bestätigt, dass sie nur eine klarstellende Funktion habe.[83]

625

3. Probleme

a) Eruierung des („subjektiven") Normzwecks

Die Bedeutung der Entstehungsgeschichte einer Norm besteht nicht nur darin, dass der Gesetzgeber eine bestimmte „Interessenlage" in Form eines generell-abstrakten formalisierten „Tatbestands" erfassen will, sondern auch – grundlegender – in den hermeneutischen Bedingungen des Textverstehens.[84] Wer im Wortsinn einen Text „auslegen" will, muss zunächst erforschen, was in ihn hineingelegt wurde. Für die Gesetzesauslegung bedeutet dies, dass zu ermitteln ist, was den Normsetzer veranlasst hat, ein Gebot oder ein Verbot zu formulieren.[85] Der Interpret muss sich dabei bewusst sein, dass er seinem Vorverständnis aufsitzen kann. Diese Möglichkeit darf jedoch nicht dazu führen, auf die Erforschung des historischen Normzwecks bewusst zu verzichten, wie dies – ausführlich von Rüthers belegt[86] – nicht selten bei Obersten Gerichten und in der Literatur der Fall ist. Sofern die Materialien verlässliche Informationen über den verfolgten Normzweck enthalten, kann trotz der hermeneutischen Bedenken eine Genauigkeit der Interpretation gelingen, die sich dem objektiven Blickwinkel eines externen Standpunkts verdankt. Mit dem Verzicht auf die Erforschung der Motive, Wertmaßstäbe und Normzwecke, die den ursprünglichen Gebotsinhalt festlegen, verschieben sich bereits die Grenzen der Normsetzungsmacht von der Gesetzgebung auf die Gerichte.

626

b) Schwierigkeiten der Erforschung der historischen Motive

Die Eruierung des Normkontextes ist mit der Schwierigkeit behaftet, dass die Materialien teilweise Widersprüche spiegeln, die vom gefundenen Kompromiss überdeckt werden. Deshalb geht es bei der historischen (ieS genetischen) Auslegung nicht darum, den „psychischen" Willen irgendeines Abgeordneten, eines Gesetzgebungsorgans oder gar den einheitlichen Willen eines einzigen Gesetzgebers zu ergründen, wie das den monar-

627

---

82 Abl. BGH NJW 2000, 475.
83 BT-Drucks. 13/9064, S. 12.
84 Esser, Vorverständnis und Methodenwahl in der Rechtsfindung (1976), S. 136; Horn, Einführung in die Rechtswissenschaft und Rechtsphilosophie, 6. Aufl. (2016), § 2 Rn. 46; Mahlmann, Rechtsphilosophie und Rechtstheorie, 4. Aufl. (2017), § 24.
85 Gadamer, Wahrheit und Methode, Bd. 1, 6. Aufl. (1990), S. 386; Marquard, in: ders., Abschied vom Prinzipiellen (1981), S. 117.
86 Rüthers, Die unbegrenzte Auslegung, 7. Aufl. (2012), Rn. 779; ders. NJW 2005, 2759; vgl auch Brox/Rüthers/ Henssler, Arbeitsrecht, 22. Aufl. (2016), Rn. 254; Frister, Strafrecht AT, 7. Aufl. (2015), 4. Kap. Rn. 14.

chischen Vorstellungen der absolutistischen Denktradition entsprach[87], sondern zu erkennen, dass die konkrete Fassung des Gesetzes die Lösung eines spezifischen Entscheidungsproblems darstellt. Hinter einer solchen Lösung stehen auch in der modernen Parteiendemokratie konkrete Regelungszwecke und Ziele.[88] An einer verwertbaren Entstehungsgeschichte fehlt es daher, wenn die Gesetzesmaterialien lediglich die Vorstellungen der Ministerialbeamten mitteilen oder wenn Einführung und Änderung des Verbrechenstatbestands kaum noch vom Parlament beraten werden und deshalb unklar ist, ob den Abgeordneten überhaupt bewusst war, worüber sie abstimmen. Als Beispiele seien genannt: die Einführung des § 370 a AO durch das Steuerverkürzungsbekämpfungsgesetz vom 19.12.2001[89], die Novellierung des § 201 a StGB vom 5.8.2004 (Verletzung des höchstpersönlichen Lebensbereichs durch Bildaufnahmen), der durch das 41. StÄnG vom 7.8.2007 eingefügte § 202 c StGB (Vorbereiten des Ausspähens und Abfangens von Daten), der die Strafbarkeit weit in das Vorbereitungsstadium hinein schiebt[90] sowie der am 16.10.2015 im BT beschlossene § 202 d StGB (Datenhehlerei), der über den Schutz personenbezogener Daten hinausgreift.

c) Mittel der historischen Methode

628 Die genannten Beispiele zeigen, dass es in der auf Kompromisse angelegten modernen Parteiendemokratie nicht selten schwierig ist, in den Gesetzesmaterialien Hinweise auf konkrete Vorstellungen des Gesetzgebers zu finden.[91] Gelegentlich mag die Suche nach dem Regelungszweck aussichtslos sein. Aber dieser Umstand berechtigt nicht, die historischen Normzwecke dort unbeachtet zu lassen, wo sie erfasst werden können. In der modernen nationalen wie internationalen Gesetzgebung ist dies häufig deshalb möglich, weil die Motive der Normsetzung – insbesondere in der Europäischen Union – dem Normtext vorangestellt werden.[92] Also ist es die Aufgabe historischer Auslegung, diejenigen Motive, die sich bzgl. bestimmter Normen im Gesetzgebungsverfahren durchgesetzt haben und den Normadressaten zur Kenntnis gebracht wurden, als historischer Wille des Gesetzgebers zu respektieren. Darüber hinaus sind alle verfügbaren Gesetzesmaterialien (z.B. Referentenentwürfe, Regierungsentwürfe, Stellungnahme des Bundesrats, Protokolle und stenographische Berichte des Bundestags) heranzuziehen.[93] Dies erleichtert die Homepage des Bundestags, auf der in der Regel ein Gesetzgebungsverfahren vom ersten Referentenentwurf bis hin zur Verkündung im Bundesgesetzblatt nachvollzogen werden kann. Sofern die Zielvorgaben vom Gesetzgeber sehr generell formuliert worden sind (z.B. Schutz bestimmter Rechtsgüter; Bekämpfung bestimmter deliktischer Handlungen), werden diese jedenfalls – anders als bei der teleologischen Auslegung (Rn. 631 ff.) – der Interpretationsherrschaft des Rechtsanwenders entzogen: Die Eingrenzung auf das Rechtsgut „Eigentum" steht dann einer Umdeutung in den Schutz der allgemeinen Handlungsfreiheit im Wege.[94] Kann man die Gesetzesmaterialien konsensfähig im Hinblick auf bestimmte Regelungsziele interpretie-

---

87 v. Savigny, System des heutigen Römischen Rechts, 1. Bd. (1840), S. 213; Windscheid, Lehrbuch des Pandektenrechts, Bd. 1 (1906), S. 99.
88 Rüthers/Fischer/Birk, Rechtstheorie, 10. Aufl. (2018), Rn. 790.
89 BGBl. I, S. 3922; zur stetigen Verschärfung des Steuerstrafrechts Kuhlen, in: Kargl-FS (2015), S. 303; Ebner, Verfolgungsverjährung im Steuerstrafrecht (2015).
90 Ernst NJW 2007, 2661; Schreibauer/Hessel K&R 2007, 179.
91 MüKo-StGB-Schmitz, 3. Aufl. (2017), § 1 Rn. 78; Röhl/Röhl, Allgemeine Rechtslehre, 4. Aufl. (2018), § 79 I.
92 Schäfers JuS 2015, 878.
93 BGHSt 8, 298; LK-Dannecker, StGB, 12. Aufl. (2006), § 1 Rn. 313.
94 Skeptisch Seelmann/Demko, Rechtsphilosophie, 6. Aufl. (2014), § 6 Rn. 34.

ren, so ist der Strafrichter gehalten, diese Ziele als wahren (missverständlich „subjektiv" genannten) Willen des Gesetzgebers seiner Entscheidung zugrunde zu legen.[95]

d) Alterung des Gesetzes

Ein viel zitierter Einwand zielt auf den Alterungsprozess der Normzwecke. Das Argument lautet: Je jünger das Gesetz ist, desto stärker ist der Wille des Gesetzgebers zu berücksichtigen; je älter das Gesetz, desto mehr verblasst die Vorstellung des Gesetzgebers.[96] Diese Begründung würde als allgemeine Leitlinie ohnehin nur für die Fälle taugen, bei denen die Alterung des Gesetzes im Wandel der Verhältnisse gründet. Da vor allem im Kernstrafrecht – anders als in anderen Rechtsgebieten – der ursprüngliche Norminhalt kaum infolge veränderter Umstände seinen Sinn und Zweck verliert, dürfte in Auslegungsfragen das Alter des Gesetzes nur eine untergeordnete Rolle spielen. Aber selbst dann, wenn dieser Fall eintritt, müssen die maßgeblichen Argumente der Entstehungszeit Verbindlichkeit beanspruchen. Ein genereller Vorrang der „objektiven" Interpretation (Rn. 622, 625) gegenüber der Erforschung des ursprünglichen Normzwecks würde die Funktion der historischen Auslegung als Abgrenzungskriterium von Auslegung und richterlicher Normsetzung zunichte machen.[97] Über dem berechtigten Anliegen, das Gesetz flexibel zu halten und gewandelten Verhältnissen anzupassen, darf das Prinzip der strafrechtlichen Gesetzlichkeit nicht verloren gehen.

629

e) Redaktionsversehen, Druckfehler

Die historischen Absichten können nur Berücksichtigung finden, wenn diese im Wortlaut der Norm selbst ihren Niederschlag gefunden haben. Sind die Motive und Absichten des historischen Gesetzgebers im Normtext nicht erkennbar – wie dies bei „Redaktionsversehen" der Fall ist – müssen diese außer Betracht bleiben. Im Unterschied zu anderen Rechtsgebieten dürfen im Strafrecht selbst klar erkennbare Fehler (Druckfehler) nicht durch den Rechtsanwender korrigiert werden (BVerfG NJW 2010, 755).

630

IV. Teleologische Auslegung

1. Inhalt

Die teleologische Methode (nach dem griechischen Wort telos = Ziel, Zweck) fragt danach, welche Auslegung der Norm dem objektiven Sinn der Gesetze am besten entspricht.[98] Nach Larenz und Canaris, die zu den Hauptvertretern der „objektiven" Methode zählen, sollen neben die Auslegungselemente Savignys noch zwei teleologische Kriterien gestellt werden: Objektive Zwecke des Rechts (wie Friedenssicherung, gerechte Streitentscheidung, Ausgewogenheit einer Regelung) und das jedem Gesetz zu unterstellende Streben nach einer „Regelung, die sachgemäß" ist.[99] Zu klären ist danach, was unter heutigen Verhältnissen mit dem Gesetz – gleichsam als „Gegenwarts-

631

95 Naucke, in: Engisch-FS (1969), S. 274; S/S-Eser/Hecker, StGB, 29. Aufl. (2014), § 1 Rn. 41.
96 Baumann/Weber/Mitsch/Eisele, Strafrecht AT, 12. Aufl. (2016), § 9 Rn. 76; Larenz/Canaris, Methodenlehre des Rechts, 4. Aufl. (2014), S. 170; Eisele, Strafrecht BT 1, 4. Aufl. (2017), Rn. 15.
97 Rüthers/Fischer/Birk, Rechtstheorie, 10. Aufl. (2018), Rn. 793.
98 BVerfGE 24, 42; BVerfG wistra 2002, 179.
99 Larenz/Canaris, Methodenlehre des Rechts, 4. Aufl. (2014), S. 152; ausf. Diskussion bei Rüthers/Fischer/Birk, Rechtstheorie, 10. Aufl. (2018), Rn. 801; Wank, Die Auslegung von Gesetzen, 6. Aufl. (2016), S. 71.

sinn"[100] – bezweckt ist[101] bzw. welchen Sinn und Zweck (ratio legis) der Gesetzgeber im aktuellen Kontext der Entscheidung als „sachgemäße" Regelung verfolgen würde.[102] Anhaltspunkte für die Klärung des „objektiven" Sinns soll vor allem die Feststellung des Rechtsguts liefern, mit deren Hilfe Schutzrichtung und Regelungsbereich des Tatbestands ausgelotet werden könnten.[103] So ist aus dem Rechtsgut „Eigentum" in § 303 StGB (Sachbeschädigung) abgeleitet worden, dass der Beschädigungsbegriff auch Brauchbarkeitsänderungen umfasse[104]; mit dem Rechtsgut „Volksgesundheit" wird die Außerkraftsetzung des Prinzips der Straffreiheit eigenverantwortlicher Selbstgefährdung im Betäubungsmittelgesetz (BtMG) gerechtfertigt.[105] Gesetzgeberische Wertungen sollen sich auch aus der Höhe des Strafrahmens[106] (BVerfGE 25, 286) sowie aus kriminalpolitischen Erwägungen ergeben.[107]

2. Begründung

632 Überwiegend wird die Berechtigung der teleologischen Auslegung damit begründet, dass sich angesichts einer veränderten sozialen Situation (Wandel der Rechtstatsachen) der ursprüngliche Regelungszweck geändert haben kann (Wandel der rechtlichen Wertungen).[108] Je länger die Kodifizierung eines Tatbestands zurückliegt, desto mehr schwinde die Überzeugungskraft der subjektiv-historischen Interpretation des Wortlauts (Rn. 629). Des Weiteren geht die „objektive" Theorie von der Vorstellung aus, dass der Gesetzestext Bedeutungen und Konsequenzen enthält, die den an der Gesetzgebung beteiligten Personen gar nicht bewusst gewesen seien, aber später in der Auslegung durch Gerichte und (Strafrechts-)Wissenschaft hervortreten. Dementsprechend soll – ua nach Auffassung von Binding, Kohler und Zippelius[109] – der Richter in den vom Gesetz „mitgemeinten" Fällen bei seiner Entscheidung sogar vom Gesetzeswortlaut abweichen dürfen. In dieser Annahme tritt an die Stelle des historischen Normzwecks der „Wille des Gesetzes", der sich seit der Publikation des Normtextes vom Gesetzgeber losgerissen habe und fortan als autonomes Substrat der Auslegung existiere.[110] Vor diesem Hintergrund hat das geflügelte Wort, wonach das Gesetz oft klüger sei als der Gesetzgeber, eine gewisse Plausibilität.

3. Kritik

633 Der Gedanke, dass der „objektive Wille des Gesetzes" die Vorstellung des Gesetzgebers übersteigen kann[111], wird nicht selten bei der sog. „teleologischen Reduktion" herangezogen, mit deren Hilfe der Richter die Anwendung einer Vorschrift über die

---

100 LK-StGB-Dannecker, 12. Aufl. (2006), § 1 Rn. 316.
101 BVerfGE 105, 135; BGHSt 26, 159.
102 Kühl, in: Kühl/Reichold/Ronellenfitsch, Einführung in die Rechtswissenschaft, 2. Aufl. (2015), § 1 Rn. 79; vgl. auch Möllers, Juristische Methodenlehre (2017), § 6 Rn. 22 ff.
103 Wessels/Beulke/Satzger, Strafrecht AT, 47. Aufl. (2017), Rn. 6; Heinrich, Strafrecht AT, 5. Aufl. (2016), Rn. 3; SK-Rudolphi, StGB, 128. Lief. (2011), § 1 Rn. 33; zur Leistungsfähigkeit des Rechtsgutsbegriffs als Hilfsmittel der Auslegung Brockmann, Das Rechtsgut des § 176 StGB (2015).
104 Satzger Jura 2006, 429; krit. Kargl JZ 1997, 283.
105 Abl. Pasedach, Verantwortungsbereiche unter Volksgesundheit (2012), S. 126.
106 BVerfGE 25, 286; Kudlich ZStW 115 (2003), S. 1.
107 Rengier, Strafrecht AT, 9. Aufl. (2014), § 1 Rn. 43; Schäfers Jus 2015, 879.
108 S/S-Eser/Hecker, StGB, 29. Aufl. (2014), § 1 Rn. 43; Jakobs, Strafrecht AT, 2. Aufl. (1993), 4. Abschn. Rn. 21.
109 Kohler GrünhutsZ 13 (1886), S. 40; Esser, Vorverständnis und Methodenwahl in der Rechtsfindung, 2. Aufl. (1976), S. 131; Zippelius, Juristische Methodenlehre, 11. Aufl. (2011), S. 76.
110 So Rüthers/Fischer/Birk, Rechtstheorie, 10. Aufl. (2018), Rn. 797.
111 Hirsch ZRP 2006, 161.

Wortlautgrenze hinaus zurücknimmt.[112] Hält sich der Richter dabei in seiner Auslegung allein daran, was der Gesetzgeber „vernünftigerweise gedacht haben sollte"[113], dann schreibt die Justiz der Gesetzgebung verbindlich vor, was „vernünftig" ist und was sie hätte regeln sollen.[114] Eine derart freihändige Bestimmung des gesetzlichen Inhalts hat nichts mehr mit Auslegung zu tun, sie ist in Wahrheit eigene Normsetzung und mit der Richterbindung unvereinbar. Die Berufung auf den „Willen des Gesetzes" ist dann nur verbrämte Rhetorik für die Tatsache, dass nicht der Wille der Rechtsprechung gelten soll.[115] Uneingeschränkt gilt noch heute, was Hugo Preuß[116] bereits 1900 dazu meinte: „Die Frage nach dem Zweck löst jeden juristischen Begriff wie flüssiges Wachs auf".

Genau genommen ist daher die objektive Auslegung subjektiv und die subjektive Auslegung objektiv. Diese Einschätzung entspricht den Erkenntnissen der modernen Sprachphilosophie, wonach es keine Objektivität hermeneutisch gewonnener Aussagen geben könne (Rn. 351, 476).[117] Als objektive Tatsache ist – soweit möglich – allenfalls der ursprüngliche Normzweck, nicht hingegen die richterliche Eigenwert greifbar (Rn. 622, 628). Wenn sich diese Eigenwertung einer Reihe von Schlüsselbegriffen wie „Rechtsidee", „Gerechtigkeit" oder „ethischer Prinzipien" bedient, unterstreicht dies die extreme Streubreite dessen, was als „Wille des Gesetzes" ausgegeben werden kann. Dass sich derartige „weltanschauliche Gleitklauseln" (Rüthers)[118] zur Anpassung der Gesetze an vielfältige Zeitgeister eignen, hat das 20. Jahrhundert mehrfach gezeigt. Engisch spricht in diesem Zusammenhang von der „magischen Kraft des Zauberbesens Rechtsidee".[119] Damit ist die Verlässlichkeit einer gültigen „objektiven" Wertordnung, die hinter dem historischen Normzweck schlummern soll, hinlänglich gekennzeichnet. Das Gesetz besitzt keinen eigenen Willen, es drückt entweder den Gestaltungswillen der normsetzenden Instanz oder den Regelungswillen des Rechtsanwenders aus.[120]

634

V. Verfassungskonforme Auslegung

1. Inhalt

Bei der Auslegung einer Norm sind angesichts des Vorrangs des Grundgesetzes vor den Strafgesetzen auch die von der Verfassung gezogenen Grenzen zu beachten („Stufenbau der Rechtsordnung").[121] Dies bedeutet, dass Rechtsbegriffe, die einer mehrdeutigen Auslegung zugänglich sind, mit Blick sowohl auf die einzelnen Artikel des GG als auch auf die Gesamtheit der sich aus ihnen ergebenden Wertaussagen interpretiert wer-

635

---

112 Larenz/Canaris, Methodenlehre des Rechts, 4. Aufl. (2014), S. 210; Rüthers/Fischer/Birk, Rechtstheorie, 10. Aufl. (2018), Rn. 717; Möllers, Juristische Methodenlehre (2017), § 6 Rn. 115 ff., 153 ff.
113 Hirsch ZRP 2006, 161.
114 Rüthers JZ 2007, 57; Foerste JZ 2007, 124.
115 Offen eingeräumt von Ahrenhövel ZRP 2005, 69.
116 Preuß, in: Schmollers Jahrbuch 24, Bd. 1 (1900), S. 369.
117 Vgl. dazu Dreier, in: H.J. Wolff-FS (1973), S. 3; Albert, Traktat über kritische Vernunft, 5. Aufl. (1991), S. 13.
118 Rüthers/Fischer/Birk, Rechtstheorie, 10. Aufl. (2018), Rn. 808.
119 Engisch, Einführung in das juristische Denken, 11. Aufl. (2010), S. 295.
120 Ebenso C. Fischer, Topoi verdeckter Rechtsfortbildung im Zivilrecht (2007), S. 489; Braun, Einführung in die Rechtswissenschaft, 4. Aufl. (2011), Rn. 377.
121 Monographisch: Kuhlen, Die verfassungskonforme Auslegung von Strafgesetzen (2006), S. 8 ff.; Bettermann, Die verfassungskonforme Auslegung (1986), S. 21 ff.; Höpfner, Die systemkonforme Auslegung (2008), S. 157; siehe auch Kühling JuS 2014, 482; Wendt, in: Würtenberger-FS (2013), S. 123; Hillenkamp, in: Beulke-FS (2015), S. 449.

den müssen.[122] Danach darf bei einer Norm, die mehrere Auslegungsvarianten zulässt, (selbstverständlich) nur die verfassungsgemäße Möglichkeit gewählt werden.[123] Gemäß dem Grundsatz der „Normerhaltung" soll ein Gesetz, das seinem Wortlaut nach für verfassungswidrig gehalten wird, dann aufrechterhalten bleiben, wenn eine Interpretation möglich ist, die der Verfassung entspricht.[124] Dieser Fall dürfte im Strafrecht eher theoretischer Natur sein, da sich die verfassungskonforme Auslegung weder über die Absichten des Gesetzgebers (BGHSt 47, 373) noch über den möglichen Wortsinn der Norm hinwegsetzen darf.[125] In den Fällen also, in denen die verfassungskonforme Auslegung „mit dem Wortlaut und dem klar erkennbaren Willen der Gesetzgebung in Widerspruch treten würde"[126], ist die fragliche Rechtsnorm grundsätzlich verfassungswidrig. Der Richter hat dann, sofern es sich um vorkonstitutionelles Recht handelt, die Normanwendung zu unterlassen oder im Falle nachkonstitutionellen Rechts das BVerfG gem. Art. 100 GG anzurufen.[127]

2. Nähe zur teleologischen Auslegung

636 Das BVerfG hat sich – den gründlichen Studien von Gaebel und Krahl[128] zufolge – selbst häufig nicht an die eigenen Richtlinien gehalten. Wenn es in einer Entscheidung heißt, das Ziel jeder Auslegung sei die Feststellung des Inhalts einer Norm, wie er sich aus dem Wortlaut und dem „Sinnzusammenhang" ergibt, in den sie hineingestellt ist[129], dann steht der Interpret vor dem Problem, dass die Verfassung selbst ausgelegt werden muss, um zu beantworten, ob eine Auslegung noch als verfassungskonform zu betrachten ist oder nicht.[130] Dass eine auf den Sinnzusammenhang abstellende Interpretation sowohl der Strafnormen als auch der Grundrechte auf einer ergebnisorientierten, letztlich wohl teleologischen Auslegung fußt, ist vielfach festgestellt worden.[131] Naucke nennt dies „eine Folge jenes juristisch befremdlichen Verfahrens, das Rechts- und Staatsphilosophie als Auslegung von Verfassungsartikeln betreibt."[132]

3. Beispiele

637 In welchem Ausmaß sich die verfassungskonforme, an einer Gesamtschau orientierte Auslegung vom Ufer des Wortlauts entfernen kann, belegt die Rechtsprechung ua zur Beleidigung[133], zur Geldwäsche[134] und zur Untreue[135]. Insbesondere im Bereich des

---

122 BVerfGE 45, 259; BGHSt 30, MüKo-Schmitz, StGB, 3. Aufl. (2017), § 1 Rn. 78; Oppermann/Classen/Nettesheim, Europarecht, 7. Aufl. (2016), § 8 Rn. 18; Eisele, Strafrecht BT I, 4. Aufl. (2017), Rn. 17.
123 BVerfGE 2, 282; 8, 221.
124 BVerfGE 6, 72; 39, 38; 118, 234; s. auch LK-Dannecker, StGB, 12. Aufl. (2006), § 1 Rn. 326; Canaris, in: Kramer-FS (2004,), S. 148; Vosskuhle/Kaiser JuS 2011, 411.
125 BVerfGE 45, 373; 38, 4; 54, 299; S/S-Eser/Hecker, StGB, 29. Aufl. (2014), § 1 Rn. 38; Fischer, StGB, 65. Aufl. (2018), § 1 Rn. 11.
126 BVerfGE 81, 105.
127 BVerfGE 32, 296; 118, 234; Höpfner, Die systemkonforme Auslegung (2004), S. 197; Möllers, Juristische Methodenlehre (2017), § 7 Rn. 35 ff., 47 ff., 52 ff.
128 Gaebel, „Das Grundrecht der Methodengleichheit" (2008), S. 24 ff.; Krahl, Die Rechtsprechung des Bundesverfassungsgerichts und des Bundesgerichtshofs zum Bestimmtheitsgrundsatz im Strafrecht (1986), S. 104 ff.
129 BVerfGE 24, 15.
130 Birk NJW 1973, 2196.
131 Krey JR 1995, 227; Wiegandt NJ 1996, 113; Schuppert, in: Forum Rechtswissenschaft, Bd. 4 (1980), S. 7.
132 Naucke, Der Begriff der politischen Wirtschaftsstraftat (2012), S. 82.
133 § 185 StGB; BVerfG NJW 1995, 3303.
134 § 261 StGB; BVerfG NJW 2004, 473.
135 § 266 StGB; BVerfG HRRS 2010 Nr. 656.

Schutzes der Privatsphäre ist die Auslegung der betreffenden Strafnormen maßgebend durch die „Wertordnung des Grundgesetzes" beeinflusst worden. Als Paradebeispiel einer aus dem Ruder gelaufenen verfassungskonformen Auslegung muss der Umgang des BVerfG mit der für Mord strikt vorgesehenen absoluten Strafandrohung der lebenslangen Freiheitsstrafe genannt werden. Beim Heimtückemord sind in der Tat Konstellationen denkbar, in denen – wie in den Familientyrannenfällen[136] – die Verhängung der lebenslangen Freiheitsstrafe mit Blick auf den aus der Verfassung (Art. 1 Abs. 1, Art. 2 Abs. 1 und Art. 20 Abs. 3 GG) abgeleiteten Grundsatz der schuldangemessenen Strafe[137] unverhältnismäßig erscheint.[138] Akzeptiert man diese Sicht, ist es Aufgabe des gegenwärtigen Gesetzgebers zu überprüfen, ob die Sanktion bei milder gelagerten Fällen der Verfassung entspricht.[139] Beim Rückgriff auf den allgemeinen Strafmilderungsrahmen des § 49 Abs. 1 Nr. 1 StGB, der sog. „Rechtsfolgenlösung"[140], handelt es sich in Wahrheit nicht um das Ergebnis einer Auslegung, sondern um das Resultat einer „Einlegung", die eigenmächtig die lebenslange in eine zeitige Freiheitsstrafe umwandelt.

4. Hilfsfunktion

Die verfassungskonforme Auslegung hat ihre Bedeutung darin, die Fachgerichte an die Autorität des demokratisch legitimierten Gesetzgebers sowie an die Grundrechte zu erinnern.[141] Hält sie sich selbst an den Grundsatz der Gewaltenteilung (Rn. 41) und an die Wortlautgrenze (Rn. 464), dann ist die Normerhaltung kein Selbstzweck, sondern logische Funktion der hermeneutischen Arbeit an Begriffen.[142] Unter dieser Voraussetzung stützt die verfassungskonforme Auslegung lediglich die übrigen Interpretationsmethoden, fügt ihnen also nicht Neues hinzu.[143] Deshalb erscheint es zweifelhaft, sie als die einzige Auslegung zu bezeichnen, mit der sich die Abweichung von einer vorherigen Auslegung „vernünftig" rechtfertigen ließe.[144] Wenn verfassungsrechtliche Gesichtspunkte die Korrektur einer früheren Anwendungspraxis „besser verkaufen", so ist dies der Gleichsetzung von Begründung und Auslegung einer Norm zu verdanken. Allerdings: das höhere Argumentationsniveau, das von der Frage nach der Legitimität der Vorschrift herausgefordert wird, hat sich im Fall einer Divergenz zwischen Norm und Verfassung an den Gesetzgeber und nicht an den Interpreten bzw. den Richter zu wenden.[145] Sollen dagegen Begründungsaspekte den Interpreten anleiten, werden häufig Wortlaut und Wille der gesetzgebenden Gewalt außer Kraft gesetzt (Rn. 536). Mit Hilfe dieser Methode konnten in Deutschland mehrfach ganze Rechtsordnungen inter-

638

---

136 BVerfGE 45, 259; zu den Einzelnachweisen der Rspr-Kasuistik Kargl StraFo 2001, 367; S/S-Eser/Sternberg-Lieben, StGB, 29. Aufl. (2014), § 211 Rn. 18; Heinrich, Strafrecht BT I, 4. Aufl. (2017), Rn. 17.

137 BVerfGE 57, 275.

138 Murmann, Grundkurs Strafrecht, 4. Aufl. (2017), § 20 Rn. 15; Eser, in: Kargl-FS (2015), S. 94; Küper, in: Beulke-FS (2015), S. 467.

139 Kargl Jura 2004, 189; zu Reformvorschlägen: ders. JZ 2003, 1141; StraFo 2001, 365.

140 BGHSt 30, 120; BVerfGE 27, 29; dazu auch AnwK-StGB-Gaede, 2. Aufl. (2015), § 1 Rn. 17.

141 Simon EuGRZ 1974, 84; Heun, Funktionell-rechtliche Schranken der Verfassungsgerichtsbarkeit (1990), S. 34.

142 Voßkuhle AöR 2000, 183; Lüdemann JuS 2004, 29; Rieger NVwZ 2003, 18.

143 Ähnl. Rengier, Strafrecht AT, 9. Aufl. (2017), § 5 Rn. 24: Unterfall der systematischen und teleologischen Auslegung; Baumann, Einführung in die Rechtswissenschaft (1980), S. 96.

144 So Gaubel, „Das Grundrecht auf Methodengleichheit" (2008), S. 27; Hettinger/Engländer, in: Meyer-Goßner-FS (2001), S. 155.

145 Bettermann, Die verfassungskonforme Auslegung (1986), S. 12; Müller/Christensen, Juristische Methodik, Bd. 1, 11. Aufl. (2013), S. 105.

pretativ umgedeutet werden, ohne dass es einer differenzierten neuen Gesetzgebung bedurfte.[146]

VI. Europarechtskonforme Auslegung

1. Unionsrecht

639 Ein weiterer bei der Auslegung zu berücksichtigender Maßstab ergibt sich aus dem Recht der Europäischen Union.[147] Mit dem Inkrafttreten des Vertrags von Lissabon am 1.12.2009 wurde eine eigenständige Rechtsordnung geschaffen, deren Grundlage der Vertrag über die Europäische Union (EUV) und der Vertrag über die Arbeitsweise der Europäischen Union (AEUV) ist.[148] Dieses „primäre Unionsrecht" besteht hauptsächlich aus Regelungen über die Organisation der Europäischen Institutionen und Ermächtigungen zum Erlass von Rechtsnormen. Es schafft z.B. in Art. 86 EUV die rechtliche Grundlage für die Einrichtung einer Europäischen Staatsanwaltschaft[149] und enthält in Art. 4 Abs. 3 EUV auch die Verpflichtung der Mitgliedstaaten der EU zur effektiven Durchsetzung des Unionsrechts.[150] Daneben gibt es das „sekundäre Unionsrecht" (abgeleitetes Unionsrecht), das durch die Organe der EU auf Grundlage der Verträge geschaffen wird.[151] Art. 288 Abs. 2-4 AEUV unterscheidet als verbindliche Handlungsformen des sekundären Unionsrechts „Verordnungen", „Richtlinien" und „Beschlüsse".[152] Während die Verordnungen unmittelbar in jedem Mitgliedstaat für die Bürger gelten, wenden sich die Richtlinien an die nationalen Gesetzgeber.[153]

2. Unionsrechtskonforme Auslegung

640 Entsprechend der Unterscheidung in primäres und sekundäres Unionsrecht kann zwischen der unionsrechtskonformen und der richtlinienkonformen Auslegung differenziert werden.[154] Die unionsrechtskonforme Auslegung entspricht in Grundzügen der verfassungskonformen Auslegung im nationalen Recht. Danach sind deutsche Strafnormen im Zweifel in Übereinstimmung mit dem Unionsrecht auszulegen.[155] Gegen Grundfreiheiten innerhalb der EU verstößt z.B. das Verbot von Waren, die in einem anderen Mitliedstaat zugelassen sind.[156] In Widerspruch zu elementaren Grundsätzen des EUV steht auch die lebenslange Ausweisung eines EU-Bürgers.[157] Divergieren die Anwendungsbereiche einer Norm zwischen dem Gemeinschaftsrecht und dem nationa-

---

146 Rüthers JZ 2007, 58; Rüthers/Fischer/Birk, Rechtstheorie, 10. Aufl. (2018), Rn. 27.
147 Herdegen, Europarecht, 19. Aufl. (2017), § 1 Rn. 2; § 4 Rn. 31; Safferling, Internationales Strafrecht (2012), § 4 Rn. 88; § 9 Rn. 92; Streinz, Europarecht, 10. Aufl. (2016), Rn. 404; Böse, in: Krey-FS (2010), S. 7; Tiedemann, in: Roxin-FS (2001), S. 1403; Schuhr, in: Kudlich/Montiel/Schuhr (Hrsg.), Gesetzlichkeit und Strafrecht (2012), S. 255.
148 Jochum, Europarecht, 3. Aufl. (2018), Rn. 17.
149 Oppermann/Classen/Nettesheim, Europarecht, 7. Aufl. (2016), § 37 Rn. 36.
150 Zum Ganzen Streinz/Ohler/Herrmann, Der Vertrag von Lissabon, 3. Aufl. (2010).
151 Herdegen, Völkerrecht, 17. Aufl. (2018), § 8 Rn. 34; Jochum, Europarecht, 3. Aufl. (2018), Rn. 42; Möllers, Juristische Methodenlehre (2017), § 2 Rn. 56, 58.
152 Baus/Borchard/Krings/v. Danwitz, Europäische Integration (2010), S. 86; Geiger, Auswirkungen europäischer Strafrechtsharmonisierung auf nationaler Ebene (2012), S. 33.
153 Näher Safferling, Internationales Strafrecht (2012), § 9 Rn. 83, 85.
154 Rüthers/Fischer/Birk, Rechtstheorie, 10. Aufl. (2018), Rn. 767; Möllers, Juristische Methodenlehre (2017), § 2 Rn. 60; § 8 Rn. 90.
155 Leible/Domröse, in: Riesenhuber (Hrsg.), Europäische Methodenlehre, 3. Aufl. (2015), § 9 Rn. 7; Satzger, Internationales und Europäisches Strafrecht, 8. Aufl. (2018), § 8 Rn. 81.
156 Rönnau wistra 1994, 203.
157 EuGHE I, 1999, 29.

len Recht kommt sowohl eine einschränkende als auch eine (innerhalb des Wortlauts mögliche) strafbarkeitserweiternde Auslegung in Betracht.[158] Einschränkend ausgelegt wurde z.b. § 370 Abs. 5 AO, der den Tatbestand der Steuerhinterziehung auch auf illegal eingeführte Waren erstreckt. Da nach Gemeinschaftsrecht die Besteuerung der Einfuhr verbotener Waren unzulässig ist, soll in diesem Fall keine Einfuhrumsatzsteuer erhoben werden dürfen.[159] Diese Entscheidung ist allerdings wegen des zu geringen Entscheidungsspielraums der deutschen Regelung nicht überzeugend.[160] Dem Einwand der unüberbrückbaren Diskrepanz zwischen den nationalen Verfahrensprinzipien und dem Gemeinschaftsrecht muss sich auch der Europäische Haftbefehl gefallen lassen.[161] Werden bestimmte Begriffe im Unionsrecht weiter als im nationalen Bereich definiert, kommt – wiederum unter Beachtung der Wortlautgrenze und der historischen Zielsetzung der deutschen Norm – eine ausdehnende Interpretation in Betracht.[162]

3. Richtlinienkonforme Auslegung

Besondere Bedeutung hat die richtlinienkonforme Auslegung erlangt, da sich der rechtspolitische Wille der EU zunehmend in den Handlungsformen des sekundären Unionsrechts ausdrückt.[163] Voraussetzung ist auch bei der richtlinienkonformen Auslegung die Mehrdeutigkeit der auszulegenden nationalen Vorschrift. Besteht kein Auslegungsspielraum, ist ein contra-legem-Judizieren, d.h. die richtlinienkonforme Umdeutung eines eindeutig unionswidrigen Rechts unzulässig.[164] Diese Situation führt nicht etwa zur Derogation des nationalen Rechts, sondern vielmehr zur Feststellung eines Richtlinienverstoßes, der entweder eine Haftung des Mitgliedstaates wegen fehlerhafter Umsetzung der Richtlinie oder ein Vertragsverletzungsverfahren vor dem EUGH gem. Art. 258 f AEUV nach sich zieht. Richtlinien erlangen somit nur hinsichtlich ihrer Ziele Verbindlichkeit; als Rechtsquelle sind sie nur mittelbar geeignet.[165] Da die Auslegung des Rechts der Mitgliedstaaten den nationalen Gerichten obliegt und der EUGH über den Inhalt des Unionsrechts befindet, erfordert die richtlinienkonforme Auslegung stets ein Kooperationsverhältnis zwischen den nationalen Gerichten und dem EUGH.[166] Dieses Kooperationsverhältnis bereitete früher insofern Probleme, als sich eine eigene unionsrechtliche Interpretationslehre mit selbständigen Grundsätzen herauszubilden schien.[167] Mittlerweile verwendet der EUGH zunehmend auch die aus dem nationalen Recht bekannten Begründungstopoi, insbesondere die am Sinn und Zweck orientierte teleologische Betrachtung (Rn. 631).[168]

641

---

158 SSW-StGB-Satzger, 3. Aufl. (2017), § 1 Rn. 46; MüKo-StGB-Schmitz, 3. Aufl. (2017), § 1 Rn. 87.
159 EuGH NStZ 1983, 79; EuGEH I 1990, 4496.
160 Pfohl wistra 1999, 167; Satzger, Internationales und Europäisches Strafrecht, 8. Aufl. (2018), § 8.
161 Böhm/Rosenthal, in: Ahlbrecht u.a. (Hrsg.), Internationales Strafrecht in der Praxis (2008), Rn. 1052; Unger, in: Schünemann (Hrsg.), Ein Gesamtkonzept für die europäische Strafrechtspflege (2006).
162 Dannecker JZ 1996, 872; Satzger, Internationales und Europäisches Strafrecht, 8. Aufl. (2018), § 12 Rn. 60.
163 Wessels/Beulke/Satzger, Strafrecht AT, 47. Aufl. (2017), Rn. 46; LK-Dannecker, StGB, 12. Aufl. (2006), § 1 Rn. 342; Jochum, Europarecht, 3. Aufl. (2018), Rn. 386; Möllers, Juristische Methodenlehre (2017), § 8 Rn. 90 ff.
164 Rüthers/Fischer/Birk, Rechtstheorie, 10. Aufl. (2018), Rn. 769; Hecker, Europäisches Strafrecht, 5. Aufl. (2015), § 19 Rn. 23.
165 Schürnbrand JZ 2007, 913; Höpfner, Die systemkonforme Auslegung (2008), S. 85; Kühling JuS 2014, 486; aA Canaris, in: Bydlinski-FS (2002), S. 64.
166 Rüthers/Fischer/Birk, Rechtstheorie, 10. Aufl. (2018), Rn. 769 d.
167 W. Schröder JuS 2004, 180; Oppermann/Classen/Nettesheim, Europarecht, 7. Aufl. (2016), § 10 Rn. 168; Möllers, Juristische Methodenlehre (2017), § 1 Rn. 15, 80; § 2 Rn. 71 ff.
168 EuGE 2005, II 4065; zu den Defiziten juristischer Methodik vgl. Jochum, Europarecht, 3. Aufl. (2018), Rn. 147.

4. Rahmenbeschlusskonforme Auslegung

642   Sofern es sich um Rahmenbeschlüsse handelt, die vor dem Inkrafttreten des Vertrags von Lissabon erlassen wurden, kommt eine rahmenbeschlusskonforme Auslegung in Betracht.[169] Mit der im Lissabon-Vertrag intendierten Auflösung der europäischen Säulenstruktur (z.B. die als dritte Säule bezeichnete polizeiliche und justizielle Zusammenarbeit [PIZ]) wird künftig die unionsrechtskonforme Auslegung vorherrschen.[170] Gleichwohl entfalten die früheren Rahmenbeschlüsse nach wie vor ihre Rechtswirkung. Danach gilt auch für den Rahmenbeschluss die Maxime der effektiven Umsetzung der europäischen Vorgaben im nationalen Recht. Beispiele: Nach Maßgabe des Rahmenbeschlusses zur Bekämpfung von Betrug und Fälschung im Zusammenhang mit unbaren Zahlungsmitteln wurde das nationale Recht um § 263a Abs. 4 StGB ergänzt, der nunmehr bestimmte Vorbereitungshandlungen für den Computerbetrug sanktioniert.[171] Durch den Rahmenbeschluss über die Stellung des Opfers im Strafverfahren[172] soll sichergestellt werden, dass die Rechte der Opfer in den nationalen Rechtsordnungen grundsätzlich anerkannt und unterstützt werden.[173] Auf der Basis dieses Rahmenbeschlusses hat der EuGH hinsichtlich der Ersatzprivatklage entschieden, dass die Mitgliedstaaten zwar nicht dazu verpflichtet werden können, dass das Opfer einer Straftat im Rahmen der Ersatzprivatklage als Zeuge gehört werde, aber dem Opfer müsse stets die Möglichkeit gegeben werden, vor Gericht aussagen zu können, was wiederum als Beweismittel Eingang in das Verfahren finden kann.[174] Dementsprechend sind das nationale Strafrecht und das nationale Strafverfahrensrecht im Lichte der Vorgaben und Wertentscheidungen der Rahmenbeschlüsse auszulegen. Allerdings gilt es auch hier zu beachten, dass nationale Vorgaben, deren Inhalt eindeutig ist, nicht im Wege der Auslegung durch das Gemeinschaftsrecht ersetzt werden können. Dies folgt schon aus dem Demokratiedefizit bei Erlass und Umsetzung europäischer Vorgaben.[175]

5. Problem des Rangverhältnisses

643   Von der unionsrechtskonformen Auslegung ist die unmittelbare Anwendbarkeit des Unionsrechts zu unterscheiden. Beide Institute stehen nebeneinander und dienen der rechtlichen Integration der EU.[176] Tritt zwischen unmittelbar anwendbarem Unionsrecht und nationalem Recht ein Widerspruch auf, entsteht das Problem des Rangverhältnisses von beiden eigenständigen Rechtsordnungen.[177] Da keine explizite Kollisionsregel existiert, hat der EuGH schon in den Sechziger Jahren die Frage entschieden und seither einen umfassenden Vorrang des Unionsrechts im nationalen Raum aner-

---

169   EuGH JZ 2005, 838 m. Bespr. Hillgruber JZ 2005, 841 und Gärditz/Gusy GA 2006, 225; eing. Först, Die Pflicht zur rahmenbeschlusskonformen Auslegung (2012).
170   Satzger, Internationales und Europäisches Strafrecht, 8. Aufl. (2018), § 8 Rn. 120; Eisele, Strafrecht BT 1, 4. Aufl. (2017), Rn. 18.
171   ABIRG 2001, Nr. 1, 149, S. 1.
172   2001/220/II, Abl. I, 82 vom 22.3.2001, S. 1.
173   Safferling ZStW 132 (2010), S. 87.
174   EuGH Rs C – 404/07, Slg 2008, I 7697; dazu Safferling, Internationales Strafrecht (2011), § 10 Rn. 90.
175   BVerfG NJW 2005, 2202; Schünemann GA 2004, 200; Bosbach NStZ 2006, 225; Broß, in: Nehm-FS (2006), S. 27.
176   Herrmann, Richtlinienumsetzung durch Rechtsprechung (2003), S. 87; Mansdörfer Jura 2004, 297.
177   Kadelbach, in: Zuleeg-FS (2005), S. 219; Schäffler, in: Püttner-FS (2006), S. 111; Ehlert/Eckert JZ 2008, 585; Böse, in: Tiedemann-FS (2008), S. 1321.

kannt.[178] Umfassend heißt danach, dass der Vorrang gegenüber jeder Rangstufe des nationalen Rechts, einschließlich der Verfassungen der Mitgliedstaaten gilt. Das BVerfG hat diesen Vorrang zwar insofern eingeschränkt, als dieser nur anerkannt werde, wenn die verfassungsrechtlichen Wertentscheidungen durch die Rechtsakte der EU respektiert würden.[179] Da das BVerfG aber zugleich festgestellt hat, dass der Grundrechtsschutz der EU im Wesentlichen den deutschen Standards genügt[180], ist der Vorrang des Unionsrechts im Grundsatz auch in Deutschland unumstritten.[181] Berücksichtigt man, dass der Vorrang des Unionsrechts in besonderem Maße die Souveränität der Mitgliedstaaten einschränkt, sind die deutschen Gerichte zunächst zur unionsrechtskonformen Auslegung verpflichtet, bevor sie das Unionsrecht unmittelbar anwenden (EuGH Slg 1988, 673 Rn. 11).[182]

VII. Folgenberücksichtigende Auslegung

1. Inhalt

Die Lehre von der Folgenberücksichtigung weist den Richter an, neben dem Katalog der genannten Auslegungskriterien die Folgen seiner Entscheidung für die Betroffenen als eigenständigen Gesichtspunkt zu berücksichtigen.[183] Zur Begründung führt das BVerfG aus, dass die tatbestandlichen Voraussetzungen eines Delikts und die Rechtsfolgen in einem gegenseitigen Abhängigkeitsverhältnis stünden.[184] Gemeint ist damit, dass der vom Gesetzgeber normierte Strafrahmen die Unrechts- und Schulddimension zum Ausdruck bringt; über diese Konditionalstruktur des Strafgesetzes (Rn. 68) dürfe sich auch der Rechtsanwender nicht hinwegsetzen.[185] Sollte sich ergeben, dass die Auslegung eines Tatbestandsmerkmals mit der Art und Höhe der Strafdrohung nicht sachgerecht abgestimmt ist und die Entscheidung deshalb zu untragbaren Ergebnissen führt, sei dies notfalls zu korrigieren[186]. Da somit die Tatbestandsmerkmale im Lichte der Höhe der angedrohten Strafe zu interpretieren sind, darf diese im Hinblick auf den zu beurteilenden Sachverhalt nicht unverhältnismäßig hoch sein.

644

2. Beispiel

Eine solche Folgenberücksichtigung kann richtigerweise nur dann auf der Tatbestandsebene angesiedelt werden, wenn diese noch im Einklang mit dem Gesetzlichkeitsprinzip steht. So bedeutet es z.B. keine Gesetzeskorrektur, den Begriff der „Überschwemmung" (§ 313 StGB) in einer Weise auszulegen, die diesen als einen Zustand unvorher-

645

---

178 EuGH Slg 1965, 1251; dazu Herdegen, Europarecht, 19. Aufl. (2017), § 10 Rn. 19; Oppermann/Classen/Nettesheim, Europarecht, 7. Aufl. (2016), § 11 Rn. 9 mwN.
179 BVerfGE 73, 339; BVerfG NJW 2009, 2270.
180 BVerfGE 102, 147; BVerfG NJW 2009, 2272.
181 Vgl. Oppermann/Classen/Nettesheim, Europarecht, 7. Aufl. (2016), § 11 Rn. 16; Behm NVwZ 2008, 156; Streinz/Herrmann BayBl. 2008, 1.
182 EuGH Slg 1988 Rn. 11; Brechmann, Die richtlinienkonforme Auslegung (1994), S. 65; Rüthers/Fischer/Birk, Rechtstheorie, 10., Aufl. (2018), Rn. 767 a.
183 Hassemer, in: Coing-FS (1982), S. 493; Deckert JuS 1995, 480; Schroth, in: Hassemer/Neumann/Saliger (Hrsg.), Einführung in die Rechtsphilosophie und Rechtstheorie der Gegenwart, 9. Aufl. (2016), S. 269; Wank, Die Auslegung von Gesetzen, 6. Aufl. (2015), S. 72; Möllers, Juristische Methodenlehre (2017), § 5 Rn. 56 ff.
184 BVerfGE 80, 255; vgl. auch Krahl, Tatbestand und Rechtsfolge (1999), S. 68.
185 AnwK-StGB-Gaede, 2. Aufl. (2015), § 1 Rn. 17; Heinrich, Strafrecht AT, 5. Aufl. (2016), Rn. 81.
186 Larenz/Canaris, Methodenlehre des Rechts, 4. Aufl. (2014), S. 184; MüKo-StGB-Schmitz, 3. Aufl. (2017), § 1 Rn. 89.

sehbarer und unkontrollierbarer Gefahrwirkung für die im überfluteten Gebiet befindlichen Menschen oder Sachen versteht.[187] Auch wenn die Wortbedeutung es zuließe, die Überschwemmung als einen (zunächst) harmlosen Vorgang (etwa im Badezimmer) zu beschreiben, gebieten sowohl die systematische Methode (der 28. Abschnitt trägt den Titel „gemeingefährliche Straftaten") als auch die hohe Strafdrohung, das Merkmal auf die Verursachung einer durch die Überflutung bewirkten Entfesselung von Naturgewalten zu beschränken.[188] Mit dem Argument, dass den tatbestandlichen Handlungen des 28. Abschnitts wegen der dort vorgesehenen Strafrahmen das Element der Gemeingefahr anhaftet, hat der BGH sowohl bei den an einer Person durchgeführten Röntgenaufnahmen das Merkmal der „Freisetzung ionisiernder Strahlen" (§ 311 StGB) als auch bei „ungefährlicher" Brandstiftung den Tatbestand des § 306 StGB abgelehnt.[189]

3. Probleme mit der Gesetzlichkeit

646   Abgesehen von diesen (eher seltenen) Beispielen ist das Konzept der Folgenorientierung nicht der Verwirklichung des Gesetzlichkeitsprinzips verschrieben, sondern ruft zur Entscheidung nach den Kriterien des Einzelfalls auf.[190] Dies ist insbesondere dann der Fall, wenn bei einer bestimmten Gesetzesauslegung die Beachtung der sozialen und wirtschaftlichen Folgen sowie der beteiligten Interessen im Vordergrund stehen. In beiden Fällen würde das repressiv-limitierende Strafrecht (Rn. 109 ff.) Schaden nehmen, wenn die jeweilige Entscheidung unter dem Diktat eines gesellschaftlichen Steuerungsanspruchs getroffen würde.[191] Dass auch der BGH im Einzelfall den noch möglichen Wortsinn unter Zuhilfenahme allgemeiner rechtspolitischer Folgenerwägungen ignoriert, zeigt u.a. eine Entscheidung, wonach die klar verwirklichte Betäubungsmittelüberlassung mit leichtfertiger Todesverursachung (§ 30 Abs. 1 Nr. 5 BtMG) nicht bestraft werden soll, wenn der Täter einem unheilbar Kranken Betäubungsmittel zur Selbsttötung überlässt.[192] So sehr der BGH mit der Begründung, dass der vorliegende Fall weit hinter der mit dem Strafrahmen ins Auge gefassten Unrechtsdimension zurückbleibt, zuzustimmen ist, so wenig vermag die unter dem Deckmantel der Folgenorientierung praktizierte richterliche Rechtsfortbildung zu überzeugen. Gleiches gilt – wie oben dargelegt (Rn. 636) – für Korrekturen am Strafrahmen oder gar an der absoluten Strafdrohung der lebenslangen Freiheitsstrafe, wie dies entgegen § 211 Abs. 1 StGB bei den Familientyrannenfällen geschehen ist (Rn. 637).

VIII. Zusammenfassung

647   Die genannten Auslegungsregeln sind von zwingender Vernünftigkeit: (1) Der Wortlaut des Gesetzes ist das zentrale Kriterium des Gesetzesverständnisses und das Medium der Entscheidung des Gesetzgeber (Rn. 467, 611); (2) hat der Gesetzgeber seine Normen systematisch geordnet, so hat auch diese Ordnung einen wichtigen Informations-

---

187 S/S-Heine/Bosch, StGB, 29. Aufl. (2014), § 313 Rn. 3; NK-StGB-Kargl, 5. Aufl. (2017), § 313 Rn. 6 ff.
188 Wessels/Hettinger, Strafrecht BT 1, 41. Aufl. (2017), Rn. 949; MüKo-StGB-Radke, 3. Aufl. (2017), vor § 306 Rn. 2.
189 BGHSt 43, 346; BGH NJW 2001, 765.
190 Wie hier LK-StGB-Dannecker, 12. Aufl. (2006), § 1 Rn. 325; MüKo-StGB-Schmitz (2017), § 1 Rn. 89.
191 Allg. zur strafrechtlichen Präventionslogik P.A. Albrecht, Sicherheitsgesellschaft (2010), S. 147; Neumann, in: Kargl-FS (2015), S. 447; Frankenberg, Staatstechnik (2010).
192 BGHSt 46, 289; dazu S/S-Lenckner/Eisele, StGB, 29. Aufl. (2014), vor § 13 Rn. 101; Sternberg-Lieben JZ 2002, 156.

wert (Rn. 616); (3) der Wille des Gesetzgebers ist es, der sich in die Wirklichkeit der Fallentscheidung verlängern soll (Rn. 622); (4) gegen den vom Normtext gedeckten objektiven Sinn des Gesetzes wird kein vernünftiger Richter entscheiden, wenn schon verfassungswidrige Gesetze keinen Bestand haben (Rn. 631), dann um so weniger eine verfassungswidrige Auslegung verfassungskonformer Gesetze (Rn. 635); (5) passt sich die Rechtsfolgenorientierung in den vom Gesetzgeber intendierten Wortsinn ein, spricht nichts gegen eine Ausstrahlung der Strafhöhe auf die Auslegung eines Tatbestandsmerkmals (Rn. 644). Mit diesen Auslegungsregeln hat die Jurisprudenz Denkformen („Schlüsselbegriffe") entwickelt, die dazu dienen, ihre normativen Erwägungen begrifflich zu strukturieren und dadurch nachvollziehbar sowie kontrollierbar zu machen. Ob mit Hilfe der Auslegungskriterien ein Problem nicht nur erschlossen, sondern auch gelöst werden kann, hängt entscheidend davon ab, dass es gelingt, die Interpretationslehren entsprechend ihrer Fähigkeit zur Gesetzesbindung zu gewichten. Dabei hat man mit der Schwierigkeit zu rechnen, dass keine der Auslegungslehren in der Lage ist, das Gesetzlichkeitsprinzip ohne Einschränkung zu verwirklichen.

C. Gewichtung der einzelnen Auslegungslehren am Maßstab der Externalität

I. Grammatische, systematische und historische Methoden

Diese Auslegungslehren kennzeichnet, dass sie dem Richter ein Kriterium an die Hand geben, das seiner Auslegung gegenüber extern ist und über das er folglich nicht vollständig verfügen kann (Rn 614). Der tatsächliche Wortgebrauch, das sichtbare System, der nachlesbare Wille des Gesetzgebers sowie die in den Sanktionen ausgedrückte Unrechtsdimension sind Kriterien, an denen ein Auslegungsergebnis theoretisch scheitern (also falsifiziert werden) kann. Dem Richter kann dann nachgewiesen werden, dass er etwas falsch verstanden, etwas nicht gefunden oder etwas übersehen hat.[193] Das kann man ihm vorhalten und damit das Ergebnis approximativ kontrollieren.

648

II. Verfassungskonforme, europarechtskonforme und folgenorientierte Methoden

Die Lehre von der verfassungskonformen Auslegung – die im Gegensatz zu den vier anderen Lehren nur die negative Anleitung der Auslegung enthält: Überschreite niemals die Grenze der Verfassung – steht ihrerseits unter dem Vorbehalt der Verfassungsauslegung, deren Probleme bei widerstreitenden Grundrechten den Interpretationsschwierigkeiten im Strafrecht gewiss in nichts nachstehen.[194] Sie liefert deshalb kein verlässliches externes Kriterium.[195] Dasselbe wird man von der europarechtskonformen Variante behaupten dürfen, da die inhaltlichen Botschaften des europäischen Rechts selbst auslegungsbedürftig sind und deshalb keinen objektiven Maßstab bereitstellen.[196] Nicht besser steht es um die folgenorientierte Auslegung, wenn der Richter sein Ergebnis nicht mit den externen Faktoren des Wortlauts und der historischen Sinngebung abstimmt (Rn. 645).

649

---

193 Hassemer, in: Jung-FS (2007), S. 246.
194 Maurer, Staatsrecht, 7. Aufl. (2018), § 1 Rn. 62; § 9 Rn. 60.
195 Sendler, in: Kriele-FS (1997), S. 457; ausf. Anweiler, Die Auslegungsmethoden des Gerichtshofs der Europäischen Gemeinschaften (1996) sowie Bock, Über die Auslegungsmethoden des Gerichtshofs der Europäischen Gemeinschaft (1998).
196 Hassemer, in: Jung-FS (2007), S. 245; Rüthers/Fischer/Birk, Rechtstheorie, 10. Aufl. (2018), Rn. 648; Jahn NJW 2008, 1788.

III. Teleologische Methode

650 Die Lehre von der teleologischen Auslegung liefert ein solches Kriterium erst recht nicht.[197] Ein Gesetz (wie jeder andere Text auch) hat keinen selbständigen Willen und keine eigene Intelligenz.[198] Aus ihm kann nur herausgeholt werden, was der Gesetzgeber oder der Rechtsanwender in ihn hineingelegt hat (Rn. 633). Den „objektiven Sinn des Gesetzes" gibt es also nur hinter der Stirn des Richters; seine Sinn-Deutung ist nicht falsifizierbar, man kann an ihr nichts messen und nichts widerlegen; man kann ihr nur durch eine konkurrierende Sinn-Deutung die Stirn bieten oder mit ihr übereinstimmen.[199] Dies dürfte die Beliebtheit der objektiv-teleologischen Auslegung unter Juristen[200] zu einem guten Teil erklären: Sie kann einem gewünschten Ergebnis der Auslegung nie im Wege stehen und aus diesem Grunde freilich auch zum Überwinder des Analogieverbots werden (Rn. 459). So ist aus Zwecküberlegungen zu § 212 StGB (Totschlag) sowohl die Tatbestandslosigkeit der (versuchten) Selbsttötung (Schutz nur fremden Lebens) als auch die prinzipielle Rechtswidrigkeit der Suizidhandlung (umfassender Lebensschutz) abgeleitet worden. Für beide Auffassungen sprechen gute Gründe[201], aber sie vernachlässigen den durch keine teleologischen Überlegungen auszuhebelnden historischen Willen des Gesetzgebers.[202] Darüber hinaus bleibt der den Gesetzeswillen repräsentierende systematische Zusammenhang ausgespart: Das StGB vertatbestandlicht nur ausnahmsweise die Verletzung eigener Rechtsgüter (z.B. §§ 109, 304, 306 a); § 216 StGB (Tötung auf Verlangen) setzt zwingend einen vom Opfer verschiedenen Täter voraus. Schließlich sind die strafrechtlichen Zurechnungskriterien der Täterschaft und Teilnahme auf die Verletzung der Güter anderer zugeschnitten.[203] Zwecküberlegungen, die diese Vorgaben ignorieren, verlassen die Spur der Gesetzlichkeit.

IV. Schutzgutorientierte Auslegung

651 Das vorstehende Beispiel verdeutlicht zugleich die Schwächen einer schutzgutorientierten Auslegung, wenn mit dem Hinweis auf „Interessen" oder den „materialen" Unwert einer Straftat die Auslegungsschranke des Wortsinns überspielt wird.[204] In diesem Zusammenhang gilt es zu beachten, dass der Wert der Auslegung entscheidend davon abhängt, woraus die Rechtsgutsbestimmung abgeleitet wird. Hält sich die Interpretation etwa an eine Präambel, an einleitende Vorschriften (z.B. § 1 BauGB) oder an Abschnittsüberschriften (z.B. 15. Abschnitt, der auf Persönlichkeits- und nicht auf Vermögensschutz abhebt), dann ist die Zwecksetzung unmittelbar im Regelungskomplex verankert. Normstrukturell weniger abgesichert ist die Bestimmung von Schutzgütern,

---

197 Paeffgen StraFo 2007, 443; Duttge, in: Jahrbuch für Recht und Ethik, Bd. 11 (2003), S. 125.
198 Rüthers/Fischer/Birk, Rechtstheorie, 10. Aufl. (2018), Rn. 797: „Objektive Auslegung" sei deshalb die Suche nach einem Phantom.
199 Rüthers NJW 2011, 435 hält diese Methode für verfassungswidrig.
200 Jescheck/Weigend, Strafrecht AT, 5. Aufl. (1996), § 17 IV 1: „Krone der Auslegungsverfahren"; ähnl. Maurach/Zipf, Strafrecht AT 1, 7. Aufl. (1987), § 9 Rn. 15; LK-StGB-Tröndle, 11. Aufl. (1992), § 1 Rn. 46.
201 Zur Bewertung von Maßnahmen der „Sterbehilfe" vgl. Neumann, in: Paeffgen-FS (2015), S. 317.
202 Goldt. Materialien II, S. 363.
203 Neumann JA 1987, 245; Kindhäuser, StGB, 7. Aufl. (2017), vor §§ 211-222 Rn. 20; Gössel/Dölling, Strafrecht BT 1, 2. Aufl. (2004), § 2 Rn. 32; Pawlik, in: Kargl-FS (2015), S. 407.
204 Vgl. etwa Kirsch, Zur Geltung des Gesetzlichkeitsprinzips im Allgemeinen Teil des Strafgesetzbuchs (2014), S. 175; zur Beschädigung mit Blick auf das Schutzgut Eigentum Kargl JZ 1997, 283; dazu auch Schnurr StraFo 2007, 318; Otto, in: Beulke-FS (2015), S. 507; Eschelbach/Krehl, in: Kargl-FS (2015), S. 88 zum Rechtsgut des § 176 a Abs. 2 Nr. 1 StGB.

die sich aus historischen Kontexten ergeben. So reicht offenkundig beim Tatbestand der Beleidigung (§ 185 StGB) die Berücksichtigung einer historischen Zwecksetzung allein nicht aus, um die Vorschrift zu konkretisieren.[205] Die geringste Bedeutung sollten teleologische Argumente haben, die ihre Stütze aus allgemeinen oder rechtspolitischen Überlegungen herleiten.[206] Da es sich hierbei um Entscheidungskriterien handelt, über deren Inhalt der Interpret befindet, vermag die insoweit mit der objektiv-teleologischen Methodik verschmolzene schutzgutorientierte Auslegung weder Zuverlässigkeit noch Vorhersehbarkeit der Rechtsanwendung zu vermitteln.[207] Als Trennlinie zur Rechtsfortbildung oder gar als Instrument der Gesetzesbindung ist sie wenig überzeugend.[208] Allerdings besitzen schutzgutorientierte Überlegungen ihre volle Berechtigung bei der Untersuchung der Legitimation einer Vorschrift; im Bereich der Auslegung kommt ihnen allenfalls eine Hilfsfunktion zu, aber dort auch nur unter der Voraussetzung, dass sie weder dem Normtext noch den Materialien Gewalt antun.

D. Methodenehrlichkeit, Methodenwahl und Methodenbindung

I. Methodenehrlichkeit

Am Maßstab der Externalität gemessen ist es in der Sache richtig, wenn im Strafrecht   652
die subjektiv-historische Auslegung[209] und die enge Bindung des Richters an den Gesetzeswortlaut in den Vordergrund gestellt und besonders betont werden.[210] Denn diese Auslegungslehren liefern in der Tat Kriterien, die eine bestimmte Auslegung scheitern lassen können, die also aussagekräftig und auslegungskritisch sind (Rn. 633, 650). Dies trifft auf die historische Auslegung in stärkerem Maße als auf die grammatische Methode zu. Während sich der Aussagegehalt sprachlicher Formulierungen im Wandel des Umfelds, in dem sie formuliert und später rezipiert werden, verändern können, lässt sich mit Hilfe der historischen Methode in den meisten Fällen über die vielfältigen Materialien, die mit dem Normsetzungsverfahren verbunden sind, wichtige und verlässliche Informationen über den verfolgten Normzweck erlangen.[211] Diese Informationen markieren die Grenzen der Auslegung. Jenseits des aufgeklärten historischen Normzwecks beginnen richterliche Normsetzungen, die häufig als solche nicht erkannt werden, weil der objektiv vorgegebene und im Wortlaut sichtbare Gebotsinhalt von vornherein zugunsten der in den übrigen Auslegungslehren vorherrschenden Eigenwertungsprozesse der Interpreten ausgeblendet bleibt. Demgegenüber zwingen die historische und die (am Sprachgebrauch orientierte) grammatische Auslegung den Rechtsanwender zu der Entscheidung, ob er die Wertung des Gesetzgebers oder seine eigene umsetzen will. Diese Wahl fordert zur Methodenehrlichkeit auf: Soll der im Gesetzeswortlaut nachvollziehbare historische Wille oder der eigene Wille zur Geltung kommen.[212]

---

205 Vgl. Duttge, in: Kohlmann-FS (2003), S. 24.
206 Kudlich JA 2004, 82; Looschelders/Roth, Juristische Methodik im Prozess der Rechtsanwendung (1996), S. 194.
207 Engisch, Einführung in das juristische Denken, 11. Aufl. (2010), S. 295; Rüthers, Das Ungerechte an der Gerechtigkeit (2009), S. 85; C. Fischer, Topoi der verdeckten Rechtsfortbildung (2007), S. 39 mit Fallbeispielen.
208 a.A. BVerfGE 34, 269: „schöpferische Rechtsfindung".
209 Naucke, Zur Lehre vom strafbaren Betrug (1964), S. 191; ders., in: Engisch-FS (1969), S. 274; Schroth, Theorie und Praxis subjektiver Auslegung (1983), S. 82.
210 Schünemann, Nulla poena sine lege? (1978), S. 20; Kargl Jura 2001, 178; ders. ZStW 114 (2002), S. 570.
211 Rüthers/Fischer/Birk, Rechtstheorie, 10. Aufl. (2018), Rn. 732, 792.
212 Zur Frage der „Methodenehrlichkeit" auch Möllers, Juristische Methodenlehre (2017), § 1 Rn. 59 mwN.

II. Methodenwahl

653   Das Kriterium der Methodenehrlichkeit hängt eng mit der umstrittenen Frage nach der Methodenwahl zusammen. Vielfach wird die Meinung vertreten, dass der Rechtsanwender in der Wahl der Auslegungsmethoden frei sei: Jeder Fall habe seine eigene Methode.[213] Radbruch zufolge dienen „die sog. Auslegungsmittel nur dazu, nachträglich aus dem Text zu begründen, was in schöpferischer Ergänzung des Textes bereits gefunden war".[214] Arthur Kaufmann verweist auf die „Natur der Sache", die bei jeder Auslegung unterlegt werde.[215] Das Postulat der Freiheit der Methodenwahl ist ein Reflex auf die Zweifel an der Machbarkeit der Gesetzesbindung.[216] Wer die Gesetzesbindung für eine Chimäre hält, kann logischerweise den Richter weder auf eine bestimmte Auslegungsmethode noch auf eine Rangfolge der Methoden festlegen wollen. Die Rechtsordnung der BRD ist dieser Ansicht bisher nicht explizit entgegengetreten, da sie keine spezielle Regelung vorsieht, die dem Rechtsanwender eine bestimmte Methode der Gesetzesauslegung vorschreibt.[217]

III. Methodenbindung

654   Die Gegenseite leitet aus der Verfassung ein Grundrecht auf Methodenbindung ab. So weist Friedrich Müller darauf hin, dass die Rechtsordnung – ohne das methodische Vorgehen im Einzelnen explizit geregelt zu haben – doch (Verfassungs-)Normen aufstellt, nach denen die Methode sich zu richten hat.[218] Genannt werden der Vorrang der Gesetzgebung, das Demokratieprinzip und die rechtsstaatlich gebotene Gewaltenteilung (Art. 20 Abs. 1, 97 Abs. 1 GG), des Weiteren die Tatbestandsbestimmtheit, Begründungspflichten und sonstiges einschlägiges Verfahrensrecht sowie normative Beweisregeln, einbezogen sind ausdrücklich Gleichheitssätze und Diskriminierungsverbote. Über die direkte Grundrechtsbindung nach Art. 1 Abs. 3 GG würden diese normativen Vorgaben Gesetzgebung, Exekutive und Justiz auf ein gleichheitliches methodisches Arbeiten verpflichten. Kernsatz dieser Aussage ist damit, dass alle Menschen nicht nur vor dem „abstrakten" Gesetz gleich sind, sondern eben auch vor dem „angewandten" Gesetz.[219] Die von Friedrich Müller näher ausgearbeitete „Normtextbehandlung" führt jedoch wieder in das Dickicht von Schwierigkeiten, die einer allgemein gültigen Rangordnung des interpretativen Befragungsschemas im Wege stehen.[220]

---

213   So Wolfgang Zeidler, ehemaliger Präsident des BVerfG; zit. bei Rüthers/Fischer/Birk, Rechtstheorie, 10. Aufl. (2018), Rn. 704.

214   Radbruch, Einführung in die Rechtswissenschaft, 12. Aufl. (1969), S. 169.

215   Arthur Kaufmann, Rechtsphilosophie im Wandel (1972), S. 165.

216   Hassemer ZRP 2007, 213; ders., in: Jung-FS (2007), S. 247; s. auch Koch/Rüßmann, Juristische Begründungslehre (1982), S. 176, 254.

217   Zu entspr. Reformvorschlägen vgl. Gaebel, „Das Grundrecht auf Methodengleichheit" (2008), S. 42.

218   Friedrich Müller, Juristische Methodik und Politisches System, in: Schriften zur Rechtstheorie, Heft 51 (1976), S. 65; ders., Die Einheit der Verfassung, in: Schriften zur Rechtstheorie, Heft 76 (1979), S. 173; Rüthers/Fischer/Birk, Rechtstheorie, 10. Aufl. (2018), Rn. 707.

219   Müller, Strukturierende Rechtslehre, 2. Aufl. (1994), S. 235; ders., Juristische Methodik, Bd. 1, 2. Aufl. (2009).

220   Vgl. dazu Gaebel, Das Grundrecht auf Methodengleichheit" (2008), S. 45; Müller/Christensen, Juristische Methodik, Bd. 1, 11. Aufl. (2013), S. 162; krit. auch Duttge, in: Jahrbuch für Recht und Ethik, Bd. 11 (2003), S. 103.

IV. Verbleibende Probleme

Dass die grammatische Methode in der Praxis häufig nur dann begrenzend wirkt,   655
wenn dies in das Ergebnis der Auslegung passt, ist oben gezeigt worden (Rn. 464,
471).[221] Mit dieser Intention verfährt sie ebenfalls nach der Strategie, die Ergebnisse
einer Falsifizierung zu entziehen; etwa wenn markig, aber nicht belegt, behauptet wird,
so sei nun mal der Sprachgebrauch.[222] Für die beiden anderen Lehren mit auslegungs-
externen Kriterien gilt im Ergebnis nichts anderes. Die systematische Auslegungslehre
liefert Kriterien nur unter der Voraussetzung, dass dem fraglichen Zusammenhang
„wirklich" ein System zugrunde liegt und nicht der Irrtum oder der Zufall.[223]

Am geringsten sind die konstruktiven Probleme der subjektiv-historischen Auslegungs-   656
variante (Rn. 622, 648).[224] Dennoch kommt es vor, dass sich die Motive über den Willen des historischen Gesetzgebers ausschweigen oder dass sie nicht den Willen „des"
Gesetzgebers, sondern die Referentenauffassung oder die Auffassung der mitwirken-
den Parteien wiedergeben. Unter diesen Voraussetzungen kann der Gesetzgeber nicht
als eine homogene Gruppe ausgemacht werden (Rn. 627). Da ein Gesetz und seine
Ausgestaltung in einer parlamentarischen Demokratie typischerweise ein Kompromiss
widerstreitender Regelungsinteressen ist, muss man damit rechnen, dass „der" Wille
des „Gesetzgebers" sich vom Willen aller derjenigen unterscheidet, die das Gesetz zustande gebracht haben, dass er gewissermaßen dazwischen liegt. Es ist – im Strafrecht
seltener als in anderen Rechtsgebieten – schließlich möglich, dass der Wille des fernen
historischen Gesetzgebers auf die Regelungsprobleme von heute nicht mehr passt, das
Gesetz sich im sozialen Wandel von diesem Willen emanzipiert hat.[225] Diese Einwände
relativieren aber nur in den genannten Ausnahmefällen die Bedeutung von Äußerun-
gen, die im Gesetzgebungsverfahren fallen und in den Materialien festgehalten werden.

E. Trendwende gegen den Methodenpluralismus

I. Einschränkung der freien Methodenwahl durch das BVerfG

Auch wenn man davon ausgehen kann, dass die teleologische Lehre in der Praxis die   657
größte Sympathie genießt, ist doch nicht zu übersehen, dass die Rechtsprechung in zu-
nehmendem Maße auch die anderen Lehren zugrunde legt. Es bleibt abzuwarten, ob
sich die Entwicklung hin zu strengerem Methodenbewusstsein durchsetzt.[226] Eine
mögliche Trendwende des BVerfG in der Frage der „freien Methodenwahl" deutete
sich bereits im Sondervotum dreier Mitglieder des 2. Senats an. Dort bezeichnete die
Mindermeinung die Auffassung, dass eine rechtsfortbildende Entscheidung, die dem
eindeutig erklärten Willen der Gesetzgebung zuwiderläuft, als verfassungswidrig, weil
sie gegen das Demokratieprinzip (Rn. 38) und gegen die Gewaltenteilung (Rn. 41) verstoße.[227] Gegen die Vorstellung, dass die Gesetzesbindung ein praktisch undurchführ-

---

221 Weiterführend Herzberg NJW 1990, 2530; Puppe, in: Armin Kaufmann-FS (1989), S. 17; Sternberg-Lieben JZ 2001, 1024; Paeffgen StraFo 2007, 443.
222 Hassemer, in: Jung-FS (2007), S. 247; Ogorek, in: Meier-Hayoz-FS (1993), S. 21.
223 Jescheck/Weigend, Strafrecht AT, 5. Aufl. (1996), § 17 IV 1 a; SK-Rudolphi, StGB, 7. Aufl. (2000), § 1 Rn. 31.
224 Demgegenüber kritisch Maurach/Zipf, Strafrecht AT, 7. Aufl. (1987), § 9 Rn. 16; S/S-Eser/Hecker, StGB, 29. Aufl. (2014), § 1 Rn. 41; Baumann/Weber/Mitsch/Eisele, Strafrecht AT, 12. Aufl. (2016), § 9 Rn. 76.
225 Maurach/Zipf, Strafrecht AT, 7. Aufl. (1987), § 9 Rn. 16: „Motive vergehen, Gesetze bleiben bestehen".
226 Zu Belegen sowohl für eine „Konjunktur" als auch für den „Niedergang" des Gesetzlichkeitsprinzips Kuhlen, Die verfassungskonforme Auslegung von Gesetzen (2006), S. 86; Eschelbach/Krehl, in: Kargl-FS (2015), S. 81.
227 BVerfG NJW 2009, 1476; dazu Rüthers NJW 2009, 1461; Möllers JZ 2009, 668.

bares Ideal aufstelle, wendet sich auch der 1. Senat des BVerfG in einem Beschluss vom 25.1.2011. Da die folgenden Grundsätze das vorherrschende Bekenntnis zur Vorzugswürdigkeit der „objektiven" Methode erheblich einschränken, seien sie im Wortlaut wiedergegeben: „Richterliche Rechtsfortbildung darf nicht dazu führen, dass der Richter seine eigenen materiellen Gerechtigkeitsvorstellungen an die Stelle derjenigen des Gesetzgebers setzt. Der Befugnis zur Rechtsfortbildung sind mit Rücksicht auf den Grundsatz der Gesetzesbindung der Rechtsprechung Grenzen gesetzt. Der Richter darf sich nicht dem vom Gesetzgeber festgelegten Sinn und Zweck des Gesetzes entziehen. Er muss die gesetzgeberische Grundentscheidung respektieren und den Willen des Gesetzgebers unter gewandelten Bedingungen möglichst zuverlässig zur Geltung bringen" (BVerfG NJW 2011, 836).[228]

II. Zum Erfordernis der Hierarchie der Auslegungsmethoden

658 Unter den vom BVerfG postulierten Vorgaben können Auslegungslehren in der Praxis nur dann eine ergebnisbestimmende Kraft haben, wenn sie nicht unverbunden neben einander stehen, sondern in einer klaren Hierarchie untereinander geordnet sind, wenn es eine Meta-Theorie der Auslegungstheorien gibt, die Inhalt und Struktur dieser Regel bestimmt und verbindlich anordnet, in welcher Entscheidungssituation welche Auslegungsvariante zu verwenden ist.[229] Gibt es diese Meta-Theorie nicht, so ist der Strafrichter nicht gehindert, jeweils diejenige Auslegungslehre heranzuziehen, welche das von ihm gewünschte Ergebnis stützt. Dann stehen die Auslegungslehren untereinander in Konkurrenz und ermöglichen ein Potpourri von Gesichtspunkten, das der Kritik kaum noch zugänglich ist.[230] Der Richter kann auf der Basis des Methodenpluralismus immer darauf ausweichen, dass die von ihm ausgesparten Methoden zu unerwünschten oder sich widersprechenden Ergebnissen geführt hätten. In der Konsequenz muss das Fehlen einer Rangfolge der Auslegungsregeln entweder eine Entscheidungsblockade oder eine willkürliche Interpretation zur Folge haben.[231] Der (bisherigen) Auslegungstheorie des BVerfG, die den Vorrang einer Regel vor einer anderen ablehnt[232], ist also zu widersprechen.

III. Empfehlungen einer pragmatischen Stufenfolge der Auslegung

659 Trotz der Konstruktionsprobleme einer gültigen Meta-Regel sind die Bemühungen nicht abgerissen, der Beliebigkeit der Methodenwahl durch Empfehlungen pragmatischer Vernunft Einhalt zu gebieten, was die – im Wittgensteinschen Sinne – Praxis-Natur des Rechts (Rn. 269) in den Vordergrund rückt.[233] So soll im Konfliktfall die historische Auslegung hinter der grammatischen bzw. systematischen Auslegung zurücktreten.[234] Spricht die grammatische Methode in hohem Maße für eine bestimmte Lesart, sollen andere Kontexte eine entgegenstehende Lesart nur begründen dürfen, wenn die

---

228 BVerfG NJW 2011, 836.
229 Hassemer, Einführung in die Grundlagen des Strafrechts, 2. Aufl. (1990), § 18 I; Engisch, Einführung in das juristische Denken, 11. Aufl. (2010), S. 82; Seelmann/Demko, Rechtsphilosophie, 6. Aufl. (2014), § 1 Rn. 11 zu Kelsen, für den ein rechtliches Metaprinzip nicht ersichtlich war.
230 Koch/Rüßmann, Juristische Begründungslehre, 2. Aufl. (1982), S. 115; Rüthers/Fischer/Birk, Rechtstheorie, 10. Aufl. (2018), Rn. 652.
231 S. auch MüKo-Schmitz, StGB, 3. Aufl. (2017), § 1 Rn. 90.
232 BVerfG wistra 2002, 178.
233 Dworkin, Law`s Empire (2006), S. 90; Kotsoglou, Forensische Erkenntnistheorie (2015), S. 205.
234 BVerfGE 1, 312; 11, 130; BGHSt 17, 23.

Verwendung eines Begriffs eher „untypisch" oder die gesetzliche Formulierung „zufällig" ist.[235] Das in eine Plastik-Tüte eingeschweißte Hemd mit einem schwer lösbar aufgeklebten Preisetikett gehört sicher nicht zur Standardverwendung des Begriffs „Urkunde" in der Alltagssprache. Folglich ließ sich die Erweiterung des Urkundenbegriffs nur mit Blick auf den Normzweck der Sicherheit des Rechtsverkehrs begründen.[236] Als Beispiel für eine eher zufällige gesetzliche Formulierung kann auf die Verwendung des Plurals in § 306 StGB („Gebäude") verwiesen werden. Da beim Plural Substantive ohne bestimmte oder unbestimmte Artikel verwendet werden können, dient die Mehrzahl lediglich der sprachlichen Vereinfachung, so dass sich aus dem grammatikalischen Element (Plural) keine begrifflichen Folgerungen ableiten lassen.[237] Ein weiterer Vorschlag, der ebenfalls nicht zu einer festen Stufenfolge führt, lautet, die teleologische Auslegung zurückhaltend und vor allem mit der nötigen kritischen Distanz zu verwenden.[238] Danach öffnet erst der kritische Blick die Perspektive für die Erkenntnis, dass hinter dem Schlagwort der „teleologischen Auslegung" (und nicht nur bei ihr) nicht selten „Routinen", „Betriebswissen", „Habitus" oder eine „intuitive Wertungskompetenz" am Werk sind.[239]

IV. Fazit

Da es um die Festlegung der Wortlautgrenze besser bestellt ist, als deren Kritik häufig suggeriert (Rn. 362, 467), spricht nichts dagegen, zunächst mittels der grammatischen Interpretation (iSd Eruierung des allgemeinen Sprachgebrauchs) einen Rahmen abzustecken, der im Bedarfsfall durch Berücksichtigung der übrigen Auslegungskonzepte konkretisierend ausgefüllt wird.[240] Dabei stellt sich die Frage nach dem Rangverhältnis der übrigen Konkretisierungselemente demnach erst innerhalb des durch den umgangssprachlichen Wortsinn geschaffenen Rahmens.[241] Entsprechend der Bedeutung, die externe Faktoren zur Falsifizierung des „gefundenen" Ergebnisses zukommt (Rn. 465), dürfte die teleologische Methode ungeeignet sein, bei der Ermittlung einer festen Rangfolge die Hauptrolle zu spielen. Dies haben die Fälle analoger Rechtsanwendung nachdrücklich gelehrt (Rn. 482). Deshalb muss das Schwergewicht bei den Auslegungsregeln liegen, die den Rechtsanwender auf den Weg äußerer Erkenntnisquellen verweisen und ihm damit eine außerhalb seiner schon vorhandenen Überzeugung liegende Sinndeutung ermöglichen. Neben der grammatischen Methode ist dazu primär die subjektiv-historische und nachrangig die systematische Methode imstande (Rn. 659).[242] Mit dieser Bevorzugung der historischen und systematischen Methode vor der teleologischen Auslegung ist noch keine Meta-Regel installiert, welche die Auslegungslehren in eine feste Hierarchie bringt, zumal sie voraussetzt, dass der Gesetzgeber hinreichend

660

---

235 Kudlich JA 2004, 81 mwN.
236 AG Waldbröl NJW 2005, 2870; dazu Küper/Zopfs, Strafrecht BT, 10. Aufl. (2018), Rn. 524; Kargl JA 2003, 604.
237 BGH NJW 2000, 3580; dazu NK-StGB-Kargl. 5. Aufl. (2017), § 202 c Rn. 5 mwN.
238 Larenz/Canaris, Methodenlehre des Rechts, 4. Aufl. (2014), S. 137; Hassemer, in: Jung-FS (2007), S. 246.
239 Hänni, Vom Gefühl am Grund der Rechtsfindung (2012), S. 106; Gröschner, Subsumtion – Technik oder Theorie? (2014), S. 26.
240 Ähnl. C. Fischer, Topoi der verdeckten Rechtsfortbildung (2007), S. 536.
241 Roxin, Strafrecht AT 1, 4. Aufl. (2006), § 5 Rn. 28; MüKo-StGB-Schmitz, 3. Aufl. (2017), § 1 Rn. 86.
242 So auch Koch/Rüßmann, Juristische Begründungslehre, 2. Aufl. (1982), S. 182; Krahl, Die Rechtsprechung des Bundesverfassungsgerichts und des Bundesgerichtshofs zum Bestimmtheitsgrundsatz im Strafrecht (1986), S. 402; Naucke, in: Engisch-FS (1969), S. 276; diff. Rüthers/Fischer/Birk, Rechtstheorie, 10. Aufl. (2018), Rn. 725.

deutlich gemacht hat, was er mit der Regelung bezweckt.[243] Aber sie entspricht dem methodentheoretischen Anliegen der Sicherung des Gesetzlichkeitsprinzips und nicht zuletzt auch dem Bedürfnis einer praxistauglichen Anwendung der Auslegungsregeln.[244]

F. Konsequenzen für richterliches Entscheiden

I. Herstellung des Entscheidungsergebnisses

661   Für das Verständnis richterlicher Auslegungstätigkeit reicht es nicht hin, das Augenmerk allein auf die Struktur und den Wert der juristischen Methode zu richten. Wie oben angesprochen (Rn. 607), beruht die Wirklichkeit richterlicher Tätigkeit zu einem guten Teil auch auf pragmatischen Handlungsmustern, die nicht nur auf der Ebene der Begründung der Entscheidung, sondern bereits im Zeitpunkt der Rechtsfindung wirksam sind.[245] Wissenschaftliche Untersuchungen bestätigen, dass die Phase, in der ein Auslegungsergebnis erst noch gesucht wird, anderen Regeln des Denkens und Sprechens unterliegen als die Phase, in der ein gefundenes Ergebnis niedergeschrieben wird.[246] Die Unterscheidung von Herstellung und Darstellung eines Entscheidungsergebnisses lässt sich auch an den unterschiedlichen Rhetoriken von Votum und Beschluss[247], von Gutachten- und Urteilsstil[248] veranschaulichen. Was man den gesagten und geschriebenen Gründen einer Entscheidung entnehmen kann, deckt sich also nicht notwendig mit den Gründen, welche zu einer Entscheidung geführt haben.

II. Darstellung des Entscheidungsergebnisses

662   Die bisherige Sicht des Gesetzlichkeitsprinzips hat sich bevorzugt auf die Herstellungsphase konzentriert und den Bereich der Darstellung vernachlässigt.[249] Dass die Auslegungslehren für die Darstellung strafrechtlicher Entscheidungstätigkeit bedeutsam sind, ist offenbar (Rn. 372). Dies ist gewiss nicht wenig: Man kann – wie Hassemer sagt[250] – nicht alles, wofür man im Ergebnis eventuell gerne votieren würde, abnahmefähig begründen. Doch die Auslegungslehren haben bewirkt und bewirken weiter, dass sich das strafrechtliche Entscheidungsprogramm – etwa im Bereich der Strafrechtsdogmatik – ausdifferenziert und damit die Rechtsprechung zu konsistenter Argumentation zwingt. Um dauerhaft sicherzustellen, dass in der Darstellung die eigenen Prämissen sichtbar werden, bedarf es eines Modells, das den Herstellungsprozess[251] nicht als solitäre Entscheidung eines Rechtsanwenders, sondern als kommunikative, intersubjektive Rechtspraxis beschreibt. Dazu taugt die teleologische Auslegung am wenigsten, weil hier der Rechtsanwender – auf sich selbst gestellt – eigene Rechtfertigungen produ-

---

243   Zu dieser Voraussetzung BVerfG NJW 2009, 1476 (Sondervotum); BVerfG NJW 2011, 836.
244   Zust. LK-StGB-Dannecker, 12. Aufl. (2011), § 1 Rn. 354; ähnl. Kudlich/Christensen JA 2004, 74.
245   Hassemer, Einführung in die Grundlagen des Strafrechts, 2. Aufl. (1990), § 18 I; J. Schneider, in: Hassemer/Neumann/Saliger (Hrsg.), Einführung in die Rechtsphilosophie und Rechtstheorie der Gegenwart, 9. Aufl. (2016), S. 316 ff., 331; L. Schulz, in: Roxin-FS (2011), S. 324.
246   Kunz/Mona, Rechtsphilosophie, Rechtstheorie, Rechtssoziologie (2006), § 2 Rn. 49 ff.; R. Hassemer Mschr-Krim 66 (1989), S. 26.
247   Schaefers/Schroers/Graf, Mustertexte zum Strafprozess, 9. Aufl. (2015).
248   Wolff JuS 1996, 90; Fahl JuS 1996, 280; Horn, Einführung in die Rechtswissenschaft und Rechtsphilosophie, 6. Aufl. (2016); § 8 Rn. 209; Murmann, Grundkurs Strafrecht, 4. Aufl. (2017), § 19 Rn. 1 ff.
249   Zur Kritik des „deduktiven" Denkschemas ausf. Bung, Subsumtion und Interpretation (2004), S. 13, 25, 53.
250   NK-StGB-Hassemer, 1. Aufl., § 1 Rn. 128.
251   Alexy, Theorie juristischer Argumentation, 6. Aufl. (2008), S. 282: „process of discovery".

ziert, die in der Ableitung oft nicht zur Sprache kommen. Soll demgegenüber im Modell der Rechtsfindung zwischen Herstellung und Darstellung eine nachvollziehbare, logische Verknüpfung sichtbar werden, lässt sich eine solche Transparenz durch ein Verfahren erreichen, das aus externen, öffentlichen Faktoren, letztlich aus der semantischen Offenheit der Umgangssprache schöpft.[252] Unter der Voraussetzung, dass sich der Richter dem Gesetzestext verpflichtet fühlt, dürfte die Differenz zwischen Findung und Darstellung richterlicher Entscheidungen weniger fundamental ausfallen. Mit dem Primat der Textverbundenheit lässt sich zwar kein Gerechtigkeitsargument gewinnen, wohl aber lässt sich ein kritisches Verfahren installieren, das die Beliebigkeit eines „hermeneutischen Universums" (Gadamer)[253] in ihre Schranken verweist

---

252 Siehe dazu Baden, Gesetzgebung und Gesetzesanwendung im Kommunikationsprozess (1977), S. 87; Perelmann, Juristische Logik als Argumentationslehre (1979), S. 11; Seelmann/Demko, Rechtsphilosophie, 6. Aufl. (2014), § 4 Rn. 14; Neumann, in: Hilgendorf/Joerden (Hrsg.), Handbuch Rechtsphilosophie (2017), S. 234, 239.
253 Gadamer, Wahrheit und Methode", Bd. 1., 6. Aufl. (1990), S. 441.

Namensverzeichnis

(Die Zahlen verweisen auf die Randnummern)

Stichwortverzeichnis

(Die Zahlen verweisen auf die Randnummern)